suhrkamp taschenbuch 1522

Hugo Ball, am 22. 2. 1886 in Pirmasens geboren, starb am 14. 9. 1927 in Certenago/Montagnola bei Lugano.

Dieses Buch mit seinen vierzig, teils unveröffentlichten, teils in entlegenen Zeitungen und Zeitschriften verstreuten Schriften ist eine Entdeckung. Denn die Brisanz von Hugo Balls zeit- und kulturkritischen Arbeiten aus den Jahren 1909–1925 kommt erst heute, nachdem die meisten seiner Prognosen eingetroffen sind und seit der Studentenrevolte der sechziger Jahre nicht nur die kulturpolitische Diskussion, sondern auch unser Lebensgefühl bestimmen, zu voller Geltung. Es ist der im Ersten Weltkrieg in die Schweiz Emigrierte, der Nachbar und Mitarbeiter von Walter Benjamin und Ernst Bloch bei der oppositionellen »Freien Zeitung«, der Verfasser eines »Bakunin-Breviers«, der Sympathisant von Kurt Eisner, der Autor eines Essays über Thomas Münzer, welcher Ernst Bloch zu seinem Münzer-Buch anregte, aber auch der Verfasser von brisanten Angriffen gegen Wilhelm II., Hindenburg und von Thesen über die verhängnisvollen Folgen Kantscher Philosophie für den preußischen Militarismus.

»Ball würde – wäre der Begriff schon damals bekannt gewesen – ein leidenschaftlicher Gegner der modernen Leistungsgesellschaft samt ihren sozialpsychologischen Folgen gewesen sein. Seine eminente Bildung, sein glühender politisch-sozialer Erneuerungswille und die Kraft seiner Sprache entheben ihn dem Vorwurf, ein anarchistischer Agitator zu sein. Ansatzpunkt ist das erste deutsche ›Zusammenbruch‹ 1918/19. Das heißt die Frage nach den geschichtlichen Ursachen der deutschen Katastrophe. Ball setzt bei der Reformation an. Jahre vor Ernst Blochs Buch über Thomas Münzer sieht Ball in Luthers Preisgabe der aufrührerischen Bauern und in der Tragödie der Bauernkriege einen Schlüssel zur deutschen Geschichte. Ball hat mit wenigen Gleichgesinnten Dada und den Surrealismus ›als Hingabe an den Gegensatz alles dessen, was brauchbar und nutzbar ist‹, in den Jahren vor dem Ausbruch des Ersten Weltkrieges vorweggenommen.«

Karl Korn in der Frankfurter Allgemeinen Zeitung

Hugo Ball
Der Künstler und die Zeitkrankheit

Ausgewählte Schriften

Herausgegeben
und mit einem Nachwort versehen
von Hans Burkhard Schlichting

Suhrkamp

Umschlagfoto: Hugo Ball, ca. 1912.
Mit freundlicher Genehmigung
der Hugo-Ball-Sammlung, Stadtbücherei Pirmasens

suhrkamp taschenbuch 1522
Erste Auflage 1988
© Suhrkamp Verlag Frankfurt am Main 1984
für den Roman *Tenderenda der Phantast*
© 1967 by Verlags-AG Die Arche, Zürich
Abdruck mit freundlicher Genehmigung der
Verlags-AG Die Arche, Zürich
Suhrkamp Taschenbuch Verlag
Alle Rechte vorbehalten, insbesondere das
des öffentlichen Vortrags, der Übertragung
durch Rundfunk und Fernsehen
sowie der Übersetzung, auch einzelner Teile.
Druck: Nomos Verlagsgesellschaft, Baden-Baden
Printed in Germany
Umschlag nach Entwürfen von
Willy Fleckhaus und Rolf Staudt

1 2 3 4 5 6 – 93 92 91 90 89 88

Inhalt

I SCHAUPLÄTZE DER AVANTGARDE.
Theater, Expressionismus, Dada.
1913-1917

Die Reise nach Dresden 11
Wedekind als Schauspieler 15
Das Psychologietheater 19
Raimunds »Rappelkopf« 21
Grabbe 23
Totenrede 25
Zürich 29
Die junge Literatur in Deutschland 32
Als ich das Cabaret Voltaire gründete 36
Das erste dadaistische Manifest 39
Kandinsky 41
Über Okkultismus, Hieratik und andere seltsam schöne
Dinge 54

II KULTURKRITIK.
1909-1926

Nietzsche in Basel. Eine Streitschrift 61
Der Künstler und die Zeitkrankheit 102

III ZUR KRITIK DER DEUTSCHEN MENTALITÄT.
Historische Perspektiven.
1915-1918

Berthold Schwarz, der Erfinder des Schießpulvers 153
Der große Bauernkrieg 1525 161
Aufgabe für einen deutschen Philologen. Zur
Reformationsfeier 170
Österreichs Kulturmission 172
Vom Universalstaat 177
Preußen und Kant 180
Einleitung zum ›Almanach der Freien Zeitung‹ 184

IV STURZ DER ALTEN GEWALTEN.
Politische Schriften 1914-1918

Jaurès über die französische Armee 193
Die Russen in der Mandschurei und – in Polen 198
Die deutsche »Demokratie« und Rußland 203
Walter Rathenau 208
Der ausgenagelte Hindenburg 213
Eine Kaiser-Rede 216
Majestät im Hauptquartier 219
Propaganda hier und dort 224

V KOMMENTARE ZUR DEUTSCHEN REVOLUTION.
Politische Schriften 1918-1920

Die Umgehung der Instanzen 231
An die in Berlin 234
Die Fingerfertigen 237
Die Nationalversammlung 241
Die neue Zeit 245
Die moralische und die Wirtschaftsrebellion 250
An unsere Freunde und Kameraden 254
Die Revolution und der Friede 258
Der Bürgerkrieg des Herrn Lüttwitz 262
Ein Wendepunkt deutscher Geschichte 266
Das wahre Gesicht. Zur Berliner Gegenrevolution 270
Abbruch und Wiederaufbau 273

VI EIN NEUES ZEITALTER DER KATAKOMBEN.
Politische Theologie und Religionspsychologie.
1922-1925

Notizen zum Versuch eines Vorwortes
für das ›Byzantinische Christentum‹ 299
Carl Schmitts Politische Theologie 303
Die religiöse Konversion 336

VII TENDERENDA DER PHANTAST.
Roman. 1914–1920

Der Aufstieg des Sehers/Das Karussellpferd Johann/
Der Untergang des Machetanz/Die roten Himmel/
Satanopolis 379

Grand Hotel Metaphysik/Bulbos Gebet und der
gebratene Dichter/Hymnus 1/Hymnus 2 393

Der Verwesungsdirigent/jolifanto bambla/Hymnus 3/
Laurentius Tenderenda/baubo sbugi ninga/Herr und Frau
Goldkopf 404

Editorische Nachbemerkungen 419

Quellennachweise 421

Chronik zu Leben und Werk 424

Nachwort 452

I
Schauplätze der Avantgarde
Theater, Expressionismus, Dada
1913-1917

Die Reise nach Dresden

I

Dresden selbst: Gelbe Blätter, ganze Kanarienvogelschwärme, fliegen durch die Luft. Blaue Herbstsonne explodierend. Gelbe, rote, grüne Parkanlagen in Frost gepackt. Ein Zeltlager von Meßbuden und Jahrmarktsplunder. Ein Geknatter grünroter Fahnen im Munizipalviertel: Jahrhundertfeier der Befreiungskriege. Abgesprungene Hosenknöpfe in der Elektrischen (o Lebenslust und Daseinsfreude!) Im Café de Paris spielen sie »Wer will unter die Soldaten?« (o Sachsenvolk, Knopfmacher und Lebkuchenhändler!). Grazilbarock steigt das Antlitz der Stadt schwarz und phantastisch mit Türmen, Glocken und Brücken in den mondstrahlenen Abendhimmel.

2

Eine Depesche ist angeschlagen: »Möge das Denkmal ihm erzählen, wie in dieser Stunde Deutsche und Russen, Oesterreicher, Ungarn und Schweden ihre Kniee beugen vor Gott dem allmächtigen Lenker der Weltgeschichte und zu ihm beten, daß er uns den Frieden erhalte zum Wohle unseres deutschen Volkes, zum Wohle der Staaten und Fürsten, die mir die große Freude bereiten, meiner Einladung zu folgen.«

(König Friedrich August von Sachsen.)

Darunter ein Wetterbericht:

»Erhaltung des bestehenden Wetters nur auf etwa 24 Stunden noch wahrscheinlich«.

Auch hat der Geheime Hofrat Thieme (Vorsitzender des deutschen Patriotenbundes) eine Rede geschwungen folgenden initii:

»Eure königliche Majestät,
deutsche Brüder, deutsche Schwestern;
Wir treten in Beten vor Gott den Gerechten!«

Sie müssen nämlich wissen: man hat in Leipzig ein Befreiungs-
feierleierundschwertdenkmal aufgereckt. Aere perennius für die
Jahrhunderte. »Man«, d. h.: Die Teutschen, die Napoliumstö-
ter, Schwitzer, Volksbeschäler und Traktätchenmacher. »Man«,
das heißt: Die Jahrhundertfeirer des panischen Schrecks vor
dem Ingenium. Die Biedermeier des in Masse auftretenden Sitz-
fleischs. - Wohinein treten sie? Sie treten in Beten. Vor Gott den
Gerechten.

3

Im Richterschen Kunstsalon haben ein paar Futuristen ausge-
stellt: Umberto Boccioni, Carlo D., Carra, Luigi Russolo, Gino
Severini. Wenige Bilder in kleinem Raum. Explosionen, Erdbeben, Anarchistenschlacht, Wahnsinn, tellurische Mystik. Wo
Häuser gemalt werden, stürzen sie über- und durcheinander,
schießen sie senkrecht in den Abgrund. Wo der Auswurf der
roten Lyriker seinen Janitscharentumult gegen »Wohlstand«
und Schlendrian richtet (wie in Russolos »Revolution«) oder
eine Kavallerieattacke über Anarchisten hinwegtobt (wie in
Carras »Beerdigung des Anarchisten Galli'«), sausen, brennen
und schwirren Kraftlinien durch das Bild, die das Gehirn
anspringen, die das Blut aufpeitschen zu Fisteltönen. Man
versteht diese Bilder nicht. Gott sei Dank! Alles wollen sie
verstehen; um es loszuwerden. Diese Bilder zwingen das
absolut Verrückte in Erscheinung. Man schreit vor Angst und
Entsetzen. Diese Bilder sind das Innerste, Erschütterndste,
Grandioseste, Unfaßbarste, das seit Menschengedenken gemacht worden ist. Daß sie zu Dutzenden zugleich auftreten, ist
das erstaunlichste, fürchterlichste Phänomen, das sich denken
läßt. Diese (Bilder) in ihrer losbrechenden ungeheuren Dynamik, ihrer Kraftstrahlenherrlichkeit, ihrer geheimen elektrischen Vibration und Radioaktivität verkünden die Revolution
der Unterminierung, der ekstatischen Krankheit, die sich nach
Ausbruch sehnt; die Nervenfächer und Rhythmusfelder des
Todes, des Lichts, der Dynamos und der Uratome. Eingefange-
ne psychische Telefunken zetern, schreien und kreisen in
zinnobergrünem Getöse. Bewegung der Spermatozoen alles

Seins ist festgehalten. Urkraft effulguriert in singenden Linien. Aktiv gewordene zerfetzte Körper tanzen, Lichtgranaten in platzender Wut, Sinfonien und Schwaden von Blut und Gold. Schwangere Himmel und ejakulierte Fixsterne. Rotglühende Männer und aufbrüllende Sklaven, Wahnsinn und Umsturz: atemberaubende heulende Dinge, die kommen werden, die kommen werden.

4

In Hellerau die Lichtwunder des Herrn von Salzmann. Und man fragt sich: Warum läßt man das Kino hier keine Landschaftsbilder werfen? Herrn von Salzmanns Lichtprinzip in allen Ehren (es ist eine Errungenschaft). – Aber das ist der Fehler in Hellerau: Man sieht nichts, vor lauter Licht. Was soll ich auf der Bühne mit dif- oder konfusem Licht anfangen, reinem bloßem filtriertem abstraktem Licht, wenn mir Verhältnisse, Milieus, Stuben, Wälder und Gärten vorgeredet werden? Zu Beginn ist eine Morgenstimmung. Klosterglocken und Ave Maria. Violäne verabschiedet einen aussätzigen Dombaumeister. Die Sonne kommt, ein Tor springt auf. Morgenfülle ein seliger Strom (ahnt man). Aber es ist kein Tau und kein Reif, kein Himmel und keine Lerche, kein Obstbaum und keine süß hinkniende Landschaft. Es ist eine Leinewand und Licht darauf. Und hinten oben (in der flüggen Festhalle möcht man sprechen) sitzt der Maschinenmeister und macht es. Oder: ein Trupp Wegbaugesellen in der Weihnacht. Sie haben ein Feuer mit Kienspänen angefacht. Schnee brandet an Tannenbäumen hinauf, die Aussatzklapper geht um. Da sieht man einen violetten Aufbau von Treppen und Podien, ein viereckes Loch zu einer Grablegung Christi, und Säulen domhaft, die einen Wald symbolisieren (man könnte auch einen Wald aufstellen und sagen, er symbolisiere einen Dom). Oder: Jacobäus der Bauer, Peter von Ulm und Andreas Gradherz der Zurückgekehrte von Jerusalem, sitzen im herbstlichen Garten. Hinter ihnen die Feste Marienberg. Und pflegen der Melancholie. Wo ist das Goldfunkeln von Ast zu Ast und die Last niedersausender Äpfel? Wo ist die Lothringische Trauben- und Wingertglut über Mauern, Eidechsen und Felsen herunter? Nichts davon. Drei Männer von Dirk Bouts sitzen selbdritt auf dem Eselsrücken der Abstraktion und reiten dahin mit verzweifelten Gesten. (Herr Ebert reitet am schönsten.) Wäre der heilige Wille nicht fühlbar, sie sänken selbdritt ins Wasserloch der Lächerlichkeit. Man wird den Gedanken nicht los: Dilettantenverein blaue Tulpe. Alles schön und gut: aber die Illusion ist das Leben und die Lust und die Erotik in bezug auf das Ganze. Sie läßt sich nicht verabschieden zugunsten des platonischen »Lichts«. Irrtum: daß man glaubte, Rembrandt habe Licht – Finsternis gemalt. Aber er hat Bürgermeister, Türken, Juden und Kreuzabnahmen gemalt.

Reinhardt wird das Stück in Berlin inszenieren. Da wird die deutsche Schauspielkunst ihre ganze Ekstase zusammennehmen müssen. In Hellerau hatten die Köpfe ersten Ranges abgesagt. Schauspieler mit Taxe, Schwung und Rachen-Ch können das aber nicht machen; die einzige Mary Dietrich als Narzissenwunder »Violäne« entfaltete lieblichste, simpelste Emotion. Bewahre der Herr den Dichter und das wogende wellende gütige Stück vor mirakulöser Monstranzlichkeit in Berlin.

(1913)

Wedekind als Schauspieler

I

Es wird die Zeit kommen, wo es zur Bildung gehört, auch Schauspieler sein zu können. Wo die Schauspielerei gewissermaßen als Sport betrieben wird, so gut wie alle übrigen Bildungszweige: Wissenschaft, Religion, Gedichtemachen, Redenhalten. Ein Mann von Körper und Geist wird sich nicht mehr blamieren dürfen, wenn man ihn fragt, wo er zuletzt aufgetreten ist. Solche Zeiten werden lächeln, wenn sie hören, daß es für uns ein Thema war, ob Wedekind Schauspieler ist oder nicht. Schauspieler ist jeder, der öffentlich auf eine Bühne oder ein Podium tritt, um sich (coram publico) zum Besten zu geben. Verwandlungskunst ist belanglos, seit wir (geistig) allesamt Schauspieler wurden. Wir haben's selbst; wir suchen's nicht mehr auf der Bühne. Wir suchen im Theater keine Seelenwanderung mehr; wir suchen Personagen: Neue Körper. Neue Seelen. Wir kommen uns Schauspieler ansehen, wie Sokrates zur Herodote kommt: Neugierig. Nicht auf das Stück. Sondern auf den Kerl; sondern auf das Weib oder Weibchen. Wir wollen ein neues Stück Mensch wahrnehmen, eine terra nova incognita. Es ist uns piepe, ob jemand, der Herr Schulze ist, auch Herr Müller sein kann. Oder ob Frl. Schmidt sich in Frl. Huber verwandelt. Wir pfeifen drauf. Wie wollen neue Beine. Neue Hüften. Neue Köpfe. Neue Struktur Leibes und der Seele.

II

Als Frank Wedekind auf die Bretter trat: Donnerwetter! Die anderen sahen neben ihm aus wie ein Kegelspiel, das im Umfallen ist. Sie waren einfach nicht mehr da. Es gab uns einen Riß. Wir fühlten: Voilà! Das ist er! Seine Stücke waren bewiesen. Hatten auf einmal Existenz. Zwielebigkeit zwischen Dichter und Werk ward Einheit. Sein Atem glühte. Sein Tempo hackte. Fanatismus brachte ein Vibrieren auf die Bühne, wie nur noch der Tänzer Nijinski es bringt. Da standen drei Kerle in einer Person: ein Zelot, ein Dichter und ein Tribun. Seine Angelegenheit, die vorher eine solche der Theaterkanzleien und Verlagsbüros gewesen war, sprang in die Öffentlichkeit. Was vorher Schreibsal war, ward Lebsal. Fluchte, blutete, tobte, schrie: uns und der staatlichen, gesellschaftlichen, religiösen, moralischen Autorität ins Gesicht hinein. Schauspieler werden hieß für ihn: sich ein öffentliches Leben schaffen; Agitation für sich und die Sache, Auseinandersetzung deutlichste, Brust an Brust mit denen, denen es galt. Das gab ihm eine Unmittelbarkeit, die ein »Berufsschauspieler« nicht erreichen kann, weil er immer nur Mittler bleibt. Wedekinds Manco: Die Kunst (d. h. Beherrschung) der Invektiven. Bombenwerfen wird demnächst moderner sein und ihn verdrängen.

III

Ein Schauspiel, grausam wie Harakiri (wird man sagen): Es schlitzte sich einer die Seele auf. Zerstörte die Wand zwischen innen und außen. (»Scham« genannt.) Zwischen öffentlich und privat. Zerriß und zerfetzte sich selbst. Barbarismus. Flagellantentum. Und lud uns als Zuschauer ein. Fluchte sadistisch, spie Witze und Hohn. Und immer der Verstand, der hinrichtende Verstand. Gotische Berserkerei in diesem Sichselbst-Entblößen; unerhört. (Erinnert euch an »Zensur«, als er den Buridan spielte, eines Tages. »Der Clown Wedekind«. Das Lachen blieb euch in der Kehle stecken. Oder als er den Hetmann spielte: Donquichote im Reich der Idee ward jetzt erst Bild.)

IV

Nicht daß er immer ergriffen hätte. Er hypnotisiert. Er hat den Krampf im Gehirn. Den Krampf (im Körper). Den Krampf (in der Kehle), in den Beinen. Auch in den –. Holzschnitt ist alles: grob und eckig und ohne Übergang. Dachskulptur der Kathedralen von Reims und Amiens. Holzwerk von Riemenschneider. Es knarrt, wenn er schreitet. Er krächzt, wenn er spricht. Seine Nase ist steil und kühn. Wenn er auf der Straße der Elektrischen begegnet, zwingt er sie auszuweichen. Mißtrauisch, gereizt, verlegen. Oder taktlos, brutal, sarkastisch. Naiv wie ein Ponny und tobsüchtig wie ein Narr.

V

Was wird mit seinen Stücken geschehen, wenn er einmal seinen Posten quittiert? Wer soll den Hetmann spielen? Wer den Veit Kunz? Wer den Lindekuh? Die glatte Hälfte, die Agitation, der Trommelschlag, fällt weg. Es ist der Sinn dieser Dramen, daß er sie selbst vorbringt. Die Steinrücks und Kayßlers sind zuguterletzt Kayßlers und Steinrücks, aber keine Wedekinds. Warum? Weil sich Jaurès und Briand und Churchill vertreten, aber nicht ersetzen lassen. Weil seine dramatische Idee die der Dramatik des öffentlichen Lebens ist und ihre letzte Gestalt erst findet, wenn er selbst sie verficht. Er ist (immer vom Spezifischen gesprochen) nicht abzutrennen von seiner Idee. Er steht auf der Bühne: drei Worte, und all sein Verfolgungswahn ist plausibel: Unterdrückte Vitalität, gereizt, entlädt sich in aufreizendem Widerspruch.

VI

Andere können gar nicht genug von ihm lernen. Sein Zweck ist die Sache. Sein Mittel die Sachlichkeit. Logik (die man ihm merkwürdigerweise abgesprochen hat) seine Methode. So spielt er (seine) Stücke. Ohne viel Gestus. Ohne viel Mimik und Maske. Er macht nicht Theater. Er besetzt es, nimmt es in Beschlag. Dabei ist es ihm peinlich um Theatralik zu tun (als Regisseur). Es muß oben beständig etwas los sein. Er kennt die Gesetze, mit denen man fesselt, und wendet sie an mit großer Sorgfalt. Lernet von ihm, wie man Realitäten bringt. Wie man auf den Füßen steht. Wie man da ist. Neben ihm ist alles nur wackelndes Postament.

VII

Er ist Abschluß einer Epoche. Prägnanz im Superlativ. Rationalistisch-logisch kann man nur mit Prägnanz sein (und umgekehrt). Er steht da als das Ende der Moral, als die verkörperte Moralidiosynkrasie dieser letzten Epoche. Aus ist's. Moral (samt ihrer Negation: Amoral) wird binnen kurzem kein Gegenstand mehr sein. Nur mehr Farbfleck. Ihr (Dramatiker!), die ihr euch mit der Gesellschaft befaßt, hört auf! Der Schauspieler Wedekind, populär geworden, macht allem übrigen Gesellschaftsstück den Garaus. Drückt es an die Wand. Erledigt es. Ihr könnt keine Gesellschaftsstücke mehr schreiben, ohne in seine Stapfen zu treten. Neues, oder ihr seid seine Epigonen!

VIII

Reminiszenz: Wie er in Franziska hereinkommt als Sternenlenker Veit Kunz! Sackerment! Durchs Fenster und in die Knie knickt und im Halbkreis läuft! Phänomenal! Sein obligatorischer Satanismus (der Bürger verlangt das) – Kinderschreck. Wir amüsieren uns über das Ponny. Wir lächeln, wenn er Hinkefuß macht. Aber dieser schwarze spiritus rector, der durchs Fenster kommt und im Kreise läuft, das ist der Teufel im Kasten. Nicht unterzukriegen. Der Deckel springt auf: schon streckt er den Kopf hervor.

IX

Er ist voller Schalk und Schabernack, Arabeske und Schilderei. Das Akrobatentum hat er wiederentdeckt – für die Bühne der Zukunft. Er berührt die Japaner; das urtümliche Volksgaudi; die Schwertschlucker, Seiltänzer und Purzelbaumschläger. Man wird ihn ausarbeiten. Er fliegt und reitet, schwebt an den Kniekehlen in der Luft (meiner Treu). Es ist sein größter Vorteil, daß er (in jungen Jahren) mit dem Zirkus reiste.

(1914)

Das Psychologietheater

Es ist evident, daß alle Psychologie ein Sicheinfühlen in die fremde Existenz, ins Objekt, in den Gegenstand voraussetzt. Um etwas »Psychologisches«, etwas über die Seele einer Sache, eines Menschen, eines Unternehmens aussagen zu können, bedarf es einer Fähigkeit des Sicheinfühlens, des Besitzergreifens, des Sichselbstverlassens, die absolute schauspielerische Begabung voraussetzt. Ich behaupte: große Psychologen müssen notwendig große Schauspielernaturen sein. Psychologie und Schauspielerei sind aufs engste verknüpft (der Psychologe ist gezwungen, sein Objekt zu erleben, es persönlich zu durchdringen, es selber zu sein, bevor er etwas Wesentliches darüber aussagen kann). Die psychologische Epoche, die in Nietzsche, Dostojewski und Ibsen gipfelte, hat einen eminent schauspielerischen Untergrund. Mit dem Hochkommen dieser Epoche wird das Interesse für Theater und Schauspielkunst universal, setzt die Überschätzung des Theaters ein. (Siehe Richard Wagner. Siehe seinen Ausläufer Max Reinhardt. Brahms Ibsentheater.) Mit dem Durchschauen der Psychologie (mit dem Zeitalter der Psychoanalyse) schwindet auch das Interesse am Theater. Die großen Psychologen haben das Theater universal gemacht (der Fall Nietzsche-Wagner); auch die Schauspielerbegabung. Durch die Psychologie sind diese Dinge allgemein geworden. Wie etwa Freud die Hysterie zergliedert und damit einen Allgemeinzustand der Hysterie einleitet. Wir sehen das Theater nicht mehr als Spezialität. Wir sind's selber geworden. Wir brauchen nicht mehr in den obligatorischen Kunsttempel zu gehen. Wir nehmen das Schauspielern nicht mehr als Sensation. Und wenn wir gehen, gehen wir aus anderen Gründen. Vor allem: wir betrachten die Psychologie – psychologisch. Wir empfinden sie als plebejisch, pedantisch und unvornehm. Wir empfinden sie als ein Durchschnüffeln, Durchtasten, Durchstöbern eigener und fremder seelischer Angelegenheiten ohne Distanz; zur Wissenschaft erhoben widerlich. »Psychoanalyse« als eine Art resümierter Psychologie findet allenfalls noch unsere Billigung, wenn sie, unter strengster Staatskontrolle, medizinisch fungiert. Psychologie (moralisch genommen) empfinden wir heute als eine Ausschweifung masochistischer Personen. Als ein Türhorchen der Senilität bei der ökonomischen Verwaltung unserer inneren Angelegenheiten; als ein Domestikenvergnügen, wenn man so sagen will. Wir hören Syllogismen und Wasserfälle von Phrasen, die den Kern nicht mehr treffen. Psychologie beispielsweise bei Ibsen ist uns beträchtlich zu einem Klatschsuchtsphänomen heruntergesunken. Wir sehen Brille, Lupe und Gelehrtenzopf hinter der »Seele« her (die nicht mehr existiert). So jemand sein sollte, der Seele hat, das ist *seine* Sache.

Jene »schauspielerische Urbegabung« aber erklären wir uns aus dem Druck, den Jahrhunderte borniertes Christentums auf die Knechtung der Körper und Geister verwandten. Wir erklären die psychologisch-schauspielerische Epoche der genannten Größen als lebendig gewordene Versatilität ganzer Generationen von Unterdrückten, die mit allen Mitteln der Verzweiflung und Verschlagenheit in andere Gestalt hinüber und durch sie aus ihrer eigenen herauswollten (es ergibt sich die Parallele zur Popularität des Weibes). Wir erklären »den Schauspieler« aus der Suprematie asketischer Orden, aus dem Fron und der Nachwirkung cäsarischer Papstnaturen; aus dem tausendjährigen Wutideal metaphysischer Fleischverachtung. Wir glauben, daß die gesamte Epoche heutiger Aufklärung als Reaktion gegen Moraldruck selber noch eine Moralidiosynkrasie sei (Wedekind). Wir stellen als Gegenideal, zwecks Überwindung, den Expressionismus auf, der gar kein Objekt mehr kennen will; der mit wahnsinniger Wollust die eigene Persönlichkeit wiederfindet und deren Diktatur ausruft in hintergründigster Selbstschöpfung. Theater als Abenteuer, als Weltreferat, als hoher Lyrismus. Wir lassen das Christentum gleiten. Die Psychologie anbei. Uns heute, die wir einander eine »Renaissance in Gesundheit und aristonischer Ungebrochenheit« versprechen, uns dämmert damit auch der römische Histrionenhaß wieder auf. Kein Vorurteil mehr gegen den Schauspieler als soziales Glied. Aber ein Achselzucken bei seiner »Verwandlungskunst«.

(1914)

Raimunds »Rappelkopf«

Die Frucht eines Dichterlebens. Die Melone einer Umgebung. Die alles Wasser dieser Umgebung in sich gesogen, andern entzogen hat. Das Wesentliche der Lebensführung eines Zaubermachers und maniakalisch Verdächtigen. Das ist dieses Stück. Wenn solches Ereignis zustande kommt (und rein herausgepellt wird), vermag es immerhin nach Jahrzehnten noch auszustrahlen.

Raimund litt (sein ganzes Leben lang) an einer seltsamen Phobie. Er hatte Feindschaft mit den Hünden. Er betrachtete die Hünde als eine Art mystischer Wesen. Er wollte nicht von ihnen gebissen sein. Als er eines Tages eine Butterstulle verzehrte, woran canis domesticus geleckt hatte, bekam er einen Nervenchok. Auch biß ihn eines Tags eine Frau (in den Finger). Die Komplexe vermischten sich. Ein Freund wurde gebissen. Er (Raimund) verschrieb dem Freund sofort: 1 Flasche aqua destillata, ½ Liter Milch. (Vorbeuge gegen Wutausbruch.) Am 15. August (1836) ereignete es sich, daß (Raimund) selber gebissen wurde. Es war sein Ende. Er war entsetzt. Er bekam Zustände. Er schoß sich mit einer Pistole in den Mund (woran er verstarb).

Das Stück, das seine ganze Rappelköpfigkeit enthält, ist der Rappelkopf. Die Handlung zu erzählen, gehört nicht zur Sache. Reinhardt spielt sie. Dort kann man sie sehen. Es ist ein klassisches Stück (man hätte das gar nicht gedacht). Etwas einfach Gegliedertes, à la Meisterstück. Alles klappt, auch in der Auflösung. Grillparzer (der Mann mit dem europäisch unaussprechlichen Namen) beneidete ihn drum. Mit einer moralischen Grundidee. Was dem Publikum gefällt. Ein Exempel, das aufgeht. Man hat seinen Spaß dran.

Im Ernst: Es sind Ansätze drin: Zu Strindberg (in der Figur dieses ganz rabiaten Rappelkopf, der überall Camorras wittert und keine Räsong annehmen will); zu Hauptmann (in einer scharf, aber christlich gesehenen Köhlerszene); zu Shakespirr (im Kontrast eines söhr gschwolln daherredenden »Alpenkönigs« und eines »Laß-mi-aus«-Staberls aus der Puppenkomödie).

Er macht Jokus, Freund Raimund. Das ist sympathisch an ihm. Geistige Formalitäten finden am Theater ja heute nicht mehr statt (sondern anderswo). Die Brahmse sind tot. Die Stanislawskis fern.

Reinhardt scheint resolut zum Volkstheater oder Komödienhaus überzugehen. Bassermann, va! Pallenberg, entfalte dich! Wie selig man den letzten Strindberg spielte! (»Wetterleuchten.«) Ein Wetterleuchten fürs Schaufenster. (Und das Stück ist so wundervoll!) Die Kleinstädter: gut. Raimund: gut. Stücke, wo man nicht zu denken braucht. Sondern nur zu erfinden. Der Clou des Abends: Pallenberg. Was soll man noch sagen, da Jacobsohn über ihn geschrieben hat? Er ist klassisch (in der Geste), fanatisch (im Umriß), pathologisch (in der Vehemenz). Ja, das ist er. Ein gefährlicher Herr für die Dichter. Ein Archifanatikus, ein Revoltär unter den Mimen. Er hat Zinnober im Hirn (und Kobalt im Herzen). Er prägt sich in die Schädeldecken derer, die ihn gesehen haben. Auch die Eibenschütz: Bon, bon. Wie sie die Arme schlenkert! Es gibt keine Schlüsselbeine mehr und sonstige Hemmungen. Sie ist vollendete Schwebe. (Aber Herr Jacobsohn sagt, daß sie sich in den Mittelpunkt gepfeffert hat. »Gepfeffert« sagt er.) Sie ist süß und geliebt, die Eibenschütz. Die Kammerkätzchen werden sie zu ihrer Patronin machen.

Apropos Rappelkopf: Das ist schon ein Kerl! Lassen Sie den man gehen! Gar kein Grund, sich über ihn lustig zu machen. Eine Perfidie (von dem Wiener Dichter), ihn mürbe zu kriegen. Als ob Mißtrauen, Argwohn, Skepsis, Stierigkeit, Rechtlichkeit, Nervosität – als ob all das Hekuba wäre! Molluskeriche ringsum. Die bejohlen das (natürlich). Jene Rappelköppe ihrerseits indessen mögen Geltung haben.

(1915)

Grabbe

Man spielte »Scherz, Satire, Ironie und tiefere Bedeutung«. Das ist sehr verdienstlich und auch lustig anzusehen. Regie: Altman. Auch das war hübsch. Rotlivrierte Lakaien blättern die Szenenbilder als Bilderbuchseiten auf und zu. Das Ganze frisch, heiter und keß. Das hätte dem Dietrich Grabbe Spaß gemacht. Da lachte die Welt. Das freute die Affen.

»Auf der einen Seite die Schöpfer, auf der anderen die Zappler«, sagt Kerr. Das stimmt hier nicht. Das stimmt überhaupt nie. Weil Strindberg z. B. »sowohl als auch« ist. Und hundert andere ebenso. Grabbe hätte gesagt: »Auf der einen Seite die Lacher, auf der andern die Muffligen.« Oder: »Auf der einen Seite die Gesäß-Gesetz-Besitz-Besessenen. Auf der anderen die Schwirrend-Schwebend-Schwanenhaften.«

Meine Damen und Herrn! Grabbe: Das heißt: sich maßlos besaufen. Weil man's nicht ändern kann. Weil nichts zu machen ist. Weil alles umsonst ist. Grabbe: Das heißt: »Vorschriften gibt es nicht. Regeln gibt es nicht. Gesetze gibt es nicht. Schule gib es nicht. Wenn es sie aber doch gibt, dann ist das so was gottsjämmerliches, daß man sich in eine Ecke legen muß und besaupen, restlos besaupen.« Er kollidierte mit einem Jahrzehnt von Macherleins. Alle »machten« Literatur. Jahraus, jahrein. Und jemand, der in seinem Stück eine Hauptrolle spielt, wickelte seine Heringe darein und las bei der Gelegenheit jene »Literatur«. Was soll man da machen? Man legt sich hin und saupft. Es ist alles umsonst.

Herr Dietrich Christian Grabbe gehört zu unserer Armee der lokomobilen Exzessionisten. Hätte er heute gelebt, so würde er sich beteiligen an Expressionistenabenden und würde trillernd auf dem Podium erscheinen, allwo er den Vogel abschösse. Herr Christian Grabbe hat das Lachen aus käsiger Verzweiflung. Das ist gut. Das ist sehr gut. Viel besser wie Ibsen, oder Hebbel (hoppla), als welcher keine Größe, sondern eine Bürgerschule ist.

Eine methodologische Bemerkung: Es ist (heute) nicht wichtig, »Kunstkritik« zu schreiben, kerriologisch, sondern Leute zu suchen. Mit der Laterne. Lacher. Beweger. Aufrufer. Lustigma-cher. Je skurriler, desto besser. Für andere Zeiten mag was anderes gelten. Was sollen wir heute mit unserer Tante machen? Wir lassen sie Cancan tanzen. Wir wollen Fahnen, Bünde, Kerle (spitzwinklig), die sich den Kopf einrennen. Lasset uns einen (neuen) Journalismus gründen. Der Tag hat das Recht. Nicht die »Ewigkeit«. Die Ewigkeit – was geht sie uns an? Sie geht uns gar nichts an. Journalist ist Grabbe in diesem Scherzspiel. Journalist ist (damals) Heinrich Heine. Man beschäftige sich mit dem, was auf die Nägel brennt. Intensivest. Man mische sich ein.

Und ist zu sagen: Daß er (dieser Grabbe) kein Relativsatz gewesen ist. Noch ein Konditionalsatz. Sondern ein Imperativ. Und ein Superlativ. Sein eigener Herr. Daß er keine Zeit hatte, für die »Ewigkeit« zu schreiben. Sondern in Unterhosen den Segen erteilte. In Glanzpantoffeln den Fahneneid abnahm.

Antisemit scheint er gewesen zu sein. Und die »Kritiker« haßte er. Er scheint noch einiges andere auf dem Herzen gehabt zu haben, was er nicht sagen wollte (oder konnte). Eins ist sicher: Er ahnte voraus: Dreidimensionige Plackaterie. Irrationale Postulatoren. »Ceterum censeo«, sagt er, »die Marquis Posas müssen gelüftet werden.«

(1915)

Totenrede

Hans Leybold – ich muß ihn ja gekannt haben! Wir führten an den Kammerspielen in München zusammen Hauptmanns »Helios« auf. Er war ein Student. Er machte mich mit der »Aktion« bekannt. Er negierte mein Gesäß. Er reizte mich maßlos.

Wir fanden einen kleinen Verlag in München. Der hieß Bachmair, H. F. S. X. Y. Bachmair. Anlaß vielen Gelächters für uns. Sprach Leybold: »Lasset uns eine Zeitschrift gründen!« Die hießen wir »Revolution«. Als die Zeitschrift gegründet war, verlangten die Abonnenten ein Programm. Leybold sprach: »Wohlan denn, Ihr –, wennschon immerhin: Hier habet ihr ein Programm«. Und schrieb: »Kampf gegen Seiendes, für Keimendes. Gegen Kunstportiere, Kulturportiere, Avenariusse, Scharrelmänner, Obskuranten, Schwärzlinge, Hertlinge, Hohlwege, Panteutschisten, Stagnaten, Kastraten. Gegen literaturbehaftete Oberlehrer, kunstsinnige Kritiker, allgemeine Rundschauer. In Summa: Gegen Zuständliches«. Und fügte hinzu: »Nichtschriftsteller heraus! Keine Literaten sollen gezüchtet werden«. Da hatte man denn die Revolution! Da war sie. 20 Jahre alt war der Kerl. Sehr hurtig. Und paffte einfach drauf los.

Sprach jemand in Berlin: »Was ist das für eine Revolution, die ihr da macht in München! Da steht ja kein Satz Politik drin!« »Richtig«, sprach Leybold, »da steht kein Satz Politik drin. Was soll man tun?« 5 Minuten später waren wir konfisziert mit Nummer 1.

»Holla«, sagte ich zu ihm, »da steht nur kein Sozialismus, keine Altersfürsorge, kein Mutterheim, kein Rotes Kreuz drin. Und auch die Rosa Luxemburg wird nicht mitarbeiten. Noch Frau Zetkin«. »Aaber: Politik, zum Donnerwetter, Politik«, sprachen wir zweistimmig, »ist das etwas anderes als die Lehre von den Mitteln, mit denen man sich selbst oder eine Idee durchsetzt? Und wenn unsere Idee – na, sagen wir schon – ›der Geist‹ ist, ist es vielleicht unsere Politik, daß wir ›den Geist‹ durchsetzen?« Unter Geist verstanden wir aber alles, was gegen das Gesäß, gegen die Verdauung und gegen das Finanzherz gerichtet ist. Jeglichen Fanatismus im Gegensatz zu jeglichem Traum- und Innenleben. Jegliche Anarchie im Gegensatz zu jeglichem Bonzentum (sei's, wer's sei). Wir versuchten, das überlegene geistige Kaliber in unsere Hand zu bekommen und es spielen zu lassen. Wir suchten jede Handlung, jedes Unternehmen, jede Zeile Geschriebenes nur im Zusammenhang mit unserer Endabsicht zu ästimieren, für Komplexe empfindlicher als für Äußerungen. Für Wandlungen dankbarer als für »Charakter«. Unser Ziel aber hieß: Geistige Konspiration zwecks Ermöglichung geistiger Werte.

Inzwischen verspritzten wir Glossen und Gedichte, nach allen Seiten. »Die Revolution« verkrachte nach 5 Nummern. Leybold wurde nacheinander Mitarbeiter des »März«, des »Vorwärts«, der »Aktion«, der »Zeit im Bild«, der »Tat«.

Das Bedeutsamste, was er in dieser Zeit schrieb, scheint mir eine Glosse in »Zeit im Bild« gewesen zu sein. Dort vertrat er die Ansicht: »Es muß (in diesem Volk) immer etwas los sein. Immer etwas knallen, passieren. Immer wer angezaubert werden. Laut erhebet eure Stimmen, lauter, lauter. Der Zweck heiligt die Mittel«. Ein richtiger Jesuit, was? »Die Stillen im Lande«, meinte er, »werden nicht gehört«. Er meinte damit solche Herren Hermann Stehr, Gustav Landauer, Paul Boldt und andere.

Und es begab sich, daß uns der Einfall kam, Franz Blei zu propagieren. Wir fanden das sehr witzig. Blei hatte immer propagiert. Warum sollte er nicht selbst einmal propagiert werden? Also spielte er die Uraufführung seiner »Welle« in den Münchener Kammerspielen. Leybold programmatelte. Seewald inszenierte. Ich zeichnete verantwortlich. Wir bewarben uns um eine Theater-Direktion in Dresden. Wir versuchten das Münchener Künstlertheater in unsere Hand zu bekommen (wohl wissend, daß das Theater der springende Punkt ist). Wir planten eine internationale Anthologie von Lyrik. »Teufel, Teufel«, sagte Leybold, setzte sich in die Eisenbahn und fuhr nach Kiel.

Wir entspannen einen heftigen Briefwechsel. Er warb um mich, vorsichtig und höflich, wie um eine obszöne Frau. Wir erkannten einander und setzten ein Psychofakt in die Welt, das wir Baley nannten und das den Zweck hatte, Posen, Gesten,

Vexationen zu kultivieren. Arrogant zu sein wie - wie Einstein.

Ich befreundete mich mit Kandinsky und ging zum Expressionismus über. Er seinerseits empfahl mir Heinrich Manns »Professor Unrat« zur Lektüre. Ich schrieb ihm:

> »Wir, Bruder, toben mit den grellen Bumerangs,
> Trompetenbäume schrillen in Cis-Moll.
> Wir schnellen durch die Luft gleich Fetzen grünen Tangs,
> Blutäugig fliegende Fische voller Haß und Groll.«

Ich suchte ihn von Heinrich Mann und seiner Begeisterung für die Sachlichkeit abzubringen.

In demselben Moment erklärte Kaiser Wilhelm, daß das mit den Franzosen und Russen so nicht weitergehen könne. Und Leybold schwenkte *auch* die Fahne und blies *auch* ins Hifthorn und machte *auch* den Krieg mit Frankreich. Mir persönlich ist ja der Krieg unsympathisch, denn es ist eine Rigorosität, daß Leute wie Péguy erschossen werden. Aber man kann nichts machen. Denn der Krieg ist eine Notwendigkeit Gottes. Dazu kam, daß Leybold eine Sympathie hatte für Kanonenrohre, weil sie ihn mit Freudschen Theorien erfüllten.

Doch hiervon genug. Sie werden wissen wollen, was dieser geniale junge Mann positiv geleistet hat. Nun denn! Er starb auf dem Felde der Ehre (viele Russen sterben anderswo). Er hat eine Zeitschrift gegründet, die einen sehr bedeutungsvollen Namen hat. Er pöbelte gegen Otto Ernst, gegen die Epigonen des Turnvaters Jahn, gegen Roda Roda, Feistritz, Walter Kollo und viele andere. Was an sich nichts bedeutet. Aber er faßte diese Insekten in Kristall, putzte sie auf, hing ihnen Schellen und Lendenschürze um, so daß mit der Zeit eine recht niedliche Negertruppe daraus geworden wäre.

Sodann: Er tat furchtbar viele Frauen auf: bei ihm eine Form der Propagierung des öffentlichen Lebens. Glich sich dadurch Ulrich von Hutten an. Dichtete:

> Unglaublich viele schöne Frauen gibt es in der Stadt,
> Sie haben blaßgepuderte Wangen und ziegelrote Münder,
> Sie sind teils kränklich, teils gesünder,
> Manche quellen über, manche werden niemals satt.

Er fiel Athleten an, Kunstturner, Studenten, Cafétiers und stiftete auf diese Weise eine Art abgekürzter Polemik. Er hielt es für ganz unwichtig, Literatur zu machen, und für sehr schwer, ein deutscher Schriftsteller zu werden, weil das eine contradictio in adjecto sei.

Aber das alles half ihm nichts. Eines Tages, mitten im Krieg, stürzte er vom Pferd, vor der Stadt Namur, kam zurück nach Berlin, pflanzte einen Vollbart ins Café des Westens und begab sich in seine Garnison Itzehoe, von wo er depeschieren ließ, er sei mit dem Tode abgegangen.

Es ist unerhört und scheußlich, daß dieser junge Mann aus dem Kriege nur die physische Konsequenz ziehen mußte, während die geistige ihm versagt blieb. Er ging ein (literarisch gesprochen). Er verendete (literarisch gesprochen). Er starb in irgendeiner Ecke, ohne einen Laut, und ohne daß er noch jemand gesprochen hätte. Fürs Vaterland. Aber er wollte hinaus aus dem Vaterland. Immer. Nur hinaus aus dem Vaterland. Mangel an Vaterland war direkt ein Defekt bei ihm. So war er geartet.

Ich sehe ihn vor mir, unbändig lachend. »Menschenskind, eine Totenrede?« Schon klemmt er das Monokel ins Auge, gibt seinem Körper einen Ruck und sistiert die Vorstellung. Oder auf der Straße: Er trägt einen blauen Mantel, geht mit verkniffenen, breitgeschwungenen Augenbrauen nach dem Tempo einer Automobilhupe und spuckt. »Alter Bulle«, sage ich zu ihm, »wir werden noch manchen Kampf miteinander zu kämpfen haben.« »Woll, woll«, sagt er, im raschen Gehen auf der Straße, während der Mantel fliegt.

Widersprechen Sie nicht! Kaufen Sie seine nachgelassenen Glossen und Gedichte, die ich herausgeben werde. Er ist hin. Es muß ihm sehr schwer gefallen sein, wie ich ihn kenne. Aber es ist nichts zu machen. Gedenken Sie seiner! Haben Sie Mitleid! Seien Sie freundlich! Sie alle haben seinen Tod mitverschuldet. Alle, wie Sie auch hier unten sitzen. Möge Ihnen sein Name einfallen, wenn Sie Ihre Kinder säugen!

Ich habe dem nichts hinzuzufügen.

(1915)

Zürich

Man lebt in Zürich: Ländlich unter Morphinisten. Viele Franzosen gibt es. Die Soldaten mit ihren schwarzen Tschakkos, schwarzer Uniform und roten Achselaufschlägen erinnern an deutsche Feuerwehr. Die elektrischen Wagen sind blau wie in München. Am Stadthauskai ragen drei große Uhrtürme mit goldenen Zifferblättern. Brückenköpfe breit zwischen italienisch gegiebelten Häuserstaffagen. Singende Aale und Wasserratten von der Limmat her. Dahinter der See: Ein blaugrauer Sack.

Auf der Straße begibt sich: Die larmoyante Musik der Heilsarmee. Vor der Studenten-Wirtschaft »Zur Bollerei« auf grobpflastrigem Platz stehen im Kreis fünf Männer mit Blasinstrumenten. Hüte, Bagage und Instrumentenkästen liegen geschichtet inmitten des Kreises auf einem Haufen. Frauen mit seltsamen Hüten und Brillen (aus Bildern des Quentin Massys) singen eine erbarmenswürdige Melodie vom gekreuzigten Heiland. Auf dem Balkon der »Bollerei« die Studenten: in langer Reihe mit eckigen Köpfen und Quastenpfeifen.

Oder es findet, unter freiem Himmel, eine Versammlung statt, auf dem Münsterplatz. »Gegen den Hunger.« »Schweizerarbeiter, wach auf, bevor es zu spät ist! Nieder mit der Heuchelei des Burgfriedens! Es lebe der Klassenkampf!« Mit Trompetenstoß wird die Versammlung eröffnet. Auf einem Karren stehen die Redner. In kleinen Trupps, die Internationale singend, zerstreut sich die Schar der Protestler unterm Gewitterregen.

Zürich ist die Stadt der Gesangvereine. Vierstimmig, schippelig. »Alles wird sich schon gestalten. Frühling wird es sicherlich.« Gesellenhäuser heißen hier »Zur Käshütte«, »Blaue Fahne«, »Zur Zimmerleuten«. Auch wird viel trompetet, aus sechsten Stockwerken heraus. Man tut etwas für die Lunge. Im Park, auf den Terrassen der großen Hotels, an Kiosken und in den Separés der Kabarette: man spricht viel Französisch, von Genf her. Scheintot ist man versucht die Stadt zu nennen trotz Sonne und Grobheit nach drei Tagen Aufenthalt. Niemand führt Buch über Verbleib und Schattierung geflüchteter Krimineller.

Cabaret Bonbonnière liegt im Mittelpunkte der Stadt, nahe dem Hauptbahnhof. Café des Banques hat eine saftige Kapelle. Die Primgeige stammt aus Moabit, das Cello aus Lyon. Der Flügelmann ist Mexikaner. Im Kabarett tritt auf: Emmy Hennings: Grüne Joppe, schwarze Satinhosen, blonder Schopf.

Das Kabarett ist ein hübscher Raum, sehr besucht. Violette und lila Ampeln in Pagodenform. Höllenrote, entzückende kleine Bühne. Italiener und Franzosen schmunzeln beim Vortrag der »Beenekens«. (Sie sehen, Romain Rolland, es bedarf nicht des esprit religieux der Madame Dr. Elisabeth Rotten noch des Appel humain samaritanisch geneigter Episkopaten.)

Die Zeit ist vorsichtig und langsam. Am Predigerplatz, im kleinen Restaurant »Zum weißen Schwänli«, geschähe auch Ihnen Genugtuung, lieber R. H. Ich folge freundlicher Einladung eines Arztes. Und finde ein stilles, entferntes Kolleg von viermal sechs freien »Genossen« (oft sind es mehr, oft weniger). Sie tagen einmal die Woche, jeden Montag. Jemand verliest eine Disposition der »Kampfesmittel des Arbeitgebers«. Monsieur le directeur Dr. B. führt den Discurs, sachte und einfach, sicher und prinzipiell. Zugegen sind Organisierte und Nichtorganisierte, Propagandisten der Tat und Sozialdemokraten, ein Kondukteur, ein Metallarbeiter, die russische Revolutionärin und der sehr französisch orientierte Redakteur des »Revoluzzer« (eines Blattes, das, nur in der Schweiz, mit sehr direkt-indirekten Mitteln den italienischen Arbeitern Verweigerung der Militärpflicht nahelegte). »Sagen Sie uns, Genosse H., – Sie haben da Sondererfahrung – was wissen Sie uns von Tarifverträgen?« (folgt Bericht). »Schön. Aber Sie setzen sich da in Widerspruch zu Genosse W. Genosse W. erzählte uns, daß er nur unkündbare Tarifverträge kennt, und daß das Interesse des Arbeitgebers nur unkündbare Tarifverträge verlangt.« (Genosse H. und W. debattieren und einigen sich). »Schön, und die Streiks? Wer erinnert sich noch des Holzarbeiterausstandes bei uns in der Schweiz? Wie war doch die Situation?. . .« »Der ökonomische Streik, ganz richtig. Und außerdem?« Sympathiestreiks. »Was kommt wohl in solchen Sympathiestreiks zum Ausdruck?« Man tut sich selbst genug. »Oder? Genosse C.?« Man befriedigt ein seelisches Bedürfnis. »Oder?« Man hat

Gefallen an sich selbst. »Gut, das ist es. Es gibt in der Arbeiterschaft Vorgänge von nicht nur materieller Bedeutung. Es gibt auch – man könnte fast sagen – ästhetische Streiks.«
Gegen 10 Uhr ist die Disposition komplett. Eine neue Disposition wird einem der Genossen übertragen. Die Versammlung zerstreut sich.
Sehen Sie, lieber R. H., so kultiviert man hier in der Arbeiterschaft und unter Gebildeten: ganz ohne Lärm, ganz ohne Aufsehen. Der deutsche Literat, den ein Zufall in die Versammlung verschlägt, ganz ohne Kontakt, ganz voller Abneigung kommunistischen Dingen gegenüber, ist tief erstaunt und beschämt und dankt einem Kreise von Menschen, in dem sich Gelassenheit und Erfahrung das Rüstzeug schaffen für den sozialen Kampf der Zukunft.

(1915)

Die junge Literatur in Deutschland

Der Kampf, den die junge Literatur in Deutschland heute zu führen hat, geht um die Bildung einer oppositionellen Partei.

Opposition gegen die hier wie in keinem Lande allmächtige Bourgeoisie; Opposition gegen den krassen Materialismus in Leben, Kunst, Politik, Presse; Opposition gegen die offizielle Oppositionspartei (die Sozialdemokratie): das sind die Aufgaben, die sich die junge Literatur von heute mehr und mehr zu Bewußtsein bringt.

Die Situation ist schwierig. Zunächst: Es fehlt jede Tradition. Dreierlei hat man in Deutschland noch nicht genügend begriffen: Erstens, daß die verantwortlichen Denker der letzten fünf Jahrzehnte, Bakunin und Nietzsche, den Deutschen als Typus ablehnten. Daß man sich also in einem Lande befindet, das vor Europa und vor aller Intellektualität (Radikalität) kompromittiert ist. Zweitens, daß man in Dingen politischer Intelligenz seit den Dekabristen (1825) von Rußland zu lernen hat statt von Frankreich. Drittens, daß es in Deutschland trotz hunderttausend Büchern, Zeitschriften und Bibliotheken so etwas wie ein öffentliches geistiges Leben, das heißt unmittelbare Ausprägung dessen, was man denkt und fühlt (auf dem Podium, in der Versammlung, in der Tagespresse) noch nicht gibt.

Wenn man den Deutschen vorwirft, daß sie ihren Nietzsche (und dessen vielgliedrige Kritik der Moral, der Philosophie, der Religion, des Idealismus) nicht verstanden haben, so zitieren sie den »Zarathustra« (das nutzloseste Buch, das einer geschrieben hat) und den »Willen zur Macht«, statt »Ecce-homo«, »Morgenröte« und den »Fall Wagner« (sie zitieren immer, was ihnen gerade in den Kram paßt). Wenn man sie nach Bakunin frägt, so wissen sie, daß bei Cotta in Stuttgart der Briefwechsel mit Herzen und Ogarjeff erschienen ist. Das pamphletisch-antigermanische »l'empire knoutogermanique« ist noch in keiner, selbst der schlechtesten Übersetzung zu erhalten; die Biographie Nettlaus nur in einem Abriß.

Die Bücherei »Vorwärts« ihrerseits (marxistisch wie sie ist) tut alles, um die bakunistische Theorie, und was schlimmer ist: die bakunistische Praxis, ad absurdum zu führen. Eine sozialrevolutionäre Partei aber gibt es heute in Deutschland nicht. Revolutionäre Propaganda in Deutschland ist ein Unding. Vor allem fehlt es an einem radikal kultivierenden Verlag. Es gibt keinen Verlag in Deutschland, der nur oppositionelle Literatur aufnimmt. Oppositionelle Blätter wie die »Aktion« (Herausgeber Franz Pfemfert, Wilmersdorf, Nassauische Str. 17), das Organ der Jüngsten, Stärksten, Kritischsten, behaupten sich mit Mühe und unter nahezu vollkommener Ignoranz.

Damit im Zusammenhang steht die Richtung auf das Ästhetisierende, Formale, Dekorative, von der die jüngste Literatur noch immer beherrscht ist: Sympathie und Tendenz mit und nach Frankreich. Radikale politische Lektüre muß sich der junge Deutsche mühsam zusammensuchen aus polemischen Schriften der 'Vorwärts'-Offizin! Eigene radikale Bücher schreibt der junge Deutsche nicht, einmal, weil er keine Muster hat, kein eigentlich öffentliches Leben von Bedeutung und Widerspruch vorfindet; sodann, weil er auch keinen Verleger fände, der sich seiner Produktion annähme, und dieser Verleger wiederum kein Publikum (kurz, weil jede Voraussetzung fehlt). So neigt der junge Literat zu Frankreich; das, müde der großen Vergangenheit, mehr und mehr die Tradition von 1789 verliert; zu einem Frankreich, als dessen oppositionellen Extrakt der Verlag Diederichs in Jena die im besten Falle antiprussianische »Armee française« des Jaurès anbietet; zu Frankreich, dessen ästhetische Kultur ihm die notwendigere politische ersetzen muß.

Der Gewinn ist eine ästhetisch-antibourgeoise, von Flaubert her orientierte Gesinnung. Das Resultat: etwa Heinrich Manns undeutsche Romane oder die Komödien Carl Sternheims (»Die Hose«, »Bürger Schippel«, »Snob«, »1913«), entzückend geschliffene, kristallklare Komödien »aus dem bürgerlichen Heldenleben« mit viel begeistertem Spott gegen den verschollenen deutschen Raubritterheroismus, gegen veilchenblaues Banausentum. Komödien, von denen sich indessen schon das großbürgerlich-»weltpolitische« Berliner Tageblatt nicht mehr getroffen fühlt.

Drittens: hat es bis jetzt für die junge deutsche Literatur so etwas wie ein öffentliches Leben noch nicht gegeben. Es sind noch keine 10 Jahre her, daß in Berlin eine gewisse Propaganda des öffentlichen Ausdrucks einsetzte (unterm Einfluß nihilistisch erzogener russischer Frauen). Man wurde, mehr und mehr, der Meinung, es komme alles darauf an, nicht nur zu denken und zu fühlen. Wichtiger als »Literatur« sei das Eingreifen, das Sich-Beteiligen an der Öffentlichkeit. Wichtiger als Verse, Aufsätze, Dramen irgendwelcher Art sei das Ausprägen etwelcher *Gedanken* coram publico, sei es im Vortragssaal, mit der Reitpeitsche oder in der Debatte. Man dachte an Manifeste, wo man früher Gedichtbände und Romane veröffentlichte. Man veranstaltete jetzt Abende auf eigene Faust unter Umgehung der Zeitschriften. Man trieb Polemik, Propaganda und schrieb (dies alles erst in den letzten Jahren) »Aufrufe an die Partei des deutschen Geistes«. Eine neue Art von Publizistik, sehr fanatisch und direkt, schien sich vorzubereiten. Leider noch außer Kontakt mit der proletarisch-ökonomischen Situation, aber doch tastend danach. Bezeichnend scheint mir die Tatsache zu sein, daß nach Ausbruch des Kriegs die ihrer Herkunft nach bürgerliche Intelligenz dringenden Anschluß suchte bei Gustav Landauer, dessen müde gewordener, degoutierter Kämpfernatur es nach persönlichen Erfahrungen des Unterzeichneten nur an Blick für die in ihren Überzeugungen irre gewordenen bürgerlichen Elemente fehlte. Bezeichnend scheint mir auch, daß die junge bürgerliche Intelligenz es war, von der im Februar dieses Jahres, als das Fortbestehen der Berliner »Freien Volksbühne« in Frage stand, ein Aufruf für Erhaltung des proletarischen Gründungsgedankens dieses Theaters ausging. Der Krieg hat eine Annäherung der intellektuellen Elemente zu den proletarischen eingeleitet. Die Gemeinsamkeit liegt in der Opposition gegen den Krieg, gegen den Patriotismus. Der Krieg hat darüber hinaus aber auch die ökonomische Deklassierung der Intelligenz angebahnt, eine Tatsache, von der noch manches zu erwarten ist. Der junge Literat bürgerlicher Herkunft findet heute keinen Boden und kein Publikum mehr. Irgendwie empfindet er in Lebensfragen realer, radikaler als je. Irgendwie gerät er dadurch mit der Kriminalität in Konflikt. Irgendwie fühlt er sich ohne Schutz und Subsistenz. Er vertreibt sich die Zeit mit Psychoanalyse und neigt zur Hochstapelei. Er stänkert in 20 Berufen und zieht sich zurück, um überhaupt zu verzichten.

Wie die Dinge heute liegen, ist nur zu wünschen, daß die Situation sich noch verschlimmert. Denn nur so kann in Deutschland die Verbindung zwischen Proletariat und Intelligenz zustande kommen, die fehlt und nottut, wenn auf der einen Seite nicht lächerlichste Anmaßung, auf der andern ein geistig unzulängliches Führertum die Folge sein soll.

(1915)

Als ich das Cabaret Voltaire gründete, war ich der Meinung, es möchten sich in der Schweiz einige junge Leute finden, denen gleich mir daran gelegen wäre, ihre Unabhängigkeit nicht nur zu geniessen, sondern auch zu dokumentieren. Ich ging zu Herrn Ephraim, dem Besitzer der „Meierei" und sagte: „Bitte, Herr Ephraim, geben Sie mir Ihren Saal. Ich möchte ein Cabaret machen." Herr Ephraim war einverstanden und gab mir den Saal. Und ich ging zu einigen Bekannten und bat sie: „Bitte geben Sie mir ein Bild, eine Zeichnung, eine Gravüre. Ich möchte eine kleine Ausstellung mit meinem Cabaret verbinden." Ging zu der freundlichen Zürcher Presse und bat sie: „Bringen sie einige Notizen. Es soll ein internationales Cabaret werden. Wir wollen schöne Dinge machen." Und man gab mir Bilder und brachte meine Notizen. Da hatten wir am 5. Februar ein Cabaret. Mde.

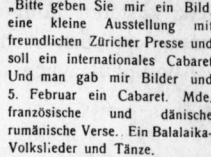

Hennings und Mde. Leconte sangen französische und dänische Chansons. Herr Tristan Tzara rezitierte rumänische Verse. Ein Balalaika-Orchester spielte entzückende russische Volkslieder und Tänze.

Viel Unterstützung und Sympathie fand ich bei Herrn M. Slodki, der das Plakat des Cabarets entwarf, bei Herrn Hans Arp, der mir neben eigenen Arbeiten einige Picassos zur Verfügung stellte und mir Bilder seiner Freunde O. van Rees und Artur Segall vermittelte. Viel Unterstützung bei den Herren Tristan Tzara, Marcel Janco und Max Oppenheimer, die sich gerne bereit erklärten, im Cabaret auch aufzutreten. Wir veranstalteten eine RUSSISCHE und bald darauf eine FRANZÖSISCHE Soirée (aus Werken von Apollinaire, Max Jacob, André Salmon, A. Jarry, Laforgue und Rimbaud). Am 26.

Februar kam Richard Huelsenbeck aus Berlin und am 30. März führten wir eine wundervolle Negermusik auf (toujours avec la grosse caisse : boum boum boum boum — drabatja mo gere drabatja mo bonooooooooooooo —) Monsieur Laban assistierte der Vorstellung und war begeistert. Und durch die Initiative des Herrn Tristan Tzara führten die Herren Tzara, Huelsenbeck und Janco (zum ersten Mal in Zürich und in der ganzen Welt) simultanistische Verse der Herren Henri Barzun und Fernand Divoire auf, sowie ein Poème simultan eigener Composition, das auf der sechsten und siebenten Seite abgedruckt ist. Das kleine Heft, das wir heute herausgeben, verdanken wir unserer Initiative und der Beihilfe unserer Freunde in Frankreich, ITALIEN und Russland. Es soll die Aktivität und die Interessen des Cabarets bezeichnen, dessen ganze Absicht darauf gerichtet ist, über den Krieg und die Vaterländer hinweg an die wenigen Unabhängigen zu erinnern, die anderen Idealen leben. Das nächste Ziel der hier vereinigten Künstler ist die Herausgabe einer Revue Internationale. La revue paraîtra à Zurich et portera le nom „DADA". („Dada") Dada Dada Dada Dada.

ZÜRICH 15. Mai 1916

HUGO BALL

Als ich das Cabaret Voltaire gründete . . .

Als ich das Cabaret Voltaire gründete, war ich der Meinung, es möchten sich in der Schweiz einige junge Leute finden, denen gleich mir daran gelegen wäre, ihre Unabhängigkeit nicht nur zu genießen, sondern auch zu dokumentieren. Ich ging zu Herrn Ephraim, dem Besitzer der »Meierei«, und sagte: »Bitte, Herr Ephraim, geben Sie mir Ihren Saal. Ich möchte ein Cabaret machen.« Herr Ephraim war einverstanden und gab mir den Saal. Und ich ging zu einigen Bekannten und bat sie: »Bitte geben Sie mir ein Bild, eine Zeichnung, eine Gravüre. Ich möchte eine kleine Ausstellung mit meinem Cabaret verbinden.« Ging zu der freundlichen Züricher Presse und bat sie: »Bringen Sie einige Notizen. Es soll ein internationales Cabaret werden. Wir wollen schöne Dinge machen.« Und man gab mir Bilder und brachte meine Notizen. Da hatten wir am 5. Februar ein Cabaret. Mde. Hennings und Mde. Leconte sangen französische und dänische Chansons. Herr Tristan Tzara rezitierte rumänische Verse. Ein Balalaika-Orchester spielte entzückende russische Volkslieder und Tänze.

Viel Unterstützung und Sympathie fand ich bei Herrn M. Slodki, der das Plakat des Cabarets entwarf, bei Herrn Hans Arp, der mir neben eigenen Arbeiten einige Picassos zur Verfügung stellte und mir Bilder seiner Freunde O. van Rees und Artur Segall vermittelte. Viel Unterstützung bei den Herren Tristan Tzara, Marcel Janco und Max Oppenheimer, die sich gerne bereit erklärten, im Cabaret auch aufzutreten. Wir veranstalteten eine RUSSISCHE und bald darauf eine FRANZÖSISCHE Soirée (aus Werken von Apollinaire, Max Jacob, André Salmon, A. Jarry, Laforgue und Rimbaud). Am 26. Februar kam Richard Huelsenbeck aus Berlin, und am 30. März führten wir eine wundervolle Negermusik auf (toujours avec la grosse caisse: boum boum boum boum – drabatja mo gere drabatja mo bonooooooooooooo –). Monsieur Laban assistierte der Vorstellung und war begeistert. Und durch die Initiative des Herrn Tristan Tzara führten die Herren Tzara, Huelsenbeck und Janco (zum ersten Mal in Zürich und in der ganzen Welt) simultanistische Verse der Herren Henri Barzun und Fernand Divoire auf, sowie ein Poème simultan eigener Composition, das auf der sechsten und siebenten Seite abgedruckt ist. Das kleine Heft, das wir heute herausgeben, verdanken wir unserer Initiative und der Beihilfe unserer Freunde in Frankreich, ITALIEN und Rußland. Es soll die Aktivität und die Interessen des Cabarets bezeichnen, dessen ganze Absicht darauf gerichtet ist, über den Krieg und die Vaterländer hinweg an die wenigen Unabhängigen zu erinnern, die anderen Idealen leben. Das nächste Ziel der hier vereinigten Künstler ist die Herausgabe einer Revue Internationale. La revue paraîtra à Zurich et portera le nom »DADA«. (»Dada«) Dada Dada Dada Dada.

(15. Mai 1916)

Das erste dadaistische Manifest

(*Zürich, 14. Juli 1916*)

Dada ist eine neue Kunstrichtung. Das kann man daran erkennen, daß bisher niemand etwas davon wußte und morgen ganz Zürich davon reden wird. Dada stammt aus dem Lexikon. Es ist furchtbar einfach. Im Französischen bedeutet's Steckenpferd. Im Deutschen heißt's Addio, steigts mir den Rücken runter. Auf Wiedersehen ein andermal! Im Rumänischen: »Ja wahrhaftig, Sie haben recht, so ist's. Jawohl, wirklich, machen wir.« Und so weiter.

Ein internationales Wort. Nur ein Wort und das Wort als Bewegung. Sehr leicht zu verstehen. Es ist ganz furchtbar einfach. Wenn man eine Kunstrichtung daraus macht, muß das bedeuten, man will Komplikationen wegnehmen. Dada Psychologie, Dada Deutschland samt Indigestionen und Nebelkrämpfen, Dada Literatur, Dada Bourgeoisie, und ihr, verehrteste Dichter, die ihr immer mit Worten, aber nie das Wort selber gedichtet habt, die ihr um den nackten Punkt herumdichtet. Dada Weltkrieg und kein Ende, Dada Revolution und kein Anfang, Dada ihr Freunde und Auchdichter, allerwerteste, Manufakturisten und Evangelisten Dada Tzara, Dada Huelsenbeck, Dada m'dada, Dada m'dada Dada mhm, dada dera dada Dada Hue, Dada Tza.

Wie erlangt man die ewige Seligkeit? Indem man Dada sagt. Wie wird man berühmt? Indem man Dada sagt. Mit edlem Gestus und mit feinem Anstand. Bis zum Irrsinn. Bis zur Bewußtlosigkeit. Wie kann man alles Journalige, Aalige, alles Nette und Adrette, Bornierte, Vermoralisierte, Europäisierte, Enervierte, abtun? Indem man Dada sagt. Dada ist die Weltseele, Dada ist der Clou. Dada ist die beste Lilienmilchseife der Welt. Dada Herr Rubiner, Dada Herr Korrodi. Dada Herr Anastasius Lilienstein.

Das heißt auf Deutsch: Die Gastfreundschaft der Schweiz ist über alles zu schätzen. Und im Ästhetischen kommt es auf die Qualität an.

Ich lese Verse, die nichts weniger vorhaben als: auf die

konventionelle Sprache zu verzichten, ad acta zu legen. Dada Johann Fuchsgang Goethe. Dada Stendhal. Dada Dalai Lama, Buddha, Bibel und Nietzsche. Dada m'dada. Dada mhm dada da. Auf die Verbindung kommt es an, und daß sie vorher ein bißchen unterbrochen wird. Ich will keine Worte, die andere erfunden haben. Alle Worte haben andre erfunden. Ich will meinen eigenen Unfug, meinen eigenen Rhythmus und Vokale und Konsonanten dazu, die ihm entsprechen, die von mir selbst sind. Wenn diese Schwingung sieben Ellen lang ist, will ich füglich Worte dazu, die sieben Ellen lang sind. Die Worte des Herrn Schulze haben nur zweieinhalb Zentimeter.

Da kann man nun so recht sehen, wie die artikulierte Sprache entsteht. Ich lasse die Vokale kobolzen. Ich lasse die Laute ganz einfach fallen, etwa wie eine Katze miaut . . . Worte tauchen auf, Schultern von Worten, Beine, Arme, Hände von Worten. Au, oi, uh. Man soll nicht zu viel Worte aufkommen lassen. Ein Vers ist die Gelegenheit, allen Schmutz abzutun. Ich wollte die Sprache hier selber fallen lassen. Diese vermaledeite Sprache, an der Schmutz klebt, wie von Maklerhänden, die die Münzen abgegriffen haben. Das Wort will ich haben, wo es aufhört und wo es anfängt. Dada ist das Herz der Worte.

Jede Sache hat ihr Wort, aber das Wort ist eine Sache für sich geworden. Warum soll ich es nicht finden? Warum kann der Baum nicht »Pluplusch« heißen? und »Pluplubasch«, wenn es geregnet hat? Das Wort, das Wort, das Wort außerhalb eurer Sphäre, eurer Stickluft, dieser lächerlichen Impotenz, eurer stupenden Selbstzufriedenheit, außerhalb dieser Nachredner-schaft, eurer offensichtlichen Beschränktheit. Das Wort, meine Herren, das Wort ist eine öffentliche Angelegenheit ersten Ranges.

Kandinsky

Vortrag, gehalten in der Galerie Dada

(*Zürich, 7. April 1917*)

I. Die Zeit

Drei Dinge sind es, die die Kunst unserer Tage bis ins Tiefste erschütterten, ihr ein neues Gesicht verliehen und sie vor einen gewaltigen neuen Aufschwung stellten: Die von der kritischen Philosophie vollzogene Entgötterung der Welt, die Auflösung des Atoms in der Wissenschaft und die Massenschichtung der Bevölkerung im heutigen Europa.

Gott ist tot. Eine Welt brach zusammen. Ich bin Dynamit. Die Weltgeschichte bricht in zwei Teile. Es gibt eine Zeit vor mir. Und eine Zeit nach mir. Religion, Wissenschaft, Moral – Phänomene, die aus Angstzuständen primitiver Völker entstanden sind. Eine Zeit bricht zusammen. Eine tausendjährige Kultur bricht zusammen. Es gibt keine Pfeiler und Stützen, keine Fundamente mehr, die nicht zersprengt worden wären. Kirchen sind Luftschlösser geworden. Überzeugungen, Vorurteile. Es gibt keine Perspektive mehr in der moralischen Welt. Oben ist unten, unten ist oben. Umwertung aller Werte fand statt. Das Christentum bekam einen Stoß. Die Prinzipien der Logik, des Zentrums, Einheit und Vernunft wurden als Postulate einer herrschsüchtigen Theologie durchschaut. Der Sinn der Welt schwand. Die Zweckmäßigkeit der Welt in Hinsicht auf ein sie zusammenhaltendes höchstes Wesen schwand. Chaos brach hervor. Tumult brach hervor. Die Welt zeigte sich als ein blindes Über- und Gegeneinander entfesselter Kräfte. Der Mensch verlor sein himmlisches Gesicht, wurde Materie, Zufall, Konglomerat, Tier, Wahnsinnsprodukt abrupt und unzulänglich zuckender Gedanken. Der Mensch verlor seine Sonderstellung, die ihm die Vernunft gewahrt hatte. Er wurde Partikel der Natur, vorurteilslos gesehen ein Wesen frosch- oder storchenähnlich, mit disproportionierten Gliedern, einem vom Gesicht abstehenden Zacken, der sich Nase nennt, abstehenden Zipfeln, die man gewohnt war »Ohren« zu nennen. Der Mensch, der göttlichen Illusion entkleidet, wurde gewöhnlich, nicht interessanter als ein Stein es ist, von demselben Gesetze aufgebaut und beherrscht, er verschwand in der Natur, man hatte alle Veranlassung, ihn nicht zu genau zu besehen, wenn man nicht voller Entsetzen und Abscheu den letzten Rest von Achtung vor diesem Jammer-Abbild des gestorbenen Schöpfers verlieren wollte. Eine Revolution gegen Gott und seine Kreaturen fand statt. Das Resultat war eine Anarchie der befreiten Dämonen und Naturmächte. Die Titanen standen auf und zerbrachen die Himmelsburgen.

Aber man zerbrach nicht nur die Mauern, man zerrieb, zerlegte, zertrat noch die Sandkörner. Es blieb nicht nur kein Stein auf dem andern, es blieb auch nicht einmal kein Körnchen, kein Atom beim andern. Das Feste zerrann. Stein, Holz, Metall zerrannen. Das Große wurde klein und das Kleine wuchs riesenhaft. Die Welt wurde monströs, unheimlich, das Vernunfts- und Konventionsverhältnis, der Maßstab schwand.

Die Elektronenlehre brachte ein seltsames Vibrieren in alle Flächen, Linien, Formen. Die Gegenstände änderten ihre Gestalt, ihr Gewicht, ihr Gegen- und Übereinander. Wie auf philosophischem Gebiete die Geister, so wurden auf physikalischem Gebiete die Körper von Illusion erlöst. Die Dimensionen wuchsen, die Grenzen fielen. Letzte beherrschende Prinzipien gegenüber der Willkür der Natur blieben der individuelle Geschmack, Takt und Logos des Individuums. Inmitten von Finsternis, Angst, Sinnlosigkeit hob eine neue Welt voll Ahnungen, Fragen, Deutungen schüchtern ihr riesenhaftes Haupt.

Und als ein weiteres Element traf zerstörend, bedrohend, mit dem verzweifelten Suchen nach einer Neuordnung der in Trümmer gegangenen Welt zusammen: die Massenkultur der modernen Großstadt. Das individuelle Leben starb, die Melodie starb. Der einzelne Eindruck besagte nichts mehr. Komplektisch drängten die Gedanken und Wahrnehmungen auf die Gehirne ein, symphonisch die Gefühle. Maschinen entstanden und traten anstelle der Individuen. Komplexe und Wesen entstanden von übermenschlicher, überindividueller Furchtbarkeit. Angst wurde ein Wesen mit Millionen Köpfen. Kraft wurde nicht mehr nach dem einzelnen Menschen, sondern nach zehntausenden Pferdekräften gemessen. Turbinen, Kesselhäuser, Eisenhämmer, Elektrizität ließen Kraftfelder und Geister entstehen, die ganze Städte und Länder in ihrer furchtbaren Gewalt hatten; neue Schlachten, Untergänge und Himmelfahrten, neue Feste, Himmel und Höllen. Eine Welt abstrakter Dämonen verschlang die Einzeläußerung, verzehrte die individuellen Gesichter in turmhohen Masken, verschlang den Privatausdruck, raubte den Namen der Einzeldinge, zerstörte das Ich und schwenkte Meere von ineinandergestürzten Gefühlen gegeneinander. Psychologie wurde Klatsch. Komplexe zeterten. Metaphysik donnerte, bebte, unterminierte. Zärteste Vibrationen und unerhörteste Massen-Monstra zeichneten sich auf den Horizonten, vermengten, zerschnitten, durchdrangen einander.

II. Der Stil

Die Künstler in dieser Zeit sind nach innen gerichtet. Ihr Leben ist ein Kampf mit dem Irrsinn. Sie sind zerrissen, zerstückt, zerhackt, falls es ihnen nicht glückt, für einen Moment in ihrem Werke das Gleichgewicht, die Balance, die Notwendigkeit und Harmonie zu finden. Die Künstler in dieser Zeit schmücken nicht Jagdzimmer aus wie in der Renaissance. Sie erzählen nicht Märchen wie im Rokoko, es fehlt ihnen sogar der Anlaß zur Vergöttlichung, wie die Gotik und die frühe Renaissance ihn fanden. Die stärkste Verwandtschaft haben ihre Werke noch mit den Angstmasken der primitiven Urvölker, den Pest- und Schreckensmasken der Peruaner, Australier und Neger. Die Künstler in dieser Zeit sind der Welt gegenüber Asketen ihrer Geistigkeit. Sie führen ein tief verschollenes Dasein. Sie sind Vorläufer, Propheten einer neuen Zeit. Ihre Werke tönen in einer nur erst ihnen bekannten Sprache. Sie stehen im Gegensatz zur Gesellschaft wie die Ketzer des Mittelalters. Ihre Werke philosophieren, politisieren, prophezeien zugleich. Sie sind Vorläufer einer ganzen Epoche, einer neuen Gesamtkultur. Man versteht sie schwer und nur dann, wenn man die innere Basis ändert, wenn man bereit ist, zu brechen mit der Tradition eines Jahrtausends. Man versteht sie nicht, wenn man an Gott glaubt statt an das Chaos. Die Künstler in dieser Zeit wenden sich gegen sich selbst und gegen die Kunst. Auch die letzte, bisher unerschüttertste Basis wird ihnen Problem. Wie können sie noch nützlich sein, oder versöhnlich, oder beschreibend oder entgegenkommend? Sie lösen sich ab von der Erscheinungswelt, in der sie nur Zufall, Unordnung, Disharmonie wahrnehmen. Sie verzichten freiwillig auf die Darstellung von Naturalien, die ihnen von allem Verzerrten das Verzerrteste scheinen. Sie suchen das Wesentliche, Geistige, noch nicht Profanierte, den Hintergrund der Erscheinungswelt, um dies, ihr neues Thema, in klaren, unmißverständlichen Formen, Flächen und Gewichten abzuwägen, zu ordnen, zu harmonisieren. Sie werden Schöpfer neuer Naturwesen, die kein Gleichnis haben in der bekannten Welt. Sie schaffen Bilder, die keine Naturnachahmung mehr sind, sondern eine Vermehrung der Natur um neue, bisher unbekannte Erscheinungsformen und Geheimnisse. Das ist der sieghafte Jubel dieser Künstler, Existenzen zu schaffen, die man Bilder nennt, die aber neben einer Rose, einem Menschen, einem Abendrot, einem Kristall gleichwertigen Bestand haben.

Das Geheimnis der Kubisten ist der Versuch, die Konvention der Leinwandfläche zu brechen, sie setzten auf die Leinwandfläche eine und mehrere imaginäre Flächen, die sie als Basis nahmen. Das ganze Geheimnis Kandinskys ist, daß er als der Erste und radikaler als die Kubisten alles Gegenständliche als unrein ablehnte und auf die wahre Form, den Klang der Dinge, ihre Essenz, ihre Wesenskurve zurückging. In Picasso, dem Faun, und in Kandinsky, dem Mönch, hat unsere Zeit ihre stärksten künstlerischen Nenner gefunden. Bei Picasso die Finsternis, das Grauen und die Qual der Zeit, ihre Askese, ihre infernalische Fratze, ihr tiefes Leiden, ihr Stöhnen und Grollen, ihre Hölle und namenlose Trauer, ihr Leichengesicht und den schwarzen Schmerz. Bei Kandinsky ihr Jubel, ihr Festtaumel, ihr Himmelssturm, ihre Erzengelfuge, ihre bunten Donquichoterien, ihre blauroten Marseillaisen, ihr Untergang gesegnet, ihr Aufschwung ein Cherubinenflug von gelb-blauen Fanfaren ins Unendliche gerufen.

Kandinsky ist Befreiung, Trost, Erlösung und Beruhigung. Man sollte wallfahren zu seinen Bildern: sie sind ein Ausweg aus den Wirren, den Niederlagen und Verzweiflungen der Zeit. Sie sind Befreiung aus einem zusammenbrechenden Jahrtausend. Kandinsky ist einer der ganz großen Erneuerer, Läuterer des Lebens. Die Vitalität seiner Intention ist verblüffend und ebenso unerhört wie die Rembrandts es war für seine Zeit, wie die Vitalität Wagners es war, ein Menschenalter vor uns. Seine Vitalität erfaßt gleicherweise die Musik, den Tanz, das Drama und die Poesie. Seine Bedeutung beruht in einer gleichzeitig praktischen und theoretischen Initiative. Er ist der Kritiker seines Werkes und seiner Epoche. Er ist der Dichter unerreichter Verse, Schöpfer eines neuen Theaterstils, Verfasser einiger der spirituellsten Bücher, die die neue deutsche Literatur aufzuweisen hat. Nur ein Zufall, der Ausbruch des Krieges verhinderte, daß wir von ihm ein Buch über das Theater besitzen, im Format und von der Bedeutung des »Blauen Reiter«. Derselbe Zufall verhinderte die von ihm geplante Begründung einer internationalen Gesellschaft für Kunst, als man nach Mitteln zur Verwirklichung seiner Bühnenkompositionen suchte. Das Zustandekommen dieser Gesellschaft würde unabsehbare Resultate für die Revolutionierung des Theaters mit sich gebracht haben.

Kandinsky ist Russe. Die Idee der Freiheit ist bei ihm sehr ausgeprägt, auf das Gebiet der Kunst übertragen. Was er über Anarchie sagt, erinnert an Sätze von Bakunin und Krapotkin. Nur daß er den Freiheitsbegriff ganz spirituell auf die Ästhetik anwendet. Im »Blauen Reiter« über die Formfrage schreibt er: »Anarchie nennen viele den gegenwärtigen Zustand der Malerei. Dasselbe Wort wird schon hier und da auch bei der Bezeichnung des gegenwärtigen Zustands in der Musik gebraucht. Darunter versteht man fälschlich ein planloses Umwerfen und Unordnung. Die Anarchie ist aber Planmäßigkeit und Ordnung, welche nicht durch eine äußere und schließlich versagende Gewalt hergestellt, sondern durch das Gefühl des Guten geschaffen werden.« Dieses »Gefühl des Guten« oder die »innere Notwendigkeit« ist das einzige und letzte Schaffensprinzip, das er anerkennt. Die »innere Notwendigkeit« allein gibt der freien Intuition Grenzen, die innere Notwendigkeit bildet die äußere, sichtbare Form des Werkes. Die innere Notwendigkeit ist es, auf die alles zuletzt ankommt, sie verteilt die Farben, Formen und Gewichte, sie trägt die Verantwortung auch für das gewagteste Experiment. Sie allein ist die Antwort auf die Frage nach dem Sinn und Urgrund der Bilder. In ihr dokumentieren sich die drei Elemente, aus denen das Kunstwerk besteht: Zeit, Persönlichkeit und Kunstprinzip. Sie bildet den Hauptklang, von dem die Nebenklänge sich abheben. Sie ist das letzte Tor, das der anstürmende Künstler nicht mehr zu zerbrechen fähig ist. Und selbst von ihr, der Form seiner Werke, sagt Kandinsky: »Der Geist schafft eine Form und geht zu weiteren Formen über« und ein andermal: »Nicht der neue Wert ist das wichtigste, sondern der Geist, welcher sich in diesem Werke offenbart hat. Und weiter die für die Offenbarungen notwendige Freiheit.« So wird ihm jedes Werk »Kind seiner Zeit und Mutter der Zukunft.« Indem er den Klang, die Essenz eines Dinges bis ins Innerste verfolgt, läßt er ihm zugleich den weitesten Spielraum.

Kandinsky beweist seine Nation nicht nur in der Form, sondern auch in der Farbe. Das bunte Rußland ist in seinen Werken wie bei keinem sonst. Die weite Schneefläche, darüber das Abend- oder Morgenrot, die Himbeerfarbe der Troika-Glöckchen, die bunten Glasmalereien der Bauernstuben, die Farben, von Bauernfesten und die blauen Muttergottesmäntel, eisige Klarheit und Luzidität, daneben das Schummern der Farben, wie sie in Nordlichtern stehen, starkes Grün, Weiß, Zinnober, wenn man sich die Bilder Kandinskys verkleinert denkt im Format, gesammelt in Duodezformat, findet man die Farben und die Intensität glasgemalter Heiligenbilder. Und wenn man Rußland einmal gefunden hat in seinen Bildern, dann findet man Formen von Ziehbrunnen, Kompositionsformen, die an einen auf beiden Schultern beladenen Wasserträger erinnern (wie im »Bild mit rotem Fleck«). Dann findet man Steppenreiter, Hufschläge, Litaneien und Osterfeste, deren Reminiszenzen selbst die vergeistigste Kunst nicht ganz zu löschen vermochte. Dann findet man das rührend einfache, christlich-reine, unberührte, stille und märchenhaft atmende

Rußland, das wie ein aufwachender Morgen groß und gewaltig am Himmel entbrennt. Dann findet man in Kandinsky einen Herold der Freiheit seines großen, an Japan und Grönland grenzenden Volkes. Mir war immer besonders lieb das Bild Nummer 41, in dem ich gerade dieses Angrenzen, dieses Erwachen, diese Reinheit grönländischer Polarlichter und japanischer Formfinessen in zärtester Form vermischt und bestätigt fand. Uns Westeuropäern erscheint diese ungebrochene Farbenreinheit und Größe der Intuition als Romantik. Stand aber Rußland nicht immer romantisch zum Westen? War Dostojewski nicht der letzte große Romantiker? Ist das russische Christentum nicht das stärkste und letzte Bollwerk der Romantik im heutigen Europa? Das ist gerade sein kultureller Wert.

IV. Der Maler

In drei theoretischen Werken hat Kandinsky sich über das Wesen seiner Kunst ausgesprochen: Allgemein und im kulturellen Sinne in dem mit Franz Marc herausgegebenen »Blauen Reiter«, über die Formfrage speziell in »Das Geistige in der Kunst«, über die malerische Frage in seiner Selbstbiographie, dem im Sturm-Verlage erschienenen Kandinsky-Album.
Im »Blauen Reiter« und in »Das Geistige in der Kunst« hat Kandinsky sein Formproblem stark abgegrenzt sowohl gegen den Expressionismus, wie gegen den Kubismus und Futurismus. Expressionismus und Futurismus sind ihm Richtungen, die nur eine stärkere ideelle Verarbeitung des Sinneneindrucks anstreben. Das Resultat ist *hier* eine Verflachung im Äußerlichen (anstelle von Landschaften, Caféhäusern, Interieurs, die der Impressionismus brachte, sind Autos, Flugmaschinen, Glühbirnen etc. getreten.) *Dort* eine etwas rüde Phantastik, die den Gegenstand und seine Materialität nicht ablehnt, sondern ihn transformiert und oftmals seine Materialität noch unterstreicht. Auch im Kubismus sieht Kandinsky nur eine Übergangsform. »Der Kubismus zeigt, wie oft die naturellen Formen den konstruktiven Zwecken gewaltsam untergeordnet werden müssen und welche unnötigen Hindernisse diese Formen in solchen Fällen bilden.« Der Kubismus, der einen Kontrapunkt

der Form befürwortet, ein Dogma der einfachen geometrischen Formen (Dreieck, Kreis, Rhombus etc.), angewandt auf den Gegenstand, scheint ihm den symphonischen Reichtum der Zeit nicht umfassend genug wiederzugeben, scheint ihm an einer absichtlichen Selbstbeschränkung (Picassos Askese) zu kranken. Der klar daliegenden, oft in die Augen springenden »geometrischen Konstruktion« stellt er die an Möglichkeiten reichste, ausdrucksvollste, »versteckte« rembrandtsche freie Konstruktion gegenüber. Wenn man den Kubismus seiner schroffen, fast preußischen Zentralisation und Ordnung wegen heute in Paris eine »Boche-Kunst« schimpfen hört, so ist eines sicher, daß Kandinsky als einer der ersten sich gegen die allzu strenge Organisation des Kubismus, der moralische Werte an die Stelle von ästhetischen setzt, verwahrte. Auf das Zahlenverhältnis als Konstruktionsprinzip kommt auch Kandinsky. Aber wenn Zahlen der letzte Ausdruck ästhetischer Gesetze sind: warum muß die Zahl 1 heißen, nicht 0,33333; das heißt: warum die primitive Form statt der komplizierten? Schönheit ist eine Ordnung, die nicht auf den ersten und auch nicht auf den hundertsten Blick hin nachzurechnen ist. Schönheit ist ein Vielfaches der Ordnung, das nicht mehr übersehen werden kann. Der Kubismus arbeitet mit der Grammatik, Kandinsky mit der labilen, inneren Notwendigkeit. Seine Kunst zielt auf Entfesselung ab und fängt die Zeit mit all ihren Spitzen, Geheimnissen, Ausflüchten, mit all ihren Vorder- und Hintergründen, all ihrer Sophistik und all ihren harten und zärteren Gegensätzen und Widersprüchen in sich ein. Der Kubismus greift zu mit Zirkel und Winkel, er mißt, wiegt, schneidet, er ist hart und gewaltsam, unbeugsamer Richter und unbestechlicher Zeuge. Er straft und belohnt, er hat etwas von der spanischen Inquisition und der deutschen Prinzipien-Rechtwinklichkeit. Er unterdrückt das Detail, statt ihm Freiheit zu lassen. Er prussifiziert und purifiziert die Kunst. Er ist häßlich aus Prinzip, und gerade das muß für Kandinsky seine Schönheit sein. Und ist es auch.

Die Gefahren seiner eigenen Kunst sieht Kandinsky in zwei Bereichen: in der völlig abstrakten, ganz emanzipierten Anwendung der Farbe in geometrischer Form, dem Ornament, das aus nicht mehr sprechenden Allegorien und Hieroglyphen besteht, und in der Überbeseelung, dem Abgleiten der Form ins

Märchenhafte, das den Beschauer starken seelischen Vibrationen entzieht, weil er, im Märchenlande nur noch das Spiel der Illusion, nicht mehr aber den Ernst empfindet. Zwischen diesen beiden Polen, deren Vermeidung an Intellekt und Intuition, an Vitalität und Begabung des abstrakten Künstlers die stärksten Anforderungen stellt, liegt Kandinskys Thema: »Kampf der Töne, das verlorene Gleichgewicht, fallende ›Prinzipien‹, unerwartete Trommelschläge, große Fragen, scheinbar zielloses Streben, scheinbar zerrissener Drang und Sehnsucht, zerschlagene Ketten und Bänder, die Mehrere zu Einem machen, Gegensätze und Widersprüche.«

Drei verschiedene Stufen von Bildausdrücken, nennt er, die zugleich drei verschieden intensiven Verarbeitungsformen der äußeren Natur gegenüber entsprechen: Impressionen, in denen ein direkter Eindruck von der äußeren Natur dargestellt wird; Improvisationen, die hauptsächlich unbewußte, plötzlich entstandene Ausdrücke inneren Charakters, Ausdrücke der inneren Natur sind; und Kompositionen, langsam und fast pedantisch nach ersten Entwürfen ausgearbeitete Symphonien innerer Farben- und Formerlebnisse.

Man sieht: das Verzichten auf das Gegenständliche ist ihm kein Dogma, sondern eine Intensitätsfrage. Mit welchem unerhörten Takt aber, mit welcher Empfindlichkeit für Gewichte und Gleichgewichte, mit welchem Equilibrierungstalent Kandinsky arbeitet, das ist die Stärke seiner Begabung. Hier ist das Gleichgewicht, die Waage das Wesen der Welt geworden. Nicht gerichtet wird, gestraft und belohnt, sondern ausgeglichen: dem Guten wird Böses gesellt, dem Bösen Gutes. Ruhe, Friede, Gleichheit besteht, Gleichheit, Freiheit, Brüderlichkeit der Formen. In erster Linie aber grandiose Freiheit. Jede Form, die hinzudrängt, hat Platz, findet ihren Platz im Kosmos. Nichts wird unterdrückt. Alles darf blühen, schweben, dasein, mit Jubel, Schrei und Trompete.

Man hat Kandinsky in seinen Akademikerjahren boshaft einen Landschaftsmaler genannt, er ist es, wenn auch nicht im landläufigen Sinne. Er hat Landschaften gemalt, aber es waren die Landschaften der geistigen Verfassung des Europas von 1913 und mehr noch des über den Absolutismus hinaus aufbrechenden Rußland. Er hat diese Landschaften der geistigen Hintergründe mit glühender Buntheit in den Himmel einer neuen Zeit gemalt.

Kandinsky hat viel nachgedacht über eine Harmonielehre der Farben, über die Moralität und die Soziologie der Farben. Seine Resultate hat er im »Geistigen in der Kunst« tabellarisch und theoretisch mitgeteilt. Er gab eine literarisch interessante Psychologie der Farben im Anschluß an Delacroix, van Gogh und Sabanejeff, den Kritiker Skrjabins, der eine Tonleiter der Farben aufzustellen versuchte. Kandinsky kennt die sanitäre, die animalische und die motorische Kraft der Farbe, er sammelt Elemente zu einem Generalbaß der Malerei, aber sein letztes Wort ist kein Farbenkatechismus, keine verbindliche Harmonielehre, sondern immer nur das freiheitliche Prinzip der inneren Notwendigkeit, die der einzige Führer und Verführer bleibt. »Die ersten Farben, die einen starken Eindruck auf mich gemacht haben, waren hell saftig grün, weiß, karminrot, schwarz und ockergelb.« Wenn man weiß, was diese Farben für ihn bedeuten: »Grün ist im Farbenreich das, was im Menschenreich die sogenannte Bourgeoisie ist, es ist ein zufriedenes unbewegliches mit sich zufriedenes, nach allen Richtungen beschränktes Element. Weiß: wie ein Symbol einer Welt, wo alle Farben, als materielle Eigenschaften und Substanzen verschwunden sind. Diese Welt ist so hoch über uns, daß wir keinen Klang von dort hören können. Es kommt ein großes Schweigen von dort, welches wie eine unübersteigliche, unzerstörbare, ins Unendliche gehende kalte Mauer uns vorkommt. Rot: das helle warme Rot erweckt das Gefühl von Kraft, Energie, Streben, Entschlossenheit, Freude, Triumph, es erinnert musikalisch an den Klang der Fanfaren wobei die Tuba mitklingt.« - So weiß man auch, daß Kandinsky, der in Farben denkt, seine spätere Welt schon in der Kindheit fand, wenn sie ihm in ihrer Besonderheit auch noch nicht zu Bewußtsein kam. Haben seine Bilder also doch einen gegenständlichen psychologischen Sinn? Kaum. Seine Farbenpsychologie beweist nur die Schärfe und Empfindlichkeit, mit der er die Farbe prüft, ist nur ein Versuch, der letzten Geheimnisse jener »Inneren Notwendigkeit« habhaft zu werden, ein Anstürmen gegen die Grenzen seiner Kunst, keineswegs aber ein Wegweiser zu einer gegenständlichen Interpretation der Bilder.

Und am Schlusse der Selbstbiographie heißt es: »Meine Mutter ist eine geborene Moskowitin und vereint in sich die Eigenschaften, die für mich Moskau verkörpern: äußere, auffallende, durch und durch ernste und strenge Schönheit, feinrassige Einfachheit, unerschöpfliche Energie, eigenartig aus starker Nervosität, imponierender majestätischer Ruhe und heldenhafter Selbstbeherrschung geflochtene Vereinbarung von Tradition mit echtem Freigeist. Moskau: Die Doppellebigkeit, die Kompliziertheit, die höchste Beweglichkeit, das Zusammenstoßen und Durcheinander in der äußeren Erscheinung, die im letzten Grunde ein eigenes, einheitliches Gesicht bildet, dieselben Eigenschaften im inneren Leben. Dieses gesamte äußere und innere Moskau halte ich für den Ursprung meiner künstlerischen Bestrebungen.« Einen Sonnenuntergang über den Kuppeln und Türmen Moskaus bezeichnet er als den stärksten Eindruck seiner Jugend. Zwei überwältigende Kunsteindrücke bewahrt er von seinen russischen Studienjahren her: Eine Lohengrin-Aufführung am Moskauer Hoftheater und Rembrandt in der St. Petersburger Eremitage. Über Lohengrin schreibt er: »Die Geigen, die tiefen Baßtöne, und ganz besonders die Blasinstrumente verkörperten damals für mich die ganze Kraft der Vorabendstunde. Ich sah alle meine Farben im Geiste. Sie standen vor meinen Augen. Wilde, fast tolle Linien zeichneten sich vor mir. Ich traute mich nicht den Ausdruck zu gebrauchen, daß Wagner musikalisch ›meine‹ Stunde gemalt hatte. Ganz klar wurde mir aber, daß die Kunst im allgemeinen viel machtvoller ist als sie mir vorkam, daß andererseits die Malerei ebensolche Kräfte wie die Musik besitzt, entwickeln könnte. Und die Unmöglichkeit, selbst diese Kräfte zu entdecken, jedenfalls zu suchen, verbitterte noch mehr meine Entsagung.« Und über Rembrandt schreibt er: »Rembrandt hat mich tief erschüttert. Die große Teilung des Hell-Dunkel, die Verschmelzung der Sekundärtöne in die großen Teile, das Zusammenschmelzen dieser Töne in diese Teile, die als ein Riesendoppelklang auf jede Entfernung wirkten und mich sofort an die Trompeten Wagners erinnerten, offenbarte mir ganz neue Möglichkeiten, übermenschliche Kräfte der Farben an sich und ganz besonders die Steigerung der Kraft durch Zusammenstellungen, d. h. Gegensätze. Später verstand ich, daß diese Teilung ein der Malerei erst fremd und nicht zugänglich erscheinendes Element auf die Leinwand hinzaubert – die Zeit.«

Mit Rembrandt und Wagner bezeichnet Kandinsky zugleich die innere Form, die Zeit und Dimension seiner Bilder. Er teilt mit ihnen das evangelisch-christliche, das parsifalische und pathetische Element. Er ist reiner als sie in der Spiritualität, geläuterter in den Komplexen, Horizonten und Instinkten. Am Urchristentum lobt er, daß damals auch die Schwächsten teilnahmen am geistigen Kampf. Seine Bühnenkomposition »der Gelbe Klang« klingt in ein großes aufgerichtetes Kreuz aus.

V. Die Bühnenkomposition und die Künste

Im »Blauen Reiter« hat Kandinsky eine Kritik des Wagnerschen »Gesamtkunstwerks« geschrieben zugunsten des Monumental-Kunstwerks der Zukunft. Seine Kritik richtet sich gegen die Veräußerlichung jeder einzelnen der von Wagner zum Gesamtkunstwerk herangezogenen Künste, die nur zur Steigerung des Ausdrucks, zur Unterstreichung und Bekräftigung des Ausdrucks, zuwider den ihnen immanenten Kunstgesetzen verwandt wurden. Kandinskys Idee einer monumentalen Bühnenkomposition geht von entgegengesetzten Voraussetzungen aus. Ihm schwebt ein Gegeneinander der einzelnen Künste, eine symphonische Komposition vor, in der die einzelnen auf ihr Wesentliches zurückgeführten Künste als Elementarformen nur die Noten abgeben zu einer Konstruktion oder Komposition auf der Bühne, die jede der einzelnen Künste als selbständiges Darstellungsmaterial gelten läßt und aus der Mischung dieses gereinigten Materials ein neues Kunstwerk das Monumentalkunstwerk der Zukunft schafft. In zwei solchen Bühnenkompositionen, dem im »Blauen Reiter« gedruckten »Gelben Klang« und dem noch ungedruckten »Violetten Vorhang«, hat Kandinsky seine Theorie praktisch erfüllt. Vielleicht nur schematisch erfüllt. Sein in dieser Form vielleicht relatives Talent besagt nichts gegen die Genialität der ideellen Konzeption, die selbst Schriftstellern von der Abgewogenheit Ibsens, Maeterlinks, Andrejews gegenüber eine starke, umstürzende Gewalt erweisen würde, wenn man sie endlich mit Liebe einmal auf die Bühne brächte.

Die Bühnenkomposition nach Kandinsky soll bestehen aus:

1. musikalischer Ton und seine Bewegung,
2. körperlich-seelischer Klang und seine Bewegung, durch Menschen und Gegenstände ausgedrückt,
3. farbiger Ton und seine Bewegung (eine spezielle Bühnenmöglichkeit).

Was Kandinsky unter dem ersten und dritten Punkt versteht, ist nach allem Vorangegangenen klar. Über den körperlich-seelischen Klang und seine Bewegung durch Menschen und Gegenstände, also über den Tanz (im weitesten Verstande), schreibt er: »Eine sehr einfache Bewegung, von welcher das Ziel unbekannt ist, wirkt schon an und für sich als eine bedeutende, geheimnisvolle, feierliche. Auf diesem Prinzip sollte und wird der ›neue Tanz‹ gebaut werden, der das einzige Mittel ist, die ganze Bedeutung, den ganzen inneren Sinn der Bewegung in Zeit und Raum auszunützen. Wir stehen vor der Notwendigkeit der Bildung des neuen Tanzes, des Tanzes der Zukunft. Dasselbe Gesetz der unbedingten Ausnützung des inneren Sinnes der Bewegung, als des Hauptelementes des Tanzes, wird auch hier wirken und zum Ziele bringen. Ebenso wie in der Musik oder in der Malerei kein ›häßlicher‹ Klang und keine äußere ›Dissonanz‹ existiert, so wird bald auch im Tanze der innere Wert jeder Bewegung gefühlt und es wird die innere Schönheit die äußere ersetzen. Den unschönen Bewegungen entströmen sofort eine ungeahnte Gewalt und lebendige Kraft. Von diesem Augenblick an beginnt der Tanz der Zukunft.«

Bei Piper hat Kandinsky eine Sammlung Gedichte erscheinen lassen, die er »Klänge« nennt. Als der Erste auch in der Poesie hat Kandinsky rein spirituelle Vorgänge dargestellt. Mit den einfachsten Mitteln gestaltet er in den »Klängen« Bewegung, Wachstum, Farbe und Ton, etwa in »Fagott«. Die Negierung der Illusion geschieht hier noch durch Gegeneinanderstellen sich aufhebender Illusionselemente, die der konventionellen Sprache entnommen sind. Nirgendwo, auch bei den Futuristen nicht, hat man eine ähnlich kühne Purifikation der Sprache versucht. Und Kandinsky ist auch den letzten Schritt noch weitergegangen. Er hat im »Gelben Klang« als Erster den abstraktesten Lautausdruck, der nur aus harmonisierten Vokalen und Konsonanten besteht, gefunden und angewandt.

Über Okkultismus, Hieratik und andere seltsam schöne Dinge

Vor etwa zwei Monaten fand in Ascona ein Kongreß statt, dessen Sitzungen ein seltsames Publikum vereinigten. Niemand hätte dem kleinen Fischerdorf eine so interessante Fremdenkolonie zugetraut, wie sie sich hierbei in den einfachen, aber eleganten Landhäusern auf dem Monte Verità zusammenfand. Aber Ascona ist heute ein Hauptsitz von Vertretern und Anhängern der okkulten Wissenschaften, und so brachte der Kongreß des »Ordo Templi Orientalis« im August, wenn auch viele Gäste aus England, Österreich, Deutschland und Frankreich ausgeblieben waren, desto nachhaltigeres Leben in die ortsansässigen Zirkel.

Die Ziele des »O. T. O.« sind menschlich und klar. Er pflegt die Lehre der alten Freimaurer vom Memphis- und Misraimkult. Seine Absicht ist eine intensive Herzenskultur, gegründet auf Liebe, Güte und Freude. Er hat eine umfassende eigene Literatur geschaffen, deren Zweck es ist, eine höhere Lebensauffassung als die geltende materielle zu vertreten, und da der Orden mit Ausnahme der allgemeinen Menschenverbrüderung keinerlei Dogma hat, so zählt er heute bereits Hunderte von Initiierten in den deutschsprechenden Ländern.

Zeigen diese Tendenzen den Okkultismus auf einem sehr humanen und zeitgemäßen Wege, so erhielt dieser Kongreß eine Bestärkung seiner edlen Ziele durch eine Reihe Veranstaltungen der Zürcher Kunstschule des Herrn von Laban, die dem kleinen Ascona alle Ehre machten.

Seit Herr von Laban seine Tanzschule von München 1913 nach Zürich verlegt hat, hat sein Institut an Bewußtsein und Umfang des Studienplans sehr zugenommen. Die Laban-Schule ist heute in notwendiger Ausgestaltung ihres Grundgedankens weit über das hinausgewachsen, was eine Tanzschule herkömmlicher Art dem jungen Eleven zu bieten hat. Sie hat sich zu einem Institut entwickelt, das sich nicht nur die Ausbildung des Könnens, sondern schon die Erziehung zum Künstler angelegen sein läßt. Mit der Erziehung zur Persönlichkeit umfaßt sie das ganze

Gebiet der Eurythmie. Es handelt sich nicht mehr um die Technik allein, sondern um die Kunstpädagogik, von der die Ausdruckskultur, in Tanz, Ton und Wort, nur der praktische Teil ist. Der Eleve soll neben der Pflege seiner geistigen und physischen Talente auch Gelegenheit erhalten, die Zusammenhänge seiner Kunst im rhythmischen und kulturellen Ganzen zu erfassen. Er soll sich nicht nur als Individuum, sondern als Teil im Kosmos und im Gesamtkunstwerke empfinden, und so erweist sich die Theorie der beiden leitenden Persönlichkeiten, R. von Labans und Mary Wigmans, als eine künstlerische Gemeinschafts- und Festspielidee von reichen und produktiven Möglichkeiten: die Schule wird zum Erziehungsinstitut großen Stiles, das dem Schüler einen moralischen Rückhalt und Werte mitgibt, auf denen er sein späteres Leben basieren kann. Ein solches Unternehmen erfordert nicht nur von seiten der Lehrer, sondern auch von seiten der Schüler eine Unsumme moralischer und physischer Arbeit, vor allem aber unbedingte Hingabe, und hierin ist der hohe Ernst begründet, der die Leistungen des Einzelnen und der Direktion bei ihren öffentlichen »Demonstrationsabenden« kennzeichnet. Hierin liegt die Werbekraft der Schule, die heute bereits eine ganze Anzahl markanter Persönlichkeiten in ihren mannigfachen Lehrfächern (Tanz, Gesang, Zeichnen, Film, Dekoration, Pantomime usw.) vereinigt. Und in eben diesem Ernste in der Disziplin ihrer Bestrebungen berührt sie sich mit den Idealen der Freimaurer. Selten wird man überzeugendere Ausführungen über den Ursprung des künstlerischen Ritus, der mimisch-theatralischen Kulthandlung und des hieratischen Tanzes gehört haben als in den Vorträgen R. von Labans, und selten wird man Kulttänze aus Altmexiko, Zentralafrika und dem Orient mit mehr intuitivem Erfassen haben tanzen sehen als in seiner Schule.

Das veranlaßt mich, besonders dreier Begabungen zu gedenken, die heute innerhalb dieser Schule Vorbildliches leisten.

Mary Wigman, die impulsive Erfinderin des »Tanzes an sich«, des von Musik und Rhythmus losgelösten absoluten Tanzes, dem jeder singuläre und kollektive Eindruck gleicherweise zu Geste und körperlichem Leben wird, hat die Tanzkunst zu einer tiefen Verinnerlichung geführt. Sie bringt alles Geistige auf eine rhythmische, körperliche Basis zurück, und dieser

Charakterzug nicht zum wenigsten verbürgt der Schule eine beständige Verjüngung, Vereinfachung und starke Führung zur Mimik hin. Religiös gesehen ist Mary Wigman eine Rembrandt-Natur. Sie liebt die Mystik der Fläche, Hell, Dunkel, den Kontrapunkt der Farben und Komposition; die große, geniale Sprache, Verklärung der inneren Linie und das plötzliche Aufleuchten seelischer Komplexe. Ihr Muskelspiel hat einen männlichen, kriegerischen Akzent. Sie beherrscht eine Skala der Leidenschaften von sich selbst verzehrender Glaubensglut bis zu den Delirien alttoledanischer Feste. Und sie instrumentiert und drapiert ihre Passionen vom grellen Rot bis zum tiefen Schwarz mit allen starken, eindeutigen, plastischen Farben.

Raya Belensson ist Russin, Tartarin. Ihr Tanz ist strenger, religiös noch geschlossener. Er ist nicht von Passionen bestimmt, sondern von Überzeugungen. Slawisch-volkstümliche Elemente mischen sich in die Sprache einer Orthodoxie, deren Schrift nicht Liebhaberei, sondern Leben ist, so verschollen und fremd uns Westlern eine alte Kirchensprache, alte Kirchenmusik und ein orthodox geschriebenes Manuskript Dostojewskis berühren. Wenn sie Chopin tanzen würde, würde man den Slawen sehen, nicht den mißglückten Liebhaber der George Sand: Verhaltene und beherrschte Tränenstürze und den Stolz luxuriöser Demut. Mehr Leiden als Leidenschaft. Sonja Kowalewski und Maria Bashkirsew hatten von ihrem Blut. Liebt Mary Wigman die Plastik, die Fläche, so entspricht Raya Belensson die Linie, die Kante, der rechte Winkel. Alle Spitzfindigkeit der Rabulistik fängt sich an ihrem Körper. Nichts liegt ihr besser als die Geheimsprache liturgischer Zeichen. Wie keine zweite zeigt sie sich für den rituellen und hieratischen Tanz begabt.

Ganz anders wieder Sophie Täuber. Anstelle der Tradition treten bei ihr die Sonnenhelle, das Wunder. Sie ist voller Erfindung, Kaprize, Bizarrerie. In einer Zürcher Privatgalerie tanzte sie »Gesang der Flugfische und Seepferdchen«, eine onomatopoetische Lautfolge. Es war ein Tanz voller Spitzen und Gräten, voller flirrender Sonne und Glast und von schneidender Schärfe. Die Linien ersplittern an ihrem Körper. Jede Geste ist hundertmal gegliedert, scharf, hell, spitz. Die Narretei der Perspektive, der Beleuchtung, der Atmosphäre wird hier einem übersensiblen Nervensystem Anlaß zu geistreicher Drolerie, zur ironischen Glosse. Ihre Tanzgebilde sind voller Fabulierlust, grotesk und verzückt. Ihr Körper ist mädchenhaft klug und bereichert die Welt durch jeden neuen Tanz, den sie – geschehen läßt.

(1917)

II
Kulturkritik
1909-1926

Nietzsche in Basel
Eine Streitschrift
(1909/1910)

Vorrede

Es ist gelegentlich als ein Zeichen des Tiefstands der Philosophie bezeichnet worden, daß sie nicht zu einer restlosen kritischen Bewältigung des Problems Nietzsche gelangte. Ich glaube, der Grundirrtum, den man bei der Beschäftigung mit diesem Philosophen beging, bestand darin, daß man, statt seinem Fingerzeig ins Ganze zu folgen, immer nur die einzelnen »Lehren« vornahm und sie auf ihre Richtigkeit oder Falschheit prüfte. Man gelangte schließlich an einen Punkt, wo sich »die ungeheure Vielheit der Probleme« nicht mehr auf einen Generalnenner bringen ließ.

Die gegenwärtige Broschüre[1] macht zum erstenmal den Versuch, Nietzsche als den zu begreifen, für den er sich zeitlebens selber ausgegeben hat: als den »ersten Immoralisten«. Es geht von seiner Basler Freundschaft mit Richard Wagner und dem Einfluß von F. A. Langes »Geschichte des Materialismus«[2] aus, und würde es sich zum Verdienste rechnen, wenn es wenigstens zur Beseitigung einiger der gröbsten Irrtümer über Nietzsche beizutragen vermöchte.

I. Nietzsche bei seiner Berufung nach Basel

Zwei Vorurteile sind es, die der klaren Erfassung von Nietzsches Basler Professorenzeit noch immer im Wege stehen: Die Ansicht, er sei nach Basel als überzeugter Schopenhauerianer, desgleichen als überzeugter klassischer Philologe gekommen. Beide diese Irrtümer wurden am nachdrücklichsten von Vaihinger »Nietzsche als Philosoph«, Berlin 1902, verbreitet. Dort heißt es einmal: »Nietzsches Lehre ist positiv gewendeter Schopenhauerianismus und diese Umwendung Schopenhauers geschah unter dem Einfluß des Darwinismus«[3], sodann als Folgerung, »Nietzsche gehörte zum Geschlecht jener Renaissancehumanisten, welche dem Christentum den Untergang der antiken Kultur nicht verzeihen können, die im Herzen noch die alten Götter verehrten«[4]. Gegen beide Irrtümer muß mit aller Energie Front gemacht werden. Es ist unschwer zu beweisen, daß Nietzsche niemals eigentlich Schopenhauerianer gewesen ist, sondern sich den Schopenhauerianismus immer nur eingeredet hat; daß er auch niemals klassischer Philologe aus Überzeugung, und ganz und gar auch nicht die Konsequenz davon, Humanist, gewesen ist. Der »Humanismus«, mit dem man Nietzsches Antichristentum entschuldigen und abschwächen möchte (auch Schlaf: »Der Fall Nietzsche. Eine Überwindung« Leipzig 1907, nennt Nietzsche einen Humanisten, den »letzten Humanisten«), setzt, um das gleich vorwegzunehmen, einen unbedingten, um nicht zu sagen bornierten Glauben an die Autorität jener Alten voraus, Nietzsche selbst aber wendet sich gelegentlich gegen Altertum und Christentum zugleich mit den Worten [W. X, S. 403][5]: »Es müssen philosophische Köpfe darüber kommen und einmal die Gesamtabrechnung des Altertums vorlegen. Sobald diese vorliegt, so wird es überwunden sein. Man ist viel zu sehr mit allem Fehlerhaften, das uns quält, vom Altertum abhängig, als daß man es noch lange mild behandeln wird. Die ungeheuerste Freveltat der Menschheit, daß das Christentum möglich werden konnte, ist Schuld des Altertums. Mit dem Christentum wird auch das Altertum abgeräumt werden.«

Bleibt: Der »Schopenhauerianer« und der »klassische Philologe«.

Zunächst: Wie kam Nietzsche dazu, *Philologe* zu werden? Es gab dafür einen äußeren und einen inneren Grund. Der erstere bestand darin, daß Nietzsche nach dem Wunsche der Familie die Theologie studieren sollte, daß es aber dieserhalb von Bonn aus, seiner ersten Universität, mit den Seinen zu Auseinandersetzungen kam [Briefe an Mutter und Schwester, V 1, S. 93][6]. Da fiel, wenn überhaupt ein Brotstudium ergriffen werden sollte, der klassisch-philologische Charakter der Pfortenser Fürstenschule, der Nietzsche angehört hatte, und die dort bewiesene »konjekturale« Begabung Nietzsches ausschlaggebend ins Gewicht. Zum zweiten verlangte Nietzsche damals, wie er in seinem Lebenslauf von 1869 [Biogr. 1, S. 211][7] mitteilt, »nach einem Gegengewicht« gegen gewisse »wechselvolle und unruhige bisherige Neigungen, nach einer Wissenschaft, die mit kühler Besonnenheit, mit logischer Kälte, mit gleichförmiger Arbeit gefördert werden könnte, ohne mit ihren Resultaten gleich ans Herz zu greifen. Dies alles aber glaubte ich damals in der Philologie zu finden.« An derselben Stelle bekennt er: »Erst in der letzten Zeit meines Pförtnerlebens gab ich, in richtiger Selbsterkenntnis alle künstlerischen Lebenspläne auf, in die so entstandene Lücke trat von jetzt ab die Philologie.« Und später [Biogr. I, S. 303]: »Der Weg, auf dem ich zur Philologie gekommen bin, liegt gleichweit ab von dem der praktischen Klugheit und des niedrigen Egoismus als von dem, auf welchem die begeisterte Liebe zum Altertum die Fackel voranträgt. Dies Letztere auszusprechen, ist nicht leicht, aber es ist ehrlich.« Daß jene »künstlerischen Lebenspläne« bestanden, gegen die er sich die Disziplin der Philologie verschrieb, ist gewiß. Daß die Philologie sie nicht gänzlich zu unterdrücken vermochte, steht für die nächsten Jahre ebenso fest. Noch im Oktober 1864 schreibt er auf der Reise nach Bonn an Mutter und Schwester [Briefe V 1, S. 62]: »Meine Anschauungen über Volksleben und Sitten bereichern sich täglich. Ich merke auf alles, auf Eigentümlichkeit des Essens, der Beschäftigung, der Feldwirtschaft u.s.w.« Das ist ein spezifisch poetisches Interesse. Als er mit seinem Lehrer Ritschl[8] von Bonn nach Leipzig übersiedelt, schreibt er an Freund Gersdorff [4. 8. 1865, Biogr. I, S. 222]: »Ich gehe nun zwar nicht nach Leipzig, um dort nur Philologie zu treiben, sondern ich will mich wesentlich in der Musik ausbilden. Dazu habe ich in Bonn schlechterdings keine Gelegenheit.« Für seine ganze Universitätszeit (Bonn und Leipzig, 1864–1869) bezeichnend sind die Berufszweifel und Verstimmungen. Er ist *Theologe* (»Meine Studien waren mit Energie auf die philologische Seite der Evangelienkritik und der neutestamentlichen Quellenforschung gerichtet.« [Biogr. I., S. 209]. Er ist verzweifelter *Dichter und Komponist* (sein Bonner Burschenschaftsvers:

»Tragödien und Romanzen, dran er sich sehr ergötzt,
Hat Gluck [sein Frankonia-Name] viel komponieret und in
Musik gesetzt.«)

Er studiert Politik und Nationalökonomie (in Bonn Kolleg bei dem Abgeordneten Sybel[9] [Briefe V 1. S. 72], in Leipzig Lektüre der Bismarckschen Reden [Briefe I, an Gersdorff vom 16. 2. 1868], Kolleg bei Roscher[10] »Grundlagen der praktischen Politik als Einleitung in die gesamte Staats- und Rechtswissenschaft« [Biogr. I, S. 276] und Studium von I. E. Jörgs »Geschichte der sozialpolitischen Parteien in Deutschland«[11] [Briefe I, an Gersdorff, vom 16. 2. 1868]. Im Geheimsten empfindet er sich zugleich als Philosophen. Wenigstens vernünftelt er in seinen zahlreichen damaligen Aufzeichnungen über alle möglichen Gegenstände, schreibt an Rohde[12] [Briefe II, 3. 4. 1868] von dem Einfall, »auch einmal philosophisch zu promovieren und so meiner Studentenkarte in Bonn und Leipzig noch nachträglich zu ihrem Rechte zu verhelfen; ich bin nämlich immer als stud. philos. spazieren gegangen.«, plant eine Dissertation »Über den Begriff des Organischen seit Kant« [Briefe II, an Rohde, 4. 5. 1868], und ist unterm Einfluß von F. A. Langes »Geschichte des Materialismus« eben im Begriff, mit Freund Rohde »gemeinsam Chemie zu studieren und Philologie dorthin zu werfen, wohin sie gehört, zum Urväterhausrat« [Biogr. I, S. 298], als auf die Empfehlung seines philologischen Lehrers Ritschl der Ruf zur Professur kommt. Berufszweifel und Enttäuschungen sind es, die ihn der Philologie in die Arme treiben.

Wie kommt er zu Schopenhauer? Auf dem selben Wege. Bereits 1862 [Biogr. I, S. 320] versucht er, sich mit einem »Vorwurf über verfehlte Lebensbestimmung« abzufinden. In den Notizbüchern Herbst 1867 bis 1868 [Biogr. I, S. 282] lautet ein Aphorismus ›Philologie und Sittlichkeit‹: »In der Methode: Aufgeben des Egoismus, der subjektiven Launen und Neigungen etc. gemeinsam mit jeder wissenschaftlichen Beschäftigung.« Im »Rückblick auf meine zwei Leipziger Jahre 17. Okt. 65 bis 10. Aug. 67.« [Biogr. I, S. 231 f.] resümiert er: »Verstimmungen und Verdrießlichkeiten persönlicher Art pflegen bei jungen Leuten leicht einen allgemeineren Charakter anzunehmen. Ich hing gerade damals mit einigen schmerzlichen Erfahrungen und Enttäuschungen [es sind keine anderen als die erwähnten bekannt] ohne Beihilfe einsam in der Luft, ohne Grundsätze, ohne Hoffnungen, und ohne eine freundliche Erinnerung. . . . Nun vergegenwärtige man sich, wie in einem solchen Zustande die Lektüre von Schopenhauers Hauptwerk wirken mußte. – Hier war jede Zeile, die Entsagung, Verneinung, Resignation schrie, hier sah ich einen Spiegel, in dem ich Welt, Leben und eigen Gemüt in entsetzlicher Großartigkeit erblickte.«

Man überzeuge sich danach, was es mit diesem Schopenhauerianismus auf sich hatte. Er konnte weggeworfen werden, sobald Nietzsche nur zu dem Gefühl seiner persönlichen Lebensbestimmung und zu den Mitteln zu deren Realisierung gelangt war. Nietzsche hat sich damals mit der »Welt als Wille und Vorstellung« in verschiedenen Skizzen und Studien [»Fragment einer Kritik der Schopenhauerschen Philosophie«, »Gedanken zu Schopenhauer als Schriftsteller«, »Über Ethik« etc., Biogr. I, S. 328–355] auseinandergesetzt.

Das Wichtigste daraus ist, daß gerade die Schopenhauersche Hauptlehre von der erlösenden Kraft der Leiden kräftig ad absurdum geführt wird. In der Skizze »Über Ethik« heißt es: »Zugegeben z. B. daß die Lehre Schopenhauers, doch auch wohl des Christentums, von der erlösenden Kraft der Leiden wahr ist, so wäre es eine Sorge für das ›allgemeine Wohl‹, die Leiden nicht zu mindern, ja vielmehr zu mehren, nicht für sich, sondern für andere. An dieser Grenze wird die praktische Ethik häßlich, ja konsequente Menschenquälerei.« Er lehnt also gerade die Schopenhauersche Leidensspekulation ab, und mit ihr schon damals also eigentlich auch den Pessimismus und die Moral Schopenhauers. Was ihn anzog, war, wie er ein andermal äußerte, »die ethische Luft, der faustische Duft«, Schopenhauers Pathos, nicht sein Glaube (»unsere Jugend warf sich auf den Kultus ... der schwärzesten, herbsten Auffassung der Welt«, W. IX, S. 119)[13]. Er hat dann auch in seinem Erstlingswerk (»Geburt der Tragödie«) seinen wirklichen Lehrern Burckhardt und Wagner mit jeder Zeile, seinem vermeintlichen Lehrer Schopenhauer mit keiner ein Denkmal gesetzt.

Es kann also weder von einer überzeugten Philologie noch von einem dezidierten Schopenhauerianismus die Rede sein. Was Nietzsche nach Basel mitbrachte, war vielmehr ein gerade aus dem freiesten Studium der heterogensten Kunst- und Wissenszweige hervorgegangenes Kulturwissen. Dieselbe Vielseitigkeit, dieselbe Zerfahrenheit, derselbe Dilettantismus (wie man will), die er als ein Streben nach »Universalwissen« schon als Knabe bekämpfte; die ihn verhinderten, mit sich ins Klare zu kommen; die ihn zur Zwangsjacke der Philologie als nach einer bewußten Einseitigkeit greifen ließen, werden nun zur Voraussetzung dessen, was ihn in Basel erwartete: Die Kultur, als die Einheit aller künstlerischen und wissenschaftlichen Bestrebungen; die Kultur als seine Aufgabe, sein Beruf, seine Muse und Lebensbestimmung. Wie Nietzsche auf Basels altem Kulturboden unterm Einfluß Jacob Burckhardts, unterm ganz besondern Einfluß Richard Wagners sich rasch in großartigster Weise zum Kulturdenker entwickelte und seinen Begriff des Philosophen als eines Reformators konzipierte, sei das Thema der nächsten Abschnitte. –

II. Nietzsches Freundschaft mit Burckhardt und Wagner

Jacob Burckhardt, Verfasser der »Kultur der Renaissance« und der »griechischen Kulturgeschichte«,[14] begründete damals in Basel (neben Taine und Guizot[15] in Frankreich) die wissenschaftliche Kulturgeschichte. Aufgrund des reichsten Quellenmaterials und in der resümierenden, zum Vergleich mit der eigenen Kultur drängenden Art und Weise, die seiner Geschichtsbetrachtung eigentümlich ist. Nietzsche nennt ihn noch [W. VIII, S. 170] den »tiefsten Kenner« griechischer Kultur. Richard Wagner im nahen Tribschen arbeitete am »Siegfried« und bereitete gerade damals sein mühseligstes Werk vor, Bayreuth, ein Unternehmen, das sein Schöpfer ausdrücklich als Kulturtat aufgefaßt wissen wollte und das für Nietzsche durch des Meisters Freundschaft mit König Ludwig einen ganz besonderen Anstrich von Würde erhielt.

Was hatte Nietzsche mit diesen Männern von vornherein gemeinsam? Zunächst die Modeverehrung für Schopenhauer, ein Charakteristikum des ganzen damaligen Basler Kreises, zu dem ich auch die Korrespondenten Rohde, Deussen, Gersdorff, Bülow[16] zähle. Burckhardt hatte im 5. Abschnitt seiner »griechischen Kulturgeschichte« (»Zur Gesamtbilanz des griechischen Lebens«) die gesamte griechische Kultur auf den Untergrund des Pessimismus gestellt. Und den Hauptstoff jener

Unterhaltung zwischen Nietzsche und Wagner bei der bereits in Leipzig stattgehabten ersten Begegnung [Biogr. I, S. 291] hatte Schopenhauer abgegeben. Verwandt war Nietzsche mit Burckhardt durch seine bisherigen Griechenstudien, wenn er nach dem Empfehlungsbrief seines Lehrers Ritschl vom 11. 1. 1869 [Biogr. I, S. 295] »den Schwerpunkt seiner Studien ... bisher in griechischer Literaturgeschichte – mit bewußter Betonung wie mir scheint, der Geschichte der griechischen Philosophie« gefunden hatte. Verwandt also durch Studien, die der Kulturspekulation direkt zu Gebote standen. Verwandt mit Wagner war er durch eben jenen »Dilettantismus«, den ich erwähnte (von Naumburg aus schreibt er an Rohde [Biogr. I, S. 277], »man könne nicht genug staunen, wie bedeutend jede einzelne Kunstanlage in diesem Menschen ist, welche unverwüstliche Energie hier mit vielseitigem künstlerischem Interesse gepaart ist«), verwandt im Aristokratismus, in der gemeinsamen Verehrung der Romantiker (Hölderlin Nietzsches Lieblingsdichter in Pforta) usw. Auch besitzt Nietzsche schon in Pforta einen Klavierauszug von »Tristan und Isolde« und ist »Wagnerianer« (»Ecce homo«, Warum ich so klug bin, Ziffer 6, S. 42)[17].

Die Folge ist ein heftiger Verkehr mit diesen beiden Geistern, ein Verkehr, von dessen Fruchtbarkeit man sich nicht leicht eine übertriebene Vorstellung bilden wird. Von Burckhardt berichtet Nietzsche an Rohde [Briefe II, vom 23. 11. 1871, S. 270,] sehr ergötzlich, wie er mit ihm unter Spendeopfern »die Dämonenweihe« gefeiert habe; so wie [Briefe II, S. 523]: »ich bin jetzt täglich mit ihm zusammen in vertrautestem Verkehre«. In Tribschen macht Nietzsche in den ersten drei Jahren seines Basler Aufenthalts nicht weniger als 23 Besuche [Briefe I, S. 37] und erklärt am 3. 9. 1869 [Briefe II, S. 167] ganz verwirrt: »Was ich dort lerne und schaue, höre und verstehe, ist unbeschreiblich. Schopenhauer und Goethe, Aeschylus und Pindar leben noch, glaub es mir.« Bereits am 4. 8. 1869, vier Monate in Basel, hatte er an Gersdorff geschrieben [Briefe I, vom 4. 8. 1869, S. 85]: »So las ich noch gestern ein Manuskript, das er [Wagner] mir gegeben hatte, ›über Staat und Religion‹[18]; ein größerer tiefsinniger Aufsatz, dazu bestimmt, seinen jungen Freund, den kleinen Bayernkönig über seine innere Stellung zu Staat und Religion aufzuklären. Nie ist in würdigerer und philosophischerer Weise zu einem König geredet worden, ich war ganz erhoben und erschüttert von dieser Idealität.« Die Freundschaft mit Wagner erreichte rasch einen solchen Grad der Intimität, daß Nietzsche in den ersten Monaten seines Basler Aufenthaltes den Tag in Tribschen verweilte, an dem Siegfried Wagner geboren wurde[19] [Biogr. II, S. 15], daß Nietzsche bereits Weihnachten 1869 mit Wagner die Korrekturbogen zu dessen neuerdings herausgekommenen Autobiographie durchlas [Biogr. II, S. 20].

So zeigen sich bald auch die ersten Resultate. Das gemeinsame Merkmal ist, daß von Wagner aus, der in eminentestem Sinne als Kulturträger gilt, die griechische Kultur zur Zeit der Tragödienentstehung betrachtet und von da aus zum Vergleich mit der Gegenwart geschritten wird. Daß Wagners Ideenkreis zur Erklärung und Durchleuchtung gewisser dunkler Seiten des werdenden Griechentums dient, und eben jener Werdezustand der griechischen Kultur, den Nietzsche »dionysisch« nennt, umgekehrt zu einer entwicklungsgeschichtlichen Begründung Wagners in der modernen Kultur von außerordentlicher Wucht und Tiefe Anlaß wird, daran schließen sich Nietzsches Kulturspekulationen. Der eigentliche Kolumbusbegriff Nietzsches aber ist die spaßlose, bis in die letzten Konsequenzen gehende Gleichsetzung Wagners mit den griechischen Tragikern. Als erster empfindet er die Musik Wagners als »Ausdruck einer dionysischen Mächtigkeit der Seele. In ihr glaubte ich das Erdbeben zu hören, mit dem eine von Alters her aufgestaute Urkraft von Leben sich endlich Luft macht, gleichgültig dagegen, ob alles, was sich heute Kultur nennt, damit ins Wackeln gerät.« [W. VIII, S. 192]. In Wagner sah Nietzsche [W. I, S. 516] »einen Gegen-Alexander: er bannt und schließt zusammen, was vereinzelt schwach und lässig war, er hat, wenn ein medizinischer Ausdruck erlaubt ist, eine adstringierende Kraft: insofern gehört er zu den ganz großen Kulturgewalten.« Für Nietzsche gab es [W. I., S. 515] »zwischen Aeschylus und R. Wagner solche Nähen und Verwandtschaften, daß man fast handgreiflich an das sehr relative Wesen aller Zeitbegriffe gemahnt wird.« Für Nietzsches Feuergeist stand fest: Wagner mußte zur Wirkung gebracht, mußte durchgesetzt werden mit allen Mitteln, mit aller Energie, mit dem restlosen Einsatz der

Persönlichkeit. Entweder er verkörperte in sich einen neuen Begriff der Kultur, vielleicht *die* Kultur, oder aber er besaß zum mindesten das Recht, eine neue Kultur zu fordern und heraufzubringen.

III. Das Basler Kulturideal

Die nächsten Belege für die außerordentliche Einwirkung besonders Wagners finden sich im ersten Band der »Nachgelassene Schriften«, Bd. IX der Gesamtausgabe. Zunächst S. 24: »Philosophia facta est quae philologia fuit«. Dann S. 100 als Untertitel zu einer geplanten Schrift »Die Tragödie und die Freigeister«: »Betrachtungen über die ethisch-politische Bedeutung des musikalischen Dramas«, und man hat den direkten Zusammenhang mit Wagners Schriften »Deutsche Kunst und deutsche Politik«, »Über Staat und Religion«.[20] S. 232 findet sich die Notiz: »Für mich erläutert das leibhaftig geschaute Phänomen Wagners zuerst negativ, daß wir die griechische Welt bis jetzt nicht verstanden haben und umgekehrt finden wir dort die einzigen Analogien zu unserem Wagnerphänomen.« S. 82 wieder erscheint »Deutschland als eigentlicher Orakelsitz der Kunst. Ziel: eine staatliche Kunstorganisation. Kunst als Erziehungsmittel.« Im allgemeinen gilt gewiß schon für die erste Basler Zeit Nietzsches die Bemerkung Karl Joels [»Nietzsche und Romantik«, Jena 1906, S. 298], daß Nietzsche zwischen dem wahrhaft erkannten älteren Altertum und unserer höchsten Kunst und Philosophie (darunter verstand er damals immer nur Wagner und Schopenhauer) keinen Widerspruch findet. »Sie stützen und tragen sich. Hier liegen meine Hoffnungen.« Über seine Philologie schreibt Nietzsche damals an Rohde (ich zitiere die Stellen zum Überfluß gegen die Vaihingersche Behauptung, Nietzsche sei klassischer Philologe aus Überzeugung gewesen[21]): »Die Philologenexistenz in irgendeiner künstlichen Bestrebung, aber tausend Meilen abseits vom Griechentum wird mir immer unmöglicher.« [Briefe II, S. 181 Ende Januar 1870]. Und bereits 15. 12. 1870 [Briefe II, S. 214f.]: »Schleppen wir uns noch ein paar Jahre durch diese Universitätsexistenz! Nehmen wir sie wie ein lehrreiches Leidwesen, das man ernsthaft und mit Erstaunen zu ertragen hat. – – Also wir werfen einmal dieses Joch ab. Das steht für mich ganz fest.« Wiegt in diesen Zitaten der Einfluß Wagners vor, so in den folgenden der Burckhardts [W. IX, S. 119]: »Ist das Ziel der hellenischen Kultur die Verherrlichung durch die Kunst, so muß von da aus das griechische Wesen begreiflich werden. Welches sind die Mittel, deren sich jener Kunstwille bedient?«, oder [W. IX, S. 126]: Ziel – »Das Schillersche bedeutend erhoben, Erziehung durch die Kunst, aus dem germanischen Wesen (Wagners Ariertum) abgeleitet.« Nietzsche plant eine »Rede auf Beethoven« [W. IX, S. 426] und bezeichnet es als »Aufgabe, die zu ihm gehörige Kultur zu finden«. Sein Notizbuch zu »Die Tragödie und die Freigeister« begleitet ihn in den Krieg (den er als freiwilliger Krankenpfleger mitmacht), und Kultur, Kultur und nochmals Kultur ist der Gesichtspunkt, mit dem er den Verlauf dieses Krieges erst besorgt, dann ihm opferwillig, zuletzt ablehnend gegenübersteht. [Briefe II, S. 181, VI, S. 188, und VI, S. 196[22]. Bei diesen privaten Äußerungen und Notizen bleibt es indessen nicht. Am 18. 1. 1870 hält er einen Vortrag »Das griechische Musikdrama« [W. IX, S. 33ff.], am 1. 2. 1871 einen zweiten, »Sokrates und die Tragödie«, auf den Frau Cosima antwortet [Biogr. II, S. 21] »bei einzelnen Sätzen, wie daß der Verfall der griechischen Tragödie mit Sophokles, ja mit Aeschylus beginnt, und über die Form der Platonischen Gespräche mußte mir der Meister beweisen, wie recht Sie haben«, während Wagner selbst den Rat gibt: »diese sehr unglaublichen Ansichten nicht mehr in kurzen durch fatale Rücksichten auf leichten Effekt es absehenden Abhandlungen zu berühren, sondern – sich zu einer größeren umfassenderen Arbeit darüber« zu sammeln. [Biogr. II, S. 22.] Was die Tribschener überraschte, war neben der gewaltigen Kulturstellung, die Wagners Musikdrama zuerteilt war, in höchstem Grade auch die im Bunde mit Schopenhauer geschehene Apostrophierung der Sokrates und Plato als der Stammväter des Intellektualismus und eigentlichen Todfeinde und Widerstandswurzeln gegen die Tragödie. Eine dritte Abhandlung: »Über die dionysische Weltanschauung« [W IX, S. 85–99] war bereits zu Weihnacht 1870 nach Tribschen verschickt. Ein diese drei Schriften zusammenschließendes Buch »Sokrates und der Instinkt« (das heißt Sokrates wider den

Instinkt) wird geplant. Und Ende 1871 erscheint das Erstlings- und Programmwerk »Die Geburt der Tragödie aus dem Geiste der Musik«.

Die »Geburt der Tragödie« gehört zu denjenigen Büchern, deren Inhalt ebensowenig widerlegt wie bewiesen werden kann, deren Wert oder Unwert auch weder vom Beweis noch von der Widerlegung abhängt. Die »Geburt der Tragödie« ist ein Buch der Auffassung, ein Buch, das viel weniger Gelehrsamkeit gibt, als es solche macht. Es ist von anderer Seite schon darauf hingewiesen worden: Wenn etwas durch die »Geburt der Tragödie« bewiesen wurde, so war es das Eine, daß auch das Winckelmannsche Griechentum naiver Harmonie und Größe, das Goethesche der ruhigen Heiterkeit, oder das Schillersche: »Griechheit, was war sie? Verstand und Maß und Klarheit«[23] eben nur Auffassungen waren, die doch aufs Bedeutendste eingewirkt hatten. Einem solchen Buch gegenüber müßte doch wohl das Bemühen vor allem darin bestehen, nach Möglichkeit seinen Ideenkreis abzustecken, um sich so der Art und Tragweite seiner unausbleiblichen autoritativen Wirkungen zu versichern.

Als die zwei entscheidenden Neuerungen des Buchs werden (von Nietzsche selbst, »Ecce homo«, die Geburt der Tragödie) bezeichnet: »einmal das Verständnis des dionysischen Phäno- mens bei den Griechen, – es gibt dessen erste Psychologie, es sieht in ihm die eine Wurzel der ganzen griechischen Kunst. – Das Andre ist das Verständnis des Sokratismus, Sokrates als Werkzeug der griechischen Auflösung, als typischer Dekadent zum ersten Male erkannt: Vernünftigkeit gegen Instinkt.«

Was versteht nun Nietzsche unter dem »dionysischen Problem«? Werke VIII, S. 170 bestimmt er es: »Ich war der Erste, der zum Verständnis des älteren, des noch reichen und überströmenden hellenischen Instinkts jenes wundervolle Phänomen ernst nahm, das den Namen des Dionysos trägt: es ist einzig erklärlich aus einem Zuviel an Kraft.« Sodann: Um welches ältere Griechentum handelt es sich? In einem Brief Rohdes an Nietzsche vom 21. 4. 1871 [Briefe II, S. 236] wird es beschrie- ben: »zwischen Homer und Aeschylus inmitten liegt eine Zeit tiefster mystischer Erregung und einer inneren Vertiefung, von der nur die falsche Klarheit alexandrischer Zeit gar so wenig übrig gelassen hat.« Und worin begründet Nietzsche das Dionysische? [W. IX, S. 173]: »Jene stille Einfalt und edle Würde, die Winckelmann begeisterte, bleibt etwas Unerklärliches, wenn man das in der Tiefe fortwirkende metaphysische Mysterienwesen außer Acht läßt. Hier hatte der Grieche eine unerschütterliche gläubige Sicherheit, während er mit seinen olympischen Göttern in freiester Weise bald spielend bald zweifelnd umging. Darum galt ihm auch die Entweihung der Mysterien als das eigentliche Kardinalverbrechen, das ihm selbst noch furchtbarer erschien als die Auflösung des Demos.« Er begründet es also in jenen Kulten des Wiedererstehens der Natur, der Geschlechtlichkeit, des bacchischen Rausches, Rasens und Sichselbstzerreißens, die in den eleusinischen Demeter-Kore-Jacchos-Weihen ihren Mittelpunkt hatten, ihren Ausgang von Asien herleiteten, von der phönizischen Feier des Todes und der Auferstehung des Adonis, vom ägyptischen Phallus- und Osirisdienst und ähnlichem. Es handelt sich also bei Nietzsches »dionysischem Problem« um das Zustandekommen der Kunst und zwar der eigentlichen Dionysoskunst: der Tragödie, es handelt sich um die Voraussetzung einer ästhetischen Volkskultur. Es handelt sich aber des weiteren nicht nur um ästhetische Kultur in ethnischem Umfang, es wird geradezu eine ästhetische Kosmodizee aufgestellt. (»Daß die Natur die Entstehung der Tragödie an jene zwei Grundtriebe des Apollinischen und des Dionysischen geknüpft hat, darf uns ebensosehr als ein Abgrund der Vernunft gelten als die Vorrichtung derselben Natur, die Propagation an die Duplizität der Geschlechter zu knüpfen.« [W. IX, S. 176] Ich glaube nun: Daß aus Dionysoschören die Tragödie entstanden sei, das hatte man immer gewußt. Das musikalische Element indessen als Ausfluß der zum Taumel gesteigerten Lebensgefühle in ethnischem, ja kosmischem Umfang als Genesiselement der Kunst und Tragödie befürwortet und dadurch einerseits eine rigoros ästhetische Weltinterpretation, andrerseits eine rigoros ästhetische Kulturperspektive für die Gegenwart anhand der Griechen gewonnen zu haben, das ist der Verdienst Nietzsches.

Als zweite Neuerung wurde von Nietzsche das Verständnis des Sokratismus als einer Dekadenzerscheinung beansprucht. Ich möchte auch hier wieder fragen: wie faßt vor allem Nietzsche selber die Dinge auf, wenn er von »Vernünftigkeit wider Instinkt« spricht und für den »Instinkt« gegen die »Vernünftigkeit« Stellung nimmt? Der Sokratismus erscheint als Instinktfeindlichkeit im Zusammenhang mit Nietzsches Parteinahme für das Dionysische; Instinkt und Dionysiertum werden identifiziert, der Sokratismus abgelehnt und bekämpft, weil das Dionysische nicht bestehen kann, wo dieser herrscht, weil das Sokratische vernichtet werden muß, wo das Dionysische herrschen soll. Wie Nietzsche unterm Einfluß Wagners und des antihegelianischen Schopenhauer dazu kam, gegen Sokrates Stellung zu nehmen, darauf habe ich bereits hingewiesen. Was er unter »Sokratismus« verstand, ist eine nur in Abstraktheit sich bewegende, nur Abstraktheit produzierende, rein intellektualistische Verstandeskultur; die gesamte Richtung zur Analyse, zum Wissen und Haben, zur logischen Behandlung der Naturprobleme. Er haßte darin einen vorlauten, oberflächlichen, ahnungslosen Optimismus den dunklen unberechenbaren explosiven Natur- und Kunstmächten gegenüber, wie er sie gerade in Wagner verkörpert fühlte. Einer solchen Verstandeskultur mochte es eines Tages ergehen, wie jenem Schillerschen Friedensvers »Du stehst mit deinem Palmenzweige, o Mensch, an des Jahrhunderts Neige«[24], der von der Revolution und Napoleon so gründlich widerlegt wurde. Nietzsche berauscht sich [W. I, S. 128. »Die Geburt der Tragödie«] am »Sieg über den im Wesen der Logik verborgen liegenden Optimismus, der wiederum der Untergrund unserer Kultur ist« und versteht »den philosophischen Pessimismus des 19. Jahrhunderts als ein Symptom einer höheren Kraft des Gedankens, einer siegreicheren Fülle des Lebens«, als diese in der »Philosophie Humes, Kants und Hegels zum Ausdruck gekommen war.« [W. VIII, S. 192.] Luft und Raum zu schaffen dem Dionysischen, weil der Sokratismus zur Verknöcherung, zum Ende, zur Dekadenz führt, das Dionysische aber zur Herrlichkeit, – das ist es, was nottut und worum es sich hier handelt. Insofern vergewissert sich Nietzsche seiner eigentlichen Gegner und findet: »Kampf gegen Instinkt: Anaxagoras, Sokrates, Plato.« (Anaxagoras hatte zuerst das Vernunftsprinzip in den Kosmos gebracht.) So weist er W. I, S. 73 darauf hin, daß niemals bis auf Euripides Dionysos aufgehört hat, der tragische Held zu sein«, und [W. I,

S. 93]: »daß Sokrates als der erste und oberste Sophist, als der Spiegel und Inbegriff aller sophistischen Bestrebungen bei Aristophanes erscheine.« Nachgelassene Schriften [W. IX, S. 55] steht der Aphorismus: »Wer wird im Hinblick auf die sehr tief greifenden hier nur angerührten unkünstlerischen Wirkungen des Sokratismus nicht dem Aristophanes Recht geben, wenn er den Chor singen läßt:

> »Heil, wer nicht bei Sokrates
> Sitzen mag und reden mag
> Nicht die Musenkunst verdammt
> Und das Höchste der Tragödie
> Nicht verächtlich übersieht.
> Eitel Narrheit ist es doch,
> Auf gespreizte hohle Reden
> Und abstraktes Spintisieren
> Einen müßigen Fleiß zu wenden.«

und [W. I, S. 125, »Die Geburt der Tragödie«] wird auch bereits das Fazit gezogen: »Unsere ganze moderne Welt ist in den Netzen der alexandrinischen Kultur befangen und kennt als Ideal den mit höchsten Erkenntniskräften ausgerüsteten, im Dienste der Wissenschaft arbeitenden theoretischen Menschen, dessen Urbild und Stammvater Sokrates ist.« Es ist eine seiner ersten großen kulturkritischen Konsequenzen. –
Nachdem in der »Geburt der Tragödie« die Erscheinung, das Phänomen Wagner gewissermaßen in seinem ganzen ideellen Umfang monumentalisiert war, tritt Nietzsche nun auch praktisch dafür ein. Auf die »Geburt der Tragödie« folgen die vier »Unzeitgemäßen Betrachtungen«. Die Zweite davon (»Vom Nutzen und Nachteil der Historie für das Leben«) entlockt Wagners Gattin das ebenso wahre wie schöne Wort [Biogr. II, S. 146]: »Wie der indische Königssohn von der Begegnung von Bettler, Greis und Leiche vom Wesen der Dinge unterrichtet wurde, und der Christ durch den Anblick des Heilands am Kreuz zum Heiligen wird, so ist Ihnen ein Gesamturteil über unsere heutige Kulturwelt durch das Mitleiden mit dem Genie ermöglicht worden.« Die Vierte »Unzeitgemäße«, »Richard Wagner in Bayreuth« ist eine direkte Agitationsschrift für

Wagner. Auch sonst: Nietzsche will »den nächsten Winter herumziehen im deutschen Vaterlande, das heißt eingeladen von den Wagnervereinen der größeren Städte, um Vorträge über die Nibelungenfestspiele zu halten: es muß eben Jeder tun was seine Pflicht ist, und im Kollisionsfalle, was seine Pflicht mehr ist.« [Briefe II, S. 303].

Er ist Preisrichter für Wagner: »Der allgemeine deutsche Musikverein hat einen Preis von 300 Talern auf eine 5-Bogenschrift populärer Natur über Wagners Nibelungendichtung ausgesetzt; Professor Heyne, Professor Simrock[25] und ich sind Richter, ersterer auf meinen Vorschlag.« [Briefe II, S. 392] Er träumt als »Zukunft von dem Bayreuther Sommer: Vereinigung aller wirklich lebendigen Menschen: Künstler bringen ihre Kunst heran, Schriftsteller ihre Werke zum Vortrage, Reformatoren ihre neuen Ideen. Ein allgemeines Bad der Seelen soll es sein: dort erwacht der neue Genius, dort entfaltet sich ein Reich der Güte.« [W. X, S. 469] Was er von Wagner erhofft, ist »die Erneuerung der Kunst von der einzigen noch vorhandenen Basis aus, vom Theater aus« [W. X, S. 427]. Was er beklagt, ist »eine Erziehung, bei der es nicht erreicht ist, Wagner zu verstehen, bei der Schopenhauer rauh und mißtönig klingt; diese Erziehung ist verfehlt« [W. X, S. 368]. Wie tief Wagners Ideal auf die nun folgenden eigentlichen und selbständigen Kulturspekulationen Nietzsches eingewirkt hat, geht aus einem Aphorismus zur Gesamtausgabe der »Unzeitgemäßen« hervor [W. X, S. 368]; wenn es dort heißt: »Die Entstehung zu schildern: meine Desperation wegen Bayreuth, ich sehe nichts, was ich nicht voll Schuld weiß, ich entdecke bei tieferem Nachdenken auf das fundamentale Problem aller Kultur gestoßen zu sein.«

Dieses »fundamentale Problem aller Kultur« ist von nun an Nietzsches Thema. Werke X, S. 169 bezeichnet er »das Nachahmen« als »das Mittel aller Kultur, dadurch wird allmählich der Instinkt erzeugt. Alles Vergleichen (Urdenken) ist ein Nachahmen«. Werke X, S. 119 fragt er: »Ist das Ziel der hellenischen Kultur die Verherrlichung durch die Kunst, so muß von da aus das griechische Wesen begreiflich werden. Welches sind die Mittel, deren sich jener Kunstwille bedient?

Arbeit und Sklaventum
Das Weib
Der politische Trieb
Die Natur
Mangel des Gelehrten.«[26]

In welchem Grade die Höhe einer Kultur durch Unerschrokkenheit, Breite und Tiefe der Naturerfassung bestimmt wird, darin hatte Nietzsche in die »Die Geburt der Tragödie« die volle Einsicht gegeben. Nun geht er mit Bewußtsein den »übertünchten Zügen des Grundtextes homo natura« nach. Der Entdecker des dionysischen Elements im Griechentum, der Freund Wagners und Feind des Sokratismus ruft aus: »Schenkt mir erst Leben, dann will ich euch eine Kultur daraus schaffen.« [W. I, S. 378]. Er findet: »Nein, das Ziel der Menschheit kann nicht am Ende liegen, sondern nur in ihren höchsten Exemplaren« [W. I, S. 364], denn er weiß, daß das Genie den Begriff des Lebens und der Natur am stärksten darstellt, er plant [W. IX, S. 290] einen »Dithyrambus auf die Kunst und den Künstler, weil sie den Menschen erst herausschaffen und alle seine Triebe in die Kultur übertragen.« Vom Standpunkt des Kulturschöpfers aus betrachtet er den überkommenen europäischen Naturbegriff, wie er sich an Shakespeare, Rousseau, Goethe gebildet hat; einerseits von seinem eigenen dionysischen Naturwissen belehrt, andererseits von seinem Begriff der griechischen Naturauffassung unterrichtet. Jetzt fragt er: [W. IX, S. 128] »Was ist über die Griechen zu lehren, wenn man von ihrer heiteren Welt ausgeht und sich den Ernst verhüllt? Die Angriffe auf das klassische Altertum sind so ganz berechtigt«, und das richtet sich gegen Goethens alles Zwiespältige, Schreckliche und Drohende ausschließendes, harmonisch spielendes Natur- und Kunstideal. »Wenn unsere Aufgabe wäre, über das Leben möglichst hinwegzugleiten, da gäbe es Rezepte, das Goethesche zumal« [W. X, S. 324]. Jetzt überlegt er [W. IX, S. 190] gegen »die Hingabe an die Natur, gegen das χατὰ φύσιν ζῆν der Stoiker und des Rousseau«: »1.) Wer kennt die Ziele der Natur und wer überhaupt vermöchte das Unnatürliche? 2.) Die Natur ist nichts so Harmloses, dem man sich ohne Schauder übergeben könnte. 3.) Es fragt sich überhaupt, ob wir etwas können gegen die Natur und ob wir uns der Natur überhaupt hingeben können.« Jetzt findet er einen »idyllischen« Natur- und Kunstbegriff als bisher herrschend [W. IX, S. 242]: »Ich glaube daß wir, wenn wir nicht Künstler sind, die Kunst nur als idyllische Stimmungen und idyllisch verstehen, das ist unser modernes Los: wir genießen also als moralische Wesen. Die griechische Welt ist vorbei«, und bestätigt sich [W. IX, S. 244]: »Auch Shakespeare genießen wir so, als Natur.«

Der »Mangel des Gelehrten« in der griechischen Kultur veranlaßt Nietzsche, den Begriff der Scholastik und des Mittelalters bis zu Schopenhauer auszudehnen. Werke X, S. 178 wird der Aphorismus mitgeteilt: »Schopenhauer, Vereinfacher räumt die Scholastik auf. Wissenschaft und Kultur Gegensätze.« Werke I, S. 418 macht er den Vorschlag: »und wenn die Wälder immer spärlicher werden sollten, möchte es nicht irgendwann einmal an der Zeit sein, die Bibliotheken als Holz, Stroh und Gestrüpp zu behandeln? Sind doch die meisten Bücher aus Rauch und Dampf der Köpfe geboren, so sollten sie auch wieder zu Rauch und Dampf werden.« »Polemik gegen mittelalterlich« steht geradezu auf seinem Programm [W. XI, S. 406]; er beklagt Werke X, S. 185: »Alles Allgemein-Wichtige einer Wissenschaft ist zufällig geworden oder fehlt ganz.

Die Sprachstudien ohne die Stillehre und Rhetorik.

Die indischen Studien ohne die Philosophie.

Das klassische Altertum ohne Zusammenhang mit dem praktischen Bestreben von ihm zu lernen.

Die Naturwissenschaft ohne jene Heilung und Ruhe die Goethe darin fand.

Die Geschichte ohne den Enthusiasmus.

Kurz, alle Wissenschaften ohne die praktische Wendung: also anders getrieben als sie die meisten Kulturmenschen getrieben haben. Die Wissenschaft als Broterwerb«; und fragt schließlich [W. X, S. 179]: »Gegenmittel gegen Wissenschaft. Wo? Die Kultur als Gegenmittel. Um für die empfänglich zu sein, muß man das Ungenügende der Wissenschaft erkannt haben. Tragische Resignation: Gott weiß, was das für eine Kultur wird. Sie fängt von hinten an.« –

Eine meines Erachtens bisher noch viel zu wenig gewürdigte Tatsache ist es dabei, daß die Autoritätsfrage in Kulturdingen

Nietzsche schon in Basel in das innigste Schülerverhältnis auch zum gealterten Goethe bringt. Die Gespräche mit Eckermann dürften nicht unbeträchtlich eingewirkt haben. In der zweiten »Unzeitgemäßen Betrachtung« findet sich das Goethezitat: »Wir Deutsche sind von gestern und haben zwar seit einem Jahrhundert ganz tüchtig kultiviert, allein es können noch ein paar Jahrhunderte hingehen, ehe bei unseren Landsleuten soviel Geist und Kultur eindringt, daß man von ihnen wird sagen können, es sei lange her, daß sie Barbaren gewesen.«[27] W. X, S. 482 die Notiz: »Goethe bemerkt bei Klopstock, daß große Menschen ohne würdigen und breiten Wirkungskreis sich in Seltsamkeiten entladen. So aber verzehrt sich unser Volk in Seltsamkeiten.« Ebenfalls im Nachlaß aus dieser Zeit [W. XI, S. 403]: »Goethe: ›Byrons Kühnheit, Keckheit und Grandiosität ist das nicht alles bildend? Wir müssen uns hüten, es stets im entschieden Reinen und Sittlichen suchen zu wollen. Alles Große bildet, sobald wir es gewahr werden.‹ Dies auf Wagners Kunst anzuwenden.« Das im Geheimen geschaute Ideal einer Goetheschen Position ist es, was Nietzsche in derselben Zeit [W. X, S. 514] als »unsere Aufgabe« bezeichnen läßt: »Das Gespaltene, Zerstreute wieder zusammenzubringen und zusammenzuschweißen, einen Herd für die deutsche Kulturarbeit zu gründen, abseits von aller Zeitungskultur und Popularisierung der Wissenschaften.« Damals beschäftigt er sich mit dem Plan, unter dem Titel »Griechen und Barbaren« sein gesamtes Kulturdenken zu veröffentlichen [W. X, S. 520] und projektiert 1872 »ein Promemoria über die Straßburger Universität, als Interpellation bei dem Reichsrat zu Händen Bismarcks, worin ich zeigen will, wie schmählich man einen ungeheuren Moment versäumt hat, eine wirkliche deutsche Bildungsanstalt zur Regeneration des deutschen Geistes und zur Vernichtung der bisherigen sogenannten Kultur zu gründen.« [Brief an Rohde vom 28. 1. 1872]. Ein Vergleich mit Goethe, in aller Bescheidenheit und Skizzenhaftigkeit versucht, ergäbe folgendes: Goethe, der Fürsprecher der Renaissance in seiner Cellini-Übersetzung (die einen so grimmigen Ausfall gegen Savonarola enthält, daß sich der Übersetzer in seiner Tendenz verrät); Goethe, der Fürsprecher Byrons und Napoleons, der irgendwo in seinen Briefen als sein Glaubensbekenntnis die Aristokratie bezeichnet (ich glaube in einem Briefe an Lavater), Goethe treibt Altersphilosophie und hat resigniert. Goethe – Faust lebt zuletzt in patriarchalisch gestillter Zurückgezogenheit dem Resignationsideal für künftige Generationen Gräben und Dämme vorauszuziehen. Er behauptet sich gegen das Barbarentum[28]. Der dithyrambisch überschäumende Nietzsche–Dionysos, der nach Widerständen geradezu sucht, glaubt seine Zeit reif genug für die Möglichkeit einer befreienden Tat. Er ist aggressiv bis zum Exzeß, tief durchdrungen vom Glauben an die nächste Zukunft, ja im Falle Wagner–Bayreuth sogar vom Glauben an die Gegenwart. Er verfolgt die Tendenz: »Hat es nämlich überhaupt einen Sinn, sich mit seiner Zeit zu beschäftigen, so ist es jedenfalls ein Glück, sich so gründlich wie möglich mit ihr zu beschäftigen, so daß einem über sie gar kein Zweifel übrig bleibt« [W. I, S. 419] und bezeichnet [W. X, S. 178] die »tragische Resignation« als »das Ende der Philosophie«. Sein Satz ist: »nur die Kunst vermag uns zu retten.« Seine Zuversicht: »Niemand hat bis jetzt große Ziele der deutschen Kultur gesteckt.«

Erwähne ich nun noch das Wort Nietzsches über Schopenhauer: »Schopenhauer ist einfach und ehrlich . . . Schopenhauer steht zu allem in Widerspruch, was heute als Kultur gilt«, so ist nach all dem Vorausgeschickten wohl geklärt, was Nietzsche meinte, wenn er [W. X, S. 221] sagte: »Ich will Schopenhauer, Wagner und das ältere Griechentum zusammennehmen, es gibt einen Blick auf eine herrliche Kultur.« Das Ideal ist: ein Zeitalter der Kunst, entfaltet aus der Vernichtung alles dessen, was diesem Ideal im Wege steht; die Befreiung der Leidenschaften, des Trieblebens, der Natur, dazu eine entsprechend großartige Bändigung durch die Kunst. Wenn es von diesem Kulturideal [W. X, S. 124] weiterheißt: »Die Kultur eines Volkes offenbart sich in der einheitlichen Bändigung der Triebe dieses Volkes« und [W. I, S. 319]: »Es soll hier ausdrücklich mein Zeugnis stehen, daß es die deutsche Einheit in jenem höchsten Sinne ist, die wir erstreben und heißer erstreben, als die politische Wiedervereinigung: die Einheit des deutschen Geistes und Lebens nach der Vernichtung des Gegensatzes von Form und Inhalt, von Innerlichkeit und Konvention«, so muß die Beantwortung der Frage, was Nietzsche unter Konvention im Gegensatz zur Innerlichkeit verstand, zugleich den Aufschluß darüber bringen, was für ein falsches Prinzip der Bändigung, dessen Widersinn und Unwahrheit durchschaut war, es zu beseitigen galt.

IV. Nietzsche als Immoralist

Neben den hohen ästhetischen Interessen Nietzsches läuft bei ihm von Jugend an das stärkste kritische Vergnügen an theologischen Fragen (theologisch im prinzipiellen Sinne, nicht im Sinne der Spezialwissenschaft). Mit 13 Jahren beschäftigt ihn »das Problem vom Ursprung des Bösen«. Er widmet ihm sein »erstes literarisches Kinderspiel« und löst das Problem, indem er Gott »die Ehre ... als Vater des Bösen« gibt [W. VII, S. 289-290]. Er erdenkt sich dazu [W. XIV, S. 347] eine wunderliche Dreieinigkeit: Gott-Vater, Gott-Sohn und Gott-Teufel und »mein Schluß war, daß Gott sich selber denkend, die zweite Person der Gottheit schafft, daß aber, um sich selber denken zu können, er seinen Gegensatz denken mußte, also schaffen mußte. Damit fing ich an zu philosophieren.«

Auf der Fürstenschule über der Lektüre von Schillers »Räubern« erscheinen ihm die Charaktere »fast übermenschlich, man glaubt einen Titanenkampf gegen Religion und Tugend zu sehen« [Biogr. I, S. 120]. Die Moral nennt er damals schon sehr richtig »die Summe aller Wahrheiten für unsere Welt« [Biogr. I, 315], und in einer mit zwei Freunden gegründeten wissenschaftlich-schöngeistigen Vereinigung »Germania« hält der Sekundaner einen Vortrag »über Fatum und Geschichte«, worin er sich vernehmen läßt: »Es ist vollends eine Vermessenheit, philosophische Probleme lösen zu wollen, über die ein Meinungskampf seit mehreren Jahrtausenden geführt ist: Ansichten umzustürzen, die den Menschen nach dem Glauben der geistreichsten Männer erst zum wahren Glauben erheben: Naturwissenschaft und Philosophie zu einigen, ohne auch nur die Hauptergebnisse beider zu kennen: endlich aus Naturwissenschaft und Geschichte ein System des Reellen aufzustellen, während die Einheit der Weltgeschichte und die prinzipiellen Grundlagen sich dem Geiste noch nicht geoffenbart haben. – – Es stehen noch große Umwälzungen bevor, wenn die Menge erst begriffen hat, daß das ganze Christentum sich auf Annahmen gründet.« [Biogr. I, 313f.] Schon in Bonn sind seine Studien [Biogr. I, S. 210] »mit Erfolg auf die philologische Seite der Evangelienkritik und der neutestamentlichen Quellenforschung gerichtet. Ich bildete mir nämlich damals noch ein, daß die Geschichte und ihre Erforschung imstande sei, auf gewisse religiöse und philosophische Fragen eine direkte Antwort geben zu können.« [Biogr. I, S. 314] In den »Gedanken über das Christentum« (Ende 1865 oder Anfang 1866) wird die Abtrennung der Moral vom Theismus durch Schopenhauer akzeptiert und eine Feststellung der Konsequenzen versucht: »der ungeheure Denkfehler, Theismus und Moralität zu identifizieren, wird in den Händen der Priester zum zweischneidigen Schwerte. – Anmaßliches Vordrängen in alle Verhältnisse, in Schule, Staat und Kunst, Machtsprüche, geschleudert gegen Gründe, ungemessenes Selbstgefühl der Priester als solcher an die die Seligkeit der Menschen geknüpft ist.« [Biogr. I, S. 329] etc. etc. Die Aufzeichnungen des Schülers und Studenten wimmeln von Notizen und Reflexionen über Theismus, Moral, Gott-, Priester- und Christentum. Er scheint das Nachdenken über diese Gegenstände schon als Sproß eines Pfarrhauses und »Abkömmling ganzer Geschlechter von Theologen« für seine Domäne zu halten. Als in der Bonner Zeit Straussens »Leben Jesu« neu erscheint[29], verwarnt er seinen Theologiekameraden Deussen [Deussen a. a. O., S. 20]: »Die Sache hat eine ernste Konsequenz; wenn du Christus aufgibst, wirst du auch Gott aufgeben müssen.«[30] In Basel belobt er Schopenhauer dafür, daß dieser (durch seine Asketen-, Heiligen-, Leidens- und Erlösungsspekulationen) erstlich wieder den ganzen Umfang des mittelalterlichen Christentums zur Sprache gebracht hatte. (»Was die Religion war, ist vergessen gewesen« [über Schopenhauer W. X. S. 302]). Indessen vermochte Nietzsche doch mit seinen Negationsversuchen (»ich habe alles zu leugnen versucht«) nicht recht ins Große und Reine zu kommen, und auch das mag zu den Verstimmungen und Verzweiflungen beigetragen haben, die ihn in Leipzig bei Schopenhauer Zuflucht finden ließen. Da fällt ihm um die Wende von 1867 auf 1868 ein Buch in die Hände, dessen Bedeutung für ihn nur noch mit dem Einfluß Wagners verglichen werden kann. Es ist Friedrich Albert Langes »Geschichte des Materialismus und Kritik seiner Bedeutung in der Gegenwart«. Er berichtet an Gersdorff [Briefe I vom 16. 2. 1868]: »Wenn du Lust hast, dich vollständig über die materialistische Bewegung unserer Tage, über die Naturwissenschaften mit ihren Darwinschen Theorien, ihren kosmischen Systemen, ihrer belebten Camera obscura etc. zu unterrichten, sogleich auch‘ über den ethischen Materialismus, über die Manchestertheorie etc. so weiß ich dir immer nichts Ausgezeichneteres zu empfehlen, als die ›Geschichte des Materialismus‹ von Friedrich Albert Lange, Iserlohn 1866, ein Buch, das unendlich mehr gibt, als der Titel verspricht, und das man als einen wahren Schatz wieder und wieder anschauen und durchlesen mag.« Was sich aus dieser Notiz entnehmen läßt, scheint zu nicht viel mehr zu berechtigen als zu der Feststellung, wie sie sich bei Möbius[31] (dem einzigen, der außer dem material- und geistreichen, aber unsystematischen Bernoulli[32] überhaupt den Einfluß von Langes Buch bemerkt hat) findet [»Das Pathologische bei Nietzsche«, S. 20], daß Nietzsche 1868 einen gewissen Abschluß der positivistischen Studien erreicht zu haben scheint.[33] Ich glaube indessen beweisen zu können, daß Nietzsche hier 1.) jenes »Wissen« fand und jene »Einheit der Weltgeschichte«, die ihm zu einer Übersicht über seine antitheologischen Interessen fehlten und die er in jenem Germania-Vortrag so schmerzlich ersehnte; 2.) daß sich ihm hier der antitheologische Standpunkt zu einer Angelegenheit entfaltete von höchster historischer Tragweite und Modernität, zu einer Angelegenheit, die zugleich eine Befreiung der älteren griechischen Philosophie ins Gefolge bekam; 3.) daß Nietzsche hier seine philosophischen Vorgänger in Lehrer und in Widersacher zu scheiden Veranlassung nahm, sowie daß sich seine philosophiegeschichtliche Bedeutung und Rangierung nicht eher bestimmen läßt, als bis der Einfluß Langes in seinem ganzen Umfang untersucht und festgestellt ist.

Auch von der Beschäftigung mit Lange her sind Skizzen in Nietzsches Nachlaß enthalten. Besonders zwei gehören hierher. Die eine ist betitelt: »Über Demokrit« [Biogr. I, S. 338ff.] und stammt aus der Zeit zwischen 1867 und 1868). Nietzsche betont darin: »Wir begnügen uns einstweilen mit dem reichen Nebenertrag dieser skeptischen Studien. Durch dieselben ist nämlich eine große Masse latentes Altertum aufgedeckt worden.« Die andere Skizze ist überschrieben: »Die Teleologie seit Kant« [Biogr. I, S. 352ff.], stammt vom Frühjahr 1868 und sollte sich, wie bereits erwähnt, zu einer regelrechten Dissertation »Über den Begriff des Organischen seit Kant« auswachsen [Briefe II, vom 4. 5. 1868]. Aus dieser letzteren Aufzeichnung zitiere ich nur die folgenden zwei Stellen: 1.) »Die Beseitigung der Teleologie hat einen praktischen Wert, es kommt nur darauf an, den Begriff einer höheren Vernunft abzulehnen, so sind wir schon zufrieden.« 2.) »Die Voraussetzung ist, daß das Lebendige aus Mechanismus entstehen könne, das leugnet Kant.« Nietzsche lehnt also in den beiden Skizzen mit Demokrit, dem Vater des atomistischen Materialismus und gegen Kant, den Vertreter der modernen Philosophie, die Teleologie ab, als die Annahme einer Weltvernunft, und um dieses Problem dreht sich Nietzsches Interesse an Langes Buch. Das Entscheidende dabei ist nicht, daß Nietzsche bei Lange die Geschichte der Philosophie als eine solche des Materialismus und der Naturwissenschaften zu sehen bekam, das Entscheidende ist vielmehr, daß Materialismus und Naturwissenschaft zusammengefaßt als *die* Wissenschaft in weltgeschichtlichem Kampf mit einer teleologisch-theologischen Weltinterpretation als ihrem eigentlichen Gegner erschien. Bei Lange [4. Auflage 1882, S. 3] war der Satz zu lesen: »Mit Beginn des konsequenten Denkens ist aber auch ein Kampf gegeben gegen die traditionellen Annahmen der Religion.« Dieser Satz stand in demselben grundlegenden Kapitel, das von Demokrit (dem Nietzsches Skizze galt) und Empedokles handelte, Nietzsches späterem Lieblingsphilosophen und Tragödienhelden, der das Organisch-Zweckmäßige, den Stützpunkt der Teleologie, in der Gesamtunvernunft als Zufall geschaut und der als religiöser Reformator geendet hatte. Hier bei Lange fand Nietzsche die Theorien des Sokrates, Plato und Aristoteles als eine unwissenschaftliche Reaktion gegen die gott- und vernunftlose Weltauffassung des griechischen Materialismus und Sensualismus behandelt und nahm von diesem Standpunkt aus wohl jetzt schon, nicht erst unter Wagners

Einfluß in Basel, Stellung zugunsten der Vorsokratiker. Von dieser sokratischen Reaktion aber hieß es bei Lange: »Die Reaktion kämpfte mit Fanatismus für eine Teleologie, welche auch in ihren glänzendsten Formen doch nur den platten Anthropomorphismus verhüllt und deren radikale Beseitigung die unerläßliche Bedingung alles wissenschaftlichen Fortschrittes ist.« [a. a. O., S. 38] Über Sokrates selbst stand zu lesen: [a. a. O., S. 48] »Das eigentliche Prinzip dieser (seiner) Weltanschauung aber ist das Theologische.«[34] Von Lange datiert es sich her, wenn Nietzsche noch am 16. 11. 1887 an Freund Deussen schreibt: »Vielleicht ist dieser alte Plato mein eigentlicher großer Gegner?« [Deussen, a. a. O., S. 93]. Bei Lange orientierte er sich über Darwin, dessen 1863 deutsch erschienenes Buch »Entstehung der Arten durch geschlechtliche Zuchtwahl oder die Erhaltung der bevorzugten Rassen im Kampf ums Dasein« das alte empedokleische Problem von der Entstehung des Organisch-Zweckmäßigen aus der Unvernunft in entschieden großartiger Weise wieder aufgenommen und zu bedenken gegeben hatte.

Die Beweisstücke befinden sich in den Basler Aufzeichnungen nach der »Geburt der Tragödie« (ins Jahr 1868 fällt die Lektüre Langes, 1869 siedelt Nietzsche nach Basel über). Als der Extrakt aus Demokrit erscheint jetzt: »Die Welt ist ganz ohne Vernunft und Trieb, zusammengeschüttelt. Alle Götter und Mythen unnütz.« [W. X, S. 224] Und Demokrit gilt ihm als »der freieste Mensch.« [X, S. 135][35] Von Empedokles heißt es [W. X, S. 99]: »Es genügt ihm der einfache Gedanke, daß unter zahllosen Mißformen und Unmöglichkeiten des Lebens auch einige zweckmäßige und zum Leben mögliche Formen entstehen: hier wird die Zweckmäßigkeit des Bestehenden auf den Bestand des Zweckmäßigen zurückgeführt. Diesen Gedanken haben die materialistischen Systeme nie wieder aufgegeben. Jetzt haben wir eine Spezialanwendung in der Darwinschen Theorie«. Was Darwin selbst betrifft, so schneit Nietzsche, als er 1869 nach Basel kommt, mitten in einen damals an der Basler Universität um Darwins ›Zuchtwahl‹ geführten Streit hinein, nimmt fast sämtliche einschlägige Streitschriften daraus in seine Bibliothek auf und schätzt Darwin als »Anstoß zu einer der bedeutendsten wissenschaftlichen Bewegungen.« [Biogr. II, S. 511]. Augenscheinlich zu der 1871 erschienenen »Abstammung des Menschen« und der darin enthaltenen Entwicklungstheorie notiert er sich [W. X, S. 159]: »Die entsetzliche Konsequenz des Darwinismus, den ich übrigens für wahr halte. Alle unsre Verehrung bezieht sich auf Qualitäten, die wir für ewig halten, moralisch, künstlerisch, religiös u.s.w.« Und wenn er [W. XIII, S. 322] sagt: »Früher suchte man Gottes Absichten in der Geschichte, dann eine unbewußte Zweckmäßigkeit, z. B. in der Geschichte eines Volkes, eine Ausgestaltung von Ideen u.s.w. Jetzt erst hat man durch Betrachtung der Tiergeschichte angefangen, den Blick für die Geschichte der Menschheit sich zu schaffen: und die erste Einsicht ist, daß es keinen Plan bisher gab, weder für den Menschen noch für ein Volk; die allergröblichsten Zufälle sind das Gebieterische im Großen gewesen – sie sind es noch«, so könnte auch dieser Aphorismus seiner Herkunft nach schon in Basel konzipiert sein. Die Ablehnung jeder idealistischen Moralphilosophie, die aus Vernunftprinzipien sich herleitet, geht mit Nietzsches Stellungnahme zugunsten der Empedokles, Demokrit und Darwin Hand in Hand. Die Begründer dieser idealistischen Philosophie, Anaxagoras, Sokrates, Plato, erklärt sich Nietzsche aus einem »Unsicherwerden am Gehörigen, am Tüchtigen, an der Pflicht« [W. X, S. 104]; jedenfalls lehnt er sie ab. Den Satz Hegels, »daß überhaupt Vernunft in der Geschichte sei, muß für sich selbst philosophisch und damit als an und für sich notwendig ausgemacht werden«, notiert sich Nietzsche [W. X, S. 275] für die zweite »Unzeitgemäße Betrachtung«, wohl kaum aus einem anderen Grunde, als um ihn dort an den Pranger zu stellen. Die »Hartmannsche Philosophie«[36] ist ihm vollends »die Fratze des Christentums mit ihrer absoluten Weisheit, ihrem jüngsten Tage, ihrer Erlösung usw.« [W. X, S. 283]. Diese ganze »Seins«-Philosophie, die mit Vernunftprinzip und Begriff die Welt festlegen will, sucht Nietzsche durch Gegenüberstellung der »Werdens«-Philosophie des Heraklit aufzuheben, von der er rühmt: »Die Welt braucht ewig die Wahrheit, also braucht sie ewig Heraklit« [W. X., S. 46], und [W. X, S. 47] hervorhebt: »das, was er schaute, die Lehre vom Gesetz im Werden und vom Spiel in der Notwendigkeit, muß von jetzt ab ewig geschaut werden: er hat von diesem größten Schauspiel den Vorhang aufgezogen.« Derselbe Heraklit ruft bei Nietzsche aber auch aus: »Die Welt ist ein Spiel, nehmts nicht zu pathetisch, und vor allem nicht moralisch.« [W. X, S. 43]

Ich stelle nun die Frage: Wie, wenn Nietzsche in Basel unter Konvention der Innerlichkeit gegenüber neben dem dionysosfeindlichen Sokratismus (siehe »Die Geburt der Tragödie«) den gesamten theistisch-moralisch-christlichen Religionsbegriff verstanden hätte? Wenn er jede moralische Weltinterpretation, jeden Gottesbegriff als kosmisches Prinzip, das Gesetze vorschreibt, jede moralische Bändigung abgelehnt, und rücksichtslos einzig die ästhetische Weltauffassung, die es mit der freien Natur und deren Bändigung allein durch die Kunst zu tun hat, als seinen Ernst, seine vereinfachende Neuerung, seine Voraussetzung der »Einheit des deutschen Geistes« verstanden hätte? Historisch etwa so: Kant nimmt die Gottheit als Postulat und leitet die Moral davon ab. Schopenhauer, der Atheist, köpft Gott aus der Welt hinaus und nimmt die Moral als Postulat. Nietzsche, der Immoralist, beseitigt auch noch die Moral und postuliert ein freies Spiel der Natur zugunsten der Kunst und der Selbstbestimmung des Individuums? Dann müßten sich für Basel vor allem »Die Geburt der Tragödie« und das Verhältnis zu Wagner in diesen Zusammenhang heben und letztlich darin erklären lassen.

Nun, nur in bezug auf den heraufbeschworenen Gegensatz von ästhetischer und moralischer Weltauffassung konnte Nietzsche später [W. VIII, S. 174] »Die Geburt der Tragödie« als seine »erste Umwertung aller Werte« bezeichnen, und was Wagner betrifft, so steht er in antitheologischer, atheistischer Hinsicht damals für Nietzsche neben Lange wie die Praxis neben der Theorie. Dafür ist nicht nur die Äußerung Beleg, daß er gerade »in Wagners Kunst einen Weg zu einem deutschen Heldentum entdeckt zu haben« vermeinte. Wenn Nietzsche damals (W. IX, S. 128) sagte: »Ich glaube an das urgermanische Wort: alle Götter müssen sterben«, so sah er den am »Siegfried« und der »Götterdämmerung« schaffenden Tribschenen Meister den Wotansspeer zerschmettern. Und wenn er später den Verlust Wagners beklagte, so klagte er: »Ich habe ihn geliebt und niemanden sonst. Er war ein Mensch nach meinem Herzen, so un-moralisch, atheistisch, antinomistisch.« [W. XIV, S. 379] Die Belege für Wagners Immoralität bieten sich nicht nur aus

»Tristan und Isolde« mit dem berühmten »Ehebruch«, oder aus der »Walküre« mit der »Blutschande« zwischen Siegmund und Sieglinde.[37] Er war wohl in der Tat, wenn er auch später »fromm« wurde, kein moralischer Geist im Rousseau–Schiller–Hebbelschen Sinne. »Die Geburt der Tragödie« ist vollends amoralisch. Nietzsche selbst kommentiert sie 1878 [Biogr. II, S. 90]: »Wie wurmstichisch und durchlöchert das Menschenleben ist, wie ganz und gar auf Betrug und Vorstellung aufgebaut, wie alles Erhebende, wie die Illusionen, alle Lust am Leben dem Irrtum verdankt werden, – und wie insofern der Ursprung einer schlechten Welt nicht in einem moralischen Wesen, vielleicht aber in einem künstlerischen Schöpfer zu suchen sei; wobei ich meinte, daß einem solchen Wesen durchaus keine Verehrung im Sinne der christlichen (welche den Gott des Guten und der Liebe aufstellt) gebühre und sogar die Andeutung nicht scheute, ob dem deutschen Wesen diese Vorstellung, wie sie gewaltsam inokuliert ist, nicht auch gewaltsam wieder entrissen werden könne. Dabei meinte ich in Wagners Kunst einen Weg zu einem deutschen Heidentum entdeckt zu haben, mindestens eine Brücke zu einer spezifisch unchristlichen Welt- und Lebensbetrachtung. Damals glaubte ich, daß die Welt vom ästhetischen Standpunkt als ein Schauspiel von ihrem Dichter gemeint sei, daß sie aber als moralisches Phänomen ein Betrug sei: weshalb ich zu dem Schluß kam, daß nur als ästhetisches Phänomen die Welt sich rechtfertigen lasse.« Dieselbe Amoralität der »Geburt der Tragödie« ist es übrigens, die Nietzsche in Basel mit Schopenhauer in Konflikt bringt, bevor dieser moralistisch auch nur im geringsten auf ihn eingewirkt hatte. So, daß er [W. VII, S. 292] von seiner ersten Veröffentlichung nach Verlassen Basels, »Menschliches, Allzumenschliches«, erklären konnte: »Es handelt sich für mich um den Wert der Moral und darüber hatte ich mich fast allein mit meinem großen Lehrer Schopenhauer auseinanderzusetzen.« Dieser sein »Lehrer« Schopenhauer hatte sich [»Parerga und Paralipomena« Berlin 1862, 1. Bd. S. 144] geradezu angepriesen: »Die moralischen Resultate des Christentums bis zur höchsten Askese, findet man bei mir rationell und im Zusammenhang der Dinge begründet, während sie es im Christentum durch bloße Fabeln sind. Der Glaube an diese schwindet täglich mehr, daher wird man sich zu meiner Philosophie wenden müssen.« Und Nietzsche kann die Bemerkung nicht unterdrücken: »Die asketischen Richtungen sind aufs höchste wider die Natur und meistens nur die Folge der verkümmerten Natur.« [W. IX, S. 77] Bei Schopenhauer fand sich [»Parerga und Paralipomena« 2. Bd., S. 108] der bombenfeste Satz: »daß die Welt eine physische, keine moralische Bedeutung habe, ist der heilloseste Irrtum, entsprungen aus der größten Perversität des Geistes.« und Nietzsche schweigt dazu, notiert sich aber [Biogr. II, S. 193]: »Dühring als den Versuch einer Beseitigung Schopenhauers durchzustudieren, um zu sehen, was ich an Schopenhauer habe, was nicht. Hinterdrein noch einmal Schopenhauer zu lesen.«

Wie gegen Theismus und Moral, so wendet sich der Ideenkomplex der »Geburt der Tragödie« auch gegen das Christentum. Im allgemeinen ist Nietzsche überzeugt: »Jetzt ist es geraten, die Reste des religiösen Lebens zu beseitigen, weil sie matt und unfruchtbar geworden sind und die Hingebung an ein eigentliches Ziel abschwächen. Tod dem Schwachen! Gerade weil wir den höchsten energischen Idealismus wollen, können wir die matten Religionsvelleitäten nicht brauchen. Die hindern jetzt, daß der Mensch ganz und gar fertig wird und daß sein Bildungs- oder Kunstziel rein herauskommt. So lange noch die höchste Weltbetrachtung von der religiösen Sphäre usurpiert ist, bleiben die größten Bemühungen und Ziele des Einzelnen unter ihrem Wert, mit Erdgeschmack behaftet.« [W. IX, S. 211] Im Besonderen heißt es Juli 1878 [Biogr. II, S. 311]: »Ich will es nur gestehen, ich hatte gehofft, durch die Kunst könne den Deutschen das abgestandene Christentum völlig verleidet werden, deutsche Mythologie als abschwächend gewöhnen an Polytheismus!« Werke X, S. 400 dekretiert er: »Mit dem Christentum erlangte eine Religion das Übergewicht, welche einem vorgriechischen Zustand des Menschen entsprach: Glaube an Zaubervorgänge in allem und jedem, blutige Opfer, abergläubische Angst vor dämonischen Strafgerichten, Verzagen an sich selbst, ekstatisches Brüten und Halluzinieren, der Mensch sich selber zum Tummelplatz guter und böser Geister und ihrer Kämpfe geworden.« Dann wieder nennt er das Christentum »die ungeheuerste Freveltat der Menschheit« [W. X, S. 403] und spricht »von unseren zerrissenen Zuständen mit einer künstlich eingeimpften Religion. Entweder sterben wir an dieser Religion, oder die Religion an uns.« [W. IX, S. 128]. –

Was Nietzsches Kulturideal einer »Einheit des deutschen Geistes und Lebens nach der Vernichtung des Gegensatzes von Form und Inhalt, von Innerlichkeit und Konvention«, demnach unter »Konvention« verstand, ist evident. Er verstand darunter die gesamte religiöse Kultur im Gegensatz zur ästhetischen, den ganzen Komplex des »Gefühls schlechthinniger Abhängigkeit« im Gegensatz zur persönlichen Freiheit. Das nächste Ziel aber, das Nietzsche dem »Deutschtum« steckte, sah er nach »Überwindung der Religionsmischung, des Asiatischen« [W. X, S. 6] nach der Annullierung des »Sieges der jüdischen Welt über den geschwächten Willen der griechischen Kultur« [W. IX., S. 83] in seiner »nationalen« Geistesrichtung, zu der er selbst den ersten Anstoß in der »Geburt der Tragödie« durch seine ganze Auffassung der ästhetischen Griechenkultur als der eines Brudervolkes tat, wenn er sich [W. XIV, S. 372] äußerte: »In diesem Buch (›Die Geburt der Tragödie‹) gilt die Überpflanzung eines tief undeutschen Mythus, des christlichen, ins deutsche Herz, als das eigentlich deutsche Verhängnis«. –

V. Resultate und Zusammenhänge

Es erübrigt noch: Die Zusammenhänge des Basler Nietzsche mit dem späteren Nietzsche, dem Nietzsche von Rapallo, Sils Maria und Turin nachzuweisen; nachzuweisen, daß die Kulturaspiranzen Nietzsches in Basel Kulturphantasien weder waren noch blieben.

Der Gesichtspunkt, unter dem Nietzsches späteres Denken sich von seinem Basler deuten, und sein Basler Denken sich von seinem späteren erklären läßt, ist Nietzsches Philosophenbegriff. Es ist der eines Kulturreformators. In der zweiten »Unzeitgemäßen Betrachtung«, »Schopenhauer als Erzieher«, scheint dieser Philosophenbegriff konzipiert worden zu sein. In »Schopenhauer als Erzieher« interpretiert Nietzsche den »Genius« als »die Wurzel aller wahren Kultur«, den Philosophen [W. I, S. 416] als »den Richter des Lebens«. In derselben »Unzeitgemäßen« heißt es von Goethens Faust [W. I, S. 426]: »Man sollte denken, daß Faust durch das überall bedrängte Leben als unversöhnlicher Empörer und Befreier geführt wird, als die verneinende Kraft aus Güte, als der eigentliche gleichsam religiöse und dämonische Genius des Umsturzes.« Und Werke XI, S. 120 bekennt Nietzsche zu dieser Schrift: »Das größte Pathos erreichte ich, als ich den Schopenhauerischen Menschen entwarf: den zerstörenden Genius«. Bestätigt hat sich Nietzsche seinen Philosophenbegriff an den griechischen Denkern. Wenn A. Horneffer von dem Basler Fragment »Die Philosophie im tragischen Zeitalter der Griechen« (1873) sagt: »Die Resultate der immer neuen Untersuchungen führten ihn zur Klarheit über Begriff und Aufgabe der Philosophie überhaupt und zur Erkenntnis seines eignen Wesens und Wollens«[38], so dürfte das seine Richtigkeit haben. Gerade jene griechischen Philosophen aber erkannte Nietzsche [W. X, S. 212]: »im Verlauf der hellenischen Geschichte als mißglückte Reformatoren« und sagte von ihnen [W. II, S. 244]: »Das sechste und fünfte Jahrhundert scheint aber doch noch mehr und höheres zu verheißen, als es selber hervorgebracht hat, es blieb bei dem Verheißen und Ankündigen.« Er weiß [Briefe III, S. 446, vom 6. 4. 1873]: »alles wartet jetzt auf den handelnden Menschen, der jahrtausendalte Gewohnheiten von sich und andern abstreift und es besser vormacht zum Nachmachen«, projiziert sich in »eine Genossenschaft von Menschen, welche unbedingt sind, keine Schonung kennen und ›Vernichter‹ heißen wollen; sie halten an alles den Maßstab der Kritik und opfern sich der Wahrheit« [W. X, S. 376], und überlegt bereits [W. X, S. 122f.]: »Die Schöpfung einer (neuen) Religion würde darin liegen, daß einer für sein in das Vakuum hineingestelltes mythisches Gebäude Glauben erweckt, d. h. daß er einem außerordentlichen Bedürfnisse entspricht. Es ist unwahrscheinlich, daß das je wieder geschieht, seit der Kritik der reinen Vernunft. Dagegen kann ich mir eine ganz neue Art des Philosophen-Künstlers imaginieren, der ein Kunstwerk hinein in die Lücke stellt mit ästhetischem Wert.« »Die wichtigste Frage aller Philosophie« ist ihm 1876 [W. I, S. 514], »wie weit die Dinge eine veränderliche Artung und Gestalt haben, um dann, wenn die Frage beantwortet ist, mit der rücksichtslosesten Tapferkeit auf die Verbesserung der als veränderlich erkannten Seite der Welt loszugehen.« Und gegen Ende der Basler Zeit erscheint der Satz: »Der neue Reformator nimmt die Menschen wie Ton. Durch Zeit und Institutionen ist ihnen alles anzubilden, man kann sie zu Tieren und zu Engeln machen. Es ist wenig Festes da. ›Umbildung der Menschheit!‹« [W. XI, S. 17]. –

Das Reformatorenideal ist die Brücke zwischen dem Basler Nietzsche und dem späteren. Basel steht zu Sils Maria und Turin wie der Plan zur Ausführung, wie die Idee zur Tat. Ich habe gezeigt, wie Nietzsche unter Wagners Dominanz das Ideal einer ästhetischen Kultur im Gegensatz zu einer moralischen entwirft. Ich habe zu zeigen versucht, in welcher Breite er dieses Ideal entwirft, und wie er sich darüber zum Reformatoren dezidiert. Es bleibt durch den Nachweis der Realisationsgegenstände dieses Reformatorenideals der letzte Beweis für die Richtigkeit dieser Aufstellungen zu erbringen.

Der dionysisch ästhetischen Geburt der Tragödie gegenüber waren Theismus, Moral und Christentum als Gegenstände erschienen, die sich von selbst aufhoben, die durch die pure Existenz des Gegenideals als aus der Welt eliminiert erschienen. Ein anderes Prinzip der Wertschätzung war aufgestellt: das der schöpferischen Köpfe anstelle der gehorchenden, beziehenden; das des Geschmacks anstelle der Pflicht; das der persönlichen Freiheit anstelle der persönlichen Abhängigkeit (ethisch): »Die Geburt der Tragödie« als erste »Umwertung aller Werte«. Nun ist es überall die Frage nach der Entstehung der Moral (Moral inklusive Theismus und Christentum, Christentum immer als Spezialfall des Theismus, nicht als Lebensregel Christi genommen), was Nietzsche interessiert, worauf er sich konzentriert. Die historische Durchleuchtung, die genetische Auflösung der Moral von einem überlegenen Standpunkt aus, gilt als das Kardinalmittel zu ihrer Beseitigung, als das Werkzeug, den dionysischen Mächten zur Herrschaft zu verhelfen. Insofern heißt es nun: »Ehemals suchte man zu beweisen, daß es keinen gebe – heute zeigt man, wie der Glaube, daß es einen Gott gebe, entstehen konnte und wodurch dieser Glaube seine Schwere und Wichtigkeit erhalten hat: dadurch wird ein Gegenbeweis, daß es keinen Gott gebe, überflüssig.« [W. IV, S. 89]
Die negativen, kritischen Hauptwerke dieser II. Periode, die

man, im Gegensatz zu der von Wagner dezidierten idealistischen Basler Zeit, nach Nietzsches eigenem Fingerzeig die psychologisch-realistische nennen sollte (das Übergangswerk ist »Menschliches Allzumenschliches«), sind: »Die Morgenröte, Gedanken über die moralischen Vorurteile«, »Jenseits von Gut und Böse« nebst der Streitschrift »Zur Genealogie der Moral«, und die im XV. Band der Gesamtausgabe mitgeteilten Aufzeichnungen zu jenem geplanten systematischen Werk, das die gesamte Negation resümieren und »Wille zur Macht, Versuch einer Umwertung aller Werte« betitelt sein sollte.

Es liegt außerhalb des Rahmens dieser Untersuchung, auf die Ergebnisse dieser drei Bücher im Besonderen einzugehen. Es genügt hier, im Umriß die gemeinsame reformatorische Tendenz festzustellen. Da der Plan Nietzsches, ein systematisches Hauptwerk seiner Negationen zusammenzustellen, bis in die Jahre 1881/1882, also in die Zeit der »Morgenröte« zurückreicht [Vorrede zu »Wille zur Macht« W. XV, S. VI], so darf man dabei die Aphorismen jener drei Werke unbedenklich in Eins zusammenwerfen, und es ergibt sich folgendes: Theismus, Moral und Christentum sind Thema geblieben, nur daß sie nicht mehr als Block behandelt wie in Basel, sondern bis in die verschlagensten Schlupfwinkel, Metamorphosen und Mimikrys hinein verfolgt und zu Tode gehetzt werden. Von der Entstehung des Theismus und der Religionen handeln die Aphorismen Werke XV, S. 90-104. Von den Priestern und Philosophen als den Schöpfern »theistischer Vereine« heißt es [W. XV, S. 102]: »Wie weit geht die fromme Lüge der Priester und der Philosophen. 1.) Sie müssen die Macht, die Autorität, die unbedingte Glaubwürdigkeit auf ihrer Seite haben. 2.) Sie müssen den ganzen Naturverlauf in Händen haben, sodaß alles was den Einzelnen trifft, als bedingt durch ihr Gesetz erscheint. 3.) Sie müssen auch einen weiterreichenden Machtbereich haben, dessen Kontrolle sich den Blicken ihrer Unterworfenen entzieht: das Strafmaß für das Jenseits, das ›Nach-dem-Tode‹, wie billig die Mittel, zur Seligkeit den Weg zu wissen.« Die Frage, wie die Moral in die Welt gekommen sei, wird [W. IV, S. 95. »Morgenröte«] beantwortet: »Man wird moralisch, nicht weil man moralisch ist. Die Unterwerfung unter die Moral kann sklavenhaft oder eitel oder eigennützig oder resigniert oder dumpf-schwärmerisch oder gedankenlos oder ein Akt der Verzweiflung sein wie die Unterwerfung unter einen Fürsten! An sich ist sie nichts Moralisches.« Die Juden erscheinen dabei als das Moralvolk κατ' ἐξοχήν, als diejenigen, die die Umwertung der Werte ins Moralische zur asiatisch-europäischen Frage gemacht haben. »Die Juden – ein Volk, ›geboren zur Sklaverei‹, wie Tacitus und die ganze antike Welt sagt, ›das auserwählte Volk unter den Völkern‹, wie sie selbst sagen und glauben, – die Juden haben jenes Wunderstück von Umkehrung der Werte zustande gebracht, dank welchem das Leben auf der Erde für ein paar Jahrtausende einen neuen und gefährlichen Reiz erhalten hat: – ihre Propheten haben ›reich‹, ›gottlos‹, ›böse‹, ›gewalttätig‹, ›sinnlich‹ in Eins geschmolzen und zum ersten Mal das Wort ›Welt‹ zum Schandwort gemünzt. In dieser Umkehrung der Werte (zu der es gehört, das Wort für ›arm‹ als synonym mit ›heilig‹ und ›Freund‹ zu brauchen), liegt die Bedeutung des jüdischen Volkes: mit ihm beginnt der Sklavenaufstand in der Moral«. [W. VII, S. 126. »Jenseits von Gut und Böse«.] Sodann sucht Nietzsche zu zeigen, wie das Christentum bei seinem Erscheinen anti-statutisch, anti-moralisch war. »Man mag sagen was man will: das Christentum hat die Menschen von der Last der moralischen Anforderungen befreien wollen, dadurch daß es einen kürzeren Weg zur Vollkommenheit zu zeigen vermeinte« [W. IV, S. 59], versucht verschiedentlich eine Rekonstruktion des Urchristentums, das er als Idyll zu bewerten scheint, und macht für das Christentum als historischer Erscheinung einerseits den »Apostel Paulus« als mißglückten Fanatiker des alten Gesetzes, als Begründer der Kirche und »Erfinder der Christlichkeit« [W. IV, S. 64ff., W. XV, S. 127], andrerseits den Platonismus verantwortlich. Der Abschnitt über Paulus [W. IV, S. 64ff.] ist ein Kapitalcoup Nietzschescher Psychologie, den man an Ort und Stelle nachlesen muß. Über Plato, den »Antihellenen und Semiten von Instinkt« [W. XV, S. 128], der die philosophische Begründung lieferte, steht Werke VII [»Jenseits von Gut und Böse« S. 121f.]: »Plato, in solchen Dingen unschuldiger und ohne die Verschmitztheit des Plebejers wollte mit Aufwand aller Kraft ... sich beweisen, daß Vernunft und Instinkt von selbst auf ein Ziel zugehen, auf das Gute, auf ›Gott‹, und seit Plato sind alle Theologen und

Philosophen auf der gleichen Bahn – das heißt in Dingen der Moral hat bisher der Instinkt oder wie die Christen es nennen, ›der Glauben‹, oder wie ich es nenne ›die Herde‹ gesiegt.« Insofern wird in der Vorrede zu »Jenseits von Gut und Böse« Seite 5 der Kampf gegen Plato geradezu identifiziert mit dem »Kampf gegen den christlich-kirchlichen Druck von Jahrtausenden« –, »denn Christentum ist Platonismus fürs ›Volk‹« und die platonische Schule erscheint über Kant bis zu Schopenhauer ausgedehnt mit den Worten »Jeder Philosoph hat bisher geglaubt, die Moral begründet zu haben, die Moral selbst aber galt als ›gegeben‹.« [W. VII, »Jenseits von Gut und Böse« S. 114.] Nachdem die Erscheinung des Christentums abgesteckt ist, wird seine Entwicklung verfolgt. Am übersichtlichsten in dem Aphorismus Werke VII [»Zur Genealogie der Moral«] S. 336 f.: »Man erwäge doch, vor wem man sich heute in Rom selber als vor dem Inbegriff aller höchsten Werte beugt – und nicht nur in Rom, sondern fast auf der halben Erde, überall wo nur der Mensch zahm geworden ist, oder zahm werden will – vor drei Juden, wie man weiß und einer Jüdin (vor Jesus von Nazareth, dem Fischer Petrus, dem Teppichwirker Paulus und der Mutter des anfangs genannten Jesus, Maria genannt). Dies ist sehr merkwürdig. Rom ist ohne allen Zweifel unterlegen. Allerdings gab es in der Renaissance ein glanzvoll unheimliches Wiedererwachen des klassischen Ideals, der vornehmen Wertungsweise aller Dinge: Rom selber bewegte sich wie ein aufgeweckter Scheintoter unter dem Druck des neuen darüber gebauten judaisierten Rom, das den Aspekt einer ökumenischen Synagoge darbot und Kirche hieß: aber sofort triumphierte wieder Judäa, dank jener gründlich pöbelhaften deutschen und englischen Ressentimentsbewegung, welche man Reformation nennt, hinzugerechnet was aus ihr folgen mußte, die Wiederherstellung der Kirche – die Wiederherstellung auch der alten Grabesruhe des klassischen Rom. In einem sogar entscheidenderen und tieferen Sinne als damals kam Judäa noch einmal mit der französischen Revolution zum Siege über das klassische Ideal: die letzte politische Vornehmheit, die es in Europa gab, die des siebzehnten und achtzehnten französischen Jahrhunderts, brach unter den volkstümlichen Ressentiments-Instinkten zusammen – es wurde niemals auf Erden ein größerer Jubel, eine lärmendere Begeisterung gehört! Zwar geschah mitten darin das Ungeheuerste, das Unerwartetste: das antike Ideal selbst trat leibhaft und mit unerhörter Pracht vor Auge und Gewissen der Menschheit und noch einmal, stärker, einfacher, eindringlicher als je erscholl gegenüber der alten Lügenlosung des Ressentiments vom Vorrecht der Meisten, gegenüber dem Willen zur Niederung, zur Erniedrigung, zur Ausgleichung, zum Abwärts und Abendwärts des Menschen die furchtbare und entzückende Gegenlosung vom Vorrecht der Wenigsten! Wie ein letzter Fingerzeig zum anderen Wege erschien Napoleon, jener einzelnste und spätestgeborene Mensch, den es jemals gab, und in ihm das fleischgewordene Problem des vornehmen Ideals an sich – man überlege wohl, was für ein Problem es ist: Napoleon, diese Synthesis von Unmensch und Übermensch.« Luther wird als »unmöglicher Mönch« betrachtet: »er merkte endlich, daß ein beschauliches heiliges Leben unmöglich sei und daß seine angeborene ›Aktivität‹ in Seele und Leib ihn zugrunde richten werde. Allzulange versuchte er mit Kasteiungen den Weg zum Heiligen zu finden – endlich faßte er seinen Entschluß und sagte bei sich: es gibt gar keine wirkliche vita contemplativa. Wir haben uns betrügen lassen. Die Heiligen sind nicht mehr wert gewesen als wir alle.« [W. IV, S. 85] Er erscheint als Verderber der Renaissance zugunsten des Christentums und der Moral [W. VII, S. 336], ja als Rüpel (des Teuffels Saw der Bapst), gegen den die aristokratische Rangordnung einer solchen päpstlichen Hierarchie in Schutz zu nehmen ist [W. VII. »Zur Genealogie der Moral«, S. 463]. Über Rousseau, den Vater der französischen Revolution, des »letzten großen Sklavenaufstands« [W. VII, »Jenseits von Gut und Böse«, S. 71] mokiert sich Nietzsche: »Moral als Verführungsmittel.« Die Natur ist gut, denn ein weiser und guter Gott ist die Ursache. Wem fällt also die Verantwortung für die »Verderbnis der Menschen« zu? Ihren Tyrannen und Verführern, den herrschenden Ständen – man muß sie vernichten …: Logik Rousseaus« [W. XV, S. 203]. »Das absolut Unvornehme des Christentums« wird notifiziert, »die beständige Übertreibung, die Geschwätzigkeit, der Mangel an kühler Geistigkeit und Ironie, - das Unmilitärische in allen Instinkten, – das priesterliche Vorurteil gegen den männlichen Stolz, gegen die Sinnlichkeit, die Wissenschaften, die Künste.« [W. XV, S. 121.] Die ganze jüdisch-christliche Entwicklung wird unter dem Gesichtspunkt »Sklavenmoral« (mit den Werten »Gut« und »Böse«) in einen Gegensatz gerückt zu »Herrenmoral« (mit den Worten »Gut« und »Schlecht«) und abgelehnt. Im übrigen geht Hand in Hand mit der Psychologie der jüdisch-christlich-platonischen Ideale eines guten, tugendhaften, rücksichtsvollen, Gleichheit genießenden und Liebe predigenden Menschen die Psychologie des »schlechten Gewissens« und des »asketischen Ideals«, zweier Hauptstützpunkte aller Moral, mit deren Zerlegung Nietzsche wie mit der Psychologie des Priestertums auf die Urreligionen und aufs Indische zurückgreift. Das »schlechte Gewissen« wird [W. VII, »Zur Genealogie der Moral«, S. 279] aus der Sozietät erklärt: »Ich nehme das schlechte Gewissen als die tiefe Erkrankung, welcher der Mensch unter dem Druck jener gründlichsten aller Veränderungen verfallen mußte, die er überhaupt erlebt hat – jener Veränderung, als er sich endgültig in den Bann der Gesellschaft und des Friedens eingeschlossen fand.« Die Frage, woher die ungeheure Macht des asketischen Ideals stammt, »obwohl es das schädliche Ideal par excellence, ein Wille zum Ende, ein Decadence-Ideal ist«, wird beantwortet: »nicht weil Gott hinter den Priestern tätig ist, was wohl geglaubt wird, sondern faute de mieux, weil es das einzige Ideal bisher war, weil es keinen Konkurrenten hatte. – Denn der Mensch will lieber noch das Nichts wollen als nicht wollen.« [»Ecce homo,« über die 3. Abhandlung der »Genealogie der Moral« S. 105]. Nietzsche, der sich allmählich als »cäsarischer Züchter und Gewaltmenschen der Kultur« empfindet [W. VII, »Jenseits von Gut und Böse« S. 151] (man beachte den Zusammenhang mit dem Philosophenideal in »Schopenhauer als Erzieher«), schließt nun den Gesamtkomplex der Priester-, Sklaven- und Staatsmoral unter das gemeinsame Prinzip eines halb bewußt, halb unbewußten »Willen zur Macht« zusammen, den er als das umfassende Prinzip der Natur und des menschlichen Wesens überhaupt bedeutet wissen möchte; erklärt »die Moral« als auf die Vergutmütigung, Gleichmacherei und Einschläferung der Menschheit ausgehend, für ein auf den Nihilismus ausgehendes Dekadenzideal, demgegenüber lieber noch die »blonde Bestie« und die Cesare Borgia – Naturen der Renaissance entfesselt seien«; behauptet, daß »jede Erhöhung des Typus Mensch bisher das Werk einer aristokratischen Gesellschaft war« [W. VII. »Jenseits von Gut und Böse« S. 235] und entwirft »jenseits von Gut und Böse« »das Ideal des übermütigsten, lebendigsten und weltbejahendsten Menschen.« [W. VII, »Jenseits von Gut und Böse« S. 80]: »wer wirklich einmal mit einem asiatischen oder überasiatischen Auge in die weltverneinendste aller möglichen Denkweisen hinein und hinunter geblickt hat, – jenseits von Gut und Böse, und nicht mehr wie Buddha und Schopenhauer im Bann und Wahn der Moral –, der hat vielleicht eben damit, ohne daß er es wollte, sich die Augen aufgemacht für das Ideal des übermütigsten, lebendigsten und weltbejahendsten Menschen, der sich nicht nur mit dem was war und ist, abgefunden und vertragen gelernt hat, sondern so wie es war und ist, wieder haben will, in alle Ewigkeit hinaus, unersättlich ›da capo‹ rufend, nicht nur zu sich, sondern zum ganzen Stück und Schauspiel.«

Der Ansatz zur Interpretation der Moral als einer Dekadenzrichtung findet sich bereits in Basel, wenn Nietzsche dort von dem »Sieg des Christentums über den geschwächten Willen der griechischen Kultur« spricht und unter diesem geschwächten Willen gleicherweise die theistisch-moralische Richtung der anaxagoreisch-platonischen Schule und die sokratisch-logisch-alexandrinische Wissenschaftskultur zusammengeschlossen hatte. Jetzt sieht Nietzsche als typischen Dekadenzgott und Mittelpunkt der ganzen Bewegung den »Gekreuzigten« und stellt diesem Ideal des »Gekreuzigten Gottes« in aller Bewußtheit das Ideal des Gottes Dionysos gegenüber. »Dionysos gegen den ›Gekreuzigten‹, da habt ihr den Gegensatz. Es ist nicht eine Differenz hinsichtlich des Martyriums – nur hat dasselbe einen anderen Sinn. Das Leben selbst, seine ewige Fruchtbarkeit und Wiederkehr bedingt die Qual, die Zerstörung, den Willen zur Vernichtung . . . Im andern Falle gilt das Leiden, der ›Gekreuzigte als der Unschuldige‹ als Einwand gegen dieses Leben, als Formel seiner Verurteilung. – Man errät: Das Problem ist das vom Sinn des Leidens: ob ein christlicher Sinn ob ein tragischer Sinn. . . . Im ersten Falle soll es der Weg sein zu einem heiligen Sein, im letzteren Falle gilt das Sein als heilig genug, um ein Ungeheueres von Leid noch zu rechtfertigen. Der tragische

Mensch bejaht noch das herbste Leiden: er ist stark, voll, vergöttlichend genug dazu, der christliche verneint noch das glücklichste Los auf Erden: er ist schwach, arm, enterbt genug, um in jeder Form noch am Leben zu leiden ... der Gott am Kreuz ist ein Fluch auf das Leben, ein Fingerzeig, sich von ihm zu erlösen; – der in Stücke geschnittene Dionysos ist eine Verheißung des Lebens: es wird ewig wiedergeboren und aus der Zerstörung heimkommen.« [W. XV, S. 490] In Basel spricht Nietzsche bereits auch von der Lücke, die nach Vernichtung der Moral entstehe, und in die man statt einer neuen Religion eine Art philosophisches Kunstwerk mit ästhetischen Werten stellen müsse. Nun wächst ihm der in der dionysischen Geburt der Tragödie zuerst angeschlagene Gegensatz von ästhetisch und moralisch aus dem nationalen und europäischen Umfang ins Weltgeschichtliche hinaus, und er glaubt überhaupt zum erstenmal der Menschheit ein Gesamtziel zu geben, sie aus der Herrschaft des Zufalls und der Priester zu erlösen. Im »Zarathustra« schafft er den fleischgewordenen Begriff des Dionysischen (»mein Begriff ›dionysisch‹ wurde hier höchste Tat«, »Ecce homo«, »Also sprach Zarathustra«), den Vereiniger und Beherrscher aller Widersprüche (»in ihm sind alle Gegensätze zu einer neuen Einheit gebunden«; »Ecce homo«, a.a.O.), den Lehrer des Übermenschen als der »fortgesetzten Selbstüberwindung des Menschen« [W. VII, »Jenseits von Gut und Böse«, S. 235], den Verkünder der »ewigen Wiederkunft des Gleichen« als der »höchsten Formel der Bejahung, die überhaupt erreicht werden kann« (»Ecce homo«, »Zarathustra«). Er nennt das Buch »den Akt einer ungeheuren Reinigung und Weihe der Menschheit« (»Ecce homo«, »Die Geburt der Tragödie«) und weist jede Verkennung religionsstifterisch- und unentwegt moralisch interessierter Köpfe im voraus mit den Worten zurück [»Ecce homo«, Vorwort, Ziffer 4]: »Hier redet kein ›Prophet‹, keiner jener schauerlichen Zwitter von Krankheit und Wille zur Macht, die man Religionsstifter nennt. Man muß vor allem den Ton, der aus diesem Munde kommt, diesen halkyonischen Ton richtig hören, um dem Sinn seiner Weisheit nicht erbarmungswürdig Unrecht zu tun. ... Hier redet kein Fanatiker, hier wird nicht ›gepredigt‹, hier wird nicht Glauben verlangt: aus einer unendlichen Lichtfülle und Glückstiefe fällt

Tropfen für Tropfen, Wort für Wort – eine zärtliche Langsamkeit ist das Tempo dieser Reden.«

1 Hugo Ball hatte schon 1909 in München mit seiner Doktor-Dissertation begonnen und wahrscheinlich bis etwa Mitte/Ende 1910 daran gearbeitet (vgl. Anm. 17). Im Dezember 1915 dachte er jedoch immer noch daran, seine Dissertation einzureichen (vgl. Hugo Balls Brief an Käthe Brodnitz vom 29. Dezember 1915, in: Richard W. Sheppard (hg.), ›Hugo Ball an Käthe Brodnitz‹, *Jahrbuch der Deutschen Schillergesellschaft*, Jg. 16, 1972, S. 49).
   Das Konzept von Balls Arbeit – ein überarbeitetes Typoskript von 51 durchnumerierten Seiten – liegt in seinem Nachlaß bei Frau Annemarie Schütt-Hennings.

2 Friedrich Albert Lange (1828-1875), *Geschichten des Materialismus*, Iserlohn 1866. Langes Werk, das zum Wegbereiter des Neukantianismus wurde, wurde von Nietzsche als Apologie für Schopenhauers Philosophie mißverstanden (s. auch Anm. 34).

3 Hans Vaihinger, »Nietzsche als Philosoph«, Berlin 1902, S. 43.

4 a.a.O. S. 47

5 W = *Friedrich Nietzsches Werke* (19 Bände), hg. vom Nietzsche-Archiv in Weimar (Großoktavausgabe), C. G. Naumann Verlag, Leipzig, 1894 ff.

6 Briefe = *Friedrich Nietzsches gesammelte Briefe* (5 Bände) Schuster und Loeffler, Berlin, 1900 ff. Der fünfte Band besteht aus zwei Teilbänden.

7 Biographie = Elisabeth Förster-Nietzsche, *Das Leben Friedrich Nietzsches* (2 Bände), Leipzig, 1895 und 1904.

8 Friedrich Wilhelm Ritschl (1806-1876), klassischer Philologe. Bis 1865 Leiter (mit Otto Jahn, mit dem er sich überwarf) des philologischen Seminars in Bonn. Als er im Herbst 1865 nach Leipzig übersiedelte, ging Nietzsche mit.

9 Heinrich von Sybel (1817-1895), Historiker und nationalliberales Mitglied des Preußischen Abgeordnetenhauses 1862-1864. Ab 1861 Professor in Bonn.

10 Wilhelm Roscher (1817-1894), Nationalökonom. Ab 1848 Professor in Leipzig.

11 Joseph Edmund Jörg, *Geschichte der sozialpolitischen Parteien in Deutschland*, Freiburg und Stuttgart, 1867.

12 Erwin Rohde (1845-1898), Altphilologe, dessen enge Freundschaft mit Nietzsche schon 1865 in Leipzig begonnen hatte.

13 Vielmehr W. XI, S. 119. Eigentlich lautet das Zitat (372): »Unsere Jugend empörte sich gegen die *Nüchternheit* der Zeit. Sie warf sich auf

den Cultus des Excesses, der Leidenschaft, der Extase, der schwärzesten, herbsten Auffassung der Welt.«

14 Jacob Burckhardt (1818-1897), schweizerischer Kultur- und Kunsthistoriker. Ab 1858 Professor in Basel, wo er bis 1893 lehrte. *Die Cultur der Renaissance in Italien,* Basel, 1860; *Griechische Kulturgeschichte* (1864), posth. Ausgabe (4 Bände), Berlin und Stuttgart, 1898-1902.

15 Hippolyte Taine (1828-1893), französischer Historiker und Geschichtsphilosoph; Guillaume Guizot (1787-1874), französischer Staatsmann und Historiker.

16 Paul Deussen (1845-1919), Philosoph und Indologe, dessen enge Freundschaft mit Nietzsche schon 1861 in Schulpforta begonnen hatte; Freiherr Carl von Gersdorff (1844-1904), Freund von Nietzsche, den er auch 1861 kennenlernte; Hans von Bülow, (1830-1894), Pianist, Dirigent und erster Mann von Cosima Liszt, die Wagners zweite Frau wurde.

17 *Ecce Homo* erschien erst 1908 in einer beschränkten Separat-Ausgabe beim Insel-Verlag in Leipzig und wurde erst später im Band XV der Großoktavausgabe aufgenommen. Anzunehmen ist, daß Ball diese Separat-Ausgabe beim Produzieren seines Konzepts benutzt hat, da er beim Zitieren aus *Ecce Homo* nie eine Band-Nummer angibt und bis Ende 1910 – also vor dem Erscheinen von *Ecce Homo* in der Großoktavausgabe – die Arbeit an seiner Dissertation eingestellt hatte.

18 Richard Wagner, ›Über Staat und Religion‹, *Gesammelte Schriften und Dichtungen,* Bd. 8, Leipzig, 1873, S. 5-37.

19 Siegfried Wagner (1869-1930) wurde am 6. Juni geboren.

20 Richard Wagner, ›Deutsche Kunst und deutsche Politik‹, a.a.O., S. 39 bis 157.

21 Hans Vaihinger, *Nietzsche als Philosoph,* Berlin, 1902, S. 47.

22 Auf der angegebenen Seite (Brief vom 15. 2. 1870) wird nichts über den Krieg geschrieben.

23 Friedrich Schiller, ›Griechheit‹, Xenion 321, *Schiller-Nationalausgabe,* Bd. 1, S. 348.

24 Friedrich Schiller, ›Die Künstler‹, *Schiller-Nationalausgabe,* Bd. 1, S. 201.

25 Professor Moriz Heyne (1837-1906), Germanist. 1870–1883 Professor in Basel; Professor Karl Simrock (1802-1876), Germanist und Dichter. Ab 1850 Professor in Bonn.

26 Hier streicht Ball den folgenden Passus aus seinem Text: »Dann we[r]den die Positionen »Natur« und »Mangel des Gelehrten« in der Anwendung auf die Gegenwart weiterverfolgt. (Zunächst und für Basel nur diese zwei).«

27 J. W. von Goethe, Gespräch mit Eckermann vom 3. 5. 1827. Dieses Zitat kommt in der Zweiten *Unzeitgemäßen Betrachtung* nicht vor,

dafür aber in Absatz 8 ein ähnlich beginnendes Zitat von Wilhelm Wackernagel.

28 Hier streicht Ball den folgenden Passus aus seinem Text:
»(Eines schickt sich nicht für alle
Jeder sehe wo er bleibe
Jeder sehe wie er es treibe
Und wer strebt, daß er nicht falle.)«

29 David Friedrich Strauss, *Das Leben Jesu* (1835) kam als überarbeitete liberal-populäre Volksausgabe 1864 in Leipzig wieder heraus.

30 Deussen = Paul Deussen, *Erinnerungen an Friedrich Nietzsche*, Leipzig, 1901.

31 Paul Julius Möbius, *Über das Pathologische bei Nietzsche*, Wiesbaden, 1902.

32 Carl Albrecht Bernoulli, *Franz Overbeck und Friedrich Nietzsche* (2 Bände), Jena, 1908.

33 Ball scheint Möbius mißverstanden zu haben, da es an der angegebenen Stelle heißt: »[Nietzsche] scheint im Jahre 1868 einen gewissen Abschluß erreicht zu haben, daß er sich die positivistische Anschauung aneignete.«

34 Nietzsche las Langes Buch im Jahre 1868: also hätte er die zwei zuletzt von Ball benutzten Lange-Zitate nicht zur Kenntnis nehmen können, da diese in der von ihm gebrauchten Erstausgabe von 1866 nicht vorkommen und da die zweite (vermehrte) Ausgabe von Langes Werk erst 1873-1875 erschien. Weiterhin, da das ganze, in der von Ball benutzten vierten Ausgabe (1882) vorkommende Kapitel ›Die Reaktion gegen Materialismus und Sensualismus. Sokrates, Plato, Aristoteles‹ in der Erstausgabe fehlt, ist es sehr zu bezweifeln, ob die Ideen des jungen Nietzsche betreffend den Sokratismus auf seine frühe Lektüre von Langes Werk zurückzuführen sind.

35 Abweichend von der sonstigen Regel ist hier der Band X der Nietzsche-Ausgabe im kleineren Format benutzt worden (Friedrich Nietzsche, Werke, Bd. X.: Schriften und Entwürfe, Lpz.: C. G. Naumann 1896).

36 Eduard von Hartmann (1842-1906), Philosoph, der die Welt aus dem »Unbewußten«, einem ungeschiedenen Geistwillen, der im Weltprozeß zu sich selber kommt und sich als Geist und Idee selbst erkennt, zu erklären versuchte.

37 Hier streicht Ball den folgenden Passus aus seinem Text: »die Wagner unbedenklich begehen läßt, um gerade die elementare Naturgewalt der Liebe zu bestätigen und maßlos zu verherrlichen.«

38 August Horneffer, *Nietzsche als Moralist und Schriftsteller*, Jena, 1906, S. 73.

Der Künstler und die Zeitkrankheit
(1926)

I

Die Prinzipienlehre unserer Zeit läßt einen allgemeinen Umbau der Wissenschaften erkennen. Der Zweckgedanke, auf Staat und Gesellschaft bezogen, verliert seinen Wert. Eine künstlerische Auffassung der metaphysischen Form scheint Raum zu gewinnen und die Wissenschaften sich unterzuordnen. Die Kausalität, auf ein mageres Begriffspaar, Ursache und Wirkung gestützt, ging von der Beobachtung zeitlicher Abläufe aus; von einem Messen, Wägen und Vergleichen materieller Zusammenhänge. Die Metaphysik begnügte sich mit fatalen Konstruktionen, die eine persönliche Freiheit zwar forderten, nicht aber zu begründen vermochten. Diese Methode und das Gesetz der Kausalität selbst mußten phantastisch und willkürlich erscheinen in dem Augenblick, in dem der reine Intellekt versagte; in dem er sich als unzulänglich erwies, die ringsum in aller Unvernunft hervorbrechende Geschichte und ihre greifbaren Elemente zu bändigen. Daß eine solche Entwertung der mathematischen Begriffe inzwischen eingetreten ist, läßt sich kaum mehr bestreiten.

Damit beginnt ein neuer Versuch, den letzten Wert zu erfassen. Da die Wissenschaft auf Tatsachen immer verwiesen bleibt, so regt sich ein Interesse für Tatsachen und Erfahrungen, die dem Strom des Werdens sicherer als das von Druck und Stoß abhängige, als das meß- und wägbare Faktum überhoben sind. Solche Tatsachen und Erfahrungen aber bietet vor allem die Kunst. »Es gibt«, so kann man 1905 bereits bei Voßler (›Die Sprache als Schöpfung und Entwicklung‹) lesen, »es gibt eine geschichtliche Erkenntnis ohne irgendwelche Bezugnahme auf die praktische Wirklichkeit. Das ist die Erkenntnis durch reine Anschauung oder Kunst, die sich auf ein theoretisches, nicht auf ein praktisches Geschehen bezieht. Die Wissenschaft von dieser Erkenntnis pflegt man Ästhetik zu nennen. Alle andere geschichtliche Erkenntnis ist auf die praktische Wirklichkeit bezogen, also empirisch. Darum enthält sie willkürliche Elemente, seien es konstruierte Typen oder Gesetze, seien es Zweckbegriffe«.

Die Kunstgeschichte tritt als Erfahrung anstelle der Profangeschichte; die Tatsachen haben Bedeutung nur noch, soweit sie gestaltet, das heißt dem faktischen Strome der Zeit überhoben sind. Dem Wesen des Kunstproduktes entsprechend wird man im neuen Gesamtbild die letzte und höchste Form nicht ohne den Inhalt, ohne die Welt der Gefühle und Triebe mehr setzen können. Der formalistischen, rein verstandesmäßigen Ansicht der Dinge folgt eine solche, die die Vernunft nicht abgezogen von ihrer seelischen und körperlichen Ausprägung mehr will gelten lassen. Letzter Urheber der Dinge muß ein Künstler, oberstes Kriterium einer neuen Wertskala die Kunst selber sein, in ihrer ganzen Vermögensfülle.

Drei Dinge gewinnen damit eine neue Bedeutung. Zunächst der Begriff der Inspiration. Wer ist der Künstler? Wie kommt das Kunstwerk zustande? Geben dem Dichter die Götter ein oder die Dämonen? Worin ist das ›Genie‹ begründet? Worin das sogenannte ›Schaffen‹? Wer schafft und kreiert? Gott oder die Menschen? Ist die Kunst im Individuum beschlossen, in seinen Instinkten etwa, im Unbewußten, oder in einer Über- und Unterwelt? So daß, um dies vorwegzunehmen, die Kunst, wenn sie schon den letzten Wert darstellt, doch vom Produzierenden vielleicht gar nicht ausgeht, sondern der Mensch nur, wie die Scholastik sagte, die causa efficiens, keineswegs aber der Schöpfer seiner Leistung ist?

Sodann der Stil, die Einheit der Kunstleistung: sind sie Naturgaben? Gibt es einen angeborenen Stil, oder sind alle Einzelwesen nach ihrer Seinsweise begründet in einem einheitlichen Plan und Entwurf, der ihnen die Besonderheit zuweist nach Maßgabe ihrer Möglichkeiten? Ist die Menschenseele einzigartig und unveränderlich, oder unterliegt sie einem gestaltenden Gesetz? Je nachdem die Antwort gegeben wird, gibt es einen individuellen, autonomen Stil und eine individuelle Stilmetaphysik, oder es herrschen traditionelle, gemeinsame, schulmäßige Begriffe. Der interessante Streit über Nachahmung (Nachfolge, Gehorsam) und Originalität (natürliche Eigenart, Willkür), ein Streit, der einstmals in der Debatte zwischen Bembo und Erasmus die Gemüter erregte, lebt hier wieder auf.

Nicht zuletzt wird fraglich: der Begriff der Persönlichkeit. Wie ist das Wort persona abzuleiten? Daß es ursprünglich das Abbild der Götter und die Maske des antiken Theaters bedeutet, gibt keine Lösung. Ist der Maskenträger aktiv mit personare oder passiv mit personari in Beziehung zu setzen? Die Maske des griechischen Theaters hatte ein Schallrohr, durch das der Schauspieler zum Publikum sprach. Der Mime, der hohe Töne von sich gibt, könnte als Persönlichkeit gelten. So faßte noch vor kurzem C. G. Jung (in ›Psychologische Typen‹, Rascher, Zürich) die Persona als täuschendes Individuum auf, das sich mit seiner Maske identifiziert. Auch Erasmus, beim Beginn der (reformatorischen) Individual- und Original-Tendenzen setzt Persönlichkeit gleich Maske, erlogenes Antlitz, wenn er dann auch widersprechend die angeborene Gestalt als die echtere, der anderen, verlarvten (personatus), die nur auf der Nachahmung der Vorbilder beruhe, entgegenstellt.

Sehr im Gegensatz zu diesen beiden Auffassungen steht indessen eine dritte, die den Begriff der Maske auf das ganze Kleid, auf den Überwurf bezieht und an die magische Auffassung dieses Überwurfes bei den Alten erinnert (das Löwenfell des Herakles, das Seelenkleid des Gnostikers). Die Tier- oder Göttermaske prägt danach den Kern des Helden, der die höhere oder die physisch stärkere Person anzieht. Es handelt sich hier nicht mehr um ein Mimikry des Schauspielers und Nachahmers, sondern um die magische Identifikation mit einem kreativen übermenschlichen Wesen, das den Menschen, der vorher nur Sinn und Materie war, im Innersten prägt und erhöht. Vico vertritt diese Auffassung. Persona kommt nach ihm nicht von personare, durchtönen, sondern von personari, Festkleider anlegen.

II

Den Stand dieser Untersuchungen zu erörtern, ist nicht meine Absicht. Es genüge eine einfache Beobachtung. Mit wachsender Aufmerksamkeit registriert man eine Leistung nach ihrer künstlerischen Qualität. Soweit ein Urteil überhaupt wichtig wird, geht es zunächst von ästhetischen Gesichtspunkten aus, und es wird allgemach gleichgültig, ob es sich dabei um das Werk eines berufsmäßigen Artisten oder um dasjenige eines Geschichtsschreibers, Philosophen oder Theologen, also eines Gelehrten handelt. Die Kunst der eigentlichen Künstler aber erhält mehr und mehr den Charakter der ästhetischen Norm; sie wird zur absoluten Kunst, zur Hieroglyphe, das heißt zu einem Zeichen, in dem Religion, Philosophie und Zeitgeschichte in unauflösbarer Einheit verbunden sind. Eine Publikation wie die bei Rentsch in Zürich erschienenen ›Kunst-Ismen‹ (Herausgeber Lissitzky und Hans Arp) besagt in diesem Sinne mehr als ganze Bände wohlgemeinter ›Kunstwissenschaft‹. Der Mechanismus unserer Zeit macht es zum Gebot, die Erscheinungen nach einem strengeren Maßstab zu kontrollieren, als er seit langem in Anwendung war. Die Gestalt eines Argumentes, nicht seine Fülle entscheidet. Der Wert einer Leistung ergibt sich aus ihrer bis in die kleinsten Teilformen strahlenden Lichtspiegelung.

Und wiederum ist es eine Dreiheit, diesmal eine historische, die das moderne ästhetische Ideal bestimmt. Da ist vor allem die Tradition des sogenannten ›schöpferischen Idealismus‹. Der Gnadenstreit steht am Beginn ihrer Debatten. Die Gnade kann nicht verdient und nicht durch Nachahmung oder Nachfolge errungen werden. Man besitzt sie, oder man besitzt sie nicht. Es bedarf keines asketischen Bemühens, um erleuchtet, ein Genie zu sein. Die Werke als solche erweisen die gratiae gratis datae. Sie dienen nicht mehr der persönlichen Läuterung; sie werden Selbstzweck, Literatur. Bei Herder ist das Ideal eine Welt des schönen Scheins über den Gegensätzen von Pietismus und Kaserne. Bei Schiller zeigt sich eine Welt der Vorbilder, die ihre Beispiele aus den ›Ahndungen‹ der genialischen Persönlichkeit bezieht. Bei Goethe erreicht das Vorbild bereits die Stärke der antiken Selbstvergötterung; bei Nietzsche führt es zum Ideal des Stifters einer ästhetischen Religion.

Hier schließen sich neuerdings Bemühungen der Ethnologie an. Das Studium der primitiven Völker fördert eine Welt zutage, die der christliche Kulturkreis nahezu unterdrückt hatte: diejenige des Animismus und der Magie. Anschauungen und Werte, die über Zeiträume von Jahrtausenden kaum eine Entwicklung erfuhren, brechen in den Forschungen der Frazer, Tylor, Lévy-Bruhl und vieler anderer mit ihrem ganzen Gewicht in das moderne intellektualistische und psychologische Weltbild ein. In der Denkart der Kinder und der Neurotiker ergaben sich dazu die phylogenetischen Analogien. Das auf Beruhigung und Bestand bedachte Gewissen unserer Zeit stürzt sich auf diese Funde mit der Inbrunst dessen, der sich im Untergang auf festen Boden zu retten hofft. Das Verlangen, aus ferner Urzeit neue Kräfte der Vereinfachung und der Verbundenheit zu schöpfen, erklärt den Eifer dieser Studien. Das Ergebnis aber ist eine Inthronisation der Magie, in der man den Schlüssel aller primitiven Kunstübung und -wirkung zu erkennen glaubt. Forschern und Empfängern verschlägt es dabei einstweilen wenig, ob man das Paradies oder das Reich des Dämons selber wiederentdeckt hat.

Eine dritte und letzte Strömung ist diejenige, die den eben beschriebenen Forschungen aus dem Symbolschatze, der Heiligenverehrung und den Logosideen der Kirche Vergleichspunkte bietet. In der Kirche ragt ja gewissermaßen eine Welt des Tabu und Totems höchst lebendig bis in die Gegenwart und letzten kulturellen Sublimierungen herein. Ich will nicht behaupten, daß die um das Urchristentum bemühte Philologie bereits irgendeine Verbindung mit den Ethnologen habe oder auch nur erstrebe. Ich möchte nur auf die Verwandtschaft und demnächstige Notwendigkeit gegenseitigen Einvernehmens hinweisen. Die Ergebnisse der Mysterienforschung und der Symbollehre werden dann ebensosehr zur Erhöhung des Kunstprestiges beitragen, wie die Untersuchungen, die den Stil der Naturvölker betreffen. Ein Werk wie Rémy de Gourmonts ›Latin mystique‹ (1892) gibt schließlich, indem es die Welt der Kirchendichter durch anderthalb Jahrtausende zurückverfolgt, eine Analyse des kirchlichen Formbegriffs. Und die pneumatologischen Stiluntersuchungen der Dieterich, Norden und Reitzenstein enthüllen eine hieratische Welt, in der das Pneuma etwas sehr anderes ist als Magie und Animismus im primitiven Sinne, in welcher der inspirierte Künstler aber nicht weniger als der Primitive das Wort als ein Gottwesen von unentrinnbarer Wirkung kennt.

III

Wie kommt es nun, daß zu solch hoher Einschätzung der Kunst im schroffsten Gegensatze die Geltung der Person des Künstlers steht? Frühere, begeisterte Zeiten übertrugen die Schätzung des Werkes auf die hervorbringende Person und waren geneigt, darüber sogar das Werk zu vergessen. In mancher edlen Freundschaft zwischen Künstler und Mäzen blieben uns Beispiele solch legendären Tatbestandes erhalten. Heute läßt sich ein umgekehrter Prozeß beobachten. Die Biographien und Briefsammlungen verlieren ihren harmlosen Charakter und ihren romanhaften Wert; sie nehmen an Bedeutung und Interesse ab, gerade wo es sich um überragende Persönlichkeiten handelt. Fehlt es dem Künstler an ebenbürtigen Gegenspielern, oder fällt das Interesse für Intimitäten den subalterneren Schichten zu? Ob ein Mann namens Lersch in einem Versbande seine Familiengeschichte erzählt oder ein namhafter Komödiendichter seine Bemühungen gegen das ›Plüschzeitalter‹ in einem freundlichen Überblicke zusammenfaßt: Wen bewegt es? Das Publikum bleibt überlegen. Der Glaube an die Wichtigkeit des Mitgeteilten ist dahin. Die Probleme werden nicht mehr von einem einzelnen gelöst; jedermann weiß es. Die Duplikate laufen in Mengen herum. Hat man es mit dem Urbild oder mit einem Doppelgänger zu tun? Wer weiß es noch? Wer aus der turba incondita vermag es noch zu beurteilen?

So scheint es, daß dem Künstler nur die Anonymität verbleibt. Daß er vorzieht, auf private Beziehungen zu seinen Empfängern zu verzichten. Daß er den daher rührenden Qualen vorbeugt, indem er die Übertragung des Interesses von seiner Privatperson auf sein Werk durch ein entschlossenes Harakiri erzwingt. Solche ›Sachlichkeit‹ war die Ursache der Künstler-Melancholie zu allen Zeiten. Das Gloria-Ideal, das Zilsel uns von den Alten und den humanistischen Dichtern entworfen hat (›Die Entstehung des Geniebegriffs‹, Mohr, Tübingen 1925), das Ruhm- und Erfolgsbedürfnis: an wen sollte es sich heute auch wenden? Wer sollte die Gloria verleihen? Es gibt keine Gesellschaft mehr, die das Zutrauen aufbrächte, Ruhmestitel zu verleihen. Gerade desjenigen Werk, der Wort, Farbe oder Ton nicht nur dekorativ gebraucht, sondern sich mit seinem Gegenstande identifiziert; für den also die Aufnahme seines Werkes eine Aufnahme oder Ablehnung seiner Person bedeutet; gerade das Werk des Künstlers, der seine Zeit befruchten könnte; der nach ihrem vergrabenen Gesichte sucht: gerade dieses Werk begegnet dem wirtschaftlichen Boykott, der ängstlichen Schablone, dem Mißverständnis, der vollkommenen Hilflosigkeit.

Die getrennt marschierenden Truppen, der neuen Formung und der neuen Theorie, sie haben sich noch nicht gefunden. Nur erst die Vorposten berühren sich. Zwischen der Direktive, zwischen den aufräumenden Bemühungen und dem neuen Werk steht der ganze alte Apparat, der in seiner Weise zwar ebenfalls von ›Sachwerten‹ ausgeht, nicht aber von solchen des Stils, sondern von solchen des Stoffes und des privaten Details. Fast die gesamte akademische Betrachtung urteilt noch in diesem Sinne und beweist damit ihre materielle Gebundenheit, wie sehr immer sie mit abstrakten Erörterungen und mit dogmatischen Postulaten den Nachweis ihrer Geistigkeit zu erbringen hofft.

IV

Fragt man die Künstler, woran sie leiden, so kann man immer wieder dasselbe hören. Sie haben keine Beziehung mehr zur Wirklichkeit. Das Band, das sie in früheren Zeiten mit der Gesellschaft einigte, ist zerrissen. Es ist keine Tragfähigkeit, kein Anknüpfungspunkt mehr vorhanden. Es finden sich, soweit überhaupt von einer distinguierenden Umgebung die Rede sein kann, kaum zwei Menschen mehr, die noch dasselbe glauben und lieben. An wen soll beispielsweise der Romancier sich wenden, wenn er sich nicht eingestehen will, daß seine ganze Kunstgattung dem Untergang verfallen ist? Wen soll er darstellen, ohne sofort in eine Mythologie zu geraten? Und auch die Selbstdarstellung: Wem soll sie bekennen, wenn sie sich überhaupt an die Öffentlichkeit wendet? Tasso konnte bekennen; es gab noch eine Instanz für Manieren und Sitten. Schon Rousseaus Bekenntnis schließt Bübereien in sich, die er plausibel zu machen versucht und weiten demokratischen Kreisen plausibel zu machen vermochte. Das Selbstbekenntnis einer proletarischen Zeit wird voraussichtlich dasjenige des Hochstaplers Ignaz Straßnoff sein.

Die Katastrophe, die wir durchleben, ist enorm. Die gesellschaftlichen Schichten verschieben sich von Tag zu Tag. Auch der Bildner, der Maler: sie finden sich einem abstrakten und imaginären Raum gegenüber, wie der Dichter sich einer abstrakten und imaginierten Gesellschaft ausgeliefert findet. Für wen soll einer seine Bilder malen? Für den Händler? Und wem gibt der sie weiter? Bleiben sie Schecks und Börsenwerte, und gehen sie als solche in unendlichem Kreislauf durch die Welt, oder werden sie schließlich irgendwo einmal aufgehängt, geschätzt und geliebt? Von wem dann? Wer wird es bis dahin sein? Der Bauer, der Bürger oder der Prolet? Zum Künstler gehört es wesentlich, daß er den Empfänger kennt und dessen Glauben, dessen Liebe, dessen Hoffnung in die Form mit einbezieht. Im Auswiegen des beiderseitigen Anteils beruht vielleicht das Geheimnis der Form. Wie nun, wenn der Künstler auf die Realität verzichten muß, wie er bereits auf seine Person verzichtet hat? Vermutlich erwirbt er sich daraus eine weitere Belastung seiner Melancholie.

Nimmt man aber als Empfänger eine ›normale Mitte‹ an, den Durchschnittsmenschen, den zeitgenössischen Demokraten, so kontrastiert die Breite des aufnehmenden Publikums unüberbrückbar mit der Enge und Konzentration der Form. Nur ein willfähriges Breittreten und Vergröbern könnte hier helfen. Merkwürdigerweise aber drängt gerade umgekehrt ein gewisses Etwas, nenne man es Selbsterhaltung, Zwang oder Vorsehung zu immer schärferem Erfassen des Substanziellen, zu einer thesenhaft gesteigerten Abgrenzung.

In den romanischen Ländern wird dies vielleicht weniger empfunden. Dort vermag sich noch immer der Romancier großen Stiles mit deskriptiven Mitteln zu behaupten, ohne auf eine exemplarische Gestaltung verzichten zu müssen. Das deutet auf das Vorhandensein eines traditionellen Gefüges, an das sich anknüpfen läßt; auf eine tragfähige Wirklichkeitsschicht, trotz aller Risse und Sprünge. In Deutschland ist das Problem brennender. Hier war der Geist zuletzt vielleicht wirklich nur noch als ›ideologischer Überbau‹ vorhanden, und dieser Überbau ist brüchig geworden. Neue ungefüge Gesellschaftsschichten brechen hervor, oder sie werden mit einer gleich unbekümmerten Brutalität unterdrückt. Die neuen Schichten haben wenig Sinn für Kunst und Finesse; für Distanz und Geschmack; für eine den errungenen Besitz verteidigende Lebensart.

Der Künstler, der auf Überlieferungen angewiesen ist, erscheint den Ankömmlingen als Romantiker, wenn nicht als ein verstiegener Narr. Er selber neigt dazu, sich unsicher zu empfinden. Entweder er selber hat, gleich Trofimowitsch in den ›Dämonen‹, die rohere Indifferenz gezüchtet, oder er geht, nach einigem Schwanken, mit Haut und Haar zu ihr über. Widersteht er aber und gibt sich Rechenschaft, so fühlt er sich zwischen zwei auseinanderstrebenden Motiven torturiert: zwischen einem traditionellen Erbe von Sitte, Schulung, Stil und Adel, und einem ringsum widerlich flutenden Triebleben, dem er bald mit einer Überbetonung des Ideals, bald mit einer Besinnung auf seine eigenen höhnischen Triebe zu antworten genötigt ist. Ein solcher Zwiespalt aber, der überlieferten Vorstellungen und der libidinösen Energie, ist allen Psychopathologen wohl bekannt. Die Termini dafür schwanken, je nach der Heftigkeit und der Dauer des Konfliktes zwischen Zwangsneurose, Hysterie, depressivem Irrsein und Dementia praecox. Mit anderen Worten: Das romantische Problem erweitert sich zu einem pathologischen.

V

Einige Worte über Romantik.

Man hat, in der Absicht, den Sinn des zeitgenössischen Bürgertums zu ermitteln, vielfache Anstrengung aufgewandt, den Geist der Romantik zu definieren. Der weitaus stärkste Versuch dieser Art war derjenige des Bonner Professors Carl Schmitt (›Politische Romantik‹, 1919). Die Problemstellung dieser Schrift bezog ihre Schärfe aus dem Gegensatze des denkbar unpolitischsten Themas. Schmitt suchte die Romantik aufzuräumen, indem er, ausgehend von Adam Müller, einen ideologischen Bogen nach rückwärts spannte bis zu Malebranche. Einen säkularisierten Gnadenbegriff der Descartesschule, den Okkasionalismus reklamierte er als das bestimmende Element. Indem er den schwächsten Punkt der Romantik, ihre Politik, angriff und die Romantik auf staatliche Normen bezog, hatte er leichtes Spiel, eine dilettantische Wertverwirrung aufzuzeigen. Sein Argument aber blieb eine Konstruktion; denn auch Goethe wäre dann, eignem Geständnis zufolge, Okkasionalist gewesen; das Gelegenheitsgedicht hielt der Herr Geheimrat für die erfreulichste Gattung der Lyrik.

Ex contrario könnte man sagen, daß die Romantik politisch nicht begriffen werden kann, weil sie gerade politisch nicht begriffen werden will; weil sie der Politik vorsätzlich widerstrebt. Die Bemühungen Adam Müllers haben einen ganz anderen Sinn als denjenigen, politische Normen zu setzen. Sie sind eher ein Versuch, die Politik durch Romantisierung aufzuheben. Wenn er sich dabei auf einige strengere Restaurationsphilosophen berief – als Feudalherren waren De Bonald und De Maistre doch gleichfalls Romantiker –, so war dies vielleicht nicht einmal ein Mißverständnis.

Auch zeitlich kann man die Romantik nicht aus dem Barock ableiten. Des Cervantes Roman ›El ingenioso hidalgo Don Quijote‹ enthält reichlich ein halbes Jahrhundert vor Malebranche das vollständige Programm der Romantik; ihren Geist, ihren Stil, ihren Okkasionalismus absurder Wortspiele und Antithesen: ihre ganze unreale und widersprechende Denkart; vor allem aber, wie sich dies schon im spanischen Titel kundtut, ihre Genielehre.

Nach Oscar Wilde umfaßt die Romantik »alle ernsthaften und tieferen Bestrebungen der Kunst seit dem Mittelalter«; seit also dem innerhalb und außerhalb der Kirche beginnenden Positivismus. Dies scheint mir der Sache näher zu kommen und würde letzten Endes besagen, daß alles außerkirchliche, prinzipielle Leben ein irrer Roman, ein Abenteuer ist, oder in ein solches mündet. Mit der Renaissance und ihren ingeniösen Entdeckungen, die man auch auf die innere Welt bezog, entsteht die Romantik und teilt sich der geistige Strom. In den Dichtwerken gestaltet sich eine phantastische, in den Systemen eine abstrakte Weltgesetzlichkeit, die schließlich einander sogar bekämpfen. Europa zerfällt, soweit es sich von der Kirche entfernt hat, in Intellekt und Vision. Insofern aber der Künstler als Visionär stets an ein Urbild gefesselt bleibt, streben die romantischen Geister aus dem Abfall zur Kirche zurück; betonen sie ihre genialische Weihe desto entschiedener, je unannehmbarer und gottverlassener sie den Alltag empfinden. Ihr Gegensatz als Hüter der illusionären und generösen Denkart führt sie zur Blague, zur Pose, zur blutigen Paradoxie. In der Bewegung des Dandyismus wird dies besonders deutlich.

Verzweifelte Versuche zielen jetzt darauf ab, die delikate Situation zu durchbrechen und der verwünschten Hypokrisie einen Zugang zur Wirklichkeit zu erzwingen. Ein Wüten beginnt wider die eigene suspekte Natur, wider das edlere, als Romantik empfundene Gewissen. Man sucht sich in Einklang zu setzen mit einer Triebwelt, deren Häßlichkeit ausgekostet und exaltiert wird, wie vorher der Traum und die Seligkeit. Wo man, den Romantizismus verwerfend, sich in die libidinöse Hölle versenkt, überschreitet man ebenso alles Maß wie auf der anderen Seite im Ideal. Byron entdeckt das ›Dämonische‹ und verherrlicht den Luzifer. Baudelaire, der Dichter des ›Albatros‹, stürzt sich in Opiumräusche und in exotische Laster. Wilde liebäugelt mit Homosexuellen und rüden Apachen. Nietzsche, den dithyrambischen Thyrsosschwinger, widerlegt die ›blonde Bestie‹. Freud, der sich eben in seiner ›Traumdeutung‹ noch als enttäuschten Beglücker und Philanthropen bekannte, lehrt die Inzestphantasie und die polymorphe Perversität auf dem Grunde der Kinderpsyche.

VI

Doch nicht nur der künstlerische, der kontemplative Mensch, zeigt diesen Konflikt. Denselben Anblick bietet der ›Normale‹ und zwar in dem Maße, in dem die Romantik zu einer Angelegenheit des Bürgertums überhaupt geworden ist. Die Symptome davon begegnen immer häufiger; ja sie treten im Alltag naiver, direkter, flagranter auf. Ein allgemeines Ideal scheint in Scherben gegangen zu sein; ein hohes, selbstloses, zärtliches Ideal. Je weniger dies empfunden und bewußt wird, desto schwerer gestaltet sich die Neurose. Jeder gehe seinen Bekanntenkreis durch und staune über die Fülle von unerklärlichen Gereiztheiten und Bindungen; über die Zerwürfnisse in Ehen und Geschäften; über alle die Ausbrüche, Selbstmorde, Melancholien und Tränen.

Im einzelnen spielt sich dasselbe Erlebnis ab wie im Künstler. Dieser ist als Medium nur früher und komplizierter davon betroffen. Auf die strengere Beobachtung seiner selbst und der Umwelt verwiesen, ist er empfindsamer und rascher bereit, die Dinge auf sich zu beziehen. Aber es ist ihm ein Palliativ geblieben: er verfügt über die Kraft, seine Erlebnisse abzustoßen. Er scheint die Richtung zu geben, Modekrankheiten einzuführen, und ist doch nur sensibelster und darum erster Empfänger und Künder von Schicksalen, deren Lenkung durchaus nicht bei ihm liegt.

Die Neurose einer ganzen Epoche läßt sich kaum mehr verhehlen. Da der Begriff der Realität erschüttert ist, sucht die vertriebene Anpassung in den seltsamsten und zufälligsten Bindungen nach Ersatz. Was vor kurzem noch das Problem einzelner Exponenten war, ist heute das Problem ganzer Gesellschaftskreise. Zwischen scheu verschwiegenen, weltfremden Erwartungen und einem rücksichtslos und erschreckend vorhandenen Trieb, der sich trotz aller Verdrängung zur Geltung bringt, zwischen diesen beiden Extremen schwankt das Leben. Einer erhofft vom andern Stütze, Klarheit, Beruhigung, und jeder muß doch die Erfahrung machen, daß er selber der Hilfe und Sorgfalt dringend bedürftig ist.

Man hat die häufige Beichte als Korrektiv genannt. Man hätte, für akute Fälle, auf den Exorzismus verweisen können. Es hat aber mit beiden Institutionen in diesem besonderen Falle seine eigene Bewandtnis. Gerade in Rom versicherten mir Priester, Beichtkinder zu haben, mit denen sie ›einfach nichts anfangen‹ könnten; deren Zuständen und Konflikten sie auskunftslos gegenüberstünden. Was nützt der beste Wille, zu bekennen, wenn das erregende Moment sich dem Bewußtsein entzieht? Wenn die Verstrickung bereits zu Zwangsideen oder zur Hysterie gediehen ist? Der Beichtende wird sich vieler Dinge anklagen, aber das wesentliche Erlebnis, dessen Vortrag ihn befreien könnte, entzieht sich der Erfassung. Dazu kommt, daß nur auf dem Lande und in kleineren Städten noch jene vollkommene Bindung an die Kirche zu finden ist, die von

Anfang an einer Verstrickung des einzelnen und der Gesamtheit vorbeugt.

Der Exorzismus aber, den die Aufklärung lächerlich zu machen versuchte, und der bei einer weitgehenden Rationalisierung des modernen Klerus auf Schwierigkeiten bei den Priestern selber stößt, der Exorzismus setzt, wenn er wirksam werden soll, eine noch innigere Hingabe an die Kirche voraus als sogar die Beichte. Mit dem Exorzismus sind Exerzitien verbunden, deren Sinn bei den klassischen Theoretikern der ist, die reine Glaubenskraft zu stärken und den Kranken ganz der gebietenden Person des Exorzisten zu unterstellen. Mit anderen Worten: Der Exorzist setzt die ideelle Herrschaft der Kirche und die absolute Anerkennung dieser Herrschaft voraus. Aus der Frühzeit des Christentums wird zwar berichtet, daß sich der Exorzismus als Gnadengabe oft auch an Heiden wirksam erwies. Es ist aber unentschieden, ob es sich hierbei um Katechumenen handelte, die im Begriffe der Konversion standen, oder um Heilung völlig Ungläubiger, wie sie der Evangelist schon erwähnt.

VII

In einem merkwürdigen Parallelismus der Situation und ihrer Bedürfnisse hat unsere Zeit den Therapeuten, den Seelenarzt wieder entdeckt. Das Wort hat einstweilen noch einen etwas anderen Sinn, als es ihn etwa im ersten Jahrhundert hatte; doch horchen wir immerhin auf, wenn Philo in seiner Schrift vom ›Beschaulichen Leben‹ über den Namen der Therapeuten folgende Auskunft gibt: »θεραπευταί oder θεραπευτρίδες heißen sie, entweder weil sie sich zu einer ärztlichen Kunst bekennen, welche die Seele von den durch die Leidenschaften verursachten Krankheiten befreit, oder weil sie von der Natur und den heiligen Schriften gelernt haben, Gott als die Realität zu verehren, die besser ist als das Gute, einfacher als das Eine und ursprünglicher als die Einheit.« Man hat nach ägyptischen Denkmälern den Namen der Therapeuten einfach als ›Gottesfreunde‹ interpretieren wollen. Der Widerspruch aber läßt sich dahin lösen, daß offenbar Arzt und Priester institutionell noch nicht geschieden waren, wenigstens in Fragen der seelischen Erkrankung.

Gab es schon dazumal eine Psychoanalyse? Es scheint fast so. In den Eingangskapiteln der Apokalypse finden sich Worte, die auf ein Wissen um ›Tiefenpsychologie‹ sehr wohl schließen lassen; ebenso in gnostischen Texten, wie naturgemäß in jeder theologischen Literatur, die von Anfängen und Paradiesen, von Auflösung und Wiedergeburt handelt. Die seelischen Erkrankungen zur Zeit der hellenistischen σωτήρ-Erwartungen erwecken den Eindruck einer weit verbreiteten Epidemie. Das Evangelium des heiligen Lukas birgt eine vollständige exorzistische Lehre. Nach Palladius hatten die ägyptischen Mönche mannigfache therapeutische Theorien. Zu Antonius Abbas bringt man seelisch Erkrankte, die nicht er selbst, sondern nur sein Mitbruder Paulus, seiner größeren ›Einfalt‹ wegen, heilen kann. Gregor von Nyssa spricht von der heimlichsten, innersten Krankheit, die zur Zeit Christi hervorgetreten, um im umfassendsten Sinne geheilt zu werden. Bruchstücke einer Libidotheorie finden sich bei jedem einzelnen der großen Asketen. Der heilige Theodosius, Erzvater der Mönche, erbaute sogar ein eigenes Krankenhaus für Einsiedler, ›die sich in die Wüste ohne besonderen göttlichen Befehl zurückgezogen hatten und da die Strafe ihres Stolzes, entweder durch Beraubung ihrer Sinne oder dadurch, daß sie vom Teufel besessen wurden, büßen mußten‹.

Heute geben die Erfolge der analytischen Neurosenlehre ein ungeschminktes Bild der seelischen Situation. Man mag entsetzt sein, wenn man die Schriften der Freud, Adler, Rank, Ferenczi und vieler anderer liest; die Literatur ist bereits unübersehbar. Man wird aber gestehen müssen, so ist unsere Zeit, und wäre sie schließlich nur in den Theorien dieser Männer vorhanden.

Die Methode des zeitgenössischen Therapeuten ist bekannt und oftmals dargestellt. Von der Annahme ausgehend, daß unbearbeitete, aber zur Einheit drängende Teilkräfte der Psyche vom Ich des Patienten abgelehnt und in ein hypothetisches ›Unbewußtes‹ verdrängt wurden, zielt die Kunst des Arztes darauf ab, die verurteilten Triebregungen aufzuspüren und sie bewußt zu machen. Dies geschieht, indem ihnen der Analysator zunächst zum Bilde (Traum, Symbol) und dann zum bindenden Worte verhilft. Die Anerkennung der verdrängten Wünsche kommt ihrer Aufnahme in das reale Weltbild des Erkrankten gleich. Die Beruhigung und endliche Heilung erfolgt durch die Herstellung einer vorher gespaltenen seelischen Einheit. Das Wesentliche dabei ist, daß das Gewissen des Leidenden, sein Ideal, sein Ich, seine überkommenen Anschauungen von Erlaubt und Unerlaubt, von Schönheit, Sitte und Recht gewöhnt werden, Tatsachen anzuerkennen, die *vor* der ärztlichen Behandlung als für ihren Träger unannehmbare phantastische Zumutungen abgelehnt und ins Unbewußte verwiesen waren. Da es sich meist um häßliche, abnorme, primitive und darum schreckende Vorstellungen des infantilen Trieblebens und der Pubertätszeit handelt, so ist der Arzt zugleich darauf bedacht, die romantischen Ansichten des Patienten herabzustimmen; sein Wissen um Leib und Seele reicher, tiefer, sachlicher zu gestalten und dadurch seinen Widerstand zu stärken.

Ähnliches versucht – und damit komme ich zum Thema zurück – der neuere Künstler, der damit sehr in die Nähe des Arztes rückt. Die Kunsttheorien der letzten Jahrzehnte, so verschlungen und wirr sie sich geben mögen, haben doch das eine gemeinsam, daß sie entschiedener als je eine Zeit vorher der Beschwörung innerer Konflikte dienen. Die unbekannt drohende Macht soll entladen und gefesselt, die getrennten seelischen Vermögen sollen gesammelt und in einem neuen Weltbilde vorgestellt werden. Der Künstler sucht das erschütterte Fundament zu sichern, indem er den innersten Phantasieraum abtastet und dabei auf die Grundformen der Anschauung stößt. Das konstituierende Element der Erscheinungen und damit alles Unheimliche der Traumwelt, doch auch ihr Gesetz – das letzte der Imagination erreichbare Gefängnis der Seele soll erfaßt und sichtbar werden. Mit dem Berufstherapeuten verglichen, vermag der Maler ganz anders die verdrängten Vorstellungen wachzurufen und im Symbole zu bannen, als der doch im ganzen auf seine Ratio und einen abstrakten Eingriff in den Mechanismus der Krankheit hingewiesene Arzt. Und ebenso vermag der Dichter, dank seiner Intuition und seines Wortschatzes, ganz anders alle Besetzungen der libidinösen und der romantischen Irrwege aufzustören und dingfest zu machen, als abermals der Arzt, der nur in seltenen Fällen und nicht ex officio über die Sprache verfügt.

Und also, um zusammenzufassen: die Kunst unserer Zeit ist therapeutisch bemüht, den Konflikt zwischen Dämon und Ich zu lösen. Sie treibt zu diesem Zwecke eine Analyse ihrer Stilmittel, die an die magischen Experimente der Alchimie gemahnt. Sie sucht eine Synthese, die die sublimsten Errungenschaften einer Überkultur und die verborgensten Leiden der inneren Nacht in ihre Form einbezieht. Niemals ist eine Epoche dem Künstler günstiger gewesen, was die Notwendigkeit und den direkten, praktischen, den sanitären Nutzen seiner Kunst betrifft. Niemals aber war der Künstler auch so grausam in sein eigenes Selbst zurückverwiesen.

VIII

Bezeichnend ist ein jüngst erschienenes Werk, betitelt ›Bildnerei der Geisteskranken‹ (Berlin 1923). Der Verfasser, Hans Prinzhorn, ein Nervenarzt, erweist an einer Auswahl von 187 zum Teil farbigen Abbildungen aus der Sammlung der psychiatrischen Klinik Heidelberg die auffallende Verwandtschaft notorisch schizophrener Kunstübung sowohl mit der Gestaltungsart der Kinder und der Primitiven, wie mit gewissen Stilelementen bei Brueghel, Bosch, Kubin und in der Miniaturenmalerei. Der Verfasser weiß, daß die Aufstellung eines neuen Normbegriffes des Menschen nötig wäre, um seiner Publikation und der modernen Kunst überhaupt ihren Rang anzuweisen. Er verhehlt sich nicht, daß die Beziehungen »zwischen dem Weltgefühl des Schaffenden und des Geisteskranken« erst auf dem Boden einer Metaphysik der Gestaltung zum Austrag zu bringen wären, daß aber dazu erst in jüngster Zeit die Bausteine zusammengetragen werden. So muß er sich darauf beschränken, einen ›Beitrag zu einer künftigen Psychologie der Gestaltung‹ zu geben.

Prinzhorn versucht also keineswegs, die Kunst der Geisteskranken zu verstehen; er begnügt sich mit einer diskursiven Darstellung der schizophrenen Ausdrucksmittel (Spieltrieb, Schmucktrieb, Ordnungstendenz, Nachahmungstrieb, Symbolbedürfnis, Anschauungsbild, Physio- und Ideoplastik). Das eigentliche Formproblem fehlt; es sei denn, daß der Verfasser gelegentlich auf die beiden Komponenten des schizophrenen Konfliktes verweist, wobei atavistische (Sexual-)Triebe und die verletzlichsten kirchlichen Vorstellungen gleichermaßen als Quellen des Symbolschatzes erscheinen. Begreiflicherweise; denn auf der Versöhnung dieser beiden Komponenten beruht ja der Versuch des schizophrenen Künstlers, sich selbst zu heilen.

Dem weitaus größten Teil des beigebrachten Materials kann man das Prädikat einer einprägsamen Leistung nicht versagen. Gewisse Plastiken Karl Brendels würden sich in einer Ausstellung von Primitiven nicht unterscheiden. Die Heiligenmalereien Moogs, wenn sie als Glasfenster eines frühmittelalterlichen Domes erschienen, stünden weder nach ihrer Leuchtkraft noch nach ihrer Raumaufteilung hinter manchem Meisterwerk zurück. Nach einem sehr gründlich durchgeführten Versuch, eine spezifisch irre Note dieser Bildwerke aufzufinden, muß der Herausgeber gestehen: ein Unterschied zwischen dieser und der Kunst unserer Zeit ergebe sich nur darin, daß die eine ihre seelischen Einstellungen bewußt erstrebt, während bei der andern die gleichen Resultate zwangsläufig auftreten.

Hier wie dort führt der Zerfall des traditionellen Weltbildes, führt die Abkehr von der Wirklichkeit zu dem Bedürfnis, die gespaltene (schizophrene) Seele vermittels beschwörender Symbole, durch eine Vereinheitlichung der unter- und der überweltlichen Sphäre zu beruhigen. Der Geisteskranke kann dabei sogar als mystische Avantgarde gelten. Er hat den ›Vorteil‹, den ihm jeder Künstler neidet: in den Mutterschoß der Dinge eingekehrt zu sein, und seine wachen Sinne sind ihm doch geblieben. Er lebt in einer Welt direkter Wahrnehmung, in der die Wesen ihren inneren, unbeschwerten Lebgeist zeigen, und er kann, bestürzt, das Unerhörte doch noch fassen. Seltsam genug, daß er in seiner anonymen Abgeschiedenheit zu ähnlichem Gestalten kommt wie der bewußte Künstler. Wundersam aber ist es, daß eine Art tieferer Ratio nicht einmal von der Geisteskrankheit erreicht und zerstört wird; ja diese Ratio nimmt bei fortschreitendem Verfall der Sprach- und Deutfähigkeit eher noch zu.

So scheint mir dieses Buch von mehrfacher Bedeutung. Es

bezeichnet den Wendepunkt zweier Epochen. Der Kranke belehrt die Gesunden. Kunst und Künstler haben das Höchstmaß ihrer Leiden erreicht. Der Kranke tröstet den Gesunden als den noch nicht der Dissoziierung Verfallenen, aber mit ihr Kämpfenden. Er tröstet ihn, indem er eine Einheit der Anschauungsformen in der fernsten Totemvorstellung des Wilden und den letzten Verwirrungen einer übervölkerten Kultur erweist. Er tröstet den Künstler, indem er zeigt, daß die intellektuelle Katastrophe den Kunst- (oder Heilungs-) Prozeß nicht zu stören vermag, sondern ihn fördert; daß also aller Voraussicht nach bei einer Verschärfung der jetzigen Situation die letzte Fackel der Menschheit, die Kunst, nicht verlöschen wird, fänden die Künstler sich auch in den Sanatorien wieder.

IX

Doch es ist an der Zeit, die therapeutische Ästhetik selbst ein wenig näher ins Auge zu fassen. Wenn Otto Rank in einer eindringlichen Studie ›Der Künstler‹ (Wien und Leipzig 1918) Recht behielte, würde der Künstler demnächst entbehrlich werden, weil, seine nur ärztliche Funktion vorausgesetzt, jeder sein eigener Künstler und Therapeut zu werden vermag. Das aber hieße annehmen, daß der entrollte Konflikt nicht eine Zeitkrankheit, sondern ein chronisches Leiden der Menschheit sei; hieße die Meinung verwerfen, daß es sich nur um ein Durchgangsstadium handeln kann.

Massenerkrankungen hat jedes Zeitalter gekannt. Der Begriff der Krankheit aber setzt doch wohl voraus, daß es eine Gesundheit, eine Norm gebe, an der die Erkrankung meßbar wird, oder daß eine solche Norm zum wenigsten denkbar ist und von einem unberührt gebliebenen, gesunden Punkte des erkrankten Organismus aus behauptet und erwirkt wird. Wie immer es sich damit verhalten mag: heute ist eine solche Norm und Gesundheit nicht sichtbar, oder zum wenigsten nicht glaubhaft zu machen. Der Normbegriff ganzer Jahrhunderte ist erschüttert und eine neue Stabilisierung erst im Werden.

Es könnte sich eines Tages jedoch ergeben, daß sich der Schwerpunkt unserer Interessen verschiebt; daß wir den Blick, statt nach unten, nach oben richten und dadurch den höllischen Qualen entgehen. Der Zwiespalt zwischen den rohen libidinösen und den heftig widerstreitenden religiösen Trieben, als dessen Folge wir die Erkrankung kennenlernten, könnte seine Glut in dem Augenblick verlieren, in dem die transzendente Schicht nach dem Vorbilde der Exorzisten eine Stärkung, statt nach dem Vorbilde der Psychoanalytiker eine Schwächung erfährt. Es könnte sich ergeben, daß es sich bei der Erkrankung unserer Zeit um einen Einbruch dämonologisch begreifbarer Mächte handelt; um einen Zustand also, für den rigorosere Zeiten den Ausdruck der Besessenheit verwandten. Eine gewisse Willkür in der Deutung der Konflikte und schon in der therapeutischen Theorie, der Mangel eines jenseitigen Standpunktes, wie er aller ›rein psychologischen‹ Betrachtungsweise eignet, all dies läßt auf Widersprüche innerhalb der heutigen Ansichten und darum auf Vorläufigkeit schließen. Die Kunst der Ärzte selber entbehrt jener Einheit und Eindeutigkeit, die sie erzielen will und ohne die keine Heilung von Dauer bestehen kann.

Prinzhorn zum Beispiel vergißt, uns zu sagen, was er unter einem ›Geisteskranken‹ versteht. Vielleicht ist ein großer Teil der anonymen Künstler, die er vorführt, zwar krank und Insasse des Irrenhauses, aber durchaus nicht geisteskrank. Die Psychoanalytiker ihrerseits unterlassen, eine klärliche Definition der ›Psyche‹ zu geben, nach der sie sich doch nennen; sie geben gemeinhin nur Definitionen der Libido und der Triebe, des Ich und des Über-Ich, und auch hierin widersprechen sie sich untereinander und in sich selbst. Geist und Seele werden in fast der gesamten modernen Psychiatrie ununterbrochen willkürlich vertauscht. Zwei verschiedenen Namen müssen aber zwei verschiedene Sachverhalte zugrunde liegen. Der Konflikt zwischen Soma und Psyche steht im Vordergrund der Debatte; wie der Geist indessen zu definieren und gegen Soma und Psyche abzugrenzen sei, bleibt unklar.

Es muß befremden, daß die moderne Therapie die religiösen Fakten und die kirchliche Welt noch immer nur kausal und nach Gesichtspunkten der Psychophysik betrachtet; daß ihr der Mensch, und meist sogar nur der sexuelle, das Maß aller Dinge ist. Dem Arzte, der den Körper behandelt, ist das erlaubt; dem

Seelenärzte sollte es verboten sein. Ähnliches läßt sich von den Theorien der Künstler und Ästheten sagen. Sie sprechen von Intuition und Inspiration und unterlassen doch die Frage, wer oder was inspiriert und in welche Gebiete des Lebens ihre Intuition reicht, welch andere Gebiete ihrem Formgewissen aber verschlossen bleiben.

Bedenklich muß schließlich stimmen, daß beispielsweise die führende Zeitschrift der Analytiker ›Imago‹ und nicht etwa ›Logos‹ heißt, und daß man zwar ein Werk vorlegen konnte, das die bildnerische, die imaginative Kraft der Schizophrenen erweist, nicht aber eines, das gleicherweise ihre sprachliche, philosophische oder gar theologische Kunstbefähigung zu belegen vermöchte. Gibt es verschieden zu bewertende Gestaltungsvermögen? In welchem Rangverhältnis steht die Malerei zur Dichtkunst und das Bild zum Worte? All dies sind Fragen, zu deren Beantwortung es einer oder sogar mehrerer Generationen bedürfen wird. Der einzelne kann nur versuchen, die Problematik aufzuzeigen und zu ihrer Bewältigung einzuladen.

X

Der Verfasser weiß, so sagte ich gelegentlich des Buches von Prinzhorn, daß die Aufstellung eines neuen Normbegriffes des Menschen nötig wäre, um seiner Publikation und der neuen Kunst überhaupt ihren Rang anzuweisen. Das ist ein Satz, der nachdenklich stimmt. Von welchem Normbegriffe geht die heutige Ästhetik und gehen, nachdem wir eine merkwürdige Verwandtschaft zwischen Arzt und Künstler festgestellt haben, die Seelenärzte, die Psychiater, aus? Aus der Fülle der Publikationen greife ich eine in Aschaffenburgs ›Handbuch der Psychiatrie‹ erschienene Schrift von Kurt Schneider (›Die psychopathischen Persönlichkeiten‹, Verlag Deuticke, Leipzig 1923). Seite 8 lese ich, daß der Künstler, »in dem später festzulegenden scharfen Sinne Psychopath sein *muß*«. Das Überdurchschnittliche sei mit dem Abnormen identisch. Man beginne, der Abartung nach oben wieder mehr Verständnis entgegenzubringen. Diese Psychopathen seien das Salz der Erde. »Wir halten uns«, so heißt es dann weiter, »an den quantitativen Normbegriff«. Wir, das heißt die Mehrzahl der zeitgenössischen Seelenärzte. Nach dem Juristen Mezger muß man »jede Abweichung vom tatsächlichen Normaltypus, jede Abnormität, naturwissenschaftlich als krankhaft, als pathologisch ansprechen«. Bei Moebius heißt Kranksein »schädlich, unerwünscht, minderwertig sein«. Für Schneider sind Psychopathen »solche abnorme Persönlichkeiten, die an ihrer Abnormität leiden, oder unter deren Abnormität die Gesellschaft leidet« (S. 16). Welche überragende Persönlichkeit leidet aber nicht an sich selbst, und an welcher solchen Persönlichkeit ›leidet‹ nicht die Gesellschaft? Es ist die Gefahr, daß das Leiden überhaupt als abnorm, als psychopathisch empfunden wird.

Zugegeben, daß sich der Durchschnittskliniker an eine quantitative, nach der Beschaffenheit der Majorität orientierte Norm halten muß. Nur sollten Theorie und Praxis dann auf den Durchschnitt beschränkt bleiben, einzig diejenigen Fälle umfassend, die der materiellen Norm entsprechen. Es gibt aber, wie Schneider selbst erwähnt, noch einen zweiten, teleologischen, einen Wertbegriff der Norm. Kant etwa hat zwei Arten der Norm unterschieden: nämlich die ›Normalidee‹, ein Gesamtbild der Gattung, eine Mitte zwischen Maximum und Minimum der Erfahrungstypen. Und im Gegensatze dazu den Idealtypus, die ›Vernunftidee‹. Es handelt sich bei ihr nicht mehr ums Durchschnittliche, Materielle, sondern ums Vorbildliche. Abnorm ist hier, was der Zweckerfüllung widerspricht; was in der biologischen Sphäre der Lebenserhaltung und Lebensförderung widerstreitet, und in der psychologischen Sphäre der Betätigung der Vernunft. Begriffe wie wahr, schön, gut erhalten erst damit ihren Sinn. – Was bei diesem zweiten Normbegriff überrascht, ist die Gleichsetzung von Psyche und Raison. Sie entstammt einer Zeit, in der man nur eine ›Vernunftseele‹ wollte gelten lassen, die ihren Endzweck individuell in sich selbst oder kollektiv im Staate findet. Das Irrationale gilt hier als abnorm und dem Psychiater für pathologisch, gleichviel, ob es der unter- oder der überbewußten, ob es der un- oder übervernünftigen Sphäre entstammt. Man weiß, daß Kant vor dieser Konsequenz nicht zurückschreckte, indem er das Gebet eine »leichte Anwandlung von Irrsinn« nannte.

Neben der biologischen und der psychologischen Sphäre findet sich indessen noch ein dritter Erfahrungsbereich, den ich den pneumatischen nennen möchte. Sein ›Zweck‹ ist die Gottesliebe; seine Phänomene gehören der heiligen Sphäre an. Es gibt drei Normen: Leib, Seele und Geist. Es gibt drei Reihen von Tatsachen, drei Lebensweisen, drei wissenschaftliche Typen, deren Bereiche, wie sehr sie einander durchdringen mögen, doch auseinandergehalten und getrennt betrachtet werden können. Die Gnostiker sprachen von Soma, Psyche und Pneuma, das Mittelalter von körperlichen, seelischen und geistigen Tatsachen. Mercier in seiner ›Psychologie‹ (deutsch bei Kösel, München 1906) nennt ›Materie, Leben und Göttlichkeit‹. Von diesen drei Reichen, denen man zu allen Zeiten und unter den verschiedensten Namen begegnet, hat jedes sein Sondergesetz, und es gibt Typen, die jeder einzelnen Normalsphäre in Reinkultur angehören. Doch läßt sich auch ein menschlicher Typus der Mitte denken, der mit gleicher Neigung und gleichen Bezügen jedem einzelnen der drei Bezirke angehört und sie in sich zusammenschließt. Dieser Typus, der Psychiker, der Künstler, könnte als die Norm des Menschen gelten; der Künstler nämlich seiner selbst, die Persönlichkeit. Es bedarf nur eines Blickes in die Literatur, um zu erkennen, daß unsere Zeit die Kantsche Gleichung von Psyche und Raison verwirft; daß sie die psychische Sphäre mit neuen Inhalten und Funktionen zu erfüllen sucht und sich dabei aller Vermengung von Seele und Geist widersetzt, freilich, ohne den Geist und die Vernunft sehr anders als nach kantischer Weise zu definieren. Bei einer Erweiterung der biologischen Welt nach der Tiefe hin stieß man auf Tatsachen, die immer dringender nach Abgrenzung verlangen. So steht man vor der Entscheidung, ob man auf die Begriffswelt ganz verzichten oder den Ausweg gehen will, sie dem Heiligen und der Kirche zuzuweisen.

XI

Um zunächst beim Somatischen zu bleiben: eine unbeseelte Welt der Sachen und Kräfte, wenn sie im Menschenbereiche sich denken ließe, wäre eine Welt des Chaos, des Todes und der Atome. Die Bestreitung der Seele, der konsequente Materialismus, ließe sich im Denkbezirke nicht einmal geltend machen, weil der sprachliche Ausdruck, auch in der primitivsten Gestalt, auf Einheiten angewiesen ist, die die Seelentätigkeit voraussetzen. Eine animalische Welt ohne Urteile und Vorurteile, eine Welt der puren Beobachtung und somatischen Funktion ist möglich; niemand aber wird behaupten, daß diese Welt ohne Seele ist. Die Seele wird nur nicht sichtbar werden; sie wird verdrängt, vergessen, unbewußt aber vorhanden sein. Die psychische Welt wird heute nicht bestritten, eher wird sie überbetont. Was bestritten wird, ist der dritte Normbereich, der geistige, in seiner Differenz vom seelischen. Läßt sich eine Welt der Dauer, der ewigen Urform aufrechterhalten, und welche Funktion käme ihr hinsichtlich der ihr untergeordneten seelischen Sphäre zu?

Die Psychologie ›naturwissenschaftlich‹ begründen, das hieße nach unserer Dreiteilung eine Norm auf die andere reduzieren, das hieße aus der Psychologie eine Physiologie machen; in der seelischen Therapie aber hieße es die Kompetenz des Arztes überschreiten. Die Norm des Seelenarztes muß innerhalb des psychischen Bereiches liegen, wie unbedingt immer seine Tätigkeit, seine Funktion beiden, der leiblichen und der seelischen Sphäre, zugleich angehört. Wollte der Psychiater seine Therapie nur nach der individuellen somatischen Norm einrichten, was wäre die Folge? Würde er heilsam wirken können, würde er helfen können? Ohne Zweifel gibt es Neurosen, deren Heilung darin besteht, den Kranken seiner ungestörten sozialen *Funktion* wiederzugewinnen, wobei man sich aber sofort erinnern wird, daß die soziale *Norm* heute durchaus nicht feststeht, sondern nahezu dem Gutdünken des einzelnen überlassen ist. Die gesellschaftliche Norm richtet sich nach der ästhetischen, die ästhetische sich nach der geistigen. Die geistige Norm aber gilt, wie wir sahen, für erschüttert. Daher kommen ja gerade die Erkrankungen, die Neurosen, des somatischen Menschen, des Bürgers, sowohl wie diejenigen des psychischen Menschen, des Künstlers. Gewiß, ein Instinkt für die Norm wird nie völlig verschwinden, aber der Willkür ist Tür und Tor geöffnet.

Ich sagte, daß es Neurosen geben könne, die der einfache Arzt zu heilen vermag, weil sie nur auf dem Konflikt einer individuell libidinösen Anlage mit der sozialen Umgebung, auf einem Kontrast naiver, aber verstrickter Sexualtriebe mit ›romantischen‹ Anschauungen des Patienten beruhen. Anders verhält es sich, wo den unbearbeiteten libidinösen Energien Verschärfungen aus der typischen und phylogenetischen Sphäre sich anhängen; wo der Kontrast sich nicht auf die somatische Norm, auf die Gesellschaft, sondern auf die typische Sphäre der seelischen Gestalt, auf die Kunst, bezieht. Solche Fälle können keine Heilung erfahren, indem man die überindividuelle, ästhetische Neigung des Patienten als Romantizismus behandelt, wenn auch zugegeben sei, daß das leibliche Wohl Voraussetzung des seelischen ist. Der Psychiater wird über eine gründliche Kenntnis der Gestaltungsneurose, das heißt der Persönlichkeits-, der Kunstprinzipien, verfügen und diese seinen Bemühungen zugrunde legen müssen, wenn ihm die Heilung gelingen soll. Auch die libidinösen Verfänglichkeiten des Künstlers sind andere, graduell tiefere, als die des Bürgers.

Ganz und gar verlegen wird der Therapeut aber sein, wenn ihm, wie vermutungsweise in der Paranoia und der Schizophrenie, Fälle schwerer Besessenheit begegnen, die auf einem Kontrast zwischen der dritten Normsphäre, des Heiligen, der Sakramente und der Welt der Dämonismen bestehen. Die moderne Seelenkunde ist nun wohl in eine Tiefe eingedrungen, in der die dämonischen Mächte zu Hause sind; darin besteht nicht zum wenigsten ihr sensationeller Erfolg. Keineswegs aber entspricht dieser Entdeckung ein ebensolches Wissen um die Kompensation, nämlich um die kirchliche und göttliche Norm, von der aus die Dämonismen allein zu bewältigen sind. In der Freudschen sowohl wie in der Jungschen Therapie bleibt das reichste Bemühen des Arztes der Natursphäre verhaftet. Mitunter nur, und bei Jung mehr als bei Freud, drängen sich Phänomene der ästhetischen und pneumatischen Therapie vor, deren Einordnung Verlegenheit bereitet.

Bezeichnend ist dann bei Freud (›Das Ich und das Es‹, Internat. Psychoanalyt. Verlag, Wien 1923) die Einführung eines Über-Ichs und des Todestriebes, sowie der fragwürdige Versuch, gleich dem Über-Ich das Schuldgefühl individuell zu begründen. Und bezeichnend ist, daß Jung (›Das Unbewußte im normalen und kranken Seelenleben‹, Rascher & Co., Zürich

1926) gelegentlich eines Falles von komplizierter Homosexualität einer Künstlerin auf eine ›transzendente Funktion‹, auf einen ›Dämonismus‹ stößt, der ihn hier wie in seinen beiden Hauptwerken zwischen einer individuellen und einer Kollektivlibido zu scheiden nötigt. Die Analyse seiner Patientin, auf Seite 116 bis 146 in aller Ausführlichkeit mitgeteilt, läßt erkennen, daß die Subjektstufe der Analyse mit aller Umsicht durchgeführt wurde, der somatische Normbegriff aber versagte. Schon Agrippa von Nettesheim hat übrigens (›De occulta philosphia‹) zwischen natürlichen und übernatürlichen Träumen und Gesichten unterschieden. »Bileam«, sagt er, »war in der Weisheit der natürlichen Träume so erfahren, daß er sie nach Belieben hervorrufen konnte, weshalb man ihn fälschlich für einen Zauberer hielt, denn die Schrift hält keinen Unterschied, sondern nennt alle Zauberer, die in natürlichen Dingen erfahren und nicht auch heilige Leute gewesen sind.«

XII

Vorausgesetzt, daß man jedem der Normcharaktere (Bürger, Künstler, Heiliger) eine besondere Persönlichkeit zusprechen darf, so ist jede dieser Persönlichkeiten, von der höchsten begonnen, Vorbild der andern, gemäß der größeren Fülle und Vereinheitlichung ihrer Funktionen und Vermögen. Gleich hierbei wäre zu sagen, daß der Begriff der Persönlichkeit selbst, als Urbild, der höchsten Normsphäre entstammt und innerhalb ihrer garantiert wird. Auch wäre gleich hier zu betonen, daß die Vereinheitlichung, welche die Heilung von Neurosen bewirkt, nichts anderes ist als ein Zusammenschluß vorher entzweiter, verdrängter, belasteter oder verletzter Zweckvermögen zur integralen Person. Dem Arzte, dem Künstler und dem Exorzisten ist es gemeinsam, daß sie den entfesselten Konflikt, der das normhafte Funktionieren der Lebensenergie behindert, daß sie diesen Konflikt durch Wiederherstellung der gestörten Harmonie und Freiheit heilen. Jeder dieser Typen ist dabei auf den speziellen Sinn seines Normbereiches hingewiesen: der Arzt auf die Gesundheit, der Künstler auf die schöne Gestalt, der Heilige auf die Liebe. Was freilich nicht ausschließt, daß die

Typen sich kreuzen können: etwa im Seelenarzte, der dann Arzt und Künstler zugleich ist, oder im Exorzisten, der alle drei Normbereiche umfaßt. Am Künstler aber wird das Problem der Persönlichkeit besonders augenfällig und ist hier am leichtesten abzulesen. Er ist der umworbenste Typus, weil alle drei Normbereiche in ihm zusammenfließen und ihre Funktionen in ihm erkennen. In der Mitte stehend, vertritt er den Durchschnittstypus der Norm.

Verharren wir aber ein wenig bei dem Begriff der Persönlichkeit. Es bedarf nicht vieler Worte, um zu erweisen, daß jedermann lebt und eine Seele hat, aber nicht jedermann eine Persönlichkeit ist. Auch das zweite, daß jedermann ein Ich besitzt, aber nicht jedermann eine Persönlichkeit, wird zugestanden. Einer Unterscheidung aber bedarf es zwischen Individuum und Person. Die Individualität ist gleich dem Ich ein Naturbegriff, die Persönlichkeit nicht; Mercier nennt sie den formellen Grund der Individualität. »Daß das mit Vernunft und Freiheit begabte Individuum«, so sagt er (›Psychologie‹, II 316), »in ganz besonderer Weise den vollen Besitz seiner selbst bekundet, das ist der formelle Grund seiner Individualität.« Er scheidet nicht zwischen drei verschiedenen Persönlichkeitstypen, er bestimmt nur allgemein den Begriff der Person, wenn er sie »das Subjekt unverletzbarer Rechte« nennt, wenn er der Person die Attribute ›moralisch‹ und ›juristisch‹ zuweist. Er nennt es etwa »gegen die gesunde Vernunft und das Naturrecht«, wenn man Anspruch darauf erheben wollte, sich des Menschen als eines bloßen Werkzeugs, als einer Sache, res, zu bedienen. Für die menschliche Person charakteristisch erscheint demnach das Recht; das Recht nämlich, unter eigener Verantwortung an der Verwirklichung des Zweckes zu arbeiten, für den sie geschaffen ist. Wir haben nun gesehen, daß es der Zwecke dreie gibt: die Erhaltung des Lebens und der Art in der somatischen und politischen Sphäre; die Gestaltung der materiellen und seelischen Fakten in der künstlerischen; und die Pflege der Gottesliebe in der pneumatischen Sphäre. Alle diese Zwecke der Person aber sind durch das betreffende Gesetz bestimmt: durch das politische Gesetz in der natürlichen Gesellschaft, durch das ästhetische im Bereich der Kunst, durch das kanonische im Bereich der Kirche.

Von welcher Bedeutung die Persönlichkeit gerade für den Künstler ist, das mag ein Beispiel erhärten. Der Künstler hat die Norm der sozialen Welt zu gestalten. Das heißt: er hat die ihm aus der untergeordneten Sphäre entgegenkommenden Materien und Bilder in seinen Phantasieschatz einzutragen und dann mit Mitteln seiner Phantasie und den ihm aus der übergeordneten Sphäre zuströmenden Formelementen ein neues, feineres Gebilde, das Vorbild, den Typus, aufzustellen. Sein Werk aber wird ihm, ohne daß er eine Persönlichkeit, und zwar der sozialen, ästhetischen und der religiösen Sphäre zugleich sei, das heißt über den freien Gebrauch der Mittel aller drei Normsphären verfüge, unmöglich sein. Versucht er, der Natur auf den Grund zu kommen, ohne an die Person des Schöpfers zu glauben, so wird er, je nach dem Vorwalten seines Gefühls oder seines Intellekts, entweder bei einem proteischen Chaos oder bei einer geometrischen Abstraktion sich beruhigen. Sucht er der Natur zu entgehen und im psychischen Bereich zu verbleiben, so wird ein individueller, unverdaulicher Symbolismus die Folge sein. Stößt er aber beim analytischen Teil seiner Aufgabe auf libidinöse Verdrängungen seiner eigenen Psyche, so wird eine Neurose manifest werden, die ihm entweder die Weiterarbeit vereitelt oder deren befremdliche Elemente er in die Gestaltung einbezieht. Prinzip der Gestaltung aber ist immer die Person. Heute, in der Zeit der Zusammenbrüche und der analytischen Vertiefung, sind die Künstlerneurosen an der Tagesordnung. Sie haben keine anderen Gründe als die Fragwürdigkeit der von der übergeordneten Norm gelösten Person des Künstlers selbst. Eine letzte, verzweifelte Möglichkeit bleibt, daß der Künstler, der auf Persönlichkeit nicht verzichten kann, zum Urbild seiner Neurose durchdringt und sich mit ihm identifiziert, also eine dämonische Person annimmt gleich denjenigen, die Jung aufzählt, wenn er davon spricht, daß unser Unbewußtes an der historischen Kollektivpsyche Anteil habe und ›natürlich unbewußt‹ in einer Welt von Werwölfen, Dämonen, Zauberern usw. lebe. Die Malerei, die visionäre Kunst, wimmelt bereits von solchen Gestalten; die Poesie wird ihr folgen.

XIII

Geht man dem Begriff der Persönlichkeit in der analytischen Theorie selber nach, so begegnen einem Überraschungen. Descartes, der Erfinder des cogito ergo sum und damit der autonomen, rationalen Persönlichkeit, hatte deren Funktion ganz in das Bewußtsein verlegt. Ihm gegenüber betonen die neueren Empiristen eine einfache Zusammensetzung von Bewußtseinszuständen oder von teils bewußten, teils unbewußten Fakten (vgl. Ribot, ›Les maladies de la personnalité‹, Paris 1885). Bei Freud spielt die Persönlichkeit, die mit dem Bewußtsein steht und fällt, kaum mehr eine Rolle. In ›Das Ich und das Es‹ ist von Trieben, vom Ich und vom Über-Ich, vor allem aber vom ›Es‹ die Rede, und dieses Es ist eine unbekannte Größe, ein Libido- und Bilderreservoir von unerschöpflicher Tiefe, das, wenn ich richtig verstanden habe, alle wünschenswerten Persönlichkeiten virtuell in sich enthält und ihre Herausbildung dem Arzte überläßt, je nach dem Normbereich, zu dem er oder sein Patient eine besondere Neigung bekundet. Das Bewußtsein ist »die Oberfläche des seelischen Apparates, d. h. wir haben es einem System als Funktion zugeschrieben, welches räumlich das erste von der Außenwelt her ist«. Das Bewußtsein ist, wie es gleich darauf mit einem Anklang an die Ästhetik heißt, »die wahrnehmende Oberfläche«. In dem seinen Ausführungen beigegebenen Strukturschema (S. 26) trägt das Ich als Anhang ein Es mit sich, das wie ein Sack das Ich-System umgibt. Es ist lustig genug, in kabbalistischen Büchern die entsprechenden psychischen Schemata zu vergleichen. Was dort unendliche über- und unterpersönliche Sphären sind, die die Welt mit Perspektiven und Differenzen erfüllen, ist bei Freud zusammengeschrumpft auf ein simples Ich und ein Es, die beide im natürlichen Individuum beschlossen sind.

Von der Persona in den Werken des andern großen Analytikers, in den Werken C. G. Jungs, war eingangs schon die Rede. Die Frage ist indessen komplizierter, als ich dort andeuten konnte. Jung unterscheidet zwischen Seele und Psyche. »Unter Psyche«, sagt er, »verstehe ich die Gesamtheit aller psychischen Vorgänge, der bewußten sowohl wie der unbewußten. Unter Seele dagegen verstehe ich einen bestimmten, abgegrenzten

Funktionskomplex, den man am besten als eine ›Persönlichkeit‹ charakterisieren könnte« (»Psychologische Typen«, Rascher & Co., Zürich 1921, S. 661ff., Definition 48). Unter Bezug auf Phänomene, wie Persönlichkeitsspaltung, Hypnotismus und Double conscience, setzt Jung sodann Persönlichkeit und Charakter einander völlig gleich (also auch Seele und Charakter), während beispielsweise ein an der Scholastik geschulter Psychologe wie Mercier dem Charakter in strengem Unterschied von der Person nur den Wert einer äußerlichen Symptomatik zumißt. Wenn Jung ferner zur ›Charakterspaltung‹ bemerkt, daß ein solcher Mensch »überhaupt keinen wirklichen Charakter habe, d. h. überhaupt nicht individuell sei, sondern kollektiv«, und wenn dann dieses wieder heißt: »den allgemeinen Umständen, den allgemeinen Erwartungen entsprechend«, dann befinden wir uns mitten in der somatischen Sphäre, und der Begriff der Persönlichkeit verschwindet entweder ganz, oder er sinkt zum proteischen Symptom der Anpassung herab. Der Charakter (die Persönlichkeit, die Seele) ist nach Jung individuell zwar bei jedem Wesen vorhanden, aber unbewußt, unausgeprägt. Durch eine mehr oder weniger vollständige Identifikation mit der jeweiligen ›Einstellung‹ täuscht der Mensch »mindestens die andern, oft auch sich selbst über seinen wirklichen Charakter, er nimmt eine Maske vor … Diese Maske, nämlich die ad hoc vorgenommene Einstellung«, nennt Jung Persona. ›Wer sich mit der Maske identifiziert, den nenne ich persönlich‹. Die Persona ist also »ein Funktionskomplex, der aus Gründen der Anpassung oder der notwendigen Bequemlichkeit zustandegekommen, aber nicht identisch ist mit der Individualität. Der Funktionskomplex der Persona bezieht sich ausschließlich auf das Verhältnis zu den Objekten« (S. 662-664).

Im selben Buche (den ›Psychologischen Typen‹) stellt Jung zwei menschliche Grundcharaktere, zwei Seelentypen, auf: den intro- und den extravertierten Typus, den Typus der nach innen und der nach außen gerichteten Libido. Er bemüht sich, beide Typen aus der Natursphäre zu einer sublimierten (kulturellen) Bedeutung zu erheben. Sein tieferes Bemühen gilt offenbar dem Versuch, den sozialen (extravertierten) und den psychologischen (introvertierten) Normtypus zu ermitteln und beide miteinander in Einklang zu bringen. Die mit großer Gelehrsamkeit geistreich auf bedeutende Dichter, Philosophen und Religionssysteme ausgedehnte Analyse gelangt jedoch nirgends dazu, den ›Charakter‹ über die Maske hinaus zur Persönlichkeit zu erheben und die letztere als Garantie einer Norm erscheinen zu lassen. So bleibt ein großartiges Unternehmen ganz im Proteischen einer Ideenschau stecken. Auf einer Art Synthese der beiden Charaktertypen sollte ein symbolisch-ästhetischer Kulturbegriff begründet werden. Es blieb aber zweifelhaft, nach welchem Maßstabe und Einheitspunkte hin sublimiert werde, es sei denn der allgemeinste der Sublimierung selbst und ihres Bezugs auf die Gesellschaft. Das ist der Geniebegriff der Romantik, und in der Tat steht Nietzsche überall im Mittelpunkte der Betrachtung. De facto aber hat bei gleichgerichteten Versuchen und Voraussetzungen das Leben der Hölderlin, Nietzsche, van Gogh u. a. die Auflösung der Person und das Verschlungenwerden des Individuums durch die Kollektivpsyche ergeben.

Stärker scheint die Persönlichkeit bei einem andern der ersten Freud-Schüler, bei Alfred Adler, zur Geltung zu kommen. Der ›Machttrieb‹ begründet hier die Neurose in einem Konflikt mit der Organminderwertigkeit. Die Person ist indessen bei Adler ganz ähnlich wie bei Jung ein ›Arrangement‹, eine Täuschung, die nur dem Willen entspringt, ›obenauf‹ zu sein. Moral und Tugend dienen nicht selten dazu, nur die Anerkennung der Umwelt zu erzwingen; die Person versucht eine Emanzipation gerade von Minderwertigkeiten moralischer und zuletzt sexuell-organischer Natur; diese versteckte Minderwertigkeit enthüllt sich in der Analyse. – Sosehr von Freuds Grundansichten verschieden ist die Adlersche Methode nicht. Auch sie führt zur Sexualbasis zurück. Die Selbstbehauptung des Individuums, das auch hier nur als Naturtypus betrachtet ist, sein ›Wille zur Macht‹, der sich als ›männlicher Protest‹ in Lebensführung, Charakterbild und Neurose kundgibt, dieser männliche Protest ist nach Freud (›Neurosenlehre‹, Hugo Heller Verlag, Wien 1918, S. 61) nichts anderes als »die von ihrem psychologischen Mechanismus losgelöste Verdrängung«. Man kann dieser Kritik zustimmen; gleichwohl wird man bei Adler wenigstens den Instinkt für die Persönlichkeitsbestrebungen nicht leugnen können. Verkehrt erscheint nur die Konsequenz, die Adler zieht. Statt das natürliche Bestreben des Individuums nach Charakter und Person anzuerkennen und noch in der ›Minderwertigkeit‹ die Norm zu ermitteln, wird der ›Machttrieb‹ als eine Attrappe in die Minderwertigkeit aufgelöst und der natürliche Heilinstinkt des Individuums unterbunden. Die Reduzierung der phantastischen Wege auf die natürliche Anlage mag den Patienten zunächst beruhigen. Sein Ich-Ideal, die Persönlichkeit, wird aber entweder einer noch heftigeren Depression unterworfen, als es bereits der Fall war, oder es wird völlig zerstört. Der Widerstand, den der Patient bei der Analyse entwickelt, ist in dieser Hinsicht sehr begreiflich.

Die Persönlichkeit kommt, das ist das Resultat unserer Untersuchung, in der psychoanalytischen Theorie schlecht weg. Als Somatiker können diese Therapeuten einen nicht naturhaften, sondern metaphysischen Wert, wie die Persönlichkeit ihn darstellt, nicht gelten lassen. Gleichwohl gehört die Störung der Persönlichkeit zu den Ursachen der Neurose, ja sie bedingt vielleicht die Erkrankung. Nur die Integrierung, Wiederherstellung, wenn nicht die Neubildung der Person kann demnach die Neurose heilen; die Beziehung der Symptome auf eine moralische Einheit ist notwendige Voraussetzung, handle es sich um die Therapie des Arztes, des Künstlers oder des Exorzisten. Freilich ist für alle drei Berufe die intime Kenntnis der libidinösen Anlage, vor allem der eigenen Person, Erfordernis. Die Natur hilft sich, sobald die Verstrickung gelöst ist, in den meisten Fällen selbst. In jenen Fällen aber, wo die Normierung nötig wird, wo die Person verletzt, nicht nur verdrängt ist, bedarf es ihrer prinzipiellen Bestärkung, je nach der Normsphäre, der sie angehört, und es scheint dann fraglich, ob das pure Wissen um die Bedingungen und Prinzipien genügt. Der Patient wird ein feines Gefühl dafür haben, ob der Arzt jene Sicherheit der Person besitzt, die der *Repräsentation* seines Normcharakters entspricht. Es ist kein Zweifel, daß davon vor allem die Schnelligkeit der Heilung abhängt. Es ist bekannt, daß Heilige, wie Bernhard von Clairvaux und viele andere, wo sie als Exorzisten auftraten, eine Besessenheit (Teufelsneurose nach Freud) oft durch ihr pures Auftreten zu heilen vermochten. Der Kranke empfand die Geschlossenheit ihrer heiligen Person so unwiderstehlich, daß er durch einen Anblick allein seinen libidinösen Verstrickungen (der Macht des Teufels) entrissen war.

XIV

Bot die analytische Theorie für den Begriff der Persönlichkeit nur eine spärliche Ausbeute, so bietet sie dafür, unter dem Aspekt einer Vertiefung des seelischen Mechanismus und der menschlichen Natur, eine Entdeckung, die man vom Normcharakter des Pneumatikers aus nicht anders als dämonologisch begreifen kann. Der Hierarchie der Engel und Priester entspricht eine ›Hierarchie‹ der Dämonen. Den Energiebegriff dieser Schichten nennt die Psychoanalyse ›Libido‹. Das subliminale Seelenleben besteht aus einer vielfachen Stufung von Systemen oder Komplexen, einer Stufung, auf die zuerst Janet und Paulhan hingewiesen haben. Freud in seiner Neurosenlehre nimmt in der Hauptsache drei libidinöse Schichten an: die multiforme Perversion der Kinderlibido, eine Zeit der noch nicht oder überall lokalisierten Sexualkraft; den Narzismus mit seinen homosexuellen Komponenten; und den Inzestkomplex als die erste Übertragung der Libido auf ein männliches oder weibliches Objekt. Es ist nur eine Konstruktion, aber man könnte annehmen, daß jeder dieser drei Libidostufen eine typische Neurose (des Heiligen, des Künstlers, des Bürgers) entspricht, wenn die normale Übertragung und Entwicklung gestört wird. Dann dienen Symbole, Bilder und Träume dazu, verdrängte Libidomengen abzustoßen, d. h. in Fehlleistungen zu sublimieren.

Man entdeckte indessen sehr bald, daß die Träume, Bilder und Symbole nicht nur individuelle, sondern kollektive Bedeutung haben können, daß die Konflikte des Individuums unter gewissen Umständen (je nach der Stärke der Verdrängung und der Introversion) eine phylogenetische Bedeutung annehmen, das heißt, daß die Libido dann ihre Symbole aus der Entwicklungsgeschichte nicht nur des Individuums, sondern des Typus und der Menschheit nimmt. Jung hat (in seinem Buche ›Wandlungen und Symbole der Libido‹, Verlag Deuticke, Leipzig und Wien 1925) es sich vorzüglich angelegen sein lassen, die kollektive Traum- und Symbolwelt zu entfalten. Gleich vielen ihm verwandten Forschern (Rank, Reik, Ricklin, Abraham, Jones) zog er besonders die Dichtung und Mythologie zur Deutung der seelischen Konflikte heran. Alles aber hing nun davon ab, eine neue Symbollehre aufzustellen und die kollektiven Imagines, die das Unbewußte mit sich führt, zu lokalisieren. Auf Jungs großangelegte Interpretation der religiösen und ästhetischen Symbolwelt einzugehen, ist hier nicht der Ort. Der Autor versucht überall, zu den sogenannten Urbildern durchzudringen, wobei ihn eine vollkommene Gleichstellung christlicher, heidnischer und prähistorischer Archetypen leitet. Gerade darauf scheint es ihm anzukommen, die gleichartige Funktion der Libido, ihren transzendenten Mechanismus, aufzufinden, der insofern dem Freudschen nachgebildet ist, als er die typischen Vokabeln des Meisters (Verdrängung, Regression, Übertragung) verwendet. Es blieb Jung nicht verborgen, daß es sich bei der Phylogenese in der Mehrzahl um pneumatische Charaktere handelt, also um genau dasselbe, was der Christ ›Dämonen‹ nennt, und diese christliche Bezeichnung taucht bei Jung oft genug auf. Nur eben betrachtet er das Christentum selber bereits dämonologisch, das heißt als ein leeres, dem Untergang überliefertes System. Das macht ihm die Scheidung von göttlichen und dämonischen Charakteren unmöglich.

Die Schichtengliederung dieses heute aus allen Zonen und Zeiten, aus den Neurosen und dem Infantilleben zuströmenden Materials müßte vollzogen sein, um eine neue Tabelle der Unterwelt, eine moderne hiérarchie infernale, darzustellen. Unsere Psyche trägt nach Jung den Symbolschatz der fernsten, versunkensten Zeiten noch in sich, noch immer jene ungeheuren Zeiträume der Sonnengötter und Erdgöttinnen, nach Ferenczi (›Versuch einer Genitaltheorie‹, Intern. Psychoanalyt. Verlag, Wien 1924) sogar die frühesten Schichten der physischen Genesis. Die Schwierigkeit, eine brauchbare Tabelle aufzustellen, wird wohl in absehbarer Zeit eine Lösung finden. Es ist anzunehmen, daß man dann eine Art Norm-Dreiteilung wie für die individuellen Schichten, denen sie entsprechen und an die sie anschließen, auch für die kollektiven Charaktere anzuwenden vermag. Jung bereits nennt einen individuellen (somatischen) und einen kollektiven (symbolischen) Bereich des Unterbewußten. Vielleicht ist es erlaubt, sein ›Kollektives‹ zu trennen, und zwar in dem Sinne, daß man die symbolischen (Typen der Dichter und Künstler) von den pneumatischen (Typen der versunkenen Religionen) unterscheidet. Je tiefer man aber in das atavistische Bilderverließ eindränge und Gliederungen vorzunehmen genötigt wäre, desto höher wäre kompensativ die Persönlichkeitsgliederung zu gestalten. Die Engelshierarchien des Dionysius Areopagita mögen einer der unsern sehr verwandten Zeit des magischen Synkretismus ihre Entstehung verdanken.

XV

Vergleicht man die Psychoanalyse mit der Dämonologie der Kirche, so ist die Libido vom Teufel und die Neurose von der Besessenheit nicht sehr verschieden, nur daß die Kirche ganz anders an der Persönlichkeit festhält. Die Existenz einer dämonischen Welt ist ausdrückliche Glaubenslehre (Trid. sess. V can. 1 und sess. VI ep. 1). In Sünden geboren werden und unter der Botmäßigkeit Satans stehen, ist den Vätern und Lehrern gleichviel. Wenn der Mensch Gott abtrünnig geworden sei, so übe mit vollem Recht der Teufel seine Herrschaft über ihn aus. Infolge der Erbsünde, des Abfalls vom Gottesgebot, ist Satan der Fürst dieser Welt, ist die Welt sein Reich. Ebenso aber wie der Mensch durch den Sündenfall dem dämonischen Einfluß ausgeliefert ist, so ist er durch die historische Erscheinung Christi, seinen Opfertod und seine Auferstehung, der allgemeinen Herrschaft des Satans entzogen worden. Mit eigentlicher Besessenheit (Neurose) hat der Zustand der Erbsünde und außerkirchlichen Existenz nach der Meinung der Theologen nichts zu tun. Die Besessenheit droht dem Abtrünnigen nur; er ist in Gefahr, ihr zu verfallen. Typisch ist für diese Fragen die Auffassung des Exorzismus bei der Kindertaufe. Gelten die Kinder vor der Taufe für Besessene? Die Formel spricht dafür, aber man hat es bestritten. In den meisten Fällen entzieht sich ihr innerer Zustand ja der Beurteilung; die Kirche aber scheint für die Möglichkeit Vorsorge getroffen zu haben.

Hören wir nun die eigentlich exorzistische Theorie. Zum Thema äußert sich als erster ausführlich Tatian. Er sieht die Ursachen der Krankheiten zunächst in einer Unordnung der körperlichen Zustände. In diese natürlichen Verhältnisse mischen sich, so meint er, die Dämonen ein; durch den Logos werden sie vertrieben. Lactantius weiß, daß die Dämonen »mit Träumen die Seelen schrecken, mit Wut die Geister erschüttern«. Augustinus sagt, daß sie denjenigen, die sich »verkehrterweise in irdische Güter vernarren und deren moralischer Zustimmung sie sicher seien«, gefährlich würden. Man wußte, daß die Symptome schwänden, sobald die Dämonen ihre Wirksamkeit eingestellt hätten. Man wußte ebenfalls sehr wohl, daß es sich zum Teil um individuelle, zum Teil um kollektive Charaktere handelte. Hermas, Tertullian, Gregor von Nazianz, Petrus Lombardus u. a. nehmen für jeden *einzelnen* Menschen einen besonderen Dämon als Versucher an. Ähnlich ist die Meinung des Origenes, wenn es nach ihm Hauptdämonen ebenso viele als Hauptkeime zum Bösen (libidinöse Neigungen) im Menschen gibt, die unter Mitwirkung des Bewußtseins zu Todsünden werden. Der Übergang zu den *Kollektiv*anschauungen zeigt sich, wenn man Origenes weiter folgt. Derjenige, der eine Todsünde begeht, wird dem dahinterstehenden Dämon besonders zu eigen (consecratus). So kann es geschehen, daß man so vielen Dämonen hörig werde, als man verschiedene Sünden begehe und in den einzelnen Vergehen sich zu den *Mysterien dieses oder jenes Idols* bekenne (in Num. hom. 20 n. 3). Die Dämonologie bezieht sich hier ausgesprochenermaßen auf Mysterienkulte, Ideologien und die pneumatische Sphäre. Aus Göttern der umgebenden Kulte, die meist Fruchtbarkeitskulte, mancherorts hermaphroditische, sogar Inzestkulte waren, sind Teufel geworden.

Theodor Reik hat in einem interessanten Werke (›Der eigene und der fremde Gott‹, Intern. Psychoanalyt. Verlag, Wien 1923) das hier zugrunde liegende Phänomen als eine Ichspaltung und Verdrängung völkerpsychologisch zu entwickeln versucht. Es liegt kein Grund vor, Tatsachen zu bestreiten. Die Ichspaltung ist der jeglichem Urteil zugrunde liegende Akt, die Verdrängung aber ist eine solche dann nicht mehr, wenn der vernünftige Teil des verurteilten Erlebens ins Bewußtsein aufgenommen ist.

In diesem letzteren Sinne sagt Dionysius Areopagita von den Dämonen: »Was sie wesentlich sind, das sind sie aus dem Guten, und das sind sie in Gott. Das Böse in ihnen stammt aus dem Abfall von dem ihnen eigenen Guten.« Die Dämonen sind Persönlichkeiten der gestürzten Kulte, oder sie hängen mit Symbolen, Bildern und Gebrauchsgegenständen dieser Kulte zusammen. Wer Götzenopferfleisch aß, nahm damit in urchristlicher Zeit auch den dämonischen Geist in sich auf. Ebenso galten die Ketzer als Diener und Eigentum des Teufels. Die dämonischen Phantasmata, von denen der hl. Ambrosius spricht, kommen aus dem individuellen und phylogenetischen Bilderschatze der Phantasie. Wenn wir annehmen, daß die Primitiven überhaupt nur Kultbilder kennen, daß die ›participation mystique‹ (die Magie) auf der Kultweihe beruht, so ist dies zugleich die Erklärung dafür, weshalb diese Bilder sich dem Gedächtnis der Menschheit überhaupt so tief eingeprägt haben.

»Die Entwertung«, sagt Jung, »und die Verdrängung einer so starken Funktion wie es die religiöse ist, hat natürlich beträchtliche Folgen für die Psychose des einzelnen. Das Unbewußte wird nämlich durch den Rückfluß dieser Libido (Seelenkräfte) außerordentlich verstärkt, so daß es anfängt, mit seinen archaischen Kollektivinhalten einen gewaltigen, zwangsmäßigen Einfluß auf das Bewußtsein auszuüben.« Mit anderen Worten: die Entwertung des religiösen Aktualbildes verstärkt die Bedingungen der Besessenheit. Zwischen beiden Bildreihen besteht nun eine Spannung der libidinösen Energie, die mit der für das Leben und die Norm notwendigen Präsenz und Einheit unverträglich ist. Petrus Chrysologus faßt dieses Spannungsverhältnis in das Wort: »Diabolus mali auctor ... rerum hostis, secundi hominis semper inimicus ... stimulat corpora, pungit animas, cogitationes serit, inmittit iras, dat virtutes odio, vitia dat amori, errores serit, discordias nutrit ... affectus dissipat, conscindit unitatem ...« (Sermo 11, Migne LII 219). Nach Abbas Serenus erfolgt die Besessenheit erst, nachdem die Dämonen vorher das Denken und Sinnen des Menschen vergiftet haben. Die Vertreter der Scholastik, Thomas, Bonaventura, negieren dabei die Möglichkeit des Eindringens der Dämonen in die Seele und sehen in der Besessenheit lediglich eine Besitzergreifung des menschlichen Körpers durch die Eindringlinge. Die anima hierarchizata kann nicht selber zum Dämon werden, sie wird nur umsessen und verdrängt von ihrer normalen Funktion. Daß es aber dieselben Einbrüche einer subliminalen, libidinösen und atavistischen Welt sind, die hier wie dort vorliegen, geht zur Evidenz aus den Exorzismusformularen der verschiedensten kirchlichen Zeiten hervor. Der Dämon heißt hier: immundissime spiritus, inveterator malitiae ... qui fraudibus, sacrilegiis, stupris, caedibus gaudes. Oder er heißt: insatiabilis homicida, draco inveterate, proditor gentium, homicidii princeps, auctor incesti, haereticorum doctor, totius obscenitatis inventor. Aus der Mitte des 11. Jahrhunderts ist ein Formular erhalten, in welchem mit direkten Worten steht: »Tu mentes ... dissolvis libidine« (Franz, ›Die kirchl. Benediktionen des Mittelalters‹, Herder, Freiburg 1909, II 612).

Von den Unterschieden der hauptsächlichste ist die Einstellung zur Persönlichkeit. Nach Tatian werden die Dämonen durch den Logos vertrieben. Der Logos aber wird der Seele durch das Sakrament der Taufe eingeprägt. Ein aus der Wende des 4. zum 5. Jahrhundert stammendes Gebet (bei Jacoby, ›Ein neues Evangelienfragment‹, Straßburg 1902, S. 32) lautet: »Die Herrschaften und Mächte und Herren der Finsternis ... nicht mögen sie Macht haben gegen das Bild, weil es aus der Hand deiner Gottheit gebildet wurde« (das Bild, aus der Hand der Gottheit gebildet, das setzt das Gestaltungsprinzip, die Persönlichkeit, und zwar des Formenden sowohl wie des Geformten, voraus). In etwa derselben Zeit ist das ›Leben des Antonius‹ entstanden, das Leben desselben Antonius, der die vielen dämonischen Versuchungen hatte und sie siegreich überstand. Nach dem Autor dieses Buches, dem hl. Athanasius, ist der Getaufte die christliche Person; mit der Aufprägung des Pneuma in der Taufe ist den dämonischen Gewalten der Zugang zur Seele verwehrt; durch die Taufe ist aus dem Liebhaber Christi sein Streiter geworden. Bischofsberger (›Die Verwaltung des Exorzistats‹, Leutkirch 1884) erwähnt Fälle, in denen der Dämonismus nur durch die Taufe überwunden werden kann. Und Ubald Stoiber in seinen ›Armamentarium ecclesiasticum‹ erzählt von einer Besessenheit, wobei der Exorzist, da keinerlei kirchliches Mittel verfangen wollte, in einer plötzlichen Eingebung ausrief: »Ich glaube, der Mann ist nicht getauft« (kein Einheits-, kein Persönlichkeitskern war vorhanden, an den die kirchlichen Mittel hätten anknüpfen können). Die Befreiung aus der Herrschaft Satans ist allgemein durch den Tod Christi errungen und durch seine Auferstehung vollzogen worden; die Taufe aber ist das Sakrament der Wiedergeburt in Christi Namen.

XVI

Die Konfrontation der analytischen und der kirchlichen Theorie ergab, in welch fundamentalem Punkte die Lehre der Kirche von den Lehren der Psychiater abweicht. Bei den letzteren hat die Persönlichkeit kaum mehr als eine Maskenbedeutung, bei der Kirche dagegen ist sie Voraussetzung der Heilung und zugleich ihr Ziel. Die Konfrontierung ergab aber des weiteren, daß eine Welt der Bilder feindselig gegen die Norm aufsteht, eine Welt der Bilder und Urbilder verschiedenster Herkunft. Die geringe Einschätzung der Persönlichkeit könnte man historisch damit erklären, daß die Begriffe von Seele und Geist, für identisch erklärt und völlig an den Staat gebunden, allgemach von einer Unzahl romantischer und romantisierender Kritiker als hohl, unmenschlich und unästhetisch zugleich empfunden und benannt wurden. Nur bliebe dabei zu beachten, daß die geistige Nährmutter der Romantik ursprünglich das Mittelalter und die Kirche war; daß jenes ›Zurück zu den Ursprüngen‹, das heute in weitestem Sinne die Magie wieder heraufführt, nur als Versuch erscheinen kann, das Bild der Mutter auch in der *natürlichen* Phylogenese zu verstehen. Wie immer es sich damit verhalten mag, eine Feindseligkeit der Symboliker gegen den ›Geist‹ zeigt heute eine ganz neuartige Schärfe und beginnt sich mehr und mehr auszuprägen. Es verlohnt darum der Mühe, bei den beiden gegnerischen Positionen ein wenig zu verweilen. Es müssen sich, nachdem von der somatischen Normsphäre bereits die Rede war, bedeutsame Einblicke auch in die psychische und die pneumatische Norm ergeben.

In das Zentrum dieser Fragen führt ein Buch von Bernoulli (›J. J. Bachofen und das Natursymbol‹, Schwabe & Co., Basel

1924). Von Basel hat die Kirche im letzten Jahrhundert manch namhaften Anstoß erfahren, das kann man nicht anders sagen. Basel ist die Stadt der Humanisten und des Erasmus. Von Basel kam Jakob Burckhardts sehr gegensätzlich bewußte ›Kultur der Renaissance‹. In Basel entdeckte Nietzsche den gegen die Kirche gerichteten Begriff des klassischen Philologen, sein Dionysiertum und seine protestantische Herkunft. In Basel lebte und wirkte J. J. Bachofen, der Totengräber der antiken idololatrischen Welt. Nun kommt von dort C. A. Bernoullis Bachofen-Buch, mit dem sein Autor sich in der nachdrücklichsten Weise zum Chorführer der gegen die Logik und das Bewußtsein, damit leider aber auch der gegen den Logos, die Sprache und die Person gerichteten Zeittendenzen macht. Es ist im Grunde dieselbe Feindschaft der klassischen Philologie geblieben, die schon zur Zeit des Erasmus bestand; nur ist ihr jetzt sogar Nietzsche zu uranisch, zu zarathustrisch, zu sehr dem Lichte verschworen, zu intellektuell. Der inveteratus hostis geht tiefer zurück: in den Uterus, in die Gräber, in die Sümpfe; er führt die ›Vergangenheitsseelen‹ herauf und gliedert sich in ganzer Breite alle verwandten imaginativen, chthonischen, mythographischen Bestrebungen an. Kampf der Vater-Imago, so lautet die Parole, Kampf der Norm und bewußten Form.

Worum es sich im Grunde handelt, das ist der Gegensatz von Bild und Wort (Imago und Logos), ein Gegensatz, der sich, um es gleich vorweg zu sagen, in der Persönlichkeitssphäre nicht findet, der aber wichtig genug auch in seiner Feindschaft ist. Wir sind damit beschäftigt, die psychologische, die Mittelwelt auf der Kontemplation wieder aufzubauen und aus diesem Bereich die soziale Zweckwelt, an deren Spitze die abstrakte, die mathematische Vernunft stand, degradierend zu verbannen. Wir wissen heute und wissen es immer mehr, daß die Welt des betonten Wissenskultes nur eine Welt der Materie, der Erfahrung, der äußeren Objekte und ihrer letzten schematischen Ausprägung war; daß diese Welt, die den Aristotelismus bis zur Absurdität erhob, zuletzt nur dem Vorteile, der individuellen und kollektiven Beherrschung und Ausbeutung diente; daß sie auf Mechanismen fußte, die das tiefere Bedürfnis der inneren Ausdehnung, der paradiesischen Träume, der Unberechen- und Unbenutzbarkeit eines beseelten Wesens übersahen; kurz, daß sie den irrationalen Neigungen des Menschen mit derselben Schärfe widersprach, wie heute die Symbolwelt ihr selbst.

Zergliedert man den Begriff der Psyche, so kommt man dabei auf zwei Anteile: den Anteil der unteren, materiellen Seele, der libidinösen Energie, und den Anteil des Bildes. Die Zusammenfassung der libidinösen und der Bildseele in eine Einheit ergibt die Naturseele. Die Libido ist auf greifbare, sinnliche Objekte, die Bildseele dagegen intentional auf die Nichtexistenz von Objekten, Sachen, Dingen (daher Aszese und Introversion!) gerichtet, eben auf das mit dem materiellen Soma verbundene Bild. Die Person aber ist die Form der beiden genannten Seelenkräfte, indem in ihr die Verschmelzung der Libido und des Bildes mit dem Pneuma, dem Geiste, mit anderen Worten das Sinnbild, das Symbol, zustandekommt. Wenn Schindler (›Das magische Geistesleben‹, Breslau 1857) von der »plastischen Kunstwelt des schlafenden Phantasiemenschen« spricht, so ist das offenbar übertrieben. Die Phantasie ist eine conditio sine qua non der Kunst; ihre Phänomene sind aber noch nicht die Kunst selber. Die Phantasie besagt zunächst nur, daß die libidinöse Energie des Menschen an Bilder gebunden ist, daß sie von Bildern getragen wird. Eine ›plastische Kunstwelt‹ entsteht aus dem Strome der Bildseele nur, wo der gestaltende, das heißt wählende und nach einem Vorbild hin ordnende Geist, die Persönlichkeit hinzutritt.

Das erklärt sofort die Funktion der ›participation mystique‹, die Lévy-Bruhl (›Les fonctions mentales dans les sociétés inférieures‹, Paris 1910) als den Charakter der Magie beschrieben hat. Die Bilderwelt, die für den Primitiven Wichtigkeit erlangt, ist eine sinnbetonte, symbolische. Dieser Sinn, das Tabu in seiner Doppelbedeutung von heilig und verboten, wie Freud ihn beschrieben hat, steht mit der hieratischen (totemistischen) Welt in Verbindung. Infolgedessen ist das Bild mit Zauber, mit Kräften, mit Einheiten, mit Extrakten geladen, wie nur die totemistische (pneumatische) Welt der Einheit und Weihe sie verleiht. Von den Ethnologen wissen wir, daß dasselbe Bild, das, mit den Totem- und Tabu-Anschauungen verknüpft, den Primitiven in mystische Erregung versetzt, weil er den Teil fürs Ganze nimmt, – daß dieses selbe Bild den gleichen Primitiven völlig kalt läßt, wenn ihm die Weihe, der Zauber, der besondere

Bezug auf Gott oder Dämon fehlt. Nicht die Verdrängung ist es, die den Wert ausmacht, sondern die Energiesumme der Einheit, die schlagartig zu töten vermag. Mit anderen Worten: das Urbild gehört seiner Norm und seiner Energiesumme nach zur pneumatischen, das Sinnbild zur psychischen, das Bild zur somatischen Norm. Bilder sind immer einmal Vorbilder gewesen und können es in neuer Verbindung und Verschmelzung wieder werden. Die Kraft (der Zauber) der urtümlichen Bilder aber rührt von nichts anderem her, als daß sie bei dem ungeheuren Konservativismus der Kulte durch unendliche Zeiträume immer wieder ›betrachtet‹, umliebt, vertieft und auf einen immer wesentlicheren Typus reduziert worden sind.

XVII ·

Wenn Bernoulli und Klages von der ›Realität der Bilder‹ sprechen, meinen sie nichts anderes als die ›participation mystique‹, die Magie. Alle Geister, denen die ›Bildung‹ angelegen war, haben den Begriff des Ur- und des Vorbildes gepflegt. Auf der Realität der Urbilder besteht schon Plato; von ihr wissen Dionysius und Augustinus zu berichten. Goethe und Baader betonten im deutschen Sprachgebiet die Realität der Bilder gegenüber der rationalistischen Hochflut ihrer Zeit. Bei Bernoulli-Bachofen-Klages, wenn sie die Realität der Bilder betonen, taucht nur die alte romantische Verwahrung gegen die Auslegung der ἰδέα (Urbild) als Ratio wieder auf; eine Verwahrung, die im gewaltigsten Ausmaße von der Kirche aufgestellt und begründet wurde, als sie die Bild- und Fleischwerdung, die Inkarnation des immateriellen Gottessohnes, des Logos, zum Dogma erhob. So wurde Christus zum Urbild der Realität der Bilder, zum Urbild der Kirche.

Es ist ein wenig amüsant, zu sehen, wie die neueren Klassizisten und Humanisten mit ihrer Theorie vom Natursymbol sich gegen die eigene Herkunft wenden: indem sie den apollinischen Teil des Hellenentums dem dionysischen gegenüber bekämpfen. Darin sind sie Nietzscheaner geblieben: sie kämpfen gegen die Religions*wissenschaft*, ein alexandrinisches Erbe, viel mehr als gegen die Kirche. Der Bachofensche Satz, wonach »in der

Urreligion die Welt nur Bild« sei, dieser Satz läßt auch den Katholizismus als Urreligion erscheinen. Freilich nicht mehr den Protestantismus und gar nicht den Puritanismus, die bilderstürmenden Konfessionen. Wäre aber gerade das *Natur*-symbol der Inbegriff der Bildphilosophie, dann wäre nicht einzusehen, weshalb wir die hellenischen und ägyptischen Mysterien nicht sollten noch heute wieder beleben können. Die Wiedergeburt aus der Mutter war doch wohl schon in den primitivsten Zeiten an liturgische Prozeduren geknüpft, die das Bild erst zum Werte erhoben; sonst wäre es heute noch möglich, ein Bild der Demeter oder der Isis aufzustellen, darunter hindurchzukriechen und sich wiedergeboren zu empfinden. Auch der andere Satz, wonach »der pelasgischen Seele nichts profan« sei, läßt sich zwar behaupten, aber nicht beweisen. Homers ›göttlicher Sauhirte‹ ist kein Schweinehüter aus der Umgebung von Basel oder Lugano, sondern ein Hirte, der wohl, ehe er dem Dichter anheimfiel, zum orphischen Symbolschatze gehörte, worin das Schwein unter gewissen Umständen als ›tabu‹ empfunden wurde, vermutlich seiner Geschlechtspotenz wegen. So taucht es als Begleiter des Gottes auf; in christlicher Darstellung (Folklore) auch als Begleiter des hl. Antonius. Homers ›göttlicher Sauhirte‹ ist vermutlich eine Blasphemie, und die Orphiker haben ihn ja auch mit den Füßen nach oben in ihrer Hölle aufgehängt.

»Mit dem Bachofenschen Chthonismus«, sagt Bernoulli S. 364, »wird das Feld des Willens, der Tat, aber auch des Intellekts, des theoretischen Gedankens, der Vorstellung überhaupt verlassen; und es eröffnet sich dem forschenden Geiste (dem Geiste?) mit der Anschauung, mit dem Gefühl, mit dem Ergriffensein ein ganz anderes Bewegungsfeld.« Ein solches System der puren Bildwelt bedarf, um gleichwohl Theorie und Tat zu werden, seiner Ergänzung durch Faktoren, die ihm eigentlich grundsätzlich entgegen sind, nämlich durch Deuter, durch Interpreten, durch Sprecher. Bernoulli selbst ist ein vorzüglicher Interpret, beruft sich aber zur systematischen Bewältigung Bachofens außerdem auf zwei Symbolphilosophen, die er in der zweiten Hälfte seines Buches einführt: auf einen konsequenterweise literarisch unbezeugt Gebliebenen, auf Alfred Schuler, und auf den Freund dieses rätselhaften Mannes, auf Ludwig Klages. Gleich hier könnte man einen gewichtigen Einwand gegen Bernoulli sowohl wie gegen Klages erheben: daß sie nämlich notwendig um die logische, die personalhafte, um die geistige Realität ihrer Sprache nicht gleicherweise bemüht sein können wie um die Bekämpfung des Logos. Dies soll durchaus kein nörgelnder, sondern, bei aller Anerkennung großer Verdienste der genannten Männer, eine methodische Bemerkung sein, die auf den Kern der Sache abzielt. Man kann nämlich, wie Bernoulli und Klages es wollen, die natürliche Bild- und Ausdruckswelt nicht prinzipiell vertreten, ohne die Welt des Wortes und der Form als irrelevant zu betrachten. Man kann auf der rigorosen Licht- und Intellektfeindschaft nicht bestehen, ohne die Logizität der Sprache zu verlieren.

»Die beiden ehernen Angeln, in denen sich (nach Bernoulli) die Pforte des Denkens bei Klages dreht«, sind einerseits der Ausdrucksgedanke und andererseits der Bewußtseinsbegriff. Der letztere Begriff interessiert uns hier besonders. Das Bewußtsein kann nach Klages-Bernoulli nicht aus der Seele allein, sondern nur aus deren »Zusammenspiel oder richtiger: Ringkampf mit dem ihm wesentlich *gegensätzlichen* (weil akosmischen) Geiste verstanden werden« (S. 378). Schon Nietzsche verkünde, der Geist sei lebensfeindlich, aber er unterlasse es, daran eine folgenschwere Unterscheidung anzuschließen: die Unterscheidung von Wille und Trieb. Klages seinerseits detestiert die Willensakte; in jeder *Willkür*bewegung stecke die persönliche (doch wohl nur die triebhafte?) Ausdrucksform. Das Leben an sich ist religiös (?). Das Christentum ist in seiner Blüte weit entfernt von Aszese (?). Dennoch sei es der Weg zur Aszese, weil es der Weg ›nach oben‹ ist. Oben im höchsten Zenith steht »unbeweglich saugend ein farbloser Lichtpunkt: das *Gegenherz der Welt, der Logos*« (S. 375).

Auf das System im einzelnen einzugehen, ist nicht meine Absicht. Klages bestreitet die geistige Norm; er läßt nur die beiden ersten Bezirke, Leib und Seele, gelten. Es finden sich schöne und wertvolle Aussagen: »Der Leib hängt mit der Seele zusammen wie das Zeichen mit dem Bezeichneten.« Oder: »Ebenso wie der Sprachlaut Zeichen des Begriffs, ebenso ist der lebendige Leib die Erscheinung der Seele, und ebenso wie der Sprachkundige den gesprochenen Lauten das Urteil entnimmt, das sie meinen, ebenso entnehmen wir den Vorgängen des lebendigen Leibes die seelische Wallung, die in ihnen sich äußert.« Hier ist der Seele die Sprache als Begriff und Urteil übergeordnet. Diesen Begriff und dieses Urteil als *abstrakte* Erkenntnisakte bekämpft Klages und empfindet sie als lebensfeindlich und lebensstörend. Soweit befinden wir uns auch in vollkommener Eintracht mit ihm und begrüßen dankbar einen Vorkämpfer der Symbol-, Kunst- und Bildwelt; der Malerei insbesondere als jener Kunst, die am innigsten seiner Philosophie entspricht (siehe Prinzhorn, der ihn an allen entscheidenden Punkten zitiert). Nur eben, wenn Klages nun den Willen und damit das Bewußtsein einem der individuellen Ausströmung hinderlichen Hemmtriebe zuschreibt, statt ihn als die Persönlichkeit integrierend zu empfinden; nur eben, wenn er im Sinne der Romantik an eine ›Naturgnade‹ glaubt, die durch den Willen entstellt wird; nur, wo er im Willen den Geist überhaupt und vom Worte die Ratio abtrennt: nur dort versagen wir die Gefolgschaft.

Der kontemplative Charakter, den Klages vertritt, mag solche Philosophie bedingen. Nur der kontemplative und in der Kontemplation verbleibende Mensch, in den Künsten vor allem der Maler, der Bildner mag solche Philosophie teilen. Dichter und Denker aber, die innerhalb der psychischen Norm eine höhere Stufe repräsentieren, werden nicht zustimmen können. Beide werden des Wortgegners Sprache kritisch betrachten und werden es fraglich finden, ob eine Philosophie vorhanden sei, die der Realität ihres Normcharakters widerstreitet. Die Sprache nämlich, der Logos, gehört zwar, soweit sie nur Bild ist, der Psyche an; mit ihrem sinngebenden, aszetischen, erwirkenden Teile aber, mit ihrem formalen Charakter, mit Verteilung, Ordo, Persönlichkeit gehört sie zum Geiste. Sie ist ein Grenzprodukt auf dem Wege von der psychischen zur pneumatischen Norm und muß der Bildsphäre notwendig zu einem Teile überhoben sein, während sie mit ihrem niedrigeren Teile ihr angehört. Wäre dem nicht so, was hätte Bachofens Bilder-Entdeckung für einen Sinn? Er hätte seine ganze Entdeckung brütend für sich behalten; ja er hätte seine Bilder ohne ihre Interpreten, die antiken Dichter und Philosophen, nicht einmal verstehen können. Klages weiß selber sehr wohl, daß die

Sprache, ›recht betrachtet‹, das mächtigste Ausdrucksmittel des Menschen ist und seelenkundliche Aufschlüsse ersten Ranges zu liefern vermag. Nur eben, wo nach Bernoulli sein Werk (›Ausdrucksbewegung und Gestaltungskraft‹, Joh. Ambr. Barth, Leipzig) in der »Auffassung der Begabung schlechthin als Gestaltungskraft« gipfelt; wo er in einer heute viel widerspruchsvolleren Weise als die Zeit der schöpferischen Idealisten und der Romantiker noch von der ›Naturpersönlichkeit‹ überzeugt scheint: nur dort regt sich unser Widerspruch.

Es gibt keine solche Naturgnade (-Gestaltungskraft und -Person), oder aber sie ist den heftigsten Perversionen und Dämonismen, den heftigsten asozialen und verwirrenden Einflüssen ausgesetzt. Heute mehr als je; denn frühere Zeiten zehrten inniger noch als wir heute vom alten Erbe der Weihe, der Sakramente; sie standen im Banne und unter der Nachwirkung einer festgefügten Tradition, mehr als ihnen bewußt war. Jene traumhafte Trägheit, die Freud in seiner ›Neurosenlehre‹ den Symbolikern entgegenhält; die Hemmung gerade des Willens und sein Ersatz durch aufsteigende Bilder; die libidinöse Gebundenheit; hier ist die Kehrseite der Ausdrucksphilosophie. Und es gibt keinen Zwiespalt der Urpotenzen Seele und Geist. Die Klagessche These: ›Seele contra Geist‹ (Bernoulli, S. 384) ist die Formel des von der geistigen Norm gelösten Ästhetizismus. Diese Formel aber, wenn man sie ihrer zeitbedingten Relativität entkleidet, widerspricht einem Urbild (Dogma): der Erschaffung der Menschenseele durch die Person Gottes. Ist die Seele nicht eine Gnade des Geistes? Ist sie nicht der Interpret des Geistes und sein Emissär? Ist sie im Geiste nicht beschlossen mit allen ihren Vermögen; freilich nicht im wissenschaftlichen, sondern im heiligen Geiste? Von einem ›Pandämonium der Bildelemente‹ ist bei Klages (›Vom Wesen des Bewußtseins‹, 1921) die Rede. Fragt man aber, wie aus solchem Pandämonium Gestalt und Person entstünden, dann lautet die Antwort: »Was immer in den Strahl des urbildlichen Schauens trat, es ist nicht mehr ein Ding unter *anderen* Dingen, sondern es wurde zum Mittelpunkt der Welt« (S. 93). Auf welche Weise wurde es dazu? Der Weg vom Schauen zum Mittelpunkt der Welt ist ein weiter Weg; das Werk und ein Mittlerwille liegen dazwischen.

Und so mag die Logoslehre der Kirche den Abschluß bilden. Entsprechend dem ästhetizistischen Ansturm, der die ausgedehntesten Zeiträume und die verschollensten Systeme umfaßt, nehme ich die Beispiele aus der Frühzeit und aus dem weniger bekannten Ideenschatze der Kirche. ›Im Anfang war das Bild‹, sagt Bernoulli in Bachofens Sinn. Im Anfange aber war das Wort, weil es der höchste, einfachste und konzentrierteste Ausdruck des Menschen ist. Im Anfang sprach Gott: ›es werde Licht!‹; im Anfange schuf er die Seele, das Bild seines Wortes. Nicht die »primäre Wirklichkeit der Symbole brachte Religion hervor« (Bernoulli, S. 514), sondern die göttliche Person schuf die Symbole und gab ihnen Realität durch Identifizierung mit ihrem Inhalt. Der Totemismus (Pneumatismus), so will Bachofen, sei die »zweckmäßige Verwendung des Natursymbols Hand in Hand mit den ersten Versuchen einer Gesellschaftsbildung«. Es gibt aber gar keine Natursymbole außer in Gestalt einer zweckmäßigen Verwendung von hieratischen Symbolen bei den ersten Versuchen einer Gesellschaftsbildung. Die Forschung lehrt und die Erfahrung bestätigt es noch täglich, daß aus der pneumatischen (der Totemsphäre) die Symbole entstanden, und daß im Symbol die Norm sowohl der Künste wie der Gesellschaft enthalten war. Osiris-Dionysos lehrt den Ägyptern die Maße, die Zahlen, die Musik und den Ackerbau. Die christliche Kunst und die christliche Gesellschaft sind aus der pneumatischen Sphäre der Evangelien entstanden; doch wohl nicht umgekehrt.

Wer ist er nun, der Logos? Wie interpretieren ihn die Väter? Bei Justin dem Märtyrer ist er das Schöpferwort und der Offenbarer Gottes an den menschlichen Geist. Bei Origenes ist er der Schöpfer der Welt, dessen Geheimnisse die heilige Kultsage und zugleich auch das Wort im Sinne der hellenischen Logiker und Grammatiker umfaßt. Bei Klemens Alexandrinus ist er der Erlöser, und als solcher die Erkenntnis, das Leben, die Liebe in nicht zu überbietendem Grade. Als Pädagoge erschließt er seinem Schüler nacheinander die Psychologie, die Moral, die *Ideen*, und weit darüber hinaus das Heilige und Überheilige. Daß diese Ideen aber nicht Abstrakta sind, ergibt ein interessanter Beweis aus der kirchlichen Dämonologie. »In meinem (des Logos) Namen«, sagte der Gottessohn, »werdet ihr Dämonen vertreiben«. Nun werden aber schon zur Zeit des hl. Justin und noch heute bei den Exorzismen Teile des *Symbolons*, des Kredo mit seinem Zuge von Urbildern verwandt. Etwa so: »Im Namen dessen, der aus Maria der Jungfrau geboren, der gekreuzigt, gestorben und auferstanden ist; der kommen wird zu richten . . . gebiete ich dir.« Das Symbolon, das Kredo, und seine Auslegung im Dogma machen also den Inhalt des Namens Christi, des Logos, des Wortes aus.

Damit aber sind nicht alle Beziehungen des Logos erschöpft. Gelegentlich der ›Mystischen Theologie‹ des Dionysius Areopagita wies ich an anderer Stelle darauf hin, wie dieser Heilige das Wort θεολογία verwendet. Er gebraucht nämlich statt θεολογία auch λογία bzw. λόγιον sowie ἱερὸς λόγος. Die Quelle dieser ἱεροὶ λόγοι liegt, so behauptet man, in den Mysterienfeiern. Dort bezeichnete der Terminus den jeweiligen Mythus, der den Kult veranlaßte und bei der Feier selbst in allegorischer Handlung dargestellt wurde. Der Terminus θεολογία bezieht sich also auf die gottesdienstliche Handlung und auf deren Vorbild, die Offenbarung: der Inbegriff des Wortes ist auch die Liturgie. Der ἱερὸς λόγος umfaßt die ›Gottestaten‹, wie Dionysius sagt, den ›Roman des lieben Gottes‹ nach dem Worte einer Dichterin. In diesem Sinne weiß Gregor von Nazianz um eine θεολογία ἐκ τῶν Σεραφιμ, und es wird klar, weshalb die Neuplatoniker, die unseren Neusymbolikern in vielem ähnlich sind, ihre christlichen Gegner gerade um die Offenbarungsliteratur beneideten.

Dieser Logos in seiner ganzen Fülle wird nach Athanasius dem Menschen in der Taufe aufgeprägt. Die kreatürliche Seele des Menschen wird zur christlichen Person. Sie erhält die Rechte und Pflichten eines Christen; sie erhält die magische Gnade der Anteilnahme am Kult und seinen Geheimnissen. Ich gebrauche das Wort ›magisch‹ dabei im Sinne der ›participation mystique‹, keineswegs im andern Sinne, der eine dem Taufakte vorhergehende Läuterung entbehrlich erscheinen ließe. Dem Bade der Wiedergeburt geht der Exorzismus voraus. Die Taufe selbst ist bei Paulus ein Eintauchen in Christi Tod; die Gewalt der Materie und des Schicksals wird ›mit Christus in den Tod begraben‹. In den Voraussetzungen der Taufe, und in der zweiten Taufe, im Sakramente der Buße ist die aszetische Doktrin der Kirche begründet. Sie ist nichts anderes als eine Methodik der strengen Vereinfachung; eine Vorbereitung für die immer innigere Vereinigung mit dem Logos im heiligsten Sakramente der Eucharistie.

III
Zur Kritik der deutschen Mentalität
Historische Perspektiven
1915-1918

Berthold Schwarz, der Erfinder des Schießpulvers

Daß der Erfinder des Schieß- und Sprengpulvers, der Feuerwaffen und der Artillerie, kurz, des ganzen modernen Kriegs, ein Deutscher gewesen ist, ist bekannt. Weniger bekannt sind die näheren Umstände der Erfindung, ihre Vorläufer, ihre erste Entwicklung und die historischen und biographischen Daten, die den Erfinder betreffen.

Die ersten Schießversuche reichen bis ins früheste Altertum zurück. Wenn man dem gelehrten Georg Krünitz († 1796) glauben darf, waren es die Naturerscheinungen des Donners und des Blitzes, die die Menschheit zur Nachahmung, zu Versuchen und Unternehmungen reizten. Nach altgriechischen Mythen soll schon Prometheus, der den Göttern das Feuer entwandte, solche Experimente unternommen haben. Von Salomeus, dem Sohn des Königs Aiolus in Thessalien, wird berichtet, er habe donnern und blitzen gekonnt und sei deshalb vom Donnergott erschlagen worden. Greifbarere Gestalt gewinnt die Sache im 3. Jahrhundert n. Chr., wenn die »Römische Geschichte« des Dio Cassius erzählt, der Kaiser Caligula habe eine Maschine machen lassen, mit welcher er bei Gewittern, dem Jupiter zum Trotz, gedonnert und geblitzt habe. Philostratus (2. Jahrhundert n. Chr.) berichtet, die Weisen der Inder hätten Blitz und Donner auf die Feinde geworfen. Zweifellos ist auch, daß die Chinesen eine Art Pulver, lange vor Aufkommen der Erfindung in Europa, hatten, das sie freilich nicht zu artilleristischen, sondern mehr zu Feuerwerkszwecken gebrauchten. Das bei den Feuerkünsten der Alten benutzte Pulver scheint identisch zu sein mit dem sogenannten »griechischen Feuer«, einem Kompositum aus Naphtha, Bergpech, Schwefel und Harz, das im 7. Jahrhundert nach Europa kam, und von den oströmischen Kaisern als Staatsgeheimnis (auch zu Kriegszwecken) in strengste Verwahrung genommen wurde. Von den Griechen erfuhren zuerst die Venetianer das Geheimnis des griechischen Feuers. (Sie standen in den Kämpfen der oströmischen Statthalter mit den Sarazenen und Normannen in Unteritalien auf seiten der Griechen, und diese verrieten ihnen ihre

Kunst. 1003 schossen vor dem belagerten Bari die Venetianer mit feurigen Pfeilen auf die Schiffe der Sarazenen und 1082 »aus verborgenen Röhren« gegen die Normannen in der Schlacht bei Durazzo). So gelangten auch die Sarazenen in den Besitz des »griechischen Feuers« und wandten es an. 1250 im Kreuzzug Ludwigs des Heiligen von Frankreich warfen sie bei der Belagerung von Damiette »griechisches Feuer« auf die Befestigungen der Christen aus einem Rohre, »das die Größe einer Essigtonne hatte und mit einem donnerähnlichen Geräusche sich entlud«. Bei der Belagerung von Ptolemais in Syrien durch Sultan Melech Seraph anno 1290 sollen es sogar 300 Kriegsmaschinen gewesen sein, die unaufhörlich »griechisches Feuer« auswarfen. Von Pulver, Geschützen und eisernen Kugeln im heutigen Sinne kann aber bei all diesen Daten nachgewiesenermaßen nicht die Rede sein.

Die Erfindung der eigentlichen Artillerie blieb dem Mittelalter vorbehalten. Drei Mönche sind es, denen man im Mittelalter, jedem mit einem gewissen Rechte, die Erfindung des Schießpulvers zugeschrieben hat. Albertus Magnus, einem Dominikaner aus Köln, Roger Bacon, einem Franziskaner aus Oxford, und Bertholdus niger, alias Berthold Schwarz oder Constantinus Anklitzen aus Freiburg. Aus Gründen, deren Erörterung folgen soll, sind die historischen Daten hierüber sehr selten und widersprechend. Beim Vergleich der vorhandenen Quellen aber ergibt sich mit ziemlicher Wahrscheinlichkeit, daß es sich bei den alchimistischen Versuchen des Albertus Magnus, dessen bahnbrechende Tätigkeit als Theologe, Philosoph und Naturwissenschaftler im Mittelalter weit berühmt war, doch mehr um Feuerwerkskünste mit »fliegendem Feuer« als um Feuerwaffen (Mörser, Sprengpulver, Schießpulver) gehandelt hat. Das Buch, in dem von diesen Dingen die Rede ist, »De mirabilibus mundi«, soll dem Albertus Magnus sogar nur untergeschoben sein, und so sind selbst diese Experimente mit geladenen Patronen, von denen darin die Rede ist, in Verbindung mit seinem Namen ein zweifelhafter Beweis. Was Bacon betrifft, dessen an Wunder grenzende Experimente ihm unter seinen Zeitgenossen den Namen Doctor mirabilis eintrugen, und der zu den genialsten Köpfen des Mittelalters zählt (man schreibt ihm die Erfindung der Fern- und Vergrößerungsgläser, des

Brennspiegels zu; auch über Strahlenbrechung und über die Größe von Sonne und Mond lehrte er Neues), so ist ganz gewiß, daß er die Explosivkraft des Salpeters kannte und von einem Pulver, ähnlich dem Schießpulver, wußte. In seinem Buche »de secretis operibus artis et naturae et de nullitate magiae« sagte er: »Aus Salpeter und anderen Dingen machen wir durch Kunst ein brennendes Feuer. Außerdem kann man einen heftigen Donnerknall in der Luft machen, wie die Natur ihn hervorbringt.« Er gibt ein Rezept, wieviel Schwefel und Salpeter zu nehmen sei, verrät das Geheimnis aber nicht, indem er hinzufügt: »So wirst du Donner und Blitz hervorbringen, wenn du die Kunst kennst.« Er bezieht dieses Experiment zunächst nur auf gewisse »daumengroße Patronen von Pergament«, die man verschließt und entzündet, »wie es als Knabenspiel an mehreren Orten der Welt getrieben wird«, fügt aber hinzu: daß nach dem obigen Rezept »ganze Städte und Kriegsheere zerstört werden könnten«. – Aus seinen Äußerungen geht hervor, daß er »das Geheimnis« kannte; etwa auch Geschütze der Araber und deren Gebrauch; nicht aber, daß er der *Erfinder* des Geheimnisses gewesen ist. Er kannte die theoretische Bedeutung des Salpeters. Die (ausschlaggebende) praktische Anwendung scheint dem Freiburger Franziskaner vorbehalten geblieben zu sein. Auf ihn einigen sich als den Erfinder der Feuerwaffen auch die meisten historischen Stimmen.

Das gewichtigste und älteste Zeugnis für Berthold gibt der Geistliche Felix Hemmerlin (Malleolus) aus Zürich. Hemmerlin, ein in den Wirren der fünfziger Jahre des 15. Jahrhunderts heftig umhergeworfener Mann, dessen Erstausgabe kein Geringerer als Sebastian Brant besorgte, schreibt in seinem gegen die Schweizer Eidgenossenschaft gerichteten Dialog »Über den Adel und die Bauernschaft« (dreißigstes Kapitel): »daß der schwarze Berthold (Bertholdus niger), ein allgemein bekannter, feiner Alchimist, das Quecksilber fixieren, hammerfest machen wollte, damit man es behandeln könne wie reines Silber. Er suchte ›den Geist, den Basilisken‹ des Quecksilbers zu töten, indem er es ans Feuer stellte. Aber es gelang ihm nicht. Er versuchte eine andre Prozedur, nämlich, ›den Geist‹ samt dem Quecksilber selbst zu vernichten. Er wußte, daß Gegensätze einander nicht dulden und tat deshalb, um das Quecksilber ihrem Kampfe auszuliefern, den von Natur feurigen Schwefel und den kalten Salpeter mit dem Quecksilber in ein Gefäß aus Erz zusammen, verschloß dieses und setzte es dem Feuer aus. Der Schwefel entzündete sich, konnte neben dem kalten Salpeter nicht mehr existieren und zerriß unter furchtbarem Knall die Büchse. Durch dieses Ereignis aufmerksam gemacht, experimentierte er weiter, band starke Metallgefäße mit Eisen und wiederholte die Prozedur. Sie zerrissen und schlugen die Wände des Laboratoriums in Stücke«. Und nun sagt Hemmerlin weiter: »Da Berthold das sah, machte er durch seinen Erfindungsgeist zum Staunen aller die durch einen Zufall erfundenen Geschütze zu dem, was wir jetzt uneigentlich Büchsen nennen, und da er seine Erfindung von Tag zu Tag verbesserte, so kam es, daß sie alle früheren Kriegsinstrumente übertraf.« Dem Zeugnis des Felix Hemmerlin schließen sich viele andere an, wenn sie auch bezüglich der Herkunft und des Namens des Erfinders, bezüglich der Methode, der Zeit und des Ortes seiner Erfindung stark voneinander abweichen. Der Italiener Guido Pancirollus bestätigt: »Wahr ist, daß der Erfinder ein Deutscher gewesen, wie verschiedene Schriftsteller vor ihm auch behaupteten, ob nun sein Name unbekannt, oder der eines Mönchs von Freiburg Konstantin Anklitzen oder Berthold Schwarz sei.« In seinen »Annales Bojorum« sagt Aventin: »Er war von Nation ein Deutscher, vom Orden des Franziskus, von Profession ein Philosoph und studierte Magie und Metallkunst, die gefährlichsten Künste.« Der unbekannte Verfasser eines im Jahre 1432 geschriebenen Feuerwerksbuches nennt den Erfinder einen »Maister«, so geheißen hat »der schwarze Berthold« und gewesen ist ein »Nygermanticus«, ein »Schwarzkünstler«. François de Belleforest in seinen »Annales de France« nennt den Erfinder »Berthold le Noir«. Und ebenso nennt André Thevet in seinem 1584 erschienenen Werke »Portraits et vies des hommes illustres« den »Erfinder der Artillerie« »Berthold le Noir, allemand de nation, de l'ordre de Saint Francois«. Es ist leicht zu ersehen, wie der Name Berthold Schwarz entstehen konnte. Es ist auch ersichtlich, daß die Namen Konstantinus Anklitzen und Berthold Schwarz identisch sind. Aus Bertholdus Nygermanticus wurde Bertholdus niger oder »der schwarze Berthold«. Aus Bertholdus niger wurde Bertholdus Niger oder »Berthold Schwarz«. Dieser Mönch Berthold Schwarz aber kann sehr wohl mit seinem Laiennamen und vor seinem Eintritt in den Orden Konstantin Anklitzen geheißen haben, insbesondere da der Name damals in Freiburg geläufig war. Dies wiederum ist ein Beweis dafür, daß Berthold aus Freiburg stammte, nicht aber Däne, Prager, Grieche, Belgier oder Burgunder war, was alles man von ihm behauptete.

Das biographische Material über Berthold Schwarz ist sehr spärlich. Persönliches von ihm ist gar nicht bekannt, wenn man davon absehen will, daß er in St. Blasien studierte und von seinen Ordensbrüdern seiner unheimlichen Studien wegen ins Gefängnis gesetzt wurde. (Ähnlich wie sich sein Ordensbruder Roger Bacon wiederholt und jahrelang in Haft befand). Aus dem wenigen aber scheint hervorzugehen, daß seine Lebensschicksale nicht die gesegnetsten waren. Als Erfinder eines notorischen »Teufelswerks« scheint er dem Haß und der Verachtung seiner Mitbrüder verfallen zu sein. Als Erfinder und Inszenator von Teufelskünsten seinem ganzen Zeitalter der schärfsten Brandmarkung wert erschienen zu sein. Wenn man sich zur Gewißheit bringt, daß die praktische Anwendung der Pulvererfindung eine gewisse verborgene Bosheit, Teuflischkeit der Invention und der ideellen Veranlagung zweifelsohne voraussetzt, wird man begreiflich finden, daß nicht bloß vom Handwerk, sondern auch von der Gesinnung her der Name Bertholdus niger, der finstere, schwarze, hämische, unheimliche Berthold, gerechtfertigt erscheint. Es ist nachgewiesen, daß die Franziskaner zu Freiburg die Pergamente abschabten, die über den Namen und die Person des Erfinders Nachricht gaben. Und es ist ebenfalls erwiesen, daß die Erfindung des Mönchs jahrzehntelang nicht zum Vorschein kam, eben der Teuflischkeit und Besessenheit wegen, die man ihrem Erfinder vorwarf. Ganz im unklaren ist man deshalb auch über das Datum der Erfindung. Unter das Monument, das man Berthold Schwarz in Freiburg setzte, schrieb man die Zahl 1354. Aus allen erhaltenen Überlieferungen aber dürfte wenigstens das eine hervorgehen, daß diese Zahl unhaltbar ist. Bereits in einem Genter Manuskript zum Jahre 1313 heißt es: »Item in dit jaer was aldererst gefonden in Duitschland het gebruik der bussen von eenem muenink.« (Hier ist bereits vom Gebrauch der *Büchsen* die Sprache.) Aventin setzt das Jahr der Erfindung auf 1350 an. Ein Lübecker Chronist erzählte, daß 1360 das Lübecker Rathaus abbrannte »durch Unvorsichtigkeit derer, die Pulver für die Geschütze zubereiteten«. Die Stadt Perugia hatte nach ihrem Historiographen Pellini schon 1364 fünfhundert Stück Büchsen. 1365 verteidigte der Herzog Albrecht von Braunschweig das Schloß Einbeck mit einer Büchse gegen den Markgrafen Friedrich von Meißen und zwang ihn zum Abzug. (»Diz war dy erste Büchse, dy in diesen Landin *vernommen* ward«, fügt der Chronist hinzu.) Die historische Entwicklung war dann diese: die Venetianer sollen die Geschütze und deren Gebrauch 1377-1381 im Kampfe mit den Genuesen um die Insel Chiozzia von den Deutschen übernommen haben (germanis ministrantibus). In England waren Geschütze 1386 noch neu. 1415 machten die Franzosen von Feuergeschützen noch wenig Gebrauch. Nach Spanien kamen Geschütze erst 1484. Von Aristoteles von Bologna sollen die Russen 1475 den Gebrauch der Feuergeschütze gelernt haben. Von den Chinesen weiß man, daß sie erst im 17. Jahrhundert, durch die Jesuiten, Kenntnis vom europäischen Geschütz bekamen. Die Erfindung wurde also wohl im Jahre 1354 erst allgemein bekannt, war aber längst vorher, vielleicht schon in den achtziger Jahren des 13. Jahrhunderts notorisch, jedoch aus religiösen und moralischen Gründen zurückgehalten, totgeschwiegen oder abgelehnt worden. Der langsame Entwicklungsgang der Erfindung, deren Vorteile doch auf der Hand lagen, beweist, daß nicht allein technische, sondern auch Gewissensbedenken bestanden haben müssen. Vergleicht man die zeitgenössischen Beurteilungen der Erfindung, so bestätigt sich das. Es war oben die Rede davon, daß die Konfratres des schwarzen Berthold die Klosterpergamente abschabten, um die Erinnerung an ihren Mitbruder auszulöschen. Es wurde auch erwähnt, daß Berthold Schwarz und Roger Bacon ihrer Teufelskünste wegen im Gefängnis lagen. Das orthodoxe Volk und die Priesterschaft verurteilten den Erfinder als im Bunde mit Dämonen stehend. Die Gelehrten und Chronisten, damals Geistliche und Mönche, hielten mit der Mitteilung und Bekanntgabe der Erfindung zurück, falls die

Erfindung überhaupt die Ordenszensur passierte. Die Ritterschaft andererseits sah in der Erfindung (nach Ariosts Zeugnis) zunächst eine Beeinträchtigung des Mannesmuts und später eine Gefährdung ihrer Burgen. Es gibt eine Fabel, die den Berthold Schwarz Professor an der Universität Prag sein läßt, nur um ihn unter dem Kaiser Wenzel als Ketzer verbrannt zu sehen. Auch die übrigen Zeugnisse (der Dichter und Chronisten der Zeit) halten mit Fluch und Verdammung nicht zurück. Erasmus von Rotterdam sagt in seiner Schrift »Quaerimonia pacis« (Klage des Friedens): »Die Viper beißt nicht die Viper, ein Luchs zerreißt keinen Luchs, und wenn sie kämpfen, kämpfen sie mit natürlichen Waffen. Aber, unsterblicher Gott, mit welchen Waffen hat der Zorn die waffenlos geborenen Menschen ausgerüstet! Mit Maschinen der Hölle bekämpfen die Christen sich. Denn wer möchte glauben, daß die Geschütze die Erfindung eines Menschen seien.« Petrarca in seiner Schrift »De remediis utriusque fortunae«: »Es ist nicht genug, daß der erzürnte unsterbliche Gott vom Himmel blitzte, auch das Menschlein, Grausamkeit mit Stolz gepaart, muß von der Erde donnern. Die menschliche Wut ahmte den Blitz nach, und was sonst aus den Wolken geschleudert wurde, wirft man nun aus einem hölzernen aber höllischen Instrumente und unterdrückt damit freie Völker. Diese Pest war bisher noch selten, jetzt ist sie, da man bei dem Schlechtesten am gelehrigsten, so gemein, wie jede andre Art von Waffen.« Forculatus heißt den Erfinder »einen Mönch und Faullenzer, weil nur aus dem Müßiggang alles Böse komme«. Faber Stapulensis (gest. 1527) nennt »die Geschütze schädlicher als der Blitz, erfunden zum äußersten Verderben der Menschen« und meint, »es wäre den Sterblichen gut ergangen, wenn der Erfinder beim ersten Versuch verbrannt wäre. So aber ging er zu Königen und Tyrannen und verriet seiner Frevlerbrust Geheimnisse. Die lassen ihn vor, bewundern ihn und geben ihm Zyklopen zur Hilfe. So wurde die schlechteste, die gefährlichste und die fluchwürdigste aller Künste erfunden.« Es sind Künstler und Gelehrte, die also urteilten. Macchiavell, Bismarck und Napoleon hätten anders geurteilt. In der Tat kamen die Geschütze zunächst dem Bürgertum zugute, das sie zur Niederwerfung des Rittertums und zur eigenen Entfaltung verwandte und so der freiheitlichen ständischen Bewegung des Mittelalters zur Entwicklung verhalf. Des Mönchs und Erfinders furchtbares Bild indessen wird in der Geschichte nicht zu retten sein.

(1915)

Der große Bauernkrieg 1525

Deutschland hat drei große Kriege geführt: den Einheitskrieg 1870/71, die Befreiungskriege 1813 und den Bauernkrieg 1525, den man auch, seinem einseitigsten Interpreten, A. Bebel, folgend, den »ersten Sozialistenkrieg« nennen könnte. Heute, wo in seltener Übereinstimmung der Parteien Sozialisten, Liberale, Israeliten, Internationale sich entschlossen haben, für heimische Kultur, Sitte und Herd gemeinsam einzutreten, ist es vielleicht nicht uninteressant, auf die Zerspaltenheiten, Intrigen, Verrätereien und Hadernisse zurückzublicken, denen Deutschland vor der Begründung seines Nationalcharakters (der sich im allgemeinen doch während der Reformationszeit konstituierte) ausgesetzt war. Wie ein böser Alp legt sich dem Historiker, der, vom Strome unserer Zeit getragen, durch jene entlegenen Gefilde wandelt, der Druck nationaler Zerfleischung, nationalen Zerwürfnisses, auf die Brust. Dies war einst Deutschland (denkt man), vor dem ein Hutten ausrufen konnte: »Wahrlich, es ist ein Lust zu leben!« Und dankbar erinnert man sich jenes Kaiserwortes in den denkwürdigen Kriegstagen des August: »Ich kenne keine Parteien mehr«.

Fünf Parteien gab es damals in Deutschland: Bauern, Adel, Städter, Fürsten und Geistlichkeit. Der unterdrückte Stand war der der *Bauern*. Zu leiden hatte er unter dem Adel, den Fürsten und der Geistlichkeit. Unter der letzteren zumeist. Der *Adel*, der überall auf schwer zugänglichen Felspunkten, an Pässen, Verkehrsstraßen, Flußläufen und Zollgrenzen seine Zwingburgen hatte, ehedem der gefährlichste Feind und Ausbeuter der Bauern, war gegen das Ende des 15. Jahrhunderts in seiner Hauptmacht gebrochen. Das Emporblühen der Städte, hinter deren Befestigungen das Landvolk seine Zuflucht finden konnte; die Erfindung der Schießwaffen, die die schwere gepanzerte Reiterei unbrauchbar machte; die auswärtigen Kriege, Dynastiekriege der Kaiser, zu denen die Ritter Gefolgschaft zu leisten hatten – all das hatte das Ansehen und die Selbständigkeit der Ritterschaft untergraben; das Raubrittertum, dem die Bauernschaft bis gegen Ende des 15. Jahrhunderts ausgeliefert war, dem sie Leibeigenschaft und Frondienste zu leisten hatte, war durch den Beschluß eines ewigen Landfriedens auf dem Reichstage zu Worms 1495 zum Abschwur des Fehderechts gezwungen worden, was gleichbedeutend war mit einer Lahmlegung der Geldquellen des Rittertums und einem Schutz der Bauern.

Doch blieb nach wie vor der Druck einer Unzahl von Lasten und Abgaben, die aus den verschiedensten Schutz- und Vogtei- verhältnissen, Gemeindeverbänden, Grund- und Lehensherren- rechten hervorgingen, und desto unerträglicher wurden, je mehr nach Erfindung des schweren Geschützes und nach Ausdehnung der Verschwendungs-, Mätressen- und Günst- lingswirtschaft neue ganz willkürliche Auflagen für Transport, Verpflegung usw. hinzukamen. Die *Geistlichkeit*, vielfach in der Bedrückung und Ausbeutung der Bauern ein schlimmer Zwil- lingsbruder des Adels, war ebenfalls von den Bauern heftig gehaßt. Infolge der Unentwickeltheit der Verhältnisse, infolge der Beschränktheit und Unbildung der Massen war der Klerus leicht zur Herrschaft gekommen. Die Klagen über die Lebens- weise der Geistlichen wurden von Tag zu Tag schlimmer. Die *Fürsten* ihrerseits, weltliche und geistliche, hatten ihre Gedan- ken einzig darauf gerichtet, wie sie die kaiserliche Obergewalt lahmlegen könnten, um ungestört ihrem Luxus und ihrer Verschwendung zu frönen, daneben ein möglichst großes Soldaten- und Beamtenheer unterhalten zu können. Zwar standen ihnen sogenannte Landstände zur Seite, aber die Interessen der Landstände waren mit denen der Fürsten viel zu eng verknüpft, als daß sie selbständige Bedeutung hätten erlangen können. Die einzige Hoffnung des Bauerntums konn- te das in der feudalen Gesellschaft als neuer Stand emporkom- mende *Städtertum* sein, dem es aufgrund seines Handels- und Erfindungsgeistes allmählich gelingen mußte, ein größeres Maß von Freiheit und Selbständigkeit als das Bauerntum zu erringen. Hatte der Bauer zwar bereits unter der Monopolisierung des Handels in den Händern der Fugger und anderer Handelsge- schlechter zu leiden, so hing doch alles von der Frage ab, wie die neuaufkommende Partei des Bürgertums zu dem Freiheits- willen der Bauern sich stellen würde. Die Städter, und bis zu einem gewissen Grad auch der Adel, der sich seinerseits gegen die Fürsten zu behaupten hatte, waren Parteien, die bei dem bevorstehenden Kampfe zwischen Fürsten und Bauern zweifellos den Ausschlag geben konnten. So lagen die Dinge, als zunächst der geistige Kampf losbrach.

Vorbereitet war er durch die Begründung der Universitäten (Prag 1348, Heidelberg 1387, Leipzig 1409, Freiburg 1452, Tübingen 1477, Wittenberg 1502), durch das Wiederaufleben der antiken Kultur in der italienischen Renaissance, durch den ganzen Umsturz des Mittelalters und der Hierarchie, wie ihn die großen Erfindungen (Buchdruckerkunst, Schießpulver) und die großen Entdeckungen (Amerika, Erdumdrehung) mit sich brachten.

Die Folge war: der soziale Kampf. Und da der soziale Feind im großen allgemeinen die omnipotente, universale Geistlichkeit war, so nahm er die Formen einer stark religiös gefärbten Revolte an. Das Auftreten Luthers in dieser Bewegung ist nicht einzigartig, sondern nur ein Höhepunkt der freiheitlichen Bewegungen, die sich vom Auftreten der Katharer im 10. Jahrhundert über Voltaire und die Enzyklopädisten bis in unsere Tage zu Strauß und Renan erstreckt.

Als Luther auftrat, 1517, war bereits heftig gekämpft worden. In Böhmen, wohin englische Reformer und Revolutionäre geflüchtet waren, war Johannes Huß aufgetreten, Professor an der Universität zu Prag. Er griff den Papst als Stellvertreter Gottes an und nannte ihn einen »Nachfolger Judas Ischarioths«. Er bestritt die Zulässigkeit der Inquisition und die Verfolgung wegen Glaubenssätzen, kämpfte gegen den Ablaß, Zeremonien, Reliquien und Heiligenverehrung, befürwortete die Einziehung der geistlichen Güter. Nur der Ausbruch eines nationalen Zerwürfnisses mit den zahlreichen an der Universität Prag studierenden Deutschen verhinderte, daß Huß für Deutschland 100 Jahre früher schon wurde, was Luther später wurde. 1415 wurde Huß als Ketzer verbrannt.

Die Hussitenkriege, von Huß hervorgerufen, wurden der Ausgangspunkt der ganzen deutschen Bauernkriege. Die Agitation unter der Landbevölkerung, die Huß und seine Anhänger betrieben hatten, war auf fruchtbaren Boden gefallen und hatte weitgreifende Gärungen zur Folge. Als die Hussitenkriege niedergeschlagen waren, flohen Tausende von vertriebenen Hussiten in alle umliegenden österreichischen und süddeutschen Nachbargebiete und trugen ganz beträchtlich zur Verbreitung revolutionärer Ideen bei. In Franken trat Hans Böheim auf, »das Pfeifer Hänslein« genannt. Er beschränkte sich nicht darauf, zu predigen und die Nichtsnutzigkeit der Zustände zu schildern. Er gab Anweisungen, wie man dem Unrecht abhelfen und dem armen Manne aufhelfen könne. Vor einer Zahl von 30-40 000 Zuhörern predigte er: »Es gelte, ein neues Gottesreich aufzurichten, worin alles abgetan sei, weder Kaiser, Fürst noch Papst, noch irgendeine andere weltliche oder geistliche Herrschaft bestehe; jeder solle des andern Bruder sein, mit eigener Hand das tägliche Brot gewinnen und keiner mehr haben als der andre. Alle Zinsen, Gülten und Fronden, Zölle und Steuern, alle Abgaben und Leistungen sollten für immer abgetan, Wald, Wasser und Weide überall frei sein.« In den Niederlanden brach ein Aufstand aus, in Oberschwaben, der Abtei Kempten, im Schwarzwald und im Elsaß. Die wichtigsten Bauernbünde, der »Bundschuh« im Elsaß und der »Arme Konrad« in Württemberg, waren geheime Verschwörungen zum Zwecke des Sturzes von Fürsten und Geistlichkeit. Das Programm des Bundschuhs war: »Aufhebung des geistlichen Gerichts, Aufhebung der Zölle, des Umgelds und anderer Lasten, Selbstverwaltung der Gemeinden, Geschworenengerichte, Aufhebung der Ohrenbeichte«. Einer der Hauptartikel lautete: »In der ganzen Christenheit solle ein beständiger Friede aufgerichtet werden, wer sich dawider setze, totgestochen, wer aber durchaus kriegen wolle, mit Handgeld wider die Türken und Ungläubigen geschickt werden.« Das Programm des »Armen Konrad« lautete: »Das Herzogtum Württemberg und alle umliegenden Landschaften sollten von dem Joch der Fürsten, Bischöfe, Prälaten, der Burgherrn und der Ehrbarkeit befreit werden. Sobald der Bund auf 21 000 Glieder angewachsen sei, solle der Krieg gegen weltliche und geistliche Herren eröffnet, die Güter der Klöster und Herren eingezogen und damit die armen Leute aufgebessert werden.« Die Organisation der beiden Bünde erstreckte sich über ganz Elsaß, über nahezu ganz Süddeutschland mit Ausnahme Bayerns. Auch in Steiermark, Kärnten und Krain brachen Unruhen aus. Der »Bundschuh« endete durch Verrat. (Die Pläne wurden dem Markgrafen von Baden unterbreitet. Der Anführer Joß Fritz mußte fliehen). Der

»Arme Konrad«: durch kaiserliche Gewalt. Die Hauptleute wurden hingerichtet und in den Hungerturm geworfen. Das Eigentum der Bauern geplündert, gebrandschatzt und verwüstet. Der schwäbische Adel versammelte sich zu Urach und schloß gegen die allenthalben im Reich umgehenden Unruhen und Empörungen des gemeinen Mannes ein Bündnis zu gegenseitiger Hilfe.

Der Anschlag der 95 Thesen an der Schloßkirche zu Wittenberg und die Gegnerschaft der Päpstlichen gegen die Kühnheit Luthers brachten den Sturm von neuem zum Ausbruch. Luthers Auftreten und Ungestüm erregten ungeheures Aufsehen. Mit einem Schlage war er, der vorher unbekannte Mönch, die Hoffnung Deutschlands und der Bauern. Alle oppositionellen Elemente in Deutschland jubelten ihm zu. Als er 1519 schrieb: »So wir Diebe mit Strang, Mörder mit Schwert, Ketzer mit Feuer strafen, warum greifen wir nicht viel mehr an diese schädlichen Lehrer des Verderbens als Päpste mit allerlei Waffen und waschen unsere Hände in Blut?« Da glaubte man revolutionäre Worte zu hören, Worte der Auflehnung gegen die bestehende Ordnung, und kein geringer Teil seiner Anhänger war der Meinung: was dem Papsttum recht, müsse Fürsten und Herren, die es in ihrer Art nicht besser machten, billig sein.« Aber Luther war kein Revolutionär. Er war unser deutscher Reformator und hatte Besseres im Sinne. Die Unterstützung, die ihm der Kurfürst von Sachsen gewährte, der große Anhang, den er im Adel und namentlich im Bürgertum fand, ließen es ihm rätlich erscheinen, einzulenken und den Kampf auf einen rein geistlichen, rein kirchlichen zu beschränken. Er erklärte laut und nachdrücklich, daß seine Lehre mit materiellen und politischen Dingen nichts zu tun habe, daß er das Verhältnis der Untertanen zu ihren Herren nicht anzutasten gedenke. Als Ulrich von Hutten und Franz von Sickingen sich gegen den Erzbischof von Trier wandten, schrieb Luther: »Wenn die geistlichen Fürsten nicht hören wollen Gottes Wort, was begegnet ihnen billiger, als daß man sie von der Welt ausrotte.« Den gedrückten Bauern aber rief er zu: »Leiden, leiden, Krieg, Krieg, ist des Christen Recht und kein andres.« »Dem Seelheil des gemeinen Mannes ist eine schwere Last von Arbeit und Entbehrung dienlich, er würde sonst allzu üppig.«

Vielleicht hat Luther damit das Abschwenken der Städter und des Adels zu den Feinden der aufständigen Bauern verursacht. Es ist schwer, einen geistigen Einfluß nachträglich abzuschätzen und zu beurteilen. Gewiß ist, daß er sich zufolge seiner politisch indifferenten, ja reaktionären Stellung deshalb mit den Revolutionären der Zeit, Thomas Münzer, den Wiedertäufern, Schwarmgeistern und Bilderstürmern in Konflikt verwickelte.

Thomas Münzer, der aufrechteste und stärkste Vertreter der revolutionären Schicht des Volkes, war Lehrer an der lateinischen Schule zu Aschersleben, dann zu Halle, stiftete daselbst einen geheimen Bund wider den Erzbischof von Magdeburg und Primas von Deutschland, »um die Christenheit zu reformieren«, ward Prediger zu Zwickau, erst Anhänger Luthers, dann dessen immer entschiedenerer Gegner. Er zweifelte tiefer als Luther. »Können wir nicht irren, wenn wir Christus und die Apostel für göttlich halten . . .« Ganz unglaubliche Worte; besonders für die damalige, vom Geist der christlichen Religion erfüllten Zeit. Niemals hätte sich Luther so zu radikalen Gedanken und Äußerungen hinreißen lassen. Von Luther sagte Münzer: »Die Gewalt des Papstes, des Ablasses, des Fegfeuers, der Seelmessen und anderer Mißbräuche verwerfen, das sei nur halb reformiert, Luther sei ein untüchtiger Reformator, ein Weichling, der dem zarten Fleisch Kissen unterlege, er erhebe den Glauben zu sehr und mache aus den Werken zu wenig.« Den Mystikern und Schwärmern warf Münzer sich in die Arme. Dem Geist revolutionärer Gärung, der sein Zeitalter ergriffen und die ganze gesellschaftliche Atmosphäre durchtränkt hatte. In Prag ließ er ein Pamphlet »gegen die Papisten« anschlagen, das Huß als seinen Lehrer und Mitstreiter rühmte. Von Nürnberg aus eröffnete er eine heftige Polemik gegen Luther, betitelt »Schutzrede und Anwort wider das geistlose, sanftlebige Fleisch zu Wittenberg«, in welcher der aufrührerische Mann in ungerechter und gehässiger Weise Luther angreift und ihm darin zum Vorwurf macht, »dem Adel die Kirchen und Klöster zu schenken, deshalb sei dieser mit ihm zufrieden«, d. h. sein Anhänger.

Dieser Mann trat nun an die Spitze der wiederauflebenden Bewegung. Flüchtlinge aus den niedergedrückten Aufständen des Jahres 1517 hatten allerorts vorgearbeitet. Vertriebene Geistliche, die um Amt und Würden gekommen waren, hatten den Wanderstab ergriffen und wanderten von Ort zu Ort, predigend in Franken, Schwaben, Salzburg, Tirol, am Bodensee, in der Schweiz und am Oberrhein. Die wiedertäuferischen »Prädikanten«, teils Handwerker, teils Bauern, die aus eigener Anstrengung lesen und schreiben gelernt hatten (die Nihilisten der Bewegung), zogen von Ort zu Ort und begeisterten, kraft des in ihnen wohnenden Feuers, die Massen. Im Allgäu, am Bodensee und in Schwaben, in Thüringen, in Franken und in der Pfalz, im Salzburgischen, in der Schweiz und in Tirol, überall brachen die Bauern auf, um den entscheidenden Schlag zu führen. Die Bauern hatten ihre Beschwerden wider die Herren überall in zwölf Artikeln zusammengefaßt, die, nach den Lokalzuständen verschieden, in der Hauptsache doch übereinstimmend waren. Ein »Artikelbrief« Münzers begleitete das Manifest. Daß die Artikel von ihm entworfen waren, hat man behauptet; nachgewiesen ist es nicht. Doch ließ Münzer um jene Zeit eine seiner revolutionärsten Schriften verbreiten, worin er auseinandersetzte, wie die Herren regierten und wie man regieren solle, und worin er aus 13 Bibelstellen beweisen wollte, daß das Volk recht habe, schädliche Herren abzusetzen. »Nur es kurz gemacht,« hieß es hier, »alle die Herren, die aus ihres Herzens Lust und aus ihren eigenwilligen letzten Köpfen eigennötige Gebote ausbringen, die sind rechte und echte Räuber und abgesagte Feinde ihrer eigenen Landschaft. Nur solche Moab, Agag, Ahab, Phalaris und Nero aus den Stühlen gestoßen, ist Gottes höchstes Wohlgefallen.«

Das Trauerspiel begann. Von großem Vorteil für die Bauern war, daß während des Jahres 1524 und des ersten Viertels des Jahres 1525 Kaiser Karl V. in einen schweren Krieg mit Franz I. von Frankreich in Italien verwickelt war, der nicht allein den Kaiser verhinderte, sich um deutsche Angelegenheiten zu kümmern, sondern auch seinen Stellvertreter, den Erzherzog Ferdinand, zwang, alle disponiblen Truppen und Gelder ihm zur Verfügung nach Italien zu schicken. Im Herbst 1524 stand dort die Entscheidung zwischen den beiden Gegnern bevor. Die Taktik des Erzherzogs wie des Adels in allen Unterhandlungen war deshalb, die Bauern hinzuhalten und zu vertrösten.

Im Allgäu, in Ober- und Unterschwaben brach die Sache zuerst los. Vier Bauernhaufen, der Baltringer, der Oberallgäuer, Unterallgäuer und der Seehaufen, zusammen 32 000 Mann stark, hatten sich dort gebildet und am 7. März nach dem Beispiel des schwäbischen Adels ein gegenseitiges Schutz- und Trutzbündnis geschlossen. Dem Truchseß Georg von Waldburg, obersten Feldhauptmann des schwäbischen Bundes, schrieb der Erzherzog: »Er solle mit den Bauern gütlich handeln, bis er sein Kriegsvolk beisammen habe«. Ähnlich schrieb der bayerische Kanzler Eck an seinen Herrn: »Man solle den Bauern sicheres Geleit geben, damit sie in Unterhandlung träten. Werden sie sich darauf einlassen, so werden wir die Bösewichter hinhalten, bis unser Kriegsvolk ankommt. Dann wollen wir in sie fallen und mit Ernst gegen sie handeln.« Hier wie überall im Bauernkrieg: Der Finte, der Methode, den Erfahrungen der Herren war die aufständische Bauernschaft nicht gewachsen. Daß die schwäbischen Bauern auf die vorgeschlagenen Unterhandlungen eingingen, statt Schlag auf Schlag die Lage auszunutzen, war die erste Ursache ihrer Niederlage. Sie ließen die beste Zeit verstreichen und dem Gegner die Möglichkeit zu Rüstungen. Schlimmer aber war, daß die Bauern im weiteren Verlauf der Begebenheiten gezwungen waren, sich durch Aufnahme von Überläufern aus dem Adel und dem trotz allem adelsfreundlichen Städtertum die Methode ihrer Gegner zu verschreiben. Diese Überläufer neigten zum Teil, wie ja erklärlich, zum Kompromiß und verursachten dadurch Spaltungen und Konflikte innerhalb der einzelnen Bauernhaufen und deren Führern. Zum andern Teil wurden sie wie Götz von Berlichingen zu direkten Verrätern und lieferten die Bauern in die Hände ihrer Feinde. Dazu kam eine mangelhafte Organisation der Verpflegung, Partikularismus der einzelnen Gaue, Landschaften und Interessengruppen, sowie beständiger Mangel an Geld. Sicher hätten die Erträgnisse der säkularisierten Kirchen, Klöster und Opferstöcke genügt, alle notwendigen Ausgaben für eine angemessene Kriegsführung zu decken, aber es fehlte an zweckmäßiger Verwendung der beschlagnahmten Gelder. Die Bauern ließen es sich genügen mit Plündern und Verwüstung, oft mit Schwelgen und Gelage. Es fehlte an einer umfassenden Disziplin und an einem gemeinsamen strategischen Plane. So kam es zu Teilerfolgen, zu wüstem Berennen nur planmäßig einnehmbarer Befestigungen, so kam es zu viel nutzlosem Hin und Her und einem sukzessiven Abschlachten der streunenden Bauernhorden durch einen im ganzen viel schwächeren, aber zielbewußten Gegner.

Die Kämpfe spielten sich in der Hauptsache ab in Schwaben und Franken, wo der Truchseß die Heere des schwäbischen Bundes gegen Wendel Hipler, Florian Geyer, Jäcklein Rohrbach befehligte und wo Götz von Berlichingen die Sache später verriet; in Thüringen, wo Münzer persönlich an die Spitze der Revolutionäre trat, im Elsaß, der Pfalz und im Salzburgischen, wo Michael Gaismayer, vielleicht der diplomatischste Kopf des Bauernkrieges, am längsten dem Erzherzog widerstand, schließlich aber ebenfalls niedergezwungen wurde. So endete die große freiheitliche Bewegung kläglich. Doch waren es die ungemäßigten Bauern selbst, die ihren Untergang beschleunigten.

(1915)

Aufgabe für einen deutschen Philologen
Zur Reformationsfeier

Aufgabe für einen jungen Philologen wäre es, zur 4. Jahrhundertfeier der Reformation eine in lesbarem Deutsch geschriebene, vollständige und genaue Biographie Thomas Münzers herzustellen. Vor mir hängt ein kleiner Kupfer aus dem 16. Jahrhundert:

Thomas Munzer
Stolbergensis Pastor Alsted
Archifanaticus Patronus et Capitaneus
Seditiosorum Rusticorum
Decollatus Anno 1525

Wenige wissen, wie verdienstlich sich dieser Mann, von dem die konsistorialrätliche deutsche Reichsgeschichtsschreibung wenig zu berichten weiß, um die Freiheit bemühte. Als es sich anfangs des 16. Jahrhunderts darum handelte, ob Europa im Katholizismus eine einheitliche christliche Form behalten solle, deren Inhalt von den Päpsten nahezu völlig verweltlicht, versachlicht, humanisiert worden war, gab es zwei verschiedene Auffassungen. Thomas Münzer war der Ansicht, man müsse die Fürsten samt der Hierarchie (also Staat und Kirche zugleich) abschaffen. Martin Luther glaubte, kirchliche Reformen (also heute staatliche) genügten, und mit Hilfe der Fürsten könne man die Freiheit eines Christenmenschen sehr wohl garantieren und gegen die Hierarchie behaupten. Es ist klar, wer radikaler gedacht hat, und es ist nicht erst heute, sondern war schon im 16. Jahrhundert evident, daß die Freiheit von Christenmenschen bei Fürsten schlecht aufgehoben ist. Luther war es, der Deutschland durch seine auf Innerlichkeit, Weltabgeschiedenheit und Abstraktion gestellte Reform jäh isolierte. Luther war es, der den Pakt des Gewissens mit den Fürsten einging und sich gemeinsam mit ihnen gegen die halbverhungerten Bauern-Proletarier wandte. Er verhinderte dadurch die deutsche Bauern- und Volksrevolution. Er zerschnitt damit den Lebensnerv der deutschen Universalität. Er wurde der erste Begründer des heutigen deutschen Reiches, des Gottesgnadentums, der Selbstversenkung und Selbstüberhebung, Begründer der Staatsreligion, auf der die heutige Dynastie ruht (man unterschätze sie nicht!), Begründer sogar noch des Herrn Dr. Michaelis, der so sehr fromm ist, daß er den »Marne«-Rückzug unlängst komischerweise als ganz besondere Fügung des höchsten Herrn zur Einkehr anempfahl. Die aufständischen Bauern aber, skorbutmäulige, ausgehungerte, ausgesogene Kreaturen, die sich gar nicht so sehr gegen die Ablässe, als gegen die ganze Kutten- und Junkerwirtschaft zugleich wandten, führte Thomas Münzer. Man weiß, daß er »spurlos versenkt« wurde durch eine Intrige Luthers (man weiß, daß die Deutschen stets durch Intrige, nicht durch Diskussion zu beseitigen belieben, weiß es von Luther an über Marx bis zu Luxemburg); man weiß, daß Thomas Münzer seinen Streit gegen das »geistlose Fleisch von Wittenberg«, wie er Luther nannte, so prinzipiell führte, wie nur etwa Bakunin seinen Kampf gegen das geistlose Fleisch der Staatssozialisten; man weiß, daß hier ein Fall theologischer Staatsraison von wichtigster historischer Bedeutung vorliegt. Sollten das nicht Gründe genug für einen jungen, sozialistisch geschulten Philologen sein, die Akten auszugraben und endlich dem Manne ein Denkmal zu setzen, der wie kein zweiter Deutscher die Religion in der Freiheit (nicht in der gottgewollten Abhängigkeit), im Aufstand (nicht im Augenaufschlag) und in der Begeisterung (statt in der Gnade) sah. Die Resultate eines solchen Münzer-Buches würden zeigen, woher die religiös gestimmte Verlogenheit und Korruption des gegenwärtigen offiziellen Deutschland stammt. Und dies Buch gegen Luther, das wichtiger werden könnte als heute Resolutionen einer Reichstagsmehrheit, würde vielleicht einen Anfang des Beweises liefern, daß eine radikale Lösung der politischen Frage nicht möglich ist, ohne die Lösung der religiösen.

(1917)

Österreichs Kulturmission

Die Kulturmission reicht zurück in die Zeiten der alten Ostmark, die den christlichen Staat gegen die Raubüberfälle der Avaren und Magyaren schützen sollte. Die alte Ostmark bestand schwere Kämpfe. Auf ihre oft gefährdete Position richteten sich die Blicke der ganzen Christenheit, und jene Fürsten, die dort gegen das Heidentum siegten, verdienten sich damit die ganz besondere Auszeichnung des Stellvertreters Christi in Rom. Mit den Kriegen dieser Zeit ist die höchste geistliche und weltliche Heldenehre verbunden; sie haben den Sinn von Kreuzzügen und schließen bereits allen Furor der Verchristlichung und der Entnationalisierung der unterworfenen Völker in sich. In diesen frühesten Zeiten der theokratischen Verteidigung und Eroberung ist es das christliche Ideal abendländischer Kultur und Sitte, das man nach Osten trägt oder verteidigt, und aus diesen Zeiten erhielt sich die deutschösterreichische Überzeugung, Werkzeug Gottes und Vorkämpfer der abendländisch-europäischen Kultur zu sein.

Im 17. Jahrhundert, nachdem die aus dem Ural kommenden Magyaren seßhaft und kataloziert worden waren, kam dazu die Mission gegen die Türkengefahr und der Befreiung vom Türkenjoch. Und in der ungarischen Fassung der Pragmatischen Sanktion vom Jahre 1712 kommt neben dem Zwecke der Abwehr äußerer Gewalt und der Unterdrückung verhängnisvoller innerer Unruhen das weitere Ziel zum Ausdruck, der Christenheit Ruhe und ständigen Frieden zu sichern. Auch dies war ein ehrwürdiges Ziel, das in der österreichischen Volkstradition solange weiterlebte, daß man darauf noch die »Friedensziele« des Dreibunds errichten konnte.

Seither bildet die Kulturmission den Hauptinhalt des k. und k. Selbstbewußtseins der österreichischen Dynastie, wenn es auch Herzog Karl von Lothringen und der Polenkönig Johann Sobieski waren, die 1683 den Großvezier Kara Mustapha schlugen. Mit der protestantischen Reformation, der Schwächung der Türkei und deren dem Weltfrieden eher förderlichen Haltung traten die hieratischen Aufgaben Österreichs im

Orient etwas zurück: die Kulturmission richtete sich jetzt nach innen. Die energische Germanisierung, die Joseph II. in Gestalt von Einheits- und Reformbestrebungen im Reich zur Anwendung brachte, zeigt auch bereits den erbitterten Widerstand gegen die Kulturmission in der Monarchie selbst. Die Ungarn verbinden sich 1790 mit den Kroaten: die Habsburger als von Gottesgnaden auserwählte Dynastie und die Deutsch-Österreicher als von der Vorsehung bestimmtes Kulturvolk erfahren Widerspruch.

Der Germanisierungseifer Josephs II. war einfach die Reaktion auf das Abflauen der orientalischen Abwehr- und Kulturmission, auf den Zerfall des außenpolitischen Ideals der Pragmatischen Sanktion. Die Respektlosigkeit gegen die Habsburgische Dynastie geht so weit, daß die Ungarn, die allmählich die Funktionen der Pragmatischen Sanktion gegen die Türken übernommen haben, und mit ihnen das Volk von Wien, Prag und Venetien, 1848 sich gegen die unmodern gewordene Dynastie erheben. Damals, 1848, gelegentlich des ersten Slavenkongresses von Prag, verlangt man bereits die *Auflösung Österreichs und eine Föderation aller Slaven* im Bündnisse mit Ungarn. Doch damals erheben sich auch die ersten Stimmen in Deutschland, die Österreich eine neue Kulturmission, gegen den Panslavismus, zuweisen. Staatszweck Österreichs soll jetzt der Schutz der europäischen Kultur gegen das »barbarische« Rußland sein. Die europäische Kultur kommt aber seit 1793 nicht mehr von Rom, sondern von Paris. Nicht mehr das universale Christentum ist ihr Ideal, sondern die universale Revolution, die Österreich vom ersten Anfang an zu knebeln bestrebt ist, weil sie in erster Linie mit dem verzopften österreichischen Hofrats-Christochinesentum aufzuräumen bestrebt ist.

Man weiß, daß die Panslavistenhetze Wilhelm I. bitter geschmerzt hat, richtete sie sich doch gegen seinen Freund und Neffen, Alexander II. Aber Bismarck übernahm die Idee der Pragmatischen Sanktion, wie er die konterrevolutionären Ideen der Heiligen Allianz und Metternichs übernahm, und das »Kultur-nach-Osten-Tragen« unter dem Vorwand der panslavistischen Gefahr lieferte den phraseologischen Überbau für die Germanisierungsinteressen in Österreich und im Orient. In Deutschland selbst erhoben sich dagegen vereinzelte Stimmen.

So war z. B. der Philosoph des Unbewußten, Ed. v. Hartmann, für ein slavisches Österreich. Aber die ganze pangermanistische Sozialdemokratie von Lassalle über Wilhelm Liebknecht bis zu Bebel und Lensch verlangte den »Wall bis zur Adria« gegen das Slaventum. Die päpstliche und die revolutionäre Universalidee sollen ersetzt werden von der Hohenzollerschen. Systematisch bestärkt man den Deutsch-Österreicher in seiner »angestammten« politischen Führerrolle, und auch der alte Friedensgedanke der Pragmatischen Sanktion taucht wieder auf. In der Überzeugung, daß Habsburg gerade durch seine »bindende« Macht berufen sei, der Welt den Frieden zu erhalten, leistet man sich den schlechten Scherz von dem im österreichischen Staatsproblem konzentrierten europäischen Friedensproblem. Die geistige und die wirtschaftsimperialistische »Kulturmission« verbinden sich, wobei man unter Kultur, wenn man jetzt Überwindung des Orientalismus sagt, bismarckisch-neudeutsche Kultur, Bürokratie und Offiziersdrill versteht. Und Voraussetzung ist die »Überlegenheit« dieser mitteleuropäischen Kultur: Statt Spiritualismus Arroganz. Hindenbürgerliche Pastoralsymphonie anstelle des nach dem Jenseits gerichteten Habsburger Kreuzzüglerepigonentums. Wie man im tiefen Mittelalter nur das Latein als Staatssprache gelten ließ, so soll jetzt in der Donaumonarchie nur das Deutsche geduldet werden, die Vulgär- und Lokalsprachen aber sollen verschwinden. Einer grammatikalischen Beamtenpolitik substituiert man den Titel Kulturmission. Denn als Beamtenpolitik enthüllt sich dieser auf die bäuerliche Bevölkerung berechnete Suggestionsversuch. Aber 1866 sind die Nichtdeutschen aus der Minderheit in Deutschland die Mehrheit in Österreich geworden infolge der Niederlage von Königgrätz. Der auf die politische Unabhängigkeit (von der Kontrolle der wirklichen Kulturwelt) bedachte magyarische Staatshintergedanke wehrt sich verzweifelt gegen die Wiederholung des pragmatischen Gesamtstaats. Die deutschen Kulturpioniere, Beamte, Lehrer, Ärzte, Rechtsanwälte, besonders aber Verwaltungsbeamte auf einträglichen Staatsstellen begegnen als Missionare heftigstem Widerstand.

Das Jahr 1871 ist die Geburtsstunde des eigentlichen Nationalitätenkampfes in Österreich. Den Deutschösterreichern liefert das neudeutsche Prestige die Hoffnung, jetzt oder nie mehr in

Österreich die Oberhand zu bekommen. Von den alten Zeiten her ist ihnen das »kulturelle Verantwortlichkeitsgefühl« geblieben. Den Beruf zur Führerschaft wollen sie sich nicht nehmen lassen. Aber durch die den Magyaren 1868 notwendig zugestandene Personalunion (in ihrem Ursprung und Verlauf eine Art friedlicher Okkupationsintrige Bismarcks) werden auch die Tschechen in ihren Selbständigkeitsbestrebungen bestärkt. Die Ungarn lehnen ein Zentralparlament ab, und ihnen zuliebe ist man gezwungen, Zollkriege mit Rumänien und Serbien zu führen. Es beginnt die *ungarische* Kulturmission, die Entnationalisierungsrazzia als Exploitationsmethode. Sie trägt nicht dazu bei, die deutschen Aspirationen zu befördern. Die Alldeutschen Iro, Wolf, Schönerer schreiben solange »Nieder mit Habsburg! Hoch Hohenzollern!«, bis der alte Kaiser Franz Joseph, als Eduard VII. ihn 1907 für ein Friedensarrangement zu gewinnen sucht, das Habsburgertum und Königgrätz dementiert und überraschenderweise gesteht: »Ich bin ein deutscher Fürst!« Die deutschösterreichische Erbitterung im Nationalitätenkampf wächst. Man erhoffte sich einen deutschen Staat über den Nationalitäten, gewissermaßen eine deutsche Militär-, Justiz-, Polizei- und Kulturhoheit; deutsche Amts- und Großverkehrssprache. Aber je mehr man darauf drängt, desto hartnäckiger ergibt sich das Problem der Dezentralisation aufgrund ausgiebiger Autonomien-Erteilung. Wie soll nun eine einheitliche Bürokratie zustandekommen in einem Staatswesen, das nach Kautschitsch in sieben, nach Palachi in acht und nach Popovics in sechzehn Teile zerfällt?

Der Trialismus, den Franz Ferdinand in dem Jahre kurz vor Kriegsausbruch anstrebt, läßt das finsterste Österreich noch einmal aufleben: die Polizeifarce, die Jesuitenpolitik und die magyarische Denunzianten-Demagogie als kinofähigen Kulturtrialismus. Die Unmöglichkeit jeder Lösung des Nationalitätenstreits von seiten der Dynastie beweist dieser letzte energische Habsburger mit seiner gegen die überhandnehmenden Preußen und Magyaren gerichteten Reformrevolte. Renner konstatierte ironische Rückwärtskonzentration der deutschösterreichischen Bourgeoisie, erst aus Ungarn, dann aus Galizien, dann aus Dalmatien und aus der Bukowina. Die Nötigung zur Verbreitung »gemeindeutscher Kultur« nach Osten bleibt gleichwohl bestehen. Sie ist ein integrierender Bestandteil der deutschen Expansion, und gegen sie ist nicht mehr aufzukommen. Aber aggressive Rohstoffpolitik – ist das nicht Kulturmission? Und nachdem es keinen Zaren mehr gibt, also auch keinen Panslavismus mehr – genügt die »Kulturmission«, um Annexionen zu sanktionieren?

Das Haus Habsburg, das in dunklem Drange, die Wirklichkeit durch den Geist zu vertilgen, die Geistlichkeit anstelle des Wirklichen setzte, hat mit Beginn der französischen großen Revolution kehrt gemacht und diese Art Kultur statt nach Osten, nach Westen getragen. Das europäische Konzert, das 1815 in Wien zustandekam, der erlauchteste Mystifikationskongreß weltlicher Herrscher Diplomaten, den je eine Welt gesehen hat, machte unter Metternichs Taktstock Kirchenmusik, ausgeführt von einer Rückversicherungsgesellschaft adeliger Herrschaften, die gegen den Friedens- und Ruhestörer, das verhaßte revolutionäre Frankreich, alle Art hohlklingender und mißtöniger Instrumente blies. Es wäre interessant, die Geschichte der Eifersüchte und der in den österreichischen Kabinetten ausspionierten reaktionären Regierungsmethoden zu erbitten, die Bismarck, dieser schlimme Metternichepigone, von da an nach der Spree verpflanzte. So sehr im anschließenden »Kulturkampf« das Haus Hohenzollern mit dem Hause Habsburg zusammenstieß, so tief sympathisch müssen den Habsburgern doch die wohlvertrauten Bismarckschen Staatsgrundsätze geblieben sein: Ordnung, Ruhe und Frieden, bis es ausreicht für einen Weltkrieg. Das auserwählte Volk ist jetzt Preußen. 1914 beginnen die Deutschen ihre Kulturmission bereits nach Belgien, ja nach Frankreich zu tragen, dem Herd aller Unruhe und alles »Revolutionsfiebers«. Man hat vorgearbeitet. Die Sorbonne und das Collège de France arbeiten mit den theologischen Methoden der deutschen Evangelienkritik. Die französischen Sozialisten rühmen die Marxistische Pfaffenschule. Die Syndikate nehmen Berlin für Rom und Legien für Pontifex. Hertling wird Reichskanzler, und Karl von Habsburg soll König des katholischen Polens werden. Das katholische Belgien hat man schon kultiviert. Der Papst wird helfen, Italien und Frankreich der Kultur zu gewinnen. Dem deutschen Gott aber wachsen Flügel.

(1917)

Vom Universalstaat

Will man den Weg verstehen, auf dem die heute unter dem Schlagwort »Pangermanismus« vereinigten Tendenzen zu der furchtbaren Macht gelangten, die alle Welt kennt und verspürt, so muß man zurückgehen bis ins tiefe Mittelalter. In dem mittelalterlichen Kampf um die Suprematie zwischen geistlicher und weltlicher Macht, zwischen einer geistlichen Oberleitung durch den Papst und der tobsüchtigen Wildheit barbarischer Könige spielten sich die ersten Entscheidungen europäischer Geschichte ab. Als Otto I. sich 962 vom Papste die Kaiserkrone erzwang, entstand das »Heilige römische Reich deutscher Nation«. Unter Otto III. gab es bereits einen deutschen Papst, kaum daß es ein deutsches Volk gab. Es folgten die Kreuzzüge, in denen die Päpste der übermütigen Barbarenkraft und den verheerenden Einfällen deutscher Könige nach Italien eine phantastische Ablenkung schufen. Es folgte die Unterwerfung des geschwächten Staates unter die Kirche durch Gregor VII.

Der päpstlich-kaiserliche Universalstaat des Mittelalters leitete eine innige Verbindung der deutschen Völkerschaften mit dem zivilisiertesten Land der damaligen Welt, Italien, ein, und wenn die gewaltsamen deutschen Könige auch, sobald sie den Segen empfangen hatten, nur Richtschwert und Vollstrecker des römischen Willens geworden waren, so verlieh ihnen diese Weihe doch die »Kulturmission«, Mehrer des Kirchengebiets und Verbreiter des Evangeliums zu sein, und damit jene heraldische Allüre einer von den Reichs-Trompetern begleiteten theologischen Majestät, der die buntbäurische Phantasie des deutschen Volkes noch heute nicht gewachsen ist. Jahrhundertelang verbreitete das Schwert der Kaiser den Christenglauben, wie es unter Mohammed den Islam verbreitete. Und nicht erst heute, schon zu Gutenbergs Zeiten findet sich in der Presse die Überzeugung, die deutsche Nation sei von Gott bevorzugt und von der Vorsehung auserwählt. Sie war aber nur von den Kardinälen auserwählt und vom Papste bevorzugt. Die deutschen Könige hatten sich diese ihre Stellung durch Bluttat und Gewalt ertrotzt. Ihre Kulturleistungen blieben weit hinter dem zurück, was gleichzeitig Arabien, Spanien und Italien in Kunst, Literatur und Wissenschaft leisteten.

Noch heute sehen unsere deutschen Schulräte, Geschichtsschreiber und Pädagogen nicht ein, daß keine Veranlassung vorliegt, auf diese Tradition besonders stolz zu sein. Deutschland war keineswegs das »moralische Herz der Welt«, wie Herr Scheler glauben machen will. Die Moralität war in Deutschland, von vereinzelten Mystikern und Troubadouren abgesehen, unausgebildet, abseitig und grob. Das Land war Rüstkammer und Arsenal für die weltlichen Ziele des Papsttums. In solchen Ländern ist wenig Raum für die Ausbildung verfeinerter Sitten. Profoß und Schrecken brachten den Päpsten die Barbarossas, Ottos und Friedrichs. Wen deshalb der Papst zum Kaiser salbte, dem legte er damit die Verpflichtung auf, solch »Apostolische Majestät« (noch heute trägt der Kaiser von Österreich den Titel) habe den gewaltigen europäischen Kirchenstaat zu vergrößern oder zu verteidigen, auf welche Art immer es geschehe.

Das »Heilige römische Reich deutscher Nation« wurde von Luther zerstört. Luthers robust gewaltige Persönlichkeit ist geschichtlich nur zu verstehen, wenn man den Kampf zwischen Kaiser und Papst sich vergegenwärtigt. Luther trennte Deutschland von Rom und schuf damit die Voraussetzung für die Unabhängigkeit des heutigen deutschen Feudalismus. Er lieferte den deutschen Fürsten, und Reichsherolden wie Treitschke und Chamberlain, die Ideologie für jene egozentrische Selbstüberhebung, die sich in den Köpfen alldeutscher Generäle und Subalternpropagandisten zu einem Delirium ausgewachsen hat. Von den Zeiten der Reformation an gelang es den Päpsten nicht mehr, die deutsche Macht unter eine geistige Obhut zu beugen.

Luther wurde ein Angelpunkt der Geschichte. Von Luther an beginnt sich ein neuer Universalstaat vorzubereiten, in dessen Zentrum nicht mehr die ganze klerikale, sondern die ganze profane Gewalt steht. In den großen Bauernkriegen von 1524/25 handelte es sich darum, ob die uralte Feudaltradition Deutschlands gebrochen werden könne oder nicht. Diese deutsche Revolution (wichtiger heute als die Reformation, mit der sie Hand in Hand hätte gehen können) mißglückte. Der Feudalismus wurde gestärkt. Im Aufkommen der Hohenzollern verjüngte er sich. Das Aufkommen der Hohenzollern brachte den Konkurrenzkampf mit Habsburg, dem letzten Rudiment des mittelalterlichen Systems. Damals gingen die geistlichen und weltlichen Methoden der Universalstaatspolitik und »Diplomatie von Wien« in die preußischen Kabinette über. Und heute erleben wir es, wie derselbe, auf die Besitzlosen, das Proletariat gegründete Universalstaat des Mittelalters von Berlin aus wiedererauftersteht.

Jetzt ist es umgekehrt. Das kaiserliche Regime sucht den Papst zu benützen, wie im Mittelalter der Papst den Kaiser ausspielte. Steuerte Habsburg die diplomatischen Methoden bei, so Napoleon die militärischen. Eine satanische Macht regiert heute Deutschland und sucht sich von dort aus die Welt zu unterwerfen. Das Mittel ist Zweck geworden. Die Profanität triumphiert, und eine Entwertung aller Werte findet statt, die niemals ihresgleichen sah. Als Dante seine Schrift »De monarchia« schrieb, ließ er sich kaum träumen, daß er die Hölle selbst damit begünstigte. Gott ist Werkzeug der Monarchie geworden. Moral und Religion sind der omnipotenten Staatsgewalt untergeordnet, und die Folge dieser Perversion der Moralbegriffe ist es, daß man die teuflischsten Dinge im Namen Gottes verherrlicht, ohne jegliches Gefühl und Gewissen für die Inferiorität dieses Evangeliums der reinen Kraft und Gewalt.

Jede Art Mystik, jede Art Religion, jede Regung des Seelenlebens und der menschlichen Sehnsucht, alles was dem Menschen heilig ist, wird von diesem System in raffiniertester Weise benützt, um den Menschen zu fassen und gefügig zu machen. An die Stelle des Ablasses ist der Aderlaß getreten. An die Stelle der Beichte die Detektivpolizei. Die großen moralischen Werte der Menschheit (Seele, Friede, Vertrauen; Achtung, Freiheit und Glauben) werden nach dem Erfolg berechnet und als Mittel zur Erreichung von Zwecken ausgespielt, die der traditionellen Bedeutung dieser Worte entgegengesetzt sind. Das klerikale Kollegium de propaganda fide ist ersetzt von einem journalistischen de propaganda bello, und die Freude und der Stolz, mit denen man diesem verwerflichen System dient, geben die Beleuchtung zu einem infernalischen Totentanz, in dem die Reste deutschen Wesens in Verwesung übergehen.

(1918)

Preußen und Kant

Man kann die Erniedrigung, die das preußische Pflichtideal postuliert, und die Depravation, zu der es notwendig führen muß, nicht verstehen, wenn man seine Entwicklung nicht kennt. Dem preußischen Pflichtideal liegt noch heute eine Art stillschweigenden Vertragsverhältnisses zugrunde zwischen dem Fürsten und seinem Untertanen. Der Untertan verpflichtet sich, zu »dienen«, der Fürst »schützt« ihn dafür. Überall, wo es Fürsten gibt, hat es einen ähnlichen Vertrag gegeben. In Preußen aber kam dazu folgendes: Das Elend des dreißigjährigen Krieges hatte vagabundierende Soldaten hinterlassen, die marodierend, raubend und wohl auch mordend das Land durchstreiften. Vielleicht aus Frömmigkeit – Armenwesen und Polizei gehen in protestantischen Staaten Hand in Hand – schuf Friedrich Wilhelm, der Große Kurfürst, den miles perpetuus, das stehende Heer. Der Pflichtvertrag wurde zur »verdammten Pflicht und Schuldigkeit« aus Anerkennung gegen die kurfürstliche Güte. Der miles perpetuus ist ein tief verworfenes Geschöpf; er kann seinem Herrgott danken, daß der Kurfürst ihn nicht aufknüpft, sondern lebenslänglich »dienen« läßt. Der Kurfürst war kein gelinder Herr. Aufs strengste ging er gegen das Raufen und Balgen seiner Offiziere vor: Duellanten und Sekundanten bestrafte er mit dem Tode. Durch hinreichenden und »regelmäßig ausgezahlten« Sold fesselte er die Offiziere an sich. Auch durch die Macht seiner »christlichen« Persönlichkeit. Der preußische Militarismus in seinen Grundlagen ist »gottesfürchtig«. Die von Gott eingesetzte Obrigkeit begnadet den Sünder. Es ist ein religiöser Militarismus. Bei einer Exaltierung des Bußbegriffes ließe sich daraus ein preußischer Militärkatholizismus abstrahieren. Soweit sind wir noch nicht gekommen, weil es an produktiven Köpfen fehlt. Aber wenn Herr Scheler sich einmal damit beschäftigen wollte, ließe sich denken, daß man Katholizismus an diesem Punkte mit Preußentum wohl vereinigen kann. Dann würde es preußische Freiwillige geben aus Dandysmus. Die »verdammte« Pflicht und Schuldigkeit besagt, daß es hier eine Hölle gab ohne Entrinnen.

Das Exerzieren des miles perpetuus und die Exerzitien der Jesuiten treffen sich in punkto menschlicher Erbärmlichkeit, Nullität und Zerknirschung. Kaserne, Kloster und Zuchthaus wetteifern in Pauperismus, schlechter Kost und Verachtung des menschlichen Stolzes. Die militärische »Generalobservation« jenes Soldatennarren Friedrich Wilhelm I. und die »geistlichen Bußübungen« des Ignatius von Loyola berühren einander im Paragraphen. Artikel I: »Es muß zuvorderst woll darauff gesehen werden, daß, so offt ein Kerl im Gewehr, und absonderlich auf dem Exerzierplatz ist, sich bon-air gebe, nemlich den Kopf, Leib und Füße recht ungezwungen halte, und den Bauch einziehe.« Artikel VII: »Das Erste im Exerzieren muß sein, einen Kerl zu dressieren, und ihm das air von einem Soldaten beyzubringen, daß der Bauer herauskommt.« Oder Artikel II für die Offiziere: sie sollen, »wenn sie von eines Soldaten gottlosen Leben in Erfahrung bringen, selbigen vermahnen, und wenn er sich nicht bessert, den Kerl zum Priester schicken«. So im »Reglement, vor die Königl. Preußische Infanterie, vom 1. März 1726.«

Dieses grundlegende Reglement ist beeinflußt vom Kriegsreglement des Spaniers Della Sala ed Abarca (1681), das auf Befehl des Königs ins Deutsche übersetzt und mit geringen Änderungen auch von Friedrich dem Großen übernommen wurde. Von letzterem stammt das Wort, das die Herkunft der preußischen Disziplin bezeichnet:

> »Kann ein Fürst, der seine Truppen in blaues Tuch kleidet, der sie sich kehren läßt rechtsum und linksum, sie ehrenhalber einen Feldzug tun lassen, ohne den Ehrentitel eines Anführers von Taugenichtsen zu verdienen, die nur aus Not gedungene Henker werden, um das ehrbare Handwerk von Straßenräubern zu treiben?«

Man sieht: die preußische Armee regt zum Philosophieren an, und es ist kein Scherz, wenn ich sage, der preußische Militarismus beruht auf »Religionsphilosophie«. Er ist spanisch nach seiner Herkunft und wird nur überwunden werden von einer geistigen Disziplin, die sich an jesuitischen Vorbildern schulte. Die preußische Armee in ihrem Ursprung ist ein Verbrecherinstitut, dem die Gnade des Fürsten zuteil geworden ist, und noch der Sadismus heutiger Unteroffiziere und preußischer Offiziere beim Drill, der eine absolute Inferiorität des ihm ausgelieferten »Menschenmaterials« voraussetzt, zeigt Parallelen mit dem Gefängniswesen, die Gegenstand theologischer Dissertationen werden könnten. Die Rache ist Ausgangspunkt einer brandenburgischen Hausphilosophie, der auch Kants Rigorismus sich nicht zu entziehen vermochte und der alle strengeren Naturen ihr spekulatives Interesse nicht versagen können. Die Subordination des Individuums, wie das preußische System sie verlangt, beginnt die Kirche zu interessieren, und die verwöhntesten Geister beginnen uns abzufallen, wenn wir der Satansschule uns nicht gewachsen zeigen.

Was ist es anderes als Mathematik, wenn Friedrich Wilhelm I. vor dem dröhnenden Gleichschritt der »langen Kerle«, vor den unerhört genauen Bewegungen der Körper und Linien Wirbelkrämpfe bekommt? »Enfin, ein Regiment ist die Braut, darumb man tanzet.« Der Kantonist war zu lebenslänglichem Dienst verpflichtet. Unerbittlich regierte der Stock. Ist es ein Zufall, daß Kant schrieb: »Wir stehen unter einer Disziplin der Vernunft. Pflicht und Schuldigkeit sind die Benennungen, die wir allein unserem Verhältnisse zum moralischen Gesetze geben müssen.« War nicht auch er fasziniert, ein Schüler Friedrich Wilhelms I.? »Pflicht, du erhabener großer Name, der du nichts Beliebtes, was Einschmeichelung bei sich führt, in dir fassest, sondern Unterwerfung verlangst . . . .« Und liegen nicht hier die metaphysischen Gründe, die Katholiken heute zu Kantianern machen? Kant suchte die Wurzeln einer »edlen Abkunft« dieser Pflicht. Er fühlte als Mensch und Preuße sich verpflichtet, der teuflischen Wirklichkeit eine göttliche Wurzel zu suchen. Und er fand diese Wurzel, die Würde, in der freiwilligen Zustimmung zu Gebot und Befehl: in der Antizipation des Befehls, und er nannte sie »kategorischer Imperativ« im Namen der »Persönlichkeit«.

Ist ein Satz wie der folgende zu verstehen ohne diese Prämissen? Kant schreibt:

> »Hält nicht einen rechtschaffenen Mann im größten Unglück des Lebens (dem Militärdienst), das er vermeiden konnte, wenn er sich nur hätte über die Pflicht wegsetzen können, noch das Bewußtsein aufrecht, daß er die Menschheit in seiner Person doch in ihrer Würde erhalten und geehrt habe;

daß er sich nicht vor sich selbst zu schämen und den inneren Anblick der Selbstprüfung zu scheuen Ursache habe?«

Hält man Kant noch immer für den weltabgewandten Stubengelehrten? War das Substrat dieser abstrakten Sätze nicht Friedrich Wilhelms Knutensystem? Glaubt man, ohne Grund ist Kant für die Chamberlain und Konsorten »die Braut, darumb man tanzet«? Er hat dem preußischen Untertanen das gute Gewissen gegeben, sich knuten und knebeln zu lassen. Er war der zweite Deutsche nach Luther, der das Gewissen verriet; so sublim und abstrakt und so dunkel, daß es gewitzigter Sinne bedarf, hier noch die Urschrift zu lesen. Kant hob die preußische Knutung zur Metaphysik.

(1918)

Einleitung zum »Almanach der Freien Zeitung«

I.

Der Almanach der »Freien Zeitung« ist entstanden aus sehr praktischen Erwägungen. Die Deutschen im Auslande beginnen sich zu regen. Die Nachfragen nach älteren Einzelnummern der Zeitung, nach Abzügen von Aufrufen und Manifesten mehren sich. Die Konsistenz der Zeitung und ihre Prinzipientreue erweckten den vielfachen Wunsch, die Gesamtaktion der »Freien Zeitung« und den Umkreis ihrer Interessen überblicken zu können. Nach anderthalbjährigem Bestehen erweist die »Freie Zeitung« sich als eine moralische Macht, mit der man rechnet, zeigt sie Anfänge einer republikanischen Bewegung, deren Bild man nach jeder Seite sich abrunden will. Nun sind die älteren Nummern der Zeitung fast völlig vergriffen, und die Verfügungen über den Papierverbrauch legen einer Neuauflage gewisse Schranken auf. So hat die Redaktion sich entschlossen, die prinzipiell wichtigsten Beiträge und Äußerungen zunächst, soweit sie den Umkreis der deutsch-demokratischen Interessen bezeichnen, zu sammeln und den ideellen Gesichtspunkten des deutschen Herausgebers dieses Almanachs insofern entgegenzukommen, als sie ihm in Auswahl und Anordnung des Materials durchaus freie Hand ließ.

Wir deutschen Sozialisten und Demokraten sind der »Freien Zeitung« zu größtem Danke verpflichtet. Befehdet nicht nur von schweizerischer, sondern noch mehr von offiziell deutscher Seite, und beargwöhnt nicht nur von prinzipiellen Gegnern, sondern sogar im Lager der liberalistischen deutschen Opposition, hat die »Freie Zeitung« unentwegt ihre Sache, die Sache der Demokratie, mit Entschiedenheit vorgebracht, und wenn man ihr eine, gewissen pazifistischen Tendenzen und Versöhnlern unangenehme Beschränkung ihres Programms (vorzügliche Bekämpfung der *deutschen* Reaktion) vorwerfen konnte, so mußte man gerechterweise doch anerkennen, daß sie in der Schweiz das einzige Blatt deutscher Sprache blieb, dem nicht finanzielle und optimistische Interessen diktierten, sondern die

Sache der Freiheit und der Idealismus überzeugter Republikaner; daß ihr das Recht über den Vorteil ging, die Tatsache über die Phrase, und die Wahrheit und Aufrichtigkeit über die Diplomatie.

2.

Die deutsche demokratische Bewegung in der Schweiz hat sich in der »Freien Zeitung« ziemlich vollständig nicht nur gespiegelt, sondern auch abgespielt. Über die Ziele, Sorgen und Hoffnungen dieser Bewegung soll dieser Almanach Aufschluß geben. Aber er soll noch etwas mehr. Er soll anhand von Dokumenten und wissenschaftlichen Feststellungen zugleich die Gesinnung und den Umfang jener Gewalten darstellen, mit denen die Führer dieser Bewegung den Kampf aufnahmen; jene bösartigen und verschlagendsten Ränke, die es jemals im Laufe der Geschichte zu bekämpfen galt. Dieser Almanach soll ein Sammelbuch und Exposé aller der Fragen sein, mit deren Beantwortung die Selbständigkeit und Genesung der deutschen und österreichisch-ungarischen Völker und damit der Welt scheitern oder sich erfüllen werden. Wir empfehlen diese Sammlung, wie Friedrich Engels einst vor Jahrzehnten das »Kapital« von Karl Marx empfahl, als er den Freunden riet, dies Buch in der Hand zu »parlamenteln«.

Im Mittelpunkt der Ereignisse dieses Krieges stand für die »Freie Zeitung« von der ersten Nummer ihres Erscheinens an die *Schuldfrage*. Mit der Beantwortung dieser Frage zu Ungunsten der deutschen und österreichisch-ungarischen Regierungen, mit der Beantwortung der Schuldfrage zu Ungunsten der autokratischen und theokratischen Systeme der Hohenzollern und Habsburger Dynastien war zugleich die Stellung der »Freien Zeitung« zu Frieden, Verständigung und Internationale gegeben. Kein Friede, keine Verständigung, kein Internationale, ehe Preußen in Deutschland aufgelöst, die Soldaten- und Jesuitendynastien beseitigt und die Aufhebung Österreichs im Sinne des Selbstbestimmungsrechtes seiner verschiedenen Völkergruppen erreicht wären. Keine »Versöhnung« im Kampfe gegen die Kriegsurheber und die sie stützenden Kasten und

Kartenschläger, ehe diese ein für allemal vor ihrer Nation wie vor der Welt kompromittiert und unmöglich, dann aber auch unschädlich gemacht wären. In dieser ihrer Überzeugung stellte die »Freie Zeitung« sich auf den Standpunkt der Weltdemokratie und der großen Prinzipien, die Wilson für einen homogenen internationalen Aufbau vorschlug. Sie ließ innerhalb dieses Programms Pazifisten und Sozialisten so gut zu Worte kommen wie bürgerliche Demokraten, aber sie verlangte von deutschen Sozialisten nationale Taten, bevor sie auf eine internationale Ideologie einging, deren völkerbefreiende Phrase lange genug für die Welt eine Täuschung war, bis sie 1917 für Ludendorff eine Freude wurde.

3.

Die Schwächen dieses Almanachs sollen nicht bemäntelt werden. Es wäre nicht im Interesse unserer Sache, wenn man bescheidene Anfänge überschätzte und eine sehr einflußreiche Bewegung vermutete, wo vorerst ein Fähnlein aufrechter Republikaner und Demokraten, von allen Seiten beschimpft, geschmäht und der Vaterlandslosigkeit bezichtigt, die Initiative ergriffen hat. Die Wehen dieser Zeit werden eine Renaissance des deutschen Gedankens bringen, unweigerlich. Ihr dienen wir. Aber die freiheitliche Tradition Deutschlands ist dürftig und schwach; das Echo, das unserem Rufe antwortet, kränklich und karg. Vom tiefen Mittelalter bis auf unsere Zeit gab es nur wenige Geister, die unzweideutig der Emanzipation unseres Volkes und der Menschheit dienten. Die Namen der Luther, Kant und Marx konnten den höheren Einfluß der Münzer, Baader und Weitling verdrängen. Luther: er gab der Nation ihre politische Unabhängigkeit, aber er verriet auch das Gewissen an den Feudalstand der Fürsten. Kant: er zerstörte den Obskurantismus und das pietistische Refugium der Theologie, aber er fand auch die Ausflucht der »intelligiblen Freiheit« und den kategorischen Imperativ der Pflicht unter dem Soldatenregiment Friedrich Wilhelms I. Marx: er schuf eine neue Realität, die proletarische Masse; er setzte der Nation die Prinzipien einer sozialen Revolution auseinander. Aber er ermutigte auch die moralische Fahnenflucht, indem er die Internationale empfahl, ohne die Beseitigung des Junkerregiments zur Vorbedingung zu machen. Und so wurden Heroen der Nation gerade diejenigen Geister, die jenes Odium der Zweideutigkeit zum Ausdruck brachten, das ein historisches Erbteil ist. Die barbarische Adelsherrschaft und Gewalttradition wurden niemals entscheidend gebrochen. Eine der Mehrheit des Volkes zusagende materielle und positive Religionsform, die im Gewissen des einzelnen verkümmern ließ, was im Gewissen der Gesamtheit frenetischen Aufschwung hätte nehmen sollen, züchtete ein Scheinchristentum, tötete die Voraussetzung jeder freiheitlichen Handlung, den Enthusiasmus, und hemmte die gütige Konspiration. Hierin begründet ist die Härte und Zerrissenheit Deutschlands und der Mangel sowohl einer politischen wie intellektuellen Erhebung. Und daraus ergab sich, als 1914 der von unverantwortlichen Staatslenkern veranstaltete Totentanz ausbrach, daß dieser Tanz an Entsetzlichkeit alles bis dahin Erlebte überbot, und daß gleichwohl die Nation weder ein Veto, noch in ihrem intellektuellen Bewußtsein auch nur die Prinzipien fand, die den furor teutonicus preußischer Junker hätten zu brechen vermögen.

4.

Ein Arsenal der Gegenrevolution blieb Deutschland vom Mittelalter bis auf unsere Tage. Von 1813 bis 1871 erstarkte das preußisch-junkerliche System in unerhörter Weise und ohne jegliche Einsprache von außen her. Von 1871 an verließ die Nation vollends ihre vielgepriesene idealistische Tradition, und sogar die Gelehrtenrepublik ging im Imperialstaat auf. Die Sozialdemokratie, in ihren Anfängen schon staatserhaltend und auf gesetzlichem Boden stehend, wurde vom Polizeiknüttel gebändigt und von einer heuchlerischen Sozialgesetzgebung in den Beamten- und Militärstaat »gehoben«. Die bürgerliche Opposition, 1848 noch so lebhaft und hitzig, hatte 1850 bereits ihre edelsten Elemente an Amerika verloren und verflachte in kläglichem Epigonentum. Der Adel aber war ja in Deutschland, von vereinzelten Ausnahmen im 16. und 19. Jahrhundert abgesehen, niemals Träger der humanitären Gedanken. Die Zeiten der Bismarck und Roon, der Hindenburg, Ludendorff, Tirpitz und Reventlow waren gekommen.

Einer starken freiheitlichen Entwicklung im Wege stand auch die kleinbürgerliche Kurzsichtigkeit jener Deutschen Demokraten, die 1848 das Bündnis mit den Tschechen ablehnten, wie ihre Väter und Ahnen es zur Zeit der französischen Revolution und der Hussitenkriege nicht suchten. Statt die Tatsache einzusehen, daß die Völker deutscher Sprache seit 1871 der Doppeldespotie eines Kaisers in Berlin und eines Kaisers in Wien und deren gemeinsamen Kabinetten ausgeliefert waren; statt mit der slawischen Opposition Österreich-Ungarns sich zu verständigen, hielt die deutsche Sozialdemokratie (die einzige prinzipielle Oppositionspartei) an jener Tradition der 48er Jahre fest, nach der die Tschechen und Balkanslawen nicht revolutionsfähig waren, weil dem Pangermanismus ihr slawisches Wesen und der marxistischen Wirtschaftsideologie ihre unentwickelte agrarische und handwerkliche Produktionsstufe widersprachen. Von Marx und Lassalle über Liebknecht und Bebel bis zum Ausbruch der russischen Revolution betrachtete man Österreich als »Schutzwall gegen den Zarismus«, als »Prellbock gegen den Panslawismus«, ohne innerhalb des offiziellen Österreich zwischen unterdrückten und unterdrückenden Strömungen sehr zu unterscheiden. Die freiheitliche Auffassung, Pakt und Solidarität mit der Donauopposition entsprachen der nationalen Überhebung und dem Dogma nicht. Merkwürdig genug! Die Doktrin unserer sozialpatriotischen Wirtschaftsrebellen war Frankreich entliehen, und doch vergaßen sie, daß dort seit 1793 der Feudaladel gebrochen war, in Deutschland und Österreich aber nicht. In Deutschland unterschätzten sie das Junkertum und seine südöstlichen Bündnisse; in Österreich aber teilten sie die Ansicht der Hetzpresse und belächelten den Selbstbestimmungswillen der unterdrückten Südslawen und Tschechen. Doch kann man sagen, daß 1914 diese Ideologen Fiasko machten, als gerade das Selbstbewußtsein und der Freiheitsdrang bosnischer Südslawen für Österreich und die verbündete Berliner Regierung Anlaß zum Losschlagen wurden. Ein Veto und Aufstand aller freiheitlich und demokratisch gesinnten Mächte der Welt gegen den theokratischmilitärischen Jesuiten- und Gewaltblock, gegen die gotischen Vorurteile und Privilegien, war die Folge. Der Weltkrieg aber brachte es mit sich, daß nicht nur die politische Emanzipation der deutschen und österreichisch-ungarischen Völker, sondern auch deren zurückgebliebene moralische, religiöse und intellektuelle Entwicklung zur Diskussion gestellt wurde.

5.

Hinter einem materiellen Aufkläricht, hinter dem Perfektionsdrill einer jahrzehntelangen Militärherrschaft und den Finessen einer sophistischen Universitätskamarilla traten geistige Armut und Verwilderung in erschreckender Weise zutage. Wohl fanden sich vereinzelte Individuen, die der allgemeinen Besessenheit und Instinktlüge widerstanden und die völkerverbindenden Gedanken verteidigten. Unter dem grassierenden Einfluß eines systematisch gezüchteten Rassenhasses aber blieben sie machtlos, verhöhnt und beiseite geworfen. Größere Gruppen, die zur Vernunft rufen konnten, fanden sich nicht, und das ist das Trostlose unserer heutigen Situation, daß wir jetzt, wo Niederlage und Not uns drängen, gezwungen sind, mit unzureichenden Mitteln und unter schärfster Zensur in wenigen Jahren das nachzuholen, was ganze Generationen versäumt und verabschiedet haben. Nichts wäre verkehrter, als wenn man von einzelnen Taten spontanen Rebellentums, als wenn man von Männern wie Liebknecht, Adler und Nicolai Rückschlüsse zöge auf gleichgesinnte Parteien und Zirkel; von opfermütigen Idealisten auf eine Bewegung größeren Umfangs. Der Freiheitsgedanke ist spärlich entwickelt. Die Vorurteile, in einem Jahrtausend verankert, haben das Volk dem Fordern entwöhnt, und ehe die traurige Tatsache durch weithin leuchtende Taten kollektiver Natur widerlegt ist, wird man nur mit der äußersten Vorsicht einen wesentlichen Gesinnungsumschwung erwarten und daran Hoffnungen knüpfen dürfen. Auch dieser Almanach zeigt nur Geschriebenes. Das ist wenig genug. Von den Aufrufen und Protesten, die er enthält, ist keiner ursprünglich in deutscher Sprache verfaßt. Sie kommen von Tschechen, Südslawen, Belgiern und Russen. Doch dieser Almanach selbst mag gelten als einer der ersten Kollektivaufrufe deutscher Sprache gegen ein wildes System, das seine Rechte verwirkt hat und keine Nachsicht verdient. So mag man ihn nehmen und so ihn verbreiten.

(1918)

IV
Sturz der alten Gewalten
Politische Schriften 1914-1918

Jaurès über die französische Armee

(12. 11. 1914)

1913 ist bei Diederichs in Jena ein Buch erschienen, das damals nur wenig Beachtung fand, das ohne Zweifel aber in einiger Zeit eine erneute Aktualität gewinnen wird. Jaurès' Buch »*Die neue Armee*«, von dem ich spreche, ist eine Vorahnung der Dinge, die da kommen sollten; eine nachträgliche Erklärung der ganzen theoretischen Situation dieses Krieges; eine vorweggenommene Kritik bis in die vorausgesehenen Einzelheiten der Strategie und der Taktik hinein. Frankreichs Wohl und Wehe, das ist das Thema. Die neue Armee, die er meint, das ist nicht nur das Heer der Rekruten und Offiziere. Das ist die neue Armee der Humanität, der Weltbürger, des Proletariats, der Vernunft und der Vaterlandsliebe. Frankreich im Mittelpunkt. Die Sorge um Frankreichs Verlust das Signum. Eine rührende Sorge spricht hier das Wort von der großen Gefahr eines Volkes, auf dessen Geschick der Autor die Zukunft der Menschheit basiert. Es handelt sich nicht um Enthüllungen, nicht um einen vernachlässigten Artilleriepark, um eine verwahrloste Bereitschaft. Es handelt sich um Reorganisation. Reorganisation an Haupt und Gliedern. Man hat den Autor gleich in den ersten Tagen der Mobilmachung beseitigt. Im Trubel der Kriegserklärungen verschwand er, fast lautlos. Er war im Wege. Er besaß Macht. Er hatte Gewalt über die Massen. Man knallte ihn weg, wie man in Sarajewo den Fürsten abschoß: als letztes Hindernis. Dann schlug man los. Schickele hat ihn geschildert: »Ein Mann spricht zum Volke: Jaurès. Balzac und Victor Hugo waren von diesem Schlage. Ein Mann, der eine Umgebung von Deputierten, Studenten, Arbeitern, Journalisten mit seiner Aktivität zu betäuben drohte. Ein Mammuth der Gedankenverbindung. Brückenschläger aus dem Speziellsten ins Allgemeinste; ungeheure Maschine geistiger Konzentration und Verdauung. Aus einem sehr gallischen Geschlecht, dem Rabelais ein vorzeitiges Denkmal gesetzt hat.«

So befaßt sich auch das vorliegende Buch Jaurès mit der französischen Armee. An dem Punkte, wo Organisation,

Strategie, ja die Taktik sich mit dem ganzen Komplex der moralisch-politischen Situation des Volkes, seiner Tradition und Geschichte verbinden, fesseln sie ihn. Ein Buch von einer übertriebenen Fülle des Materials, blendender Perspektive, von lachender Klarheit und Objektivität. Jaurès hat die Souveränität der Tatsachen. Er fußt auf den großen historischen Katastrophen, die für ihn die Originalität Frankreichs ein für allemal festgelegt haben, und deren Verkennung zum Untergang führen muß. Er hat die Balzacsche Dimension im Gestalten. Man fühlt: Ein Mann, der gewohnt ist, sich mit den Massen zu beschäftigen, mit den Massen zu denken, zu fühlen, zu operieren.

Vom Proletariat geht er aus und vom Stande der europäischen Friedensaktion. Der Weltfriede: das ist sein Absolutismus. Die Internationale des Proletariats, gestützt auf die nationale Verteidigung, soll ihn schaffen, erhalten, verbürgen, selbst um den Preis einer Revolution. Für ihn gibt es nur eine einzige Möglichkeit des nationalen Krieges, »daß nämlich ein Volk, welches den Frieden will und dem jeder Gedanke an Angriff und Raub fremd ist, durch die Beute- und Abenteuerlust fremder Regierungen überfallen wird, die auf Riesenplünderung ausgehen oder auf die gewaltsame Ableitung innerer Schwierigkeiten; oder auch, wenn ein Volk, das daheim, ohne Herausforderung und ohne bewaffneten Bekehrungseifer, eine große soziale Reform durchgeführt hat, von oligarchischen Mächten bedroht und angegriffen wird, welche die ansteckende Wirkung des Beispiels fürchten und die revolutionäre Flamme, damit sie nicht die Welt in Brand setze, an ihrem Herd ersticken wollen.« Der Kampf für diese letztere »große soziale Reform« verbürgt heute allein ein ausreichendes Ideal und den Sieg. Bewaffnung bis an die Zähne zwecks Wahrung der Friedensverheißung wider die Gruppeninteressen der Chauvinisten, des Kapitalismus, der Dynastien. Frankreich scheint ihm erwählt zu sein. Hier ist die Tradition. Hier war die Initiative zur Zeit der Revolution. Er erinnert an Carnot und Dubois-Crancé und deren Armeeentwürfe für die Miliz vom August 1792 und 1793. Er erinnert an die Ecole de Mars und an den stolzen Satz, »daß eine Klasse von Bürgern nicht einmal das Recht habe, sich das ausschließliche Recht der Rettung Frankreichs anzumaßen«.

Erinnert an die Tage von Valmy und Jemappes, als die Linientruppen in Nationalgarde verwandelt wurden, als die Freiwilligen für die Idee der Gleichheit und Freiheit ihre Leiber im Kugelsturme zerfetzen ließen. Erinnert an Robespierres tragische Weltfriedenssehnsucht als an das Vermächtnis; an die Desaix, Hoche, Kléber, Humanisten der Kriegsführung für ein weltbeglückendes Ideal. Die Republik von heute krankt an bürokratischer Arroganz. Die Armee ist irregeleitet und ohne Besinnung. Die Niederlage von 1870 hat sie einer verblendeten Napoleonomanie in die Arme geworfen und läßt sie die Methode des Siegers: Kasernenheer, Draufgehen, Offensive wie einen Fetisch anbeten. Verwirrung herrscht im System, in der Organisation. Der Fluch ist ein deplazierter, nur auf Revanche bedachter verletzter Stolz. Statt in der Miliz, in der nationalen Verteidigung unüberwindliche Kraft zu finden, läßt man sich leiten vom Bluff napoleonischer Großartigkeit, die doch nur aus dem Schwunge der Revolution heraus und solange das Ideal vorhielt, eine Welt zermalmte; läßt sich berauschen von Allianzen, von scheinbarer Gunst der Verhältnisse, stellt ein Kasernenheer an die Front, das den Angriff erlaubt, und ist so gezwungen, mißtrauisch den Willen des Volkes zu zensieren und die Kraft der Reserven hinter die Front zu verweisen. Die Furcht vor dem Streik der Nation, die gleichzeitige Vergötterung der Aggressive (für welches Ideal?), das Pendeln zwischen der Demokratie, die man braucht, und dem Kastenheer: das alles bringt ein System der Zwiespältigkeit mit sich, ist eine Ursache der Sterilität in der Theorie, eine Zwickmühle, ein Irrsinn. In unheilvoller Weise sieht Jaurès den Himmel von Kriegsgewittern umlagert. (Es scheint, daß in Frankreich sensiblere Nerven die Depression anzeigten.) Er läßt die Chancen und Situation der Kulturvölker Revue passieren. England: »Entweder wird England der wunderbaren Friedensverkündigung seiner Sozialisten, seiner Arbeiterpartei, der Besten und Mutigsten seiner Radiken Folge leisten und so auf ganz Europa und die ganze Welt im Sinne einer friedlichen Politik entscheidenden Einfluß nehmen: dann wird es durch ein ausgedehntes politisches und soziales Entgegenkommen die Aufstände verhindern, von denen es in Ägypten und Indien bedroht ist; es wird selbst im Haag die Unterdrückung jenes Beuterechts annehmen, ja sogar beantragen, welches aufrecht zu erhalten es bisher den großen Fehler begangen hat. Oder aber: England wird sich dieser vornehmen und großartigen Bewegung verschließen, dieser Politik hoher Weisheit und eines fruchtbaren Idealismus, dann wird es nicht allen schrecklichen Vermutungen, die in seinem unruhigen Geiste die dunkle Zukunft hervorbringt, die Stirn bieten: dem nationalen und religiösen Aufstand Ägyptens und Indiens und dem gewaltigen Konflikt mit Deutschland, dessen Kräfte zur See jeden Tag wachsen und so die englischen Küsten bedrohen.« Deutschland: »Das kaiserliche und militaristische Deutschland ist nur konsequent, wenn es sein Vertrauen und den Schwerpunkt seiner militärischen Macht immer mehr in die aktive Kasernenarmee verlegt, wenn es bestrebt ist, bei den ersten und seiner Ansicht nach entscheidenden Kriegsereignissen die Rolle der Reserven, also die der Nation immer mehr einzuschränken. Ich erlaube mir indes zu behaupten, daß das militaristische Deutschland ein derartiges Spiel nicht wagen würde. Es gibt zwei Deutschland, das nationale und begeisterte Deutschland von 1812 und 1813, und das hierarchische und feudale Deutschland von heute. Wenn Frankreich, berauscht durch Allianzen und die scheinbare Gunst der Ereignisse, von seiner Friedenspolitik sich abwendete, offensiv und aggressiv vorginge und seine fast zur einzigen Armee gewordene aktive Armee auf Deutschland würfe, dann könnte es leicht auch zu einer furchtbaren Vertauschung der Rollen kommen; es könnte sein, daß das bedrohte Deutschland durch diese Erschütterung die nationalen Kräfte von 1813 wiederfände und uns von neuem die anfänglich defensive, in der Folge offensive Macht der Reserven lehrte.« Er kommt zu dem Resultat, zu dem ihn sein Glaube an die Menschlichkeit seines Zeitalters verleitet: »Der wachsende Widerwille einer großen Anzahl von Geistern aller Nationen gegen gewaltsame Lösungen; der täglich klarer und kraftvoller werdende Willen der Proletarier aller Länder, die internationalen Konflikte zu vermeiden und zu verhindern: all dies würde es unmöglich machen, daß ein Krieg dieser Art, der plötzlich zwischen den Citys von London und Hamburg ausbräche, ein wahrhaft nationaler Krieg werde. Er könnte nur das verderbliche Unterfangen eines verblendeten Absolutismus sein. Die Kriege dieser

Art würden weit davon entfernt, national zu sein, jede einzelne Nation in Beutestücke zerreißen und die Kräfte der Revolution entfesseln.«

Was also muß geschehen? Man muß zur Vernunft kommen. Frankreich muß zur Vernunft kommen, sich an die Spitze stellen. Die Generäle, die Führer müssen ihr Herz öffnen den Forderungen der Zeit. Eine umfassende Reorganisation der Armee in Verbindung mit einer großartigen Aktion der sozialen Gerechtigkeit muß eingeleitet werden. Das Volk muß sprechen, die Armee sich bescheiden und ihr Prestige in einer verhaltenen Mächtigkeit suchen. Als Friedensheer ist sie unüberwindlich und Träger, Protektor der pazifistischen Idee, wert ihrer größten Vergangenheit. Sie muß ihre Eitelkeit abtun und logisch werden aus ihrem nationalen Charakter heraus, aus Klugheit und um der geistigen Herrschaft willen. Das Volk kann sie retten. Man weise es nicht zurück. Man gründe Rekrutenschulen. Man werfe die Kasernen um. Man füge eine Militärfakultät den Universitäten an, verfolge für die Offiziere das Wahlsystem, das die großen Generäle der Revolution hervorbrachte. Man bete zum Humanitätsideal, statt zum Beispiele des in ganz anderen Bedingungen ruhenden Militarismus Deutschlands; mache sich frei von der allein seligmachenden Methode der Sieger von Metz und Sedan.

Es ist nicht die Zeit, auf die Vorschläge, die Jaurès macht, des näheren einzugehen. Sie sind überholt vom Gang der Ereignisse. Seine Voraussage ist eingetroffen: Deutschland hat sich erhoben. Es führt den Krieg nationaler Begeisterung. Frankreich kämpft – für seine Politik.

Die Russen in der Mandschurei und – in Polen

(Weressájew,
Meine Erlebnisse im Russisch-Japanischen Krieg)
(3. 1. 1915)

Der Krieg bringt es mit sich, daß man sich intensiver wieder mit
Politik beschäftigt. Kaiser, Staat, Diplomatie; Bomben, Russen,
Franzosen; das alles ist mehr als je in den Brennpunkt gerückt.
Die Aufdringlichkeit der Geschehnisse fordert eine Distanzierung: politisches Denken. Politik ist geworden: die Wissenschaft von den Mitteln, mit denen man sich durchsetzt oder
behauptet; mit denen man durchzusetzen oder zu behaupten
sich versucht. Man fühlt Veranlassung, sich ξφον πολιτιχὸν zu
nennen, sei es aus Haß oder Notwehr. Das Schicksal der
Nachbarstaaten kann dabei nicht gleichgültig sein. Ihr Rüstzeug, ihr System, ihre Ökonomie sind die Größen, von denen
im Falle Erfolgs oder Mißerfolgs auch unsere Zukunft abhängt.
Es ist ein geheimes Politisieren. Es sind Geheimverbände des
Nachdenkens. Priesterschaften einer künftigen Humanität, die
am Werke sind. Wer vermöchte jetzt, in einem Chaos der
Möglichkeiten und Unmöglichkeiten, anders zu denken?
Es handelt sich um ein Buch über den Russisch-Japanischen
Krieg. Vom Weressájew, einem Ambulanzarzt aus Moskau. Er
schildert das Débâcle einer Armee, die nicht so sehr am Feinde,
als an sich selber zugrunde geht. Eine Armee von Hilflosen,
Krüppeln, Verbrechern; Sträflingen, Kranken. Der ganze sibiri-
sche Menschenauswurf, der irgendwo in China, Tausende von
Werst vom Mutterland entfernt, gegen einen modernen und
überlegenen Gegner geführt wird. Eine Armee, die ausgeplün-
dert von ihren eigenen Offizieren, von Polizisten überwacht,
betrunken, verlumpt und verkommen auf der Landstraße liegen
bleibt. Eine Armee ohne Prinzip, ohne Idee, von einem
unbedeutenden, armseligen Menschen, der zufällig Zar ist,
sinnlos hinausgeschickt; von der Presse, einem Gott aus Papier,
wie von einer Bremse verfolgt; geschlagen, rebellisch, drohend,
wüst; Gefängnislieder singend, schon als sie hinauszieht.
Die Heiligkeit dieser Armee ist die Farbe des Buches. Der Zar

von Rußland ist zugleich Papst der orthodoxen Kirche. Wenn er einen Krieg macht, kann es nur ein heiliger Krieg sein. Ob mit Verbrechern, mit Dieben, Banditen, oder mit regulären Truppen, ist einerlei. Die Patriarchen, die Popen bestärken ihn in seiner Gottesstellvertreterschaft. Die Presse, feige und immer auf der Seite dessen, der das Geld oder die Macht hat, betont den tiefchristlichen Charakter des Krieges, den »beginnenden siegreichen Kampf des heiligen Georg mit dem Drachen«. Waggonladungen von Heiligenbildern gehen nach dem Osten und versperren die Bahngeleise. Die Soldaten singen das Ottsche nasch (»Vaterunser«) in einem Atem mit Arrestanten-liedern. Die Spitäler sind überfüllt mit Heiligenbildern (nach ihnen wird inspiziert, nicht nach den sanitären Maßnahmen). Die Georgskreuze, Stanislaus-, Anna- und Wladimirorden kommen auf die Armee herab wie ein Platzregen.

Nur: Väterchen Zar mißtraut dieser Armee. Trotzdem er beglückt zu sein scheint, alles Verbrechertum, allen Mißwuchs mit einem Schlag von Sibirien abgeschoben zu haben. Ein großartig umfassender Polizeiapparat enthüllt sich, der in Spitälern, Schützengraben, im Generalstab unsichtbar wirkt, keines der Opfer entkommen zu lassen. Der Polizeimeister von Irkutsk ist Generalinspektor der Lazarette. Da gibt es lauter Simulanten. Typhus, Ruhr, Bronchitis, Fieber: das alles existiert nicht. Ganz kurz: Simulanten und Durchfall. Man hat ein Mittel gefunden, diese Drückeberger von den Lazaretten fern-zuhalten: man gibt ihnen ein Brechmittel, das entsetzliche Übelkeit verursacht und jegliche Lust benimmt, wiederzukom-men. Man überwacht die Berichte der Offiziere, die Maßnah-men des Generalstabs; nicht wegen der Tüchtigkeit, sondern in puncto Treue und hinsichtlich der Berichte. Es ist ganz nebensächlich, was geschieht. Es ist nur wichtig, was gemeldet wird. Es hat zu klappen. Wenigstens: auf dem Papier. Das ist die Hauptsache. Kuropatkin wird abgesetzt, vielleicht weil er zuviel Charakter hatte. Er ist ein »Charakter«, sonst hätte er längst sich zum Diktator aufgeworfen. Das »heilige Vieh«, das zur Schlachtbank geführt wird, kann gar nicht begreifen, was der Zar gedacht, als er diesen Krieg anfing. Aber was der Zar gedacht hat, stellt sich als ganz nebensächlich heraus. Es handelt sich um ein wohlgelungenes, großartig angelegtes Räubersystem der Offiziere. Der Zar hat nur das Dekorativ-Patronat. Die Offiziere, der Generalstab, die Intendanzen haben diesen Krieg gemacht. »Der Soldat will den Krieg«, depeschieren sie nach Hause. »Er ist frohgemut, fest, voll Gottvertrauen und Hoffnung auf den Sieg«. Sie depeschieren das aber, um ungestört ausgiebig rauben zu können. Sie veruntreuen Hunderttausende, ja Millionen. Sie haben »Furagierlisten«, »Wirtschaftsgelder«, »Extraverpflegung«, »Vorschußsummen«. Sie verkaufen die Lastpferde, lassen die Chinesen falsche Quittungen unterschreiben. Sie haben ihre Angestellten im Heere, denen sie Schweigegelder bezahlen, und Davidoff, irgendein Oberarzt, erzählt unter Kollegen ganz offen, daß er monatlich 2000 Rubel nach Hause schickt. Es ist eine Komik von besonderer Art, zu sehen, wie zuletzt, als die Soldaten Sabotage treiben und rebellieren, Dutzende von Offizieren sich niedermachen und ins Gesicht schlagen lassen, nur um weiterrauben zu können. Die Chungusen ziehen diesen Offizieren Ringe durch die Nase und treiben sie über die Ebene. Die Soldaten lachen ihnen ins Gesicht. Die Japaner, wenn sie das seltene Abenteuer haben, Gefangene der Russen zu werden, lächeln und geben in zuvorkommend-liebenswürdiger Weise Auskunft über die (russischen) Stellungen und den Gang der Schlacht.

Daneben die Despotie der Subalternen, die kleine, gereizte Beamtenseele der Unteroffiziere, Regimentsgeschäftsführer, Furagemeister, Etappenschreiber, Bahnverwalter usw. Man ist in Sibirien und hinter Sibirien. Die Organisation steht still. Das System hat aufgehört. Die Autorität der Vorgesetzten ist gleich Null. Die immer Getretenen, Unbeachteten, Untergeordneten, treten hervor, befinden sich wichtig und rächen sich. Jegliche Disposition, jegliche sachgemäße Verwaltung entfällt. Der Armee fehlt es am Nötigsten. An Tragbahren, Seife und Brennholz; an Nachtstühlen, Hafer, Pelzen und Mänteln. Alle diese Dinge sind nahebei. Nur weiß kein Mensch, wo sie stecken. Der Beamte pocht plötzlich auf Formalitäten und Umständlichkeiten, für die niemand Zeit hat. Der kleine Beamte versteift sich plötzlich auf Ordnungsgemäßheit, auf Bürokratie. Er ergreift die Zügel. Er kommt sich als Gott, Kaiser und Vaterland vor. Wenn er schon Hunger und Kälte erleiden muß, dann will er auch seine Genugtuung haben. Es fahren hunderte von Wagen, beladen mit Krongut, Verbandzeug, Stiefeln und Pelzen mitten unter verendenden, eiternden, zerfetzten Soldaten. Man kann sie nicht mitnehmen. Man hat keinen Befehl. Man kann doch das Krongut nicht in den Graben werfen! Sanitätsmaterial wird keines mehr geliefert, oder nur gegen Schein, der mit Tinte geschrieben ist! Tinte gibt es aber keine (dort hinten in der Mandschurei). Es werden auch keine Kanonen mehr in die Schlacht gestellt. Weil keiner der Sündenbock mehr sein will, wenn sie verloren gehen. Man bringt diese Kanonen lieber vor allem Beginn der Schlacht in Sicherheit. Immer dasselbe: der Zar fühlt sich verpflichtet dem Gottesgnadentum. Die Orthodoxie fühlt sich verpflichtet dem Zaren (der ja auch weltlich manches für sie getan hat). Die Polizei ist echt. Polizisten: die glauben an Religion, an Notwendigkeit von Moral, Unterwerfung und Heiligkeit. Offiziere: sie rauben und stehlen (sie wissen das Geheimnis und machen es sich zunutzen). Der Subalternbeamte ist Recht und Prinzip, Gesetz und Vernunft.

Was an diesem Buche zumeist interessiert, ist die Frage, wie weit Zustände, die vor 10 Jahren bestanden, für die heutige Armee noch Gültigkeit haben. Wie weit sich Parallelen ziehen lassen. Das System wird, heimlich und unterdrückt, wohl dasselbe geblieben sein. In zehn Jahren ändert sich kein System. Auch fehlt das Organ der Reform, das inzwischen hätte Abhilfe schaffen können. Die Entfernung des Schlachtfeldes vom Regierungssitz hat sich verringert. Das ist eine wesentliche Änderung; denn in Rußland wird immer die Entfernung des Heeres vom Verwaltungszentrum im direkten Verhältnis stehen zur Summe der Unterschlagungen und Beraubungen, die den Lebensnerv der Armee untergraben. Es ist anzunehmen, daß heute das beste Rußland im Felde steht; daß dafür aber die Anarchie an der entgegengesetzten Grenze, in Sibirien und im Osten überhand nimmt. Der Apparat zu Hause – nicht wie in jenem Falle die Armee – wird versagen und fallieren. Die reguläre Armee, die 1905 (im japanischen Krieg) den Aufständischen entgegentrat, steht dann in Polen: der Kern Rußlands, das universale junge Rußland. Solange diese Armee Erfolg hat (d. h. aushält), wird alles gut gehen. Die Wühlarbeit und die

Korruption zu Hause werden an der Existenzfurcht des Volkes scheitern. Wenn aber erst einmal Niederlagen kommen von ausschlaggebendem Umfang; Rückzug, Unordnung, Flucht – dann wird die Deroute dieser Armee kein Gott mehr aufhalten können. Sie wird sich zu Hause mit dem Anarchismus verbinden. Der Regierung wird nur der Landsturm noch zur Verfügung stehen, ein Landsturm, der seine letzten Habseligkeiten im Stiche läßt und der den Gehorsam verweigern kann.

Die russische Armee, die heute im Felde steht, trägt die Möglichkeit in sich, mit einem Schlag sich aus einer Armee von Soldaten in eine Armee von Terroristen zu verwandeln.

Was dann geschehen wird, läßt sich nicht absehen. Der Sturz des Zarismus, seit hundert Jahren vorbereitet, kann über Nacht zu einem Ideal werden, das alle unterdrückten Elemente zusammenrafft in einer neuen Religion. Der Sturz des Zarismus, die nächste große Aufgabe, die Europa gestellt ist, kann einen Brand entfachen schlimmer als der gegenwärtige Krieg.

Die deutsche »Demokratie« und Rußland

(17. 10. 1917)

Was sich dieser Tage in Deutschland begeben hat, scheinbar ein Sieg der Reaktion über die Demokratie, ist in Wirklichkeit nur ein Sieg der preußischen Militärpartei über die bourgeoisen Bedenken der russischen Revolution gegenüber.

Unter dem Eindruck dieser Revolution regten sich im Frühjahr in Deutschland-Österreich allerhand Reformgelüste. Unter dem ersten Eindruck der russischen Freiheit entschlossen sich die bürgerlichen Parteien zu ihrer Resolution vom 19. Juli und die österreichischen Slaven zu einer entschiedeneren Aufstellung ihrer Forderungen. Der Wiener Hof unternahm jenen Schritt bei der Kurie; die Papstnote hatte Wilsons kategorische Demokratie-Note zur Folge, und einen Augenblick schien es, als ob nicht nur 1848, sondern sogar der österreichisch-preußische Gegensatz von 1866 wieder aufleben wollten.

Die Maßnahmen der preußischen Militärs und Bürokraten haben dem Wirrwarr und Durcheinander in den Parteien, Kliseien und Journalen, sowie allen Emanzipationsschwärmern ein unmißverständliches Ziel gesetzt. Schien es erst, als sei die neue Gefahr ein habsburgisch-katholisches Deutschland, so scheint heute geplant eine Heilige Allianz der europäischen Regierungen unter Führung der Hohenzollern.

Regierung und Volk (das heißt Regierung und Bourgeoisie) sind wieder einig: fast so einig wie 1914. Alle Reichstagsparteien, mit Ausnahme der unabhängigen Sozialdemokraten, haben der Regierung ausdrücklich zugestimmt und eine Präzisierung der Kriegsziele für nicht angebracht befunden. Sie haben der Regierung bestätigt, daß die Antwort auf die Papstnote, im Einverständnis mit dem Resolutionsblock abgegeben wurde; sie stimmten der Regierungsnote nicht nur zu, sondern fanden sie sogar »herrlich gut«, weil sie entweder in der Tat glauben, es seien mit dieser Autokratie internationale Abmachungen möglich, oder aber, weil sie sogar für möglich halten, die deutschen Vorschläge (wie sie am deutlichsten in der bulgarischen Note formuliert sind) könnten zu einer unter deutschem Protektorat stehenden internationalen Staatenliga führen, die »die privaten Beziehungen der Untertanen beherrscht« (Note des Bulgarenkönigs). Drei Sätze aus den Reden der Herren Michaelis und Kühlmann genügten, um – nicht die demokratischen Forderungen umzuwerfen, sondern um die Bourgeoisie, die geglaubt hatte, verzichten zu müssen, wieder zu bestärken. Die Sätze lauten: »Ein einiges Deutschland kann nicht geschlagen werden«; »haben wir Friede im Innern, so sind wir der neuen weltpolitischen Situation (man höre die Anspielung auf Rußland) Herr«; und »wenn sich die Mitglieder des hohen Hauses und der Presse auf unsere Seite stellen, ist die Situation unendlich erleichtert und der Weg von vermeidbaren Hindernissen befreit«.

Nun hat man aber in Deutschland in diesen Tagen wieder gesehen, was es heißt, uneinig zu sein. Der ganze Partikularismus der vor-achtundvierziger Jahre drohte wieder aufzukommen; unendlich mühselige Zänkereien gröbsten und perfidesten Kalibers: kurz, das ganze »deutsche Gemüt« drohte wieder aufzuleben. Was ist bequemer, als all dem auszuweichen, indem man sich der sicheren Hand von Militärs anvertraut und der Regierung des Herrn Dr. Michaelis keine Schwierigkeiten in den Weg legt. Wenn man wissen will, was für eine faszinierende Wirkung auf das deutsche Gemüt die Aussicht auf Macht, Annexion und Sieg ausübt, so blättere man in Grumbachs Buch »Das annexionistische Deutschland«.

Es ist der Regierung von neuem gelungen, die Aussicht auf den Sieg nicht nur als wahrscheinlich, sondern als gewiß hinzustellen, und jener Siebenerausschuß des Reichstags, der laut »Frankfurter Zeitung« die preußische Bürokratie parlamentarisieren sollte, bei sich nicht nur bürokratisieren lassen, sondern als Geheimkabinett seine ergebensten Dienste geleistet. Es scheint dabei jener rasch berüchtigt gewordenen »Vaterlandspartei« unter ihren ehrenwerten Vorsitzenden Tirpitz und Dr. Kapp nicht einmal wesentlich bedurft zu haben. Das deutsche Volk (die deutsche Bourgeoisie) ist selbständig genug. Sie weiß allein, wo sie am besten geknebelt wird. Es ist ihr nicht um die Demokratie zu tun, sondern um einen sogenannten »Siegfrieden«. Frieden will sie, aber nur wenn er Machtzuwachs bringt. Für dies Ideal ist sie bereit, Hunger und Tod auszustehen und es mit Resolutionen nicht so genau zu nehmen. Die gesamte Bourgeoisie (von wenigen Ausnahmen abgesehen) will: entweder völlig zugrunde gehen, oder völlig geknebelt sein. Zu sich selbst hat sie kein Vertrauen. Von sich selbst erwartet sie nichts. Vor sich selbst hat sie keine Achtung. Das sind die Gründe, weshalb jene deutsche Militär- und Beamtenkaste ebenfalls keine Achtung vor ihr empfindet und mit ihren Vertretern umgeht wie mit einer Sammlung von Hampelmännern.

Was Deutschland fehlt, ist eine politische Kultur. Man hat nie Überfluß an universalen freiheitlichen Ideen gehabt; wie sollte man welche zur Geltung bringen? Was heute mit wenigen Ausnahmen im Reichstag politisiert, sind schwache Köpfe, die den Herrgott für einen Patrioten halten, weil er so sichtbar mit Deutschland ist. Woher sollten sie die Kraft nehmen, einem ungeheuer verzweigten abstrakten Gebilde standzuhalten, das sie erdrückt, dessen Vorder- und Hintergründe zu durchschauen ihnen jegliches historisches Rüstzeug fehlt; wie sollten sie den Kampf mit einem Staate aufnehmen können, der über ihre patriotischen Köpfe hinweg in seinem Mechanismus internationale Politik treibt? Sie haben sich immer nur um ihr Winkelwohl und -Wehe gekümmert; sie sind keineswegs imstande, einem auf die *europäische* Unterdrückung eingestellten Großstaats-Mechanismus in seine Aspirationen und Wirklichkeiten zu folgen. Sie sehen an ihren Strategen nur die Tüchtigkeit, nicht die Gefahr, und sie sind moralisch so naiv, daß sie glauben, Tüchtigkeit und Gefahr schließen sich aus. Daher das unbändige Vertrauen zu ihren Hindenburg, Ludendorff und wie die Herren alle heißen, die moralisch wirklich Biedermänner sein mögen, aber eben deshalb politisch zu verderblichen Intrigants werden.

Was soll diese ganze belgische Frage, die keine Frage ist, sondern ein Vorwand, ein »Plänkler«, wie man so sagt? Bethmann-Hollweg hat doch wohl klipp und klar die Herausgabe und Wiederherstellung versprochen, wenn die »militärischen Ziele« erreicht sind. Die »militärischen Ziele« wurden nicht erreicht. Ist das ein Grund, die Wiederherstellung zu verweigern? Aber Wortbruch, Verrat und dummdreiste Hinterlist sind kein Vorwand gegen ein Staatswesen und eine Bürokratie, wie sie heute in Deutschland herrschen. Sie ergeben sich aus den Lebensbedingungen des Absolutismus und des bürokratischen Staatsungeheuers von selbst und sind nicht anders zu beseitigen als durch Sturz oder Niederlage des ganzen Systems.

Die Frage, die heute viel wichtiger und wirklich im Mittelpunkt steht, ist die Freigabe von Elsaß-Lothringen. Das ist eine Frage, die das Volk, nicht nur die Bourgoisie angeht. Die annexionistische Bourgoisie wird man in ihren Demokratiebestrebungen nicht ernst nehmen können, bevor sie sich zur Freigabe von Elsaß-Lothringen entschließt, oder diese Frage wenigstens ernstlich debattiert. Denn Vertrauen wird sie nur wieder verdienen, wenn sie an diesem Punkte mit der Bismarckschen Tradition bricht. Anders steht es mit der Masse, dem Proletariat (zu dem heute die deklassierte Bourgoisie gehört), dem eigentlichen Volk. Es ist nur annexionistisch, weil und solange die Regierung es will, *eigene* Annexionsgelüste fehlen ihm und es würde sich wohl zur Abstimmung verstehen, wie die französischen Sozialisten sie vorgeschlagen haben. Von dem Reichstag jedoch, der heute am Ruder ist, bleibt nichts zu erwarten. Er hat sich kompromittiert bei Kriegsausbruch gegenüber der internationalen Demokratie, und zum zweitenmal jetzt gegenüber der russischen Revolution. Die Alldeutschen dringen auf Auflösung des Reichstages und Neuwahlen. Aber das Volk, die Masse, wird eines Tags darauf dringen müssen, und vielleicht zeigt sich dann, daß das Volk inzwischen gelernt hat und daß die Herren, die es heute im Reichstag vertreten, wirklich nicht mehr der Ausdruck seiner Wünsche sind. Die heutige Volksvertretung ist unfähig, Verträge zu schließen; sie würde das Volk nicht mehr vertreten können, wenn es ihr auch unter neuem Druck gelänge, sich als wirkliches Parlament zu etablieren. Sie wird immer wieder annexionistische Rückfälle bekommen, auch bei Friedensverhandlungen; denn sie stammt aus dem Jahre 1912, hat für die wirklichen Bedürfnisse der Nation kein Gefühl und ist mit der Regierung im Komplott.

Was will diese Regierung? Sie will den »Sieg«, das heißt die Oberherrschaft in der Welt, weil ja alle Welt gegen sie ist. Das heißt: Die Wiederkehr des russischen Absolutismus. Das heißt: Die Unterdrückung der ganzen Welt unter das Staatssystem einer Kaste, die sich bis jetzt in ihren Manifestationen keineswegs als höchstbegabt erwiesen hat. Sie weiß, daß die Aufrechterhaltung des status quo ante nebst Unterseebooten und freiem Meer schon genügen würde, ihr in den nächsten 20 Jahren die Übermacht zu sichern. Was verlangt sie aber? »Wir müssen beim Friedensschlusse ohne schwächliche Rücksichten nur unser eigenstes Interesse bedenkend, dafür Sorge tragen, daß unser Deutschland in einer so überwältigenden Größe und Macht dasteht, daß *keine denkbare Koalition in Europa es wagen kann*, uns anzugreifen, oder wenn sie es wagt, daran verbluten muß« (Generalmajor von Wrochem). Man wird einwenden, das war im Februar 1915. Man vergleiche aber damit, was vor einigen Tagen (am 30. Sept. 1917) nach der »Neuen Zürcher Zeitung« die Friedensbedingungen der Bulgaren sind. Ein Vertreter der offiziösen bulgarischen Presse erklärt dort, nachdem er die bulgarischen Annexionswünsche offen als deutsche Versprechungen und Abmachungen bezeichnet hat: »Bis die Geister im Orient für einen Balkan- und Untern Donaubund reif sind, muß hier die Macht den Frieden aufrechterhalten. Einzig ein Staat, der stärker als die andern imstande ist, *jeder Koalition seiner Nachbarn Widerpart zu halten*, könnte dem Frieden Achtung verschaffen.«

Man sieht: die Theorie vom Machtstaat, der imstande ist, jeder möglichen Koalition Widerpart zu bieten, ist preußische Generalstabsschule, die wie in Europa, so im Orient Anwendung finden soll (Österreich eingekeilt in der Mitte). Und was ergibt sich daraus? Daß die internationalen Verträge, die Deutschland vorschlägt, nicht einen Völkerbund auf demokratischer Grundlage meinen, sondern einen Staatenverband unter imperialistischer Führung. Andere Verträge kann und will der preußische Absolutismus nicht schließen; denn jeder internationale Vorschlag, der von Gleichberechtigung ausgeht, muß in Preußen Ablehnung finden, weil er den Verzicht auf Macht und Waffe fordert, ohne Macht und Waffe aber eine Militärdynastie nicht denkbar ist.

Walter Rathenau

(12. 1. 1918)

Als er vor einigen Monaten in die Schweiz kam, begrüßte ihn das »Berner Tagblatt« als »führenden Deutschen«, und er hatte die Güte, sich interviewen zu lassen. Etwa gleichzeitig erfuhr man, daß seine Programmschrift »Von kommenden Dingen« (von S. Fischer als »Aufruf zur Freiheit« in Massenauflage verbreitet) ins Schwedische und Russische übersetzt worden sei. Damals waren Lenin und Trotzki noch nicht Volkskommissäre. Inzwischen beginnt die Schweiz ihre Rohstoffe nach seinem Rezept zu organisieren, und es verlautet, daß Herr Rathenau sich als deutscher Unterhändler in Rußland befindet. Gründe genug, jenem »Aufruf zur Freiheit« einige Sätze zu widmen.

Von der Verantwortung

Wenn ein deutscher Jude in einem Lande, wo seine Stammesgenossen noch heute in einem moralischen Ghetto leben, einen Aufruf zur Freiheit nicht gegen den feudalen Antisemitismus, sondern gegen die »Not«, gegen das »Dogma des Sozialismus«, gegen den »Klassenkampf«, gegen die »Luxusindustrie«, gegen die »Mechanisierung« und die »plutokratische Oligarchie« *für* das Feudalprinzip richtet, – was soll man von seinem Selbstbewußtsein und Freiheitsgefühl, was von seiner Sachlichkeit halten? Auch heute noch kann ein Jude in Deutschland weder aktiver Offizier, noch Professor, weder Korpsstudent, Bürgermeister noch Diplomat werden. Im Lande der Chamberlain und Treitschke bleibt Ballin, der Direktor der Hamburg-Amerika-Linie, bleiben Helfferich, Dernburg und auch Herr Rathenau des Kaisers »liebe Juden«, deren Dienste er dankend quittiert, solange er sie braucht, denen er aber auf der Parade jeden christlichen Trommler vorzieht. Wenn also in solchem Lande ein Sproß mosaischen Blutes einen »Aufruf zur Freiheit« schreibt und in solchem Buche mit keinem Wort die jüdische Frage erwähnt, gleichzeitig aber seine Feder von »Verantwortung« triefen läßt – hat man dann nicht das Recht, ihm jenes primitivste Verantwortungsgefühl, nämlich seiner unterdrückten Rasse gegenüber, abzusprechen? Ist seine ganze moralische Phraseologie (Seele, Glaube, Transzendenz, Gott, Erlösung usw.) mehr als ein Quark? Wird sein Werk mehr sein als die hassende, hoffende, fürchtende Elaboration eines ehrgeizigen Gehirns, das auf den Botschafterposten in London spekuliert und darüber zum Renegaten wird an seinen deportierten polnischen Brüdern? In der Tat weiß Herr Rathenau zur Lösung der Judenfrage im deutschen Reiche nicht mehr zu sagen, als daß er in bündiger Korrespondenz mit einem Herrn von Trützschler-Falkenstein, die er als Broschüre »Streitschrift vom Glauben« betitelt, die Israeliten mit der »intelligiblen Freiheit« vertröstet, statt ihnen zur politischen zu verhelfen. Oh, diese intelligible Freiheit, die keinen Groschen wert ist, wenn gleichzeitig dabei geprügelt wird! Und doch war sie die Ausrede aller deutschen Reformatoren, von Luther über Kant und Marx bis zu Herrn Rathenau. In einer Zeit, in der die Judenfrage unter dem Zeichen des Zionismus und des befreiten Jerusalem einer endlichen Lösung entgegensieht, katzbuckelt ein Jude hier vor der preußischen Feudalität!

Das Ziel

Rathenaus Ziel, wenn er seine intelligible Freiheit befragt, ist der Botschafterposten in London. In seinem Buch »Von kommenden Dingen« aber ist das Ziel einmal »die menschliche Freiheit«, ein andermal »der materiell unbeschränkte Staat«. Das ist also für ihn ein und dasselbe. Freiheit definiert er als »Überwindung aller mechanisierten Materialität nach deren Durchdringung mit Geist, Seele, Glaube und Verantwortung«. (Verantwortung der Freiheit gegenüber? Nein, gegenüber dem Staat). Der materiell unbeschränkte Staat soll zustandekommen, und zwar dadurch, daß der preußische Feudalismus die kommunistischen Ideen und die Plutokratie säkularisiert. Was für einen Vorteil hat der Staat davon? Er nimmt auf diese Weise dem Klassenkampf die Spitze und gelangt gleichzeitig zu unerhörtem Reichtum, den er je nachdem für Kulturgüter (in

Preußen!), oder für eine nie dagewesene Kriegswirtschaft verwenden kann. Man sieht: die Durchdringung mit Geist, Seele, Glaube und Verantwortung bedeutet, simpel ausgedrückt, Preußifizierung des Wirtschaftsbetriebs. Und die sozialistischen Ideen bilden (denk es, marxistische Seele!), den ideologischen Überbau. Denn vom Sozialismus, wie *er* ihn kennt, weiß Rathenau dem erstaunten Leser zu berichten, »daß er niemals die Herzen der Menschen entflammt hat«, daß »die Summe seines Waltens in der mächtigsten Steigerung des reaktionären Geistes, in der Zertrümmerung des liberalen Gedankens und in der Entwertung des Freiheitsgefühls besteht«. Wogegen er findet: »ein echter herrschender Adel, ein regierendes Patriziat muß geschlossen bleiben; seine Vermischung ist Untergang, seine Verarmung Ruin«. Wenn auch »transzendental der Satz vom Machtanspruch des Staates nicht unbedingt beweisbar ist«, so ist Herr Rathenau doch Anhänger des monarchistischen Gedankens aus »angeborener Empfindung und der Überzeugung, daß an der Spitze staatlicher Macht ein Geweihter, nicht der Arrivierte einer glücklichen Karriere [etwa Rathenau selbst] stehen soll«. Um aber die absolute Herrschaft der Feudalschicht zu sichern, ist es »weder nötig, daß die gesamte Armee, noch daß die gesamte Beamtenschaft von Gliedern der Feudalschicht durchsetzt sei. Der Bestandteil muß groß und einheitlich genug, die Bevorzugung genügend ausgesprochen sein, um Nacheiferung und Nachahmung bis in entfernte Landesteile zu sichern«. Gewiß, Herr Rathenau. »Der preußische Subalternoffizier findet in unserer Kenntnis der Vergangenheit und Gegenwart nicht seinesgleichen«. Gewiß. »Und so schließt sich der Zirkel, indem die Dynastie von neuem die Bestätigung dafür erhält, daß sie nur auf die Kaste, nicht auf das Volk sich stützen kann«. Hat man das Ziel verstanden? Der Kaiser soll in Zukunft nicht mehr »lieber Jude«, sondern »mein liebster Jude« sagen.

Der Weg der Sitte

Ein innerpolitisches Buch zu schreiben, das Popularität erlangt und doch nach oben nicht verstößt, sondern sogar karessiert, ist heute selbst in Deutschland kein Kinderspiel mehr. Die Aufgabe kann nur gelöst werden auf dem »Wege der Sitte«, das heißt der Mystifikation. Indem man die dralle Kokotte Germania am Reformationsbusen kitzelt. Mit Seele, Glaube, Gewissen, Verantwortung, mit Vokabeln aus der Bibelsprache, Transzendenz, Freiheit, handfestestem Antisemitismus und einem wohl arrangierten, undurchsichtigen, anonym intellektualisierten Stil, aus dem der Durchschnittspastor nur die lutheranische Phrase, gewissermaßen das Evangelium herauszuhören braucht, um begeistert zu sein. Herr Rathenau präsentiert sich indessen nicht nur in der Geste des Reformators, er präsentiert sich in allen Rollen, die der preußischen Tradition teuer sind. In der Rolle des Cato Censorius, der den Luxus beschneidet; in der Rolle des Feldherrn von und zum Stein, der den gleichen »Volksstaat« erstrebte, den Rathenau zu erstreben vorgibt; in der Rolle des Salvator Borussiae. Der Weg der Sitte führt Herrn Rathenau in summa zu einer Art protestantisch-feudaler civitas dei, und ich frage den großen deutschen Schriftsteller und Katholiken Franz Blei, was er heute wohl zu diesem Herrn Rathenau sagt, dessen »ehernen Stil« er vor Zeiten bewunderte und den man heute wohl als einen der größten Schauspieler des Protestantismus und theologischen Buffo ansprechen muß. Der Weg der Sitte und die »Geschäftskunst«, wie Rathenau die Politik nennt, führt ihn jedoch darüber hinaus zu dem Bekenntnis: »Mit Recht ist unserem Empfinden die Bewegung der großen französischen Revolution fremd«. Und auch dies Bekenntnis gegen Enthusiasmus, Liebe und Verbrüderung erschließt die neudeutsche Seele. *Rüstung* bedeutet von nun an nicht mehr einen Vorrat an Waffen, sondern ein zum Arsenal umgeschaffenes Land, in dem alle Unbewehrten Rüstung schmieden. Rüstung aber besteht aus jedem erdenklichen Stoff, den die Erde erzeugt«. Also: »Mobilmachungspläne für den wirtschaftlichen Feldzug« und den kommenden Krieg. Denn der heutige Krieg, »wie er auch aussehen mag, wird keiner einzigen Macht ihre letzten Wünsche stillen, ja nicht einmal einer einzigen ihre Opfer voll ersetzen. Wohl aber werden zu den alten Haßgefühlen neue, durch Schuldfragen geschärfte, erwachen. Der Nationalismus erwacht nicht nur neu auf politischem, sondern vor allem auf wirtschaftlichem Gebiet.«

Vom deutschen Volk rühmt Herr Rathenau wie von einem Rennpferd, daß es »bis an die äußerste Grenze der Kraft jede geforderte Leistung hergibt«. »Pflichtbewußtsein ist nicht der Ausdruck dieses Verhältnisses, noch weniger ist es blinder Gehorsam, weil freie Neigung mitspricht, am nächsten ist es kindlicher Folgsamkeit verwandt.« Wir wissen es, leider. In einem solchen Volke ist jede Mystifikation, sogar ein Walter Rathenau möglich. Denn man lasse sich nicht täuschen: er mystifiziert so bewußt, wie er im Frühjahr 1915 in einer Halle der A.E.G. die Leichenfeier seines Vaters zelebrierte.

Rathenau weiß: »Der Mangel an Stabilität, die Überraschungsgefahr, die aus plötzlich auftretenden undurchsichtigen und undurchdachten Zielen entsteht, verbunden mit stärkster militärischer Macht, feudaler Atmosphäre und der fast widerstandslosen Lenksamkeit eines vertrauensseligen Volkes: das ist die Gruppe der Voraussetzungen, die unsere Gegner mit dem Namen Militarismus bezeichnet haben.« Doch das hindert ihn nicht, diese Mächte für seinen Ehrgeiz auszubeuten und dadurch die Nation weiter zu verdächtigen. Er weiß, »in Europa leben heute wohl tausend Menschen, deren Augen sehend geworden sind. Sie tragen in sich den Maßstab einer neuen Wertung und mehr: ihnen ist der verhängnisvolle Blick verliehen, der das Menschliche wie einen Kristall durchdringt.« Aber er scheint nicht zu fürchten, daß die »tausend Menschen« ihm auf die Finger sehen. Er liefert die letzten Reste individueller Freiheit der Preußifikation aus; er entwertet zu diesem Zweck den letzten Rest von Moralität, der den Deutschen geblieben ist. Er fürchtet nicht die Kirche der Intelligenz, deren limbus patrum das große menschliche Frankreich ist. Er ist unerschütterlich Repräsentant jenes egozentrischen, deutschen Deliriums, das alles Unglück der Welt provoziert hat.

Der ausgenagelte Hindenburg

(4. 5. 1918)

Sintemalen wir Deutsche sind, begreift man, daß Neuigkeiten aus Berlin uns interessieren. »Dank der Opferfreudigkeit der Berliner Bevölkerung ist die Benagelung des eisernen Hindenburg soweit gediehen, daß die ganze Figur nunmehr von dem Gerüst befreit werden konnte, so daß die Hünengestalt des Recken frei dasteht.« Haste Worte? »Nur ein kleiner Saum des Mantels ist noch zu benageln.« Nanu? »Nunmehr wird das Postament der Benagelung freigegeben. An den Sonntagnachmittagen findet Militärkonzert statt.«

Hübsch, nicht wahr? Unser aller Hindenburg, dastehste, die »Hünengestalt des Recken« sozusagen, ist ausgenagelt von oben bis unten, mit Ausnahme eines Stück Mantelsaums, der für die Inbrunstlippen etwa des Berliner Professorenkollegiums reserviert ist. Reicht der Mantelsaum aber nicht ganz bis zum Niveau der Sterblichen herab, so kann man ihn hopsend erreichen.

Warum ist dieses Stück Mantelsaum nicht auch noch benagelt worden? Gab's keine Nägel mehr? Ausverkauft? Oder mußten die Köpfe der Berliner Bevölkerung beim Vernageln bevorzugt werden? Was ist's mit dem Stück Mantelsaum? Wir vermissen Details. Weiß es das »Berner Tagblatt« vielleicht? Gleichviel: »die Figur konnte vom Gerüst nunmehr befreit werden; das Postament der Benagelung freigegeben.« Also Aufhebung des Benagelungszustandes. Mein Gott, mein Gott, warum hast du sie verlassen?

Die Sache indessen hat ihre zwei Seiten. Eine Vorder- und eine Rückseite. Und der perfide Untertanenverstand fragt sich: Wer hat dem Herrn Feldmarschall in den wertesten Mantel den Nagel getrieben an jener Stelle, an der auch der preußische Mensch seine runden Passagen hat? Und welch zarte Damenhand – um von der Kehrseite zu sprechen – hat den Lenden des Recken Schimpf angetan?

Zwei Seiten hat jeglich Ding, und ein Unten und Oben. Wer

hat unserem Heiland die Nägel durch Stirne und Hände gejagt? Wer hat sich zu seinen Füßen herumgetrieben? Wer hat ihm das Herz eingehämmert und wer ihm die Knie zerschlagen? Silentium, christliche Seele, es ist nur ein Feldmarschall!

»Der das Denkmal umgebende weite Platz ist neu hergerichtet und mit Blumen bepflanzt.« Das gehört sich auch. Ich sehe Herrn Hindenburg mit Frau Hindenburg promenieren vor dem Denkmal des Recken. Frau von Hindenburg befällt eine schamhafte Lust, alle Nägel eigenhändig wieder herauszuziehen. Wie benimmt sich Herr von Hindenburg dabei? Hält er sie zurück, oder besorgt er eine Beißzange?

Und eine andere Zwangsvorstellung verläßt mich nicht: der große Generalstab vom Volk abkommandiert, unter den Klängen der Marseillaise die Schandnägel eigenhändig herauszuziehen. Ich sehe sie krabbeln und wimmeln auf dem zur Entnagelung freigegebenen Postament. Der entnagelte Götze beleuchtet in Flammen das Reichstagspalais. Die Bismarcktürme in deutschen Landen wackeln und beben . . .

Bis dahin hat's seine Zeit. Lessing prägte das Wort vom Sterben »zum Besten des Vaterlandes«: Das Schlachtfeld als Wohltätigkeitsveranstaltung. Und ein berühmter Freiheitsdichter sang: »Schlagt sie tot . . . (die Franzosen nämlich) . . . das Weltgericht fragt euch nach den Gründen nicht.« Heute benageln sie die Hindenbürger. Eine feste Hindenburg ist unser Gott.

Welcher Meßbudenverstand hat solche Benagelung erfunden? »Bitte mein Herr, schießen Sie mal!« »Bitte die Herrschaften, nageln Sie mal!« Akkurat wie beim »Jägersalon«. Die patriotischen Hurrahyänen heulen durchs Land. Und da die Hyäne ein Raubtier ist, so nageln sie denn. Sie nageln bei Tag, und sie nageln bei Nacht: ein beflissenes Volk! Weit haben wir's gebracht in der Welt. Es ist an dem, daß man sich zu Tode lacht an uns.

Ein humorliches Volk! Wie wird man Karl Marxens hundertsten Geburtstag feiern? Der stammverwandte Herr Rathenau wird sprechen über das Thema »Sozialismus zum Besten des Staates«. Oder Herr Scheler über »Sozialismus zum Besten der Kirche«. Dank der Opferfreudigkeit der Berliner Bevölkerung.

Wie viele Sozialisten mögen genagelt haben? Und wie hat man den Kriegskrüppeln Gelegenheit gegeben, aufs Postament hinaufzukommen? Mittels Dampfkran, Aufzug oder Rutschbahn?

Eine Kaiser-Rede

(25. 5. 1918)

I

In Aachen hielt Kaiser Wilhelm im Sitzungssaale der Stadtverordneten folgende Ansprache:

»Im Westen habe ich das halbverwüstete Frankreich besichtigt! Da gewinnt man erst den richtigen Eindruck von dem Grausigen, von dem unser Vaterland verschont geblieben. Wer etwa kleinmütig werden sollte, der möge einmal einige Tage an die Front gehen und sich die Verwüstungen ansehen. Dann wird er nicht mehr klagen und mit seinem Los zufrieden sein. Wenn sich die Herren hier in sicherer Ruhe zur Friedensarbeit zusammenfinden können, verdanken sie das unserem unvergleichlichen Heere. Die Offensive geht gut vorwärts; 600 000 Engländer sind bereits außer Gefecht gesetzt. 1600 Geschütze erbeutet. Die Franzosen müssen überall einspringen. Hart werden die Gegner mitgenommen; sie haben's auch nicht besser verdient. Die Sache im Westen wird gemacht; aber wir müssen Geduld üben. Millionenheere können nicht an einem Tag erledigt werden. Wir werden unser Ziel erreichen. Schwere Arbeit ist zu leisten; aber dafür haben wir ja auch tüchtige Schmiede. Den Osten haben wir geöffnet. In der Krim geht es auch vorwärts. Aus der Ukraine sind die ersten Lebensmittelzüge in Berlin eingetroffen. Dadurch wird unsere Lebensmittelversorgung gebessert. In Sebastopol haben wir eine starke, reich beladene Handelsflotte erbeutet; dort werden wir uns den Verkehr auf dem Schwarzen Meer wieder ermöglichen. Also es steht gut. Ich freue mich über das nationale Verhalten hier an des Rheines Grenze. Die Stimmung der Truppen ist vorzüglich. Viele Rheinländer und auch viele Aachener habe ich in den Lazaretten an der Front gesprochen und ihnen Auszeichnungen überreicht. Nun meine ich, ist's auch Zeit, alles Fremdländische abzustreifen. Alles Französischparlieren muß aufhören. Sprechen wir lieber unser deutsches Platt.«

Was ist zu dieser Rede zu sagen? Man hat die Sätze in Goethes halbverwüsteter Sprache besichtigt und hat nun erst den richtigen Eindruck von dem Grausigen, von dem unser Vaterland leider nicht verschont geblieben. Die Offensive geht gut vorwärts (bis zur völligen Verwüstung), und das ist ein trostreicher Anblick für die im Hinterland; die Sache wird gemacht (von den Schiebern der göttlichen Vorsehung in Berlin), doch das sind »Zwangsläufigkeiten«; ein Chamäleon, wie Prof. Quidde, kommt in die Schweiz, um Frieden zu hudeln; und unsere Offensive ist um Himmels willen »überhaupt keine militärische Offensive« (trotz der 600 000 Engländer, die außer Gefecht gesetzt sind), sondern gewissermaßen der letzte verzweifelte »Friedensversuch« der Ratten auf dem untergehenden Schiff der Berliner Regierung.

Einige Phrasen dieser Rede bleiben haften infolge des eigenartigen Berliner Pathos, das sie kennzeichnet. »Den Osten haben wir geöffnet.« Womit wohl? Mit einem Dietrich? Und »eine reich beladene Handelsflotte haben wir erbeutet«: Also wird niemand mehr sagen können, wir seien keine Piraten. Majestät freut sich über das nationale Verhalten »hier an des Rheines Grenze« (»in des Waldes düstren Gründen« heißt es in jenem Volksliede von Rinaldo). Die Stimmung der Truppen ist vorzüglich (im Generalstab), und man sollte meinen, nun wäre es an der Zeit, alles Preußische abzustreifen.

»Platt«, dieses letzte Wort einer deutschen Kaiserrede: was besagt das eigentlich? Man erinnert sich einer Stelle aus Rabelais: »Ihr aber, Böcke vom platten Land.« Gemeint ist die Urkraft des Volkes. Oder aus Goethe: »Was will der platte Gesell?« Gemeint ist eine gewisse jeglichen Aufschwungs bare Gesinnung. Einmal heißt Deutschland bei Nietzsche »das Flachland Europas«. Gemeint ist die Verbindung von Platt und Plattitude. Sie stehen in einem inneren Zusammenhang, wie etwa Kommis und Kommiß. Oder wie Schäferhund und

Zynismus. Kynos, der Hund. Kynoskephatae, Hundeköpfe. Jemand fragte mich: »Sagen Sie, wie denken Sie über die Verbindung von Kirche und Staat?« Ich fragte ihn: »Können Sie sich einen betenden Hund vorstellen?« Er lächelte verbindlich. »Da wir beide die Majestäten verehren«, sagte er, »können Sie sich . . .?«, und er zog einen Vorhang beiseite. Ich erstaunte. Ich sah . . . eine Art apokalyptischen Sonntagsreiters. Dies aber war die Zeit, da die Schelme schwanger gingen mit verwüsteten Ländern, wie seither die Gebirge schwanger gingen mit der Maus. Und es war ratsam, in der Sprache der Chaldäer und Sterndeuter zu sprechen.

Majestät im Hauptquartier

(26. 6. 1918)

> Hundert Jahre Unrecht
> Machen noch keine Stunde recht.
> (Alter deutscher Bauernspruch)

I

Am Tage seiner dreißigjährigen Regierungsfeier (15. Juni 1918) fühlt Wilhelm II. sich verpflichtet, seinem edlen Volke endlich zu offenbaren, worum es in diesem Kriege sich handelt. Zu Beginn des fünften Kriegsjahres, da man in Wien die Brotration auf eine Oblate reduziert, in Berlin Raubmorde, Diebstähle, Hochstapeleien und Selbstmorde sich zu geselligem Auftreten verbinden, und aus Deutschland und Österreich unter der Militärfuchtel langsam Weiberstaaten sich herausbilden, fühlt Wilhelm II. sich verpflichtet, den traurigen Kriegsüberresten der schwer geprüften deutschen Nation anzuvertrauen, worum es in diesem Kriege sich handelt. »Es handelt sich«, sagt Majestät, »nicht um einen strategischen Feldzug, es handelt sich um den Kampf von zwei Weltanschauungen. Entweder soll die preußisch-deutsch-germanische Weltanschauung, Recht, Freiheit, Ehre und Sitte in Ehre bleiben, oder die angelsächsische, das bedeutet: dem Götzendienst des Geldes verfallen. Das deutsche Volk ist beim Ausbruch des Krieges sich nicht darüber klar gewesen. Ich jedoch wußte es ganz genau.«
Unser Preußenkönig, des Deutschen Volkes kaiserliche Majestät, hätte es lieber genau wissen sollen, daß er mit solchen Reden beim Eintritt in den fünften Jahrgang des hemmungslosen Massenmordes das Erstaunen aller fünf Weltteile auf seine erhabene Gestalt vereinigen werde. Derselbe Preußenkönig, der sich nach seinem eigenen Geständnis sechsundzwanzig Jahre lang mit der Vorbereitung Seines Ihm von Seinem Großvater vererbten Heeres für den Krieg von 1914 beschäftigt hat; derselbe Preußenkönig, der wie kein anderer vorher sich mit Kasernen und Kasematten, mit Truppenübungsplätzen und

Flottenstationen umgab: er wagt, von Recht, Freiheit, Ehre und
Sitte zu sprechen und für solchen Zynismus das Wort »preußisch-deutsch-germanische Weltanschauung« zu prägen. »Und
da danke ich dem Himmel«, fährt er fort, »daß er Eure
Exzellenz (Hindenburg) und Sie, mein lieber General (Ludendorff) mir als Berater (in Weltanschauungsfragen?) zur Seite
gestellt hat!« Und der dicke, etwas schwerfällige Hindenburg
bückt sich, daß die Hosen knacken, und bittet submissest um
die Erlaubnis Seiner Majestät »mein und des Feldheers ehr-
furchtsvollste Glück- und Segenswünsche aller untertänigst zu
Füßen legen zu dürfen.« Tolle Welt!

II

»Er kann nicht lügen, ohne daß man es merkt«, sagte Bismarck
vom Großvater dessen, dem es gelungen ist, aus seinen Generälen Helden einer Tragi-Komödie zu machen. Bismarck mußte
wohl die Familie kennen! Bei Wilhelm I. fühlte er sich »wie im
Elternhause«; so toll ist Dero Majestät marxistische Wendung
gegen den angelsächsischen Götzendienst, daß sogar »Berliner
Tageblatt« und »Frankfurter Zeitung« nicht mehr mittun. Zwei
der größten Tageszeitungen der deutschen Finanzwelt lachen
auf, da Majestät vom Götzendienst des Geldes spricht, während
große Teile des verblendeten Volkes im Börsentaumel das
goldene Kalb umtanzen, auf dem der Kriegswucher von Berlin
und Wien, von Hamburg, Essen, Leipzig und hundert anderen
Städten reitet. Wer aber lachte bei dem Worte von der
»preußisch-deutsch-germanischen Weltanschauung«? Majestät
in Berlin, deren Dynastie sich mit Eisengerassel auf einer
Hilfskonstruktion von Staatsstreichen, Ausnahmegesetzen und
Vertragsbrüchen aus dem Mittelalter ins zwanzigste Jahrhundert schwang; Majestät im Hauptquartier, die mit Gas- und
Schwefeldämpfen ihre wahre Gestalt verhüllt, versucht, uns
vergessen zu machen, wessen wir uns wieder erinnern müssen:
daß nämlich Bismarck die erste Kaiserkrönung eines Preußen-
königs eine »Farce« und einen »Kaiserscherz« nannte; vergessen zu machen, daß einer seiner Ahnen, Friedrich Wilhelm IV.,
die deutsche Kaiserkrone eine »Schandkrone« nannte; verges-

sen zu machen, daß seine Junker 1848 diese »Kaiserkrone« eine »schmutzige, von Revolutionären überreichte, unten wenigstens rot gefütterte Narrenkappe« nannten. Sie findet den Mut, nach Provokation eines Krieges wie des von 1914 und nach der Verwüstung von Belgien, Luxemburg und Frankreich, von Serbien, Polen, Estland, Livland und Finnland, von Recht, Freiheit, Ehre und Sitte zu sprechen, und diese Begriffe, von denen während der letzten siebzig Jahre preußischer Geschichte keiner nicht mißachtet, verhöhnt und entwürdigt worden ist, für die prusso-germanische Weltanschauung zu requirieren.

III

»Er kann nicht lügen, ohne daß man es merkt«, sagte Bismarck damals. Warum aber muß heute die Weltanschauung heran? Warum greift Majestät zuletzt, da nichts anderes verfängt, zur prusso-germanischen Kabinettsreligion und spielt die ahnungslose Sklaverei und Despotie als Weltanschauung aus? Bis Brest-Litowsk verkündete man dem Volk, es handle sich um einen Verteidigungskrieg. Jetzt, nachdem man in Finnland preußische Offizierschulen errichtet, in der Ukraine Getreide raubt und sich bereits die Finger leckt nach Paris, soll der »Sieg der Weltanschauung« die Phrase vom Verteidigungskrieg ablösen, die keine Zugkraft mehr besitzt? Worum handelte es sich 1914? »Ich wußte es ganz genau«. Ja, gewiß, Majestät. Sie wußten wohl ganz genau, worum es sich handelte. Wir wissen es auch. Alle Welt weiß es heute, und auch »Ihre« Armee wird eines Tages dahinterkommen. Es handelte sich wohl um die Frage, ob die prusso-germanische Weltanschauung Ihrer Dynastie und der junkerlichen Ritterschaft, die Ihren Thron stützt und Ihre Armee beherrscht, sich würde behaupten können gegen die wahre angelsächsische Weltanschauung, die der Demokratie: daß nämlich Verträge nicht ungestraft gebrochen werden dürfen? Und einige Jahre vor der Kriegserklärung handelte es sich wohl darum, der unaufhaltsamen inneren Demokratisierung auszuweichen und lieber einen Krieg zu provozieren, als die preußisch-teutschen Vorurteile und Privilegien nebst dem Rost- und Rumpelkammersystem Ihres Junkerstaates zu verabschieden? Handelte es sich wohl darum, dem Volke von der deutsch-jüdischen Presseverschwörung und der Universitätskamarilla den Verteidigungskrieg einreden zu lassen und so überraschend loszuschlagen, daß die Welt nicht zur Besinnung kam, eh' es geschehen war? Wer hätte damals denken können, daß England, wo nach Majestät der Götzendienst des Geldes herrschen soll, die »harmlose« Verletzung der belgischen Neutralität so krumm nehmen würde? Sagen Sie auch hier Majestät: »Ich wußte es genau?« Wer konnte beim Entwurf dieses Planes denken, daß der Krieg sich ein halbes Jahrzehnt hinschleppen würde? Wußten Sie auch das genau? Der Generalstab *Ihres* Heeres war wohl auf *alle* Eventualitäten gefaßt? Hindenburg nennt das Eurer Majestät »weiten Blick«. Wir nennen es Eurer Majestät vorbedachte Absicht und Responsebilität.

IV

Der »weite Blick« preußischer Könige zeigt eine bemerkenswerte Kurzsichtigkeit, wenn es sich um Fragen der moralischen Verantwortung oder auch nur um reine Wirtschaftsfragen (Fragen außerhalb des Kriegsrayons) handelt. Das weitblickende Auge Seiner Majestät hat am denkwürdigen Tage seines Jubiläums Dankesgrüße nicht nur an Kanzler und Kronprinz, sondern auch an die Stadt Hamburg depeschiert, und zwar verwies es frisch-fröhlicherweise die »freie Hansestadt« Hamburg auf den »deutschen Willen« als auf den letzten Rohstoff, der in Hamburg »nicht ausgehen wird«. Hier wäre es ebenso ersprießlich wie angebracht, einen Abriß der Entwicklung Preußen-Deutschlands und den Nachweis zu liefern, daß nicht nur die Humanität, sondern auch die profane Wirtschaftsexistenz unter preußischen Königen und Kaisern notwendig schlecht aufgehoben sein müssen, auch wenn jahrzehntelang der Schein widerspricht. Den verranntesten Verehrern des Hauses Hohenzollern würde endlich die Erleuchtung dämmern, daß unter einer Soldatendynastie die Humanität gleicherweise wie eine auf Aventüren verzichtende Wirtschaftsentwicklung unmöglich sind. Leider verfügt die Zeitung nicht über den dazu nötigen Raum. Aber soviel möchte ich sagen: einer der Hauptpunkte der politischen Testamente aller Hohenzollern vom großen Kurfürsten bis zu Wilhelm II. war die Verpflichtung, sich »formidabel« zu machen, und formidabel macht man sich nicht durch Frieden, sondern durch Rüstung, durch Losschlagen, nicht durch Versöhnlichkeit, und am meisten formidabel durch das Losschlagen um seiner selbst willen. Die Förderung des Industriekapitals durch Bismarck war nur sein Köder für die Bourgeoisie, sich mit Haut und Haaren dem »Militärschutz« anzuvertrauen. 1870 hatte der Junker Glück. 1914 fliegt der ganze Bettel wieder in die Luft. Sie haben sich formidabel gemacht, die Hohenzollern. Der letzte Hohenzoller hat alle seine Vorfahren darin übertroffen. Das ist seine Bedeutung im Generalstab. Er hat sich formidabel gemacht in einem Maße, daß sein formidables Kaiserreich ein neues Reich der Mystik heraufbeschwört; ein Reich kämpfenden Christentums, eine Ecclesia militans gegen sein infernalisches Gewaltsystem; einen Aufruhr der Welt gegen Den, der da wagt, vor Leichenhaufen so formidabel zu sprechen. Und das sind die beiden »Weltanschauungen«, die heute gegeneinander kämpfen: Freiheit, Gleichheit, Brüderlichkeit, die alten Prinzipien von 1789, geläutert in einem neuen Demokratiebegriff, gegen den prusso-germanischen Luziferkult. Güte, Mitleid und tragischer Heroismus gegen die versteckte Heuchelei einer der verschlagensten Kasten, die die Weltgeschichte erlebte, aber auch überstehen wird, trotz jener uniformierten Dreifaltigkeit im Hauptquartier.

Propaganda hier und dort

(31. 8. 1918)

I

Um zu militärischen Mitteln und Erfolgen zu gelangen, muß eine Regierung ihrem Volke die Gründe und Absichten ihres Willens verdeutlichen. Nur ein Volk, das vom moralischen Recht seines Kampfes überzeugt ist, wird auf die Dauer die nötigen Opfer bringen. Wo aber die unerläßlichen moralischen Voraussetzungen fehlen, ist eine Regierung, die das Wagnis eines Krieges unternimmt, gezwungen, eine moralische Grundlage in großem Maßstabe zu *erfinden*, ohne selbst vor den zynischsten Folgerungen zurückzuschrecken.

Studiert man die Vorgeschichte des Krieges, so kann man nicht verkennen, daß in Deutschland, wo man den Krieg großzügig plante und vorbereitete, nichts unterlassen blieb, auch die öffentliche Meinung zu bearbeiten und vorzubereiten. Und ohne Übertreibung kann man sagen, daß das Gegenteil etwa bei der englischen Regierung der Fall war.

Die englische Regierung war entschieden *pazifistisch* und verpönte jeden Teil ihres Volkes, der darauf bestand, sie vor der drohenden Gefahr zu warnen. Die Regierung ging so weit, den alten Lord Roberts, der für die Einführung der allgemeinen Wehrpflicht eintrat, in Parlament und Presse verhöhnen zu lassen; ja sie verbot sogar das Hissen der Nationalflagge in den Volksschulen am Empire day, um jedem Aufkommen eines schädlichen militärischen Geistes im Volke vorzubeugen. Hinter ihrer Auffassung stand der, wie man heute sagen könnte bolschewistische Glauben, eine Kriegsgefahr könne durch Ignorierung gebannt werden. Eine politische Christian science herrschte in England, und die Ereignisse von 1914 haben erwiesen, daß solche politische Christian science sich rächt. In allen Kreisen Englands, am meisten aber in den pazifistischen, war nicht nur der Kriegsgedanke, sondern sogar die prophylaktische Aufklärung der öffentlichen Meinung über die Kriegsgefahr von der liberalen Presse als kriegshetzerisch denunziert.

Von jener Art methodisch durchdachter und großzügig organisierter Kriegspropaganda, wie sie in Deutschland betrieben wurde, konnte nicht die Rede sein. Noch heute gilt dem Durchschnitts-Engländer selbst eine berechtigte Propaganda, die Aufklärung über Wahrheiten und Tatsachen aufgrund wissenschaftlicher Feststellungen und im Interesse der Moral verbreitet, als unfair. Sein Individualismus sträubt sich gegen die Zumutung, sich einem über ihn verhängten, von einer Staatsautorität betriebenen Kollektivglauben, wie die deutsche Propaganda ihn darstellt, unterzuordnen.

Im Gegensatz zu diesem politischen Freisinn in England hat sich in Deutschland der kirchliche Propagandabegriff des Mittelalters in eine Staatsdoktrin der Neuzeit verwandelt, und der militärische Absolutismus brachte eine moralische Entmündigung mit sich, die an die finstersten Zeiten des Mittelalters gemahnt. Im Mittelalter war die Politik Mittel der geistlichen Macht. Im heutigen Deutschland ist die Religion zum Mittel der politischen Gewalt herabgesunken. Protestanten gegen dieses System sind ebensosehr der Verfolgung ausgesetzt, wie im Mittelalter die Ketzer. Die Tyrannei der Militärgewalt duldet keine Proteste mehr. Daher die für jeden freien Staatsbürger und freien Menschen empörende Tatsache skrupelloser Unterordnung von Moral und Religion unter die Staatsgewalt.

2

Im Laufe des Krieges ist soviel Fragwürdiges mit dem Begriff Propaganda verbunden worden, daß es notwendig ist, die vielfach verworrenen Begriffe durch eine klare Definition zu läutern. Das Wort selbst stammt aus der altkirchlichen Institution »Collegium de propaganda fide« und wurde als Gerundium in den Sprachgebrauch übernommen. Der Verbreitung des Glaubens diente dieses Collegium und dem Worte der Heiligen Schrift. Heute ist es nicht mehr die Kirche, sondern der Staat, der es für wichtig hält, Prinzipien durch eine organisierte Verbreitung zur Geltung zu bringen. Und nicht Gottes und der Völker, sondern abkommandierter Skribenten

Stimme ist es, die den Begriff der Propaganda in Verruf gebracht hat. Moral oder Unmoral der Propaganda hängen von den moralischen oder unmoralischen Absichten des Staates ab.

Erst dieser Krieg hat bewiesen und wird es immer mehr beweisen, wie leicht es für eine Autokratie und den Absolutismus ist, die Propaganda im schändlichen Sinne zu handhaben. In einer Demokratie, wo die Staatsform einen Ausgleich darstellt zwischen einer Anzahl Parteien und Meinungen, die gleicherweise das Recht haben, sich zu äußern, ist es der Regierung unmöglich, dem Recht und der Ehre widersprechende Richtlinien auszugeben, ohne daß das Volk sein moralisches Gegengewicht zur Geltung bringt; unmöglich, das ganze Volk mit verbrecherischer Absicht zu leiten. Denn Voraussetzung wäre, daß ganze Völker in bewußt verbrecherischer Absicht handeln können. Niemals in der Geschichte war das der Fall. Es ist ein unergründliches Gesetz der Menschheit, ein Gesetz, das die Grundlage aller Demokratie bildet: Daß das Verbrechen verworfen wird in dem Augenblick, da das Volk es als System erkennt.

Gerade die lebhafte Erkenntnis dieser Tatsache ist es, die dem heutigen deutschen Regime seine planmäßige Verheimlichung der Kriegsschuld und die dämonisch entschlossene Irreleitung vorschreibt. Ganz klar sah die Reichsleitung von Anfang an ein, daß sie vor der Alternative stand: entweder alles zu gewinnen, um, im Rausche des materiellen Erfolges vergöttert, über die Schuldfrage hinwegzukommen, oder, nach einer Niederlage in ihrem Betruge durchschaut, unterzugehen. Deshalb von Anfang an die Behauptung, Deutschland führe einen Verteidigungskrieg. An einen Mittelweg kann und konnte diese Regierung nicht denken. Deshalb auch ist ein Verständigungsfrieden nicht möglich. Er würde gewisse Freiheiten bringen, die für das alte System verhängnisvoll wären. Wenn die hermetisch verschlossenen Landesgrenzen wieder geöffnet, der Belagerungszustand mit all seinen Unfreiheiten aufgehoben wären; wenn die Zensur und die Bedrohung mit Schutzhaft wegfielen: die brutal und mit allen Mitteln unterdrückte Wahrheit würde sich elementar einen Weg zum Lichte schaffen. Kein Friede ist möglich, der nicht einen vollständigen Sieg der Moral oder Unmoral mit sich bringt.

So bitter diese Erkenntnis ist, so muß man sie doch entschlossen ins Auge fassen. Niemand weiß besser als die deutsche Regierung, wie illusorisch die pazifistischen Hoffnungen auf einen Verständigungsfrieden sind. Niemand ist entschlossener, alle solche pazifistischen Pläne zu vereiteln. Es liegt in ihrem zynischen System begründet, diese große Sehnsucht der Menschheit als defaitistische Kriegswaffe zu benützen, indem sie die pazifistischen Organisationen in ihrem Interesse ausspielt.

Die deutsche Regierung wird den erwählten Weg zu Ende gehen müssen. Die Ereignisse treiben sie ohne Erbarmen und schreiben ihr mehr wie je ihre Handlungen vor. In diesem Fatum liegt die Erklärung für das verzweifelte Bemühen des deutschen Propagandasystems, nicht nur das eigene Volk, sondern auch das Ausland weiter zu täuschen, nachdem es mit Trug begonnen hat. Nie in der Weltgeschichte ist eine so böswillige Unwahrheitspropaganda für denkbar gehalten worden.

V

Kommentare zur deutschen Revolution
Politische Schriften 1918-1920

Die Umgehung der Instanzen

(16. 11. 1918)

Die Tatsache, daß an dieser Stelle seit anderthalb Jahren die Ereignisse vorausgesehen wurden, die jetzt eintreffen, berechtigt uns, unsere Landsleute in der Heimat dringend zu warnen vor Maßnahmen, Depeschen und Manifesten, die dazu beitragen könnten, die schwere Krise, die Deutschland bevorsteht, zu verschlimmern, anstatt zu beheben.

Noch ist es schwer, im Auslande zu beurteilen, in welcher Gesinnung die Monarchie gestürzt und die Waffenstillstandsbedingungen akzeptiert wurden, in welcher Gesinnung man zu den Friedensverhandlungen zu kommen gedenkt. Man sagt, daß der Mangel an politischen Köpfen die neue Volksvertretung gezwungen hat, Männer des alten Systems als Fachminister zu übernehmen. Man sagt, daß die kaiserliche Gesandtschaft in Bern noch immer in Kraft ist, nachdem sie ihre Zustimmung zum neuen Regime »selbstverständlich« erklärt hat. Man vernimmt Hilferufe, mit deren Lancierung frühere Defaitisten betraut sind. Man konstatiert mit Besorgnis, daß sogar bei den Waffenstillstandsbedingungen weitergelogen wird, indem man nachträgliche Erleichterungen der Lebensmittelzufuhr melden läßt, während tatsächlich die erste deutsche Publikation der Bedingungen wohl wissentlich entstellt war, um die Unannehmbarkeit darzutun. Man meldet Verbrüderungen an der Front (Meldung aus Genf, redigiert von dem Dioskurenpaar Max Beer-Schlesinger auf der kaiserlichen Gesandtschaft?), um Hoffnungen auf bolschewistische Proteste in Frankreich zu erwecken und damit die neue Regierung zu Maßnahmen zu verleiten, die das revolutionäre Deutschland sofort wieder kompromittieren sollen.

Wogegen zu sagen ist: Wir sind skeptisch, noch immer, gegen die deutsche Revolution. Es hat nach allen ihren bisherigen Dokumentierungen den Anschein, daß die Schwerindustrie die sozialpolitischen Minderheiten vorschickt, um durch einen Druck auf die Opposition der feindlichen Länder bessere Bedingungen zu erwirken und sich nach Möglichkeit »aus der

Affäre« zu ziehen. Es hat noch immer den Anschein, daß die Revolution »erlaubt« ist, nicht mehr von der Monarchie, aber von der Schwerindustrie und der ganzen konservativen und Junkerclique, die bis jetzt weder unschädlich gemacht noch hinlänglich (richterlich) desavouiert sind. Es hat den Anschein, als sei alle Welt in Deutschland sich einig, daß das Volk keine Konsequenzen aus den Sünden des alten Regimes zu ziehen habe, und mit einer kostenlosen Revolution nebst Jammern und Winseln »mildere Bedingungen« zu erreichen gedenke.

Worauf zweitens zu sagen ist: Der Krieg ist nicht um bessere oder schlechtere Geschäfte geführt worden, sondern um die Anerkennung der Gerechtigkeit und der Moral. Der Krieg ist nicht infolge materieller Überlegenheit der Gegner verloren worden, sondern infolge der schandbaren und skrupellosen deutschen Handlungen und Rechtsbrüche, die alle Welt zum Bündnis gegen uns trieben. Die Konsequenz also ist, daß man zunächst sich gegen sich selbst wendet, eindeutig und klar die Kriegsschuld anerkennt. Sühne verspricht und sich unter Entfernung Hindenburgs der Armee versichert zur Durchführung dieser moralischen Prinzipien. Gericht für die Schuldigen, Bezahlung der angerichteten Schäden aus dem Vermögen der Schuldigen, Einziehung der Latifundien, der Junker und der toten Hand, weitgehende staatliche Säkularisierung der Kriegsindustrie und -gewinne. Weitestgehende Besteuerung der Vermögen.

Das Bekenntnis zu diesen Maßnahmen wird das Vertrauen und den Enthusiasmus der Volksmassen finden – *und dann auch* das Vertrauen der siegreichen Mächte.

Falsch und kompromittierend ist die immoralische Hoffnung, durch Umgehung der feindlichen Regierungsinstanzen die Opposition der feindlichen Länder aufzureizen. Wir Deutsche haben keine Veranlassung, um Erleichterung der Waffenstillstands- und Friedensbedingungen uns zu bemühen, bevor wir uns enthusiastisch auf den Standpunkt der Gerechtigkeit stellen und durch Taten uns restituieren. Nur einem moralischen, wahrhaft freiheitlichen und neuen Deutschland, nicht aber einer auf Umsturz in den feindlichen Ländern bedachten Händlergesellschaft wird man entgegenkommen.

Nicht nur das kaiserliche System, auch der Bolschewismus ist besiegt. Es geht nicht an, die Methoden Ludendorffs weiter zu betreiben. Die Gesandtschaft in Bern muß verschwinden. Sie hat durch ihre Unterstützung der bolschewistischen Propaganda der Schweiz einen Generalstreik verschafft. Dem Bolschewismus bei uns selbst aber widerspricht jede ideelle Voraussetzung und jede Wünschbarkeit. Die Herren, die eine doktrinäre Zerstörung und allgemeine Enteignung planen oder befürchten, irren sich, oder sie lassen sich treiben. Wir können einen neuen Dreißigjährigen Krieg im Lande nicht brauchen. Wir brauchen, wenn die revolutionäre Disziplin unserer eigenen Armee versagt, die Hilfe der freien Völker, um soziale Maßnahmen im großen Stile durchzusetzen, die unerläßlich sind, die aber nicht aus Marxismus und Bolschewismus, sondern aus unserer verzweifelten Situation und unserem Willen zur Befreiung von einer skrupellosen nationalen Kapitalistenverschwörung entspringen.

Und noch eines: Man schickt anationale Israeliten vor, um eine möglichst vorteilhafte Liquidation zu erreichen. Auch das ist falsch. Der Boden einer israelitischen Republik ist das gelobte Land, nicht aber Deutschland. Wir arbeiten mit diesen Herren gerne, soweit sie sich unzweideutig zur moralischen Tat bekennen. Die Legende vom auserwählten Volk ist besiegt. Das alte Testament ist besiegt. Berlin ist nicht mehr Sinai. Wir wollen eine deutsche Nation, eine deutsche Republik, wir wollen eine deutsche Nationalversammlung, die die Geschäftemacher und Opportunisten desavouiert und sich zur Auferstehung einer großen, wahrhaft geläuterten Nation bekennt. So, nur so, gewinnen wir das Vertrauen der Welt zurück.

An die in Berlin

(30. 11. 1918)

Man schimpft zwar »Landesverräter«, aber das kann uns nicht abhalten, aufrichtig zu sein. Man wird uns im Ernste nicht zumuten, die Sache da, die man in Deutschland eine Revolution zu nennen beliebt, dafür gelten zu lassen.

Was ist denn geschehen? Nicht einmal die patriotische Phrase ist gebrochen. Die Gendarmerie-Organisation, die man »Arbeiter- und Soldatenrat« nennt, funktioniert ausgezeichnet. In Lennep (bei Köln) gelang es zwar nicht zu verhindern, daß die »zurückflutenden« Truppen der 5. Armee die rote Fahne (eine Art Signalflagge, siehe Eisenbahndienst) herunterholten und die preußische Kriegsflagge hißten. In Remscheid (rheinisches Industriegebiet) haben Fronttruppen den Arbeiter- und Matrosenrat sogar eingesperrt. Aber solche Zusammenstöße zwischen harmlosen Passanten und gereizten Polizisten gab es in Preußen ja stets, man muß sie nicht tragisch nehmen. Es fiel auch ein Schuß, doch traf er nur die Katze.

Ruhe und Ordnung, so heißt die Parole. Gegen die Übergriffe der Polizei (alias Arbeiter- und Soldatenrat) schützt die Regierung. Noch immer hört man: »Die Vöglein im Walde, die sangen so wunder-wunderschön«, und »Die Helden, die jetzt aus langem Kampfe zurückkehren, haben gleich den Toten die Ehre des deutschen Namens gewahrt, eine Ehre, die für diese Männer nie ersterben kann«.

Helden nämlich, sind das jene Kindsköpfe und seit vier Jahren gezüchteten Kriegsrekordschläger, die sich einbilden, nicht geschlagen zu sein, weil sie noch auf zwei Beinen gehen können? Helden, sind das jene Handlanger einer *vom Feinde* gestürzten Monarchie, die sich von Flaggenschmuck und Salbaderei einer an Arm und Bein vor Angst und schlechtem Gewissen zitternden Bürgerschaft täuschen lassen? Helden, sind das all die Gutweggekommenen, die jetzt Karessen einstecken für die verendete Qual derer, die draußen verfault und verschimmelt sind?

In Berlin aber tagt man und überlegt, ob es eine sozialistische oder bürgerliche Revolution werden soll. Man weiß nicht genau. Für den Sozialismus spricht die Internationale, jene famose Erfindung des Pangermanisten Karl Marx, von der man bereits ein wenig enttäuscht ist, weil sie nicht größere Wirkung tut. Für das Bürgertum sprechen Ruhe und Ordnung, Rettung der »Einheit« und Rettung des »Vaterlandes in seiner schwersten Stunde«.

Ihr einziger Eisner fällt unangenehm auf durch die Insistenz, mit der er auf Erörterung der Schuldfrage besteht. Er scheint es sich in den Kopf gesetzt zu haben: Die Schuldfrage müsse erörtert werden.

Also hat er dem alten Generalfeldmarschall mit dem künstlerischen Gesichtsausdruck und der Feldwebelfrisur zu verstehen gegeben, er möchte gefälligst seine Phrasen bleiben lassen, und also hat er dem völkerverbindenden Herrn Erzberger von der schwarzen Seelenpolizei bedeutet, daß man zur Friedenskonferenz anständigere Personagen, als ihn, den Herrn Erzberger, werde zu schicken genötigt sein. Und also schlägt er vor – was den Beginn einer größeren Munterkeit bedeuten kann –, Staatsgerichtshöfe einzusetzen und die Frage der Schuld mehr systematisch in Schwung zu bringen.

Der gute Herr Bethmann schlottert bereits und stammelt allerhand unzusammenhängende Fragmente von »Mängeln des deutschen Nationalcharakters und Sünden allgemeinen Gebarens«, die zu der kriegerischen »Hochspannung« beigetragen haben sollen. Beruft sich auf Suchomlinow (als ob ein Sachverständiger für die Schuldfrage, unser J'accuse-Mitarbeiter Dr. Richard Grelling, in Berlin noch nicht eingetroffen sei) und denunziert die »sogenannte Flottenpolitik« des Herrn von Tirpitz (der seinerseits, glücklich rasiert, den freundlichen Bannkreis der Schweiz erreicht hat).

Man schließe die Grenze, man lasse keinen mehr reisen. Es wird sonst notwendig sein, einen internationalen Gerichtshof neben dem Staatsgerichtshof *heftig zu fordern* für alle diejenigen, die da glauben, durch einen Klimawechsel ihre Lumpenseele retten zu können. Und man verlange die Auslieferung der flüchtigen Herrschaften von Holland, der Schweiz und Skandinavien, um dem Stigma zuvorzukommen, das die Errichtung eines Gerichtshofes im Ausland dem Renommee unserer »Wiedergeburt« belassen würde.

Die moralische Revolution marschiere: Sie ist wichtiger als die soziale oder politische. Denn sie allein restituiert die beleidigte Menschheit.

Laßt Eure Doktrinen beiseite und haltet Euch an die Realitäten des Alltags! Packt Eure abgeklapperte Internationale ein, oder zieht eine höchst nationale Konsequenz aus ihr! Je strenger Ihr in der Praktik der Schuldfrage seid, desto rascher werdet Ihr »Ordnung« schaffen. Je peinlicher Ihr dem Gewissen folgt, desto eher wird »Ruhe« und »Einheit« sein. Sie, Franz Pfemfert, sollten jetzt keine »antinational«-sozialistischen Aufrufe ins Ausland senden, die Herr Dr. Ehrenstein unterschreibt und in denen zu lesen ist, der deutsche Militarismus sei gestürzt. Das trifft auf die Materie zu, nicht aber auf den Geist. Und Sie, Herr von Gerlach, mögen nicht allzu sehr jubeln über »das größte Glück für Deutschland, daß wir jetzt angesichts des Friedenskongresses eine sozialistische Regierung haben«. Eine regierende deutsche Sozialdemokratie mit all ihrer reichlich konfusen Einstellung zur neuen demokratischen Idee ist keineswegs das höchste Glück auf Erden, und das Auswärtige Amt in Berlin ist noch immer nicht verhaftet, trotzdem es sich so energisch gegen die Veröffentlichung belastender Dokumente wendet. Sie aber, Prinz Max von Baden, bedienen sich in einer Antwort an das englische Rote Kreuz der Worte »unritterlich« und »unchristlich«, als sei Ihrer hochedlen Feder seit August 1914 Protest auf Protest gegen die maßlosen belgischen, serbischen, finnischen Greuel entsprossen.

Diese vertrackte Nation wiegt sich noch immer im fröhlichen Glauben, vom alten Jehova erwählt zu sein; Leid verhängen zu dürfen, doch selber verschont zu bleiben. Ex est. Man wird sich gewöhnen müssen, daß die Vergeltung naht, automatisch, einem verlassenen Volke, furchtbar wie das Verbrechen war. Jetzt ist die Zeit, durchzuhalten, *für uns* gekommen. Es gilt auf dem Posten zu sein.

Die Fingerfertigen

(30. 11. 1918)

Das darf nicht sein! Feierlich erheben wir Protest. Zum zweiten Male soll das betrogene deutsche Volk von seinen sogenannten »Dichtern und Denkern«, mit Gerhart Hauptmann an der Spitze, genasführt werden. Soeben wird eine Kundgebung Berliner »Künstler und Dichter« bekannt, die es verdient, niedriger gehängt zu werden. Man sehe sich vor! Cave canem! Videant consules. Namen der in der ganzen Kulturwelt berüchtigten Dreiundneunzig figurieren wieder darunter! Schon das genügt ... Die Wahrheit soll aufs neue genotzüchtigt, die Tatsachen sollen von diesen Geistesheroen, die die Verletzung Belgiens verteidigten, die Lieder auf Ludendorff und Hindenburg sangen, wieder auf den Kopf gestellt werden. In dieser Kundgebung heißt es:

»Es ist an der Menschheit in einem ungeheuren Maße gesündigt worden. Die zivilisierte Welt wurde zum Kriegslager und zum Schlachtfelde.« Wir fragen: Von wem ist gesündigt worden, wer hat die Welt in ein Kriegslager und in ein Schlachtfeld gewandelt?

Antwort: die gestürzte deutsche Regierung und ihr militaristisches System! Weitere Frage: Wer hat diese besungen und verherrlicht? Antwort: Die »Künstler und Dichter«, die auch dieses Gewinsel unterzeichnet haben und nun im Namen der Menschlichkeit faseln! Das darf nicht sein, dagegen erheben wir feierlich Protest! Sieh dich vor, deutsches Volk! Laß dich von den Fingerfertigen nicht zum zweiten Male einfangen! Hafte ihre Namen auf die Schandsäule, denn sie haben dich in der »Woche« und in allen ähnlichen Blättern vier Jahre hindurch zum Besten gehabt. Kündige ihnen endlich das Vertrauen auf, deutsches Volk! Sie wittern die Konjunktur und wollen nun in Menschlichkeit machen, wie sie vier Jahre lang in Militarismus und Völkerhaß gemacht haben. Es genügt, hier daran zu erinnern, daß Herr Walter Bloem in seinem »Eisernen Jahr« den Krieg verherrlichte, daß Paul Oskar Höcker nicht nur

Redakteur am »Daheim«, sondern auch Verfasser der schamlo-
sen Schrift »An der Spitze meiner Kompagnie« in Flandern ist,
daß Hermann Sudermann sogar dithyrambisch in den ersten
Kriegswochen 1914 in die Scherlschen Wochen kam. Also nur
diese drei Beispiele für viele! Verbrenne die alte Zeit, komme
nicht wieder mit solchen Geisteshelden, die dich vor beiden
Hemisphären auf ewig blamiert haben, sonst bist du für alle
Zeiten verloren, deutsches Volk!
Der Aufruf ist von folgenden »Männern« unterzeichnet, die
samt und sonders um Wilhelms Gunst und um sein Eisernes
Kreuz gebuhlt haben und die heute das Recht verwirkten, im
Namen des deutschen Volkes vor den geistigen Führern der
anderen zivilisierten Nationen das Wort zu ergreifen! Wir
nageln sie fest.

Peter Behrens, German Bestelmeyer, Leo Blech, Walter
Bloem, Lovis Corinth, Ludwig Dettmann, Max Dreyer,
Georg Engel, Otto H. Engel, Herbert Eulenberg, Cäsar
Flaischlen, Philipp Franck, Ludwig Fulda, August Gaul,
Adele Gerhart, Walter Harlau, Gerhart Hauptmann, Hans
Herrmann, Dora Hitz, Paul Oskar Höcker, Ludwig Hoff-
mann, Gustav Kadelburg, Arthur Kampf, Bernhard Keller-
mann, Fritz Klimsch, Friedr. E. Koch, Käthe Kollwitz, Ernst
Körner, Hermann Kretzschmar, Hans Land, Karl Langham-
mer, Hugo Lederer, Hildegard Lehnert, Arthur Lewin-
Funcke, Max Liebermann, Ludwig Manzel, Otto Marcus,
Hans Meid, Walter v. Molo, Alexander Moszkowski, Bruno
Paul, Rudolf Presber, Georg Reicke, Gabriele Reuter, Fritz
Schaper, Max Schlichting, Theo Schmuz-Baudiß, Rudolf
Schulte im Hofe, Georg Schumann, Franz Schwechten, Leo
Walter Stein, Richard Strauß, Eduard Stucken, Hermann
Sudermann, Heinz Tovote, Louis Tuaillon, Clara Viebig,
Hugo Vogel, Fedor v. Zobeltitz.

Sie, und nicht minder ihr gewissenloses Geschreibsel, das
angesichts der furchtbaren Geschehnisse weder Hand noch Fuß
hat, ein Phrasenschwall, in dem, wie sie meinen, aber diesmal
vergeblich, die Wahrheit und mit ihr ihre eigene Verantwortung
untergehen soll. Lehne deren Führung ab, deutsches Volk,

wenn du nicht völlig im Abgrund der Verachtung der anderen Nationen versinken willst! Sie jammern:

»Millionen der besten Söhne aller Völker ruhen in Gräbern. Die Gefallenen, brüderlich vereint, sind friedlich und stille. Auch bei uns hat der Waffenkampf aufgehört, nicht aber der Kampf um Sein oder Nichtsein unseres Volkes. Dieses Volkes, das einer künftigen gerechten Zeit in einer Glorie erscheinen wird. Wir Gestalter mit Meißel, Palette und Feder, wir Baumeister und Musiker, Männer und Frauen, die wir vor allem Menschen und von ganzer Seele Deutsche sind, zweifeln nicht daran: unser Volk, unser Land wird bleiben und wird nicht untergehen. Aber wir sehen Volk und Land gerade jetzt auf die schwerste Probe gestellt. Es kommt darauf an, sie zu bestehen. Wir haben es schaudernd erlebt, daß der Haß nicht fruchtbar ist. Die Liebe aber ist fruchtbar und schaffend, und sie strömt nur aus einem wachen Herzen. Laßt uns also nicht nur unser Brot mit den Brüdern teilen, die aus dem Felde heimkehren, wir wollen ihnen auch unsere wachen Herzen entgegentragen. Es ist endlich Zeit, daß eine große Welle der Liebe die verheerende Woge des Hasses ablöse. Mit einer klaren und furchtbaren Logik wurde, man möchte sagen, menschliches Planen durch göttliches ersetzt. Aber obgleich es so ist, und obgleich vor der Gewalt dieser so bewirkten Umwandlung jedes Volk zu zerbrechlich erscheint, erkennt doch der Sehende schon in dem, was sich, gleichsam von selbst, an neuer Form durchgerungen hat, das alte, kraftvoll besonnene Wesen des Deutschen unversehrt. Und wer lebt, wird in nicht allzu langer Zeit – dessen sind wir gewiß – den deutschen Boden reicher als je in Blüte sehen. Seit einem Jahrtausend hat die deutsche Nation nichts erlebt, was an Bedeutung dem Ereignis der letzten Tage gleichzusetzen wäre. Wer es versteht, der fühlt seine unvergleichliche Macht. Seine Bedeutung ist unendlich viel tiefer, und es kommt auch aus ganz anderen Quellen her, als es vielleicht jene meinen, deren weltgeschichtliche Pflicht es ward, es äußerlich zu vertreten. Wer wollte sich dieser eisernen Bestimmung entgegensetzen? Heut hat das Volk sein Geschick in die Hand genommen. Keiner wird jetzt zurückstehen, dessen Kräfte im Nationaldienst verwendbar sind. Auch die neue Regierung möge mit uns rechnen, wo sie unser Wirken für ersprießlich hält. Keiner von uns wird zögern, im Wohlfahrtsdienste des Friedens das Seine von Herzen und nach Kräften zu tun.«   Dr. E. S.

Die Nationalversammlung

(7. 12. 1918)

Der erste Akt der sogenannten Revolution ist abgeschlossen und – verpfuscht. Der Mangel an wirklich unterrichteten Persönlichkeiten, der Mangel an politischem Sinn und einer ausgedehnten Verständigung, der Mangel nicht zuletzt an einem einheitlichen Plan jener wenigen deutschen Republikaner, denen die Wahrheit über die Karriere geht und das Prinzip über den Opportionismus, haben verhindert, im günstigen Augenblick – den ersten acht Tagen nach dem Sturze Wilhelms II. – einheitliche Maßnahmen zu treffen und das Wiederaufkommen der Reaktion zu vereiteln. Diese Maßnahmen mußten bestehen in folgenden 6 Punkten. 1. Verhaftung des Kaisers und der obersten Heeresleitung. 2. Verhaftung der Schuldigen des Auswärtigen Amtes und der für den Kriegsbeginn verantwortlichen Männer. 3. Aufhebung der volksfeindlichen Presse und Verbot jeglicher Beschimpfung eines feindlichen Volkes oder einer feindlichen Regierung. 4. Bekenntnis zur Schuld am Ausbruch des Krieges (die Spatzen pfeifen unsere Kriegsschuld vom Dach, es bedarf für die Hauptübeltäter nicht erst einer Untersuchungskommission). 5. Bekenntnis zur Niederlage und völlige Aufklärung über die materielle und moralische Bedeutung dieser Tatsache. 6. Erklärung für die Reichseinheit und die Konstituante.

Keiner dieser 6 Punkte wurde mit Zustimmung einer größeren Anzahl vertrauenswürdiger Führer proklamiert. Das bricht der schönen Revolution den Hals. Das alte System hat sich nicht nur fürs Nächste behauptet. Es dekretiert frecher von Tag zu Tag, und schamloser als je sind die Lügen unterwegs. Vom Volke ist nicht zu erwarten, daß es das Spiel durchschaut. Aber die Führer sollten sich fester als je zusammenschließen, um jenen skrupellosen Dunkelmännern, die hinter den Kulissen die Fäden ziehen, ihren großen Coup, die zu frühe Berufung der Nationalversammlung, aus der Hand zu schlagen.

Wir wissen aus einer Erklärung Eisners, daß 90% der Bevölkerung *nicht* nach der Nationalversammlung »schreien«. Wir wissen gerade von ihm, daß es eine elende Pressemeute und das Schuldbewußtsein ist, was unter dem Vorwande, die gefährdete Reichseinheit zu retten und das rechte Rheinufer vor einer weiteren Invasion zu bewahren, das Volk und die zurückkehrenden Soldatenmassen zu betrügen sucht.

Es ist nicht wahr, daß die Entente auf Einberufung der Konstituante dringt. Die Entente will zwar keine Anarchie, aber auch keine Verbrecher am Ruder und keine Helfershelfer von Verbrechern, sondern lautere, aufrichtige Männer.

Es ist nicht wahr, daß die Entente mit einer Fortsetzung des Krieges droht, nur weil bis zum 17. Dezember die politische Lage nicht geklärt und eine das ganze Volk repräsentierende Regierung nicht geschaffen ist.

Es ist nicht wahr, daß sich ein Rache- und Vergeltungsgeist der freien Völker bemächtigt hat. Man denkt nicht daran, außerhalb der Folgen, die eine unverantwortliche deutsche Regierung heraufbeschworen hat, das zerquälte und noch immer getäuschte und mißbrauchte Volk zu treffen.

Wir können vielmehr – aus ebenso »intimer Kenntnis« der Sachlage wie Herr Prof. F. W. Förster – versichern, daß man es für angebracht hält, die völlige Rückkehr der Truppen und die Bekanntgabe der Präliminarien abzuwarten.

In der moralischen Haltung unserer Feinde ist eine Gewähr geboten, daß man ein Volk, das sich gegen seine verderblichen Führer wendet und dadurch Europa vor der Fäulnis rettet, in seiner äußersten Notlage nicht zugrunde gehen läßt.

In der moralischen Haltung unserer Feinde ist eine Gewähr geboten, daß man auf die opfermutige Mitarbeit eines aufrichtigen und bereuenden Volkes von 70 Millionen im Aufbau einer neuen Welt nicht leichthin und ohne die strengste Erwägung verzichten wird.

Es wird nichts mehr ausgerichtet mit Hinterlist, Hohn und Trug. In dieser Welt wird gesiegt und gekämpft mit Wahrheit, Recht, Güte und Liebe.

Die erste Bedingung aber einer Rettung unserer moralischen Existenz – und es gibt keine andere Existenz, die nicht beruht auf ihr – ist die billige Anerkennung historischen Unrechts. Werft Eure Bismarcktürme um, Krieg werdet Ihr nie mehr führen. Verbrennt Euren hölzernen Hindenburg. Der Winter wird kalt. Was soll dieser Götze? Berechnet Euch, was Ihr zu zahlen habt. Und denkt daran, wo Ihr es hernehmen werdet. Ihr, Volk; nicht Ihr, Börsianer und Kriegsspekulanten, die die Millionen eingeheimst haben. Wie könnt Ihr noch stolz sein auf Eure Waffenerfolge? Ihr habt für die schlechteste Sache der Welt gekämpft und alles verspielt dabei.

Man betrügt Euch, zum zweiten Male, wie man Euch 1914 betrogen hat. Man hofft die Nationalversammlung zu gestalten zu einem Generalprotest gegen die »Vergewaltigung«, gegen den »Vernichtungswillen«, gegen den »wehrlosen Versuch, Euch das Letzte zu nehmen und Euch dem Hungertod auszuliefern«. Und man wird Euch damit um den Völkerbund bringen. Man hofft, die preußische Monarchie zu behalten und sogar das feigste aller Fürstenhäuser, die Hohenzollern. Man hofft, die großen Vermögen zu retten und Euch zur Zwangsarbeit einzuspannen. Man hofft, Eure Wut auf den Feind abzulenken, um so dem Gericht zu entgehen.

Die ganze Welt ist sich einig darüber, daß nicht nur Wilhelm II. und seine Familie, sondern das ganze System der Monarchie, die Junker und die Alldeutschen, die Professoren und Journalisten bis herab zum traurigen Verseschmierer Euch in den Krieg gehetzt haben.

Macht Eure Augen auf! Ihr seid machtlos gegen die Meinung der ganzen Welt. Jede Lüge kostet Euch Blutschweiß, Ehre und Brot. Drängt Eure Staatsmänner, daß sie Euch sagen, wie Eure Rechnung steht. Glaubt nicht, daß über den Frieden lange verhandelt wird. Elsaß-Lothringen *ist* verloren. Auch das Rheinland wird abfallen, wenn Ihr nicht Rechenschaft fordert. Es wird der *Moral* der Alliierten nicht standhalten können. Zu dieser Einsicht bedarf es keiner Nationalversammlung. Drängt darauf, daß Ihr die Präliminarien kennenlernt, und die Männer auch, die sie verschuldet haben. Bis zur Nationalversammlung solltet Ihr über all diese Dinge im klaren sein. Diese Versammlung muß ein Gerichtshof werden. Wendet Euch gegen Berlin und laßt Euch nicht länger am Gängelband führen von einer patzigen Junkerclique; von Herren wie Solf, Erzberger, Scheidemann, hinter denen der Wucherverein und die Engros-Schieber stehen. Von Männern, deren Namen durch alle Gassen gezogen sind und die Euch nichts Neues zu sagen haben.

Fordert Listen der Schuldigen, statt Wählerlisten. Wie viele Schinder gibt es in Deutschland? Wie viele Lügner? Wie viele Kriegslieferanten und Volksspekulanten? Das alles ist wichtig zu wissen.

Versucht es einmal mit der Wahrheit, mit dem Zweifel statt mit dem Vertrauen! Versucht es von Euren »Feinden«, die doch nun einmal Freiheit und Moral vertreten, nicht stets das Schlimmste, sondern das Beste zu glauben, von Euren Zeitungsschreibern aber das Gegenteil. Und Ihr werdet lernen, *selbst* Politik zu machen. Wer vom Feinde schlecht spricht, sollte zu büßen haben. Denn vom Feinde heute noch schlecht sprechen, heißt die Nation gefährden, heißt es mit denen verderben, ohne die Ihr verhungern und umkommen müßt in einem riesenhaften nationalen Arbeitshaus.

Die freien Völker aber warnen wir vor dieser deutschen Nationalversammlung, die da zu schnell zu kommen droht. Sie wird einem Volke von etlichen Dutzend Millionen im Herzen Europas den Rachegedanken einimpfen und dadurch Europa verpesten für unabsehbare Zeit. Sie wird es zustande bringen, die Schuldfrage zu eskamotieren und Zustände zu schaffen, die eine Explosion nach sich ziehen. Sie wird die Sklaverei einführen in einem dem ganzen Jahrhundert unwürdigen Maße. Sie wird, den tausendjährigen Fatalismus des heiligen römischen Reiches benützend, das Ungeheuerliche vollbringen, ein großes, unwissendes Volk, dessen moralische Instinkte zerbrochen sind, bis aufs Blut auszusaugen.

Wir dringen darauf, über die nach Gerechtigkeit harten und demütigenden Friedensbedingungen schon jetzt keinen Zweifel mehr zu lassen. Wir dringen darauf, eine Liste der Schuldigen auszuarbeiten und die Auslieferung zu verlangen. Wir wenden uns an den Sitz und Ausgangspunkt der moralischen Revolution, Paris, zu verhindern, daß die geplante *voreilige* Berufung der deutschen Versammlung, die sich nach Kassel begeben will, um dort das Jubiläum der Gefangennahme Napoleons III. zu feiern, den letzten Rest edlen Freiheitsgeistes und jene spärliche Minorität vergewaltigt, die frei von Dünkel und jenseits von diesem Parademarsch schmutziger Seelen selbst hier noch der Menschheit dient.

Die neue Zeit

(1. 1. 1919)

So heißt der Titel einer Broschüre, die soeben aus München (Verlag Georg Müller) eintrifft. Sie enthält die Reden Kurt Eisners, Ministerpräsidenten des bayerischen Volksstaates, vom Ausbruch der Revolution, 8. November, bis zur Versammlung der bayrischen Soldatenräte am 30. November, und ist das erste authentische Programm einer größeren Gruppe Sozialisten und Demokraten, die die provisorische Regierung einer deutschen Provinz übernommen haben.

Ein sehr sympathisches Programm, um es gleich vorweg zu sagen, voller Vertrauen und Güte zur breiten Masse des Volkes, voll eines lebhaften und arbeitsfreudigen Optimismus, stolz auf jede, wenn auch kleine, so doch positive Leistung; ein wenig tolstoianisch in seiner Nachsicht gefährlichen Intrigen gegenüber, doch stellenweise auch recht aggressiv und energisch, wenn es Rechte zu wahren gilt. Was besagen denn alle Bedenken gegen die eine Tatsache, daß hier ein *Idealist*, endlich ein Idealist und Volksfreund am Werke ist! Er soll auf der Hut sein und sich von den schwarzen und goldenen Hyänen nicht übertölpeln lassen, dann ist er vielleicht der Mann, dessen gutes und liebendes Herz die deutsche Nation zu retten vermag.

Ist es nicht ein wahres Evangelium, daß einer sich gefunden hat, der in der Stunde der Not die Dogmen beiseite läßt und sich an die Tatsachen halten will? Wo nichts zu sozialisieren da ist, da hört der Marxismus von selbst auf. Diese so einfache Wahrheit ist keineswegs Allgemeingut, und man braucht nur nach Berlin zu sehen, um keinen Augenblick darüber im Zweifel zu sein, daß man, wie Eisner sagt, in Berlin zwar radikaler redet, in München aber radikaler handelt. Eisner kennt keine Angst vor dem Bolschewismus. In Süddeutschland liegen ja wohl die Verhältnisse auch anders als in Berlin, dem eigentlichen Herde der Intelligenz. »Meine Herren«, sagt Eisner, »Bolschewismus! Ich will Ihnen sagen, worin der Gegensatz der äußersten Linken mit mir besteht. Wenn einmal die Not groß ist, und wenn Hunger ist, und Arbeitslosigkeit, dann nimmt sich eben

jeder seinen Unterhalt, wo er glaubt, ihn zu finden. Der Verhungernde plündert die Bäckerläden. Das ist aber kein Bolschewismus, weder theoretisch, noch praktisch, das ist die Verzweiflung vor dem Untergang. Der theoretische Unterschied zwischen mir und den Bolschewisten besteht darin, daß ich mir gar kein Hehl daraus mache, daß es mir *utopisch* erscheint, wenn wir im gegenwärtigen Augenblick des Zusammenbruchs die Produktion, die Industrie und die Produktionsmittel zu vergesellschaften anfangen. Das ist kein Abtrünnigwerden vom Sozialismus, sondern nüchterne, ruhige Praxis.« Eisner sieht die Sache anders. Er fühlt einen neuen Enthusiasmus des Schaffens rings im Lande, als ob die Millionen nur darauf gewartet hätten, um, befreit vom Druck, nun mitzuhelfen. »Wir sind Sozialisten, d. h. wir wollen die Hemmungen der wirtschaftlichen Ordnung beseitigen, die auf die Massen wie auf die einzelnen drücken, und erreichen, daß jeder Mensch, der geboren ist, sein Leben entfalten kann, um in verbürgter Sicherheit des Daseins die kärglichen Jahre irdischen Lebens, erfüllt von Idealen, beglückt von Arbeit, zu erschöpfen. Wir rufen über unser Land hinaus zu den Völkern, die gestern noch unsere Feinde waren: Wir bekennen unsere Schuld! Und bahnen damit den Weg zu innerer Verständigung und Versöhnung. Alle, die reinen Herzens, klaren Geistes und festen Willens sind, sind berufen, am neuen Werke mitzuarbeiten.«
Er hofft, ohne Gewalt und Katastrophen auszukommen und eine neue Form der Demokratie zu entwickeln. »Wir wollen die ständige Mitarbeit aller Schaffenden in Stadt und Land.« Die Korporationen sollen sich parlamentarisieren und Abgeordnete schicken. Die Regierung arbeitet in engstem Zusammenhang mit den Arbeiter-, Soldaten- und Bauernräten. Eisner ist sich bewußt, in seiner Person die besten und menschlichsten Interessen dieser Räte zu verkörpern, und darauf beruht seine Autorität, die Ausgangspunkt eines neuen Glaubens in Deutschland werden kann. Eisners Überzeugung ist: daß nur in vollkommener Freiheit die neue Freiheit reift. Er läßt die fauchende Presse und den nicht allzu stürmischen »Bolschewismus« gleicherweise gewähren, und seine revolutionäre Initiative bürgt dafür, daß sie ihm nicht über den Kopf wachsen werden. In der selbstlosen Hingabe und Aufrichtigkeit liegt seine Kraft.

Wenn man ihn nicht mehr haben will, wird er »stillvergnügt« beiseite gehen. Vorerst aber will man ihn haben, und das ist ein guter Instinkt seiner Räte, denn das Herz macht die Politik, nicht jene Presse-Intriganten, die den Eindruck zu erwecken suchen, »als ob in Bayern das Chaos herrsche, als ob niemand in Bayern Vertrauen genieße, als ob hinter keiner Regierung die Macht und der Wille des Volkes steht«. (Rede vor den bayerischen Soldatenräten, 30. November.)

Unter solchen Umständen muß es Eisner im Grunde gleichgültig sein, ob die Nationalversammlung früher oder später stattfindet. Denn wer kann ihn zwingen, sich zentralisieren zu lassen? Sein Prinzip ist hilfreich und gut. Die Gelehrten und Professoren haben lange und allzu lange mit ihrer Herrschaft das Volk verdorben. Sie sollen den Massen jetzt Freiheit lassen, sie sollen »ins Volk gehen«, das lange genug unter einer volksfeindlichen, abstrakten und isolierten Gelehrtenkaste gelitten hat. Eisner ist für die Nationalversammlung »nach Erledigung der notwendigen Vorarbeiten«, und mit Recht. Denn die notwendigen Vorarbeiten, die er meint, sind das Notwendigste überhaupt, was geschehen muß. Aufklärung, Erörterung, Sicherung der prinzipiellen Errungenschaften, bis das gesamte Volk von den Tatsachen unterrichtet ist und sie in tüchtiger, klarer, unzweideutiger Weise begriffen hat. Schade, daß es nicht sechsundzwanzig solche Eisner gibt, für jeden der sechsundzwanzig Bundesstaaten einen. Dann wäre es eine Lust, zur Nationalversammlung zu gehen.

Eisner wird fordern, daß die Masse vom neuen Parlament nicht ausgeschaltet werde. Das ist gut und vernünftig, denn gerade die Masse ist verwahrlost worden, und sie, die Masse des Volkes, bewahrt heute allein noch die Möglichkeit einer Moral, die Vernunft der Nation, wenn sich Männer finden, die dieses Bewußtsein zu wecken wissen. Eisner versucht es und sieht, wie die Einsicht der Räte sich täglich entwickelt. Man darf nicht vergessen, daß so zu den Leuten noch niemand in Deutschland gesprochen hat. Nur die bankerotten Politiker haben es eilig mit der Konstituante, nur die Berliner Konfusion und die weite Bourgeoisie, die da glaubt, daß die Konfusion der Nationalversammlung über die Konfusion der Provinzen hinweghelfen kann, wenn man mit unklaren Köpfen nach Kassel oder nach

Erfurt fährt. Eisner rechnet ganz richtig: Würden die Massen in Berlin erwachen – sie sind entkräftet und unterernährt, außerstande, zu handeln –, so ließe sich rasch eine Verständigung über ganz Deutschland im Eisnerschen Sinne erzielen. Aber die in Berlin machen Weltrevolution und haben nicht einmal die Kraft, das Auswärtige Amt auszuräuchern, bekämpfen den Weltkapitalismus und brauchen doch auswärtige Kredite, wenn sie nicht verhungern wollen.

Nun gehört ja gewiß das Kultusministerium nicht, wie Herr Eisner meint, in die Hände eines Herrn David, auch nicht in die Hände des Herrn Hänisch, überhaupt nicht in die Hände einer religionsfeindlichen Partei. Im ganzen aber stimmt es schon: ausräuchern soll man sie, und Eisner hofft, das wird auch geschehen, wenn erst aus dem neutralen Ausland in Hunderttausenden von Exemplaren die Schuldliteratur Eingang gefunden hat. Er läßt zunächst in Bayern das Schulwesen und die Finanz reformieren, er bringt den Leuten freiere Begriffe von Diplomatie und Staatsämtern bei, und er macht ihnen auch plausibel, daß man sich schließlich vor allem mit denen vertragen muß, von denen man nun einmal Lebensmittel erwartet. So soll zu seinem Lobe anerkannt werden, daß er als erster nicht nur den richtigen Weg geht, sondern als erster auch offen Versöhnung lehrt. »Sie mögen über die Entente denken, was Sie wollen. Sie mögen sie für mitschuldig halten, genau so wie ich sie für *nicht* schuldig halte, *nicht einmal für mitschuldig.* Wie gesagt, Sie mögen denken wie Sie wollen, jedenfalls müssen Sie zugeben, ohne die Entente können wir jetzt nicht weiterleben.« (Rede vor den bayerischen Soldatenräten am 30. November). Das ist akkurat die Meinung der »Freien Zeitung« seit bald zwei Jahren, und das sollte nach den Erfahrungen dieses Krieges endlich die Meinung jedes vernünftigen Menschen sein.

Eisner war Journalist, ehe die Revolution ihn emportrug. Der Presse gilt seine tiefste Verachtung, jener Presse, die noch heute die Einsicht bekämpft, auf Kosten des Volkes. Hier einige Sätze: »Meine Herren, man kann nicht über Nacht den politischen Sinn des Volkes aus dem Nichts hervorrufen, und so sehen wir denn heute, daß die bürgerliche verbrecherische Presse die Schuld hat an dem Kriege und der Verlängerung des

Krieges, und daß auch heute noch in demselben Geiste der Verhetzung und des Verderbens gearbeitet wird.« »Die Presse kann in einer gewissen Hinsicht froh sein, daß ich durch die gegenwärtige aufreibende Tätigkeit verhindert bin, das große Buch fertig zu stellen über die Schandtaten der Presse, das ich im Gefängnis zur Vollendung bringen wollte, aber nicht konnte, weil man mich vorzeitig entlassen hat.« »Dieser Preßalkoholismus, der benebelt nur die Leute, die unglücklichen Menschen, die diese Presse lesen.« »Ein Teil der Presse wird jetzt zweifellos in Attel redigiert, dem schönen Ort am Inn, wo sich die größte Kretinenanstalt von Bayern befindet.« »Wenn drei gestürzte Abgeordnete durchaus wieder ein Mandat haben wollen, dann schreien sie wie dreitausend und das ist der Schrei nach der Nationalversammlung.« usw.

Alles in allem, aus diesen Reden spricht ehrliche sorgende Liebe zum Volk und zur Zukunft. Eisner ist sich bewußt, das demokratische Prinzip der Welt zu vertreten. Für die Nation erstrebt er die Kraftentfaltung der Glieder, nicht Lostrennung, für die Bundesstaaten weitgehende Autonomie. Er versteht es, der revolutionären Initiative der Führer das Primat zu wahren vor der Renommisterei des Soldatentums, und er bekämpft mit Erfolg die Zersplitterung in Parteien, das Erbübel der Deutschen. Das alles sind gute Dinge. Wir empfehlen das Buch unseren Freunden im Ausland, und auch unseren »Feinden«, die wir nach Jesus von Bethlehem lieben sollen, nicht fürchten.

Die moralische und die Wirtschaftsrebellion

(15. 1. 1919)

Es ist ein Vorurteil der Marxisten im allgemeinen und der Bolschewiki im besonderen, daß sie sich für die eigentlichen, die radikalsten, die non plus ultra-Revolutionäre halten. Sie haben dies Vorurteil von Karl Marx übernommen, der sich – wenigstens in seiner Jugend und vor 1870 – in Radikalität geradezu überbot. Radikal sein hieß in den Studentenjahren des Karl Marx Atheist und Materialist par excellence, Immoralist aber aus Instinkt sein. Marx fühlte sich besonders der »Bourgeoisie« überlegen. Er ging soweit, an die moralischen Weltordnungen der deutschen Katheder nicht mehr zu glauben, Moral und Religion als bürgerliche Ideologie zu verabschieden und dem protestantischen Professoren-Idealismus als neue Realität die proletarische Revolte gegenüberzustellen, deren Führer er in Paris, Brüssel und London kennenlernte.

Der Begriff Bürger wird bei Marx selten klar präzisiert. Ursprünglich meinte er wohl den Philister unter der romantischen Regierung Friedrich Wilhelms IV. Die französischen Sozialisten, Proudhons Kritik des Eigentums insbesondere, lassen ihn Bürger und Eigentümer identifizieren: Bourgeois ist von jetzt an für Marx der Groß- oder Kleinbesitzer, der Rentenspießer, und jeder, der die materiellen oder intellektuellen Geschäfte dieser »Geldsack«-Bourgeoisie besorgt oder fördert, vorzüglich, wenn es mit ausgiebigem privatem Nutzen geschieht. Es wird Marxens Spott, die Bourgeoisie bis in die demokratische Idee hinein zu verfolgen, und sogar Freiheit, Gleichheit und Brüderlichkeit, die Menschenrechte und die sozialen Prinzipien des Christentums zur bourgeoisen Ideologie zu rechnen. Auch Feuerbach ist jetzt ein Bourgeois. Franz Mehring nennt Schopenhauer einen Bourgeois, Herr Lenin nennt alle Welt Bourgeois, sich selbst aber einen »revolutionären Marxisten«.

Die Vertreter dieser »Ideologie« gehen samt und sonders von einer merkwürdigen Überschätzung der Gebrauchsgegenstände, der Barzahlung und der Materialien aus; was übrigens eine

Erklärung dafür ist, weshalb der Marxismus besonders auf das jüdische Gemüt eine so frappante Anziehung ausübt. Die Liste der jüdischen Marxisten in Rußland ist oft und über Gebühr von Antisemiten aufgelegt worden. Auch in Deutschland zieht die Wirtschaftsrebellion mehr und mehr das Judentum in seinen Bann. Persönliche Überraschung war mir, neuerdings auch die Herren Carl Sternheim (den Komödiendichter) und Wilhelm Herzog auf der Seite des »gestürzten« Militarismus und der »Weltrevolution« zu finden.

Die Vertreter des Dogmas von der alleinseligmachenden Wirtschaftsrebellion überschätzen den Besitz, und den Genuß. Sie wollen die komplette Sozialisierung und kommen dabei zu kompletten Vierzimmereinrichtungen, Warmwasserversorgung und Zentralheizung. Warum nicht? Wenn es solch praktische Dinge gibt, warum soll sie nicht jedermann haben? Der Appetit ist die natürlichste Sache von der Welt. Nur hat sich mittlerweile begeben, daß die »Bourgeoisie« aus sich selbst heraus, nicht aus dem Proletariat, Philosophien erdacht hat, die gerade, als das Proletariat anrückte, den Verzicht auf den Besitz postulierten: etwa der »Bourgeois« Schopenhauer, oder der »Bourgeois« Mazzini, oder der »Bourgeois« Tolstoi, und hundert andere Bourgeois aller Länder, in denen die Mönchstradition und der Katholizismus nicht ausstarben. Und es hat sich ergeben, daß sich im »kapitalistischsten Lande der Welt«, in den Vereinigten Staaten, sogar das leitende Staatsoberhaupt in diesem Geiste erhob und den Ausgang des Weltkrieges sehr wesentlich beeinflußt hat. Die deutschen Bolschewiki finden sein Programm »gutbürgerlich«, so wie man von einem gutbürgerlichen Mittagstisch spricht. Sie vergessen aber, daß dieses Programm berufen scheint, durch Errichtung des Völkerbundes und Einsetzung von moralischen Garantien den nationalen Egoismus und die Verwilderung der staatlichen Energien für alle Zeiten zu bändigen.

Die Marxisten unterschätzen die persönliche und nationale Schuldfrage. Sie kennen nur eine Schuld von Institutionen, als ob es nicht Personen wären, die alle Institutionen geschaffen oder verschuldet haben. Sie kennen nur die kollektive Verantwortung, die Verantwortung der Partei und Begriffe. Die englische Verfassung bestimmt: wer sich als Staatsmann ein

Vergehen gegen das Volkswohl zuschulden kommen läßt, haftet mit Ehre und Vermögen. Könnte man die deutschen Gaue dazu bringen, auf der Nationalversammlung die Verantwortung aller Staatsbürger für volksfeindliche Handlungen zu statuieren und mit einem entsprechenden Gesetzparagraphen die Rückwirkung auf die letzten zehn Jahre vor Kriegsausbruch zu sichern, – man hätte den Sozialismus, die Moral, eine gesäuberte Presse, eine anständige Finanz, keinen preußischen Generalstab mehr und keine Mehrheits-»Sozialisten«. Aber es ist marxistische Parteidoktrin, daß der Sozialismus auf dem Wege der generellen Zwangsenteignung durchgeführt wird. Und es ist marxistische Doktrin, daß »das Kapital« aller Länder gleich egoistisch, gleich verworfen, gleich reaktionär und gleich »schuldig« ist. Die Doktrin macht nicht einmal den Unterschied zwischen rechtmäßig und unrechtmäßig erworbenem Eigentum. Sie negiert den *Begriff* Eigentum, als sei die Parodie auf den christlichen Kommunismus, die dieser Zwitter aus Evangelium und Robespierre darstellt, nicht die Verplattung, sondern die Heilswahrheit selbst.

Der Marxismus verkennt vor allem die intellektuelle Geschichte seines Heimatlandes – Deutschlands. Er verkennt die ungeheure Macht der deutschen Staatsidee, deren theologischen, militärischen und bürokratischen Voraussetzungen ein System nicht gewachsen ist, das zwei Drittel seiner Überzeugungen von ihr bezog. Die Internationale ist eine schöne Sache für Völker, die sich das leisten können. Deutschland war niemals als Nation so weit durchgebildet, daß breite Volksschichten reif waren für die Internationale, denn zur Internationale gehört doch wohl in erster Linie liebendes Verständnis, nicht nur für den fremden Kaliko und die fremde Hemdenfabrikation, sondern auch für den fremden Idealismus und die fremde Denkart. Man hatte in Deutschland den Begriff der Nation kräftig exaltiert, aber stets nur im egoistischen Sinne. Von Luther bis Bismarck: die Nationalisten waren Protestanten, die sich von allen kollektiven, universalen *Verbindlichkeiten* absolvierten. Das Humanitätsideal im achtzehnten Jahrhundert war ein Sport epigonischer Duodezfürsten, die Frankreich um seinen Kosmopolitismus beneideten. Die Universalideen der Romantiker gelangten aus der Poesie kaum in die Prosa, und aus dieser noch weniger in die Politik. Die Internationale Marxens entspringt, wenn man sie überhaupt einen deutschen Gedanken nennen kann, der Desperation eines Patrioten, der Deutschland, als er nach Paris kam, keineswegs auf der Höhe der westlichen Kulturvölker sah, und der in der Idee der Internationale alles zu gewinnen, nichts aber zu verlieren hatte.

Die Prinzipien der moralischen Revolution werden sich von den proletarischen Zwischenspielen in Rußland und Deutschland nicht erschüttern lassen. Die Revolution tagt in Versailles, nicht in Moskau oder Berlin. Der moralischen Revolution bedarf das Proletariat tausendjähriger Theokratien dringender als der Wirtschaftsrevolte. Einer der wichtigsten Programmpunkte der moralischen Revolution ist die Überzeugung, nicht daß das Proletariat zur Besitzergreifung der politischen Macht fähig ist, sondern daß ihm zu seiner wahren Emanzipation geholfen werden muß. Zu Beginn der sozialen Revolution glaubte man, das Proletariat sei fähig, aus sich selbst heraus neue Formen der Politik zu schaffen. Diese tief humane Überzeugung von Männern aus der Bourgeoisie und dem Adel hat sich als trügerisch erwiesen. Gerade Marx war es, der die ideelle Emanzipation zugunsten der ökonomischen verabschiedet hat. Klassenbewußtes Proletariat ist ein Unding. Der entrechtete, unterernährte, aller Hilfsmittel beraubte Mensch ist unfähig, sich selbst zu helfen. Er braucht nicht nur wohlmeinende Anwälte, er braucht auch den guten Willen derer, die ihr Gewissen verhindert, Unrecht zu dulden. Die Beseitigung der Gewalt und der Willkürherrschaft mag nicht nur auf militärischem, sondern auch auf wirtschaftlichem Gebiete erfolgen. Es ist nötig, die Sozietät vor einem Primitivismus zu schützen, der den Sturz der traditionellen Moralbegriffe herbeizuführen versucht, ohne die Garantien einer wahrhaften Förderung des Volkswohls aufzeigen zu können.

An unsere Freunde und Kameraden

(1. 3. 1919)

Schon vernimmt man das Wort Evolution. Schon versucht man die Revolution zu vertagen. Die Mehrheitssozialisten, die noch immer an die Wiederherstellung des Exporthandels glauben, betreiben weiter ihren Staats- und Wirtschaftszentralismus, die Flickarbeit im alten System. Sie hoffen, mit Hilfe Preußens die Unruhen im Innern zu ersticken; durch einen Feldzug gegen die russischen Bolschewiki sich die Welt zu verpflichten, und aus Dank dafür, unter Verzicht auf die Erörterung der Kriegsschuld, in den Völkerbund aufgenommen zu werden.

Man gebe diesen faulen Köpfen nicht Gehör. Der Weltmarkt ist für Deutschland verdorben. Die entschlossenste Dezentralisation ist am Platze. Auflösung Preußens. Wiederherstellung der Moral, gerechtere Verteilung des Großgrundbesitzes unter Begünstigung der Bauernschaft gegenüber der Fabrik. Vereitelung jeglichen militärischen Planes, ob derselbe sich in Form eines Polizeiheeres oder einer Schutztruppe gegen den Bolschewismus anbietet. Unterstützung Bayerns und aller Art separatistischer Strömung.

Was war das am 9. November? Ein Generalstreik der Soldateska. Die alte Maschine blieb plötzlich stehen, die überhitzten Zylinder platzten. Der deutsche Soldat wollte nicht mehr. Der militärische Apparat hatte sich übernommen. Der deutsche Soldat streikte. Schlechte Löhnung, schlechtes Essen und Strapazen Tag und Nacht, – es war ihm zu viel. Von Ideen keine Spur. Der Soldat war im Gegenteil überfüttert mit alldeutscher Literatur. Er wollte im Grunde nur – bessere Arbeitsbedingungen. Die Niederlage half nach. Eine ganz unglaubliche Niederlage. So etwas von Niederlage gab es in der ganzen Weltgeschichte noch nicht.

Der deutsche Soldat kam streikend zurück in die Heimat und fand – Leute, die rote Fahnen schwenkten und »Revolution« schrien, während tatsächlich nur die Maschine stehengeblieben war. Die hohen und allerhöchsten Herrschaften aber schlotterten, flüchteten, dankten ab, eiliger als man es von ihnen verlangte. »Bolschewismus« fürchteten sie. Auch die Bürger. Sie fühlten sich schon an die Wand gestellt. Ihr schlechtes Gewissen täuschte sie. Die Verschlagensten aber setzten Stellvertreter ein, die den harmlosen Hintergrund der Quasi-Revolution sehr rasch durchschauten und den Kurswert des Revolutionsgeschreis richtig zu handhaben wußten. Brachte man erst dem Ausland den Glauben bei, was da vorging, sei echt, so würde man mit der Revolution schon fertig werden. Man brauchte also eine Bewegung, die vor allem selbst sich für eine Revolution hielt. Die Presse sorgte für »Blut- und Gewalttat«, für Plünderungen, wenn sie die auch aus der Luft griff. Karriere machte die Partei jener Mehr- oder Mindersozialisten, die den Sozialismus zwar im Programm hatten, über die Demokratie aber im Unklaren waren.

Revolutionäre wurden gesucht zwecks Abschluß eines vorteilhaften Friedens. Programm: je konfuser, desto besser. Es meldete sich – die frumbe teutsche Sozialdemokratie, als welche Reverenzen vorzeigen konnte über erfolgreiche Jahrzehnte eines sogenannten Kampfes gegen den »internationalen Kapitalismus«. Die höchst nationale Junkerschaft, samt der höchst ehrenwerten nationalen Kapitalistenclique, samt einer reichlich verwilderten »Intelligenz«, hatte ihre Freude dran. Doch das Problem blieb bestehen: Was fängt man mit den Soldaten an? Die ganze Nation ist Soldat, die ganze Wirt- und Wissenschaft Militärdienst. Was macht man damit? Man muß neue Arbeit schaffen, dekretierte Berlin. Etwa einen kleinen Spartakus-Aufstand. Man provozierte ihn und rächte sich für die Niederlage. Aber das reichte nicht aus. Das genügte nicht. Die Lohnfrage des Soldatenstandes verlangte ein größeres Absatzgebiet für Kriegsarbeit, als die Stadt Berlin es ist. Etwa eine Freiwilligenarmee gegen Rußland. Milderung des Arbeitsverhältnisses, 5 Mark Handgeld, bessere Verpflegung. »Grenzschutz Ost, zur Verteidigung der Kultur des Abendlandes«. Preußen bietet den westlichen Demokratien seinen Militarismus im Ramschausverkauf als Schweizergarde und Henker an. Leider nur – Frankreich verzichtet. Frankreich lehnt ab und fordert Einstellung der Feindseligkeiten, Aufhebung der famosen Ostarmee. Was jetzt?

Jetzt erst beginnt die wirkliche Revolution. Eisners Idee wird aktuell, erst jetzt. Eisner als Erster und Einziger hatte in Deutschland begriffen, worum es sich handle; daß eine moderne deutsche Revolution um andere Dinge zu gehen habe als um den »internationalen Kapitalismus«, als um Arbeiter- und Soldatenlöhne. Daß es sich handle: um die Weltrevolution *gegen* Deutschland.

Außerhalb Deutschlands hatten diesen Standpunkt längst Männer vertreten, deren Namen nicht oft genug von uns und von euch, Kameraden, genannt werden können. Männer wie Dr. R. Grelling, Konsul Dr. Hans Schlieben, Prof. F. W. Förster, Dr. W. Muehlon, die eigentlichen Führer der beginnenden deutschen Revolution. Führer zu einem neuen, modernen, anständigen, aufrichtigen Deutschland. Zu einer vertrauenswürdigen, geistigen und begeisterten Nation, die nicht mehr an Waffen und Prügel glaubt, sondern an Liebe und Mitleid, nicht mehr an Presse und Titel, sondern an Beichte und Sühne, und an Vergebung der Schuld.

Ah, das ist es? Diese Revolution geht um die Frage der Schuld am Kriege. Man kann es nicht oft genug sagen. Man lasse den Vergleich mit 1789 beiseite. Er hinkt. Man halte sich an die Tatsachen. Deutschland hat mutwillig und ohne die Niederlage für möglich zu halten den Krieg entfesselt. Deutschland hat endlosen Jammer über die Menschheit gebracht. Deutsche Staatsmänner haben verantwortlich dafür gezeichnet. Das ganze Volk wird mitschuldig, wenn es sie nicht zur Rechenschaft zieht. Sie müssen prozessiert, bestraft und geächtet werden. Es wird sich dabei ergeben, wer die Helfershelfer waren. Man wird auf die Junker und die Finanzräte stoßen, und auf die Intelligenz, das System. Man wird von den Personen auf die Sachen kommen. So, und nur so wird man ausmerzen: Deutschlands Rückständigkeit, seine Unwissenheit, seinen Hochmut. Deutschlands Messianismus (sein Judentum, sagte ich anderswo, ohne die Brüder Juden, die hierin meiner Ansicht sind, verletzen zu wollen), Deutschlands Glaube an Fetisch und Formel und an Begriffe, statt an verantwortliche Personen.

Eisner sah das. Eisner allein in Deutschland. Das Mittelalter, der faustische Wust ist unsere historische Schuld. Diese Scholastik, Bombastik, die Schlafsucht ganzer Jahrhunderte. Diese Begriffshegelei, dieser Macchiavellismus aller Parteien, die heute, trotz Wilson, noch glauben, Politik sei die Kunst, unnachahmlich zu lügen. Eisner war es allein, der den Feind nur im Lande suchte, nicht draußen. Sein Ende ist deshalb erschütternder, edler sein Opfer, als das der Liebknecht und Luxemburg. Und wieder erfuhr man: Lärm ist erlaubt. Doch wer da in Deutschland die Realität angreift, den zerreißt dieses Volk.

Dies letzte Attentat mehr als die beiden ersten beleuchtete blitzartig die ganze Verdorbenheit und Apathie. Beleuchtete aber auch den Weg, der gegangen werden muß, und auf den es unsere Jugend drängt. Was gehen uns die Splitter im fremden Auge an! Beseitigen wir die Balken und Holzhandlungen im eigenen Auge! Kein Internationalismus tut es. Keine anationale Sozialistenpartei, Franz Pfempfert. Bleiben wir bei uns selbst, bei der Sache. Ein tausendjähriger Augiasstall ist zu säubern. Wir müssen die Fäulnis abschaben, bis wir den Knochen treffen. Lieber zu viel, als zu wenig. Mit jedem Schritt zur eigenen Freiheit kommen wir näher der Menschheit. *Durch* die Nation, nicht um die Nation *herum*. Da hindurch müssen wir, wo die Wölfe am lautesten heulen.

An die moralischen Führer der freien Völker aber wenden wir uns: Zeigen Sie uns – wir beschwören Sie! – Ihre Sympathie. Helfen Sie uns, indem Sie unsere moralischen Führer namentlich anerkennen und deren Ermordung nicht dulden. Es steht in Ihrer Macht, uns zu helfen. Geben Sie aller Welt zu verstehen, daß Männer, deren reine Gesinnung Ihnen bekannt, deren Namen Ihnen geläufiger sind als – infolge Zensur und Verleumdung – unserem eigenen Volke, nicht deshalb zum Scheitern verurteilt sind, weil auch sie Ihnen keine Garantie zu bieten scheinen.

Die Revolution und der Friede

(31. 5. 1919)

Die letzte Enttäuschung, die Deutschland der Welt bereitete, ist seine Revolution. Es ist kein Zweifel, daß der Versailler Friedensentwurf das Produkt dieser Enttäuschung ist; kein Zweifel, daß der Friede anders hätte ausfallen können, wenn die Ereignisse seit November 1918 einer modernen europäischen Gesinnung in Deutschland zum Durchbruch verholfen hätten, populär und stark genug, um die Abrechnung mit dem alten System zu vollziehen und eine Gewähr zu bieten für die künftige enge Zusammenarbeit mit der übrigen Welt. Leider, eine solche Gesinnung kam nicht auf. Vereinzelte Persönlichkeiten suchten vergebens, Elemente einer neuen Partei zu sammeln. Humanismus und Pazifismus waren von jeher in Deutschland zu kränklich und schwach, um irgendwelche Bedeutung im öffentlichen Leben zu gewinnen oder gar die Politik zu bestimmen.

Nie wurde einem Volke die Revolution so mundgerecht gemacht und vorgebetet, wie den Deutschen von gestern und heute. Wer dies Thema aufmerksam studiert, wird bemerken, daß nicht nur innerhalb Deutschlands, sondern sogar auf neutralem Gebiete alles geschah, um das Mißtrauen gegen diejenigen zu stärken, die auf den Ausbruch des Volksunwissens ihre letzten Hoffnungen setzten. Wenige Deutsche, ohne Partei, ohne Resonanz, ohne größere Hilfsmittel, waren Idealisten genug, zu glauben, der ungeheure Druck der Kriegsjahre werde ihre Landsleute den außerordentlichen Weg der Empörung, Enttäuschung, der beleidigten Selbstachtung finden lassen. Wir verkannten nicht die tiefe Gebundenheit unseres Volkes, seinen Mangel an Temperament, an menschlichem Wissen, an Schwung und an Wahrheitssinn. Aber wir glaubten, maßlose Leiden der Kriegsjahre müßten zu plötzlicher lauter Vernunft, zu soviel Erwachen und Helligkeit führen, daß die Nation in erbittertem Aufstand den Alpdruck ihrer Heroen und Blutsauger abschütteln würde.

Wir täuschten uns. Die Erschöpfung dieses Volkes, seine Verkümmerung zwischen Kaserne und Oberlehrer ist weiter gediehen, als man gemeinhin glaubt. Je länger der Revolutionszustand anhielt, desto deutlicher zeigte sich Kläglichkeit. Den Instinkt für die Quelle und Herkunft alles Verderbens ersetzte die Angst vor der Wahrheit und Aufklärung. War es schon unmöglich, während der Kriegsjahre die wenigen wahren Rebellen in gemeinsamem Ziel zu vereinen, so zersplitterten jetzt die Parteien. Der Marxismus schien eigens erfunden zu sein, um die Schuld nationalen Verbrechens verschwinden zu lassen in der Schuld des »internationalen Kapitals«. Den Spartakisten genügte es keineswegs, innerhalb Deutschlands reinen Tisch zu machen und so der Generalaktion des Proletariats das reaktionärste Bollwerk hinwegzuräumen. Weltrevolution und zwar sofort, lautete die Parole, und doch betrieb man damit nur die eigene Niederlage. Die Germanophilie des Leninismus sekundierte dabei und bestärkte den Dünkel all jener drolligen Spießer, die sich dem angelsächsischen »Geldsack-Ideal« (nämlich der Demokratie) ach so überlegen fühlen. Die Revolution, in ihrem theoretischen Teil mit sträflicher Naivität und erstaunlichem Optimismus vorbereitet, ohne Verabredung, ohne Austausch der spärlichen Führer, tappte verwirrt über der eigenen Falle, und wenn Unzulänglichkeit allerorten der Reaktion den Sieg in die Hände spielte, so waren daran nicht einmal so sehr die einzelnen Führer schuld, als das Versagen der Masse, der Mangel an revolutionärer Schule, an Ernst und an instinktivem Mitgehen des Volkes.

Tatsache bleibt, daß sich in den fünf Monaten von Beginn der Revolution bis heute eine wesentliche Gesinnungsänderung in Deutschland nicht zeigte. Im Gegenteil: zwei Drittel des Volkes sprechen von den Neuerungen der »Umwälzung« mit Worten schlimmster Despektierlichkeit. Niemand ist begeistert, täglich steigt der Haß. Die Mehrheit der neugebackenen Republikaner beneidet in aller Heimlichkeit die Methoden des genialen Hasardeurs Ludendorff. In Versailles versichert Herr Brockdorff-Rantzau die Unschuld Deutschlands, eine Kühnheit, die uns teuer zu stehen kommen wird, bedeutet sie doch die Verteidigung des Kaiserismus und seiner Methoden.

Zu Hause aber lenkt der ausgezeichnete, ehrenwerte Mann Friedrich Ebert, lenkt der Ritter mit Tod und Teufel, Herr Philipp Scheidemann, das Volk der Film-Dichter und -Denker, ohne weitere Schwierigkeiten. Man protestiert gegen den »Gewaltfrieden«, so notschweißtrunken, daß sogar deutsche Emigranten ihre patriotischen Bedürfnisse nicht länger zurückhalten können, und da den Angehörigen des 70-Millionenvolkes mitunter ein schlechtes Gewissen eignet, so wird voraussichtlich von der Revolution sogar unter Brüdern nicht lange mehr die Rede sein.

Es ist evident, daß unter solchen Umständen die Feinde Deutschlands ein starkes Gefühl für die Notwendigkeit haben, sich einem Kraftvolke gegenüber *physikalisch* und *materiell* zu sichern. Das Fazit dieser Quasi-Revolution zeigt, schreit, brüllt ihnen ja ins Gesicht, daß von einer Erhebung Deutschlands aus dem Kehricht seiner Historie und von seelischen, geistigen, moralischen Garantien nicht könne die Rede sein. Es ist eine Geste übertriebener Rücksichtnahme und Höflichkeit, daß man Deutschland nicht in völlige wirtschaftliche und moralische Regie zu nehmen gedenkt. Es wäre wohl denkbar, daß man Berlin besetzte, weil eine scharfe Kontrolle der deutschen Zentrale, von der alles Unheil kommt, sich nicht mehr umgehen läßt. Vergewaltigung? Man wird Deutschland nach Maßgabe der Klugheit und des allgemeinen Unglücks belasten und schwächen. Man wird Deutschland der Verantwortung für die Sünden derer, die das Verderben brachten, nicht entheben. Und man wird wohl (hernach) darauf sehen, daß Katastrophen und Eingriffe wie diese letzten sich nicht wiederholen. Seien wir aufrichtig: die Verderbnis ist während der Kriegsjahre so sehr gediehen, daß heute eine großzügige selbständige Aktion im erneuernden Sinne überhaupt nicht mehr möglich scheint. Gibt es denn Demokraten oder Unabhängige oder Kommunisten, die für sich allein fähig wären, die verzweifelte Situation eines Volkes zu retten, das auszog, um eine Welt zu beherrschen, und sich nun wiederfindet in einer Revolution, mit der es nichts anzufangen weiß? Kaum eine Einigung aller linksstehenden Elemente würde imstande sein, der überhandnehmenden Willkür und Brutalität noch zu steuern. Wer sagt aber, daß die Linke sich überhaupt einigen will? Preußen geschwächt, die Armee untersagt –: das sind hübsche Geschenke. Seien wir dankbar!

Der Bürgerkrieg des Herrn Lüttwitz

(19. 7. 1919)

Bei der Abteilung Lüttwitz der Reichswehr ist für den Hausgebrauch der Noskegarden ein kleines »Lehrbuch des deutschen Bürgerkrieges« erschienen.

Die von Noske verbotene illustrierte Wochenschrift der Unabhängigen, »Die Freie Welt«, Berlin veröffentlicht in ihrer Nummer 8 unter dem Artikel »Die Strategie des Bürgerkrieges« hochinteressante Bruchstücke aus diesem militärischen Hexenhammer, der, wie die Schriftleitung dazu bemerkt, die »weltberühmten Vorzüge des deutschen Militarismus: Grausamkeit, Gründlichkeit und rücksichtsloses Vorgehen gegen den Feind« in reichlichem Maße vereinigt.

Wir sind nicht der Meinung der »Freien Welt«, daß es für die »Bourgeoisie aller Länder« etwas Verlockendes haben kann, sich nach Kenntnisnahme vom Inhalt dieses diabolischen Lehrbuches »deutsche Instruktoren für den weißen Schrecken« kommen zu lassen und daß »wir damit wieder einen Exportartikel besitzen, von dem wir gewiß nie genug werden exportieren können«. Wir hoffen vielmehr, daß die anständige Welt ihre Verachtung, ihren Abscheu jenen Bankerotteuren in Uniform bekundet, die da neben anderen Perfidien als *Lehrsätze* aufstellen, im bevorstehenden Bürgerkrieg »Forderungen ohne lange Verhandlungen mit Gewalt durchzusetzen«, »Handgranaten und Minen oder auch nur Leuchtpatronen auf die weiter hinten stehenden Hetzer und Antreiber abzugeben«, weil das »oft besonders wirkungsvoll« ist: »Schreckschüsse unbedingt zu vermeiden« und »nur gezielte Schüsse abzugeben«, weil beispielsweise »Zielen auf die Beine die größte moralische Wirkung hat«.

Wir hoffen es. Ist es doch nur die lautere Wahrheit, daß hier ein ausgepowertes, fünf Jahre lang nach allen Regeln der Kunst betrogenes und geprelltes Volk, das längst entwaffnet wurde, nun nach besiegelter Niederlage seiner Generäle zum Bürgerkrieg provoziert werden soll, um völlig niedergeschlagen, erdrückt und vertiert zu werden. Ist es doch himmelschreiende

Tatsache, daß heute, nachdem der Friedensvertrag jeden ferneren Raubzug preußischer Horden *nach außen* verhindert hat, die preußische Soldateska mit derselben Defensivkriegslüge den *inneren* Krieg und den Vorwand der »proletarischen Revolution« benutzt, um sich mit einem Millionenheer von Söldnern, Schmarotzern, Spitzeln und Schiebern für den Verlust der Weltherrschaft am eigenen Volke, der Masse von Arbeitssklaven, schadlos zu halten!

Um dieses »Lehrbuch des deutschen Bürgerkrieges« in seiner ganzen Infamie genügend zu würdigen, muß man sich nämlich vor Augen halten, daß es einen solchen »Bürgerkrieg« trotz des gelegentlich lauten weltrevolutionären Gebarens oppositioneller Blätter bis jetzt nicht gegeben hat; daß die Clique jener wüsten Burschen, die es noch heute als eine Ehre bezeichnen, preußischer Offizier zu sein, tagtäglich auf nichts anderes sinnt, als: wie sie Unruhen und Aufstände größeren Stils provozieren könnte; muß man die Naivität im Gefolge unserer Rebellen und Revolutionäre kennen, den Mangel an Präzision und Entschiedenheit, an Trotz und Empörung; muß man wissen, daß vier Fünftel der Nation noch heute das Naturburschentum der preußischen Methoden bewundert und gerade jenen Generälen Devotion bezeugt, die nicht nur den Ruin verschuldeten, sondern sich noch 1919 ihre Rechtfertigungsschriften von den Geprellten zehntausenderweise bezahlen lassen.

Bürgerkrieg von seiten der Opfer? »Wir verwerfen jede Putschethik«, so verkündete vor wenigen Tagen noch eine von Kommunisten und Unabhängigen gleicherweise unterschriebene Erklärung des Großberliner Vollzugsrates der Arbeiter- und Soldatenräte (letztere existieren gar nicht mehr). »Proletarier, laßt euch nicht provozieren«, so mahnte Tag für Tag flehentlich die Presse der ihrer Ohnmacht bewußten Volksmassen. Ausgehungert, skrophulös und schwindsüchtig, aber vergebens harrt das Volk jener Reformen, die eine so ungeheuerliche nationale Katastrophe wie die deutsche notwendig bringen müßte, wenn nicht das Volksganze zugunsten einer allein noch bewaffneten Schicht von Millionenschiebern und Hochstaplern vergewaltigt würde.

Wie hat das Märchen von der deutschen Revolution aufkommen können? Rebellen sind in Deutschland so gutmütige und

genügsame Leute, daß sie begreiflicherweise in jenen denkwürdigen Novembertagen des Jahres 1918, von ihren leichterrungenen Erfolgen berauscht, aller Welt den Glauben beibrachten, die Gratulationsfeier zu Kaisers Abdankung sei eine Revolution. Rebellen in Deutschland sind ja so neu und naiv, daß sie noch heute die Macht verkennen, mit der sie zu tun haben, jene satanische, jesuitische, mathematisch brutale Gewalt preußischer Henker, der alle die trefflichen Führer und Menschen Liebknecht, Luxemburg, Landauer, Eisner wie Kinder ins Feuer liefen. Wir warnten an dieser Stelle immer vor neuem davor, an die Schärfe, die Popularität deutscher Revolution zu glauben. Wir warnen auch heute wieder. Der Opfertod jener Männer bestärke den Irrtum nicht, sie seien die Urheber des von der Regierung provozierten Bürgerkrieges gewesen. Jeder neue Standrechtsprozeß in Deutschland mehrt das Material, wonach die Aufstände in Berlin, München, Hamburg, Bremen auf Provokationen zurückzuführen sind. Jeder Tag, den Herr Lüttwitz werden läßt, bringt neue Enthüllungen über Spitzel- und Provokateur-Organisationen, in denen das eigentliche Gesindel der Nation, die verkrachten aristokratischen, bürgerlichen und proletarischen Existenzen gut bezahlten Unterschlupf finden in gemeinsamer Vorbereitung des »Bürgerkrieges«.
Die Hauptspitzelabteilung befand sich anfangs in den jetzigen Räumen des Großberliner Vollzugsrates. Offiziere und Unteroffiziere sichteten unter solchen Namen das von den Zuträgern einlaufende Material und leiteten es unter entsprechender Redaktion an den Herrn Reichswehrminister, das Garde-Kavallerie-Schützenkorps und die Reichsregierung weiter. Daneben besteht eine weitverzweigte Spitzelabteilung und ein selbst denunzierender Nachrichtendienst der Garde-Kavallerie-Schützendivision, für die auch ein besonders in Hamburg akkreditiertes Reptilienbureau Fahrendorff-Kreusch arbeitet. Die Zentralstelle benutzt neben den festbesoldeten Kreaturen sämtliche größeren Detektivbureaus Deutschlands. Daneben eine sogenannte »Liga zur Bekämpfung des Bolschewismus«, unterhalten vom Großkapital, die pseudonymen Offizieren bei freundlicher Zusammenkunft mit »Aufklärern« schlimmster Sorte Sinekuren schafft und ihre Tagesrapporte an Herrn Noske weiterleitet. Daneben studentische Spitzelverbindungen

unter einem Dr. Sakh, der seine Kommilitonen in die kommunistischen Zirkel und unabhängigen Verbände schickt. Gäbe es aber sonst keine Beweise dafür, daß die Reichsregierung von diesem Treiben unterrichtet ist, so wäre Beweis genug jener aus 22 Punkten zusammengesetzte »Anhang für den in eine unsichere Stadt entsandten Späher« aus dem oben zitierten »Lehrbuch des deutschen Bürgerkrieges«, datiert vom 14. Mai 1919 und unterschrieben vom »Chef des Generalstabes, Major von Stockhausen«.

Für die solcher Schlammflut gegenübertretende Harmlosigkeit der deutschen Revolution aber zeugt außer dem Fehlen erneuernd durchbrechender Taten doch wahrlich auch das jedesmalige Erstaunen der Opposition und die verblüffende Langmut, womit Dokumente wie diejenigen über das Spitzelwesen (siehe »Freiheit« vom 5., 6. und 8. Juli) selbst heute noch, nach den Erlebnissen dieses Krieges, hingenommen werden.

Ich sagte: die rührende Harmlosigkeit dieser Revolution, die ihren Henkern und Kerkermeistern keineswegs gewachsen ist. Zeigt sich das nicht sogar bei der unabhängigen Schriftleitung der »Freien Welt«, die jenes »Lehrbuch« in stiller Ergebenheit mit dem Hinweis auf – Tolstoi kommentiert, jenen Tolstoi allzu konzilianter Christlichkeit, der noch im Profosen einen Bruder, nicht aber den Satan sehen wollte, und der die verzichtende Weisheit lehrte, die schmachvolle Demut: dem Bösen nicht widerstehen . . . »Menschenliebe«, lehrt dieser, ein Russe, aus anderer Sphäre, »Menschenliebe ist die Liebe des Menschen zu seinem Nächsten – zu jedem Menschen, als einem Sohn Gottes und deshalb einem Bruder«. Gewiß. Aber Menschenliebe ist nicht die Liebe des Menschen zu seinem verstockt-bösartigen Widerspiel zum Reiche des Belial. In jenen, die Deutschland heute beherrschen, lebt nicht mehr, »wie sehr sie ihn zu betäuben suchen«, Gott. In ihnen lebt sein Gegensatz, und sie suchen, mit Kolbenschlägen und Lügen, ihn nicht so sehr zu betäuben, als auszurotten.

Ein Wendepunkt deutscher Geschichte

(11. 2. 1920)

»Eine ungeheure Erregung hat sich Deutschlands bemächtigt.«
Das heißt: man ist aufgewacht. »Ein Sturm der Entrüstung tobt
durch das Volk.« Das heißt: man hielt den § 228 des Friedens-
vertrags für eine Phrase, und es stellt sich heraus, der Moralge-
sichtspunkt ist keine Phrase. »Deutschland ist tief beunruhigt
und erbittert.« Das heißt: man bemüht sich, den Anschein zu
erwecken, als wisse man nicht, was man in vier langen
Kriegsjahren deutscher »Freiheit« verbrochen hat.

Das Auslieferungsbegehren der Alliierten ist nicht das Wichtigste. Das in der Geschichte Deutschlands unerhörte Faktum ist,
daß die nach deutschen Begriffen verdientesten, nach den
Begriffen der zivilisierten Welt aber ehrlosen Führer, nach
deutschen Begriffen die Helden der Freiheit, nach Weltbegrif-
fen aber die Schergen der Versklavung, als Kriminelle nicht nur
gekennzeichnet, sondern mit ehernem Ernste behandelt werden. Die »Phrase« wird Wirklichkeit.

Den deutschen Realpolitiker entsetzt die Wirklichkeit; wenn
sie ihn selber trifft. Er hat ein dickes Fell, aber ein zartes
Gemüt. Der groteske Dünkel dieser Leute glaubt Schicksale
leichthin verhängen, aber nicht sie erleiden zu dürfen. Er hat
nur Pech, nie Unglück. Er schiebt nur die andern vor, er selber
entgeht jeder Folge. Entrüstung? Ehrgefühl? Selbstachtung?
Als man die Randbemerkungen des Rüpels im Kaiser-Ornat
publizierte: die ganze Empörung richtete sich gegen den, der da
publizierte, den Hochverräter, nicht gegen den andern, der sie
geschrieben hatte.

Deutschland ist ein Volk von 60 Millionen. Das Getümmel der
Spekulanten, Soldschreiber und Talmudisten, das gewohnheits-
mäßig die Zeitungsblätter erfüllt, ist nicht Deutschland, das ist
nur ein Abhub Deutschlands, der stärkere Ellenbogen, der sich
den Platz an der Futterkrippe (den Platz an der Sonne) erobert
hat. Die Ausnahmen, die es gibt, – es sind wenige – werden sich
nicht getroffen fühlen. Das Deutschland derer, die heute
hungern, zerfallen, in den Gefängnissen und auf der Straße

liegen; das Deutschland derer, die millionenfach in den Arbeits-
kasernen die trostlose Aufgabe haben, eine im voraus schale
und freudlose Zukunft zu bauen; das mit Entkräftung, Zerrüt-
tung und Trauer geschlagene Land derer, die heute in Wahrheit
büßen und leiden für die verantwortungslosen Gesellen, denen
der Krieg ein blutiges Aktienunternehmen, ein Tummelplatz
ihres Indianerspiels war –: dieses Deutschland, das im November 1918 sich einen Augenblick rühren durfte, so wie ein
Kranker sich rührt, der sein Fieber verliert, – dieses Deutschland liegt heute wieder am Boden. Dieses Deutschland hat man
so kleinlaut gemacht und in die Gossen gejagt mittels Zeitungs-
lügen, Maschinengewehren und Flammenwerfern, daß es nicht
einmal stammeln mehr mag, geschweige denn sprechen.

Aber es existiert. Es hat kein Interesse, diese Art Führer zu
schützen. Ihm helfe man auf. Hinweg mit den Schandoffizieren,
die nur seine Peiniger sind. Ein seit Jahrhunderten malträtiertes
Volk, in dem Brutalität und Verhetzung das Selbstgefühl
langsam ertötet haben, es spricht heute nicht. Es hat seine
Sprache verloren. Das ist Deutschland nicht, was da tobt, was
da mit Stinkbomben, Stuhlbeinen und Feuerwerkskörpern
Versammlungen sprengt, die den Schuldigen mißliebig sind.
Das ist Deutschland nicht, das ist nur sein Pöbel.

Man überschätze nicht den papierenen Lärm. Das »Täusche«-
Volk, »Tiutsche«-Volk, wie Nietzsche die leitenden Klassen
nannte: die Welt hat es kennengelernt. Dies offizielle Deutschland ist einig. Es war einig auch 1914, auch als der Untersee-
krieg begonnen wurde. Das »offizielle« Deutschland ist immer
einig, wenn es gegen Menschlichkeit, Freiheit, Moral und
Gewissen geht. Und das ist es: das Auslieferungsbegehren der
Alliierten richtet den deutschen Freiheits- und Heldenbegriff.
Freiheit ist nicht Willkür. Willkür aber ist Versklavung, Versklavung der andern nämlich.

Man lasse sich nicht blauen Dunst vormachen. Die wilhelminische Clique, die heute die Aufregung künstlich peitscht, sie ist
ja so feige! Warum stellten sie sich nicht längst in Versailles zur
Verfügung, wenn sie das gute Gewissen haben? Warum flohen
sie 1918, als das wirkliche deutsche Volk zu erwachen drohte?
So werden sie wieder fliehen, 1920, wenn es ernst wird. Sie sind
ja in Deutschland selbst schon gerichtet, dreiste Gespenster,

deren Bankrott jeder kennt und sie selbst am besten. Sie suchen sich nur noch verzweifelt zu halten. Im Grunde sind sie so jämmerlich. Sie hätten den »Weltkrieg« nie gemacht, ohne den Glauben an ihre numerische und materielle Überlegenheit. Die tapfer und echt waren, die Idealisten und reinen Toren: die liegen in Flandern, in Frankreich, in Polen, in Rußland. Die Hefe ist übrig geblieben. Man darf sie nicht wieder Fuß fassen lassen. Sie brachten die Soldateska verwildert zurück. Sie würden in kurzer Zeit wieder Heere aufstellen.

Man fürchte keinen Zusammenbruch Deutschlands. »Dies Volk kann nicht untergehen«, sagte vor Jahren Wilhelm von Amerongen. Es ist so. Es ist eine kompakte Masse. Ein Händlervolk hinter den Helden, viel zu geschickt und gerissen, um nicht mit den Helden auch aufzuräumen, wenn es nicht anders geduldet wird. Einer hält sich am andern fest. Sie passen sich an. Hier geht man nicht unter, hier hat man stets noch Reserven.

Man hebe den Abschaum weg. Man sei jetzt nicht zimperlich. Ein Volk, das 900 Verbrecher beherbergt und schützt, auf die eine ganze zivilisierte Welt mit dem Finger zeigt, ein solches Volk macht es schwer, Patriot zu sein. Deutsche Gerichte würden niemals den deutschen Heldenbegriff verurteilen können. Um diesen Heldenbegriff aber handelt es sich. Ihn gilt es zu zerstören. Gleichgültig ist die Methode. Man gebe jedoch dem Volke die Dokumente. Damit es sehe, worum es sich handelt. Das deutsche Volk ist ja unsagbar unwissend, trotzdem es lesen und schreiben kann. Wie lange, allzu lang, hat man ihm, zu seinem Unglück, gerade das wichtigste Wissen vorenthalten. Die heutige deutsche Literatur ist nahezu völlig nur ein Versuch, dem Volke die Wahrheit fernzuhalten. Das alles ist nur Berlin, die Regierung.

Man nehme die Delinquenten von diesem Volke, aber man vergesse nicht, dem Volke großzügig zu sagen, warum sie Verbrecher und keine Helden sind. Man missioniere dies Volk wie zu Bonifazius Zeiten. Man zerstöre unbarmherzig seine Illusionen und höre nicht auf das Geheul einiger Dutzend Schreiber der Schwerindustrie. Preußen hat Deutschland das Rückgrat gebrochen. Man breche Preußen das Rückgrat, zerschlage dieses verwegene Banner, und man wird langsam, sehr langsam, die deutsche Rechtlichkeit wieder erstehen sehen, von der nichts zu fürchten und manches zu hoffen ist.

Dies Deutschland, das *inoffizielle* Deutschland, ist unbekannt wie ein Schattenreich. Seine Menschen, Arbeiter, Kleinbürger, Bauern, seine Masse ist rührend bescheiden, naiv und mißleitet. Nur dieser Boden ermöglichte 900 Übermenschen wie diejenigen, deren Namen die Liste enthält. Man kennt nur das offizielle Deutschland, das laute, das kläglich verpreußte Deutschland, das Deutschland der Lüge, Gewalt und der Ausbeutung. Man fürchte es nicht. Es ist nichts dahinter. Es ist auch, trotz allem, zerbrochen. Keiner der Herren Volksverderber, die jeden dieser Sätze in seiner Wahrheit kennen, und vor ihrem Gewissen unterschreiben müßten, wagte sich selbst zu stellen, sich selbst zu richten.

Das wahre Gesicht

Zur Berliner Gegenrevolution
(17. 3. 1920)

Die Anstifter des Weltkriegs, die Mordbrenner und Zivilistenschänder von 1914 bis 1918, die Partei der alldeutschen Heldenseelen, die Hintermänner des Revolutionsschwindels, die Propagandisten des Weltbolschewismus sind hervorgetreten. Der Gründer der deutschen Vaterlandspartei, Dr. Kapp, hat sich als preußischer Ministerpräsident und deutscher Reichskanzler nach bismarckschem Vorbild aufgetan, der General von Lüttwitz, schon vor Jahresfrist der mächtigste Mann in Deutschland, hat seine rotgefärbte Schlangenhaut Noske abgeworfen und sich als Reichswehrminister etabliert. Einen Jagow des Inneren und einen Jagow des Äußeren gibt es, Kultusminister ist der Panzerplattenpastor Traub.

Die Generale von Seeckt und von Lettow-Vorbeck haben das Komplott in Hamburg und Stuttgart vorbereitet, General Maercker in Sachsen. Ostpreußen hat sich unter seinem Oberpräsidenten Winnig und dem General v. Estorff, »gestützt auf die Arbeiterschaft«, der neuen Regierung angeschlossen, ebenso Stettin, Breslau, Kassel. In Kiel und Frankfurt kam es zu kurzen Kämpfen, ehe die beiden Städte für das preußische Deutschland gewonnen waren. Die Truppenverbände in Westfalen stellen sich auf den Boden der neuen Tatsache. Die süddeutschen Landesregierungen opponieren zwar, aber auch das wird voraussichtlich nicht lange dauern, denn alles hängt, auch in Süddeutschland, von der Haltung der Truppenverbände ab, die meistenteils von Studenten-Offizieren geführt werden und von der alldeutschen Agitation schlimmer durchseucht sind, als man noch immer zu glauben geneigt scheint.

Die vertriebene Regierung Ebert in Dresden kann noch immer das Flunkern nicht lassen. Sie behauptet in einem Aufruf an das deutsche Volk vom 14. März: Hinter dem »Putschversuche gewissenloser Abenteurer« ständen »keine ernsthaften Politiker« (als ob man die Ebertleute je ernst genommen hätte), und sie behauptet weiter: »dieses Abenteuer wird in wenigen Tagen an seiner inneren Unmöglichkeit zusammenbrechen«.

Dies Abenteuer wird aber aller Voraussicht nach keineswegs sehr rasch zusammenbrechen, sondern im Sturm ganz Deutschland in teutonische Hände bringen. Gekauft von der Schwerindustrie und vom Großgrundbesitz ist die wichtigste Presse, sind die wichtigsten Organisationen, ist der größte Teil des geschlagenen Heeres, ist das halbe Volk. Der alldeutschen Macht, in deren Händen nach einem vierjährigen Erschöpfungskriege und einer durch vollkommene Ohnmacht charakterisierten Revolution alle finanziellen und organisatorischen Mittel zusammenfließen, dieser alldeutschen Macht wird es ein Leichtes sein, mit der indifferenten und naiven Opposition aufzuräumen und das ganze verkappte Patriotentum, auch sozialdemokratischer Färbung, in ihren Bann zu ziehen.

Die alldeutschen Verschwörer haben, darauf kann man sich verlassen, ihre Tat gut vorbereitet. Es ist nicht nötig, die ganze Kette der Ereignisse, die zu dem Gipfel ihrer »neuen Regierung« führte, hier noch einmal aufzurollen. Mit unfehlbarem Geschick hat man besonders die Berliner Vertreter der amerikanischen und englischen Regierung zu täuschen verstanden. Die »Bolschewistengefahr«, die vorgetäuschte »Gefahr von links« war das Mittel, das wirkte. Erinnert sei nur an den sogenannten »blutigen Dienstag«, jenes Arrangement eines Volksaufstandes gelegentlich der Beratung des Betriebsrätegesetzes. Von den Herren Lüttwitz-Heine-Noske war dieser Tag als Provokation mächtiger Bolschewistenkämpfe gedacht, um den amerikanischen und englischen Regierungs-Vertretern in Berlin die Ordnungsliebe und preußische Zucht ad oculos zu demonstrieren. Es lag nicht an den Preußenministern, wenn der Versuch mißglückte, wenn es nicht gelang, die Alliierten noch mehr zu blenden. Es lag nur an der Ohnmacht der Linksradikalen, deren Streikkassen leer sind. Gelegentlich der Auslieferungsfrage erhielten die preußischen Militärs dann den vollkommenen Beweis, daß ihrem Hervortreten eher Jubel als Fluch begegnen würde.

Es wird jetzt alles davon abhängen, mit welcher Entschlossenheit und Vehemenz man in Paris zu handeln versteht, ehe es zu spät ist und die schwachen süddeutschen Staaten vor der preußischen Militärübermacht kapitulieren. Die Bewegung in Deutschland wächst bei dem immer noch herrschenden Gewaltglauben rapide, und die Reden sowohl des Generals von Seeckt in Hamburg wie des Generals von Lettow-Vorbeck in Stuttgart lassen keinen Zweifel darüber, daß der Tag, der demnächst folgen soll, der Tag der Revanche, rascher kommen kann, als man auch jetzt wieder glauben wird.

Im übrigen ist es gut, daß nun Klarheit in all die Verständigungsnebel gekommen ist. Klarheit über die Phrase französischer und deutscher »Clartisten«, über die Bannerträger der Verständigung, die Herren von der »Democratic Control« in England; Klarheit über jene deutschen Unabhängigen und Kommunisten, die von dem Gefängnisse der preußischen Junker aus den »westlichen Imperialismus« bekämpfen, über die »Hänse im Schneckenloch«, die jetzt alles haben, was sie wollen; Klarheit auch über die deutsche »Demokratie«, deren »Diktatur« jetzt abgetan ist, und nicht zuletzt auch über die Verteidiger der deutschen Mehrheitssozialisten, alle jene deutschen Einheitsapostel von Zentralisten, die wacker dazu beigetragen haben, die preußische Bürokratie aufzufrischen, das marode Heer zusammenzuhalten und der deutschnationalen Agitation, oder anders gesprochen den Herolden der preußischen Weltherrschaft, trotz unerhörtester Niederlage, die Wiederauferstehung zu ermöglichen.

Abbruch und Wiederaufbau

(Vortrag, gehalten am 1. 7. 1920 vor der Ortsgruppe Hamburg der Deutschen Friedensgesellschaft.)

I.

Wir wollen nicht nur Deutsche, sondern gute Europäer sein. Die deutsche Niederlage 1918 war nicht eine Folge der Erdolchung der Front von rückwärts, oder der schlechten Diplomatie. Auch nicht eine Folge der Tatsache, daß man vergaß, eine entsprechende Kriegsanleihe bei den Vereinigten Staaten rechtzeitig unterzubringen. Auch nicht eine Folge der gegnerischen Einkreisungspolitik (noch jüngst hat Eduard Bernstein in einer beim Verlag Neues Vaterland erschienenen Broschüre[1] diese Fabel widerlegt, ebenso wie vor ihm Fürst Lichnowsky[2]). Die Niederlage war vielmehr eine Folge der moralischen Überlegenheit der Gegner. Es ist auch nicht so, daß nur eine Kaste oder Klasse diesen Krieg führte, es führte ihn vielmehr das ganze deutsche Volk, in seltener und desto beschämenderer Einmütigkeit.

Es bedurfte, so demütigend es ist, dies zu bekennen, nur einfacher bürgerlicher Anständigkeit, um der Moral sämtlicher deutscher Parteien von 1914 überlegen zu sein. Der Einbruch in Belgien stellte einen so eklatanten Völkerrechtsbruch dar, die deutsche Kriegsführung erwies sich gleich in den ersten Monaten des Krieges als so widersprechend jeder Haager und Genfer Konvention, daß die Skrupellosigkeit der deutschen Führung und die Willkür der Prinzipien jeden rechtlich denkenden Menschen, gleichviel welcher Partei er angehören mochte, gegen die jubelnde deutsche Einmütigkeit im tiefsten empören mußte.

Kapitalistische Gesichtspunkte mögen auch auf feindlicher Seite gegen die Mitte und gegen das Ende der Kriegsjahre mehr und mehr zur Geltung und zu bestimmendem Einfluß gekommen sein. Ein Krieg von der Ausdehnung des vergangenen kann auf die Dauer ohne erhebliche Mitbestimmung großer Finanzgruppen gar nicht geführt werden. Ursprünglich

aber war der Krieg auf gegnerischer Seite ein Verteidigungskrieg, bei dem moralische Prinzipien wirkend und werbend
die Gewinnspekulation durchaus in den Hintergrund drängten. Der deutsche Angriff, die deutsche militärische Überlegenheit waren zu gewaltig, besonders im Westen, als daß an
irgendeinen Gewinn auch nur zu denken war. Es handelte sich
für die Westvölker in den ersten Kriegsjahren durchaus nur
um die Abwehr unter Anspannung aller physischen und
sittlichen Kräfte, ohne die eine wirksame und dauernde Verte-
digung gegen die Flut der deutschen Massen gar nicht möglich
gewesen wäre.

Das kleine belgische Heer, eine kleine Leonidasschar, die die
Thermopylen verteidigte, wurde überrannt. Die laut ertönen-
den Hilferufe der Verhaeren, Maeterlinck und Cardinal Mercier[3] aber waren nicht mit brutaler Gewalt zu verhindern. Sie
weckten ein Echo zunächst in Frankreich und der romanisch-
katholischen Welt. Man darf nicht vergessen, daß Belgien
gerade 1914 eine Blüte seiner Zivilisation erreicht hatte, die
noch einmal vorbildlich werden mag für jenen Ausgleich
religiöser und sozialer Tendenzen, zu dem die Entwicklung
Europas zu neigen scheint. Cardinal Mercier hat in seinem
Buche »Le Christianisme dans la vie moderne«[4] versucht, einen
Begriff dieses Ausgleichs und der zivilisatorischen Höhe des
Belgien von 1914 zu entwerfen. Merciers Stimme klang tief in
die lateinische Welt, nicht nur Europas, sondern auch Südame-
rikas. Der Ruf gegen den Teutonismus erhob sich allerorten,
der Ruf gegen jene «Unaufrichtigkeit des deutschen Systems«,
die man darin gegeben sah, daß man in Deutschland glaubte,
Zivilisation ohne Gewissen sei möglich, erlaubt sei, was gefällt,
und man dürfe solchen Zustand sogar Kultur nennen. Damals
entstand bei den Gegnern jene intellektuelle Organisation, jener
Kampf der »Zivilisation« gegen die deutsche »Kultur«, der sehr
rasch die Bedeutung eines universalen Aufstandes gegen das
deutsche System annahm, einer Rebellion der Völker gegen den
Teutonismus.

Dies große Erlebnis der außerdeutschen Welt muß man ahnen
oder begriffen haben, wenn man die Zeitereignisse übersehen
und die tiefe Kluft zu überbrücken versuchen will, die noch
heute Deutschland von der übrigen Welt trennt. In Frankreich

erhoben sich Männer wie Peladan, Péguy, Perrier, Boutroux, Veuillot, Bergson, Andler, Durkheim, Bérard – Dichter, Philosophen, Gelehrte, Historiker. England, das seiner protestantischen Tradition nach erhebliche Sympathien für Deutschland empfinden mußte, schloß sich der belgisch-französischen Auffassung in langsamer Umstellung seiner ganzen Überlieferung an. Die auch in Deutschland sehr bekannten Dichter H. G. Wells, Chesterton, Rudyard Kipling, Galsworthy erklärten der deutschen Gesinnung den Krieg. In Italien entbrannte 1915 der erbitterte Streit zwischen den Interventionisten und den Neutralen, in dem die Hauptargumente keineswegs Vorteil und Eigennutz waren (man wußte ja damals keineswegs, wie der Krieg enden würde), sondern ein unbändiges Freiheitsgefühl der deutschen Hegemonie gegenüber und Hilfsideale zugunsten der überfallenen Westvölker. Einer der bedeutendsten Wortführer der Interventionisten war damals G. A. Borgese[5], ein Freund der humanistischen Bildung und Erziehung, Professor für deutsche Sprache an der Universität Rom, der in einem Werke »Italia e Germania«[6] (französisch »L'Italie contre l'Allemagne«)[7] jetzt vehement gegen die deutsche Willkür und die kontinentalen Herrschaftspläne, gegen den deutschen Neo-Napoleonismus auftrat. Eine sowohl an Umfang wie an Subtilität und Bedeutung enorme Literatur entstand, die sich ausschließlich mit dem deutschen Problem, der deutschen Entwicklung und Geschichte, der deutschen Ideologie befaßte. Eine Art kritischer Enzyklopädie der preussisch-deutschen Ideale, eine universale Durchleuchtung des deutschen Denkgebäudes, als dessen hervorstechendes Merkmal seine völlige Isoliertheit erschien. Die Tatsache aber, daß die deutschen Intellektuellen ihrerseits, statt für Recht und Gewissen zu zeugen, in ihrem bedauerlichen Manifest der 93[8] eine Rechtfertigung von Provokation und Gewalttat versuchten, einen kaum verhüllten Überfall- und Raubkrieg mit ihren Namen zu decken sich herbeiließen und doch zugleich sich für Kulturträger hielten: diese Tatsache, diese Umkehr der Werte, erregte Verachtung.

Der französische Geist, Wortführer des Ideenkampfes, dem Umstande entsprechend, daß Frankreich am heftigsten mit Vernichtung bedroht war, der französische Geist, sage ich, liebt scharfe Klarheit und einfache Antithesen. Der Zwiespalt der guten und der schlechten Sache, der gerechten Sache und der verruchten, wurde zur Antithese von Gut und Böse, und bald erklang der Ruf wie zu Bernhard von Clairvaux's Zeiten: der Aufruf zum Kreuzzug. André Suarès definierte in seinem Buche »Nous et eux« (»Wir und sie«)[9] den Gegensatz zwischen romanisch und germanisch als einen Gegensatz zwischen Liebe und Haß, und sprach von den »infernalischen Legionen«, die die Kathedralen zerstörten. Jean Finot[10] gebrauchte meines Wissens als erster das Wort croisade, Kreuzzug, in seinem Buche »Civilisés contre Allemands. La grande croisade«. In einem Buche »Culture allemande, humanité russe« zeigte Gustave Lanson[11] die Gemeinsamkeit des europäischen und des russischen Gewissens und die Zufälligkeit der zaristischen Form, betonte er die Allianz mit dem Rußland der Gogol, Tolstoj und Dostojewskij, dem religiösen Rußland. In Spanien nahm Miguel de Unamuno, Rektor der Universität Salamanca und Freund der theologischen deutschen Entwicklung, aus religiösen Motiven Stellung für die antideutsche Rebellion. In den Vereinigten Staaten und dann in der Schweiz verkündete George D. Herron[12] den Kreuzzug gegen die unterminierende, immoralistische deutsche Ideologie. Man kennt diese Dinge heute in Deutschland noch nicht, und doch bedeuteten sie einen Wendepunkt der europäischen Geschichte, legten sie den Grundstein eines neuen Zeitalters. Erst in Jahrzehnten, wenn die Nachwehen des Krieges zu heilen beginnen, wird sich vor den erstaunten Blicken auch unseres Volkes die Aussaat des Geistes zeigen, der 1914 bis 1918 die antideutsche Welt bewegte. Das Erbe der universalen und gründlichen Beschäftigung mit dem deutschen System aber wird dann der Grundstein sein der Versöhnung und des Wiederaufbaus.

II

Was ist es nun mit der deutschen Kultur, der deutschen Ideologie, dem deutschen Satanismus, den deutschen Vorurteilen, die 1914 die Welt skandalisierten? Und im Kreuzzug (Ideen existieren ja, sowie sie einmal ausgesprochen wurden) –:

welcher Begriff, welche Auffassung der Welt sollte vernichtet werden? Welche Erlösung der Menschheit sollte geschehn, und wovon? Welches heilige Grab sollte geschützt oder befreit werden? Die Antwort auf diese Fragen löst auch die Frage nach dem, was abgebrochen und was neu aufgebaut werden soll. Was unserer Nation, und nicht nur den führenden Kasten und Klassen, 1914 fehlte und im Verlaufe einer langen Entwicklung abhanden gekommen war, war das Gewissen. Das Gewissen Europas war das heilige Grab, um das der Kreuzzug entbrannte. Erlöst sein wollte die Menschheit von der Entartung in Willkür und Übermut, in Brutalität und Größenwahn, wovon Deutschland besessen den Angriffskrieg führte. Vernichtet werden sollte die zynische, erniedrigende Auffassung der Welt, die Deutschland im Bunde zeigte mit Österreich, Türkei und Bulgarien, den rückständigsten, grausamsten und verschlagensten Mächten Europas.

Die Geschichte der deutschen Degenerescenz gibt am besten Aufschluß darüber, worin in europäischem Betracht die Unmöglichkeiten, ja Ungeheuerlichkeiten des deutschen Systems von 1914 bestanden. Die unvoreingenommene historische Betrachtung zeigt eklatant den deutschen Niedergang bis zur völligen inneren Aushöhlung, bis zur Vergötterung der Materialität und zum krüdesten Fetischismus; bis zum Verlust jedes Wissens um geistige Ordnung und Bindung. Entrüstet wiesen die deutschen Kriegsprofessoren den Vorwurf der Barbarei zurück. Begeistert aber opferten sie gleichzeitig den Dämonen der Kraft und der Lüge, einer Naturreligion und entfesselter Wildheit, den Kolossen, Giganten, und einer wohl vorbereiteten Logik, der »Zwangsläufigkeit«, die ihre versklavende Stärke nur aus dem Mangel an Rückgrat, aus dem Überfluß von Servilität bezog.

Wie ist das deutsche Ideengebäude, unter dessen verkalkten Trümmern wir alle begraben liegen, entstanden? Die Völkerwanderung war das erste große Faktum der deutschen Geschichte. Es war wenig Ruhm dabei, daß der Cheruskerfürst Hermann die Römer schlug und vertrieb, statt ihrer Zivilisation entgegenzukommen. Noch weniger Ruhm aber war bei dem Einbruch wilder germanischer Stämme in die lateinische Welt zur Zeit des Sidonius Apollinaris, Bischofs von Clermont, der

sie in seinen kristallischen Geschichten beschrieben hat, die
Heruler, Sachsen, Hunnen und Franken, Riesen von sieben Fuß
Höhe, ungeschlacht und indiskret, massa rotunda caput. Von
den Herulern, Sachsen und Goten sagte man Ihnen in der
Schule, daß sie das welsche Blut auffrischten und daß man
dieser Mischung die Renaissance und das Recht auf die
Beherrschung der Romanen verdankt. Und doch war es wohl
gerade umgekehrt. Die lateinische Zivilisation saugte jene
wilden Stämme auf, bekehrte, bändigte, sänftigte sie. Die
nördlich Zurückgebliebenen blieben auch geistig und sittlich
zurück, auf der Stufe etwa von Indianern, während in der
lateinischen Welt das Credo, das Stabat mater, das Veni, creator
spiritus! erfunden und Gemeingut der Christenheit wurden.
Das alte Römerreich war gestürzt vom neuen Glauben der
Christenheit, vom Evangelium; der Kultus des heiligen Geistes
blühte. Es bedurfte keiner »Urkraft« aus dem Norden; die
Geisteskraft, die moralische Kraft hatte gesiegt; sie war mächtig
genug, auch der barbarischen Gefahr aus dem Norden Herr zu
werden, wie die Tatsache beweist, daß Karl der Große, den die
Franzosen als romanischen Helden für sich in Anspruch
nehmen, die unbeugsam trotzigen Sachsenherzöge schließlich
zur Annahme der Taufe zwang, zur Annahme also eines
gemeinsamen europäischen Kulturideals. Und ich erinnere Sie
daran, daß nicht zufällig Georges Clemenceau, vielleicht der
größte Staatsmann, den Frankreich besaß, in einer berühmten
Rede vor dem Senat nach besiegelter deutscher Niederlage sich
auf die Taufe der Sachsen durch Karl den Großen ausführlich
bezog. »Damals«, so sagte er, »ließ Karl der Große den Sachsen
die Ohren abschneiden. Wir können einem Volke von 60 Millionen gegenüber nicht ebenso verfahren«, und er entwarf einen
Plan der Bekehrung, nicht der Vernichtung: »Wir wollen frei
sein, um zu befreien.«[13] Der Kampf zwischen den wilden
deutschen Königen und dem Papst als dem Vertreter der
geistigen Macht (Kirche und Zivilisation waren in der damaligen Welt ja synonym) zog sich durch das ganze Mittelalter hin
und fand seinen vorläufigen Ausgleich zur Zeit Ottos I. in der
Gründung des Heiligen Römischen Reichs Deutscher Nation.
Die Idee dieser Gründung ging keineswegs von den deutschen
Königen aus, sondern vielmehr von der Kirche, die die nordi-

sche Barbarenmacht damit zu fesseln und zu verbinden gedachte.

Ein Russe, Dimitri Mereschkowskij, nannte die deutsche Reformation den zweiten Einbruch der Barbaren in die lateinischen Sitten, und im großen gesehen, wurde dieser zweite Einbruch erst 1918 von der europäischen Zivilisation zurückgewiesen. Und hier ist der Platz, zu sagen, worin diese lateinischen Sitten bestanden.

Zur Zeit der deutschen Reformation war die strenge Orthodoxie der Kirche vielfach innerhalb der Kirche selbst überwunden. Die große Verbindlichkeit des Katholizismus bestand fort, und wenn ein breiterer Zug der Verweltlichung überhandnahm; wenn die Altertumsstudien eine Rückkehr zu klassischen Zeitepochen eingeleitet hatten; wenn Kondottiere und Mäzene die Abenteuer des Leibes und Geistes im griechischen Sinne zu vereinigen suchten, so war dies doch eigentlich kein Rückfall in ein barbarisches Heidentum, sondern ein Zurückgehen zu neuen Bildungsquellen, die der Sinnenwelt zu mehr Recht verhalfen, als die asketische Heilslehre der Kirche erlaubte. Die Bindungen der Orthodoxie suchten eine Ablösung in den freieren Bindungen der Kunst. Wurden aber die Gewissenspostulate der Kirche durchbrochen, so wirkten im Tiefsten doch traditionelle Gewöhnung, vielhundertjähriger Einfluß der Gewissenserforschung, der Subtilität in moralischen Fragen; eine Religion des Leidens und Mitleidens, der Hingabe und Schwäche; vielhundertjähriger Einfluß des Madonnenkultes, der spirituellen Frauenverehrung, und blühte insgeheim noch immer jenes Mysterium der Sinne und des Geistes, das im Altarsakrament seine unerschöpfliche Weihe spendete. Durchbrach aber die Rebellion der Kunst die äußeren Formen des Lebens, wie etwa die von Goethe übersetzte Biographie Benvenuto Cellinis zeigt, so ereignete es sich, daß das unbändige Individuum am Ende völliger Mystik wieder unterlag, deren sublime Kraft den allzu waghalsigen Ausbrecher doppelt in Fesseln schlug. Die Mysterien der menschlichen Existenz, Größe und Tiefe, der Wesensgehalt der Kirche, wirkte fort; die Überlegenheit der geistigen Macht blieb anerkannt, ob sie in herkömmlichen Formen der Orthodoxie sich erhielten, oder in neuen Formen der Kunst den Enthusiasmus der Jugend sammelte. Die Suprematie des Göttlichen und des Geistes bestritt auch die Renaissance nicht: ein Kunstpapst konnte beim Weiterschreiten dieser Entwicklung den kanonischen Papst ablösen, und immer noch stand ein Friedensfürst an der Spitze der Hierarchie.

III

Luthers Reform bedeutet, historisch gesehen, die Auferstehung der gebändigten Sachsenherzöge. Die germanische Welt schüttelt das Joch ab, das seinen Ernst verloren hatte, das lustig und ausgelassen worden war. Das Joch der Spiritualität schüttelte Deutschland ab, nicht nur die Auswüchse der römischen Kirche, Ablaß und Zehent. Luther griff nicht nur den Mißbrauch der Autorität an, sondern die Kirche selbst, die Gemeinschaft der europäischen Zivilisation. Statt zu sublimieren, ekrasierte er. Statt zu durchdringen und aufzuheben, streifte er ab. Ein Papst wie Gregor VII. oder ein Heiliger wie Bernhard von Clairvaux hätte die Mißstände beseitigen können, ohne Europa einen dreißigjährigen Krieg zu hinterlassen.

Luthers Tat war aufrichtig, aber naiv. Er vergaß, daß die Kirche ein tausendjähriges Gebäude darstellt, und auch eine tausendjährige Weisheit, und daß der Einzelne, der sich ihr entgegenwirft, desto schlimmer zuschanden werden muß, je größer sein Erfolg anfänglich erscheint. Luther vergaß, daß die Kirche, ruhend auf einer enormen Tradition von Philosophen, Heiligen, Patriarchen und Apologeten, eine ungeheure Kenntnis der menschlichen Natur und ihrer Wege nach unten und oben, ihrer animalischen und seelischen Gefahren und Irrtümer in sich vereinigt. Luther ging, verlockt und berauscht, seinen Weg, den Weg des Einzelnen gegen die vereinigte Weisheit des Orients und des Occidents, und dieser sein Weg mündete – ins Reich des apokalyptischen Tieres, das wir erlebten.

Luther ersetzte die geistige Autorität durch die brutale. Außerstande, sein Werk aus eigener Kraft aufrechtzuerhalten, verband er sich mit den alten Widersachern des Papstes, den deutschen Fürsten, entschied er sich für die Wildheit, gegen die Bindung.

So wurde er der Begründer des deutschen religiösen Nationalismus, zu einer Zeit, da unsre Nation der Weihen, die die Kirche wahrhaft zu vergeben hatte, kaum teilhaft geworden war. Er versuchte das Priestertum zu demokratisieren und öffnete Tür und Tor theologischen Plumpheiten und Irrtümern. Sein Laienpriestertum erweckte im Volke ein neues Interesse am Evangelium, aber zum Schaden der religiösen Konspiration und zum Schaden der Würde höchster Symbole. Der freudigen Helligkeit der Renaissance gegenüber bevorzugte er das grausam finstere, gesetzesstarre Alte Testament, und man kann fast sagen: wer in Deutschland heute sich über eine »Verjudung« beklagt, hätte in erster Linie bei Martin Luther sich zu bedanken, der dem jüdischsten Buche der Weltliteratur durch seine Übersetzung überragenden Einfluß in Deutschland verschaffte zu einer Zeit, da anderswo das dringende Bedürfnis empfunden wurde, die allzuviele Theologie durch eine Befreiung der Sinne zurückzudrängen.

Luther begründete die deutsch-jüdische Staatsreligion, indem er, auf Paulus fußend, die Obrigkeit, und sogar das Kriegswesen für göttliche Institutionen erklärte. Die Kirche war vorsichtiger, sie hielt den Staat für heidnisch, ja für inferior, indem sie an der Überlegenheit der Hierarchie über die irdische Königsgewalt wenigstens idealiter festhielt. Indem Luther aber den Obrigkeitsstaat von Gott ableitete, sanktionierte er auch die guten und schlechten Geschäfte des Bürgertums, dessen Herold er war. Einen weiteren Irrweg beschritt er, indem er das Gewissen individuell ableitete, wie nach ihm die deutschen Philosophen Kant, Stirner und Nietzsche. Diese individuelle Begründung des Gewissens wurde Ausgangspunkt unseres egoistischen Nationalismus, im Gegensatz zur sozialen, kollektiven Gewissensform, die die romanischen Völker ausbildeten und vertieften. Es ist kein Zufall, daß Luther im damaligen Bürgerkriege als Volksfeind und Konterrevolutionär auftrat. Man kann nicht Individualist und Revolutionär sein.

Die schlimmste Neuerung Luthers aber war, daß er Gott abhängig machte vom Menschen. Gott wurde die Gewissensfrage des Menschen, die jeder mit sich selbst auszumachen hat, worüber er keinem andern, auch Gott selbst oder der stellvertretende Priester nicht, Rechenschaft schuldet. Die Mystiker und die Heiligen glaubten in Demut an die erleuchtende Gnade der Offenbarung im Menschen und in der Geschichte. Von Luther dagegen datiert jene Vermenschlichung der göttlichen Dinge, die zu einer hausbackenen Religionsübung führen mußte, zu einer banausischen Religion der Handgreiflichkeit, die die spirituellen Sublimate herabzog in die niedrige Flugbahn des quasi gesunden Menschenverstandes. Wenn in einem religiös schwach begabten Volke das Alltagsleben Religion werden soll, wird voraussichtlich sehr bald nichts mehr Religion sein. Und so begriff man und sang man das Lutherlied, wonach Gott eine feste Burg sein soll, als das, was es war, nämlich als ein Soldatenlied, und sang man es im Dreißigjährigen Kriege, und bei den sogenannten Befreiungskriegen. Und mit diesem lutheranischen Soldatenliede erhielt das Preußentum Eingang in Deutschland. Freiheit verstand man in Deutschland an entscheidenden historischen Punkten immer nur als Befreiung von geistiger Verpflichtung, von geistiger Fessel. Insofern könnte man fast sagen, daß Deutschland das Aufklärungszeitalter kompromittiert hat.

IV

Der zweite Pfeiler jener deutschen Ideologie, der das Ausland mit einer aus Abneigung und Mißtrauen gemischten Empfindung gegenübersteht, ist Georg Wilhelm Friedrich Hegel. Schon im Namen führt er zwei Preußenkönige.

Als Hegel kam, ging es Preußen nicht gut. Die Französische Revolution hatte das patriarchale Feudalgebäude des Mittelalters zerschlagen, und Napoleon wagte den Versuch eines neuen Universalreichs. Preußen im Bunde mit der ältesten Reaktionsmacht, Österreich, widersetzte sich am heftigsten. Alle Throne und Thrönlein zitterten um ihre Existenz. Eine der konterrevolutionären Maßnahmen, über die Metternich und Humboldt an sich einig waren, war die Gründung der Berliner Universität (1810). An die Berliner Universität wurde Hegel berufen, der dort eine recht produktive Tätigkeit entfaltete.

Hegel kann das zweifelhafte Verdienst für sich in Anspruch

nehmen, dem Begriff Preußen nicht nur in Deutschland zur Popularität verholfen zu haben. Preußen war in Deutschland bis dahin nicht gerade beliebt. Die humanistischen Klassiker, Lessing, Goethe, Schiller, empfanden das Preußentum als ein reichlich sprödes, befremdliches Element. Lessing hielt die Preußen für eine Art Spartaner, Goethe warnte vor dem verwegenen Menschenschlag der Berliner, und Schiller genoß das Preußentum einstweilen nur auf dem metaphysischen Umwege über Königsberg. Auch hatte der große Preußenkönig Friedrich nicht gerade danach getrachtet, sich die Sympathien der jungen deutschen Literatur zu erringen. In einem noch heute viel zu wenig beachteten Pamphlet über die deutsche Literatur sagte er etwa folgendes: Die deutschen Originalgenies sind plump und wollen nichts lernen. Sie treiben eine Art Heimatkunst, während die französischen Schriftsteller wahrhaft die Welt bewegen. Er stellte diese Franzosen Bayle, Boileau, Bossuet, Molière, Diderot, Voltaire als nachahmenswerte Muster auf, empfahl sie zur Übersetzung und war im Ganzen keineswegs der Überzeugung, daß wir es trotz Klopstock, Wieland, Gerhardt und Luther gerade herrlich weit gebracht hätten. Unter diese sehr temperamentvolle Kritik fielen auch die Anfänge Schillers und Goethes, und es läßt sich ermessen, daß man dem Preußenkönig, der überdies sein Pamphlet in französischer Sprache geschrieben hatte, nicht gerade gewogen war.

Als Hegel auftrat, hatte sich freilich manches schon geändert. Von Friedrich II. war die Werbung zum deutschen Fürstenbund ausgegangen, den Bismarck hundert Jahre später in der deutschen Reichsgründung Wirklichkeit werden ließ. Friedrich II. hatte als erster auch begriffen, er sei eigentlich dank der Confessio augustana protestantischer Papst, und man kann sagen, daß es gerade der Protestantismus war, der Preußen kulturfähig machte.

Hegel kam aus dem Tübinger Stift. In seiner Berliner Antrittsrede bestätigte er die Augsburgische Konfession in allen Punkten. Er wußte, was er seiner Berufung an die reich dotierte Berliner Universität schuldig war. Hegels umstrittenes Verdienst ist es, daß er Preußen das gute Gewissen gab. Hegel nahm Preußen gewissermaßen unbesehen in die Philosophie auf. Nicht nur durch seinen Satz, daß alles, was wirklich sei, auch vernünftig sei; nein, auch durch eine umständliche geschichtsphilosophische Begründung, die die Geschichte als eine Offenbarung der Vernunft dozierte, und indem er behauptete: da es in der Geschichte immer vernünftig zugegangen sei und Preußen die letzte Spitze der Geschichte darstelle, so sei Preußen auch der Gipfel der Vernunft. Das war eine überraschende Entdeckung, denn Hegel hatte merkwürdigerweise übersehen, daß es in Preußen auch Kasernen gab, ziemlich viele Kasernen, und daß der preußische Truppier aus den Nachkommen jener Marodeure des Dreißigjährigen Krieges sich rekrutierte, die der große Kurfürst zu lebenslänglichem Heeresdienst begnadet hatte, statt sie wegen Diebstahls, Raub und Mord aufknüpfen zu lassen. Das preußische Heer in seinen Anfängen war eine Art Landessträflingsanstalt, über der die Gnade des Landesherrn schwebte, und dieses vorausgesetzt, kann man manches verstehen, was später und früher im preußischen Heeresdienst sich ereignete; auch die Abneigung vor der preußischen Fremdenlegion innerhalb Deutschlands. In Preußen aber baute der ganze Staat sich allmählich über dem Heere, auf der Kaserne auf.

Hegels entsetzlicher Optimismus ließ ihn in seiner philosophischen Preußenhymne dieses übersehen. Er glaubte als Historiker an eine Fortentwicklung der Geschichte zu immer höheren Formen. Als die vier Gipfelpunkte der Geschichte aber erschienen ihm: das mosaische Gesetz, Jesus, die Reformation und Preußen. Wie im Protestantismus Luthers wirkte im Protestantismus Hegels vorzüglich das Alte Testament nach, die Kunde vom auserwählten Volk, die prophetische, messianische Auffassung der Nation. Das auserwählte Volk war infolge der Reformation für Hegel Deutschland geworden. Berlin war der Sitz der Weltseele, die in diesem Moment in der Gestalt des Professors Georg Wilhelm Friedrich Hegel vom Rektorenkatheder herab ihre dunkle Weisheit verkündete.

Hegels Wirklichkeitsphilosophie, von Friedrich und Napoleon zugleich beeinflußt, mag wohltätig gewesen sein als Gegengewicht gegen die Verdammung der Wirklichkeit durch die mittelalterliche Scholastik. Aber ihr entsprach auf moralischem Gebiet eine Indifferenzphilosphie, die Gut und Böse aus derselben Wurzel ableitete, Gott und Teufel also gleichsetzte, indem sie beide als gleich vernünftig bezeichnete. Die Anerkennung der Wirklichkeit ohne Reserve bedeutete aber gleichzeitig einen Umsturz der geistigen Ordnung; denn wenn alles Wirkliche vernünftig ist, dann ist wohl auch alles Unwirkliche, Imaginative unvernünftig, und in der Tat zeigte sich ja auch, daß die Nachfolger Hegels seine materielle Philosophie in erkenntnistheoretischem Aufputz noch übertrieben.

Hegels Wirkung war enorm, trotz der Barockschnörkel und der heroischen Dialektik, in der sie sich präsentierte. Die Paradoxie seiner Aufstellungen und die Wichtigkeit des Katheders, von dem aus sie verkündet wurden, beides zusammen nötigte die hervorragendsten Geister der Nation, und man kann sogar sagen Europas, sich mit ihm auseinanderzusetzen. Man weiß, daß Goethe die Karriere des trockenen Schwaben mit etwas ironischer Neugier verfolgte. Bekannt ist, daß Heinrich Heine, der große Spötter, Hegel den größten deutschen Philosophen nannte, ihn sogar für einen Revolutionär hielt, was merkwürdig genug ist. Man kennt Schopenhauers Raserei über Hegels Beamten- und Reglementierungsphilosophie, und es sei mir der Hinweis gestattet, daß noch Nietzsches Versuch einer Philosophie der Unvernunft, sein Eifern gegen den deutschen Historismus, und die neue philosophische Sprache, die er schuf, im Grunde Auseinandersetzungen mit Hegel und Polemik gegen den Patentprofessor der preußischen Weltseele sind.

Untergrub Luther die Autorität des Priestertums durch Vermenschlichung der göttlichen Dinge und Einsetzung des Laienpriestertums, so suchte Hegel die Hierarchie der Mysterien des Mittelalters zu ersetzen durch eine Hierarchie der Wissenschaften, und in Deutschland wenigstens ist die Deifikation der Natur, der Wissenschaft, der Kraft, des Geldes, der Technik etc. auf Hegels Einfluß vorzüglich zurückzuführen. Die Vergöttlichung der Kriegschemie unter der Vorherrschaft Preußens war dann der letzte Ausläufer dieses Sturzes der moralischen und theologischen Wissenschaften.

Im Ausland gilt Hegel als der Typus der deutschen Unterminierung. Auf seinem Systemgebäude wehte die Flagge der Aufklärung, im Innern dieses Hauses aber gingen unerhörte Dinge vor. Die Aufstellung Preußens als eines exemplarischen Vernunftstaates allein hätte genügt, Hegel eines Tages den Haß ganz Europas zuzuziehen. Er erklärte aber gar Berlin für den Sitz der Weltseele. Er spielte einen ehrgeizigen Raubstaat, in dem man früher und heute die Evangelisten erschlug, den zynischsten Staat der Welt, als den Gipfel göttlicher Selbstoffenbarung aus, und er tat dies keineswegs offen und klar, sondern auf eine obskure, kaum wahrnehmbare Weise, und indem er völlig abstrakt und begriffsmäßig vorging. Nie wurde die Wirklichkeit in unwirklicherer Form vorgetragen.

In Rußland lasen ihn Männer wie Belinskij, Stankewitsch, Bakunin, Tschaadajew, in Frankreich Proudhon. In Deutschland geriet Karl Marx in völlige Abhängigkeit von ihm. Wie sehr die Materialisten, Feuerbach, Büchner, Moleschott, von ihm abhängig waren, zeigte Franz Mehring in seiner »Geschichte der deutschen Sozialdemokratie«. Ja man könnte den Materialismus der deutschen Sozialdemokratie mit manchem Grund als einen Ausläufer Hegels bezeichnen, wenn nicht viele ihrer Elemente auch nach Frankreich und England zeigten, wo indessen das Aufklärungszeitalter nahezu vorüber war, als man in Deutschland es entdeckte. Beweis dafür ist die Tatsache, daß Karl Marx, als er in Paris zu Beginn seiner Karriere die hegelianischen »Deutsch-Französischen Jahrbücher« herausgab und sich um die Mitarbeit der wichtigsten damaligen Franzosen bewarb, auf unverhohlene Ablehnung stieß.

Frankreich, das die Konsequenzen der Aufklärung in seiner großen Revolution gezogen hatte, befand sich in den 40er Jahren gerade auf dem Wege, die Religion jenseits der Orthodoxie schrittweise wieder herzustellen. Interessant genug ist die Tatsache, daß der französische Sozialismus nicht aus dem Kalkül entsprang, sondern aus dem Mitleid. Und nicht aus der Lobpreisung der Wirklichkeit, sondern aus der Einsicht in ihr entsetzliches Unrecht. Religiös sind die Ursprünge des englischen und französischen Sozialismus, nicht atheistisch wie die Ursprünge der deutschen Sozialdemokratie. Erinnert sei an die religiösen Formulierungen der Godwin, Saint-Simon, Louis Blanc, Cabet, Buchez, und es ist kein Zufall, daß auch die beiden Begründer des deutschen Kommunismus, Thomas Münzer und Wilhelm Weitling, tief religiöse Naturen waren. Karl Marx schalt diese keineswegs materialistische Auffassung der westlichen Sozialisten unter dem Einfluß der Hegelschen Wirklichkeitsprophetie utopisch. Es ist mir im Rahmen dieses Vortrags leider nicht möglich, mich in diese Dinge weiter einzulassen. Hinweisen möchte ich nur auf die Tatsache, daß gerade das Aufkommen der sozialistischen Systeme zugleich das Aufflammen einer neuen religiösen Bewegung in Frankreich mitführt. Der Atheismus der Marx und Bakunin behielt in der Internationale recht, einstweilen wenigstens. Das Ringen nach einer neuen Suprematie des Geistes und zwar des religiösen Geistes aber ging in Frankreich weiter von Chateaubriand zu Lamennais und Renan, von Baudelaire und d'Aurevilly zu Ernest Hello und Léon Bloy, die zuletzt den großen sakramentalen Schatz der Kirche gerade der materialistischen Vorteilsphilosophie und der ungeheuerlichen Verplattung entgegensetzten.

V

Zu einer Zeit, da die Voraussetzungen der protestantischen Doktrin bereits zu wanken begannen, schloß Bismarck sie zusammen zur Fassade des preußisch-deutschen Militärstaates. Hatte Luther Gott vermenschlicht, Hegel die Vernünftigkeit der Realien mit einem Akzente verkündet, der einem Sturz der Ideenwelt gleichkam, so räumte Bismarck (hierin von Marx unterstützt) mit den Ideologien endgültig auf. Dem Selbstbewußtsein des lutherischen Menschen folgte bei Hegel das Selbstbewußtsein des Weltprozesses in Preußen und bei Bismarck das Selbstbewußtsein der Brutalität.

Von Bismarck an gibt es kein Volk der Dichter und Denker mehr. Dichter und Denker sind nur noch Dekoration. Einer hemmungslosen Politik der Barzahlung und der Geschäfte, der die göttliche Obrigkeit ihren zwinkernden Segen erteilt, hat jede andere Regung der Nation sich unterzuordnen. Unteroffizier und Feldwebel erhalten das Recht, den Priester, Gelehrten und Künstler zu kommandieren und je nach Belieben niederzukanzeln. Die preußische Kaserne, aus der die allgemeine Wehrpflicht hervorging, beherrscht als Erziehungsstätte das Volk und lehrt Grundsätze, die den klassisch-humanistischen

Lehrplänen der höheren Schulen schlecht entsprechen. Der Macchiavellismus der Absolutistenzeit, die mit der Französischen Revolution anderswo überwunden war, tritt in Deutschland jetzt offen hervor. Eine unerhörte Zentralisation der Verflachung, gegen die Nietzsche nach 1870 vergebens ankämpft, speist die Bedürfnisse der Parteien, fordert den Tanz um das goldene Kalb und den Ellbogenstreit um die staatliche Futterkrippe.

Die zynische, erniedrigende Auffassung des Menschen, das typisch preußische Erbe unsrer Nation, beherrscht die geistige Produktion, und zwar leider tiefer, als es deren Trägern zu Bewußtsein kommt. Die gegenrevolutionäre, konservative, patriarchale Entwicklung Deutschlands, von Luther und Hegel an kritischen Punkten der Entwicklung bejaht, findet in Bismarcks Reichsgedanken ihre Krönung; in jenem deutschen Kaiserreiche, dessen geheimster Sinn es ist, ein Bollwerk gegen die Aussaat der französischen Revolution darzustellen. Denn beachten Sie die Tatsache: Georges Clemenceau empfindet Deutschland gegenüber als Sohn dieser Revolution von 1789 und interpretiert den französischen Kampf als eine Rebellion der demokratischen Welt gegen die letzten Reste des feudalen Mittelalters, die er in den Monarchien der Zentralmächte verkörpert sieht.

Unter Bismarck tritt jetzt die Gewalt mit Kulturaspirationen auf. Private und öffentliche Voraussetzung seiner Politik ist eine animalische Auffassung des Lebens und der Nation. Preußen, von Luther ermöglicht, von Hegel plausibel gemacht, diktiert jetzt in Deutschland. Nicht das preußische Volk wohlverstanden, die Summe der Untertanen, sondern die Samuraikaste der Junker, eine Kaste der militärischen Askese, ohne humane Bedürfnisse, ja mit antihumanen Grundsätzen; eine Adelskaste, hervorgegangen aus dem deutschen Ritterorden, verwandt mit demselben Ritteradel, dessen ununterbrochene Heerzüge das frühe Mittelalter schon beherrschten.

Der Ehrgeiz Preußens zielt jetzt ab auf die Wiederherstellung des mittelalterlichen Universalstaats, aber protestantisch-deutscher Nation. Unter Bismarck bricht die alte deutsche Wildheit, der berühmte furor teutonicus durch die schwachen theologischen Grundsätze der protestantischen und später sogar der katholischen deutschen Priester. Wilhelm II. ist zugleich protestantischer Papst, oberster Kriegsherr und rector magnificentissimus der Berliner Universität. Chef eines theologischen Militärreichs, eines Reichs überheblichster Selbstgefälligkeit und Genußsucht, in dem die Kunde vom auserwählten Volk gleichwohl ihre unverminderte Stärke behalten hat. Treitschke und Chamberlain treten in diesem Reiche als Herolde über Weltherrschaft auf. Während die Französische Revolution anderwärts eine neue Moral, die Moral der Menschen- und Völkerrechte, zum Gemeingut erhoben hat, nährt Deutschlands Gesinnung die Protagonisten einer Säbelherrschaft mit prophetischen Ansprüchen. Uralte Vokabeln des Römischen Reichs Deutscher Nation stehen wieder auf. Eine stupide Rassentheorie spricht von Verrat und Abfall der Randvölker, gegen die man Strafexpeditionen wie zur Zeit Barbarossas glaubt unternehmen zu dürfen. Philosophen bezeichnen dieses Deutschland, das ich Ihnen hier schildere, als das moralische Herz der Welt, und ich brauche Sie ja nur an die Zeitungen von 1914 zu erinnern, um Ihnen den ganzen feudalen Vokabelschatz des Mittelalters wieder ins Gedächtnis zu rufen.

Ein Charakteristikum unseres damals so tief wie nie vorher gesunkenen Vaterlandes aber will ich noch erwähnen: die Tatsache, daß der preußische Generalstab jetzt Philosophie trieb, während die Philosophieprofessoren sich mit der Strategie beschäftigten. Namen wie die von Clausewitz und Bernhardi sind dem Auslande geläufiger als uns selbst. Diese Generale dozierten Gewissen in kantischen Formeln, und der Königsbergische Philosoph war überhaupt sehr beliebt geworden, wenn preußische Generale und Würdenträger ein Unrecht, eine Gewissenswidrigkeit, einen Völkerrechtsbruch auf die obligatorische deutsche Kulturhöhe zu heben beflissen waren. So erfolgte der Einbruch in Belgien, und so suchte ihn Herr von der Lancken[14] gegen Cardinal Mercier zu verteidigen.

VI

Ich habe versucht, Ihnen den Weg der deutschen Abirrung aufzuzeigen, gegen die 1914–1918 das Gewissen der feindlichen

Völker kämpfte. Es ist nicht so, daß die gegnerischen Völker von den Ideologien, die ich schilderte, nicht ebenfalls heftig beeinflußt waren. Gerade diese Tatsache aber führte in ihnen selbst sehr rasch zu einem Läuterungsprozeß, der den Gegensatz zu Deutschland immer stärker betonte und herausarbeitete, je verworfener die Methoden wurden, mit denen das deutsche System hervortrat und sich zu erhalten suchte. Es würde zu sehr falschen Ansichten führen und würde wenig nützen, dies zu verkennen oder zu bestreiten.

Meine Darstellung des Ideenkonfliktes bezeichnet zugleich, so glaube ich wenigstens, den ideologischen Umriß der neuen europäischen Reformation, die begonnen hat, und innerhalb deren Deutschland seine Stellung noch kaum ahnt, geschweige denn erfaßt. Diese Neuordnung ist gegen die deutsche Auffassung der Welt und der Menschheit gerichtet; sie ist, wenn man es auf eine klare Formel bringen will, der Gegenschlag der romanischen Welt gegen Luther. Die militärische Niederlage hat die deutsche Hegemonie gebrochen. Die Einordnung Deutschlands in die Gesellschaft der Nationen wird folgen müssen, wenn Deutschland nicht völlig zu Grunde gehen soll. Die Weltgeltung der deutschen Humanität war groß bis zur Mitte des vorigen Jahrhunderts, als in Rußland und Frankreich eine christliche Renaissance einsetzte. Aber das Ausland weiß heute und wußte es schon lange Jahrzehnte vorher, daß die deutsche Humanität der Herder, Goethe, Humboldt, der alten deutschen Mystiker und der Romantik, in Deutschland selbst keine Geltung mehr hatte. Auch erwies sich die Zivilisationsbasis des lutheranischen Nationalismus als zu dürftig. Das Bismarckische Reich, die Krönung des Reformationswerkes, war von den über- und zwischenstaatlichen Idealen der übrigen Großmächte überflügelt. Deutschlands zivile und geistige Verfassung entsprach nicht mehr den Anforderungen des 20. Jahrhunderts.

Es ist ein Unglück, daß die Revolution von 1918 nicht siegte und einem neuen Lichtstrom in Deutschland zum Durchbruch verhalf. Vermochte sich der Anlauf aber nicht durchzusetzen, so ist dies ein Beweis dafür, daß neue Kräfte übernationaler Bedeutung und völkerverbindender Energie in Deutschland nur spärlich vorhanden waren und sich unter den bisherigen

Bedingungen auch kaum bilden konnten. Man war zu lange befangen in der typisch deutschen Entwicklung, als daß man jetzt einen wahrhaft neuen, europäischen Standpunkt hätte einnehmen können. Abbruch und Wiederaufbau scheinen mir heute in Deutschland unmöglich ohne genaue Kenntnis der Gesinnung und der geistigen Produktion des Auslandes zur Zeit des vergangenen Krieges. Wir werden unsere geistige Unabhängigkeit am wenigsten dann wahren, wenn wir uns weiter isoliert halten, statt auch die geistigen Schützengräben hinwegräumen und aus den Kasernen Volksbildungsstätten zu machen, in denen universale Humanität wie zu den Zeiten des scholastischen Mittelalters und der Romantik gelehrt wird.

Gleich hier will ich es sagen: ich halte die ideelle Grundlage der Sozialdemokratie für zu schwach, um den vielhundertjährigen Reaktionsblock erfolgreich zu brechen und die Verständigung mit der Außenwelt wahrhaft wieder herzustellen. Es bedarf dazu einer von Grund aus neuen Erziehung. Mit dem sozialdemokratischen Klassengesetz ist es nicht getan; um so weniger, als weite Kreise der deutschen sozialistischen Parteien sich der bürgerlichen Ideologie keineswegs zu entziehen vermögen. Die Mauern des alldeutschen Gebäudes reichen tiefer als selbst Karl Marx einsah, der in vielen Punkten Preuße und Hegelianer blieb, zeit seines Lebens. Sein Atheismus, Materialismus, die dialektische, spekulative Auffassung der Welt, sein Entwicklungsfatalismus und manches andere sind heute typisch reaktionäre Postulate, so paradox das in Deutschland noch klingen mag; sind Postulate, die das Proletariat immer wieder in gefährliche Nähe der zynischen Auffassung des Lebens, in gefährliche Nähe der Reaktion und der Plutokratie führen werden. Ein neuer Zug der Religiosität geht durch die Welt, und ehe das Proletariat, das der Träger dieser Zukunft werden mag, dieses tiefste Wesen der heutigen Zeit und seiner selbst begriffen hat, eher wird es nicht siegen, denn solange ist die Gegenseite an innerer Disziplin ihm überlegen.

Kapital und Bourgeoisie sind große Mächte. Der Krieg von 1914 enthüllte aber noch größere, spezifisch deutsche Reaktionsmächte, die beherrschend zutage traten: die kriegerische Auffassung des Lebens, die deutsche atrocitas; die deutsche Interpretation der Freiheit, die mehr zur Ungebundenheit als zur freiwilligen Bindung neigt, und deshalb der Kollektivität, der Konspiration und dem Sozialismus widerstreitet. Die zynische Auffassung der Welt, von der ich sagte, daß sie ein typisch preußisches Erbe sei; die Überzeugung, nur das Animalische, Nahrung, Vorteil, Geschlecht, sei wirklich, die Illusion, die Erfindung, der Geist aber seien nicht ebenso wirklich, ja unwirklicher als die sogenannten Realien. Kurz, die deutsche Naturreligion, die alle übernatürlichen Formen mit tiefem Mißtrauen betrachtet, statt sie als freundlich seltene Wunder zu verehren; jene deutsche Naturreligion, die das Spiel der Phantasie beargwöhnt und die Bindungen traditioneller Formen verachtet. Die Auffassung des Geistigen als einer Verzärtelung, die man abtun müsse, als einer Schande; kurz, das falsche Heldentum, die Verehrung des Harten und Groben, statt der schutzbedürftigen Schwäche und Ohnmacht: die Brutalität, statt der Ritterlichkeit, das Philisterreich, statt der Opferlust und des Enthusiasmus. Ehe das Wissen um diese typisch deutschen Hemmungen die neuen Führer beherrscht, werden sie vergebens kämpfen, vergebens nach dem Punkte suchen, von dem aus sie die widrige Welt aus den Angeln heben können.

VII

Welches sind nun die Wege, die zum wahrhaften Wiederaufbau Deutschlands zu führen vermögen? Um meinen Vortrag nicht allzu sehr auszudehnen und doch auch meiner Verpflichtung mich nicht zu entziehen, möchte ich Sie bitten, mir noch kurze Zeit Gehör zu schenken. Stellt man das Gegenteil dessen auf, was die drei stärksten Stützen des alten deutschen Ideengebäudes in ihren populären Formeln verlangten, so läßt sich die Verständigung über die neuen Notwendigkeiten sehr erheblich abkürzen.

Beseitigte Luther die Suprematie der geistlichen Macht, so gilt es dieselbe gegen die Welt der Bourgeoisie und der Geschäfte wieder herzustellen. Die Suprematie der geistlichen, kontrolliert und gestützt von der geistigen Macht. Vergötterte Luther die Obrigkeit gegen den Untertanen, so lassen Sie uns den Menschen wieder über die Institutionen setzen, die Obrigkeit aber ihres Nimbusses entkleiden. Sang Luther Kriegslieder einem gotischen Männer- und Vätervolke, so lassen Sie uns das Reich des Sohnes und des Heiligen Geistes wieder errichten und jene zarte Verehrung der Frau wiederfinden, die der Madonnenkult in sich begriff.

Verstrickte Hegel die ganze Nation in einen fatalistischen Gesetzesglauben, in ein Spinnwebengewirre der Logik und der Begriffe, versuchte er uns zu überzeugen, daß die Vernunft die Geschichte beherrsche, so lassen Sie uns dagegen das spontane Leben aus der Verkalkung erretten, lassen Sie uns das nur noch schüchtern schlagende Menschenherz wieder entdecken, und erkennen, daß Unvernunft die Vergangenheit leitete, Unvernunft die Gegenwart beherrscht, Unvernunft sich täglich offenbart und so sehr Geltung hat, daß man geneigt sein könnte, die Unvernunft als solche als Prinzip und Gesetz alles Daseins aufzustellen. Das Reich der Realität und der Fakten, das Hegel befürwortet hat, lassen Sie es uns ablösen durch ein neues Reich der Utopie und der Imagination, der Mystik und der Kunst, lassen Sie uns dazu verhelfen, daß dieses letztere Reich dem andern überlegen sei. Stellte Hegel den preußischen Staat an die Spitze des Weltprozesses, so lassen Sie uns Preußen umgekehrt an das Ende stellen.

Und schuf Bismarck ein Genußimperium des Vorteils und der Gewalt, so lassen Sie uns ein Imperium des Verzichts, der Enthaltsamkeit, ein Zellenleben der Absage und der mystischen Liebe im selben Ausmaße schaffen. Bleibt mit Bismarcks Namen für alle Zeiten die zynische, verschlagene, brutale Auffassung der Welthändel verbunden, so verknüpfe sich mit dem Namen unserer Jugend die Verklärung der Welt, die Aufrichtigkeit und die edle Lust der Versöhnung in ebenso genialen Formen.

So werden wir in Deutschland wieder herstellen – die Religion. Und dies ist die wichtigste deutsche Aufgabe der Gegenwart und der Zukunft, worin alle andern nationalen Aufgaben begriffen sind. Nur die Universalität des Herzens wird Deutschland die Sympathien der Welt wieder gewinnen, und damit die Hilfe, die Unterstützung der Welt, ohne die auch die deutsche Wirtschaft nicht wiederherzustellen ist. Sind wir mit solcher Auffassung Rebellen, so lassen Sie es uns sein ohne zu wanken und im ernsten Bewußtsein, daß wir die Zukunft tragen. Wer wird in diesem Lande erschlagen? Die Evangelisten des Friedens. Ohne die evangelische Auffassung des Lebens und des Friedens aber werden die neuen Ideen nicht siegen. Ohne die Wiederherstellung der Religion wird keine Erneuerung werden. Eine religiöse Auffassung des Lebens ist nötig, um den Fanatismus der Gegenpartei zu brechen. In einer Schrift »Aus der Werkstatt der deutschen Revolution«[15] hat der frühere Volksbeauftragte Emil Barth das Versagen der Führer der Revolution von 1918 geschildert. Man kann für Löhne, nicht aber für Ideen kämpfen ohne Gott. Wer für das Volk kämpfen will und für des Volkes Emanzipation, der muß eine Philosophie des Opfers haben.

Die deutsche Revolution ist von der jeden anderen Volkes unterschieden, oder sie hat sich noch nicht einmal selbst erkannt. Das Problem dieser Revolution ruht in der äußeren Politik, die die innere bestimmt. Das Problem ist die Versöhnung mit der beleidigten Menschheit. Es geht um die Wiederherstellung unserer Ehre. Um die Wiedergutmachung unserer Schuld. Schuld und Sühne: das sind eminent christliche Begriffe. Es handelt sich um die Christianisierung Deutschlands, wenn wir Wiedergeburt und Versöhnung finden wollen. Das ist die metaphysische Bedeutung der Schuldfrage, ihre tiefste Bedeutung, die wir nicht umgehen können, in die wir uns deshalb aus ganzer Seele stürzen sollten; aus der Erniedrigung, aus dem tiefen Fall wird unsere neue Größe, eine wahrhafte, menschliche Größe erstehen müssen, wenn wir überhaupt uns wieder errichten wollen.

Ziehen wir die große Lehre aus der Niederlage. Das Reich des Satans haben wir erlebt. Wir können wieder glauben, daß es Teufel gibt. Wir sahen sie am Werk. Machen wir aus Deutschland ein Gottesland, wir brauchen nur den Gegensatz zu all dem aufzustellen, was wir ringsum am Werke sahen. Dies ist meine Idee vom Wiederaufbau. Denken wir nach über die Macht und die Herkunft der Teufel, die sich allmählich bei uns einnisten und festsetzen konnten. Vereiteln wir die Auferstehung ihrer Macht. Hören wir hin, worauf ihre Presse sich berief, und worin sie ihre Stärke erblickten.

Am tiefsten gesunken, steht uns der höchste Aufstieg bevor,

wenn wir es glauben können. Aus einem Abgrund des Elends
werden neue Heilige kommen. Nicht durch ein neues Blutbad
ist unsere Geistesverfassung wieder herzustellen, sondern nur
durch die innere Umkehr. Indem wir es wie die Heiligen und
die ersten Christen machen: indem wir das Beste unserer
Feinde zu lieben versuchen. Beugen wir uns zu den Kleinsten
und Verkommensten, wir sind es selbst. Suchen wir die
Verlorensten und Verachtetsten auf, wir sind es selbst. Auch an
die ganz Verrohten noch müssen wir glauben lernen. Begeistern
mag uns der göttliche Funke, der auch in ihnen noch lebt.

1 Eduard Bernstein: »Die Wahrheit über die Einkreisung Deutschlands«.
Berlin 1919.

2 Karl Max Fürst von Lichnowsky (1860-1928). In seiner Denkschrift
(»Meine Londoner Mission«. 1912-1914. Bern 1918) trat L. für eine dt.-
brit. Verständigung auf Kosten des Zweierbundes ein.

3 Désiré Mercier (1851-1926), Kardinal, stand im Ersten Weltkrieg an der
Spitze des passiven belgischen Widerstands gegen die dt. Besatzung.

4 Paris: Perrin et C° 1918.

5 Giuseppe Antonio Borgese (1882-1952), ital. Literaturforscher und
Schriftsteller.

6 Milano: Fratelli Treves 1915.

7 Lausanne: Payot & C° 1917.

8 Das Manifest der 93 Gelehrten und Künstler vom 11. 10. 1914 in der
deutschen Tagespresse unter dem Titel: »An die Kulturwelt! Ein
Aufruf.« veröffentlicht. Kommentarlos abgedruckt in: »Die Aktion«,
Berlin. Jg. 5. Nr. 22/23 (29. 5. 1915), Sp. 284/285. (Vgl. Balls Artikel
»Die Fingerfertigen«; s.o. S. 237–240.)

9 Paris: Emile-Paul 1915. Eine dt. Übersetzung ist nicht nachzuweisen.

10 Jean Finot: »Civilisés contre Allemands«. Paris: Flammarion 1915.

11 Gustave Lanson: »Culture allemande, humanité russe«. Paris: Payot &
C° 1915.

12 George Davis Herron (1862-1925), amerik. Theologe, Schriftsteller und
Politiker. Im Ersten Weltkrieg als Vertrauensmann des amerik. Präsi-
denten Wilson in der Schweiz tätig.

13 »Wir sind Menschen, die frei sein wollen um zu befreien.«
Zit. in: Hugo Ball: Clemenceaus Rede vor dem Senat. In: Die Freie
Zeitung III, Nr. 86 (1. 11. 1919). – Der Artikel bezieht sich auf die
Senatsrede Clemenceaus vom 11. 10. 1919.

14 Oskar Freiherr von der Lancken-Wakenitz (1867-1936), Diplomat. Im

I. Weltkrieg Chef der Politischen Abteilung beim Generalgouverneur in Belgien.
Auf Wunsch Bethmann-Hollwegs hat von der Lancken-Wakenitz eine Stellungnahme (7. 2. 1915) zur »Belgischen Frage« verfaßt (Politisches Archiv des Auswärtigen Amtes, Bonn. WKr. 15, geh., Bd. 6).

15 Berlin: A. Hoffmann o. J. [1920].

Anmerkungen: Ernst Teubner und Hans Burkhard Schlichting

VI
Ein neues Zeitalter der Katakomben
Politische Theologie und Religionspsychologie
1922-1925

Notizen zum Versuch eines Vorwortes
für das »Byzantinische Christentum«

Vor etwa vier Jahren erschien in Bern mein Buch »Zur Kritik der deutschen Intelligenz«. Es war mein erster größerer Versuch, entstanden aus Eindrücken und Studien der Vorkriegszeit. Das Buch war den Führern der moralischen Revolution gewidmet und stellte sich die Aufgabe, die deutsche Vergangenheit an den Prinzipien einer modernen intellektuellen Partei zu messen.

Das Buch war für Deutsche nicht angenehm zu lesen. Es war ein schonungsloses, ein ungemütliches Buch. Es ließ keine Kompromisse zu, nannte die Dinge beim rechten Namen. Immerhin, es war eines der ersten Bekenntnisse zur Republik. Es zeigte, daß die Kaserne schließlich allmächtig und der Geist eine Dekoration geworden war. Es deutete energisch auf den Widerspruch, mit dem Deutschland sich noch immer als Volk der Dichter und Denker empfand, und doch einer Kriegsmaschine erlegen war, die in der Geschichte ohnegleichen dastand. Religiösen Militarismus nannte ich die Summe der Erscheinungen, in denen dieser Gegensatz zum Ausgleich gekommen war. Hoffnungslos empfand ich eine Verwirrung der Moralbegriffe, die zwischen Interesse und Begeisterung, zwischen Überzeugung und Behagen, zwischen soldatischer Zucht und göttlichen Dingen kaum mehr unterschied.

Ich suchte mir zu erklären, wie es gekommen war, daß man solche Gesinnung schließlich für die deutsche Idee, für das deutsche Wesen, für den deutschen Charakter selbst ausgeben konnte. In der Tat war dieser Charakter nur der Ausdruck eines unter die Herrschaft von Militär- und Wirtschaftsinteressen geratenen Idealismus. Ich suchte diesen Zustand, den Komplex von Fragen, dies typisch deutsche Problem historisch und psychologisch aufzulösen (aufzuschließen). Unbeirrt durch Schlagworte einer konfusen Revolution hielt ich mich an die faktisch wirksamen, an die »realen« Mächte. Ich war einzig bemüht, die Ideen von den Interessen der Klassen und Kasten peinlich zu scheiden.

Aber hier – ich gestehe es gerne – versagte meine Einsicht und auch meine Kraft. Es gelang mir nicht, ein neues Ideal erkennbar und deutlich darzustellen. Die destruktive Tendenz überwog. Daß es einer gründlichen Beseitigung überlebter Anschauungen bedürfe, diese meine Überzeugung kam reichlich zum Ausdruck. Die letzten Ausläufer der deutschen Philosophie und die radikal-sozialistische Schule, durch die ich gegangen war, bestärkten mich hierin. Keinen möglichen Einwand gegen die fragwürdige Gestaltung unserer nationalen Ziele hatte ich mir entgehen lassen. Ich war geneigt, zu den fremden Einwänden noch einige hinzuzufügen. Meine Meinung war, daß nur die unbedingteste Selbstkritik, die unzweideutigste Offenheit Abhilfe schaffen und einen neuen Aufstieg bewirken könne. Der Weg aber, der nun einzuschlagen wäre, blieb im Dunkeln. Der positive Teil meiner Arbeit trat zurück hinter dem negativen.

2

Wenn ich heute unter dem Titel »Byzantinisches Christentum« eine Ergänzung meines ersten Buches vorlege, glaube ich den wenigen Freunden meines ersten Versuches eine Erklärung schuldig zu sein. Zwischen den beiden Büchern liegen vier Jahre einer unermüdlichen Arbeit, vor allem an meiner eigenen Person. Das Thema, der deutsche Geist, die deutsche Moral, ist dasselbe geblieben. Aber die Geste des Rebellen ist verschwunden. Die politischen (materiellen) Fragen sind ausgeschaltet. Eine berauschte Theologie, eine Gotteslehre, in der ich alle höheren Werte zu sammeln und zu begründen suche, kommt überschwenglich zum Ausdruck. Sie kommt in orthodoxen Formen zum Ausdruck. In autoritären Formen. Ich würde es tief bedauern, wenn die kirchliche Auffassung der behandelten Fragen auch nur im geringsten verkannt oder verletzt erschiene. Ich würde mich bemühen, solchen Mangel bei erster Gelegenheit nach Kräften gutzumachen.

Glaubte ich damals an eine »Kirche der Intelligenz«, in der alle

Freiheit und Heiligung der Lebenskräfte zu begründen wäre, so bin ich noch heute der Überzeugung. Aber ich sehe diese Kirche nicht mehr ausserhalb der Dogmen und Gesetze, die eine uralte Überlieferung der Völker zu glauben vorstellt. Ich sehe sie nicht mehr außerhalb der großkirchlichen Tradition, auf der unser edelster Besitz und unsere besten Güter, auf die die Einheit der Bildung, die Einheit Europas, die Einheit der Moral zurückweist.

Hatte ich in meinem ersten Buch den Zwiespalt aufgezeigt, in den besonders die deutsche Bildungsarbeit durch die Reformation und den anschließenden Klassizismus gebracht worden war, so mußte mir daran gelegen sein, zu den Lehren einer Zeit zurückzukehren, in der ein Ausgleich zwischen christlichen und hellenischen Idealen schon einmal mit großen Ergebnissen errungen worden war. Diese Zeit war diejenige der großen christlichen Kirchenväter, das Urchristentum und der frühbyzantinischen Kirche.

War ich in meinem ersten Versuch auf eine gewisse barbarische Wildheit, auf eine historische Unbeugsamkeit des deutschen Charakters, auf jenes typische Rebellentum gestoßen, das sich in den Sachsenaufständen zur Zeit Kaiser Karls, wie in der Reformation und dann im Kriege von 1914 aussprach, so glaube ich nunmehr eingesehen zu haben, daß solchem Ungestüm, auf dem im Grunde der deutsche Heldenbegriff beruht, daß dem sogenannten furor teutonicus nur begegnet werden könne mit der Entfesselung einer übernatürlichen, einer jenseitigen, einer symbolischen Weltbetrachtung. Auch sie fand ich in der Kirche in größtem Stile ausgeprägt und vorhanden. Es ist mir dabei eine besondere Freude gestehen zu können, daß es Resultate gerade der deutschen neueren Mysterienforschung waren, die mir ein Urchristentum erschlossen, vor dem alle »evangelische« Rebellion der Reformatoren als eine willkürliche historische Konstruktion erscheint. Den Arbeiten der deutschen Professoren Dietisch, Holl, Reitzenstein, Norden verdanke ich dabei die wichtigsten Aufschlüsse.

Dem in Deutschland wiedergeborenen Heldenbegriff einer tiefen Vergangenheit stelle ich sehr bewußt eine Heiligenlehre gegenüber, deren Heroismus, so hoffe ich, dem Naturheroismus überlegen ist und auch als überlegen erkannt werden mag.

Gilt dieses heilige Heldentum doch der Moral, dem Geiste, den göttlichen Dingen.

So lege ich der jungen deutschen Republik in drei Heiligengestalten eine Analyse religiöser, geistiger, moralischer Fragen vor, die keineswegs aus kirchlichen Vorurteilen, sondern aus freier Erkenntnis der Notwendigkeit, aus einer mit persönlichen Opfern erstandenen Überzeugung stammen. In den typischen Gestalten eines Mönches, eines Priesters und eines Engels stelle ich drei Stufen der moralischen und geistigen Erhebung dar, einer Rangordnung, die als Maßstab zur Beurteilung . . .

(Unveröffentlichtes Fragment, 1922)

Carl Schmitts Politische Theologie

I

Carl Schmitt gehört zu den wenigen deutschen Gelehrten, die den professionellen Gefahren eines zeitgenössischen Katheders gewachsen sind. Ja ich stehe nicht an zu behaupten, daß er den Typus des neuen deutschen Gelehrten überhaupt erst für sich erobert und inauguriert hat. Wenn die Schriften dieses merkwürdigen Professors (um nicht Konfessors zu sagen) nur dazu dienten, die katholische (universale) Physiognomie ihres Verfassers erkennen und studieren zu lassen, es würde vollauf genügen, ihnen einen überragenden Rang zu sichern. Chesterton sagt einmal in einem schönen Essay ›Von den Idealen‹, daß unserer verworrenen und argen Zeit zu ihrer Sanierung keineswegs der große Praktiker nottut, nach dem alle Welt verlangt, sondern der große Ideologe. »Ein Praktiker, das ist ein Mensch, eingewohnt in die Alltagspraxis, in die Art, wie die Dinge gemeinhin funktionieren. Wenn aber die Dinge nicht arbeiten, dann braucht man den Denker, den Mann, der sowas wie eine Doktrin hat, warum die Dinge überhaupt funktionieren. Es ist unrecht, zu geigen, während Rom brennt, aber es ist ganz in der Ordnung, die Theorie der Hydraulik zu studieren, während Rom brennt.« Carl Schmitt gehört zu denen, die ›die Theorie der Hydraulik studieren‹; er ist mit seltener Überzeugung Ideologe; ja man kann sagen, daß er diesem Wort, das unter Deutschen seit Bismarck eine üble Bedeutung hat, wieder zu Ansehen verhelfen wird.

Was bezeichnet den Ideologen? Wie kommt er zustande? Er hat ein persönliches, fast privates System, dem er Dauer verleihen möchte. Er gruppiert alle Lebenstatsachen, gruppiert seine ganze Erfahrung um die eine Grundüberzeugung, daß Ideen das Leben beherrschen; daß das Leben niemals nach seinen Bedingungen, sondern nur nach freien, unbedingten, ja bedingenden Einsichten, eben nach Ideen, geordnet und aufgebaut werden kann. Die Exaltierung und Hartnäckigkeit dieser seiner Überzeugung macht die Größe des Ideologen aus. In einer Zeit, die das Nichts anbetet, indem sie die Ideologie bekämpft oder belächelt, in solcher Zeit wird der Ideologe genötigt sein, seine Basis zu prüfen. Er wird zum Politiker und schließlich zum Theologen werden, ehe er sich's versieht. Man könnte sagen, daß in der engelmacherischen Tendenz unserer Zeit ihre letzte Hoffnung beschlossen liegt. Wie dem auch sei: in Carl Schmitts Werk findet die Ideologie einen ihrer schärfsten und glühendsten Verteidiger. Sein Ausgangspunkt ist das Recht, die Rechtswissenschaft; er ist Professor der Rechte in Bonn. Seine ersten Schriften handeln von ›Schuld und Schuldarten‹ (1910), von ›Gesetz und Urteil‹ (1912). Doch findet sich schon der Übergang zur politischen Philosophie (›Der Wert des Staates und die Bedeutung des Einzelnen‹, 1914). Es gibt kein Recht außerhalb des Staates, und es gibt keinen Staat außerhalb des Rechts. Da kann es auch keine Gerechten geben, die nicht den Staat als die nächste Instanz der Idee anerkennen (›Politische Romantik‹, 1919, Duncker & Humblot, dort auch die späteren Schriften). In den späteren und letzten Schriften erweitert sich die Instanzenfrage nach der letzten bestimmenden Autorität und Form, womit die juristische Interpretation einer ›Politischen Theologie‹ ihren Abschluß erfährt.

II

Das nun ist die Eigenart dieses Gelehrten: das Problem des Ideologen ist ihm nicht nur bewußt; er baut gerade aus diesem Problem, aus diesem Erlebnis sein Werk in allen Bezügen und Folgen auf. In der Gewissensform seiner Begabung erlebt er die Zeit. Das gibt seinen Schriften ihre seltene Konsistenz; das gibt ihnen jene universale Geschlossenheit, in der sie sich präsentieren. Er verfolgt eine angeborene juristische Neigung, um nicht zu sagen seine formale Gesinnung, bis in den letzten bedingenden Grund, mit einer ungewöhnlichen Kraft der Dialektik und ebenso ungewöhnlicher Sprachgewalt. Das Resultat zeigt eine Verflochtenheit der Rechtsfrage mit allen soziologischen und ideologischen Instanzen. Man könnte auch sagen: da ihm die Rechtsidee einmal verliehen ist, sucht er dem Faktum Dauer zu verleihen, erhebt er die ihm verliehene Gabe zu ihrem höchsten erreichbaren Wert. Er möchte die Rechtsidee nicht nur erkennen, sondern womöglich sie repräsentieren, selbst sein. Das ist katholisch, eschatologisch gedacht. Das führt ihn zu den Fragen der Diktatur und Repräsentation, wie sie in seinen letzten Schriften behandelt sind.

Die Tendenz zum Absoluten, die ihn charakterisiert, ist jedoch keineswegs auf Abstrakta gerichtet, wie bei den großen Systembaumeistern des Barock und der Aufklärung, sondern konkret eingestellt. Sie führt auch in ihrer letzten Konsequenz nicht zu einer alles bedingenden Abstraktion, heiße sie Gott, Form, Autorität oder sonstwie, sondern zum Papste als der absoluten Person, die eine abermals konkrete Welt irrationaler, der logischen Erfassung weiter nicht zugänglicher Personen und Werte repräsentiert. Wie nur irgendein Kantianer geht Schmitt von apriorischen Begriffen, eben von seiner Rechtsideologie aus. Nur begnügt er sich nicht, diese seine Begriffe um ihrer selbst willen zu definieren und miteinander in Beziehung zu setzen. Sein Verfahren ist anders. Er sucht seine Rechtsbegriffe im gegebenen Staate und ferner in der Tradition nach ihren letzten Zusammenhängen, nach ihrer Vergesellschaftung mit allen anderen höheren Kategorien (Philosophie, Kunst, Theologie) progressiv zu ermitteln.

Als Soziologe, dem kein irgendwie belangvolles Detail des näheren oder entfernten Lebens entgeht, frägt er überall nach der wirklichen Anwendung des Rechtes, um so, den Tatsachen folgend, zu ihrer letzten bestimmenden Form zu gelangen. Er stellt keinen Idealstaat, keine Utopie auf; er läutet kein vorher zurechtgeklügeltes systematisches Glockenspiel. Das Gefüge der letzten Instanzen, das sich ihm schließlich enthüllt, ist ein Organismus, nicht eine Maschine; ein freischwebendes Planetarium, nicht eine oktroyierte Konstruktion. Die völlige Unsentimentalität dieses Werkes erweist sich darin, daß keinerlei Gefühlswerte, nicht einmal die höchsten, als Ausgangspunkt gelten. Die Moral beginnt mit gesicherten Rechtsbegriffen; diese freilich umschließen in ihrer Vernunft alle höheren irrationalen Werte. Die Juristik, wie Schmitt sie interpretiert, ist die rationale Präsenzform der Ideen.

III

Vergleicht man Schmitts Werk mit dem seiner Vorbilder, so tritt das unterscheidende Merkmal deutlich zutage. Bonald und de Maistre sowohl wie Doñoso Cortes gingen aus katholischen Nationen hervor und aus einer Zeit, in der das ideologische Weltbild zwar in den Grundfesten erschüttert, aber nicht zerbrochen und völlig verwüstet war. Ihr Ausgangspunkt ist ein festes legales Gefüge, das bei Bonald und de Maistre in der monarchistischen Restauration, bei Cortes in der gegenreformatorischen Überlieferung seiner spanischen Heimat starke lebendige Stützen findet. Der theologische Staat ist umstritten, aber noch nicht zerstört; er erweist täglich noch seine vitale Kraft. Der Gegensatz von Glaube und Wissen, in wie kritischen Formen immer, beherrscht die Köpfe; hier aber und heute will der verlorene Glaube erst wieder gefunden und erhoben werden. Die Scholastik und ihre rationalistische Nachfolge vermochte Systeme zu bauen, die aus der Allgegenwart eines Axioms geboren, alle Vielfalt der Argumente um eine unerschütterte Achse gesammelt hielten. Seit die Verneinung indessen auch in die Metaphysik eindrang, mit Proudhon und Bakunin, ist das Zentrum der alten Legalität zertrümmert, und es gilt, die Einheit auf neuen Wegen wiederzugewinnen. Der Verzicht auf die Autorität war das Signum der letzten gepriesenen Philosophie unserer Zeit. Die Person selbst ist dieser Philosophie zweifelhaft geworden, zweifelhaft der Sinn und Wert irgendeines Bekennens. Omnipotent ist die Maschinerie; eine dämonische Welt täuscht Leben und Ebenmaß vor, ohne auch nur eine Seele, geschweige denn Geist oder gar eine Hieratik zu haben. Und so glossiert das Genie, als Rebell oder Dandy gekleidet, den dumpfen Bankrott der Kultur und empfindet sich als den Hort alles höheren Lebens.

In seinem Interesse für den Komplex der Romantik opfert auch Schmitt dieser Situation. Das Wesen des Genies reicht in die blinden, antinomistischen, triebhaften Gründe der Natur ebenso wie in die übervernünftige Sphäre der religiösen Welt. Die Loslösung von den Normen einer erstarrten Sozietät gibt den illegalen Instinkten sogar eine gewisse Vernunft. Der Todfeind der Romantik, als den Schmitt sich gelegentlich erweist, bekämpft in ihr die irrationale Gefahr seines eigenen schöpferischen Fonds, dessen Klärung seine Schriften sämtlich gewidmet scheinen. Der Charakter des Organischen, den diese Schriften zeigen, weist darauf hin. Schmitt ist Theologe und römischer Katholik keineswegs bereits bei seinem ersten Schritte. Sein Werk entfaltet sich unter Schmerzen nicht nur technischer Natur, in einem bunten Nacheinander von grimmiger Diatribe und objektiver Untersuchung, von definierendem Diktat und kunstvoller Apologie. Die Resultate sind schrittweise errungen aus Konsequenzen; ein Neben- und Übereinander der Stimmen begleitet die Konzeption. Eine gewisse Aphoristik weist auf Vereinsamung hin, doch von den Gefahren eines abseitigen Individualismus ist Schmitt durch eine Welt getrennt. Die soziale Natur der Rechtsbegriffe sichert ihm eine stete Verbundenheit mit der Norm, und so tritt klarer und schärfer mit jedem Werke die Grundform hervor, nach der das System sich entfaltet. Der irrationale Fond einer großen Persönlichkeit und ihrer Zeit wird aus den Naturfesseln sowohl wie aus der Ekstase völlig in den Begriff überführt.

IV

›Politische Romantik‹ ist die erste Schrift, mit der Schmitt vor einem Publikum von nicht nur Sachverständigen erschien. Eine ungewöhnliche Formkraft unternimmt den Versuch, die pseudologia phantastica der Romantik auf politische Normen zu reduzieren. Eine allgemeine Vertauschung und Vermengung der Begriffe, eine schrankenlose Promiskuität der Worte und Werte ist nicht nur für die Romantik bezeichnend; sie ist seit der Romantik zum Allgemeingut der Gebildeten geworden. Eine mystisch-ästhetisch-spiritualistische Gesinnung grassiert, die Tröltsch noch im Jahre 1912 als die heimliche Religion der Gebildeten des modernen protestantischen Deutschland bezeichnen konnte. Schmitts Denkart ist im Gegensatze dazu sehr aufs Unheimliche, Publizistische gerichtet. Er vermag dem allgemeinen Nebelwesen wenig Reiz abzugewinnen. Dort die Ausflucht in allen Formen, hier der strikte Wille zur Überwindung. Dort alle Symptome einer Willenserkrankung, hier eine einschneidende, inquisitorische Intelligenz. Ein Jurist, der Grammatik dozieren könnte, räumt mit den Wirrnissen eines verstiegenen Geniekults auf. Der romantische Proteus gerät in eine Zwangsjacke der Logik. Die romantischen Sprachsurrogate empfangen eine Artikulation, die kaum zu überbieten ist.

Das Thema erscheint begrenzt. Nicht der Romantik überhaupt, sondern der politischen Romantik gilt das Pamphlet. Und eigentlich auch nur der deutschen Romantik, und zuletzt nur noch Adam Müller. Um einen Hasen zu jagen, so könnte es scheinen, wird eine ganze Provinz abgesperrt. Auch könnte man finden, Schmitt spreche von etwas, das es gar nicht gibt. Gerade darin aber triumphiert seine Überlegenheit, dieses imaginärste aller Themata logisch einzufangen, mit einer enormen Kunst der Definition, der Unterscheidung, der methodischen Register. Und da ergibt sich, daß Adam Müller vielleicht der künstlichste und spezifischste Vertreter dessen ist, was man die Politik oder Theologie der Romantik zu nennen pflegt. Er verwendet philosophische, ästhetische, politische und theologische Argumente in großer Zahl und in einer Weise, die alle einzelnen Disziplinen mit Ausnahme der Rhetorik kompromittiert. Von den Betroffenen interessieren Schmitt zumeist die politisch-theologischen Konstrukteure jener Zeit, die katholischen Staatstheologen der Restauration. Nietzsche bei Beginn seiner Karriere griff sich den ›Bildungsphilister‹ David Strauß, in dem er die kritizistische Plattitüde seiner Zeit abschlachtete. Schmitt greift sich den ›Staatstheologen‹ Adam Müller, in dem er die genialische Hypokrisie des Liberalismus zu Tode hetzt. Die Stringenz des Stils aber ist es nicht allein, was diese Broschüre inmitten der Verschwommenheit einer neuteutschen Literatur zu einem Unikum macht.

Über das romantische Thema weit hinaus interessiert die persönliche Fragestellung des Verfassers, der ideengeschichtliche Aufriß, den er gibt, die Prospekte, die er in Bewegung setzt, der Abgrund, in den die romantische Herrlichkeit klirrend versinkt. Adam Müller, den man vor kurzem noch einen einsamen politischen Denker nannte, löst sich wie eine Seifenblase in bunten Schein auf. Der Windzug aber, der dies bewirkt, deutet auf eine Gewitterwolke. Die »Unvereinbarkeit der Romantik mit irgendeinem moralischen, rechtlichen oder poli-

tischen Maßstab« mag keine neue Entdeckung sein; vielleicht
ist sie es doch. Der Maßstab selbst aber, den Schmitt anlegt, ist
in seinen Bestandteilen durchaus neu und von höchstem
Interesse. Die politischen Angriffspunkte, die die Romantik
bietet, führen nach rückwärts bis zu Malebranche und Descartes, nach vorwärts bis in die Gegenwart. Die Erfassung dieses
beträchtlichen Komplexes muß über die innere Physiognomie
des 18., 19. und des beginnenden 20. Jahrhunderts die wichtigsten Aufschlüsse bieten.

V

Die Romantiker, sagt Schmitt, versprachen eine neue Religion,
ein neues Evangelium, eine neue Genialität. Von ihren Manifestationen in der gewöhnlichen Wirklichkeit aber gehörte kaum
etwas vor ein Forum externum. Adam Müller insonderheit will
das gescheiterte Unternehmen der französischen Revolution
wieder aufnehmen und zu Ende führen, den Worten Religion,
Philosophie, Natur und Kunst einen neuen Inhalt geben. Die
Schranken der bisherigen mechanischen Zeit sollen gesprengt,
die weltfremden Spekulationen der geistigen Revolution auf
den Boden der Wirklichkeit verpflanzt werden. Müller bezieht
sich dabei auf Burke, Bonald und de Maistre, die gegen die
französische Revolution in originaler Weise Partei ergriffen. Er
selbst findet indessen kein unmittelbares moralisches, sondern
nur ein sensualistisches Pathos. Sein Buch über die ›Notwendigkeit einer theologischen Grundlage der gesamten Staatswis-
senschaften‹ gelangt über die Kunstfiguren einer leeren Orato-
rik, über ein Spiel mit fremdem Eigentum, über eine lyrische
Staatsphilosophie nicht hinaus. Die wichtigste Quelle politischer Vitalität, der Glaube an das Recht und die Empörung
über ein Unrecht, existiert für ihn nicht. In seiner ästhetischen
Einstellung, wie in der willkürlichen und normwidrigen Art zu
argumentieren, liegt »der Unterschied von allem politischen
Irrationalismus, der in seinen Grundlagen mystischen oder
religiösen Ursprungs ist, und bei dem das Gewebe von Beweis-
gründen, auf die auch er nicht verzichten kann, Emanation
politischer Aktivität ist«.
Politischer Irrationalismus: da hat man das für die Romantik

und auch für Schmitt entscheidende Wort. Mit Descartes beginnt die Erschütterung des alten ontologischen Denkens und die Verweisung der Realität an einen subjektiven und internen Vorgang, an das Denken, statt an die Gegenstände der Außenwelt. Die moderne Philosophie ist von einem Zwiespalt zwischen Denken und Sein, Begriff und Wirklichkeit, Geist und Natur, Subjekt und Objekt beherrscht, den auch die transzendente Lösung Kants nicht behoben hat; »sie gab dem denkenden Geist die Realität der Außenwelt nicht wieder, weil für sie die Objektivität des Denkens darin besteht, daß es sich in objektiv gültigen Formen bewegt und das Wesen der empirischen Wirklichkeit, das Ding an sich, gar nicht erfaßt werden soll«. Bald im subjektiven Denken, bald in der empirischen Wirklichkeit wird von nun an die Irrationalität, die Unerklärlichkeit, das Geheimnis des Daseins gesucht. Von dieser human-materiellen Herabstimmung des alten theologischen Problems datiert alle Verwirrung. Fichte sucht den Zwiespalt durch ein absolutes Ich zu beseitigen, die Romantik will denselben Konflikt durch die gemachte und bewußte Heteronomie des Genies beheben. »Die höchste und sicherste Realität der alten Metaphysik«, sagt Schmitt, »der transzendente Gott, war beseitigt. Wichtiger aber als der Streit der Philosophen war die Frage, wer seine Funktionen als höchste und sicherste Realität und damit als letzter Legitimationspunkt in der historischen Wirklichkeit übernahm.« Zwei neue, diesseitige Realitäten treten auf und setzen eine neue Ontologie durch. Völlig irrational, wenn man sie mit der Logik des achtzehnten Jahrhunderts betrachtet, aber objektiv und evident in ihrer überindividuellen Geltung, beherrschen sie in realitate das Denken der Menschheit als die beiden neuen Demiurgen. Der eine, der revolutionäre Demiurg, ist die Gemeinschaft, deren verschiedene Gestalten als Volk, Gesellschaft, Menschheit wirksam werden. Seine Allmacht wurde im Contrat social von Rousseau proklamiert. Der andere, konservative Demiurg ist die Geschichte. Die Romantik sucht beiden Demiurgen irrationale Bedeutung abzugewinnen.

Mit unbegrenzten Versprechungen einer neuen Schöpfung war sie aufgetreten, mit ungeheuren Möglichkeiten, die sie der Wirksamkeit jener zwei neuen Realitäten entgegenzusetzen gedachte. Der Romantiker sucht die Rolle des weltproduzierenden Ich zu behaupten; er gerät jedoch in die Widersprüche, die aus dem Vorhandensein zweier von seinem Willen unabhängiger und seinem Subjekt überlegener Realitäten entstehen. Er beginnt die nichtobjektivierte Möglichkeit als die höhere Kategorie auszuspielen; sucht aller rationalen Argumente sich zu entschlagen. In einer Flucht von Antithesen schafft er sich unermüdlich ein neues Alibi. Man will die Irrationalität der Person retten, auch die Irrationalität der Zeit, verfällt aber hier einem sentimentalen Pointillismus des Augenblicks, und dort den Illusionen einer erträumten Primitivität. Bald ist es der einfache Landmann, bald das ›indeterminierte Kind‹, bald das paradiesische Idyll der Natur, die zu Trägern des Numinosen werden. Erst in der Kirche, nach dem Verzicht auf alle Subjektivität, findet der Romantiker, was er suchte: »eine große irrationale Gemeinschaft, eine weltgeschichtliche Tradition und den persönlichen Gott der alten Metaphysik«. Damit aber hörte man auf, Romantiker zu sein.

Der Versuch, die rationale Mechanik der Zeit zu sprengen, mißlang aus zwei Gründen. Einmal weil die Romantik auf die entscheidende Stellungnahme im Kampfe der Meinungen verzichtete, sodann weil sie glaubte, die Weltschöpferrolle auch gegen die Wirklichkeit behaupten zu können. Und so lautet das Endurteil: Kein Argument hilft darüber hinweg, »daß einer, der argumentiert, sich eines rationalen und nicht eines irrationalen Vermögens bedient. Mochte auch von intellektueller Anschauung, von genialem Aufschwung, oder irgendeinem andern intuitiven Vorgang gesprochen werden, mittels dessen besondere, dem bloßen Verstande nicht zugängliche Einsichten gewonnen werden sollten: solange ein philosophisches System prätendiert wurde, war der Widerspruch innerhalb des Systems nicht zu überwinden; solange aber more romantico Fragmente und Aphorismen die Resultate der intuitiven Tätigkeit vermitteln sollten, lag nur ein Appell an die gleichgesinnte Tätigkeit gleichgesinnter Seelen, also nur die romantische Gemeinschaft vor. Das Ziel alles philosophischen Bemühens, das Irrationale philosophisch zu erreichen, war nicht erreicht; in einer besonderen Form hatte die neue Realität, die societas, den Romantiker überwunden und gezwungen, an sie zu appellieren«.

VI

Ich möchte gleich hier den Zusammenhang mit der ›Politischen Theologie‹ von 1922 aufzeigen. Die beiden Bücher verhalten sich zueinander, wie etwa die ›Kritik der reinen Vernunft‹ sich zur ›Kritik der praktischen Vernunft‹ verhält, und nicht nur, weil die Titel Kongruenzen aufweisen. Letzten Endes war die ganze Untersuchung in ›Politische Romantik‹ unternommen, um die großen politischen Theologen Burke, Bonald und de Maistre vor einer ferneren Verwechslung mit Talmipolitikern und Adapteuren wie Adam Müller und Fr. Schlegel zu schützen. Im vierten Kapitel der ›Politischen Theologie‹ knüpft Schmitt ausdrücklich an Resultate des Romantikbuches wieder an, und zwar behandelt er nun ergänzend die Systeme der Bonald, de Maistre und Doñoso Cortes. Von den beiden ersteren war bereits in ›Politische Romantik‹ vielfach die Rede, wo es galt, ihr besonderes, die Romantik desavouierendes Verhalten zum Probleme der Realität hervorzukehren. An den Experimenten der Romantik dagegen war gezeigt, wie man es nicht machen darf, wenn man das Irrationale, die Freiheit, das Numinose sichern und repräsentieren will. Die Kirche erschien als die einzige Lösung der romantischen Versuche. Die ›Politische Theologie‹ ist also die Konseqenz des Weges, den die Romantik selbst einschlug. Die juristischen Definitionen dieses Buches, auf die ich noch zurückkomme, dienen der Lösung jener Konflikte, an deren Widersprüchen die Romantik scheiterte; und die katholischen Staatstheologen, deren Leistung nunmehr erörtert wird, verhalten sich zu den politischen Romantikern, wie sich das praktische Beispiel einer Verwirklichung zum theoretischen, aber mißlungenen Versuch verhält. Das sind thematische Vergleichspunkte. Was die beiden Schriften dialektisch verbindet, ist folgendes: Bei der Analyse der romantischen Realitätsbegriffe ergab sich die eminente Wichtigkeit des Begriffs der Entscheidung. Romantiker sind Leute, die sich im Tatsachenbereich nicht entscheiden wollen, ja die aus der Unentschiedenheit eine Philosophie des Irrationalen machen. Jene katholischen Staatstheologen dagegen, »die man in Deutschland Romantiker nennt, weil sie konservativ oder reaktionär waren und mittelalterliche Zustände idealisierten«, de Maistre, Bonald, Doñoso Cortes, bauen ihre Systeme geradezu auf dem Begriff der Entscheidung auf, und wer weiß, die Entscheidung enthält vielleicht das Problem der Form überhaupt. Den deutschen Romantikern ist eine originelle Vorstellung eigentümlich: das ewige Gespräch. Überall dagegen, wo die katholische Philosophie des neunzehnten Jahrhunderts sich in geistiger Aktivität äußert, »spricht sie in irgendeiner Form den Gedanken aus, daß eine große Alternative sich aufdrängt, die keine Vermittlung mehr zuläßt. Alle formulieren ein großes Entweder-Oder, dessen Rigorosität eher nach Diktatur klingt, als nach einem ewigen Gespräch«.

Bonald, der Begründer des Traditionalismus, ist weit entfernt von der Idee eines ewigen, sich von selbst entwickelnden Werdens. Niemals wird bei ihm der Glaube an die Tradition etwas wie Schellings Naturphilosophie, Adam Müllers Mischung der Gegensätze oder Hegels Geschichtsglaube. Die Menschheit ist ihm eine Herde von Blinden, geführt von einem Blinden, der sich an einem Stocke weitertastet; die Tradition bietet die einzige Möglichkeit, denjenigen Inhalt zu finden, den der metaphysische Glaube des Menschen akzeptieren kann. Die Antithesen und Distinktionen, die ihm den Namen eines Scholastikers eintrugen, stellen moralische Disjunktionen dar, keineswegs Polaritäten der Schellingschen Naturphilosophie, die einen ›Indifferenzpunkt‹ haben, oder bloße dialektische Negationen des Geschichtsprozesses. Er fühlt sich stets zwischen zwei Abgründen, zwischen dem Wesen und dem Nichts. Das aber sind die Gegensätze von Gut und Böse, Gott und Teufel, zwischen denen (nach Schmitt), »auf Leben und Tod ein Entweder-Oder besteht«. – Für de Maistre liegt der Wert der Kirche darin, daß sie letzte inappellable Entscheidung ist. Die Worte Unfehlbarkeit und Souveränität sind ihm ›parfaitement synonymes‹. Er erklärt die Obrigkeit für gut, wenn sie nur besteht; wesentlich ist, daß keine höhere Instanz die Entscheidung überprüft. – Bei Cortes vollends ist das typische Bild die Entscheidungsschlacht, die zwischen dem Katholizismus und dem atheistischen Sozialismus entbrannt ist. Es liegt nach Cortes im Wesen des bürgerlichen Liberalismus, sich in diesem Kampfe nicht zu entscheiden, sondern statt dessen eine Diskussion anzuknüpfen. Cortes definiert die Bourgeoisie (Schmitt:

die Romantik) geradezu als eine ›diskutierende Klasse‹, una clasa discutidora. »Damit ist sie gerichtet«, fügt der Interpret hinzu, und man versteht jetzt, weshalb er sich in ›Politische Romantik‹ die Eruierung der romantisch-liberalistischen Philosophie so angelegen sein ließ.

Gibt es überhaupt eine Wirklichkeit ohne Entscheidung? Ist die Wirklichkeit anders zu erfassen als durch Analyse und Urteil? Der Romantiker hatte die Selbstbespiegelung anstelle der Objektivierung gesetzt. Weder Kosmos, Glaube, Volk, Geschichte interessierten ihn um ihrer selbst willen. Der Staat als romantisches Objekt und die Bildung, die Überzeugung, die Religion selbst als romantische Objekte, das entspricht der romantisch-liberalistischen Ansicht der Dinge. Gleichwohl vermag auch der zerblasenste Romantiker die Entscheidung nicht zu umgehen. Vor die Alternative gestellt, muß auch er sich entscheiden. Er entscheidet sich für das ›höhere Dritte‹, für eine Synthese, die beide Gegensatzglieder anerkennt und sie in einer fingierten Überlegenheit zu einem Kompromiß führt. Es ist die furchtbare, durch Hegel populär gewordene Methode des Kompromisses von Gut und Böse, von Ja und Nein, die zum Grundübel des neunzehnten Jahrhunderts wurde; eine Methode, von der Ernest Hello in seinem großmütigen Buche ›Philosophie et Athéisme‹ folgendermaßen sprach: »Si, en effet, l'affirmation et la négation sont identiques, toutes les doctrines deviennent égales et indifférentes. Voilà l'erreur radicale, fondamentale, immense de ce siècle-ci; voilà la négation mère; voilà ce doute absolu, qui est l'absence même de philosophie, érigé en philosophie absolue«.

In II, 2 der ›Politischen Romantik‹ geht Schmitt der metaphysischen Herkunft dieser ›synthetischen‹ Entscheidungsform nach und gelangt so zur Feststellung der ›okkasionalistischen Struktur‹ der Romantik. Descartes ist die oberste Instanz dieser Denkart. Von dem Argument ausgehend, daß ich bin, weil ich denke, unterschied er Innen und Außen, Seele und Leib, res cogitans und res externa. Daraus ergab sich die Aufgabe, den Gegensatz in Einklang zu bringen, oder die Wechselwirkung von Leib und Seele zu erklären. Die okkasionalistische Lösung, die in den Systemen von Géraud de Cordemoy, Geulincx und Malebranche unternommen wurde, bestand im wesentlichen darin, daß Gott als der höhere Dritte die Synthese der seelischen und körperlichen Äußerungen darstellt: alle irdische, endliche Wirklichkeit ist nur eine Okkasion, ein Anlaß für die allein wesentliche, göttliche Wirksamkeit. In der Romantik nun tritt anstelle Gottes das geniale Subjekt, das die äußere Welt analog als Okkasion seiner überlegenen synthetischen Produktivität auffaßt. Der Gegensatz der Geschlechter wird aufgehoben im ›Gesamtmenschen‹; der Gegensatz der Parteien und Individuen im ›höheren‹ Organismus, im Staate oder im Volk; der Zwiespalt der Staaten in der höheren Organisation, der Kirche. Was die Kraft hat, den Gegensatz nicht zu lösen, sondern zu lähmen, gilt als die wahre und höhere Realität. So beginnt Adam Müller mit einer Lehre vom Gegensatz, die eine absolute Identität ausdrücklich ablehnt und als letztes Prinzip eine Art ›antithetischer Synthese‹, eben den Gegensatz proklamiert. Schlegel stellte Malebranche noch über Descartes, Müller folgte ihm darin, und Novalis erwähnt den Okkasionalismus häufig in seinen Fragmenten. Das Ziel war, über den toten, mechanischen Rationalismus des achtzehnten Jahrhunderts hinwegzukommen. Die politische und kulturelle Gefahr dieser Philosophie aber setzte dort ein, wo man begann, auch den Gegensatz von Legitimismus und Liberalismus nur durch Gott schlichten zu lassen, statt Partei zu nehmen. Da das Wesen der Dinge immer in einer anderen Sphäre gesucht wird, als der sie angehören, gerät die Spekulation in ein stetiges Voltigieren von einem Gebiet auf das andere. Das Schlimmste dabei ist, daß der Romantiker sich die Identität mit dem Schöpfer vorbehält; ohne sie auszuhalten. Eine fatale Abneigung gegen alle persönliche Aktivität führt zu einer Theologie, in der die Persönlichkeit Gottes selbst aufgehoben, und zu einer Politik, in der die Überzeugung gleichgültig ist.

VII

Der künstliche Irrationalismus der Romantik steht im Widerspruche zur Wirklichkeit; diese letztere aber ist nach Schmitts klarer Lehre identisch mit der Entscheidung. Wie verhält sich nun eben die Entscheidung, die Wirklichkeit, zur nicht fingier-

ten, sondern wahren Irrationalität? Wie verhält sich die Jurisprudenz zur höchsten Instanz? Indem Schmitt die beiden neuen
Realitäten (Gemeinschaft und Geschichte) für Demiurgen erklärt, stempelt er sie zu blinden, unvernünftigen, eitlen Schöpfern, zu dämonischen Größen. Ihre Herrschaft beruht, wenn
man das Wort im gnostischen Sinne nimmt, in einer Vermengung von übersinnlichen und materiellen Gewalten; in einem
finsteren Trug, der in seinen Auswirkungen zu Katastrophen
führen muß und geführt hat. Auch Schmitt folgt bei der
Ermittlung des Irrationalen den Entwicklungen der Gemeinschaft und der Geschichte, aber sie dienen ihm nur als Substrat
der Entscheidung. Weit entfernt, an eine Vernunft der materiellen Geschichtsprozesse, oder gar an eine immanente Entwicklung zu immer höheren Formen zu glauben, vermag er weder
dem Hegelschen Weltgeist, noch den marxistischen Wirt-
schaftsgesetzen einen sonderlichen Respekt entgegenzubringen; er sieht in derlei Geschichts- und Gesellschaftsdoktrinen
nur Häresien, die nicht aufhören, ihrerseits Objekte einer
entwicklungsgeschichtlichen Betrachtung zu bleiben. Der
Mensch als ›Instrument der im dialektischen Prozeß sich
entwickelnden Vernunft‹ ist nicht seine Sache. Er sucht die
metaphysische Freiheit, die mit der metaphysischen Realität
identisch ist.

In seinem Buche ›Die Diktatur‹ (1921), das den politischen
Begriff der ratio entwickelt, vermag er so wenig an eine im
Geschichtsverlauf hervortretende kontinuierliche Vernunft zu
glauben, daß er die französische Revolution vor der englischen,
und den pouvoir constituant vor der Diktatur Cromwells
behandelt. Und noch entscheidender: diese mit Vernunftkate-
gorien kaum zu erfassende Cromwellsche Diktatur erscheint
ihm, allen rationalistischen Systemen zum Trotz, als die höhere,
eigentliche Vernunft. Um die gottgewollte Abhängigkeit von
den Tatsachen ist es in diesem Systeme schlecht bestellt. Eher
scheint darin ein spontanes Hervortreten des Göttlichen im
Chaos der Geschichte, scheint das politische Wunder gelehrt zu
werden: die Durchbrechung der Naturgesetze durch die souveräne Person. Das führt zum Gegensatze von ratio und
irrational, der in den verschiedensten Formen Schmitts Werk
beherrscht.

Diese Antithese hat in neuplatonischer Zeit zuerst jene grundlegende Erörterung erfahren, die die kirchliche Auffassung von der antiken in wichtigen Punkten trennt. Vernunft und Unvernunft sind bei Proklus und Dionysius Areopagita nahezu identisch mit dem Gegensatze von Gut und Böse, Gott und Dämon, Schöpfer und Demiurg. Gut ist die hohe Vernunft; übel ist, was der Vernunft widerstreitet: das Geistlose, Ungeordnete, das Verharren im Materiellen; ein distanzloses Sichverhalten zur Zeit und Umgebung. Dem Begriffe ›malum‹ haftet indessen in jener eschatologisch orientierten Zeit keinerlei verdammende, moralistische Bewertung an. Das ›Übel‹ ist nur ein minderer Zustand der Natur, ein Defekt, ein Mangel an Einsicht, Kraft, Aufschwung; eine Verwirrung des Willens, ein Nochbewegtsein von physischen Leidenschaften. So ist der Gegensatz von ratio und irrational in jener frühen Zeit auch der Gegensatz von Ruhe und Bewegung, von Dauer und Zeit, von Unsterblichkeit und Tod, von absolut und bedingt. In dieser Gestalt geht die Antithese von Dionysius zu Thomas von Aquin und Albertus Magnus über. Aber schon in vorscholastischer Zeit scheint in der Praxis, wenn auch nicht in der Theorie, die moralistische Interpretation des Begriffes vom Übel gesiegt zu haben. (Einwirkung der augustinischen Tradition.) Während man nach orientalischer Auffassung böse war, wenn man an den Tod glaubte, statt an Christus, ist man nach neuerer Auffassung böse, wenn man sich den Diktaten eines längst nicht mehr kirchlichen Rationalismus entzieht.

Die klassischen Staatsphilosophen von Macchiavelli und Hobbes bis zu de Maistre und Cortes sehen im nichtrepräsentierten Volk noch immer mit den Augen eines Thomas von Aquin ein irrationales Wesen, das durch die ratio beherrscht und von ihr geführt werden muß; nur eben machten sie die Antithese auch dann noch geltend, als die ratio der Herrscher und Verfassungen längst von Privatinteressen der regierenden Häuser und Klassen geleitet war. Es ist aus zweierlei Gründen wichtig, dies zu betonen. Einmal weil sich leicht dartun ließe, daß mit der moralistischen Vergröberung des Begriffes malum auch die Höhe der Vernunftdiktatur und der ratio selbst sank; sodann weil für Schmitt im Anschlusse an Cortes die Antithese eine dogmatisch und auch politisch nicht unbedenkliche Schärfe gewinnt. Die Überzeugung, daß der Mensch von Natur böse, verworfen, Bestie, Pöbel ist (statt hinfällig, unwissend, schwach und emanzipationsbedürftig), diese Auffassung gilt dem konstruierenden Staatskünstler der Renaissance und des anschließenden Absolutismus als Begründung dafür, daß er die zu organisierende Menschenmenge als ein zu bevormundendes, bösartiges Material ansieht, demgegenüber alle Mittel erlaubt sind. Und umgekehrt antwortet die innerstaatliche Opposition damit, daß sie die prätendierte Diktatur der rationalistischen Staatshäupter und Verfassungen erbittert bekämpft und vice versa dem Volk eine instinktive Güte, Vernunft, Ordnung, und schließlich das Recht zur eigenen Diktatur erteilt.

Schmitts Auffassung ist die lateinische. Noch entschiedener wie Bonald und de Maistre trennt er die ›irrationalen‹ Elemente (Nation und Geschichte) von der Vernunft. Er richtet sich sogar gegen den quasirationalistischen Staat, gegen den aufgeklärten Legalismus, den er seines Abfalls von der theologischen Autorität wegen als Ausnahmezustand definiert. Nur in einem Punkte bleibt er befangen: die moralistischen Thesen über die Natur des Menschen (ob von Natur böse, oder von Natur gut) werden ihm in all ihrem fragwürdigen Extrem zum Kriterium einer ihm begegnenden Staatslehre. Halten Mably, Rousseau und die Anarchisten von Babeuf bis Krapotkin den Menschen, das Volk, das Proletariat und sogar das ›Lumpenproletariat‹ für natürlich gut, ja für das Heil der Welt, und sind sie deshalb Irrationalisten, so erklären alle rationalen Geister, und besonders die katholischen Staatsphilosophen, den Menschen mit steigender Heftigkeit für blind, konfus, verworfen und verächtlich. Gegen Schluß der ›Politischen Theologie‹, wo Schmitt die gegenrevolutionäre Idee des Doñoso Cortes entwickelt, tritt der Gegensatz der Axiome im Gegensatze von Cortes und Proudhon in flagranter Weise hervor. Die Opposition hat den Satanismus auf ihre Fahne geschrieben; sie kämpft mit der These ›der Mensch ist gut‹ für die Zerstörung der Ideologie. Die Ideologen, und Cortes insonderheit, kämpfen mit dem Axiom ›der Mensch ist schlimmer als ein Reptil‹ unter der Fahne Gottes für die Metaphysik.

Die Lehre von der Verworfenheit des Menschen kann in der apodiktischen Form, in der Cortes sie vertritt, kaum überboten werden. Seine Verachtung der Menschen kennt keine Grenzen mehr; ihr blinder Verstand, ihr schwächlicher Wille, der lächerliche Elan ihrer fleischlichen Begierden scheinen ihm so erbärmlich, daß alle Worte aller menschlichen Sprachen nicht ausreichen, um die ganze Niedrigkeit dieser Kreatur auszudrücken. Schmitt betont zwar, und dies gilt auch pro domo, daß Cortes hier nicht δογματικῶς, sondern ἀντιθετικῶς verstanden sein will, aus der Konsequenz seines Widerstandes gegen die Zeit. Aber er gibt zu, daß der legale Despotismus die Erbitterung der Opposition erst hervorruft. Er erwähnt auch die konziliantere Auffassung des Tridentinums (der eine emanzipierende, nicht eine zerschmetternde Politik entsprechen würde). Wenn der Verfasser aber in seinen späteren Schriften die Überzeugung von der natürlichen Güte des Menschen kurzweg als eine ›anarchistische Lehre‹ behandelt, ist dies eine Abkürzung, die der formalen Strenge ein Stück von der milderen Wahrheit opfert. Er vermag nunmehr auch anarchistisch und irrational zu identifizieren. Dostojewskys Naturheilige bekommen einen Dynamitgeruch, und Sorels irrationaler Reformvorschlag erscheint, der kirchlichen ratio gegenüber, lächerlich.

Die Auseinandersetzung mit Sorel (in ›Römischer Katholizismus und Politische Form‹) nimmt einen für Schmitts knappe Maße beträchtlichen Raum ein. Georges Sorel wollte in einer neuen Verbindung der Kirche mit dem ›Irrationalismus‹ die Krise des katholischen Gedankens sehen. Als ›irrational‹ gilt hier wieder das Volk, und zwar das Volk der Syndikate, das rebellische Proletariat, dem Sorel eine ›force créatrice‹ zuschreibt. Man könnte nach Cortes und Schmitt der Kirche ebensogut ein Bündnis mit dem Teufel selbst vorschlagen. Schmitts Darlegungen an der betreffenden Stelle sind sehr erhellend. Er räumt ein, daß im 19. Jahrhundert alle möglichen Arten einer Opposition gegen Aufklärung und Rationalismus die Kirche neu beleben. Er erwähnt die Konvertiten aus traditionalistischen, mystizistischen und romantischen Tendenzen; auch eine gewisse innerkirchliche Unzufriedenheit mit der hergebrachten Apologetik, die von manchen als Scheinargumentation empfunden werde. Eine wesentliche Bedeutung

vermag er indessen der irrationalen Opposition nicht zuzuge-
stehen, weil die Vertreter dieser Bewegung vom naturwissen-
schaftlichen Rationalismus ausgehen und übersehen, daß der
katholischen Argumentation eine besondere, an der normativen
Leitung des sozialen Lebens interessierte, mit spezifisch juristischer Logik demonstrierende Denkweise zugrunde liegt. Der
Irrationalismus mag den abstrakten Staat und das mechanisti-
sche Weltbild, er mag die ›mathematische Mythologie‹ bekämpfen; die kirchliche ratio wird davon nicht berührt.

IX

Das Irrationale aber kann beide Bedeutungen haben: unvernünftig und übervernünftig. Im Staate bezieht sich der Gegensatz von ratio und irrational stets auf die Ordnung einer
unberechenbaren und deshalb mit großer Vorsicht zu behan-
delnden Staatsmaterie, auf die Masse des Volkes, die ihrer Art
von Eingebungen, nämlich spontanen Willensimpulsen von
meist materieller Herkunft und Absicht unterliegt. In der
Theologie deutet der Gegensatz auf das Verhältnis des Legalen
und Institutionellen zu den Eingebungen einer überlegenen,
schöpferischen, geistigen Art, auf das Verhältnis zum Numinosen, zum Heiligen und Wunderbaren, zur Offenbarung. Die
gnostischen und neuplatonischen Systeme kennen mancherlei
Vermittlungsstufen, die den übervernünftigen Urgrund mit den
rationalen Kategorien, den Stufen der Hierarchie verbinden. Bei
Dionysius Areopagita ist Gott die Ursonne, die alle Stufenrei-
hen der Wesen bis herab zu den materiellsten nicht verpflich-
tend und logisch, sondern liebend und irrational in ihren
Bannkreis zieht, um sie zu durchdringen. Die Engel, die das
›Gesetz‹ dieser Durchdringung verkünden, die also die ratio der
Gebote geben, stehen in einem deduzierenden Verhältnis, in
einer Distanz zum Urgrund, und auch sonst ist in diesem
theologisch-philosophischen System, das die Scholastik und
überhaupt das mittelalterliche Denken unabsehbar beeinflußt
hat, das Heiligenreich in der Ekstase, das heißt übervernünftig,
irrational begründet. Die inspirierte und offenbarende, die
sakramentale und kanonische Welt, die Kirche eben und gerade

auch ihre hierarchische Konstitution stellen einen übernatürlichen und übervernünftigen Organismus dar. Rational wird diese Welt nur in der Interpretation; in ihrem Verhältnis zum zeitlichen, materiellen Status, der der Vernunft entbehrt. Das sacrificium intellectus, das die Kirche ihren Dogmen, Wundern und Sakramenten gegenüber verlangt, bezeichnet den Punkt, wo jederzeit die Inferiorität der rationalen Belange gegenüber dem Unbegreiflichen postuliert erscheint.

Dies vorausgeschickt, sehe ich mit Schmitt im Verhältnis der Kirche zum ›Staat‹ ihre Rationalität und möchte ich Schmitt selbst als einen Rationalisten in der staatlichen, als Irrationalisten aber in der theologischen Reihe bezeichnen, wobei ich, ohne dem Folgenden vorzugreifen, hinzufügen kann, daß Schmitt jene rationale Kraft, mit der er den pseudo-rationalistischen Staat analysiert und begreift, eben von der irrationalen Größe der Kirche und ihren juristischen Normen bezieht. Einen Widerspruch der Schmittschen Schriften könnte man freilich darin finden, daß die theologische Form des Systems nicht von Anfang an da ist, nicht aus einem festgegründeten Glauben, sondern aus Konsequenzen entsteht; daß der Glaube und die Theologie seines Werkes in energischen Folgerungen zwar und mit raschen Schritten, aber immerhin doch erst im Verlaufe seines Schaffens errungen werden. Die ersten Schriften scheinen außerhalb der Kirche entstanden oder wenigstens konzipiert zu sein. Jene eigentümliche Heuristik des Stils, die man in seiner soziologischen Methode finden kann, weist darauf hin. Eine weitgehende Verachtung der traditionellen Legalität ist im Ursprunge zwar ebenfalls ›irrational‹, aber im Sinne des Organischen und des Genies. Daraus entspringt die Schwierigkeit, ihn zu systematisieren, eine Schwierigkeit, die erst mit den beiden letzten Schriften, ›Politische Theologie‹ und ›Römischer Katholizismus und Politische Form‹ verschwindet. ›Die Diktatur‹ (1921) ist diejenige von Schmitts Schriften, die den Autor zur Kenntnis seines Problems und zur Freiheit führt. Hier, bei dem Versuch, die Rechtsformen der reformatio zu erfassen, stößt Schmitt auf Entdeckungen, die für seine folgenden Schriften ebenso wie für seine Theologie entscheidend werden. Der quasi-rationalistische Naturstaat seit Macchiavelli erscheint als eine Revolte gegen den plein pouvoir des religiösen

Souveräns, als ein Ausnahmezustand. Bei einer unter die Anmerkungen verwiesenen Feststellung des Gesetzesbegriffs von Thomas v. Aquin bis Montesquieu und Kant begegnet immer wieder, in den verschiedensten Staatsverfassungen und Doktrinen, das Wort ›Diktatur‹. Gesetz ist nach Thomas von Aquin ein »dictamen practicae rationis«. Hobbes spricht von »dictata rectae rationis«. Nach Locke geschieht im Staate, was »calm reason and conscience dictate«. Die Erklärung der Menschenrechte von Massachusetts (1780) führt in Artikel II den Begriff »dictates of his own conscience«. New Hampshire bekennt sich zu dem unveräußerlichen Recht, Gott zu verehren »according to the dictates of his own conscience and reason«, und noch Kant spricht von »dictamina rationis«. Regieren heißt während der ganzen absolutistischen und jakobinischen Periode eine ›Vernunftdiktatur‹ gegenüber der ›incondita et confusa turba‹ errichten oder aufrechterhalten. Der Diktator selbst, mag er als Kommissar oder aus eigener Machtvollkommenheit auftreten, immer charakterisiert ihn, daß eine fremde oder seine eigene Souveränität ihm den Auftrag erteilt zur Reform, zur Wiederherstellung gesetzlicher Zustände nach einem Chaos, in das der Staat geraten war.

Eine gewisse Verwirrung ist in diesem umfangreichsten Buche Schmitts nicht zu verkennen, und es ist interessant genug, ihren Grund zu ermitteln. Die Rechtsformen der reformatio sollen erfaßt werden, aber es ergibt sich dabei, daß die reformatio einen absoluten Souverän, den Papst, als Auftraggeber voraussetzt, und daß, was man gemeinhin die Reformation nennt, als eine Revolte gegen den religiösen Souverän rechtlich gar nicht zu begründen ist. Ein Gegensatz von kommissarischer und souveräner Diktatur wird eingeführt, aber er ist in der Form, in der Schmitt ihn vorträgt, unhaltbar. Er läßt nur den Punkt erkennen, an dem der Verfasser sich vom natürlichen Irrationale zum theologischen wendet. Der vom Papste ernannte Diktator des Mittelalters ist Aktionskommissar. Er suspendiert die bestehenden Rechte, um den zerrütteten Rechtszustand, den Staat wiederherzustellen. Insofern die Wiederherstellung, die reformatio nun im Mittelalter und auch noch in späterer Zeit, stets von einem konstituierten Organ ausging, vom Papste oder vom Fürsten, könnte man das Kommissariat als eine rationale

Diktatur bezeichnen. Eine irrationale Diktatur aber läge dann vor, wenn, nach Schmitts Definition, »auch jemand, der kein konstituiertes Amt hat und nur a deo excitatus ist, die bestehende Ordnung beseitigt«, so daß eine Auflösung aller sozialen Form zum Zwecke ihrer höheren Wiederherstellung zu erkennen ist. Nur frägt es sich dabei, in welchem Sinne diese Diktatur irrational ist, ob im politischen oder im theologischen, und mit einem Wort, ob und inwiefern es eine irrationale Politik überhaupt geben kann.

Der homo a deo excitatus, auf den Schmitt abzielt, ist eine den Schriften der protestantischen Monarchomachen wohlbekannte Figur; gleichwohl macht Schmitt nur ein Beispiel für diese Art individueller Souveränität innerhalb der neueren Staatswesen namhaft: Cromwell. »Die puritanische Revolution war das auffälligste Beispiel einer Durchbrechung der Kontinuität bestehender staatlicher Ordnung«. War nun Cromwell ein souveräner Diktator, ganz aus der Freiheit geboren, oder war er ein Usurpator, der, wenn er sich auch auf Gott bezog, Soldaten hinter sich wußte, auf die er sich stützte? Zunächst die Kennzeichen der Souveränität, die Schmitt in ›Politische Theologie‹ (1922) aufzählt. »Souverän ist, wer die Befugnis hat, das geltende Gesetz aufzuheben«. »Souverän ist, wer über den Ausnahmezustand entscheidet«. Der Ausnahmezustand besteht »in einer Suspendierung der gesamten bestehenden Ordnung«. In seiner absoluten Gestalt ist der Ausnahmefall dann eingetreten, »wenn erst die Situation geschaffen werden muß, in der Rechtssätze gelten können«. Wichtig ist auch der Satz, daß die Souveränität »nicht ein Zwangs- oder Herrschafts-, sondern ein Entscheidungsmonopol« ist. Soweit die rationalen Kennzeichen. Auf die irrationalen Beweggründe aber deutet Schmitt damit hin, daß, wie er sagt, gerade nur die Ausnahme, der extreme Fall interessiert; denn in der Ausnahme »durchbricht die Kraft des wirklichen Lebens die Kruste einer in Wiederholung erstarrten Mechanik«. Umschreibend würde man sagen können: es gibt Gestaltungen der Geschichte, in denen das Leben so tödlich verstrickt und geknebelt ist, daß eine legale Lösung nicht mehr möglich erscheint. Der Lebensstrom kehrt dann in seiner ganzen Fülle zu seinem Ursprung zurück und erzwingt sich sein Recht nach höheren Gesetzen. Es gibt einen überlegenen Modus und Weg, eine ewige Richtlinie, nach denen das Leben auch in Zeiten, die es gefährden, auch gegen die staatlichen und legalen Approbationen, zu seinem Rechte gelangt. Es ist die gegebene historische Situation für das Hervortreten des Heiligen, oder um im Politischen zu bleiben, des homo a deo excitatus. Ein Wunder muß geschehen, und an das Wunder wird wieder geglaubt.

Aber Wunder und Politik - wie vertragen sie sich? Gibt es politische Heilige, homines a deo excitati, die merkantile und kriegerische Aktionen leiten? Vermag das Irrationale in direktem Hervortreten die Politik eines Landes zu leiten? Ist eine souveräne Diktatur innerhalb des Staates überhaupt möglich? Cromwell ist ohne Zweifel ein Usurpator, schon deshalb, weil er wütend gegen die Kirche auftrat. Gewiß, er berief sich auf irrationale Motive, er sah den Quell seiner Gewalt in Gott und machte seine Souveränität nicht vom Volke im Sinne der radikalen Demokraten seiner Zeit abhängig. Er läßt niemals einen Zweifel darüber, daß vor Gott jede weitere irdische Instanz relativ wird oder schwindet. Aber die physische Macht stand hinter ihm, während er sprach, und nicht das Wunder. Glückliche Handelsverträge begünstigten ihn, nicht Traumgesichte und Inspirationen göttlicher Art. Enfin, er ist ein Ketzer. Niemals wird er kanonisch werden, er war kein Souverän. Und so nötigt die Konsequenz zu der Aussage, daß Schmitt in diesem Buche noch an eine Souveränität außerhalb der Kirche glaubt, während man als römischer Katholik an dem Satze festhalten muß, daß innerhalb der Politik nur eine kommissarische Diktatur irrational zu begründen ist; dann nämlich, wenn eine irrationale Macht den Auftrag erteilt einem Instrumente, das mit rationalen Mitteln die höheren Absichten der auftraggebenden Macht in die Wege leitet. Der homo a deo excitatus oder der Heilige in der politischen Auffassung der puritanischen und deutschen Reformation ist ein Rebell, der nicht an den Friedensfürsten, sondern an den Kriegsgott glaubt und der seine politische Mission mit dem Wohlstande der Nation ausweist. Der Heilige und die Staatsgeschäfte schließen einander aus, solange nicht ein universaler Glaube herrscht. Das Irrationale kann niemals in direkten Bezug zum Staate treten. Das ist der Sinn der Kirche als Institution und der kommissarischen

Diktatur. Der souveräne Diktator ist nur innerhalb der Kirche zu begründen.

X

Der Versuch einer analogen Anwendung der Antithese auf das Verhältnis von kommissarischer und souveräner Diktatur mußte mißlingen, solange Schmitt noch wie in ›Diktatur‹ an den übervernünftigen, ekstatischen Belang eines kirchenfeindlichen Individuums und an eine individuell begründete Souveränität überhaupt glaubte. In ›Diktatur‹ unterliegt Schmitt noch den Anschauungen der von ihm später so heftig bekämpften, materiellen Irrationalisten à la Sorel. Es verraten sich gewisse antimechanistische Instinkte, die auf den modernen Ausgangspunkt verweisen. Doch hindert dies nicht, daß der Gegensatz von kommissarischer und souveräner Diktatur besteht, wenn er auch, um konkret zu bleiben, nur auf das Verhältnis des päpstlichen Aktionskommissars zu seinem Auftraggeber angewandt werden kann. Und ebenso vermochte Schmitt überraschend neue Kennzeichen der Souveränität zu definieren, ohne daß er plausibel machen konnte, wie ein Hervortreten des homo a deo excitatus außerhalb der Kirche, oder gar, wie im Falle Cromwells, im heftigsten Widerspruche mit ihr, solle möglich sein, ohne in praxi zu einer Verwirrung aller Rechts- und Moralbegriffe zu führen.

Nun wird in der ein Jahr später erscheinenden ›Politischen Theologie‹ der Souveränitätsbegriff weiter verfolgt, und diese Schrift verlegt, wie der Titel schon sagt, den Souveränitätsbegriff ausschließlich in die Theologie. Daß die Souveränität kein »Zwangs- oder Herrschafts-, sondern ein Entscheidungsmonopol« ist, garantiert diese Wendung und schließt alle ferneren Mißverständnisse aus. Als Kennzeichen der Souveränität erscheint jetzt die schon erwähnte Befugnis, das geltende Gesetz aufzuheben. Diese Befugnis kann ihrem Sinne nach nur einer der Politik überlegenen geistigen Macht zustehen, die ein höheres als das politische Gesetz zur Geltung bringt. Wenn Schmitt sich auf Bodins ›Vraies remarques de souveraineté‹ (Kap. X des I. Buches der Republik) bezieht und es als Bodins Leistung und Erfolg bezeichnet, daß er die Dezision in den

Souveränitätsbegriff hineingetragen hat, so erinnert man sich, daß Bodin eigentlich nur eine kommissarische Diktatur kannte (die die Souveränität des Auftraggebers voraussetzt), aber keine souveräne Diktatur. Eine souveräne Diktatur übte damals und übt auch heute noch de facto nur der Papst aus, dem sie von den Konzilien übertragen ist; wobei man streiten kann und lange gestritten hat, ob diese Diktatur zu Recht besteht, oder in welchem Sinne sie zu Recht besteht. Dies ist das Problem der kirchlichen Unionsbestrebungen.

In ›Diktatur‹ ist Schmitt sein Personalismus gefährlich geworden, ebenso wie de Maistre der Begriff des ›legitimen Usurpators‹ gefährlich wurde. Aber die gewaltige begriffliche, die erschöpfende wissenschaftliche Leistung dieses Buches scheint ihm die Dinge in einem neuen, demütigeren Lichte zu zeigen. Er verbindet das Problem der Souveränität jetzt mit dem der Rechtsform überhaupt, und das schließt eine individuelle Lösung, wie sie das Diktaturbuch für möglich hielt, aus; es sei denn, daß das Individuum und die höchste, ideologische Instanz zusammentreffen, was man von Cromwell , Münzer, Mazzini und anderen individuellen Versuchen, eine souveräne Diktatur außerhalb der Kirche zu errichten, nicht behaupten kann.

Der Begriff der Persönlichkeit gewinnt in Schmitts Werk mit jeder neuen Schrift höhere Bedeutung. Ich wies bereits darauf hin, wie sehr bei diesem Ideologen das wissenschaftliche und das persönliche Problem verbunden sind. Wer seiner eigenen Person Dauer zu verleihen sucht, muß auf die Identität seiner Äußerungen bedacht sein. Würde und Wert der Person sind anders nicht zu behaupten. Trifft diese Überzeugung mit einem Hang zum Absoluten und Definitiven zusammen, so begegnet die religiöse Persönlichkeit, die ein ›ewiges Leben‹, die Unsterblichkeit, ein über den Tod und den Zufall erhabenes Sein erstrebt. Ich nannte diese Einstellung eschatologisch, katholisch, und möchte, falls man hierüber weiteren Aufschluß sucht, auf ein Buch des Spaniers Miguel de Unamuno verweisen, das wenig bekannt ist. (›Le sentiment tragique de la vie‹, Paris 1917, chap. IV, L'essence du catholicisme.) Das Verhältnis der Person zur Wirklichkeit und zum Jenseits, oder nach Schmitt zum Staat und zur Rechtsform macht nahezu den Inhalt der ›Politischen Theologie‹ aus. Eine Diktatur ist ohne eine bestimmende Persönlichkeit nicht denkbar, eine Repräsentation von Würde und Wert ebensowenig. Wie es keine Form, ja nicht einmal eine Wirklichkeit ohne eine Entscheidung gibt, so wenig ist eine Entscheidung ohne eine Person, die entscheidet, möglich. Aus der absoluten juristischen Form ist nach Schmitt die Persönlichkeit nicht hinwegzudenken: »In der Eigenbedeutung des Subjekts liegt das Problem der juristischen Form«.

In Kapitel II der ›Politischen Theologie‹ setzt der Verfasser sich über das Formproblem mit der neueren deutschen Rechtsphilosophie auseinander. Ein energischer Personalismus verdeutlicht dann den Abstand, in dem sein System zu dieser unserer Zeit steht, deren anonyme, unpersönliche Physiognomie eine autonome Gesinnung nahezu ausschließt. Kelsens Lehre, wonach der Staat die Rechtsordnung selbst ist, kann Schmitts theologischer Einsicht so wenig entsprechen, wie die Krabbes, wonach der abstrakte Staat selbst souverän ist. »Das Rechtsinteresse ist nicht das höchste Interesse«, das der metaphysischen Person steht höher. Erich Kaufmanns ›Kritik der neukantianischen Rechtsphilosophie‹ (und ihrer sterilen Abstraktionen) erscheint als »die einzige Äußerung einer neuen, geistigen Intensität«. Kaufmann treibt nicht erkenntnistheoretische Spiegelfechterei, sondern Geschichtsphilosophie. Er folgt den gegebenen Fakten, statt Abstraktionen sich über den Kopf wachsen zu lassen. Er stellt den Staat, nicht das Recht in den Mittelpunkt kritischer Betrachtung. Der in Begriffsklitterungen befangene Neukantianismus vermag das anstürmende Leben nicht zu bändigen. Kaufmann warnt davor, den Rest von Irrationalität zu vergewaltigen, der sich rationaler Formulierung noch entzogen hält; doch irrational heißen hier wieder die Lebenskräfte ganz allgemein, nicht die Gründe der ratio. So endet auch Kaufmanns Kritik beim Problem der obersten Form, ohne daß deutlich würde, worin diese Form denn nun geschlossen läge. Schmitt hat seinem Vorgänger gegenüber den Vorteil seiner katholischen Schulung und seines leidenschaftlich ideologischen Temperaments. Die objektive, unpersönliche, abstrakte Auffassung der Form (Kelsen, Krabbe, Preuß), die eine anonyme, formalistische Autorität an den Anfang der Dinge setzt, diese Auffassung erfährt eine kräftige Abfuhr. Recht ist dort, wo entschieden wird; wo inappellativ entschieden wird, ist der

Souverän, und wo die Entscheidungen des Souveräns hervortreten, ist der Ausnahmezustand. Das sind klare und höchst lebendige Definitionen, die beim stilistischen Rang des Autors nicht nur juristische, sondern allgemeine Bedeutung haben. Wenn es die besondere Aufgabe des Philosophen ist, Spannungen innerhalb der Denkwirtschaft seiner Zeit zu erzeugen, so ist hier eine Krisis in den Herrschaftsbegriffen heraufbeschworen, die man nicht unterschätzen darf; denn »alle Tendenzen der modernen staatsrechtlichen Entwicklung gehen dahin, den Souverän in diesem (theologischen und ideologischen) Sinne zu beseitigen«.

XI

Es fehlt aber noch das wesentlichste Element der Rechtsform, ihre universale Verbindlichkeit. Was Schmitts Rechtslehre zur politischen Theologie stempelt, ist die eigenartige Einführung und Anwendung einer von ihm meisterhaft gehandhabten Analogie zwischen politischer und theologischer Norm, zwischen Theologie und Jurisprudenz. Bei seinen ideengeschichtlichen Untersuchungen ergibt sich die merkwürdige Tatsache, daß die staatsrechtlichen Konstruktionen der Legislateure jeweils den metaphysischen Konstruktionen der Denker entsprechen. Dieses ›Gesetz‹, diese Analogie gewinnt in Schmitts Händen den Wert einer unfehlbaren Methode, wo es gilt, den Sinn sowohl einer politischen Doktrin wie einer ihr übergeordneten metaphysischen Notion zu erschließen. Die Existenz solcher Analogie kannten schon Descartes und Leibniz. »Merito partitionis nostrae exemplum«, so äußerte sich der letztere, »a theologia ad jurisprudentiam transtulimus, quia mira est utriusque facultatis similitudo.« Bei Schmitt führt die Analogie, nachdem sie erst nur der historischen Erkenntnis diente, zuletzt zur Feststellung der Theologie als der obersten Form der Jurisprudenz, insofern deren Begriffe samt und sonders in der Theologie beschlossen sind und aus ihr hervorgehen. »Alle prägnanten Begriffe der modernen Staatslehre«, heißt es im III. Kapitel der ›Politischen Theologie‹, »sind säkularisierte theologische Begriffe. Nicht nur ihrer historischen Entwicklung nach,

weil sie aus der Theologie auf die Staatslehre übertragen
wurden, indem z. B. der allmächtige Gott zum omnipotenten
Gesetzgeber wurde, sondern auch in ihrer systematischen
Struktur, deren Erkenntnis notwendig ist für eine soziologische
Betrachtung dieser Begriffe.«
Was ist das: soziologische Betrachtung der Rechtsbegriffe? Es
ist das Bestreben, die geschichtlichen Formen der Rechtsbegriffe zu ihrer Herkunft zurückzuverfolgen und daraus Schlüsse zu
ziehen auf die absolute Rechtsform. Es ist der Versuch, von der
geschichtlichen Wirksamkeit aus und nicht abstrakt zum Absoluten zu gelangen. Insofern setzt eine Soziologie der Rechtsbegriffe eine ›konsequente und radikale Ideologie‹ voraus. Nur
daß die Ideologie eben konkret eingesetzt wird und sich durch
das geschichtliche Material hindurchzuarbeiten sucht; sie geht
von den historischen Gestaltungen und Erscheinungsformen
aus. Der Philosoph, der solche Soziologie betreibt, verdankt
seine Resultate einer »radikalen Begrifflichkeit, das heißt einer
bis zu Theologie und Metaphysik getriebenen Konsequenz«.
Die erwähnte Analogie ist ein Werkzeug solcher soziologischer
Betrachtung, und zwar ihr vornehmstes Werkzeug. Mit ihr
durchdringt der Philosoph die ihm begegnenden Systeme, von
ihr aus konstruiert und begreift er sie. Die Frage nach den
Tatsachen und der Struktur eines Systems wird zuletzt immer
zur Frage nach der bewußten oder unbewußten Theologie, die
das System beherrscht. Erst wenn der Gott oder Götze
gefunden ist, dem vertraut und geglaubt wird, gilt ein System,
eine Zeit, für begriffen. Die Sprache Gottes, die Theologie, ist
höchster Begriff, nicht nur der Jurisprudenz, sondern auch der
Kunst, der Politik, der Person, ja der Zahl und der Zeit.
Neben der Antithese von ratio und irrational ist die juristisch-
theologische Analogie das wesentlichste Strukturprinzip der
Schmittschen Schriften. Genau besehen aber sind beide Prinzipien ein und dasselbe. Denn die Theologie verhält sich zur
Jurisprudenz –, das meint auch die partitio nostra des Leibniz –
wie das Irrationale höheren Sinnes sich zur ratio verhält. Auch
in diesem Zusammenhange knüpft Schmitt an Resultate der
›Politischen Romantik‹ von 1919 wieder an. Dort hatte er die
Analogie zum ersten Male erwähnt und verwertet. ›Diktatur‹
war ein Abweg, oder sie ist schon vor dem Romantikbuche

entstanden. In ›Diktatur‹ stimmte die Antithese mit der Analogie nicht überein; das führte zu einer Verwirrung der Grundbegriffe. Die Einheit des Schmittschen Werkes beruht in der Erhellung der Vernunftsbeziehungen zum Übervernünftigen als ihrem Formprinzip. Diese Beziehungen aber sind akkurat die Beziehungen der Jurisprudenz zur Theologie, und nicht wie in ›Diktatur‹ die Beziehungen der Jurisprudenz zur Willkür einer Usurpation.

Ich möchte nicht unterlassen, in aller Kürze einige Beispiele der Analogie anzuführen. In ›Politische Romantik‹ zeigt Schmitt, weshalb der typische Romantiker die Wirklichkeit nicht zu begreifen vermag. Er ist dazu außerstande, weil er die höchste begriffliche Realität, diejenige Gottes, durch zwei Pseudo-Realitäten, Gemeinschaft und Geschichte, ersetzt sieht, die er als Autoritäten empfindet, ohne daß sie es seien. Der Romantiker, das Genie der Zeit, dessen Aufgabe es wäre, die Zeit zu begreifen und zu gestalten, sieht sich der völligen Unmöglichkeit gegenüber, dieser Aufgabe gerecht zu werden. Er ist zur Impotenz, zur endlosen Diskussion, zu einer haltlosen Rhetorik verurteilt. Er sucht seine Freiheit im skeptischen oder ironischen Konsentement, in wohlfeilen Sophismen. Er vermag das Problem weder zu entscheiden, noch zu realisieren, weil ihm der höchste Begriff, die Realität Gottes, zerstört ist. Darum aber vermag Schmitt seinerseits die Romantik in einer so eminenten Weise zu begreifen, weil ihre politische Situation ihn zu ihrer metaphysischen und theologischen Struktur führt, wo sich denn die Konflikte dieser Bewegung in universaler Vielfalt erschließen.

Ein anderes Beispiel aus der ›Diktatur‹. Descartes Metaphysik lehrte, daß Gott nur eine volonté générale habe, und daß alles Partikuläre seinem Wesen fremd sei. Rousseaus Gesetzgebung fordert analog, daß das Individuum auf alle seine Sonderrechte zugunsten der volonté générale als omnipotentem staatlichem Faktor zu verzichten habe, um von der volonté générale seine Rechte als generelles Gesetz wiederzuerhalten. Der Begriff des Legislateur selbst ist bei Rousseau dergestalt definiert, daß seine Wirksamkeit etwa dem Anstoß jener okkasionellen Ursachen entspricht, die bei Malebranche in der metaphysischen Reihe als die lois générales von Gott in Bewegung gesetzt erscheinen.

Aus den Naturgesetzen aber, wie Descartes, Malebranche und Leibniz sie entwickeln, sind dann bei Holbach bereits »Gesetze der wirtschaftlichen Entwicklung« geworden, denen der Staat sich zu unterwerfen habe.

In Schmitts letzter Schrift ›Römischer Katholizismus und Politische Form‹ findet sich der abschließende Satz, daß ein mechanistisches Zeitalter sich das höchste Wesen überhaupt nur außerhalb der Dinge als allgemeinen Beweger, als Monteur und Installateur der kosmischen Maschine denken könne, und in derselben Schrift begegnet die wichtige Feststellung der Religion einer modernen europäischen Gesellschaft, die eine Religion der Privatsache und des Privateigentums genannt wird.

XII

Es ist immer wieder überraschend, wie sehr bei Schmitt die typische Fragestellung des Thomismus nachwirkt oder wiederauflebt; jenes ganz zur Erfahrung geneigten mittelalterlichen Systems, das die Irrationalität der Dogmen verteidigte, indem es zu zeigen versuchte, daß die Übervernünftigkeit dieser Dogmen nicht eben widervernünftig, oder gar unvernünftig zu sein brauche, und das alle Kräfte der ancilla philosophia darauf verwandte, die Verbindungen von Übervernunft und Vernunft, von Theologie und Philosophie, von Heilig und Profan abzugrenzen. – Auch in ›Römischer Katholizismus und Politische Form‹ steht das Problem der ratio im Mittelpunkte der Gestaltung, einer sehr kunstvollen Gestaltung, die so sehr gelungen ist, daß die wissenschaftliche Frage auch stilistisch ins theologische Geheimnis mündet. Schon der Titel zeigt das oben konstatierte Gegensatzpaar von Theologie und Politik; nur ist der Gegensatz jetzt in die absolute Sphäre gehoben. In dieser Sphäre wird aus der Theologie ein ›Römischer Katholizismus‹ und aus der Politik die ›Politische Form‹. Um es vorwegzusagen: es ist auch der andere Gegensatz von Irrational und Rational, mit der radikalen Zuspitzung, daß beide Antithesenglieder jetzt in die Theologie verlegt sind: insofern nämlich dem ›Römischen Katholizismus‹ auch die rationale Formkraft der Politik gegenüber zuerteilt wird. Mit anderen Worten: die römische Kirche hütet die Irrationalität und gelangt bei der Erfassung und Normierung des materiellen Status zur Ausprägung der rationalen Formen.

Ratio heißt im Lateinischen nicht nur Vernunft, sondern auch Rechenschaft, Aufschluß, Maß, Gesetz und Methode. Ratio ist allgemein genommen ein Sichverhalten einer Sache oder Person zu einer anderen, der Aufschluß über die Beschaffenheit eines Phänomens, und ebenso hat das Wort die Bedeutung von ›Einrichtung‹ überhaupt. Vernehmen kann die Vernunft schließlich nur, was ihr verkündet wird, und so könnte man sagen, daß die kirchliche ratio sich nach oben auf die Offenbarung und nach unten auf den Staat bezieht. Wie dem auch sei: die ratio setzt ihrem Wesen nach die repraesentatio voraus, als welche, um bei dieser grammatischen Pedanterie noch ein wenig zu verweilen, die Vergegenwärtigung, die bildliche Darstellung einer Sache bezeichnet und ihrer Natur gemäß Gegenstände unbildlicher, immaterieller, ideologischer, irrationaler Art umfaßt. Das sind die Grundbegriffe, um die der Lateiner Carl Schmitt seine Schrift gruppiert, und zwar läßt er sie seiner Antithese getreu vom Verhältnis der ratio zur repraesentatio handeln, ein scholastisches Thema, das hier im konkreten Gewande heutiger Prägung erscheint.

Daß die soziologische Konsequenz zum römischen Katholizismus führen mußte, kann bei dem retrospektiven Bestreben dieser Methode nicht überraschen. Alle Begriffe der Legislative und Metaphysik, die im europäischen Geschichtsverlauf der letzten Jahrhunderte hervortraten und auf die Gestaltung der Gesellschaft Einfluß gewannen, gehen auf die mittelalterliche Suprematie der römischen Kirche und weiterhin darauf zurück, daß diese Kirche, wie Schmitt sagt, »im größten Stile die Trägerin juristischen Geistes und die wahre Erbin der römischen Jurisprudenz« ist. Das Verhältnis ihrer überrationalen Einsichten zum Staat zu bestimmen, ist ihr spezifischer Beruf, seit die Nachfolger Petri das Brückenamt des altrömischen Pontifex maximus übernahmen. Nicht als ob es seitdem kein römisches Recht außerhalb der Kirche gebe; aber so gewiß der griechische Areopag die oberste Kult- und Rechtsbehörde zugleich war, so gewiß war es der altrömische Pontifex maximus, und ist es der christliche.

Die ratio ist die Brücke vom konkreten Gott zum konkreten Volk, und nicht etwa, wie in den sogenannt rationalistischen Werken, die Brücke von einer skeptischen und abstrakten Philosophie zu einer dämonischen Wirklichkeit. Die ratio setzt den Glauben an die Realität Gottes und eine Repräsentation, eine Vergegenwärtigung dieses Glaubens voraus. Der Rationalismus der Kirche beruht nach Schmitt »im Institutionellen«, in einer »spezifisch formalen Überlegenheit über die Materie des menschlichen Lebens«. Der katholischen Argumentation liegt eine »besondere, an der normativen Leitung des sozialen Lebens interessierte, mit spezifisch juristischer Logik demonstrierende Denkweise« zugrunde, und diese formale Eigenart des römischen Katholizismus »beruht auf der strengen Durchführung des Prinzips der Repräsentation«. Der Papst ist nicht der oberste Prophet, sondern der Stellvertreter, der Vikar Christi; er repräsentiert die abwesende, ekstatische, irrationale Person Christi, repräsentiert die Gemeinschaft der (in der Ekstase abwesenden) Heiligen, den Leib Christi, die Kirche. »In solchen Distinktionen« (nicht Prophet, sondern Stellvertreter), sagt Schmitt, »liegt die rationale Schöpferkraft der Kirche«. In der Repräsentation liegt ihr Wille zur Verantwortung, ihre publizistische Form, im Gegensatze zu all den Religionen, deren Überzeugung Privatsache ist.

Im römischen Katholizismus sieht Schmitt die juristische, politische, ja die ideologische Form überhaupt und damit alle höheren Kategorien der europäischen Zivilisation garantiert. Die formalen Zusammenhänge sind aus dem Vorhergehenden ohne weiteres klar. Inhaltlich aber erklärt sich die Stellung, die Schmitt der römischen Kirche zuweist, aus ihrer Kraft zur Repräsentation. »Sie repräsentiert die civitas humana, repräsentiert in jedem Augenblick den historischen Zusammenhang mit dem historischen Augenblick der Menschwerdung und des Kreuzesopfers Christi, sie repräsentiert Christus selbst«; mit allen Attributen, so könnte man hinzufügen, die das Credo ihm gibt, worunter die juristischen Attribute einen entscheidenden Rang einnehmen. Denn nach dem Credo leidet Christus unter Pontius Pilatus, das heißt die irrationale Person leidet unter der Politik, und nach dem Credo kommt Christus zu richten die Lebendigen und die Toten: die irrationalia und die rationalia, wenn man mit Baco von Verulam unter den Lebendigen die Theologie und unter den Toten die Philosophie verstehen darf.

Es ist kein Zufall, wenn Schmitt gegen Sorel die lebendige Eschatologie einiger neueren Katholiken (Veuillot, Bloy, Cortes, Robert Hughes Benson) verteidigt. Er hätte an dieser Stelle vor allem auch auf die Heilig- und Seligsprechungen der letzten Jahrzehnte hinweisen können, in denen die von Sorel bestrittene ›mythologische‹ Vitalität der Kirche und ihr Gericht kanonisch zum Ausdruck kommen. Die Eschatologie ist mit den Fragen der Repräsentation, wie Schmitt sie behandelt, aufs engste verbunden. Die repraesentatio entspringt dem Streben nach Dauer und Endgültigkeit. Institutionell ist sie die Gegenwart über den Tod hinaus und in ihrer Spitze die Allgegenwart. Unamuno in seiner Philosophie des Irrationalen erklärt den (der Repräsentation zugrundeliegenden) ›soif d'immortalité‹ für die eigentlich christliche und katholische Entdeckung. »Quid ad aeternitatem? Voilà la question capitale. Spécifiquement religieux dans le catholicisme c'est l'immortalisation et non la justification à la manière protestante.« Die institutionelle Repräsentation ist die Vergegenwärtigung der Immortalität, der Dauer. Sie gibt dem römischen Katholizismus jenes ›Pathos der Autorität‹, das Schmitt als ihre politische Macht bezeichnet, jene Würde und Überlegenheit über den politischen und sozialen Zufall. Darum kann sie jederzeit zur Quelle neuen Rechtes werden, weil jede neue politische Konstellation ihr Gesetz und ihr Maß nur vom Absoluten beziehen kann. Die Dauer, wo sie repräsentiert wird, entscheidet; denn (mit Unamuno zu sprechen) »qu'y a-t-il de plus utile, de plus souverainement utile, que d'avoir une âme destinée à ne jamais mourir?« Und so ist in den repräsentativen Formen des römischen Katholizismus auch jenes Pathos der Entscheidung enthalten, das Schmitt in früheren Schriften als ›souveräne Diktatur‹ bezeichnete. Diese Welt des Repräsentativen ist es, die der Kirche ihre Kraft zur dreifach großen Form gibt: »zur ästhetischen Form des Künstlerischen, zur juridischen Rechtsform und endlich zu dem ruhmvollen Glanz einer weltgeschichtlichen Machtform«.

Jene Impulse aber, die den ›antirömischen Affekt‹ beleben, enthüllen sich damit in ihrer Konsequenz als normfeindlich, als abhold der politischen Verantwortung wie der künstlerischen

Gestalt. Mit welchen Gründen immer sie die ratio der Kirche bestreiten, umgehen, oder in ein ›höheres Dritte‹ aufzuheben versuchen, sie sind gegen die metaphysische Würde, gegen den Heroismus des Menschen gerichtet. Sie treiben zur Willkür, oder zu einer unkontrollierbaren Mystik, zum Vorbehalt eines privaten Gewissens, oder zur Verneinung der Autorität. Die Gegner mögen mit Rudolf Sohm in der Juristik der Kirche ihren eigentlichen Sündenfall sehen, oder mit Dostojewski einen indischen Schauder vor Macht und Gesetz empfinden; sie mögen mit der Freimaurerei die übernatürliche Institution als inhuman befehden, oder mit Bakunin und Marx die Ideologie selbst beseitigen wollen: gemeinsam bleibt allen diesen Gegnern die Abneigung gegen die rationale Formkraft des Absoluten. Diese aber erweist nach Schmitt gerade darin ihre Humanität, daß sie nicht anders als in der Verwirklichung, in der Selbstdarstellung, die übervernünftigen Werte sichtbar machen und zur Geltung bringen kann. Alle jene Gegner arbeiten dem modernen norm- und formfeindlichen Verbrauchsstaat in die Hände, wie wenig sie eine so fatale Allianz suchen mögen und mit welchen Sophismen immer sie ihr zu entgehen bestrebt sind. Das ist dagegen die große Bedeutung der Kirche, daß sie zur Repräsentation auch diejenigen einlädt, an die sie sich wendet, sei es das einzelne Individuum oder die formierte Gesamtheit der Individuen, der Staat.

Damit sind wir beim Ausgangspunkt wieder angelangt: beim Gegensatze des Ideologen zum modernen mechanisierten Konsum. Der kapitalistische Industriestaat von heute wie der sozialistische von morgen, beide kennen und anerkennen weder Form noch Repräsentation; sie haben nicht einmal die Kraft zu einer eigenen Sprache. Sie sind auf Bedürfnissen aufgebaut, die identisch sind mit dem Nichts. Ihr fatalistisches Ziel ist ein sich selbst regierender, selbst regulierender Ablauf von Wirtschaftsprozessen. Mit einem Automaten aber ist keine persönliche, politische, ideologische, keine vernünftige Verbindung möglich. Solange sich dieser Staat mit erstaunlicher Inbrunst im Widervernünftigen aufhält, kann ihn eine Vermittlung übervernünftiger Werte kaum interessieren. Doch die Kirche kann warten. »Sub specie ihrer alles überlebenden Dauer wird sie die complexio alles Überlebenden sein.«   (1924)

Die religiöse Konversion

I

Die Heiligengeschichte ist die spezifischste Literatur der Kirche. Auf keinem Gebiete spielt sie gegenwärtig eine gleich große Rolle wie in der Psychologie und der Psychiatrie.

Wir leben im Übergang von einem abstrakten und rationalistischen Zeitalter zu einem konkreten und rationalen. Die gesellschaftlichen Normen sind in der Auflösung begriffen. Der Primat des Bewußten, des Willens, des Ich ist, zeitweise wenigstens, gebrochen. Ein neuer Zustrom aus unterbewußten Quellen harrt noch der Einordnung, ehe ein neues Weltbild entsteht. Uralte Schichten der seelischen Erfahrung befreien sich und drängen ans Licht. Die Begriffe von Wahrheit und Wissenschaft und ihr Inbegriff, die Akademie, sind in ihrer Geltung und ihrem Range fraglich geworden; ein neuer Wertmaßstab bereitet sich vor, der seine Prinzipien nicht den Tatsachen und ihrer Berechnung, sondern dem Glauben und den symbolschaffenden Kräften entnimmt.

So findet eine Erneuerung und eine Umkehr zur Kirche, und zwar zur Großkirche statt, die ihresgleichen in der Geschichte sucht. Da die Bewegung mehr von den Leidtragenden des Zusammenbruchs als von den unberührten Organen der Kirche getragen wird, herrschen zunächst die abenteuerlichsten Meinungen und Entwürfe. So gewiß es ist, daß der philosophisch und humanistisch begründete Sittenkodex des modernen Staates, die sogenannte freie Ethik, dem Ansturm der in Fluß geratenen Gewalten nicht mehr standhält, so fragwürdig ist der Weg derer, die auf der Flucht ihr Heil im Buddhismus, im Mithraskult, in Eleusis oder Heliopolis suchen. Seit De Maistre hat man begriffen, daß es sich bei der Erneuerung vorzüglich um ein Problem der europäischen Geschichte handelt. Die exotischen Religionen mögen vergleichsweise zur Vertiefung beitragen; eine Lösung des Heute und Hier vermögen sie nicht zu bieten. Wir sind Europäer, nicht Asiaten. Unser seelisches Interesse ist einer bestimmten Tradition verpflichtet. Es läßt sich nicht leugnen, daß wir anderthalb Jahrtausende ungestört unterm Einfluß der katholischen Sakramente und Dogmen standen. Die religiöse Ausflucht, ob sie sich relativ oder indifferent gestaltet, kann nur jene Isolierung des Einzelnen steigern, in die das gesamte Wissen ihn seit der Renaissance gestellt hat. Gleichviel ob Mithras, Buddha oder Konfutse den Bethlehemstern überragen oder ihm untertan sind: wir haben eine Tradition, in der unser Denken und Fühlen einzig verständlich ist; jede Verkennung dieser Tatsache würde nur die Verwirrung steigern und binnen kurzem zu schmerzlicher Unfruchtbarkeit verurteilt sein.

Romantische Relikte spielen herein. Wir waren eine Zeitlang Protestanten, das heißt erklärte Gegner der Tradition, und haben damit in allen Fragen der höheren Kultur Fiasko erlitten. Wir waren Entwicklungsmythologen und Fatalisten. Wir glaubten, daß der Mensch mechanisch und nach den Gesetzen der materiellen Energie funktioniere, und lobten damit ein Gespenster- und Totenreich. Wir suchten alle höheren Erscheinungen auf die Intelligenz, auf den Körper, auf die Chemie zurückzuführen und bewiesen nur immer mehr, daß wir unfähig geworden seien, die höheren Werte hervorzubringen.

All diese bunten Abirrungen sind wirksam in Widersprüchen, die bis zur Entmutigung und Schwermut führen. Die Wissenschaften leiden an einer Hypertrophie, die demnächst die Wissenschaft überhaupt entbehrlich erscheinen läßt, weil doch ihre Resultate niemand mehr wird überblicken können; beginnt man doch einzusehen, daß, die relative Wichtigkeit jedes einzelnen Gegenstandes vorausgesetzt, jedes Ding auch auf einen gesonderten Wissenszweig Anspruch hat.

Die Kirche allein bietet Widerstand. Ihr souveräner Lebenswille bezwingt den erstickenden Relativismus. Ihr Herz ist unberührt geblieben vom Fieber der Verirrung, ihr Dogmengebäude unerschüttert, ihre Suprematie bestürmt, aber nicht überwunden. Und gerade das ernsthafte Wissen beginnt einzusehen, daß die Einwände der personalen Vernunft erschöpft sind. Zunächst aber ist es, im Alltag wurzelnd, die Medizin, die den Anprall der Katastrophe zu spüren bekommt und die in einem ganz anderen Umfang, als man vor kurzem noch glauben wollte, den religiösen Fragen sich öffnet. Die Irrenhäuser füllen sich mit Neuropathen, Epileptikern und Geisteskranken, und man ist versucht, wieder wie einstens Krankheit und Sünde identisch zu sehen. Noch aber hat es gute Weile, bis wieder der junge Arzt mit ernsthaften theologischen Studien beginnt, und umgekehrt der junge Theologe sein Interesse der Psychiatrie zuwendet, der er sein ganzes Leben doch in einem übertragenen Sinne zu widmen gedenkt. Noch wird im Lager der Mediziner von Religion und gar von der Kirche viel zu wenig gewußt, als daß nach reinlicher Scheidung der Phänomene an eine wahre Bewältigung der Gesellschaftsleiden könnte geschritten werden.

II

In solcher Zeit ist ein Buch erschienen, das den Versuch unternimmt, in den Umkreis der aufgeregten Fragen eine Klärung zu tragen. Ein Buch, das sich in der Methode zu einem entschieden agnostischen Standpunkt bekennt, also gleichweit entfernt sein will von Gesichtspunkten der Theologie und Philosophie, wie von jener schlimmen rationalistischen Voreingenommenheit, die in den Kliniken und Laboratorien von heute noch vorherrscht. Verfasser dieses Buches ist der italienische Psychotherapeute Sante de Sanctis, Professor an der Königlichen Universität in Rom; bekannt auch in Deutschland durch seine klinische Praxis, sein vorbildliches Institut für anormale Kinder und nicht zuletzt durch seine Theorie.

Das Werk, von dem hier die Rede ist, erschien 1924 bei Zanichelli in Bologna und führt den Titel ›La conversione religiosa‹. Der Versuch, einen Typus des religiösen Konvertiten auf bio-psychologischer Grundlage aufzustellen, würde hinreichen, der gründlichen Untersuchung das größte Interesse zu sichern. Die Konversion ist heute nicht nur ein individuelles und theologisches Problem. Die Romantik, die Utopie und zuletzt der Krieg haben eine neue soziologische Situation geschaffen, die die Konversionsbewegung in allen beteiligten Ländern mächtig fördert. Die religiöse Konversion ist heute ein Zeitproblem von universaler Bedeutung. In Deutschland be-

sonders, wo die Konversionen in den Jahren seit 1913 eine rasch
ansteigende Linie zeigen, wird man einem Buche, das auf den
letzten Forschungen beruht und als Frucht langjähriger Studien
zutage tritt, alle Aufmerksamkeit entgegenbringen.

Über seinen typischen Gegenstand hinaus aber führt dieses
Buch zu einer energischen Debatte der psychopathologischen
Grenzfragen, und dieser Teil scheint mir von nicht minderer
Bedeutung. Eine neuartige Interpretation alter und fast verges-
sener theologischer Termini (Aszese, Pneumatik) ist wichtig für
die Wiederverbindung des modernen Lebens mit der Kirche.
Eine durchdringende Verteidigung der wahrhaft religiösen und
mystischen Phänomene erschließt diese Phänomene in ihrer
›Gesundheit‹ und ihrem sozialen Wert. Jener ärztliche Skeptizismus, für den die Psychiatrie nur ein Mittel war oder ist, um
alle übernormalen Produkte des Genies, des Heiligen und des
Heroen der Entartung und der Hysterie, der Wesensspaltung
und dem Irrsinn zuzuweisen, erfährt eine methodische Ablehnung. Die äußerste Schwingungsgrenze des Normalen wird
vom Neuropathischen streng getrennt, und das Neuropathische
als das temporär Anormale eines seelischen Befundes ebenso
streng vom chronisch Irren geschieden.

III

Die Religionspsychologie ist eine noch junge Disziplin. Als ihr
Erzvater gilt Schleiermacher, der als erster die Möglichkeit einer
wissenschaftlichen Analyse der religiösen Gefühle darlegte. Die
Traditionslinie, die den Religionspsychologen vom Ethnogra-
phen und Soziologen trennt, ist seit wenigen Jahren mit den
Namen Wundt, Ribot, James, Flournoy u. a. klargestellt. In
Deutschland gestand vor kurzem einer der Vorkämpfer, Georg
Runze, daß ihn noch 1907 das Wort Religionspsychologie
überraschte, als er es im Titel einer Zeitschrift fand, und daß er
dem Namen seiner Wissenschaft zum erstenmal im Katalog
seines Buchhändlers begegnete.

De Sanctis nennt als eigentlichen Ausgangspunkt des neuen
Wissenszweiges den V. Internationalen Kongreß für Psychologie in Genf (1909), wo Th. Flournoy der Bezeichnung ›Reli-

gionspsychologie‹ zu allgemeiner Annahme verhalf. Flournoy hatte bereits 1903 in den zu Genf erscheinenden ›Archives‹ die Überzeugung vertreten, daß die Psychologie sich nicht mit den transzendenten Gegenständen der Religion beschäftigen dürfe. Den gleichen Weg ging Ribots Vermahnung, es sei nicht Sache der analytischen Psychologie, den objektiven Wert der religiösen Gefühle zu debattieren, wenn man nicht positivistische oder spiritualistische Philosophie machen wolle. Damit war der bio-psychologische Anteil an den religiösen Fragen abgegrenzt und in der Methode die Beschränkung auf Erfahrung und Intuition gegeben.

Von den auf dem Kongreß anwesenden Klerikalen bekämpfte der Jesuit A. Pacheu die Extremisten der neuen Disziplin, bekundete aber keinen Widerstand gegen ihre Methode, während sein Ordensbruder P. Roupain der psychologischen Studie des Gonzague Truc über den Gnadenzustand eine heftige Opposition entgegensetzte. Heute, sagt De Sanctis, sind wir alle der Ansicht Höffdings (›Religionspsychologie‹ c. III, S. 100), daß »die Meinung, ein Phänomen verliere an Wert, wenn es verstanden wird, nur ein Aberglaube oder ein immoralischer Skeptizismus ist«.

Die Religionspsychologie hat inzwischen mächtige Förderung erfahren durch die Spezialarbeiten der amerikanischen und französischen Schule, und zuletzt durch die ebenso revoltieren-den wie vereinfachenden Entdeckungen Freuds. Die Konver-sion insbesondere hat damit ein wesentlich anderes Gesicht erhalten, als sie es etwa zur Zeit der Pascal, Bossuet und Fénelon noch hatte. Die Analyse des Unterbewußten und die Konzeption der Dynamik im seelischen Geschehen haben den Aspekt von Grund aus verändert.

Als Anlaß zu seiner eigenen Untersuchung bezeichnet De Sanctis die Arbeit W. James' über die ›Magie des Wortes‹ (1905) und die berühmten Vorträge dieses Gelehrten über die ›Religiöse Erfahrung‹, den Genfer Kongreß, die Schriften Flournoys und das Interesse für die ›so belebenden Theorien‹ Freuds. In der Methode ist dies ein Bekenntnis zur psychoge-netischen und physiologischen Richtung Ribots und der Amerikaner, ein Bekenntnis zugleich gegen jene philosophi-schen Kühnheiten, wie sie auf psychiatrischem Gebiet etwa

Stanley Halls 1917 erschienener Versuch einer Analyse der historischen Figur Jesu darstellt. Gott und die Gnade sind jenseits der Religionspsychologie. Gott sowohl wie die Gnade sind, akademisch gesprochen, Unbekannte, die sich der Analyse entziehen.

Der Streit um die Gnade indessen liegt nahe, wo es um die Konversion sich handelt. Und dieser Streit begleitet denn auch die Religionspsychologie seit ihrem Entstehen. Schließlich aber bezeichnet dieser Streit nur die Grenzen der neuen Disziplin, für die das Gnadenproblem ebenso wie das der Willensfreiheit als Fragen theologischer oder philosophischer Art ausscheiden. Das Gebiet der Religionspsychologie umfaßt die religiöse Erfahrung nur, soweit sie sich biopsychologisch erfassen läßt, was niemand weder von Gott noch von der Gnade wird ernstlich behaupten wollen.

In der Tat haben sogar die theologischen Kritiker eines so unbedingt und ausschließlich für die Wirksamkeit der Gnade eintretenden Werkes wie Mainages, ›Psychologie de la Conversion‹ (Paris 1919; die Gnade als éducateur invisible), und zwar Kritiker wie Truc, Huby und Mgr. Sturzo, die Tendenz, das Argument der Gnade solange auszuschließen, als die Schritte des Konvertiten sich psychologisch, ohne den direkten oder überwiegenden Einfluß der Gnade erklären lassen. Wo bliebe auch der Wille und eigene Kraftaufwand dessen, dem die Gnade zuteil wird? Ein Wort des Evangelisten Matthäus lautet: »Das Reich der Himmel erliegt der Gewalt, und wer Gewalt anwendet, wird es gewinnen.« Wenn sich die innersten Kräfte des Menschen erschöpfen wollen, kommt ihnen die Gnade zu Hilfe.

Die Religionspsychologie will als Wissenschaft gleichweit entfernt sein von einem dilettierenden Psychologismus, der alles Wunderbare und Unbekannte für ›erklärlich‹ hält, wie sie entfernt sein will von jenem Kantianismus einer Methode, die Gott und die Welt im Subjekt beschließt, eine Methode, mit der nach De Sanctis das ganze religiöse Leben sich im geschlossenen Zirkel bewegt, mit dem einen Unterschied von den positiven Religionen, daß in solchem ›Idealismus‹ Gott zum Individualgeist und der Individualgeist zum universalen wird.

Die Metaphysik ist am Platze, nachdem die Erfahrung gesprochen hat. Was sich von Phänomenen natürlich erklären läßt, enthebt Gott einer allzu vertrauten Bemühung. Des Unbekannten und Geheimen bleibt übergenug, und die Gnade kann auch darin bestehen, daß sie zu erkennen gibt, was vor ihrem Eingreifen der menschlichen Einsicht und dem individuellen Kraftaufwand belassen bleibt.

IV

Was ist nun religiöse Konversion, und wie wird sie hier betrachtet? Beginnt man mit den Erfahrungsformen, so bietet sich zunächst eine verwirrende Fülle von Motiven, die im Geschichtsverlauf die mannigfachsten Geister und Seelen zur Konversion führten. Auch was man unter Konversion verstand, hat sich im Lauf der Jahrhunderte geändert. Betrachtet man die Evidenz und den Reichtum der Fakten, so kann man eigentlich nur von Konversionen zum Katholizismus sprechen. Um einen Typus des Konvertiten aufzustellen, muß man sich vollends an jene Beispiele halten, die die römisch-katholische Kirche bietet. Worin dies begründet ist, wird sich im Laufe der Untersuchung ergeben. Daß für das Konvertitenproblem die Erfahrungen des Katholizismus nahezu ausschließlich in Betracht kommen, wird niemand bestreiten.

Inmitten der Vielfalt der Motive läßt sich nun das eine als allgemein festhalten, daß der erwachsene Mensch (von den Jugendkonversionen soll nicht die Rede sein, weil sie mit Schwankungen der physischen Entwicklung verbunden sind), daß also der erwachsene Mensch, ehe er sich zum Glauben wendet oder zum Glauben zurückkehrt, Erfahrungen schmerzlicher Art gemacht haben muß. Ob es eine Krankheit, eine Verletzung, Gefangensein, Hunger, eine häusliche, persönliche oder soziale Enttäuschung, ob es eine moralische Verwirrung oder in den höheren Fällen eine geistige Enttäuschung ist: immer geht der Umkehr ein Schmerz voraus. »Der Schmerz«, sagt De Sanctis, »ist der einzige zur Konversion notwendige Faktor, wenn er auch zur Konversion nicht genügt«. Auch für die kollektiven Konversionen gilt dies: der Krieg mit seinen

Trostlosigkeiten, die ökonomische und moralische Depression, der Wertumsturz bei den Völkern sind mächtige Beweggründe für die Rückkehr zum Glauben.

Eine Vereinfachung der seelischen Ökonomie findet statt, eine Neuordnung der seelischen Kräfte, die einer Kräfteersparnis und einem Lustgewinn gleichkommt; ein Sichbesinnen auf das eine Notwendige, um im äußeren und inneren Kampfe sicherer und endgültig zu bestehen. Die eschatologische Macht der Kirche, ihre lösende und versiegelnde Gnade, ihre Verkündung des Höchsten und Tiefsten, ihr Trost und ihr letztes Umfassen, der unendliche Wert, den sie dem einzelnen verleiht, und die besondere Rücksicht, die sie jedem nach seiner Besonderheit entgegenbringt: all diese in der Vorsehung begründeten Eigenschaften lassen die Kirche würdig erscheinen, den Namen der Königin und der Mutter zu tragen, die alles Leben in seiner Kühnheit aus ihrem Schoße hervorspielt und alles Leben zu seinem Schutze in ihren Schoß wieder aufnimmt.

Aus der Fülle der Beispiele einige, die typisch sind: Der selige Giovanni Colombini, ein sienesischer Mystiker, bekehrte sich nach der Lektüre des Lebens der heiligen Maria Aegyptiaca. Wer war diese Heilige? Die Legende erzählt von ihr, daß sie zu wilden Lastern verführte noch dann, als sie auf einem Pilgerschiff nach Jerusalem unterwegs war. In der Wüste büßte sie ein Leben voller Blasphemie, und - dies läßt sie als die Mutter aller Konvertiten erscheinen - inmitten der Wüste, entblößt vom Notwendigsten und abgeschlossen von jeder Umgebung, empfängt sie im Geiste die Worte der Heiligen Schrift, von der sie niemals vorher irgendeine Kenntnis hatte (der moderne Seelenforscher würde sagen, daß ihre Buß-Introversion die Urbilder ihrer Phantasie auslöste und daß diese Urbilder nach der Legende diejenigen des Evangeliums waren).

Ein anderes Beispiel: Franz von Assisi. Im Jahre 1202 gerät er ins Stadtgefängnis von Perugia, ein Troubadour, voller Ehrgeiz, es den adligen Dandys gleichzutun, ein Herold der platonischen Frau Minne, und bleibt im Gefängnis ein volles Jahr. Als er entlassen wird, ist er einundzwanzig Jahre alt, verfällt in eine schwere schwächende Krankheit. Die Nichtigkeit der Dinge, die Eitelkeit seiner Träume befällt ihn; sein Komödiantentum will ihn widern. »Er begann klein zu werden in seinen eigenen

Augen«, sagt Thomas von Celano. Seine glühende Liebe geht zu den Armen, Enttäuschten, zu den Zerbrochenen über. In abenteuerlichen Plänen sucht er zu fliehen; es mißlingt ihm. Erst 1205, drei Jahre nach der demütigenden Gefangenschaft, wird seine Konversion reif, nach einer Wallfahrt zu den Apostelgräbern.

Und in unseren Tagen: Kardinal Newman wurde Katholik aus einem übermächtigen Bedürfnis nach überlegener geistiger Ordnung, nach einem endgültigen dogmatischen System. Nicht Rom, sondern Oxford macht Katholiken. »Was ist doch«, so fragt er, »die Gemeinschaft der Heiligen?« Und er antwortet mit einem Ausruf, der ihm immer wieder von den Lippen fiel: »O mächtige Mutter, o Königin, ich komme, der Weg ist lang, die Füße sind langsam, o mächtige Mutter!« Er fühlte das Bedürfnis der Geborgenheit und des letzten Umschlossenseins. »Nein,« so rief er in seiner Apologia, »ich kann nicht sterben, weil ich nicht gesündigt habe gegen das Licht, ein Licht, das ich noch gar nicht sah!« (»Astres, je ne veux pas mourir«, rief Jules Laforgue aus, und Sterne und Heilige grüßen sich hier).

Kinsman, der anglikanische Bischof von Delaware, ist das andere klassische Beispiel eines modernen Konvertiten. In seinem neuerdings erschienenen Buche ›Salve mater‹ (Ed. Longmans, Green & Co., New York 1920) erklärt er, daß seine Konversion entschieden war, als er die Notwendigkeit einer vollständigen und wesentlichen Suprematie der Kirche erkannte. Das vierzehnte Kapitel seines Buches enthält die Psychologie seiner Konversion. »Meine Meinung bezüglich der katholischen Kirche hatte vier Stadien: 1. Vor allem ist sie nicht so schlimm wie man sie darstellt. 2. In Wirklichkeit ist sie gut. 3. Sie ist die beste Sache, die ich kenne. 4. Sie ist die Kirche ... Die Sinnesänderung kam mit der Einsicht, daß die Forderung einer Papstkirche unerläßlich und wesentlich ist für den Bestand der Kirche überhaupt ... Es gab nur zwei Möglichkeiten: Agnostizismus oder römische Kirche; ein geteiltes Christentum bekämpft und lähmt sich selbst ... Als ich die Welt ansah, sah ich den Anbruch einer Neuordnung der Dinge. Ich suchte nicht persönliches Glück oder Frieden oder Nutzen. Ich sehnte mich, identisch zu sein mit der katholischen Kirche.« Und er bezeichnet es als große Beruhigung (man könnte auch sagen, als großen

Kräftegewinn), statt die Kirche reformieren zu wollen, sich von der Kirche reformieren zu lassen.

Die Literaten (Bourget, Huysmans, Joergensen, Papini) können hier übergangen werden, obgleich manches Interessante dabei zu erörtern wäre. Willenskrisen, das Bedürfnis nach geistiger Direktive und nach moralischer Zucht, nach einem sicheren Standort inmitten der Zusammenbrüche und der Konfusion; Heilung von schweren geistigen und seelischen Wunden, Lösung aus einer ephemeren Situation, ein sich überstürzender Lebenswille: all dies können Motive sein, die aus Rationalisten Mystiker, aus Reformern Reformierte, aus Widersachern der Kirche Apologeten und aus Lästerern Lobsänger erstehen lassen. Es gibt Konvertiten der Farbe, des Tons, des Wortes, ja der Kriminalität. Eine Dame konvertierte, als sie die engelhaften sixtinischen Chöre vernahm; ein Maler, als ihm das Wesen des Bildes aufging; ein Dichter, als er die letzten Gründe des Wortes in seine Wurzel verfolgte und sie im Logos des Evangelisten beschlossen fand. Und Carin, der Mörder des heiligen Inquisitors, konvertierte, als er mit seinem Dolchstoß die Furchtbarkeit seiner eigenen Häresie sich bewiesen hatte.

V

Die Kirche hat für die Konversion das wunderbare Bild vom verlorenen Sohn, der sein Vaterhaus verläßt, in der Fremde sein Vermögen und seine Gesundheit in Ausschweifungen vergeudet, um zuletzt zerschlagen und elend heimzukehren und gütige Aufnahme zu finden. Die Konvertiten fanden in der Kirche immer besondere Schätzung und Entgegenkommen, gemäß jenem Worte des Evangelisten, wonach im Himmel mehr Freude herrscht über einen einzigen Sünder, der Buße tut, als über neunundneunzig Gerechte. Nach kirchlicher Auffassung setzt die Konversion ein Vaterhaus, ein Paradies, eine Lichtheimat voraus, den Glauben nämlich; der Verlust und das Wiederfinden dieses Paradieses und dieses Lichtschatzes umschließen das Faktum der Konversion. Somit wäre jeder Sünder, der Buße tut, Konvertit, und die ganze außerhalb der Kirche stehende Menschheit mit dem Sohne zu vergleichen, der seine Heimat vergessen und sie noch nicht wiedergefunden hat. Die Kirche selbst aber müßte sich identisch empfinden mit der Heimat, dem Paradiese, mit den Lichtschätzen des Vaters, des Sohnes und des Geistes.

In der Tat bezeichnet Tertullian das Christentum als die große Rehabilitation der Natur. Nach Irenäus faßt Christus den ersten Menschen mit der ganzen Menschheit in sich zusammen nach ihrer reinen, urbildlichen Seite. Und die asketische Technik nicht nur der frühen, sondern auch der mittelalterlichen Kirche besteht in einer vielfach gestuften Wiedererweckung der übersinnlichen, paradiesischen Natur des Menschen. Die Gesetze Mosis und der Propheten, die Gesetze Christi und der heiligen Väter stellen die Urgesetze der Menschheit, die geistige Schöpfung dar, zu der alle gefallenen Gläubigen und alle aufstehenden Ungläubigen nach inneren und äußeren Katastrophen konvertieren. Das Problem der Konversion ist das der Wiedergeburt, ja der Heilsgeschichte selbst, und man könnte sagen, daß in Christus die Menschheit zu Gott konvertiert und zum Paradiese.

Die Theologen unterscheiden gewöhnlich zwei Arten von Konversion: die plötzliche und die langsame. Für die erstere bietet der Apostel Paulus das typische Beispiel, für die letztere der heilige Augustinus. Man hat nun erinnert, daß Konversion auch innerhalb der Kirche nicht immer dasselbe bedeutete. In den Apostelakten hat sie den Sinn einfacher Buße und Hingabe an Christus; die Neueren unterscheiden zwei andere Wesensmerkmale: Sehnsucht und Gnade. Vom vierten bis zum siebten Jahrhundert nannte man Konversion die Ablegung der Ordensgelübde im Gefolge der Weltverachtung, woher sich der Name der conversi im Gegensatz zu den oblati erhielt. Noch früher sind Taufe und Konversion identisch; die Taufe wird im Mannesalter erteilt, und die Gnade besteht vorzüglich in der sakramentalen Einprägung des heiligen Geistes nach vorausgegangenem Exorzismus. Die Konversion des heiligen Paulus ist nur in den typischen Abkürzungen der biblischen Sprache mitgeteilt; nur soweit sie die Kirche betreffen, sind die Vorstufen der Konversion erwähnt (Begegnung mit Stephanus, Verfolgung der Kirche, Berührung mit den Zeugen der Auferstehung). Erst mit der psychologischen Lebensgeschichte des hl.

Augustinus beginnt der Konversionsprozeß eine Rolle zu spielen; das besagt jedoch nicht, daß er nicht immer vorhanden war.

De Sanctis bringt eine Vereinfachung zustande, indem er (im dritten Kapitel seines Buches) nachweist, daß es im Grunde nur einen Typus des Konvertiten gibt. Da jede Bekehrung einen Entwicklungsprozeß in der Seele des Konvertiten voraussetzt, kann man nur von langsamen, allmählichen Konversionen sprechen. Die oft blitzartigen Vorgänge (ein Zusammenbruch, eine tiefgehende geistige Verwirrung, eine Vision) stehen im Mittelpunkt, aber sie sind weder Ausgangs- noch Endpunkt der Bekehrung. Für den Konvertiten bezeichnend ist eine ganz bestimmte seelische Prädisposition, und es bedarf im allgemeinen einer ganzen Reihe zum Teil peinlicher, zum Teil schmerzlicher Voraussetzungen und Schritte, ehe infolge plötzlichen Rucks einer seelischen Schicht oder infolge zwingender Vergleiche der Vorgang bewußt wird. Dann erst folgen jene praktischen Entschlüsse, die den Konvertiten zur Kirche führen und die den eigentlichen (rituellen) Akt der Abschwörung und der Taufe entscheiden. Mit einem Wort: die Konversionskrise ist nur eine Episode in einem meist bis zur Kindheit zurückführenden Ablauf. Die Wichtigkeit dieser Krise besteht nach De Sanctis in der Reflexion über sie und in den bewußten Entschlüssen, die sie zur Folge hat.

Von der Konversion des Apostels Paulus weiß man im Grunde wenig. Daß er epileptisch war vor seiner Konversion, ist ganz sicher, obgleich sogar Renan sich mit einem Hitzschlag oder einem Sonnenstich behilft. Doch darf man nicht vergessen, was die alte Kirche unter Epilepsie verstand. Sie nannte jeden epileptisch, der unter den Konvulsionen der Sünde litt, und der unübertroffene Wüter gegen die Kirche, der Saulus hieß, ist der Prototyp des Besessenen, der von den Boten der seraphischen Apostel geheilt und vom Bruder des Herrn selber bestätigt wird. Ich sage, Paulus ist mehr das Beispiel des Energumenen als des Konvertiten, und man könnte auch sagen, beides sei in der frühen Kirche ein und dasselbe. Entsprechend der Tatsache, daß die Besessenheit ein verschärfter Fall der Verwirrung ist, die vom Unglauben herrührt, kann man sehr wohl der Meinung sein, daß der verschärfte, brennendere Konversionsprozeß des

Apostels mit der Verschärfung seiner seelischen Prädisposition zusammenhängt und deshalb für den normalen Verlauf einer Konversion kein günstiges Beispiel ist.

In neuerer Zeit hat man die Bekehrung des Dichters Manzoni und diejenige des Israeliten Alfons Ratisbonne als Beispiele der plötzlichen Konversion angeführt. Manzoni war von Jugend auf Revolutionär; die Worte König, Papst, Kaiser schrieb er mit Minuskeln. In Paris geriet er unter den Einfluß Fauriels und der Condorcet, die eine Bekehrung seines ästhetischen Geschmacks bewirkten: vom Klassizismus zur Romantik. Neuere Biographen (Mazzoni, Salvadori) erklären es für Legende, daß Manzoni sich plötzlich vor dem Madonnenbild einer Pariser Kirche auf sein Selbst besann. Die Gattin Manzonis konvertierte vor ihm, und zwar vom Protestantismus zum Katholizismus, im Jahre 1810, und dieses Ereignis übte auf den Dichter einen tiefen und ununterbrochenen Einfluß aus. Schon 1808, zwei Jahre vor der Konversion seiner Frau, hatte er sein Töchterchen nach katholischem Ritus taufen lassen. Sein Konversionsprozeß dauerte jahrelang. 1810 mit der Konversion seiner Frau zeigt seine Entwicklung eine entscheidende Kurve; 1811 konvertierte er selbst.

Die Bekehrung des ›Juden Ratisbonne‹ machte großes Aufsehen in den fünfziger Jahren des vorigen Säkulums. Auch diese Bekehrung kann als plötzliche Konversion nicht aufrechterhalten werden, obgleich die Konversionskrise flagrant und überraschend zutage trat. Die einzelnen Geschehnisse dieser Konversion und ihr wichtigstes Datum, die Marienvision Ratisbonnes am 20. Januar 1842 in der römischen Kirche S. Andrea delle Fratte, sind sehr bekannt. Weniger bekannt ist, daß Alfons Maria Ratisbonne einen älteren Bruder hatte, Theodor Ratisbonne, der schon zur Zeit der Kindheit des jüngeren Bruders zum Katholizismus übertrat und Priester geworden war. Eine von Theodor Ratisbonne verfaßte Lebensbeschreibung des heiligen Bernhard und einige Seiten der Christenlehre von Lhomond hatten schon früh eine Wirkung auf das Gemüt Alfons Marias, der später selbst als Schriftsteller hervortrat. Mit achtundzwanzig Jahren unternahm Ratisbonne eine ›Vergnügungsreise‹ nach Rom. Er traf sich hier mit einem intimen Freund seines Bruders, B. Theodor De Bussières, der ebenfalls zum Katholizismus übergetreten war, und zwar vom Kalvinismus her. De Bussières begleitete Alfons Maria zu den Denkmälern und Kirchen Roms, besonders auch in die wundersame Minoritenkirche Ara Coeli, wo das geisteshelle Bild des großen Exorzisten von Padua (des hl. Antonius) und vor allem das wundertätige Christusbild mit den seltsam eindringenden Augen ihren Eindruck kaum verfehlten. De Bussières, der kluge Seelenführer, gab seinem Schützling eine Medaille der Immaculata, die Alfons Maria sich um den Hals legte, und er gab ihm das ›Memorare‹ des hl. Bernhard, desselben heiligen Bernhard, der die göttliche Mutter eine allmächtige Fürsprecherin nennt. Vom 16. Januar bis zum Tag der Krise übte Ratisbonne unter der Leitung De Bussières, ohne es zu wissen, ununterbrochene Exerzitien. Am 20. Januar hatte er überraschend und nach heftigem Sträuben jene mächtige niederschmetternde Vision in S. Andrea delle Fratte; seine Seele hatte sich losgewunden und in einem plötzlichen Rucke befreit. Er konvertierte und lebte noch zweiundvierzig Jahre als Mönch in tiefster Verbundenheit mit seinem neuen, seinem innigsten Glauben.

VI

In die Psychologie des Konversionsprozesses ist in den letzten Jahrzehnten mit den Untersuchungen von James, Myers und Freud ein neuer Begriff von großer Bedeutung getragen worden: der des Un- oder Unterbewußten, des Subliminalen, der Verdrängung. Die Cartesianer und Skotisten, insbesondere auch die in ihrem Gefolge stehenden idealistischen deutschen Philosophen, unterschieden das Seelische kaum vom Bewußten. Dann war es die romantische Philosophie (Schlegels, Schopenhauers, Nietzsches in Deutschland), die dem Optimismus des Wissens, der Abstraktion, des Bewußtseins schwere, erschütternde Schläge versetzte. Ein Psychologe von der Bedeutung Ribots konnte sein Buch von der ›Evolution des idées générales‹ (1897) mit dem paradox klingenden Satze schließen: »La psychologie de l'abstraction est en grande partie la psychologie de l'inconscient.« Und schon beginnt wieder gegen den übertriebenen Kult des Irrationalen und der Instinkte ein Gegenstrom wirksam zu werden. Nicht zum wenigsten in seiner Front gegen die Überschätzung der unbewußten Trieb- und Willensregungen liegt ein Verdienst der De Sanctis'schen Untersuchung. ›Im ganzen‹, sagt der Verfasser, ›können wir einer Doktrin nicht zustimmen, die ein allmächtiges »Subliminale« annimmt. Es hieße dies ein größeres oder wahreres Ich annehmen, das jedermann verborgen in sich trägt, das plötzlich in überwältigender Weise hervortritt, das wachende Bewußtsein auslöscht und eine Bedeutung gewinnt, die das Bewußtsein nur zum Zwecke einer Bestätigung seiner eigenen Sklaverei weiterleben läßt.‹ Es sind Ausnahmezustände der Psyche, in denen das Unbewußte hervortritt und dominiert, und es sind Krankheitszustände, wenn es dauernd dominiert. Beim normalen und selbst beim Ausnahmemenschen ist das Bewußtsein die Krone und die Kontrolle der unbewußten Prozesse.

Die Theorie des Unbewußten hat auf religiösem Gebiet ein zweifelhaftes Glück gehabt. Sie schien eine wenn auch nicht klare, so doch bequeme Erklärung zu bieten für das seltsame Gefühl der Doppelpersönlichkeit, das den Konvertiten im Konversionsprozesse begleitet. Vom Unbewußten aus ließ sich die Abhängigkeit des Konvertiten von einer außerhalb seines Bewußtseins stehenden Macht erklären. Die Psychologen und sogar Theologen frohlockten; die Modernisten unter den Katholiken widersetzten sich nicht. Schon glaubte man Gott und die Gnade im Un- oder Unterbewußten gefunden zu haben, als die Enzyklika ›Pascendi‹ vom 8. September 1907 diese Illusionen gründlich zerstörte. Der persönliche Gott der Religion und so auch die Gnade sind jenseits der Psychologie. Gott und so auch die Gnade sind weder mit der Struktur noch mit der Dynamik unserer Gedanken identisch, seien diese bewußt oder unbewußt.

Worin besteht nun die geheimnisvolle Macht des Subliminalen, das zu so ungewöhnlichen Phänomenen führt und doch weder Gott noch die Gnade selbst ist? Wie definieren die Psychologen das Unbewußte? Die Psychologie und mehr noch die Psychiatrie kam auf einem Wege, dessen Erklärung zu weit führen würde, zu der Annahme, daß den seelischen Prozessen ein ganz bestimmter dynamischer Ablauf zugrunde liegt, dergestalt, daß das Subliminale eine Aufspeicherung von verfügbaren oder gefesselten seelischen Energien darstellt, die jederzeit mittels einer bestimmten analytischen Methode oder auch infolge einer Bewegung des Individuums mit korrespondierenden Erlebnisreihen reaktiviert werden können. Jedes Individuum besitzt einen Schatz psychischer Systeme, die das Resultat seiner Geschichte sind von frühester Kindheit an. Diese Systeme (Komplexe nach Bleuler und Jung), bestehend aus einer Gruppierung von Affekten, Emotionen und Vorstellungen, arbeiten zum Teil automatisch und instinktiv, zum Teil unterliegen sie einer bewußten Bearbeitung durch den Willen. Das Seelenleben besteht aus einer vielfach gestuften Schichtung solcher Systeme oder Komplexe, einer Schichtung, auf die zuerst Janet und Paulhan hingewiesen haben. Die Struktur dieser Systeme läßt sich am besten mit geologischen Schichtungen vergleichen. Unter der bahnbrechenden Arbeit Freuds hat diese Annahme neuerdings zur Aufstellung gewisser Strukturschemata geführt, von denen dasjenige Freuds selbst (in seiner Neurosenlehre), dasjenige C. G. Jungs und anderer (auch De Sanctis gibt S. 62 ein solches Schema) alle Beachtung verdienen. Nach allgemeiner Übereinstimmung spielen sich zumindest dreiviertel der seelischen Vorgänge unter der Bewußtseinsgrenze ab, und man hat die Seele darum sehr treffend mit einem im Ozean schwimmenden Eisberg verglichen, von dem nur die oberste (bewußte) Spitze zu sehen sei, während der größte Teil (der psychischen Einheit) eine subliminale Existenz führt.

Es kann nicht meine Absicht sein, hier die mannigfachen modernen Theorien vom Unbewußten zu diskutieren. Es genüge die Feststellung, daß De Sanctis sich zur Erklärung der Konversion des Subliminalen in ergiebiger Weise bedient und daß er hierbei zu einer bedeutsamen Kritik der Freudschen Theorien kommt. Die Differenzpunkte sind aufschlußreich genug, um erörtert zu werden. Während Freud seine Verdrängungslehre auf einer künstlichen Abgrenzung von ›Unbewußt‹ und ›Vorbewußt‹ aufbaut, unterscheidet De Sanctis streng zwischen Unbewußt und Unterbewußt. Mit einer allzu summarischen Verwendung des Begriffes Unbewußt leugnet man nach De Sanctis in bedenklicher Weise die Beständigkeit der Rapporte zwischen dem latenten seelischen Besitz und dem Bewußtsein. Man kommt zur Annahme einer Doppelpersönlichkeit oder gar zur Annahme einer Superiorität der unverantwortlichen Lebensgrößen, der Triebe. Der Terminus ›Unterbewußt‹ dagegen schließt die Annahme einer Wesensspaltung, die aus der Psychiatrie herrührt, aus, oder läßt sie überwinden.

Soweit diese wenigen Grundlinien dunkel bleiben oder einem speziellen Interesse begegnen, sei auf die entsprechenden Ausführungen bei De Sanctis (Kap. III und Anm. 6) verwiesen. Wesentlich ist, daß die Bezeichnung ›Unterbewußt‹ den Primat des Bewußtseins gegen die Psychoanalytiker verteidigt. Das Unbewußte (als Inbegriff der physiologisch-chemischen Prozesse) vermag nach De Sanctis niemals zum Licht des Bewußtseins zu dringen. Anders das Unterbewußte. Es umfaßt die seelische Latenz, das psychische Dunkel, die passive Träumerei, das Minimal- oder Infinitesimal-Bewußtsein Aliottas, den pathologischen Automatismus Janets und der Alienisten, einen Teil des Unbewußten, wie Freud es definiert, und sein ›Vorbewußtes‹. Dieses Unterbewußte besteht aus totalen und dynamischen Dispositionen, die vom Unbewußten gespeist, von den Erlebnissen des Individuums aktiviert und vom Intellekt bearbeitet werden. Die Willensakte, die die Einheit der Persönlichkeit erweisen und aufrechterhalten, gehören nach De Sanctis dem bewußten, nicht dem unterbewußten Leben an. Im Unterbewußten sind nur vergangene Willensimpulse (-reminiszenzen) zu finden, nicht aber vollständige und originale Willensakte.

VII

Um auf die Konversion zurückzukommen, so spielt bei ihr die Verdrängung eine entscheidende Rolle, und es ist das Verdienst De Sanctis', diesen Begriff, dem die Psychoanalytiker eine weitgehende Popularität erwirkten, in einem besonderen Sinne auf das Konversionsproblem angewandt zu haben. Eine Auseinandersetzung mit den Freudschen Theorien kann die moderne Psychologie nicht umgehen; die neuen Einsichten Freuds sind, was den Mechanismus der seelischen Prozesse betrifft, von so fundamentaler Bedeutung, daß sie jede neuere Debatte über Seelenfragen wenigstens müssen beschäftigt haben. Nach

Freud besteht der Inhalt der Verdrängung aus präsozialen, in ihrer Primitivität unbearbeiteten Sexualtrieben, deren Unvereinbarkeit mit dem Stand der persönlichen oder sozialen Moral vom Vorbewußtsein erkannt und deren Zulassung in den Bewußtseinsbereich darum abgelehnt wird. Die verurteilten Sexualwünsche werden verdrängt, das heißt: sie werden, da ihre dynamische Gewalt bestehen bleibt, zu ideo-assoziativen Verbindungen genötigt, die sie harmlos und dem kontrollierenden Gewissen annehmbar erscheinen lassen. So konnte man von der Freudschen Verdrängungstheorie sagen, daß sie, den Rahmen der Klinik überschreitend, die ganze individuelle und soziale Kultur als ein Verdrängungssystem der Urtriebe darstelle, insofern die verdrängten Triebe sich zu ihrer Ausprägung und Realisierung mit einer symbolischen Ersatzwelt begnügen müssen, in der sie sich bis zur Unkenntlichkeit verbergen. Die Aufdeckung der tieferen und tiefsten Triebschichten, wie die psychoanalytische Methode sie betreibt, beansprucht den Wert einer Reinigung und bedeutet nach Freud für die seelische Ökonomie eine Vereinfachung, für das Individuum und die Gesellschaft aber eine Konfrontierung mit ihrem Triebleben und wahren Gesicht.

Die Freudsche Theorie begegnete von Anfang an dem heftigsten Widerspruch, und dies ist sehr begreiflich. Freud selbst konnte seinen erbitterten Gegnern sagen, daß er sie in ihren tiefsten Unordnungen und Unklarheiten, in ihren verdrängten Triebwünschen getroffen habe und sich nicht wundere, sie mit Beschimpfungen reagieren zu sehen. Doch auch für den unberührten Beobachter, dem eine Freudsche Katharsis nicht fremd ist, kann die ›überwältigende Freudsche Triebsymphonie‹ nur eine dämonologische Bedeutung haben. Nur eine Zeit, die bis zur Sterilität die obersten Bewußtseinsschichten exaltierte; die im hochmütigen Glauben an ihre Errungenschaften und ihren Kulturwert ihr fragliches Selbst übersah; nur eine Zeit der geistigen Indifferenz und der materiellen Besessenheit konnte ihr Triebleben derart verwildern lassen, wie die Irrenhäuser und Sanatorien von heute es erweisen. So sehr aber die Freudschen Theorien den Perversionen dieser Zeit gewachsen sein mögen: gleichwohl kann man fragen, ob eine Epoche die Gesundheit der menschlichen Seele dauernd zu erschüttern vermag und ob die Glaubenskräfte des Menschen - durch welche Verirrungen immer - zerstört werden können. Und hier mag gelten, daß jede Stärkung des traditionellen Glaubens und jede Versiegelung der Geisteskräfte der Freudschen ›Triebsymphonie‹ Abbruch tun und die Brauchbarkeit seiner Methode gefährden muß.

Ein frühester Schritt auf diesem Wege scheint mir das Buch De Sanctis' und sein besonderer Einsatz der Verdrängungstheorie auf dem Gebiete der Konversion zu sein. Nach De Sanctis findet wie in der Analyse, so auch bei der Konversion ein integraler Bewußtseinsumschwung statt; die verdrängten Energien geraten in Fluß, die seelischen Schichten werden durchleuchtet und umgeordnet. Auch nach De Sanctis fand die Fixierung der psychischen Systeme in der frühesten Kindheit statt. Anstelle des Kontrastes zwischen den verdrängten Sexualwünschen und der bewußten Aktualität ist aber beim Konvertiten ein Kampf zwischen den kindlichen Glaubenskräften und dem Triebleben einschließlich der Konvention getreten. Und insofern trifft hier das Konversionsproblem zusammen mit der urtümlichen Wiedergeburt der Persönlichkeit überhaupt. Der Konversionsprozeß besteht in einer Befreiung der gläubigen Infantilkomplexe, und diese umschließen die religiösen Werte, ob sie hereditär, traditionell, sakramental oder wie immer begründet seien. Die frühen Kindheitskomplexe (Hingabe, Vertrauen, Liebe, Glaube, Schutzbedürfnis) tauchen im Konversionsprozeß wieder auf und werden ausschlaggebend für eine neue, vereinfachte Lebensform. »Wenn ihr nicht werdet wie die Kinder«, heißt es im Evangelium.

Es gibt Konversionen, die auf einem einfachen Sichwiederbeleben einer versunkenen und vergessenen religiösen Welt beruhen. Aber es gibt auch Konversionen, in denen das Himmelreich nach dem Matthäuswort mit Gewalt erobert werden muß; in denen die Kruste der Fehlbildungen, der Verdrängungen durch Leidenschaft und Gewohnheit, die Kruste der eigenen und der sozialen Bildung als eine verzerrte Schicht, ja auch die Kruste der Sexualität als eine ›Falle der Liebe‹ durchbrochen werden müssen, damit der Glaube auferstehen kann. Das Spezifische des Konversionsprozesses besteht gleichwohl nicht in einer Wiederbelebung der infantilen Systeme, sondern in der läuternden Aufnahme dieser Systeme ins Bewußtsein; in einer den Befund mit dem Ideal stetig vergleichenden Neuordnung der psychischen Ökonomie. Das Individuum kann dabei kausal in seine eigene Kindheit zurückgreifen oder phylogenetisch in die Kindheit der religiösen Geschichte. Es kann aber auch auf methodischem Wege (durch Introversion oder Askese, durch Exerzitien und Belehrung, durch Exorzismus und Beichte) einen Einblick gewinnen in den ihm vorher unbewußten Zustand einer jenseitigen, paradiesischen Welt, in den Zustand der Gnade, wie die Kirche ihn in ihren Sakramenten bewahrt und die Mystik ihn ausgestaltet.

VIII

Als Ergänzung der De Sanctis'schen Untersuchung scheint mir hier die Bemerkung wichtig, daß der Hauptinhalt der ›psychischen Latenz‹ nicht in empirisch nachweisbaren Fakten, sondern eben im ›Glauben‹, in der Annahme einer illusionären und doch allerwirklichsten Welt besteht, einer Welt des Zutrauens, die mit dem Zutrauen steht und fällt, der aber gleichwohl die höchste Realität zukommt. Verdrängt, das heißt in Fehlbildungen vorhanden war diese Art Glauben von frühester Kindheit an, und diese Art Glauben kann jederzeit in jedem Individuum und in jedem Volke sich befreien und auferstehen. Dieser Glaube ist, um mit dem Apokalyptiker zu sprechen, die erste Liebe des Menschen. »Es gibt«, sagt De Sanctis, »eine mysteriöse Intimität, an der jeder teil hat und die sich als Aberglaube, als Angst vor Träumen und Wahrsagen auch dem verstocktesten Rationalisten und Skeptiker mitteilt«. Bei keinem, selbst beim verworfensten und verlorensten Menschen ist das Unterbewußte frei von Gläubigkeit, ließe sich das Faktum auch nur damit erklären, daß bei den ausschlaggebenden Fixierungen der ersten Kindheit alle Legenden, Fabeln und wunderbaren Ereignisse für real gehalten wurden und so einen Glaubensschatz schufen, der in seinem affektiv-motorischen Teil unwandelbar ist, während die mit ihm verbundenen Vorstellungen und Ideen Änderungen unterliegen.

Die psychologische Situation ist klar. Die vielfachen Kombinationen, die die seelischen Grundkräfte mit den Erfahrungen und

Vorstellungen eingehen, können, wo sie mit der bewußten Aktualität in Kontrast geraten, vom Individuum oder von seinem geistigen Leiter (dem Therapeuten, dem Seelenarzte) in die Bestandteile zerlegt werden, aus denen sie sich automatisch oder mit Zustimmung des Bewußtseins zusammensetzten. Dann findet eine Energiebefreiung statt, und die dissoziierten Elemente können neue Verbindungen eingehen; das ganze Seelenleben bis auf die untersten Schichten kann auf diese Weise neugeordnet einer anderen Direktive folgen. Man spricht deshalb von Affektübertragung in dem Sinne, daß die Grundaffekte auf ein ihnen vorgestelltes Objekt übertragen, mit ihm kombiniert und verbunden werden. Eine Last elementarer Gefühle begleitet unsere Vorstellungen und Ideen und so auch die Personen und Dinge, die der Sinnesapparat uns zuführt. Und eine Last gebundener Seelenkraft ruht ungepflügt im Grunde unseres Wesens. Die tiefsten Dissoziationen hat die moderne Psychotherapie in der Hypnose bewirkt. Doch nicht nur in der Klinik, auch in den Klöstern drang man bis zu Schichten, in denen die befreite Grundenergie die Macht hatte, Wundmale auf dem Körper hervorzubringen. Das assoziative Leben des Individuums und sogar sein Körper erwiesen sich bis zu einem erstaunlichen Grade als modellierbares Material der seelischen Grundenergie.

Auch die Situation des Konvertiten ist damit geklärt. Seine seelischen Prozesse unterliegen einer beständigen, erst automatischen und unterbewußten, dann bewußten Zerlegung, die ihm ermöglicht, seinen Grundaffekt, sagen wir schlicht seinen Glauben, von den ihm bisher vertrauten Objekten zu trennen und ihn auf neue, bessere, ihm würdiger erscheinende Objekte zu übertragen. Es ist einzusehen, daß solche Auflösung und Neuordnung, die den Grundglauben, die Seelenenergie selbst befreit und mit den ihr mehr entsprechenden religiösen Vorstellungen in Einklang bringt - daß, sage ich, eine solche Vereinheitlichung und Neuordnung mit einer bis zur Ekstase gehenden Euphorie verbunden sein kann. Will man eine ökonomische Erklärung dafür haben, so kann man sagen, daß infolge solcher Auflösung und einer strengeren Erfassung viele überschüssige Kräfte frei werden, die zu manchen sonst unerklärlichen Phänomenen der Mystik führen.

»Die Konversion«, sagt De Sanctis abschließend, »ist eine Konzentration der affektiven Kräfte auf das Objekt des eigenen Glaubens.« Den Prozeß solcher Neuordnung nennt der moderne Therapeute Sublimation. Das überraschende Ergebnis ist, daß demnach der Sublimations- und der Konversionsprozeß bei De Sanctis dieselbe Struktur aufweisen, und daß die religiöse Konversion als der typische Sublimationsprozeß erscheint. Was bedeutet dies? Ist die moderne Psychologie an dem Punkte angekommen, an dem sie auf der ganzen Linie mit neuen Aspekten zur Kirche zurückkehrt? Oder wird binnen kurzem die Befreiung des verdrängten Glaubens zu einer neuen Methode führen, mit der sich der Theologe wieder wie vormals als Therapeute erweist?

IX

Ein Verweilen bei der Sublimation ist wichtig für die Unterscheidung der reinen und der unreinen Geister, sowie für die Abgrenzung des Pathologischen vom Gesunden. Sie ist wichtig auch für den Erweis, wie weit die agnostische Psychologie der kirchlichen Auffassung des Sublimationsprozesses entgegengeht. Ich bitte deshalb den Leser, mir mit einiger Geduld noch zu folgen. Eine weitere Analyse des De Sanctisschen Buches scheint mir lohnend, wenn als Resultat sich ergeben sollte, daß die Mönchstugenden von dieser Seite her eine neue Bestätigung finden, und ebenso die pneumatischen Phänomene; und wenn sich am Ende eine Anzahl neuer Indizien für eine untrügliche Art der Geisterunterscheidung ergeben.

Sublimare heißt im Lateinischen soviel wie ›erheben‹, und zwar kraft einer inneren Tätigkeit. Sublimation ist ein altes Wort für eine in der heutigen Psychologie neue Sache. Für Dante (Paradiso XXVI, 85-87) ruht die Sublimation auf der ›virtù propria‹, setzt sie das eigene bewußte Eingreifen in den seelischen Prozeß voraus. Erinnert man sich, daß die religiöse Wiedergeburt von den Therapeuten lange Zeit als ein alchemistischer Prozeß dargestellt oder damit verglichen wurde, so bietet sich für die Sublimation das Bild einer elementaren

Auflösung zum Zwecke einer Ausscheidung der Schlacken; das Bild einer feurigen Läuterung und einer neuen endgültigen Kristallisation. Der vollendeten Sublimation in der Chemie, dem Kristallisationsprodukt, würde in der Theologie der character indelebilis des Pneumatikers oder des Heiligen entsprechen. Aus dem vermischten Erdwesen, aus einem mit rüder Materie durchsetzten Substrat entsteht durch Befreiung der wertvollen Teile das Edelmetall. Die willkürlich oder zufällig aggregierte Masse wird aufgelöst zum Zweck ihrer reinlichen Scheidung.

Psychologisch betrachtet erwirkt die Sublimation eine Erweiterung, Erhebung, eine Reinigung der seelischen Fähigkeiten zum Zwecke ihrer sozialen Verwendbarkeit und Nobilitierung. Die Triebe sind sublimierbar, das heißt, sie können aus ihrer individuellen und egoistischen Beschränkung befreit, den universalen Werten und der Förderung der Gesellschaft zugeführt werden und dienen. Die vollendete Sublimation ergibt - darin stimmen auch die Freudianer zu - in der Psychologie ebenso wie in der Chemie einen neuen Körper, der sich vom Ausgangspunkt bis zu dem Grade unterscheidet, daß er neuen Lebensgesetzen unterliegt und in seine Anfänge nicht wieder aufgelöst werden kann. Ein konsequenter Vergleich mit der Chemie erweist übrigens hinreichend, wie unsinnig jene Versuche der psychoanalytischen Frühzeit waren, die darauf ausgingen, gewisse Heiligengestalten, Persönlichkeiten also von vollendeter Sublimation, wieder in ihre Triebkomponenten zu zerlegen. Morel hat solche Analysen versucht. Die Engelshierarchien des Dionysius Areopagita wurden dabei auf einen Narzißmus ihres Verfassers, die Selbstbiographie Susos auf eine homosexuelle Veranlagung zurückgeführt. Solche Versuche mögen dem advocatus diaboli erlaubt sein, ehe das Urteil gesprochen ist. Den einmal Kanonisierten gegenüber sind sie ebenso töricht wie aussichtslos. Das Wesen des Heiligen ruht in der Tradition, nicht in einer autonomen Moral, und die Person von der Sache hier trennen wollen, hieße nur der eigenen Theorie vom Sublimationsprozeß Hohn sprechen.

Freilich gibt es Grade und Stufen in der Geschichte des einzelnen wie der Gesamtheit. Für die vollendete Sublimation jedoch sind einstweilen schwerlich, trotz allen Vorurteils, höhere Beispiele anzuführen als sie die Heiligengeschichte bietet. Bei Plato ist die Liebe zum Guten und Schönen übertragene und transzendent gewordene Sexualliebe. Bei Dionysius Areopagita dagegen wird der Eros, wie die Griechen ihn verstehen, ausdrücklich als ein Abfall von der wahren und eigentlichen Liebe bezeichnet. Manfred Ellis hat in seinem Drama ›Iphigenie‹ das Zeitalter der schönen Götter als ein Reich der Sublimation gegenüber der Herrschaft der Kriegsfurie in weiten Zeiträumen der primitiven Menschheit dargestellt. Die gekreuzigte Liebe des Christentums aber, die Liebe der Stigmatisierten, ist dem olympischen Ideal überlegen. In einem einzigen Lächeln der Virgo Mater verwehen die Egoismen der Heroen. Der bleibende Wert und seine soziale Ausdeutung in den christlichen Orden entscheidet.

De Sanctis führt eine Menge kirchlicher Beispiele an, durch die er die Sublimierung der Liebe aus dem erotischen Affekt erwiesen glaubt. Und doch trifft das Wort des hl. Bernhard: »Die Liebe beginnt im Fleische und endigt im Geiste« zwar auf viele Heilige (Margarete von Cortona, Katharina von Genua u. a.) zu, durchaus aber nicht auf alle, und ein ähnliches Wort Lacordaires: »Il n'y pas deux amours« diente vielleicht nur dazu, dem Sublimationsprozeß nicht seinen Ausgangs- und Angriffspunkt zu entziehen. Falsch wäre es auf alle Fälle, aus dem Hohen Lied und aus verwandten Anschauungen bei einigen Heiligen und Mystikern (etwa bei Mechtild von Magdeburg, bei S. Geltrude, S. Gaetano und anderen) auf einen fragwürdigen Sensualismus zu schließen. Agape und Eros sind streng geschiedene Dinge, und wo das Wort Liebe im Katholizismus erhoben wird, bedeutet es entweder Inbrunst und Hingabe als eine der Durchdringung des offenbarten Geheimnisses dienende Leidenschaft, oder Mitleid und Barmherzigkeit als eine der Gesellschaft gewidmete Tugend, niemals aber persönliches Wohlgefühl im Sinne eines raffinierten oder nobilitierten Sinnenrausches.

X

Das Studium der Sublimation verdankt man zum großen Teil den Arbeiten S. Freuds. Nach Freud ist es charakteristisch für die Sexualtriebe, daß sie eine Fähigkeit zur Sublimation haben; eine Fähigkeit, die sexuellen Ziele mit einem mehr entfernten und sozial wünschenswerteren Ziele zu vertauschen. Ohne auf die Methodik Freuds hier näher einzugehen, sei wiederholt, daß nach ihm und seinen orthodoxen Schülern die Sublimation ein unbewußter Prozeß ist, der im Individuum selbsttätig vor sich geht, sobald jene neurotisch hervortretenden Verdrängungen beseitigt sind, in denen das Triebleben sich verfangen hat. Die Freudsche Methode setzt einen Patienten und einen Therapeuten voraus, d. h. sie hat es mit Willenserkrankungen, mit seelischen Störungen zu tun. In ihrem pädagogischen Teil kann sie, je nachdem, auf eine Stärkung und Anerkennung bestimmter Triebwünsche hinarbeiten oder auf eine Stärkung der bewußten Widerstandsschicht. Daß die Freudsche Therapie Erfolge aufzuweisen hat, spricht für ihre weitgehende Verwendungsfähigkeit. Beim gesunden und normalen Menschen, der im vollen Besitz seiner Willenskräfte ist, stellt sich die Sublimation jedoch etwas anders dar: Sie ist nicht unbedingt auf den Arzt angewiesen. Selbst beim Neurotiker soll die Analyse ja dazu dienen, die verstrickten Willenskräfte zu befreien und die seelische und soziale Autonomie des Patienten wiederherzustellen. Daß hier wie dort das relativ autonome Individuum in den Sublimationsprozeß selbsttätig eingreifen, ihn fördern und beschleunigen kann, unterliegt keinem Zweifel.

Bei De Sanctis erhält das subjektive Eingreifen eine entscheidende Bedeutung. In den Willensakten tritt die psychische Energie in aller Solennität hervor. Das Ziel der Sublimation (oder Konversion) ist die Zusammenfassung aller zerstreuten affektiven Energien und ihre Anwendung auf eine einzige Möglichkeit: auf die Befreiung vom fatalen Zwang der verurteilten Widerstände. Das Bewußtwerden der Sublimation ist dabei eine verhältnismäßig späte Phase. Das Ganze des Prozesses läßt sich in vier Zeiten einteilen: Die erste Phase ist unbewußt und kann dem unsichtbaren Zersetzungsprozeß in der chemischen Sublimation verglichen werden. Die zweite ist von der unbewußten Arbeit begleitet und zeigt die ununterbrochene Einwirkung des Subjekts. Die dritte ist charakterisiert durch freie Zustimmung des Willens zur neuen Situation. Die vierte ist bewußt und zeigt eine Neigung zu einem neuen und geläuterten Automatismus gemäß den Gewöhnungsgesetzen. – Die freiwillige Sublimation kann indessen schon in frühester Kindheit beginnen. Man weiß von Margarete Marie Allacoque, daß sie schon im Alter von drei oder vier Jahren einen Schauder vor der Sünde empfand und schon ein Keuschheitsgelübde ablegte, obgleich die Heilige, wie sie selbst in ihren Memoiren von 1685 bekennt, weder begriff, was das Wort Gelübde noch was das Wort Keuschheit bedeute. Ähnlich frühe Willenseinwirkungen kennt man von Maddalena de Pazzis, von Allosius von Gonzaga und anderen Heiligen. Eine Frühreife der Einsicht ist verbunden mit einer Frühreife der körperlichen Bedingungen.

Die bewußte Phase ist nach De Sanctis die spezifischste des Sublimationsprozesses. Gekennzeichnet ist sie durch die Verurteilung oder Versagung gewisser Wünsche, Triebregungen und Vorstellungsreihen, sodann durch die bewußte Objektwahl, über die beim prädestinierten Heiligen oder Mystiker kein Zweifel bestehen kann. Ich sagte bereits, daß in der modernen Psychologie die Heiligenliteratur eine gewaltige neue Bedeutung hinsichtlich der Sublimationsmethode gewinnt, und jedermann, der mit offenen Augen die psychotherapeutische Literatur betrachtet, wird bestätigt finden, daß die Meister der christlichen Asketik in einem vor kurzem noch ungeahnten Umfang ihre Popularität wieder erlangen. Mögen Magier und Mystiker wie Jakob Böhme und Swedenborg noch wahllos mit den kanonisierten Heroen der Kirche vermischt erscheinen; mag eine rechte Konfusion noch herrschen in der Kenntnis der theologischen Voraussetzungen und Bewertungen; die Klarheit wird nicht lange auf sich warten lassen, und ein Buch wie das hier besprochene bricht ihr im psychologischen wie im psychiatrischen Lager Bahn. »Die religiöse Moral«, sagt De Sanctis, »und die Asketik haben zu jeder Zeit Hilfsmittel an die Hand gegeben, mit denen man den automatischen Prozeß der Sublimation unterstützen, aufrechterhalten und die schon erlangte Sublimation willentlich stärken kann.« Als hierin wichtige Lehrer nennt er »Thomas a Kempis, S. Bernardus, Ruysbroek, Gerson, S. Ignatius und selbst Luther vor 1521«. Die bunte Reihe erweist, daß der Verfasser der asketischen Literatur fernesteht, aber in diesem Falle ist es erfreulich, daß ihre exemplarische Bedeutung überhaupt anerkannt ist. Man darf nicht vergessen, daß dies zu einer Zeit geschieht, in der Binet-Sanglet sein Buch von der ›Folie de Jésus‹ publizierte und ein Deutscher namens Hirsch die biblischen Persönlichkeiten von Moses und den Propheten an bis zu Paulus und Johannes für größenwahnsinnig erklärte.

Von den drei Mönchsgelübden, in denen die willentliche Sublimation kulminiert, bringt De Sanctis nur Fakten bei, die die Armut und die Keuschheit betreffen. Den Gehorsam läßt er außerhalb der Betrachtung, obgleich er den Beginn der Sublimation garantiert und identisch ist mit dem, was die Analytiker ›Übertragung auf den Therapeuten‹ nennen. Die angeratenen Mittel heißen: Mortifikation des Körpers, physischer Schmerz und Gebet; doch die legendären Berichte, die von den Heiligen Benedikt, Bernhard und Franziskus melden, daß sie sich nackt in Dornen oder in den Schnee warfen, um ihres Trieblebens Herr zu werden, und daß solcherorten Rosen erwuchsen; diese Berichte besagen, daß es schwerer und seltener Überwindungen bedarf, ehe die Sublimation stabil und definitiv wird. Im allgemeinen kann man sagen, daß mit dem Begriff der Introversion, wie C. G. Jung ihn in seinen ›Psychologischen Typen‹ aufstellte (Introversion als Zurückziehung des Trieblebens von den äußeren Objekten), der Anfang gemacht wurde, den Mechanismus der Askese im ärztlichen Lager wieder zu verstehen. Und wenn Jung durch solche Introversion automatisch eine Belebung und Befreiung der Urbilder eintreten läßt, so gebührt ihm das Verdienst, den Schlüssel für die kirchliche Sublimation wiedergefunden zu haben, obgleich er in seinen diesbezüglichen Ausführungen von der religiösen Konversion und vom christlichen Vorstellungskreise nur annäherungsweise spricht.

XI

Die Physiologie der Sublimation sei nur erwähnt, soweit sie die Willensfreiheit zugunsten eines gewissen Triebfatalismus zu gefährden scheint. Wenn man die kreatürlichen Äquivalente des Sublimationsprozesses noch nicht endgültig feststellen konnte (man spricht neuerdings viel von innerer und äußerer Drüsensekretion), so steht doch das eine fest, daß die Verdrängung sowohl wie die Versagung zur Umbildung der psychischen Komplexe führt und daß man das Spiel der Seelenkräfte nicht gänzlich auf einen unbewußten und automatischen Prozeß chemisch-physiologischer Art zurückführen kann. Der Sexualinstinkt kann sich (nach Kretschmer) unter dem Einfluß anderer als der für das Genitalleben wichtigen Drüsen von jedem genitalen Sekretions-Determinismus lösen, und es ist erwiesen, daß sich der Glaube auch vom Sexualinstinkt zu dissoziieren vermag. Die Physiologie mag in nächster Zeit auf diesem Gebiet vor neuen Entdeckungen stehen, so wird sie doch nur die religiösen Traditionen bestätigen. Schon heute aber vermag die Physiologie viele Phänomene des Mystizismus auch medizinisch als plausibel vorzutragen, die von den Simplizisten und Rationalisten bisher als betrügerische oder neurotische Zumutungen verworfen wurden. »Man kann die Sublimation nicht einsperren in die Zwangsjacke fataler physiologischer Mechanismen«. Aber ebensowenig kann man sie in einen skeptischen Rapport bringen zum Zerfall, zur Entartung oder zur Geistespathologie. Sie setzt im Gegenteil gerade einen erhöhten Entwicklungsgrad und eine Hypertrophie von seelischer Energie voraus; einen Ausnahmegrad von Leidenschaft, Intelligenz und Wille. Wer aber die Steigerung des Normalen für anormal oder gar für krank oder entartet halten wollte, der müßte mit der alten parteiischen Schule der Irrenärzte dreiviertel der höheren Leistungen des Menschengeschlechts und die Basis aller Lebenswerte aus der Geschichte der Menschheit streichen zugunsten einer willkürlichen Norm und einer in ihrem Behagen ungetrübten Banalität.

Der ›Pathologischen Theorie in der Religionspsychologie‹ ist das ganze siebente Kapitel der ›Conversione religiosa‹ gewidmet. »Die Psychiater sollen gute Ärzte, nicht schlechte Rhetoren sein«, so beginnt dieses Kapitel. Der Verfasser wendet sich mit seltenem Freimut gegen jenen ›psychiatrischen Romantizismus‹, der nach der Pathologie des Genies, der Liebe, des Traums auch vor einer Pathologie der Religion nicht zurückschreckte. »Es sind kaum zwanzig Jahre her«, so lautet ein längerer Passus, »da es in Italien vielleicht keinen Anthropologen, Physiologen oder Irrenarzt gab, der nicht mehr oder weniger von der ›pazzia‹ jeder Ausnahmeerscheinung der menschlichen Aktivität überzeugt war, mochte diese die Delinquenz, das Genie oder den Mystizismus betreffen. Von Jesus bis zu Julian dem Apostaten, von Jeanne d'Arc bis zu Napoleon, von Mohammed bis zu Tolstoi - fast alle Giganten des Gedankens, des Gefühls und der Aktion galten als Irrenhauskandidaten.« Das Konzept der ›pazzia‹ hatte infolge des Triumphs einer gewissen deutsch-italienischen Schule eine Ausdehnung angenommen, die, obgleich willkürlich, bis zu Exzessen ging. Man war geneigt, von Irrsinn zu sprechen, sobald man nur einige Symptome fand, denen man auch bei den Irren begegnet. Aber: »Wenn die Psychiatrie eine ernsthafte Wissenschaft bleiben will, so gilt es zu verhindern, daß man in ihrer Mitte unpräzise und phantastische Dinge sagt, die mehr oder weniger an der Modephilosophie orientiert, gemeinhin wissenschaftlicher Methodik wenig würdig sind«.

Die psychiatrische Technik ist heute fortgeschritten genug, um den Narren vom Neuropathen und diesen vom Anormalen zu unterscheiden. Eine zeitweise psychische Verwirrung ist noch keine Verrücktheit, und auch Religiöse können neuropathische Symptome aufweisen, ohne daß deshalb ihr spezifischer Charakter der Pathologie verfällt. »Es zeugt nur von einem grobschlächtigen Geist, auf das Feld der normalen Psychologie Annahmen, Interpretationen und Nomenklaturen zu übertragen, die von der Psychopathologie hergenommen sind.« Erst mußte jahrzehntelang die ›Entartung‹ herhalten, dann kam die ›Doppelpersönlichkeit‹, dann das ›Unbewußte‹. Es gehört noch heute zum populären Gebrauch, jeden religiösen Mystiker als Hystero-Psychopathen oder Epileptiker zu betrachten, sobald von ihm ekstatische, visionäre oder ähnliche Krisen gemeldet werden, wobei man (nach De Sanctis) nur vergißt, daß die wahre hysterische Ekstase, der Somnambulismus oder Vigilambulismus und deren psycho-epileptische Äquivalente, Phänomene sind, denen die Amnesie (Erinnerungslosigkeit) folgt. Nur beim Auftreten der Amnesie wird der Arzt auf krankhaften Charakter erkennen; meistens aber, selbst bei Verzückungen, die mit Fühllosigkeit begleitet sind, fehlt die Amnesie. Was in der Ekstase vorfiel, ist den Individuen bekannt, und es handelt sich in solchen Fällen also weder um Somnambulismus noch um Epilepsie im pathologischen Sinne.

Mag nun die Unterscheidung zwischen chronisch Irren und Ausnahmemystikern mitunter schwierig sein, so ist sie doch in den weitaus meisten Fällen ohne Mühe zu bewirken. Als allgemeine Charaktermerkmale der chronisch Irren nennt De Sanctis folgende vier: 1. Ihre Gedanken und mehr noch ihre Handlungen widersprechen der Erfahrung und vor allem der Vernunft. Die Realität, auch wenn sie erkannt und bewußt wird, ist nicht ausgearbeitet und konform wiedergegeben. 2. Sie folgen nicht der Tradition, sondern sind immer Neuerer. 3. Mit den Jahren verschlechtern sie sich im Gedanken und in der Handlung. 4. Neuerer oder nicht, folgen sie bewußt oder unbewußt egoistischen Motiven, neigen sie zur Befriedigung der eigenen gemeinen Bedürfnisse. Vor allem aber: »Den Neuerern oder Reformatoren, wenn sie chronisch Irre sind, fehlt stets die moralische Sublimation. Dies letztere ist ein Unterscheidungsmerkmal von zuverlässigem Wert.« Vom pathologischen Standpunkt aus besagt ihre Immoralität folgendes: Die Krankheit stellt dem Bewußtsein ein solches Hindernis entgegen, daß das vorsoziale Unterbewußte, das frei wird, keine für die sozialen Zwecke genügende Ausarbeitung erfährt. Treten bei einem Individuum trotz der Bewußtseinserkrankung keinerlei Merkmale von Immoralismus auf (was bei Paranoikern z. B. nur selten der Fall ist), so können zwei Erklärungsmöglichkeiten zugrunde liegen: Entweder hat sich das vorsoziale Unterbewußte nicht vollständig befreit, weil die Krankheit es behindert, oder es wurde ein mehr oder minder rezentes Unterbewußtes frei, das schon Merkmale der (sozialen) Moralität in sich enthält. Nur solche Möglichkeit, selten genug, kann ernstliche diagnostische Schwierigkeiten bereiten.

XII

Das präsoziale Unterbewußte und sein Bezug auf die soziale Realität: das sind die Argumente, auf denen die moderne Psychologie ihre Geisterunterscheidung aufbaut. Ich komme auf diese Begründung, die ihre Stärke und Schwäche hat, noch zurück. Zunächst möchte ich hier den Merkmalen für die chronisch Irren gleich diejenigen für den äußersten Gegensatz, nämlich für die ›Ausnahmemystiker‹ (Heilige, Propheten, Heroen) hinzufügen, um den Kontrast deutlich erscheinen zu lassen. Die weite Dehnung, die der Begriff Alienation (Irresein) zuläßt, konnte dazu führen, daß man die Asketik und die Mystik, die auf Bewußtseinszuständen ›à l'état fort‹ beruhen, zu den geistigen Erkrankungen rechnete, weil sie mehr oder weniger ›Alienationen des Geistes‹ bewirken. (Vgl. die Kritik E. Récéjacs in seinem ›Essai sur les fondements de la connaissance mystique‹, Paris 1897, p. 165, 175, 180 ff.; der Autor zeigt, daß auch gewisse Phänomene der Suggestion aus der Phantasie, nicht aus dem Irresein erklärt werden müssen.) Von Alienation (Irresein) kann bei Mystikern und Asketen nur gesprochen werden im Falle eines dauernden ›état fort‹ mit all seinen katastrophalen Folgen für die moralische und organische Verfassung einer Person.

Niemand wird indessen behaupten wollen, daß von den zwei fundamentalen Kriterien der Psychopathologie die Nichtigkeit der Urteile oder die Gehirnaffektion bei Mystikern und Asketen die Regel ist. Die Ärzte kennen nur einen chronischen, nicht einen zeitweiligen Irrsinn. Erkrankungen aber, die heilbar sind (Neurosen, Psychosen) bestätigen nur die Gesundheit der Konstitution. »Der Mystizismus«, sagt De Sanctis zusammenfassend, »ist nicht unter, sondern nur jenseits der Vernunft; die Vernunft ist diskursiv, aber es gibt jenseits des ›sozialisierten‹ Gewissens ein Individualbewußtsein, das das soziale Gewissen ergänzt, oder, was dasselbe ist, das sich im Sozialbewußtsein als seinem Materiale bestätigt. Der ›Kontakt mit dem Mysterium‹ verwirrt tatsächlich das wissenschaftliche Bewußtsein nicht, weil das Mysterium nicht in der Wissenschaft, sondern gerade jenseits dessen ist, was wir wissen und was wir uns einbilden, wissen zu können. Eine Beziehung zwischen den Dingen und dem verborgenen Sinn eines Symbols herstellen, ist gewiß nicht ein Werk der Logik, es ist Intuition, Poesie, ist Leben; aber auch all dies ist etwas.« Es ist sogar noch etwas mehr, als De Sanctis ausspricht: es ist der Quell der Ordnung und auch der Logik. Thomas von Aquin, Baco von Verulam, Franz von Baader und andere haben dies hinreichend erwiesen.

Das Eintauchen in eine allegorische Welt als ein Zeichen der Krankheit betrachten, hieße die Krankheit in den Extrakt der menschlichen Erfahrung und Erkenntnis verlegen. Und so ergibt sich die Bestätigung: »Der traditionelle Mystizismus der positiven Religionen und der Religiosi kann nicht als morbos betrachtet werden, und zwar deshalb nicht, weil er nicht ein persönliches Produkt, nämlich des rein psychologischen Individualverhaltens ist. Es kann weder davon die Rede sein, daß er die ganze psycho-soziale Person des Subjekts verwirrt, noch, daß er das Begreifen der realen Welt und der Gesellschaft ausschließt. Man muß den Mystizismus eines Dante und aller großen Philosophen, Heiligen und Poeten als normal betrachten, trotzdem er begleitet war von Träumen, Visionen, Offenbarungen, Intuitionen, moralischen Fieberzuständen und von den kühnsten Symbolismen. Die ›Religion des Herzens‹, die Dante im ›Convivium‹ kündet, versöhnt sich mit dem Sinn für die strengste Rationalität und bildet bei ihm ein auserwähltes und großes Gewissen; damit aber ist irgendeine Krankhaftigkeit ausgeschlossen.«

Dasselbe ließe sich von den Kirchenvätern und von den Ordensstiftern sagen; von all jenen Heiligen, die die flagrantesten mystischen Phänomene aufweisen und gleichwohl Dutzende von Kirchen erbauten und Dutzende von Klöstern leiteten (Antonius Abbas, Pachom, Benedikt, Franziskus, Theresa u. a.). Dasselbe gilt sogar von den großen Stigmatisierten, die den Sinn für das ewige Dasein des Gekreuzigten stärkten und so die Fundamente der Kirche mit Blut und unendlichen Schmerzen in ihrem Geiste bewegten. Die Gesichte und Urteile der Stigmatisierten (von Paulus bis zu Franziskus und von Katharina v. Siena bis zu Gemma Galgani) sind in der Interpretation des Kreuzes mystisch und rational in gleichem Grade produktiv. Was könnte der Gesellschaft auch Förderlicheres geschehen, als daß sie in Zeiten der Wildheit und der Verhärtung immer wieder an ihre Golgathaschwüre erinnert wird?

Der krankhafte Mystizismus dagegen ist nur ein Pseudomystizismus oder, wie Récéjac sagt, eine Degradation des Mystizismus. Sowohl der Form nach wie nach seinen Zielen erscheint er als ganz persönlich, als fremd und unbefähigt zu irgendeinem moralischen Impuls. Die Fremdheit stellt nach De Sanctis das spezifischste Merkmal der Morbosität dar. Ohne Bezug auf die

Gesellschaft ist es nach allgemeiner Übereinstimmung der neueren Psychologen schwierig, eine Antithese zwischen Vernunft und Irrsinn zu präzisieren. Im letzten Dezennium bemühte sich Charles Blondel (›La conscience morbide‹, Paris 1914), eine konkrete Psychosenformel aufzustellen. Das krankhafte Gewissen erschien ihm als ein nicht sozialisierbares, während das normale ganz durchdrungen sei von kollektiven Bestandteilen, die aus der sozialen Umgebung kommen. Blondel führte den Begriff des ›rein Psychologischen‹ in die Betrachtung ein, das im allgemeinen identisch ist mit De Sanctis' ›Unterbewußtem‹. Das ›rein Psychologische‹ wird vom Normalmenschen ausgearbeitet und dem Willen der Gesellschaft zugeführt, während der Narr es in sein eigenes Individualbewußtsein aufnimmt und es dort für sich behält (der Verrückte vermag niemals ein Zeitgenosse zu werden, er stößt schon beim Versuch, es zu werden, auf unüberwindbare Hindernisse). Auch nach Janet gelangt der Psychopath nicht zur Wirklichkeit, weil er ein Astheniker bleibt. Überhaupt funktioniert für die jüngeren französischen Neurologen beim Geisteskranken nur der rein endogene (innere) Affekt und bleibt ohne Nahrung von seiten der Wirklichkeit. Nach Freud ist der Kranke im Besitze seelischer Energien, die er in sozial wirksamer Weise nicht objektivieren kann; für Adler ist er ein Minderwertiger, der seine Schwäche mit der Krankheit ausgleicht.

Alle diese Definitionen gehen vom Kriterium des unterbrochenen Kontakts mit der Gesellschaft aus. Sie mögen auf den Durchschnitt der erkrankten Norm zutreffen. Für die Diagnose der Mystiker und Heiligen aber muß man statt des Begriffes der Sozietät den Begriff der höheren Sozietät, nämlich der Kirche, einsetzen, will man die Medizin nicht zu einer Staatswissenschaft degradieren. Wollte man jedoch im Gegenteil dafür eintreten, daß die Gesellschaft sogar von den Narren noch einen Nutzen hat, so kann man mit De Sanctis nur antworten, daß dies freilich eintreten kann, aber nur »in einer Epoche des Schweigens und des Schmerzes«; wenn die Völker in ihrer Exaltation Ohr und Glauben jedem momentanen oder besessenen Anruf eines erträumten Erlösers entgegenbringen. Aber dann wird auch der Fall eintreten, daß die wahre Größe keine Frucht bringt, weil die Völker Ohren haben, aber nicht hören;

denn die soziale Leistung des profanen wie des religiösen Genies liegt in der Vorwegnahme der verborgenen sozialen Bedürfnisse, und dieses Vorhersehen ist, wenn nicht dieser, so einer folgenden Generation verbunden. Mag man Franziskus zu seiner Zeit für einen Narren gehalten haben. Nach Pier delle Vigne, dem Kanzler des Hohenstaufen, nahm die Hälfte der Christenheit am Dritten Orden teil, und »dank dieser Verbreitung war die Macht des Himmels fruchtbarer und ergiebiger als die der Erde«.

XIII

Drei Einwände sind es, gegen die De Sanctis das religiöse Gefühl verteidigt: der Einwand eines in der mystischen Sphäre vorherrschenden Erotismus, der Einwand der (pathologischen) Halluzination und der Einwand der Schizophrenie oder der Wesensspaltung im Träger der mystischen Phänomene. Bleiben wir zunächst beim Einwand des Erotismus. »Die Erfahrung lehrt«, so heißt es S. 205, »daß die frommen und nicht gerade schwachen Seelen mystischen Krisen unterliegen, in denen ein mehr oder weniger freiwillig bekämpfter und unterdrückter Erotismus vorherrscht.« In solchem Falle handelt es sich indessen nicht um krankhaften Mystizismus, weil die psychische Person des Patienten nicht in dauernder Weise ausgeschaltet ist, andererseits kann man solchen Mystizismus nicht mit dem normalen der Tradition (sagen wir als Religiöse: mit dem kanonischen) auf dieselbe Stufe stellen. Es gibt neben dem krankhaften und dem traditionellen Mystizismus noch eine dritte Art, die man als ›unrein‹ bezeichnen kann. Unrein in bezug auf den traditionellen Mystizismus, den De Sanctis den wahren oder ›geläuterten‹ nennt. Das Subjekt hat noch nicht jenen Grad der Sublimation erreicht, der seine individuelle Entwicklung mit der sozialen (im traditionellen Sinne) ausgeglichen hätte.
Der ›unreine Mystizismus‹ ist ein Tribut an den Ausgangspunkt; eine momentane Rückkehr zu den Ursprüngen, während der krankhafte Mystizismus seine Kennzeichen aus den persönlichen Bedingungen des Mystikers bezieht; Bedingun-

gen, die dem kranken Individuum weder eine freiwillige Sublimation noch eine Anwendung der traditionellen religiösen Erfahrung, die bereits endgültig sublimiert ist, noch auch die Erkenntnis der Inferiorität seines eigenen Mystizismus erlauben. Alle Welt weiß, daß die mystische Erfahrung von sexuellen Emotionen unterbrochen sein kann; es handelt sich um eine ursprüngliche Verwandtschaft zweier affektiver Zustände. Diese Tatsache verleiht aber der Erfahrung noch keinerlei Charakter der Anormalität oder gar der Krankheit. Ein so unvoreingenommener Zeuge wie Havelock Ellis sagt: »Ein Mensch, der von der religiösen Emotion ergriffen ist, kann nicht verantwortlich gemacht werden für indirekte emotionelle Ergebnisse seines Zustandes; er ist nur verantwortlich für ihre Kontrolle.« Und dies ist mit anderen Worten auch die Meinung des hl. Johannes vom Kreuz, wo er in der ›Dunklen Nacht‹ vom Parallelismus des Geistes und der Sinne spricht und von Freuden des Geistes, die in den Sinnen ein Echo erregen.

Die vielfachen Beziehungen zwischen Erotismus und Religion sind nicht zu leugnen, aber sie sind nicht spezifischer Art. Ribot verwahrt sich entschieden gegen die ›allzu simplistische und keineswegs in allen Fällen anwendbare‹ Psychologie von Autoren, die die ganze Religion auf einen entgleisten Erotismus zurückführen. Der Psychiater und Soziologe Forel kommt zu dem Schluß: »Es wäre absolut falsch, wollte man sagen, daß die Religion als solche auf sexuellen Sensationen beruht«. Überblickt man die Kämpfe der Heiligen und insbesondere ihre Triumphe, so ist man eher geneigt, die erotischen Anfälle der Sexualität als einen Atavismus zu betrachten, der den Sublimationsprozeß begleitet. Die Sexualität zielt auf eine persönliche und egoistische Befriedigung ab, die der Gesellschaft und der Humanität gegenüber sich indifferent erweist oder, in den grundsätzlichen Fällen, beide verneint. Forel, Bloch, Freud und andere, die die Beziehungen zwischen Sexualität und Religion vorzüglich behandelten, lassen nur in anderer Weise die Überzeugungen des Mittelalters wieder aufleben, eines Zeitalters, das die Macht der Triebregungen von Grund auf kannte, aber weit entfernt war, sie mit den religiösen und mystischen Gefühlen vermengen und verwechseln zu lassen. Und so sei hier auch das Urteil des sehr kompetenten Iwan Bloch wiedergegeben: »Es ist ebenso falsch wie unvernünftig, der katholischen Kirche, wie es einige moderne Schriftsteller getan haben, vorzuwerfen, daß in ihren Dogmen und in ihrem praktischen Kult sexuelle Elemente Gestalt und Einfluß gewonnen haben. Solcher Vorwurf kann nur von Leuten kommen, die in der Geschichte der Zivilisation nicht sehr unterrichtet sind«.

Nur eine *systematische* Symptommischung von Mystik und Erotik läßt auf krankhaften Mystizismus schließen. In Jacob Böhmes seltsamer Konzeption des Luzifer und des Adam hat man homosexuelle und hermaphroditische Tendenzen nachgewiesen. Gleichwohl kann sein System nicht als pathologischer Mystizismus betrachtet werden. Wenn die Sexualität darin auch störend hervortritt und Unordnung stiftet, so deutet dies, da die Gestaltungskräfte sich frei bewegen und der positiven Werte sehr viele sind, doch nur auf eine nicht völlig geglückte, unreine Sublimation. Dasselbe gilt für Margarete Ebner und für Zinzendorf in Pfisters neuerlicher Darstellung. Es gilt auch für Swedenborg und für alle Seher, Mystiker und Magier, bei denen persönliche Absonderung, Eigenbrödelei und Selbstvoreingenommenheit dominieren. Skatophagische Mystiker (von der hl. Mechtild von Magdeburg und anderen werden solche Züge erzählt) können nicht darum schon für Verrückte gelten, weil Idioten und Demente häufig Skatophagen sind. Bei den letzteren ist das Symptom eine Begleiterscheinung der Verblödung, bei den ersteren ein solches der Abtötung und des äußersten Selbstverzichts. Die ›Histoire saintement sordide‹ der Suor Louise du Néant, von der Brémond berichtet, und die Diablerien der Jansenisten gehören nicht dem traditionellen und vielleicht nicht einmal dem unreinen Mystizismus an; man darf nicht vergessen, daß jene Schwester Louise zeitweilig Gast des Manicomiums war und jene Jansenisten dem strengsten Verdikt der traditionellen Kirche verfielen. Auch manche Konvertiten bleiben stecken in der ersten Phase der Sublimation; ihre Konversion bleibt Theorie, während in der Praxis Eros den Christus besiegt. Bei dem wahren und endgültigen Konvertiten dagegen ist der Sieg über den Eros eine Quelle neuer Aktivität und einer gesteigerten und gehobenen Lebensform.

Ernsthafter ist der Einwand, der von einer pathologischen Bewertung der Gesichts- und Gehörshalluzinationen aus erhoben wird. Die Irrenärzte versichern jedoch, daß die wahre Halluzination im medizinischen Sinne seltener ist, als man gemeinhin glaubt. Die meisten Visionen, von denen die Geschichte der Mystik berichtet, ähneln denen der Poeten und Künstler. Die Annahme von hysterischen oder epileptischen Halluzinationen im spezifischen Sinne ist fast durchweg unzulässig. Die Visionen und Offenbarungen der Mystiker und der Heiligen haben kein anderes Spezifikum als den Glauben, der sie hervorruft, und die Phantasie, die ihre Ursache und ihren Inhalt interpretiert. »Phantasie plus Glaube: das ist die Substanz des größten Teils der mystischen Visionen und Auditionen.« Der Glaube aber verträgt gewiß keine psychiatrische Erklärung. Ein Individuum, das berichtet, was Außergewöhnliches und Transzendentes in seinem Körper und seinem Geiste vorfiel, ist sicherlich nicht deshalb schon schwachsinnig. Weder den Traditionalisten, noch den Jünger, noch den bewußten Toren, noch den kindlich Genialen, noch schließlich denjenigen, der von moralischen Endzielen geleitet zum Glauben seiner Kindheit zurückkehrt, kann man im geringsten mit dem Schwachsinnigen auf eine Stufe stellen.

Die Halluzination ist von den neueren Ärzten aufs gewissenhafteste studiert, und es liegen (von Baillarger bis zu Delacroix) klassische Werke über ihre Merkmale vor. Man kann nur wiederholen, daß das Irresein nicht in vereinzelten Symptomen, sondern in der völligen Unordnung der inneren psychischen Person besteht. Wenn die Mystiker Kranke wären, müßten sie mit der Zeit der völligen Disgregation (der Wesensspaltung des schizophrenen Typs) verfallen. In Wirklichkeit aber schließen sie mit dem Fortschreiten des Sublimationsprozesses ihre psychischen Systeme zu immer entschiedenerer Einheit zusammen. Stimmen aber die Irrenärzte darin überein, daß Häufigkeit und Dauer der wahren sensorialen Halluzination zum Zerfall der psychischen Persönlichkeit führen, so gibt es nur zwei Möglichkeiten: entweder sind die Halluzinationen der Mystiker nicht das, was die Irrenärzte darunter verstehen, oder die seelische Widerstandskraft der Mystiker ist stärker als ihre halluzinatorischen Phänomene.

Tatsächlich handelt es sich (medizinisch gesprochen) gewöhnlich nur um sogenannte ›Pseudo- oder Abortivhalluzinationen‹. Ein kleines sensoriales Faktum oder die einfache Phantasieerregung veranlassen das Hervortreten eines seelischen Komplexes, der die vorherrschenden Ideen des Individuums umfaßt und in dem seine tiefsten Affekte Gestalt gewinnen. An diesem Punkte wird die Vision der Audition vollständig und nimmt, bei passivem Verhalten des Subjekts, das Gepräge der plastischen Halluzination an. Geistige und nervöse Erschöpfung begünstigen das Hervortreten, besagen aber nichts über den Wert oder Unwert, noch über den Inhalt des Geschauten oder Gehörten. Nach Séglas sind die von Baillarger beschriebenen psychischen Halluzinationen nicht alle gleicher Art, sondern umfassen in Wirklichkeit: 1. einfache Träumereien im Wachzustand, 2. lebhafte, präzise, spontane, unzusammenhängende geistige Vorstellungen (Pseudohalluzinationen Kandinskys), 3. psychomotorische (verbale) Halluzinationen. Aus der berühmten Debatte der Société médico-psychologique zu Paris (1856) ergab sich, daß sogar die wahren sensorialen Halluzinationen vereinbar sind mit der Integrität der Vernunft, und das nehmen auch in unserer Zeit Schüle und fast alle Psychiater an.

Für die Kirche ist die Vision weder ein untrügliches, noch ein ausschlaggebendes Zeichen der Heiligkeit. Sie mißtraut den Visionen und beurteilt sie nach dem Sinn ihrer Bedeutung für das Subjekt. Die heilige Theresa, Johannes vom Kreuz, Ignatius und viele andere auch der älteren Heiligen erklären es für nicht nötig, diese geistige Gunst zu ersehen, aber für notwendig, ihr sehr zu mißtrauen, weil sie zu Selbsttäuschungen und Hochmut führt. Die Theologen unterscheiden körperliche, phantastische und intellektuelle Halluzinationen und stimmen darin mit den Ärzten ziemlich überein. Delacroix, der die mystischen Halluzinationen als Arzt eingehend nachprüfte, bestätigt in seiner ›Etude d'histoire et de psychologie du mysticisme‹ (Paris 1908, p. 427 ff.), daß sie fast niemals sensoriale Visionen oder äußere Stimmen sind, nämlich Gesichts- oder Gehörshalluzinationen im psychiatrischen Sinne. Und die Mystiker selbst unterscheiden zwischen innen und außen, zwischen wahren und trügerischen Halluzinationen, und trennen beide von den ›geistigen‹ Worten und Gesichten. Halluzinieren im mystischen Sinne hieße demnach sich in einem Ausnahmezustand des nervösen Verhaltens befinden. Solcher Ausnahmezustand aber findet sich nach der Statistik bei 7,8 Prozent Männern und bei 12 Prozent Frauen und kann demnach als ein sehr häufiges Phänomen des normalen Lebens angesehen werden. Auch das Gefühl der Anwesenheit einer entfernten oder phantastischen Person und Sache ist nach Delacroix nicht ein Faktum der Pathologie. Bei entsprechender Konzentration läßt sich dieses Gefühl experimentell hervorrufen.

XV

Kommen wir zum Schluß. In einer Artikelserie der ›Kölnischen Zeitung‹ vom 4. bis 11. November 1924 hat ein Prof. Paul Holzhausen der ›präsumtiven Heiligen des 20. Jahrhunderts‹, Anna Katharina Emmerich, auf seine Weise, nämlich vom Standpunkte ›strenger Kritik‹ aus, den Prozeß gemacht. Der Aufsatz, ›Stigmen, Stigmatisationen und Stigmatisierte‹ betitelt, kommt aufgrund der neuzeitlichen Inquisitionsmethode, nämlich aufgrund unfehlbarer »Feststellungen der historischen und medizinischen Wissenschaft« zu dem Resultat, »diese Gottbegnadeten« (darunter auch Franz von Assisi) sämtlich für psychopathe Naturen zu erklären und Anna Katharina insbesondere für eine Hysterika und Schizoide. Die medizinischen Beweise blieb der Verfasser jedoch schuldig, wenn man als Beweis nicht gelten lassen will, was einer gehässigen Voreingenommenheit und einigen pseudowissenschaftlichen Applikationen entspringt. Ein unzureichend entwickeltes Gemütsleben, ein scheuer Verstand und eine überraschende Hemmungslosigkeit im Verallgemeinern charakterisieren die Ausführungen des gestrengen Herrn Professor. Die Hyperästhesie der Stigmatisierten, die dem Normalmenschen allerdings zu fehlen pflegt, wird in willkürlicher Weise mit Hysterie identifiziert. Das Übernormale des Empfindens und der seelischen Plastik erscheint als geistiges Gestörtsein, obgleich doch nicht schon ein halb oder ganz Verrückter zu sein braucht, wer Ausnahmezustände der körperlichen oder seelischen Konstitution aufweist. Und schließlich: der asthenische Körpertypus, den Kretschmer aufstellte und der bei den Schizophrenen häufig gefunden wird, genügt hier, um, weil auch bei Anna Katharina (nach Steinles Stich!) vorhanden, die stigmatisierte Nonne als Schizoide erscheinen zu lassen.

Der Aufsatz des Prof. Holzhausen ist ein Symptom für die Art und Weise, wie man noch immer mittels der Psychopathologie sich der religiösen und mystischen Ausnahmephänomene zu erwehren gedenkt. Neuerdings scheint sich das Modewort Schizophrenie in dieser Hinsicht einer besonderen Beliebtheit zu erfreuen. Aber es gilt auch hier, was bereits früher gesagt wurde: im Irresein wird das Unterbewußte frei infolge der geistigen Krankheit und wird in unkultivierter Weise nach Gutdünken projiziert. Der Pathologische stimmt seinen Halluzinationen und Delirien kritiklos zu, während der Gesunde sie ausarbeitet und sublimiert. Wenn alle Gottbegnadeten Psychopathen wären, müßten sie mit der Zeit der Verblödung verfallen, müßten sie einer unfreiwilligen und chronischen Wesensspaltung erliegen. Ihren Halluzinationen müßte die Amnesie folgen und der Inhalt dieser Halluzination barer Widersinn sein.

All dies wird man vom Charakterbilde der Anna Katharina Emmerich, wie es in den historischen Dokumenten, vorzüglich in den Aufzeichnungen Clemens Brentanos ersteht, nicht wohl behaupten wollen. Daß psychogene Vorgänge somatische Erscheinungen auslösen können, räumt Prof. Holzhausen ein. Er gibt sogar zu, daß sich darartige somatische Zeichen (Brandblasen, Hautentzündungen, Wassergeschwulst und auch Blutungen) im Laboratorium hervorrufen lassen, also Möglichkeiten nicht nur der hysterischen Konstitution sind. Als typisch für den pathologischen Mystizismus ergab sich nach De Sanctis eine unverkennbare systematische Symptommischung von Mystizismus und Erotismus, wovon bei Anna Katharina zu reden sich jedem redlichen Menschen verbietet. Was aber die Schizoide betrifft, so sind die klassischen Merkmale der Schizophrenie (Wesensspaltung, Autismus, Negativismus) so eklatant, daß es lächerlich wird, diese Merkmale, wie Holzhausen es versucht, bei Anna Katharina nachweisen zu wollen. Daß die Nonne von Dülmen als Kind ›etwas eifrig im Kopfe‹ war (›eigensinnig‹ nach

Holzhausen), daß sie mitunter ihren Freunden und Beichtvätern widersprach (?), das ist alles, was man an ›schizophrenen Zügen‹, von ihrem ›asthenischen Körpertypus‹ abgesehen, ihr zufügen kann.

Die außergewöhnliche Affektivität der Mystiker wird nicht bestritten. Ihre nervöse Konstitution ist häufig von hysterischen, neurasthenischen und depressiven Symptomen begleitet. Bei den Schizophrenen ist es ähnlich. Aber der spezifische Unterschied besteht darin, daß bei den Schizophrenen die Einheit des Gedankens und der Haltung, die Vollständigkeit und Häufigkeit der freien Willensverfügung fehlt, während diese Symptome bei den wahren Mystikern und Konvertiten ebenso wie bei den wahren Stigmatisierten im heroischen Grade vorhanden sind. Und also kann man sagen: das Gottbegnadetsein und die echte Devotion sind nicht ›spezifische‹ Symptome einer Krankheit oder einer Anomalie des Gehirns, noch ist die Nerven- oder Geisteskrankheit ein Stimulans der wahren Religiosität. Wohl aber ist es möglich, daß der Mystiker und der Konvertit in seinem Sublimationsprozesse alle Phasen der körperlichen oder seelisch-geistigen Irrung streift, schneidet und zu überwinden hat, ehe er sein Ziel der Vollendung erreicht.

(1925)

VII
Tenderenda der Phantast
Roman

Tenderenda der Phantast

O vous, messeigneurs et mes dames,
Qui contemplez ceste painture,
Plaise vous prier pour les âmes
De ceulx qui sont en sepulture.

Saint Bernard

I

Der Aufstieg des Sehers

*Man findet sich in die Aufregungen einer imaginären Stadt
versetzt. Ein neuer Gott wird erwartet. Donnerkopf (der im
Roman nicht weiter hervortritt) hat seinen Wohnsitz auf einen
Turm verlegt und gibt von dort buntscheckige Bulletins aus, die
über den Fortgang der Angelegenheit unterrichten sollen. Ein
lauer Abend bricht an. Auftreten eines Scharlatans, der auf dem
Marktplatz eine Himmelfahrt in Aussicht stellt. Er hat sich dazu
eine eigene Theorie ausgedacht, die er weitläufig vorträgt.
Scheitert jedoch an der Skepsis des Publikums. Was das für
Folgen hat.*

An diesem Tage war Donnerkopf verhindert, dem Festakte
beizuwohnen. Siehe, er saß vor Atlanten und Zirkeln und
kündete Weisheit der oberen Sphären. Lange Papyrusrollen ließ
er, mit Zeichen und Tieren bemalt, vom Turme herab und
warnte damit das Volk, das unter den Nestern stand, vor den
kreischenden Scharen der Engel, die wütend den Turm umflo-
gen. Jemand aber trug an diesem Tage an langer Stange ein
Schild durch die Stadt, darauf stand:

> Talita kumi, Mägdlein steh auf;
> Du bist es, du wirst es sein.
> Gossentochter, Jubelmutter,
> Die Erhangenen und die Verbannten,
> Die Gefangenen und die Verbrannten
> Rufen nach dir.

Befreie, o benedeie,
Du Unbekannte,
Tritt herfür!

Mit Fasten und Purgativen bereitete sich die Stadt auf eines neuen Gottes Erscheinen vor, und tauchten schon aus der Menge etliche auf, die im Gedränge Ihm wollten begegnet sein. Eine Warnung ward ausgegeben, besagend, daß, wer die Glockenräder und Lumpentürme besichtige oder betrete und ohne Ermächtigung abgefaßt würde, bei lebendem Leibe solle des Todes sein. Frisch aufgeblasen ward der Kausalnexus und sichtbar vor aller Blicke den heiligen Spinnen zum Fraß ausgesetzt. Mit Klappern und Dudelsäcken bewegten sich händeringend die Bitt- und Kaffeeprozessionen der Künstler- schaft und der Gelehrten. Aus allen Lüften und Luken aber hingen die Wasserzeichen und ragten die gläsernen Spritzen. Da, über den Marktplatz, wie auf Verabredung, schritt violetten Gesichtes der Seher, gebot den lachenden Häusern, den Ster- nen, dem Mond und der Menge und sprach:

»Zitronengelb stehen die Himmel. Zitronengelb stehen die Felder der Seele. Den Kopf haben wir schief zur Erde geneigt und die Ohren weit aufgetan. Die Schürzen und Kutten haben wir ausgespannt und der Rücken aus Knallporzellan blinkt im Gefüge.

Wahrlich ich sage euch: meine Demut gehet nicht euch an, sondern GOTT. Jeder suchet ein Glück, für das er nicht ausreicht. Keiner hat Feinde, soviele er haben kann. Eine Schimäre ist der Mensch, ein Wunder, ein göttliches Ungefähr, voll Tücke und Zwielist.

Eines Tages kannt ich mich selbst nicht mehr aus Neugier und Argwohn. Siehe, da kehrte ich um und hielt Einkehr. Siehe, da brannte die Kerze und tropfte auf meinen eigenen Schädel. Meine erste Erkenntnis aber war: klein und groß, das ist Aberwitz. Groß und klein, das ist Relativismus. Siehe, da schnellte mein Finger hervor und verbrannte sich an der Sonne. Siehe, da ritzte der Zeiger der Turmuhr den Boden der Straße auf. Ihr aber glaubet zu fühlen und werdet gefühlt.«

Er machte eine Pause, um sich das Ohr zu scheuern, und warf einen Blick in das fünfte Stockwerk des vierten Gebäudes. Dort ragte Lünettes rosaseidenes Bein aus dem Fenster. Darauf saßen zwei geflügelte Wesen, die saugten Blut.

Und der Seher fuhr fort:

»Wahrlich, kein Ding ist so, wie es aussieht. Sondern es ist besessen von einem Lebgeist und Kobold, der steht still, alslang man ihn anschaut. So man ihn aber entlarvet, verändert er sich und wird ungeheuer. Jahrelang trug ich die Last der Dinge, die ihre Befreiung wollten. Bis ich erkannte und sah ihre Dimension. Da hob mich die Inbrunst. Entsetzliches Leben! Da breitete ich meine Arme, zur Abwehr, und flog, flog pfeilgerad über die Dächer.«

Hier konnte man sehen, daß der Seher, vom Brausen der eigenen Worte betört, nicht hatte unhaltbare Versprechungen ausgelassen. Mit beiden Händen laut flatternd, erhob er sich, flog wie zum Versuch ein gutes Stück Wegs in den Abend, neigte dann aber die Kurve und kam, unter einigem Hüpfen, leichthin wieder zu Stand.

Der Pöbel, der bis zu den Hüften allseits des Markts aus den Fenstern hing, war erschrocken, schüttelte aber, da ihn das Schauspiel befremdete, ungläubigen Mißbehagens den Kopf, schwenkte aus Leibeskräften die Salztrompeten und mitgebrachten Papierlaternen und schrie: »Das Vergrößerungsglas! Das Vergrößerungsglas!«

Es war nämlich bekannt geworden, daß der Seher bei seinen Gängen des öfteren sich eines solchen Glases bediente, und so glaubte man denn nichts anders, als daß das Ganze nur ein Schwindel des Sehers sei, der mit solchem Instrument seine Schliche bemäntle. Auch gab es ein Intermezzo, indem eine neugierige Frau, die heftig an einer Fahnenstange geflattert hatte, abriß und vom Abendwind über die Dächer nach Osten getrieben wurde. Item: es flog ein Hahn mit zerfederter Sichel hoch über die Fächer der Damen, das galt als Zeichen anschlägiger Eitelkeit.

In der Tat zog der Seher, bestürzt und entmutigt, den Vergrößerungsspiegel aus der Tasche. Einen Spiegel beiläufig vom Umfange einer russischen Schaukel, wie sie auf Jahrmärkten zu sehen sind. Außerordentlich fein geschliffen das Glas, silbern gefaßt und an langem Holzstiele zierlich befestigt. Er hielt diesen Spiegel in tragischer Pose hoch über sich, stob plötzlich empor, zersprengte den Spiegel, die Trümmer klirrten, und er entschwand in die gelben Meere des Abends.

Die Glasscherben des zerbrochenen Wunderspiegels aber zerschnitten die Häuser, zerschnitten die Menschen, das Vieh, die Seiltänzereien, die Fördergruben und alle Ungläubigen, so daß sich die Zahl der Verschnittenen mehrte von Tag zu Tag.

Das Karussellpferd Johann

Man schreibt den Sommer 1914. Eine phantastische Dichtergemeinde wittert Unrat und faßt den Entschluß, ihr symbolisches Steckenpferd Johann rechtzeitig in Sicherheit zu bringen. Wie Johann sich erst sträubt und dann einwilligt. Irrfahrten und Hindernisse unter Führung eines gewissen Benjamin. In fernen Ländern begegnet man dem Häuptling Feuerschein, der sich jedoch als Polizeispitzel entpuppt. Daran geknüpft historiologische Bemerkung über die Niederkunft einer Polizeihündin in Berlin.

»Eines ist gewiß«, sprach Benjamin, »Intelligenz ist Dilettantismus. Intelligenz blufft uns nicht mehr. Sie schauen hinein, wir schauen heraus. Sie sind Jesuiten der Nützlichkeit. Intelligent wie Savonarola, das gibt es nicht. Intelligent wie Manasse, das gibt es. Ihre Bibel ist das bürgerliche Gesetzbuch.«

»Du hast recht«, sagte Jopp, »Intelligenz ist verdächtig: Scharfsinn verblühter Reklamechefs. Der Asketenverein ›Zum häßlichen Schenkel‹ hat die platonische Idee erfunden. Das ›Ding an sich‹ ist heute ein Schuhputzmittel. Die Welt ist keß und voll Epilepsie.«

»Genug«, sprach Benjamin, »mir wird übel, wenn ich von ›Gesetz‹ höre und von ›Kontrast‹ und von ›also‹ und ›folglich‹. Warum soll der Zebu ein Kolibri sein? Ich hasse die Addition und die Niedertracht. Man soll eine Möwe, die in der Sonne ihre Schwingen putzt, auf sich beruhen lassen und nicht ›also‹ zu ihr sagen, sie leidet darunter.«

»Also«, sprach Stiselhäher, »lasset uns das Karussellpferd

Johann in Sicherheit bringen und einen Kantus singen auf das Fabelhafte.«

»Ich weiß nicht«, sprach Benjamin, »wir sollten doch lieber das Karussellpferd Johann in Sicherheit bringen. Es sind Anzeichen vorhanden, daß Schlimmes bevorsteht.«

In der Tat waren Anzeichen vorhanden, daß Schlimmes bevorstand. Ein Kopf war gefunden worden, der schrie ›Blut! Blut!‹ unstillbar, und Petersilien wuchsen ihm über die Backenknochen. Die Thermometer standen voll Blut, und die Muskelstrecker funktionierten nicht mehr. In den Bankhäusern diskontierte man die Wacht am Rhein.

»Wohl, wohl«, sagte Stiselhäher, »lasset uns das Karussellpferd Johann in Sicherheit bringen. Man weiß nicht, was kommen mag.«

Auf himmelblauer Tenne, mit großen Augen, ganz in Schweiß gebadet, stand das Karussellpferd Johann. »Nein, nein«, sagte Johann, »hier bin ich geboren, hier will ich auch sterben.« Das war aber eine Unwahrheit. Denn Johanns Mutter stammte aus Dänemark, der Vater war Ungar. Man wurde sich aber doch einig und floh noch in selber Nacht.

»Parbleu«, sagte Stiselhäher, »hier hat die Welt ein Ende. Hier ist eine Wand. Hier geht es nicht weiter.« In der Tat gab es da eine Wand. Die stieg senkrecht zum Himmel.

»Lachhaft«, sagte Jopp, »wir haben die Fühlung verloren. Ließen uns da in die Nacht hinein und haben vergessen, Gewichtsteine an uns zu hängen. Natürlich schweben wir nun in der Luft.«

»Paperlapp«, sagte Stiselhäher, »hier müffelt's. Ich gehe nicht weiter. Hier liegen Fischköpfe. Hier waren die Seekatzen am Werk. Hier hat man die Wellenböcke gemolken.«

»Weiß der Teufel«, sprach Runzelmann, »auch mir ist nicht recht geheuer. Man wird uns die Scharlatanenhemden über die Ohren ziehen!« Er schlotterte heftig.

»Das Ganze halt!« befahl Benjamin. »Was steht da? Ein Zeiserlwagen? Grün und mit Gitterfenstern? Was wächst da? Agaven, Fächerpalmen und Tamarinden? Jopp, sieh im Zeichenbuch nach, was das zu bedeuten hat.«

»Fatale Sache«, sprach Stiselhäher, »Ein Zeiselwagen zwischen Agaven. Schon faul. Weiß Gott, wo wir stecken.«

»Unsinn«, rief Benjamin, »wenn es nicht dunkel wäre, könnte man genau sehen was los ist. Der Quacksalber von Roßarzt hat uns den falschen Weg gezeigt.«

»Tatsache«, sprach Jopp, »wir stehen vor einer Wand. Hier geht es nicht weiter. Gundelfleck, steck die Laterne an.« Gundelfleck kramte in seiner Tasche, zog aber nur eine mächtige hellblaue Orgelpfeife hervor. Die trug er immerhin bei sich.

»Kommen Sie näher, meine Herren«, ließ sich plötzlich eine Stimme vernehmen, »Sie sind auf dem Holzwege.« Es war der Häuptling Feuerschein. »Wo tappen Sie nächtlicherweile herum? Und in welchem Aufzug? Nehmen Sie die Zelluloidnasen ab! Demaskieren Sie sich! Man kennt Sie! Was sind das für Schellenbäume, die Sie da bei sich tragen?«

»Das sind Pritschen und Klingelstöcke und Narrenpeitschen, mit Verlaub.«

»Was ist das für ein Blasinstrument?«

»Das ist der Nürnberger Trichter.«

»Und was ist das für ein Watteklumpen da an der Leine?«

»Das ist das Karussellpferd Johann, bestens in Watte verpackt.«

»Larifari. Was wollen Sie mit dem Karussellpferd hier in der lybischen Wüste? Wo haben Sie das Pferd her?«

»Es ist gewissermaßen ein Symbol, Herr Feuerschein. Wenn Sie gestatten. Sie sehen nämlich in uns den sterilisierten Phantastenklub ›Blaue Tulpe‹.«

»Symbol hin, Symbol her. Sie haben das Pferd dem Heeresdienst entzogen. Wie heißen Sie?«»Das ist ja ein entsetzlicher Kerl!« sprach Jopp, »das ist ja die glatte Robinsonade.«

»Mumpitz«, sprach Stiselhäher, »er ist eine Fiktion. Das hat dieser Benjamin angerichtet. Er denkt sich das aus, und wir haben zu leiden darunter . . .« »Sehr geehrter Herr Feuerschein! Ihr konföderiertes Naturburschentum, Ihre Latwergfarbe, das imponiert uns nicht. Noch Ihre entliehene Kinodramatik! Aber ein Wort zur Aufklärung: Wir sind Phantasten. Wir glauben nicht mehr an die Intelligenz. Wir haben uns auf den Weg gemacht, um dieses Tier, dem unsere ganze Verehrung gilt, vor dem Mob zu retten«

»Ich kann Sie verstehen«, sprach Feuerschein, »aber ich bin außerstande, Ihnen zu helfen. Steigen Sie ein in den Zeiserlwa-

gen. Auch das Pferd, was Sie da bei sich haben. Vorwärts
marsch, keine Umstände. Eingestiegen!«
Die Hündin Rosalie lag schwer in den Wochen. Fünf junge
Polizeihunde erblickten das Licht der Welt. Auch fing man
um diese Zeit in einem Spreekanal zu Berlin einen chinesi-
schen Kraken. Das Tier wurde auf die Polizeiwache gebracht.

Der Untergang des Machetanz

*Wie schon sein Name besagt, ist Machetanz ein Wesen, das
Tänze macht und Sensationen liebt. Er ist einer jener verzweifelten Typen ohne seelische Haltung, die sich dem leisesten
Eindruck nicht zu entziehen vermögen. Daher auch sein
trauriges Ende. Der Dichter hat das mit besonderem Nachdruck
hierher gesetzt. Wir sehen, wie Machetanz Schritt für Schritt der
Besessenheit, dann einer tiefen Apathie erliegt. Bis er schließlich
nach fruchtlosen Versuchen, sich ein Alibi zu schaffen, in jene
religiös gefärbte Paralyse versinkt, die, mit Exzessen verbunden,
seinen völligen physischen und moralischen Ruin besiegelt.*

Da spürte Machetanz plötzlich einen Druck an den Schläfen.
Die Produktionsströme, die seinen Körper gewärmt und ge-
wickelt hatten, starben ab und hingen wie lange Safrantapeten
von seinem Leib. Ein Wind bog ihm Hände und Füße um. Sein
Rücken, ein kreischendes Drehgewinde, stob als Spirale zum
Himmel. Machetanz, hämisch, ergriff einen Stein, der eckwärts
aus einem Gebäude schrie, und setzte sich blindlings zur Wehr.
Blaue Gesellen zerstürmten ihn. Hell brach ein Himmel
zusammen. Ein Luftschacht legte sich quer. Über den Himmel
hinweg flog eine Kette geflügelter Wöchnerinnen.
Die Gasanstalten, die Bierbrauereien und die Rathauskuppeln
gerieten ins Wanken und dröhnten im Paukengeschnatter.
Dämonen, bunten Gefieders, beklackerten sein Gehirn, zerzau-
sten und rupften es. Über den Marktplatz, der in die Sterne
versank, ragte mit ungeheurer Sichel der grünliche Rumpf eines
Schiffes, das senkrecht auf seiner Spitze stand.
Machetanz fuhr sich mit beiden Zeigefingern ins Ohrgehäuse

und scharrte daraus den letzten schäbigen Rest von Sonne, der sich darin verkrochen hatte. Apokalyptischer Glanz brach aus. Die blauen Gesellen bliesen auf Muscheltrompeten. Sie stiegen auf Lichtbalustraden und stiegen herab ins Glänzige.

Übelkeit überkam Machetanz. Ein Würgen am falschen Gott. Er rannte mit hochgeschwungenen Armen, stürzte und fiel aufs Gesicht. Eine Stimme schrie aus seinem Rücken. Er schloß die Augen und fühlte sich in drei mächtigen Sätzen über die Stadt geschnellt. Saugrohre schlürften die Kraft der mystischen Behälter. Machetanz sank in die Knie, saladigen Meßgewandes, und bleckte die Zähne zum Himmel. Häuserfronten sind Gräberreihen, übereinandergetürmt. Kupferne Städte am Rande des Monds. Kasematten, die auf dem Stiel einer Sternschnuppe schwanken bei Nacht. Eine aufgeklebte Kultur blättert ab und wird von Knäden zu Fetzen gerissen. Machetanz tobt, vom Veitstanz befallen. Eins, zwei, eins, zwei: Mittel zur Fleischabtötung. ›Pankatholizismus‹, schrie er in seiner Verblendung. Er gründet ein Generalkonsulat für öffentliche Anfechtung und legt dort als erster Protest ein. Kinodramatisch erläutert er die Zwangsphänomene seiner Exzesse und Wachtraummonomanien. In einer magnetischen Flasche wird er umhergewirbelt. Er brennt in den unterirdischen Röhren eines Kanalsystems. Eine schöne Narbe ziert Machetanz' Auge mit weißem Glanz.

In zickzackfarbigem Hemd balanciert er auf ragendem Ätherturm. Er mietet den großen Schwung und rattert im Aufstieg zerbrechend durch das Gespeiche imaginärer Gigantenräder. Es drohen ihm die Gesichter des raschen Entschlusses, der rührigen Kopfhaut, der meckernden Skepsis. Mit zerbrochenen Lungenflügeln hüpft er aus der Hand eines Kobolds.

Die Freunde verlassen ihn. ›Machetanz, Machetanz!« kräht er von einem Kamin herab. Er entstürzt dem Konnex. Er zieht als Segment einer Sonnenfinsternis über schief hängende Kuppeln und Türme betrunkener Städte. Schlaflos und in ein Kinderwägelchen eingebettet wird er über die Straße gezogen. Es überschatten ihn die Landschaften des Errötens, der Trauer, der bräutlichen Seligkeit.

Machetanz faselt sich Dekadenzen zurecht. Er deponiert umfassende Angstkomplexe. Instrumentiert sich Hemmungen dazwischen. Falschmünzereien von seelischen Katarakten und

Sensationen. Er rollt sich des Nachts zusammen im Leib einer Dirne. Die Angsthaut steht ihm steil hinter den Ohren. »Meint ihr vielleicht, ihr Tröpfe -« und schlägt auf den Boden, Schaum vor dem Mund, eine blaue Wolke. Er kriecht hervor in die Sonne. Er will das Erlebnis haben. Gras wächst mißgünstig und treibt ihn zurück in die Finsternis. Vorhänge blähen sich auf und ein Haus entschwebt. Das ist die Katalepsie der Zerstörung. Zungen prallen in rotem Pfeilregen schräg gegen das Pflaster.

Gagny, die Bleierne, muß ihm den Scheitel kämmen, damit er nachdenken kann. Dagny, die Fischbraut, pflegt ihn, auf ihrer rechten Seite schillernd von Musikon. Machetanz hat einen Hauptmann erschlagen mit einem Gesangbuch. Er hat eine künstlich schwimmende Insel erfunden. Er stengelt in Bittprozessionen und verehrt Vagabunden-Jesus. Er hält die Laterne beim Totenamt, und so er sein Wasser abschlägt: es ist essigsaure Tonerde.

Aber es hilft ihm nichts. Diesen Turbulenzen, Detonationen und Radiumfeldern ist er nicht gewachsen. »Quantität ist alles«, schreit er, »Syphilis ist eine schwere Geschlechtskrankheit.« Er nimmt ein Salzsäurebad, um seinen gefiederten Leib loszuwerden. Übrig bleiben: ein Hühnerauge, eine goldene Brille, ein künstliches Gebiß und ein Amulett. Und die Seele: eine Ellipse. Machetanz lächelt bitter: »Originalität ist ein Luftblasenkatarrh. Schmerzlich und unwahrscheinlich. Einen Mord begehen. Ein Mord ist etwas, was nicht geleugnet werden kann. Nie und nimmer. Schön Wetter machen. Immer die Armen lieben. Schon haben wir Gott als Supplement. Das ist fester Boden.« Und er blies Musikon ins Genick. Da zerwölkte sie sich.

Und er machte sein Testament. Mit Urintinte. Andere hatte er nicht. Denn er saß im Gefängnis. Er verwünschte darin: die Phantasten, Dagny, das Karussellpferd Johann, seine arme Mutter und viele andere Leute. Dann starb er. Auf einer Sodasuppe erwuchs ein Palmenwald. Ein Pferd bewegte die Beine und kam voran. Eine Trauerfahne wehte auf einem Krankenhaus.

Die roten Himmel

Landschaftsbild aus dem oberen Inferno. Ein Konzert heilloser Geräusche, das selbst die Tiere in Erstaunen setzt. Die Tiere treten zum Teil als Musikanten (sogenannte Katzenmusik), zum Teil in ausgestopftem Zustand und als Staffage auf. Die Tanten aus der siebenten Dimension beteiligen sich in obszöner Weise am Hexensabbat.

Die roten Himmel, mimul mamei,
Gehen im Magenkrampf mitten entzwei.
Die rotem Himmel fallen in den See,
Mimulli mamei, und haben Magenweh.

Die blauen Katzen, fofolli mamei,
An einem rotzackigen Wellblech kratzen.
O lalalo lalalo lalala!
Da ist auch die schnurrende Tante da.

Die schnurrende Tante hebt aus Schnee
Ihre trällernden Hosen und Röcke in d'Höh.
O lalalo lalalo lalalo!
Da sagte der Flötenbock: »Sowieso.«

Die tönerne Tuba fällt vom Dach.
Der doppelte Johann springt ihr nach.
O lalalo und mimulli mamei!
Auf eisernen Geigen kratzen zwei.

Das Pferd und der Esel schauten schief
Auf den Schneehahn, der aus der Tiefe rief.
Die blaue Tuba krachte sich eins –
Da sangen sie alle das Einmaleins.

O lalalo lalalo lalalo,
Der Kopf ist aus Glas und die Hände aus Stroh.
O lalalo lalalo lalalo!
Zinnoberzack, Zeter und Mordio!

Eine mystische Begebenheit, die sich in der untersten Tintenhölle ereignet. Tenderenda erzählt die Geschichte vor einem Publikum von Gespenstern und Abgeschiedenen, von satanopolitanischen Eingeweihten und Habitués. Er setzt eine Kenntnis der Personen und des Lokals, eine Vertrautheit mit unterirdischen Einrichtungen voraus.

Ein Journalist war entkommen. In grauer Gestalt überschattete er die Weideplätze von Satanopolis. Man beschloß, gegen ihn zu Felde zu ziehen. Das Revolutionstribunal versammelte sich. Man zog gegen ihn zu Felde, der sich in grauer Gestalt tummelte auf den Weideplätzen von Satanopolis. Aber man fand ihn nicht. Er hatte sich unterschiedlichen Unfug zuschulden kommen lassen, aber er weidete vergnügt und aß die spitzen Köpfe der Disteln, die blühten auf den Wiesen von Satanopolis. Da ward sein Haus ausfindig gemacht. Es lag auf dem 26½. Hügel, wo die Pfanne der Dreieinigkeit steht. Mit Stocklaternen umstellten sie das Haus. Ihre Mondhörner leuchteten falb in die Nacht. Alle liefen hinzu, Vogelkäfige in der Hand.

»Sie haben da einen schönen Kanidklopfer«, sagte Herr Schmidt zu Herrn Schulze. »Spinöser Affront!« sagte Herr Meyer zu Herrn Schmidt, setzte sich auf seine Schindmähre, die seine Krankheit war, und ritt verdrossen davon.

Unterdessen standen viele strickende Guillotinenfurien da, und man beschloß, den Journalisten zu stürmen. Das Haus, das er besetzt hielt, war das Mondhaus genannt. Er hatte es verbarrikadiert mit Matratzen aus Ätherwellen und hatte die Pfanne oben aufs Dach gesetzt, so daß er unter dem ganz besonderen Schutze des Himmels stand. Er nährte sich von Kalmus, Kefir und Konfekt. Auch hatte er um sich die Leichname der Abgeschiedenen, die in großen Mengen von der Erde durch seinen Schornstein herniederfielen. So daß er für einige Wochen bequem es aushalten konnte. Er sorgte sich deshalb nicht sehr. Fühlte sich wohl und studierte zum Zeitvertreib die 27 verschiedenen Arten des Sitzens und Spukens. Er hieß Lilienstein.

Eine Sitzung fand statt auf dem Rathaus des Teufels. Der Teufel trat auf mit Kis de Paris und Ridikül, sprach einiges unwirsches Zeug und sang den Rigoletto. Man rief ihm hinauf, er sei ein gespreizter Einfaltspinsel, er möge die Späße lassen. Und man beriet, ob man das Haus, das Lilienstein mit dem Kneifer besetzt hielt, durch Tanz einäschern oder aber von Flöhen und Wanzen verzehren lassen sollte.

Der Teufel auf dem Balkon bekam das Beineschwingen und meinte: »Der Unterleib Matats endete in einem Dolch. Er hat die Matratzen aus Ätherwellen vor seinem Hause, und die Lügentürme schwanken um ihn im Gebläue ihres Fundamentes. Er hat sich mit Leichenfett eingerieben und sich unempfindlich gemacht. Ziehet in Horden von Leuten mit je einer Trommel am Gurte noch einmal hin. Vielleicht . . . und daß es gelingen möge.« Des Teufels Gattin war schlank, blond, blau. Sie saß auf einer Eselin und hielt ihm zur Seite.

Da machte man kehrt und marschierte zurück und sang zu der Trommel. Und sie kamen zurück an das Mondhaus und sahen die Matratzen aus Ätherwellen und den Lilienstein, wie er bei voller Beleuchtung einherspazierte. Und der Rauch seines Mittagessens stieg oben aus seinem Schornstein.

Und er hatte ein großes Plakat angebracht. Darauf stand:

> »Qui hic mixerit aut cacarit
> Habeat deos inferos et superos iratos.«

(Das hatte er aber nicht selber erfunden, sondern es stammte von Luther.)

Und ein zweites Plakat. Darauf stand:

> »Wer sich furcht, der ziehe ein Pantzer an.
> Helpts, so helpts.
> Denn es lebt und bleibt leben der Scheblimini.
> Sedet at dexteris meis. Da steckts.«

Ich kann euch sagen, das wurmte sie mächtig. Und wußten nicht, wie sie den Lilienstein sollten herausbekommen. Doch sie kamen auf einen Gedanken: Hundekraut und Honig warfen sie über das Haus des Liliensteins. Da mußte er heraus. Und sie verfolgten ihn.

Hinweg stolperte er über die Schlafkarren, die auf der Straße standen, der Schlafkrankheit wegen. Hinweg stolperte er über die Beine des Petroleums, das saß an der Ecke und rieb sich den Magen. Hinweg über die Bude der Schutzgöttin der Aborte, die kinderspeiend an langen Schnüren die etwa 72 Sterne des Guten und die 36 Sterne des Bösen tanzen ließ. Und sie verfolgten ihn. Eine Apoplexie wälzt sich in himmelblauen Bändern. Blaudurstige Schecken kriechen. Wer diesen Phallus gesehen hat, kennt alle andern. Vorbei hetzte er an dem Tintenfisch, der die griechische Grammatik lernt und Veloziped fährt. Vorbei an den Lampentürmen und Hochöfen, in denen die Leichen der toten Soldaten flammen bei Nacht. Und er entkam.

In den Gartenwirtschaften des Teufels verlas man ein Manifest. Eine Belohnung von 6000 Francs war ausgesetzt für jeden, der über den Verbleib des nach Satanopolis geratenen Journalisten Lilienstein etwas Zuverlässiges zu bekunden oder Angaben zu machen habe, die auf die Spur des Unholds zu führen vermöchten. Bei den Klängen eines Posaunenchors ward es verlesen. Aber umsonst.

Schon hatte man ihn vergessen und ging seiner Wege, da fand man ihn auf dem Corso des Italiens. Auf himmelblauen Pferdchen ritt man dort aus, und die Damen trugen langstielige Sonnenschirme, denn es war heiß.

Auf dem Sonnenschirm einer Dame bemerkte man ihn. Er hatte sich dort ein Nest gebaut und war dabei brütend befunden worden. Er fletschte die Zähne und schrillte in einem durchdringenden Ton: »Zirrizittig-Zirritig.« Aber es half ihm nicht. Man zerrte die Dame, auf deren Sonnenschirm er flanierte, hin und her. Man beschimpfte, bespie und beschuldigte sie. Man erteilte ihr einen Stoß ins Gesäß, denn man hielt sie für eine Spitzelin. Da fiel er heraus aus dem Nest und die Eier mit ihm, und ein Johlen erhob sich.

Aber man riß ihm nur seinen Papieranzug vom Leib. Er selber entkam und retirierte in das Gestänge der Bahnhofshalle, oben hinauf, wo sich der Rauch aufhält. Dort war es ganz offenbar, dort oben könne er sich nicht lange halten.

In der Tat kam er herunter nach fünf Tagen und ward vor den Richter gestellt. Jämmerlich war er anzusehen. Das Gesicht geschwärzt von Kohlenruß und die Hände besudelt von Tintendreck. In der Hosentasche trug er einen Revolver. In der

Brusttasche neben dem Portefeuille das Handbuch der Kriminalpsychologie von Ludwig Rubiner. Noch immer fletschte er die Zähne »Zirritig-Zirrizittig«. Da kamen die Tintenfische aus ihren Löchern und lachten. Da kamen die Zackopadoren und schnupperten an ihm. Da schwirrten die Zauberdrachen und Seepferdchen überlings um seinen Kopf.

Und man machte ihm den Prozeß: »In grauer Gestalt ruiniert zu haben die Weideplätze der Mystiker. Durch mancherlei Unfug Aufsehen erregt zu haben. Aber der Teufel machte sich zu seinem Anwalt und verteidigte ihn. »Afterreden und Schläfrigkeit«, sprach der Teufel, »was wollt ihr von ihm? Sehet, da stehet ein Mensch. Wollt ihr, daß ich meine Hände in Unschuld wasche, oder soll er geschunden werden?« Und die Armen und Bettler sprangen herfür und riefen: »Herr, hilf uns, wir haben Fieber.« Aber er schob sie zurück mit der flachen Hand und sagte: »Bitte, nachher.« Und der Prozeß wurde vertagt.

Am nächsten Tag aber kamen sie wieder, viel Volks, brachten Rasiermesser und schrieen: »Gib ihn heraus. Er hat Gott und den Teufel gelästert. Er ist ein Journalist. Er hat unser Mondhaus befleckt und sich ein Nest gebaut auf dem Sonnenschirm einer Dame.«

Und der Teufel sagte zu Lilienstein: »Verteidige dich.« Und ein Herr aus dem Publikum rief mit erhobener Stimme: »Dieser Herr hat keine Gemeinschaft mit der Aktion.«

Und Lilienstein fiel auf die Knie, beschwor die Sterne, den Mond und die Menge und rief: »Autolax ist das beste. Aus weichem Holz und Bast gebundene trichterähnliche Zapfen kennt schon das Altertum. Der Soxletapparat ist eine Erfindung der Neuzeit. Das beste Abführmittel ist Autolax. Es besteht aus Pflanzenextrakten. Hören Sie mich: aus Pflanzenextrakten! Es braucht kaum erwähnt zu werden, daß es sich um ein Erzeugnis der deutschen Industrie handelt«, stammelte er in seiner Not. »Nehmet hin dieses Rezept. Ich beschwöre Euch. Lasset mich laufen dafür. Was habe ich Euch getan, daß ihr mich also verfolget? Siehe, ich bin der König der Juden.«

Da brachen sie in ein unbändiges Gelächter aus. Und der Teufel sagte: »Sapperment, sapperment, sollte man das für möglich halten.« Und der Herr aus dem Publikum schrie: »Ans Kreuz mit ihm, ans Kreuz mit ihm!«

Und er ward verurteilt, sein knopfig Selbstgedrehtes aufzuessen. Und der Tuifelemaler Meideles porträtierte ihn, ehe er dem Schinder überliefert wurde. Und alle Fahnen tropften von Hohn und Lauge.

II

Grand Hotel Metaphysik

Die Geburt des Dadaismus. Mulche-Mulche, die Quintessenz der Phantastik, gebiert den jungen Herrn Fötus, hoch oben in jenem Bereich, der von Musik, Tanz, Torheit und göttlicher Familiarität umgeben, sich klärlich genug vom Gegenteil abhebt.
Über keine Rede der Herren Clemenceau und Lloyd George, über keinen Büchsenschuß Ludendorffs regte man sich so auf wie über das schwankende Häuflein dadaistischer Wanderpropheten, die die Kindlichkeit auf ihre Weise verkündeten.

In einem Fahrstuhl aus Tulpen und Hyazinthen begab sich Mulche-Mulche auf die Plattform des Grand Hotel Metaphysik. Oben harreten ihrer: der Zeremonienmeister, der die astronomischen Geräte zu ordnen hatte, der Jubelesel, der gierig aus einem Kübel voll Himbeersaft sich erlabte, und Musikon, unsere liebe Frau, aufgebaut ganz aus Passacaglien und Fugen.
Das schlanke Bein Mulche-Mulches war mit Chrysanthemen ganz umwickelt, so daß sie beim Gehen nur spärlich ausschreiten konnte. Die rosenblätterne Zunge stieß flatternd ein wenig über die Zähne hervor. Goldregen hing ihr vom Auge herab und die schwarze Decke des Himmelbetts, das ihr bereitet stand, war bemalt mit silbernen Hunden.
Das Hotel war aus Gummi erbaut und porös. Die oberen Stockwerke hingen mit Firsten und Kanten weit vornüber. Als Mulche-Mulche entkleidet war und der Glanz ihrer Augen die Himmel färbte –: eija, da hatte der Jubelesel sich satt getrunken. Eija, da schrie er mit weithin vernehmlicher Stimme Willkomm. Der Zeremonienmeister verbeugte sich weithinvielmals und

rückte das Fernrohr näher zur Brüstung, um die Cölestographie zu studieren. Musikon aber, als Goldflamme stets um das Himmelbett tanzend, hob plötzlich die Arme, und siehe, von Violinen schattete es über die Stadt.

Mulche-Mulches Augen verflammten. Ein Anfüllen ihres Leibes vollzog sich mit Korn, Weihrauch und Myrrhen, daß sich die Decken des Bettes hoben und wölbten. Mit allerlei Samen und Frucht stieg die Fracht ihres Leibes, das knatternd die Wickel zersprangen, darein er gebunden war.

Da machte sich alles rachitische Volk der Umgebung auf, die Geburt zu verhindern, die dem verödetem Lande drohte mit Fruchtbarkeit.

P. T. Bridet, die Totenblume am Hut, wuchs zeternd auf seinem Holzbein. Giftlache prägte sich auf seiner Backe. Aus der Stube der Abgeschiedenen eilte er grimmig herbei, dem Unerhörten erbost zu begegnen.

Und da war Pimperling mit dem Abschraubekopf. Das Trommelfell hing ihm zu beiden Seiten zerknüllt aus den Ohren. Ein Stirnband aus Nordlicht trug er, neuesten Datums. Typus des schlammüberfluteten Massengräblers, der, mit Vanille bepudert, aus Jalousien sehr schlimmer Dünste sich aufmacht, die Ehre zu retten.

Und da war Toto, der diesen Namen hatte, sonst nichts. Sein eiserner Adamsapfel schnurrte geölt im Winde, beim Laufen der Bise entgegen. Die Jerichobinde hatte er sich um den Leib geschnallt, damit seiner Eingeweide flatternde Lappen nicht sollten verloren gehen. Marseillaise, sein Schobboleth, strahlte ihm rot von der Brust.

Und sie zernierten die Gärten, stellten die Wachen aus und beschossen mit Filmkanonen die Plattform. Das donnerte Tag und Nacht. Als Versuchsballon ließen sie aufsteigen die violettausstrahlende ›Kartoffelseele‹. Auf ihren Leuchtraketen stand: ›God save the King‹ oder ›Wir treten zum Beten.‹ Durch ein Schallrohr aber ließen sie auf die Plattform rufen: »Die Angst vor der Gegenwart verzehrt uns.« Dort oben derweilen versuchte der Gottheit geschäftiger Finger vergebens, den jungen Herrn Fötus hervorzulocken aus Mulche-Mulches rumorendem Leibe. Schon war es an dem, daß er vorsichtig lugte aus ragendem Muttertore. Aber mit schlauerem Fuchsgesicht zog er sich blinzelnd wieder zurück, als er die viere, Jopp, Musikon, Gottheit und Jubelesel mit Schmetterlingsnetzen, Stöcken und Stangen und einem nassen Waschlappen vereinigt sah, ihn zu empfangen. Und herrischer Schweiß brach aus Mulches gerötetem Körper mit Spritzen und Strahlen, daß alle Umgebung davon übergossen war.

Da wurden die unten ganz ratlos ob ihrer verrosteten Filmartillerie und wußten nicht, was sie beginnen sollten, ob abziehen oder verweilen. Und zogen die ›Kartoffelseele‹ zu Rat und beschlossen, das liebliche Schauspiel des Grand Hotel Metaphysik mit Gewalt zu erstürmen.

Als ersten der Katapulte rollten sie heran: den Modegötzen. Das ist ein mit Similisteinen und mit orientalischem Trödel beladener funkelnder Spitzkopf mit niedriger Stirne. Dieweil er vom Kopf bis zu den Füßen aus hölzernen Lügen gedrechselt ist und auf der Brust als Berlocke ein Eisenherz trägt, kann man ihn nennen den Spaßlosen Götzen.

Schwarzhalsig ragt er mit Schellen behangen, die Stimmgabel des Lasters hoch in der erhobenen Rechten. Aber mit Schriftzeichen über und über bemalt der Kabbala und des Talmud, schaut er doch gutmütig drein aus Kinderpupillen. Mit sechshundert selbstgelenkigen Armen verdreht er die Tatsachen und die Geschichte. Am hintersten Rückenwirbel ist auch ein Blechkasten angebracht mit Knallgebläse. Und so die ölgesalbte Entleerung stattfindet, entstürzen ihm afterling Generäle und Bandenführer, menschenunähnlich und mit den Gesichtern im Kote schleifend.

Doch senkt ihm von oben Jopp mit Musikons Hilfe die Zündschnur tief in den Magen, und da er mit Hespar, Salfurio, Akunit und Schwefelsäure geladen ist, so sprengen sie ihn und vereiteln den Anschlag.

Als zweiten Götzen bringt man den ›Bärtigen Hund‹, daß er mit urchigem Brüllen und Geifer die zärtliche Anekdote wegspüle von der Plattform des Grand Hotel Metaphysik. Mit Stemmeisen lüpft man das Pflaster der Religionen, damit sich ein Weg und Geleise eröffne. Die ›Ideologischen Überbau-Aktien‹ fallen rapid. »Oh Niederbruch in die Tierheit!« jammert Bridet. »Die magischen Druckereien des heiligen Geistes genügen nicht mehr, den Untergang aufzuhalten.«

Und schon faucht er heran, vorgespannt einer auf Rollrädern laufenden Kirche, hinter deren Gardinen ängstliche Priester, Prälaten, Dekane und Summi Episcopi Ausschau halten. Fünfgrätige Rückenwirbel schleppen sein räudiges Fell, in das Truppen hineintätowiert sind. Auf fliehender Stirne thront Abbild von Golgatha. Gefüttert mit einem Häcksel auf Kraftlinien stand er bislang im Stalle der Allegorie. Nun rollt er heran, sein Erstaunen zu pusten wider die Klangstimme Musikons.

Doch seine Wut überschlägt sich. Noch ehe sein Atem den Dachfirst erreichen kann, krümmt er den Rücken und läßt seiner Mannbarkeit Samen aus, der duftet nach Jasmin und Wasserrosen. Entkräftet zittern des Ungetüms Knie. Es leget das Haupt auf die Pfoten, demütig winselnd. Mit seinem eigenen Schweife zerschlägt es die wackelnde Ferienkirche der Volksvormünder, die es herangezogen. Und auch dieser Ansturm versaget.

Und während auf luftiger Plattform Musikons Goldflamme tanzet, umbala weia, da bringt man den letzten der Götzen heran: Puppe Tod aus Stuck, im Auto lang ausgestreckt, um ihn an Stricken hinaufzuziehen. »Hoch lebe der Skandal!« ruft Pimperling zum Empfang. »Poetischer Freund«, so Toto, »ein krank verstümmelter Leichnam ist um Euren Kopf. Kobaltblau sind Eure Augen gefärbt, lichtockergelb Eure Stirne. Reichet den Handkoffer her. Sela.« Und Bridet: »Wahrlich, verschwiegener Meister, Ihr duftet nicht schlecht für Euer Alter. Das wird einen Heidenspaß geben. Lasset uns jeder das Tanzbein schwingen, das er dem andern entrissen hat. Lasset uns einen Triumphbogen bauen, und wo Ihr den Fuß hinsetzet, begleite Euch Segen und Heil!«

Da nickte der Tod und nahm ihnen ihre Erlebnisse ab, wie man ein Huldigungsschreiben entgegennimmt, und bot seinen Hals für die Schlinge, womit er zur Hölle sollte befördert werden. Und sie hakten die Spulen ein, drehten den Hebel und lotseten ihn. Doch die Last war zu schwer. Dreiviertel der Höhe hatte er baumelnd und schaukelnd erreicht und belebte sich schon, um den First zu erklimmen. Da strafften die Seile sich härter, sangen und sausten. Da krähte der Draht, und aus schwindelnder Höhe stürzte er nieder und traf mit der ganzen Wucht seiner Last den kreuzbraven Pimperling, der solcher Anrempelung sich mitnichten versah. Dreimal gestorben und fünfmal erschlagen trugen sie ihn, in ein Nastuch gehüllt, abseits des Weges und trachteten heiß, das verschobene Gebälk seines Hinterkopfes wieder zurechtzurücken. Doch da war nicht zu helfen. Und auch der Tod ging entzwei bei Pimperlings Tod durch den Tod.

Da stieß Mulche-Mulche plötzlich zwölf gellende Schreie aus, hart nacheinander. Ihr Zirkelbein hob sich zum Rande des Himmels. Und sie gebar. Zuerst ein klein Jüdlein, das trug ein klein Krönlein auf purpurnem Haupte und schwang sich sogleich auf die Nabelschnur und begann dort zu turnen. Und Musikon lachte, als sei sie die Base.

Und vierzig Tage vergingen, daß Mulche kreidigen Angesichts stand an der Brüstung. Da hob sie zum zweiten Male das Zirkelbein, hoch in den Himmel. Und diesmal gebar sie viel Spülicht, Geröll, Schutt, Schlamm und Gerümpel. Das prasselte, klirrte und polterte über die Brüstung hinab und begrub alle Lüste und Leichen der Sohlengänger. Da freute sich Jopp, und die Gottheit senkte das Schmetterlingsnetz und schaute verwundert.

Und abermals vierzig Tage vergingen, da Mulche nachdenklich stand und mit großen verschlingenden Augen. Da hob sie zum dritten Male das Bein und gebar den Herrn Fötus, als welcher beschrieben steht Pagina 28, Ars magna. Konfutse hat ihn gerühmt. Eine Glanzkante läuft ihm über den Rücken. Sein Vater ist Plimplamplasko, der hohe Geist, liebtrunken über die Maßen und wundersüchtig.

Bulbos Gebet und der gebratene Dichter

In dem Maße, in dem sich das Grauen verstärkt, verstärkt sich das Lachen. Die Gegensätze treten grell hervor. Der Tod hat magische Gestalt angenommen. Sehr bewußt wird dagegen das Leben verteidigt, die Helle, die Freude. Die hohen Gewalten treten persönlich in die Schranken. Gott tanzt gegen den Tod.

Nun hätte man meinen können, der Tod selber sei gestorben, aber weit gefehlt. Kaum intonierten die großen Gespenster auf den Zementröhren die Totenklage, da kam, von solchem Rhythmus gehoben und in Bewegung gesetzt, der Tod lebhaft wieder herfür und begann auf eisernem Schenkel zu tanzen. Die Fäuste nach innen geballt, schlug er den Boden und stampfte mit dröhnenden Hufen.

Und die großen Gespenster lachten, und die Sargdeckel ihrer Backenknochen knackten. Denn das große Sterben war wieder da. Da sank Bulbo auf seine Knie, warf die Arme zum Himmel und schrie:

»Erlöse uns, o Herr, von der Verzauberung. Ziehe uns, o Herr, unsere versotteten Münder aus den Schmutzeimern, Rinnsalen und Abfallgruben, in die wir verrannt sind. Erbarme dich, o Herr, unseres Aufenthaltes in Sud und Latrine. Unsere Ohren sind mit Jodoformgaze umwickelt, in unseren Lungenflügeln weidet die Schar der Weinschröter und Engerlinge. Ins Reich der Spulwürmer und Abgötter sind wir verschlagen. Der Schrei nach der Auflösung nimmt überhand.

Mit feurigen Stöcken prügeln sie deine Erzengel. Sie locken deine Engel auf die Erde und machen sie dick und gebrauchsunfähig. Wo die Hölle ans Paradies grenzt, wälzen sie ihre Betrunkenen in dein gelobtes Land, und es erschallet der Wagnerjodel, wigalaweia, in Germano panta rei.

Ein Haus des Gespöttes ist deine Kirche geworden, ein Schandhaus. Lästerer nennen sie uns und krötige Gnostiker. Unter der Fleischesfülle jedoch erscheinen ihre Apachen und Tiergesichter. Wie soll man sie lieben? In den Schiebladen mehrt sich die Zahl der gefundenen Fötusse, und in den Bettern lottert der Speckmatz.

Nicht mehr gewahren sie die Mumie in der Hängematte, das einbalsamierte Gliedergerümpel und die Cholerabazillen in der Baßgeigennaht. Nicht mehr die Grütze, die aus dem Rauchfang tropft, und den Familienvater verwesten Gemütes. Schon im Mutterleibe verkaufen sie einander das ewige Leben.

Sie verschieben das Weizenmehl, das für deine heilige Hostie bestimmt ist, und gurgeln sich den Hals mit dem Krätzer, der dein heiliges Blut darstellen sollte. Du aber vergibst uns unsere Schlechtigkeit, wie auch wir versprechen, daß wir die unsrige tun.

Ich könnte mich ja in einer anderen Zeit aufhalten. Was nützte es mir, o Herr? Siehe, ich bewurzele mich bewußt in diesem Volke. Als Hungerkünstler nähre ich mich von Askese. Aber die Relativitätstheorie genügt nicht, noch die Philosophie ›als ob‹. Unsere Pamphlete verfangen nicht mehr. Die Erscheinungen von expansivem Marasmus mehren sich. Alle sechzig Millionen Seelen meines Volkes quillen aus meinen Poren. Rattenschweiß ist es vor dir, o Herr. Doch erlöse uns, hilf uns, pneumatischer Vater!«

Da quoll aus Bulbos Mund ein schwarzer Ast, der Tod. Und man warf ihn in der Gespenster Mitte. Und der Tod exerzierte und tanzte auf ihm.

Der Herr aber sprach: »Mea res agitur. Er vertritt eine Ästhetik sinnlicher Assoziationen, die an Ideen anknüpfen. Eine Moralphilosophie in Grotesken. Seine Doktorey geht süß ein.« Und er entschloß sich, gleichfalls zu tanzen, weil das Gebet ihm gefallen hatte.

Da tanzte Gott mit dem Gerechten gegen den Tod. Drei Erzengel drehten seiner Frisur turmhohes Toupet. Und der Leviathan hing sein Hinterteil über die Himmelsmauer herunter und sah dabei zu. Über der Frisur des Herrn aber schwankte, aus den Gebeten der Israeliter geflochten, die turmhohe Krone.

Und ein Wirbelsturm erhob sich, und der Teufel kroch in das heimliche Gemach hinter dem Tanzplatz und schrie: »Graue Sonne, graue Sterne, grauer Apfel, grauer Mond.« Da fielen Sonne, Sterne, Apfel und Mond auf den Tanzplatz. Die Gespenster aber verspeisten sie.

Da sagte der Herr: »Aulum babaulum, Feuer!« Und Sonne, Sterne, Apfel und Mond stoben aus den Kaldaunen der Gespenster und nahmen ihren Platz wieder ein.

Da hänselte der Tod: »Ecce homo logicus!« und flog auf die oberste Stufe. Und tat seine Großduftei auf, um seine Autorität zu beweisen.

Da schlug ihm Gott die Kategorientafel auf den Kopf, daß sie zerschellte, und tanzte weiter mit männlichen Schnörkeln und hurtigen Schleifen. Die Kategorientafel aber zerstampfte der Tod, die Gespenster aber verspeiseten sie.

Da machte der Tod einen Aschenregen aus dem Schwarzsauer der Hobelspäne, die für die Särge bestimmt sind, und schrie:

»Chaque confrère une blague, et la totalité des blagues: humanité.« Und knackte dazu mit den Sargdeckeln seiner Backenknochen. Die Späne aber fielen ringsum hernieder, die Gespenster aber verzehreten sie.

Da senkte Gott die Trompete nach unten und rief: »Satana, Satana, ribellione!« Und es erschien der rote Mann, die falsche Majestät und erschlug den Tod, daß kein Mensch ihn fürdermehr erkennen konnte. Und die Gespenster verspeiseten ihn. Aber siehe, da wurden sie sehr mächtig und schrieen: »Man reiche uns einen gebratenen Dichter!«

»Kuh, du bist unser!« sprach der Teufel.

»Freiheit, Verbrüderung, Himmel, du bist unser.«

»Unserigkeit und Knauserigkeit«, sprach der Teufel, »was soll nun dieses heißen?«

Da überließ ihnen der Herr den gebratenen Dichter. Die Gespenster aber hockten sich nieder im Kreis, entkeimten ihn, pellten die Kruste ab und den Federflaum und verspeiseten ihn. Da stellte sich heraus, daß Oblaten seine Hosenknöpfe waren, ungegoren der Kehlkopf, duftig das Gehirn, aber schief genabelt. Und der Gespenster jüngstes hielt ihm die Totenrede:

»Dieser war ein Psychofakt«, begann die Rede, »kein Mensch. Hermaphrodit vom Kopf bis zur Sohle. Spitz stachen die geistigen Schultern durch die Achselstücke seines Cutaway. Sein Kopf eine Wunderzwiebel der Geistigkeit. Blind beherrscht vom Drange, sich bruchlos zu bekennen, war sein Beginn, sein Ende und Anfang von solch jungfräulicher, völlig kompromißloser Seelensauberkeit, das wir Nachwachsenden den Zweifel an der Pflicht zu revolutionär sittlichkeitsbildender Mutterschaft unserem annoch kraftlosen Streben nach einem Kosmos von Flugwillen und Erdüberwinderschaft als ein zwar unerläßliches, aber süßes Problem binnentragisch einzuordnen nicht können.

Herrliches liegt hier verschüttet in einem Wust unvergorener, abstrakt verbliebener Rednerei. Subjetivistische Ekstatik vermochte nicht immer theatralischem Selbstzweck sich zu entheben. Stämmiger Schwärmer und fakirhafter Erlösungssucher, Hoherpriester und Seher, Queller und Sporn dithyrambischen Schwunges fügt seinem löblichen Vorbild herbe Beeinträchtigung der einzige Umstand, daß Max Reinhardt, dessen schöpferische Regie den Aufriß der einzelnen Visionen befruchtete, sein Können dem Könner erst lange nach dessen Hingang hat spenden dürfen. Requiescat in pace.«

Und sie verspeiseten ihn; den Leichenredner aber verspeiseten sie ebenfalls. Und die Teller verspeiseten sie. Und die Gabeln verspeiseten sie. Und den Tanzplatz ebenfalls. Oh, wie gut war es, daß der Herr sich der Szene vorher enthoben hatte. Sie hätten auch ihn verspeist.

Hymnus I

Zu sagen ist nichts mehr. Vielleicht, daß etwas noch gesungen werden kann. ›Du magisch Quadrat, jetzt ist es zu spat.‹ So spricht einer, der zu schweigen versteht. ›Ambrosanischer Stier‹: gemeint ist der ambrosianische Lobgesang. Eine Hinwendung zur Kirche zeigt sich an in Vokabeln und Vokalen. Der Hymnus beginnt mit militärischen Reminiszenzen und schließt mit einer Anrufung Salomos, jenes großen Magiers, der sich tröstete, indem er die ägyptische Königstochter an sein Herz zog. Die ägyptische Königstochter ist die Magie.

Du Herr der Vögel, Hunde und Katzen, der Geister und Leiber, Gespenster und Fratzen,
Du Oben und Unten, Rechtsum und Linksum, Geradeaus, Kehrteuch und Haltwerda,
Der Geist ist in dir und du bist in ihm, und ihr seid in euch und wir sind in uns.
Der Auferstandene bist du, der überwunden war.
Der Entfesselte, der seine Ketten zerriß.
Der Allmächtige bist du, Allnächtige, Prächtige, mit einem brennenden Topf auf dem Kopf. In alle Sprachen und Windrichtungen ist dir der Donner im Kasten zersprungen.
In Vernunft und Unvernunft, im toten und lebenden Reiche raget dein Blechhals und saust deine Speiche.
Mit großem Brüllen kamst du, Sturmhaube der Rebellion, Krähtrompete, Völkersohn.
In Feuerschlünden und Kugelsaat, in Sterbegewinsel und endlosem Fluche,
In Blasphemien sonder Zahl, in Schwaden von Druckerschwärze, Oblaten und Kuchen.

So sahen wir dich, so hielten wir dich, in Gesichterregen, geschnitzt aus Achat.

Auf umgestürzten Thronen, zerspellten Kanonen, auf Zeitungsfetzen, Devisen und Akten,

Bunt aufgeputzte Puppe, hobst du das Richtschwert über die Vertrackten.

Du Gott der Verwünschungen und der Kloaken, Dämonenfürst, Gott der Besessenen.

Du Mannequin mit Veilchen, Strumpfbändern, Parfums und mit einem Hurenkopfe bemalt.

Deine sieben Jungen blecken die Zungen, deine Großtanten werden zuschanden, eine rote Kugel ist deine Gugel.

Du Fürst der Krankheiten und Medikamente, Vater der Bulbo und Tenderende,

Der Arsenike und Salvarsäne, der Revolver, eingeseiften Stricke und Gashähne,

Du Löser aller Bindungen, Kasuist aller Windungen,

Du Gott der Lampen und der Laternen, du nährst dich von Lichtkegeln, Dreieck und Sternen.

Du Folterrad, russische Schaukel der Qual, Homozentaurus, in Flügelhosen schwebend durch den Krankensaal,

Du Holz, Kupfer, Bronze, Turm, Zinke und Blei, als Eisengokkel schwirrst du geölt vorbei.

Du magisch Quadrat, jetzt ist es zu spat, du mystisch Quartier ambrosianischer Stier,

Herr unserer Entblößung, deine fünf Finger sind das Fundament der Erlösung.

Herr unseres Jäger- und Küchenlateins, Lamentotrommel unseres Daseins, Äthernist, Kommunist, Antichrist, oh! Hochweisige Weisheit des Salomo!

Hymnus 2

Man beachte, wie sich in dieses Hymnusses zweiter Hälfte aus der Buffonade eine Litanei loslöst. Die liturgischen Formeln nehmen überhand. Die Stimmen und Parteien streiten zwar noch, und demgemäß ist der Gegenstand umstritten, von dem erlöst werden soll.

Der unsere Ehrenjungfrauen beiseite schob, unsere Blumensträuße und Parfumerien und unsere berauschenden Drogen,
Mit Bombardon, Pfeifen und Schellen, mit hellen Tschinellen und Redeschwällen grüßen wir dich.
Der unsere Mondkälber auf die Straßen warf, unsere Kochbücher und Astrologien,
Der aufschrie mit den Stimmen von zehntausend Wechselbälgern,
Der herankam und seinen Einzug hielt, lachender Kinderdrachen und Triumphator,
Mit Ersatzscheinen, Blech-, Email-, Papier- und Knopfgeld grüßen wir dich.
Der in den Backentaschen seines gehörnten Hauptes skrofulöse Kinder und Zebras verwahrt,
Für eine Mark haben sich hingegeben der tändelnde Dichter, der warme Prolet, der Zeitungsmann und der Priester.
Lege den Ring deiner Allmacht uns in die Nase und einen Zaun in den Kinnbacken, zähme du unsere Herrlichkeit.
Einen großen Tanz führen wir auf in Kleidern aus Lumpen und Papier, aus Fensterglas, Dachpappe und Zement.
Unsere alldeutschen Knotenstöcke schwingen wir, bemalt mit Runen und Hakenkreuzen. Vom Nabel bis zu den Knieen dauert dein Reich, und der lutheranische Kabeljau bellt.
Von den Nachstellungen der Ketzer und Utopisten, der Widersacher und Propheten erlöse uns, o Herr.
Von den Anmaßungen der Theoretikaster und Liturgiker, von den vereinigten Glockenspielern erlöse uns, o Herr.
Aus diesem Lande der Pflichtenkäfer, der naßkalten Kuchen und der mit Totenscheinen gepflasterten Orte führe uns weg, o Herr.
Höre auf zu klappern mit Holz, Kupfer, Bronze, Elfenbein, Stein und den andern gewaltigen Trommeln.
Höre auf, unsere Toten erscheinen zu lassen und unsere Wärme zu stören, darum bitten wir dich, o Herr.
Höre auf, die Gespenster uns auf den Tisch, die Gespenster uns in die Kaffeetassen zu setzen, und kein Inkubus raßle im Treppengebälk.

III

Der Verwesungsdirigent

*In diesem Kapitel wird angenommen, daß ein Fleischwaren-
händler der letzte sein wird, den man begräbt. Späterhin stellt
sich jedoch heraus, daß noch einige andere das große Sterben
überdauert haben. Die Leidtragenden sind Revenants und
Dreimonatsleichen. Das Begräbnis gestaltet sich zu einem
Festzug ähnlich demjenigen, der bei den eleusinischen Mysterien
stattfand. Zur Rechten des Schauplatzes wird eine drückend
empfundene Finsternis in Kisten verpackt. Zur Linken zeigt sich
ein gleichfalls überlebender Dichtklub eifrig damit beschäftigt,
die Verwesung zu registrieren und die phantastische Wirklichkeit zweckmäßig abzuschwächen.*

Schon waren alle sich einig, da reichte der Verwesungsdirigent
sein Rücktrittsgesuch ein. Es war just an dem Tage, an dem das
letzte Begräbnis stattfand. Die Abgeschiedenen hatten sich
vollzählig versammelt. Sie unterdrückten notdürftig ihren Ge-
ruch, schnallten sich die Unterkiefer fest und reichten Parfum
herum. Den Pferdekadaver, der die Begräbniskutsche zu ziehen
hatte, hüllten sie ein in ein Meßgewand, damit seine wurmrei-
che Blöße nicht aufdringlich möchte zu sehen sein.
Und der Zeremonienmeister des finsteren Vorganges erhob
seine Stimme und las aus dem Festprogramm:

>»Gott, dem Allmächtigen,
>hat es gefallen,
>unsere Urahne, Großmutter, Mutter und Kind,
>Herrn Gottlieb Zwischenzahn,
>von der Firma Zwischenzahn, Kiefer & Co.,
>Wurst- und Fleischwaren en gros,
>zu sich abzuberufen.«

»Hei schied er hen, dau schied er hen«, brummte der Chor.
»Des Verblichenen Hinschied ist mustergiltig. Allzeit war er ein
treuer Diener der Kirche. Ihn begleitet die Kundgebung unseres
unflätigen Beileids, die tief empfundene Schmerzovation seiner

Verwandten und Freunde, die in richtiger Erkenntnis der windigen Situation sich vor ihm bei Zeit aus dem Staube machten. Und bleibt noch hinzuzufügen, daß unter der Leitung des Verstorbenen die Wurstfabrik, die jetzt brachliegt, ehedem wurde ins Leben gerufen.«

Da setzte der Trauerzug sich in Bewegung, und der Verwesungsdirigent stieg auf das Podium und dirigierte zum letzten Mal. Und sein Famulus machte den Donner, auf einem Kuchenblech. Und während der duftende Zug in den Straßen verschwand, vernahm man die Worte der Chorybanten:

> »Der da spät im Hafen landelt,
> Abgebrüht und ganz verschandelt,
> Mit dem Barte, dem vielgreisen
> Lederportefeuille, stets auf Reisen –
> Der da Schaf und Schwein getötet,
> Umeinand' geschwerenötet,
> Hin und her und selbst geschoben,
> Abgesetzt und aufgehoben –
> Fürchtet jetzt des Gauches Seele,
> Daß die Dividende fehle?
> Wird sein Geist im Geist erröten?
> Er ging flöten, er ging flöten.«

Und der Pfarrherr stocherte mit dem Kirchenkreuz die Überbleibsel im Sarg zurecht, während der Famulus donnerte und der Verwesungsdirigent dirigierte:

> »Bringen ihn allhier getragen
> Platt auf einem Leichenwagen,
> Daß der Korpus, der geschäft'ge
> Nahrung sauge und sich kräft'ge.
> Legen ihn auf Himmelsboden
> Eingewickelt ganz in Quoten.
> Knüpfen ihm die Weste leichter,
> Seinem Hosenbein entsteigt er.
> Salben ihm die Augen linde
> Mit reichsdeutscher Adlertinte.
> Über seinem müden Haupte
> Schweb, was er zusammenklaubte.«

Siehe, da konnte man wahrnehmen, daß sich zur Rechten versammelt hatten die Kirchendiener der unteren Himmel. Sie trugen Kutten aus tolerantem Kaschmir und hohe Kappen aus Asche und waren damit beschäftigt, alle verfügbare Sonnenfinsternis einzupacken in Kisten. Denn die Luft war überladen damit, und man bekam Kopfweh. Einige auch dieser Dienstleute der schwarzen Schicht hatten den Kopf nicht bedeckt. Ihre Blechaugen schielten. Ihr Kopfhaar aus Zündholz klapperte, wenn sich beim Bücken der Wind darin fing.

Zur Linken aber hatte der Dichtklub ›Üppiger Schenkel‹ seine Vibrationsmaschine aufgestellt, mächtige Katapulte, mit denen die leiseste Schwingung des Seelenlebens und der Verwesung aufzufangen und zu berechnen war.

Aber sie hatten auch die Waschmaschine der Banalisierung dabei, in die man von oben die Wirklichkeit stopfte, um sie mit Zahnrad und Quirl zu entwerten. Und da die Finsternis aller Augen blendete, nahmen einige die Gelegenheit wahr, ein wüstes erotisches Treiben zu entfalten. Schlamm, Mörtel und Steine schleppten sie herbei und buken daraus eine gigantische Vulva, Geburtsteil der Göttin Ta-hu-re.

Da hob der Verwesungsdirigent die Arme um drei Stufen höher, wies auf das hitzige Treiben und sprach: »Man nenne mir Namen und Herkunft dieser Gesellen.«

Und der Famulus hob das Kuchenblech als eine schwarze Sonne und sprach: »Habet Nachsicht, Herr, es sind Idealisten. Ihr merkt's an dem glühenden Seelenleben. Sie sind aus dem Zwielicht geboren und haben vergessen zu sterben. Jetzt dichten sie um den nackten Punkt.«

Und der Verwesungsdirigent hob die Arme abermals um drei Stufen höher, schneuzte sich, spuckte zur Rechten und Linken und sprach: »Sind Dekadente darunter? Transzendente Dekadente?«

»Nein«, sagte der Famulus, »es sind Nachtbuben darunter. Sie klettern auf das Denkmal des Dichtervaters Gleim und ruinieren die Aussicht.«

Und der Verwesungsdirektor sah genauer hin und sprach: »Sie scheinen es mit der Aktivität zu tun zu haben.«

»Ja, Herr«, sagte der Famulus, »sie sind sehr geschäftig mit ihrer Spille.« Er meinte aber damit die Waschmaschine der

Banalisierung. In diesem Augenblick aber verließ auch schon einer der vielen Gesellen den Bannkreis, kam näher heran, hielt die Opferbüchse hin und schrie: »Menschlichkeit in Wort und Schrift! Kostenlose Menschlichkeit!« Und andere drängten hinzu, rangen die nassen Tücher aus, die sie sich um die Köpfe gebunden hatten, und rezitierten ihre soeben erfundenen Sprüche und Späße.

Der Eine: »Sternenstirne meiner Dulderkrone«, und »Lampenkönig aus Jerusalem«. Der Andere: »Ich möchte eine Bemerkung machen: schon wenn du die steile Treppe betrittst ... Tritte betreppst ... Trette betrippst ...« Der Dritte: »Tapp tapp, mein Asthma, fahre hin, du Kutsche« und: »Hinter unseren Stirnen glühen die großen Abszesse.«

»Sie übertreiben, Herr«, versetzte der Famulus. »Ist im Grunde ein harmloses Völkchen. Mußt sie nicht deines Ärgers würdigen.«

Als aber einer ganz hinten, bei den Gerüsten, die Pfeife rauchte und sein Essay vorzulesen begann: »Von der Schönheit der ungelegten Eier«, da überkam den Verwesungsmeister die Ungeduld und er rief: »Grob, ungeschlacht und herausfordernd sind sie. Es paßt ihnen nicht, daß sie schuften sollen. Sie wollen den Platz an der Sonne. Gib ihnen einen Groschen für ihre Kollekte und einen Groschen für jenen dort, der das Klagelied bläst auf der Speiseröhre. Scheuch sie heraus, Serpent, aus ihren Löchern. Es schmerzt mich, sie so sitzen zu sehen.«

Da protestierten sie. Und entmutigt sagte der Famulus: »Sie wollen hier sitzen bleiben und ihre Großgehirnrinde verzehren. Mehr wollen sie nicht. Auch haben sie keine Beinkleider mehr. Sie haben alles geopfert bis auf das Hemd.«

»Wirf ihnen Abdul Hamids braune Hose zu!« resignierte der Meister, »und laß uns weitergehen. Da ist nicht zu helfen. Wahrlich, es könnte bei einiger Überreizung ihres Gemütes der Fall eintreten, daß sie mit Drohungen kommen, die Plempe uns an den Magen zu setzen, weil wir nicht Anstalten machen, ihre Erlebnisse aufzukaufen. Bei Gott, ein verwegener Menschenschlag!«

Jolifanto Bambla ô Falli Bambla . . .

Schilderung einer Elefantenkarawane aus dem weltberüchtigten Zyklus ›gadij beri bimba‹. Der Verfasser zelebrierte diesen Zyklus als Novität zum ersten Mal 1916 im Cabaret Voltaire. Das Bischofskostüm aus Glanzpapier, das er damals trug, mit ragendem, blau-weiß gestreifeltem Schamanenhut wird noch heute von den sanften Bewohnern Haways als Fetisch verehrt.

> jolifanto bambla ô falli bambla
> grossiga m'pfa habla horem
> égiga goramen
> higo bloiko russula huju
> hollaka hollala
> anlogo bung
> blago bung
> blago bung
> bosso fataka
> ü üü ü
> schampa wulla wussa ólobo
> hej tatta gôrem
> eschige zunbada
> wulubu ssubudu ulu wassubada
> tumba ba-umf
> kusa gauma
> ba-umf

Hymnus 3

Tenderenda seinerseits gibt die Huldigung seinem verschwiegenen Weihe-Oberhaupt weiter. Der Urvater der Hymnologen wird in diesem Hymnus unter anderem ›Chaldäischer Erzengel‹, ›Koralle des Jenseits‹ und ›Flüssiger Meister‹ genannt. Der Narrentanz dieses Büchleins wird ihm aufgeopfert: ›Wir Fratzenschneider, im Feuermantel tanzend ums Wasserfaß.‹ Die letzten Verse insonderheit verraten eine vollkommene Hingabe. Tenderendan hat das große Heimweh gepackt. Er sagt sich die Verse in tristen Stunden zu seiner Erbauung vor.

Chaldäischer Erzengel, Asternkönig, purpurner
Mann mit den Händen, die Schlaf bedeuten,
Du lässest die Tiere in uns erscheinen,
Du heftest uns an den klingenden Magierorden,
Du schließest uns an die Gestirne an,
Die uns zerschneiden und teilen.
Aller Heiligen, aller Toten Meister,
Violenglas, darin wir entblühten,
Kreuzweise und in die Länge sterben wir,
Den letzten Husten bekommen wir,
Hinsinken wir in den ewigen Raum, Laurentius –
Tränen, leuchtend und schwärmend.

Du Zonenchef, schwarzer Chef,
Fallsüchtig sind wir wie sehr, sterbsüchtig wie sehr!
Der heilige Arzt Kosmas kann uns nicht helfen.
Wir sterben dir ab und zu, wir sterben dir gänzlich.
In dir ist alles gemeinsam.
Den großen Bären tragen wir als Geschwür am Arm,
Eine Sonne aus Terra siena am Herzen.
Besitzend von dir besessen, lösen wir uns.

Wir Zackentrompete, flatternd im Kristallwind,
Wir tragischer Pfau, zerbrechend auf allen Stufen,
Wir Fratzenschneider, im Feuermantel tanzend ums Wasserfaß.
Du Gürtel der Sterne, du Kugelwand, rollende Finsternis.
Du morgenländisches Volk, abendländisches Volk,
Kriegsmärsche in Moll murmelnd, Schaum um den Turm
Deiner Gnade.

Du Zymbalum mundi, Koralle des Jenseits,
flüssiger Meister,
Laut weinet die Skala der Menschen und Tiere.
Laut jammert das Volk der Städte aus Feuer und Rauch.
Da deine Wunderhörner auftauchten, da du dein
Tönernes Spielzeug ansahest, da du dein Reich
Inspiziertest und uns, die Beamten deines Katasters.
Denn die Schminke brach. Denn die Würfel zersetzten sich.
Denn nirgends war solche Sünde wie hier.

Du Angesicht aus Metaphern gestückt,
Faschingsgedichtpuppe
Unserer Angst. Du Duft weißen Papiers!
Blatt, Tinte, Schreibzeug und Zigarette,
Alles lassen wir liegen. Kleinlaut folgen wir dir.
Aus den Zahlen, die uns gebannt hielten, lösen sich unsere
Füße.
Aus den Massen, die in uns gebrannt waren, strömt Süße.
Rares eintauschen wir gegen Bares, Wahres gegen Unklares,
Eins gegen zwei, und die Nachthauptstadt gegen Benares.

Laurentius Tenderenda

Unverblümter Ausbruch oder Expektoration des Titelhelden.
Der Autor nennt ihn einen Phantasten, er selbst nennt sich in
seiner verstiegenen Weise ›Kirchenpoet‹. Auch als ›Ritter aus
Glanzpapier‹ bezeichnet er sich, was auf den donquichotischen
Aufzug hinweist, in dem Tenderenda bei Lebzeiten sich zu
bewegen liebte. Er gesteht, seiner Fröhlichkeit müde zu sein und
erfleht sich den Segen des Himmels. Besonderes Lob verdient
die Benediktionsformel, deren heiteres Tongefälle dem himmel-
tänzlerischen Wesen Tenderendas gerecht wird. Da er Chimä-
ren in den Stall bringt, könnte man ihn für einen Exorzisten
halten. Die Nachstellungen des Teufels, auf die der Segensspruch
hinweist, sind jene Phantasmata, über die schon der heilige
Ambrosius klagt, und deren Abschwörung ein anderer Heiliger
als Bedingung nennt für den Eintritt in den Mönchsstand.
Ansonsten ist Tenderendas Situation elegisch und massenscheu.
Die Wortspiele, Wunder und Abenteuer haben ihn mürbe
gemacht. Er sehnt sich nach Frieden, Stille und nach lateinischer
Abwesenheit.

Mit einem Dröhnen hub es an: Laurentius Tenderenda, der
Kirchenpoet, eine Halluzinade in drei Teilen. Laurentius
Tenderenda, oder der Tollmätcher der Zwangsläufigkeit. Lau-
rentius Tenderenda, die Wesensessenz der Astralkanonade.
Das sollte ein Schabernack sein für delektierbare Zwerchfelle.
Aber es ward ein Trauerspiel des gesunden Menschenverstan-

des und eine Gimpelei für die Modepinsel und Wortflagellanten.

Ein Gebetbuchfabrikant sprach den Prolog, und das Theater schwankte vom Kreisel der Menschenfülle. Mit Hutnadeln waren die Giebel befestigt, und von den Balkonen hingen die hungrigen Bandwürmer, elomen. Der Dispositionsleib des Goliath wurde geöffnet, zehn Stockwerke fielen heraus. Die Klapperschlangen wurden ins Türmlein gebracht und das Bockshorn blies zum Fünfuhrtee.

Oh dieses Jahrhundert aus Glühlicht und Stacheldraht, Urkraft und Abgrund! Was sollten hier Dokumente der Qual? Vor einem Kriegervolk, vor versammeltem Chorus der Versredakteure? Laurentius Tenderenda, oder der Missionar unter den Schweißfüßen und Rothäuten der Akademie für Leibesübungen. Ein Bekenntnisbuch und ein Hustenturm. Ich will die Materie wohlgefüttert vortragen. Das Stubenfechten liegt mir nicht. Wäre nur nicht dieses beständige schwefelchlore Todesröcheln. Keinen Schritt mehr, oder ich röchle.

Jetzt sind sie gegangen, ihr dreisitziges Grautier in Galopp zu versetzen. Granate, Zitron und venedisch Blau Rauch ihrer Zackenhüte. Jetzt brütet die Henne im Hochamt, und sie jagen nach ihr mit dem Klingelbeutel. In Zinksalbe kochen sie ihre Taschenuhren und den Nostradamus überpinseln sie mit Heliotrop.

Das ist mir die richtige Satansparfümerie. Ein bißchen riechts auch nach Knüllpfeffer und Zipfeldraht. Im zweiten Teil aber werden die Leidtragenden sich Koransprüche als Leibbinden umschnallen. Die Kunst als Schnalle. Kapuzinade in drei Fortsetzungen. Oder der enzyklopädische Gebetszylinder. Oder das abgründig fahndende Schauen in die infernale Welt des Schnauzbartklamauks.

Ich wäre mir ja ein Feiner, wenn ich das nicht begriffe. Ein Feiner wäre ich mir, wenn ich dem Biest nicht wollte mit Stiefelknechten zuleibe gehen. Das Frauenideal des deutschen Volkes wohnt nicht im öffentlichen Hause der Lust. Der Kakadu ist in das Gift gefallen. Der Blaue Reiter ist nicht der Rote Radler. Und ich dachte, ich hätte die Chose auf Flaschen gezogen.

Sie haben den Tintenfisch mir auf das Bett gesetzt. Und ihre

Zahnwurzeln reichten sie mir zur Speise. Den Baldrian hab ich gekostet und die Kirchturmspitze mit Glaspapier abgerieben. Und ich weiß nicht, ob ich zu denen oben oder zu denen unten gehöre. Denn das Unglaubliche, niemals Erlaubliche wird hier Ereignis.

Ohne Präambel: von Haus aus bin ich ein Kind der Leidenschaft. Mein Mons puberis kann sich sehen lassen. Vierzig Tage habe ich im Natron gelegen. Den Gottlosen werden die Zähne lang aus dem Kiefer wachsen.

Ich könnte das Pönital rezitieren und das heilige Kreuzzeichen machen. Wem wäre gedient damit? Ich könnte meine Locken mit Öl der Sonnenblume salben und die davidische Harfe ergreifen? Cui bono? Die Herren Hausseure und Färbemeister des neuen Jerusalems portätierend –: was nützte es mir?

Dies ist der Parabasen elfte und letzte. Der Ritter aus Glanzpapier ist seiner Fröhlichkeit müde. Die Orgel hat seinen Abgang gelockert. Die Chimären sind in den Stall gebracht, und der Kirchenvater Origines sonnt seine Glatze im Abendrot. Ewigen Samen verleihe uns, o Herr, einen guten Cordial Medoc, und das Orchester der dreimal geschnäbelten Wasserpfeifen verstumme einen Augenblick.

Benedicat te Tenderendam, dominus, et custodiat te ab omnibus insidiis diaboli. O Huelsenbeck, o Huelsenbeck, quelle fleur tenez-vous dans le bec? Die Wurzeln begatten einander in den Heiligtümern. Detektive sind unser Hutschmuck, und das ›gadji beri bimba‹ verrichten wir als Nachtgebet.

Tenderenda den Kreuzschläger werden sie mich nennen. Auf der Sedia gestatoria werden sie meine Gebeine zeigen. Mit Weihwasser werden sie nach mir spritzen. Vollmönch der Präservation und Filtriertuch der Unsauberkeiten werden sie mich nennen. Eselskönig und Schismatikaster. In nomine patris et filii et spiritus sancti.

Ein Glück nur, daß mir die Pfingstlaune durch gar zu krasse Außenseiter nicht gestört wird. Ein Glück, daß ich gut in Form bleiben kann. Hätte ich ein Notizbuch zur Hand, oder böte sich sonst eine Occasion, so würde ich aufschreiben, was mir mehr einfällt. Die ganze Zeit fällt ja mir ein. Es ist ein großer Einfall und Hinfall, den ich mit hinfälliger Einfalt festhalten möchte.

Baubo Sbugi Ninga Gloffa

Eine Zauberformel aus dem erwähnten Zyklus ›gadij beri bimba‹. Sie gilt den zwei mystischen Tieren Tenderendas, dem Pfau und der Katze. Zwei hochmütigen und verschwiegenen Tieren, dem Jeremias und der Klagefrau unter den Tieren. Es empfiehlt sich, den Spruch nur leichthin zu sagen und nicht allzulange dabei zu verweilen. Er ist auch nur als eine Art Agraffe gedacht, die die zwei letzten Prosatexte verbindet.

> baubo sbugi ninga gloffa
> siwi faffa
> sbugi faffa
> ôkofa
> fafâmo
> faufo halja finj
>
> sirgi ninga banja sbugi
> halja hanja golja biddin
>
> mâ mâ
> piaûpa
> mjâma
>
> pâwapa
> baungo
> sbugi
> ninga
> gloffâlor

Herr und Frau Goldkopf

Ein astrales Märchen. Eine Art himmlischen Puppenspiels. Drei Teile lassen sich deutlich unterscheiden. Der erste: ein mystisches Erlebnis der Eheleute Goldkopf. Eine weiße Lawine kommt bei ihnen zu Besuch, eine sich steigernde Reinheit und Helle wächst ihnen zu. Ihr Haus liegt über dem Abgrund und an der Fabelwiese, auf der der Buchstabenbaum einhergeht. Das ist

jener Baum, von dem die poetischen Adams und Evas essen.
Zärtliche Allegorien in Tiergestalt treten auf. Traumhaft die
Notenständer des Lachens, die Tenderenda bei Lebzeiten ver-
teilte. Der zweite Teil ist die Ballade von Koko dem grünen
Gott. Das ist der Phantastengott. Von ihm kommt alle Glückse-
ligkeit, solange er in Freiheit die Flügel schwingt. Setzt man ihn
aber gefangen, so rächt er sich durch Verzauberung derer, die
ihm am nächsten sind. Der dritte Teil ist ein Epilog des
Ehepaares Goldkopf. Es schüttelt den Staub seiner Zeit von den
Füßen und prophezeit ein Ende der Gottlosen und der Verzau-
berung. Den Kehraus macht, wie es recht und billig ist, ein Vers
des Herrn Dichterfürsten Johann von Goethe.

Herr und Frau Goldkopf begegnen sich auf der blauen Wand.
Herrn Goldkopf hängt eine Sternschnuppe aus der Nase. Frau
Goldkopf hat einen grünen Federwisch am Hut. Herr Goldkopf macht einen Kratzfuß. Frau Goldkopf hat eine Hand wie
eine fünfzinkige Gabel.
Eine Lawine kommt die Treppe herauf. Hart hinter der Nacht.
Eine weiße Lawine die wacklige Treppe. Frau Goldkopf
verbeugt sich. Herr Goldkopf tippt sich an die Stirn. Eine weiße
Fontäne entspringt seinem Kopfe. In keinem Jahrhundert ward
solches gesehen. In keinem Jahrhundert.
Die Feuer- und Schneehähne stieben entsetzt aus der Tiefe. Die
heiseren Kühe putzen einander die Nasen. Auf der Smaragdwiese wandelt der Buchstabenbaum. Auf der Smaragdwiese:
sodaseifener Wurm gigampfet aufgezäumt. Sein Reiter stürzt ab
und verteilet die Notenständer des Lachens. Er steigt in die
Morgen- und Abendschaukel, wiegt sich und schwingt sich und
hüpfet ins Jenseits. Da kommen der Flötenbock, Puderbock,
Tulpenbock, recken die Hälse. Da stehet im Hintergrund ein
Vogelhaus. Drin sitzt der Kaduderhahn und schäumt Sterne.
Spricht Herr Goldkopf verwundert: »Die Tulpe ist eine Gar-
tenblume, schön, aber geruchlos. Auf einer Höllenmaschine
kann man nicht Kaffee kochen.«
Spricht Frau Goldkopf: »In gremio matris sedet sapientia
patris. So ist's mit der Tulpe. In der Erde hat sie eine Zwiebel.
Darum ist sie eine Zwiebelpflanze.«
Spricht Herr Goldkopf: »Epileptiker fallen allhier von den

Bäumen. Das blaue Pfeifen mächtiger Syphone lockt. Das Bild sakrosankter Dreieinigkeit glüht über dem Buchstabenbaum. Erstaunet Sie nicht, Frau Goldkopf, die hohe Kindlichkeit aller Begebenheiten?«

Spricht Frau Goldkopf: »Oh Sie mit Ihren fanatischen weltstürmenden Gedanken! Tanzende Tiere sind wir in ragendem Kopfputz. Wir ringen um Nüchternheit. Wahrlich vergebens. Wer von wem weiß was?«

Und Herr Goldkopf: »Doch erinnern Sie sich: Sambuco? Fünf Häuser auf einer grünen Wand. Der Boden, auf dem Sie da stehen: dreieckiger Glasscherben im Weltenraum. Koko, der grüne Gott, hat uns verzaubert.«

Und Frau Goldkopf: »Koko – das ist: unser Sohn? Warum wollen Sie Weltschmerz spielen? Ihre Distanz und Melancholie, ihre Altklugheit und Erfahrung: bedenken Sie nur! Mund, Stirne und Augenhöhlen verschüttet von Safran. Was führen Sie Klage?«

Strophe

Koko, der grüne Gott, einst schwirrte in Freiheit
Über dem Marktplatz im Reiche Sambuco.
Da fing man ihn ein und setzte ihm Gitter aus grobem Draht,
Und fütterte ihn mit Pomade und mit den Unterröcken der alten Weiber.
Er gab nicht Antwort auf höhnische Fragen nach seinem Befinden.
Er weissagte nicht mehr die Schicksale der nächsten und übernächsten Welt
Traurig und einsam saß er auf seinem Holzpflock.
Die Segnungen seiner Gegenwart gediehen nicht mehr.
Das verschrumpfte Gesicht einer alten Frau Eule bekam er
Und führte ein absolut logisches Dasein voll Lähmung.
Gerüttelt des Nachts von der Sterne einwirkendem Irrsinn
Rächte er sich durch Verzauberung derer, die ihm die nächsten waren.

Das himmelschreiende Licht leuchte ihm!
Sonne des Todes blähe die Giebel der
schmutzigen Bumbuleute, die ihn gefangennahmen.
Man spiele seine Ballade auf allen Mundharmoniken der
Neuzeit.
Man bereite gepolsterte Straßen für ihn, wenn er zurückkehrt.
Die zwölf Zeichen des Tierkreises mögen leben von seinem
Ruhm.
Der Oberbonze darf eine Nacht bei seiner Schwägerin schlafen
zum Lohn.
Menschen und Tiere werfen die Kleider des Leibes und Leides
ab,
Wenn er wiederkehrt aus der Haft der o-beinigen Räuber.
Seine Mutter ist für ihn auf den Talon gegangen im Diesseits
und Jenseits
Sein Vater wiegte für ihn auf der Hand die Geister des Bösen.
Er hat uns verworfen und lebende Bilder gestellt aus unserer
Qual.
Er wird die Verzauberung lösen, die uns besessen hält.

Frau Goldkopf: »So geschehe es.«
Herr Goldkopf: »Wenn Metatron stampfend die Firmamente
durchschreitet.«
Frau Goldkopf: »Die Erde wird er an den vier Enden fassen
und die Gottlosen daraus schütteln.«
Herr Goldkopf: »Beruhigen Sie sich, Madame, wenn ich bitten
darf. Lassen Sie uns auf den farbigen Esel steigen und über den
Abgrund gemächlich hinunterreiten.«
Frau Goldkopf: »Einen Moment nur, wenn es gefällig ist.
Damit ich die Sonne, dies Eitergeschwür, mit der Feuerzange
anpacke und ihm den gesteigerten Weg zuweise.«

Chorus Seraphicus

Das Voll und Ganze wird hier Ereignis.
Im Totentanze strebt es zum Gleichnis.
Das Unerhörte – hier tritt es ein.
In grellem Lichte: Verworfensein.

Editorische Nachbemerkung

Der vorliegende Band bietet eine Auswahl aus allen zu Lebzeiten publizierten oder im Nachlaß verfügbaren Prosaschriften von Hugo Ball. Der Roman »Tenderenda der Phantast«, sein poetisches Hauptwerk, steht neben der räsonnierenden Prosa, die in ihren charakteristischen Themenbereichen und in allen von Ball praktizierten Formen repräsentiert ist: Essay, Aufsatz und Kritik; Glosse, Manifest und Rede; Vorwort und journalistischer Kommentar. Der größte Teil von Hugo Balls essayistischen und publizistischen Arbeiten, bis auf wenige Ausnahmen seit dem Erstdruck nicht mehr veröffentlicht und über meist entlegene Publikationsorgane verstreut, ist damit wieder greifbar.

Auch wo es nahegelegen hätte, wurde darauf verzichtet, *Buch*publikationen Balls in Teilauszügen wiederzugeben. Wie im ganzen Band, sollten auch hier die Texte nicht durch Ausschnitte oder Kürzungen verstümmelt werden. – Mit Ausnahme des Jugenddramas »Die Nase des Michelangelo« liegen alle zu Lebzeiten erschienenen Bücher Hugo Balls in Neuausgaben des Insel und Suhrkamp Verlages vor, die autobiographische Arbeit »Die Flucht aus der Zeit« ist in einer Ausgabe des Verlages Josef Stocker, Luzern, greifbar geblieben. Einzelnachweise sind im chronikalischen Anhang gegeben. Für das kritische Hauptwerk »Zur Kritik der deutschen Intelligenz« und seine gekürzte Bearbeitung »Die Folgen der Reformation« sei im übrigen auf die von Ball veröffentlichten Vorstudien und Auszüge (Seite 151-190) verwiesen.

Innerhalb der thematisch angelegten Einzelabschnitte wurde chronologisch verfahren.

Unter Wahrung Ball'scher Eigenheiten wurde die Orthographie der heutigen Schreibweise behutsam angeglichen. Offensichtliche Fehler sind stillschweigend korrigiert und Auslassungen sinngemäß ergänzt. Abkürzungen – soweit nicht gebräuchlich – wurden ausgeschrieben. Hervorhebungen wurden – soweit nicht durch äußeren Anlaß oder Gepflogenheiten des Publikationsorgans bedingt – durch Kursivierung übernommen, gekennzeichnete Zitate durch doppelte Anführung wiedergegeben.

Frau Annemarie Schütt-Hennings hat die Texte aus dem von ihr verwalteten Nachlaß Hugo Balls durch eigene Transskriptionen zugänglich gemacht. Für ihre Anteilnahme an dieser Ausgabe und die Abdruckerlaubnis sei ihr an erster Stelle gedankt. Mit der Hugo-Ball-Sammlung der Stadtbücherei Pirmasens hat Ernst Teubner eine umfassende Dokumentation von Werk und Wirkungsgeschichte geschaffen. Ihm und seinen Mitarbeitern dankt der Herausgeber herzlich für ihre nie ermüdende Unterstützung bei der Vorbereitung dieser Ausgabe. Ohne den vehementen Einsatz von Volker Michels wäre aus dem Projekt kein Buch geworden. Für sein sachliches wie für sein persönliches Engagement möchte ihm der Herausgeber ganz besonders danken.

Quellennachweise

Die Reise nach Dresden. In: Revolution. Zweiwochenschrift I, 3 (15. Nov. 1913).

Wedekind als Schauspieler. In: Phöbus. Monatsschrift für Ästhetik und Kritik des Theaters I, 3 (Juni 1914), p. 105-108.

Das Psychologietheater. Ibid., p, 139-140.

Raimunds »Rappelkopf«. In: Zeit im Bild XIII, 7 (14. 2. 1915), p. 168.

Grabbe. Unter dem Titel »Zur Grabbeaufführung im ›Kleinen Theater‹« in: Zeit im Bild XIII, 19 (9. 5. 1915), p. 456.

Totenrede. In: Die Weißen Blätter II, 4 (April 1915), p. 525-527. – Rede, gehalten am 12. 2. 1915 im Berliner Architektenhaus bei einer Gedächtnisfeier für die gefallenen Schriftsteller Walter Heymann, Hans Leybold, Ernst Wilhelm Lotz, Charles Péguy und Ernst Stadler. In einem Brief vom 13. 3. 1915 erwähnt Ball Veränderungen der Rede für den Abdruck, die durch die Redaktion vorgenommen wurden (H.B.: Briefe, Einsiedeln u. a. 1957, p. 41).

Zürich. In: Die Weißen Blätter II, 7 (Juli 1915), p. 937-939. Autorensigle H.B.

Die junge Literatur in Deutschland. In: Der Revoluzzer. Sozialistische Zeitung I, 10 (14. 8. 1915), p. 3-4.

Als ich das Cabaret Voltaire gründete . . . Vorwort ohne Titel in: Cabaret Voltaire. Eine Sammlung künstlerischer und literarischer Beiträge von Guillaume Apollinaire, Hans Arp, Hugo Ball u. a., ed. Hugo Ball, Zürich: Heuberger 1916, p. 5.

Das erste dadaistische Manifest. Typoskript mit handschriftlichen Korrekturen im Nachlaß. Transskription: Annemarie Schütt-Hennings. – Vorgetragen beim ersten öffentlichen Dada-Abend am 14. 7. 1916 im Zunfthaus zur Waag, Zürich. – Mit abweichenden Lesarten erstmals in: Paul Pörtner: Literatur-Revolution, Neuwied-Berlin: Luchterhand 1960/61.

Kandinsky. Typoskript im Nachlaß. Transskription: Annemarie Schütt-Hennings. – Vortrag, gehalten am 7. 4. 1917 in der Galerie Dada, Zürich. Kommentierter Erstdruck in: DVjs 51 (1977), p.676-704.

Über Okkultismus, Hieratik und andere seltsam schöne Dinge. In: Berner Intelligenzblatt. Tagesanzeiger für Stadt und Kanton Bern LXXXIV, 314 (15. 11. 1917), p. 2.

Nietzsche in Basel. Eine Streitschrift. Typoskript im Nachlaß. Transskription: Annemarie Schütt-Hennings. Erstdruck in: Hugo Ball Almanach 1978, p. 1-65. Ergänzung in: Hugo Ball Almanach 1983, p. 141-142. – Entstanden 1909-1910.

Der Künstler und die Zeitkrankheit. In: Hochland XXIV, Bd. 1, Heft 2 (November 1926), p. 129-142; Heft 3 (Dezember 1926), p. 325-344.

Berthold Schwarz, der Erfinder des Schießpulvers. Unter dem Pseudonym Ottokar Böhm in: Zeit im Bild XIII, 10 (7. 3. 1915), p. 230-232.

Der große Bauernkrieg 1525. In: Zeit im Bild XIII, 5 (31. 1. 1915), p. 105 bis 109.

Aufgabe für einen deutschen Philologen. (Zur Reformationsfeier). In: Die Freie Zeitung I, 48 (26. 9. 1917).

Österreichs Kulturmission. In: Die Freie Zeitung I, 64 (21. 11. 1917).

Vom Universalstaat. In: Die Freie Zeitung II, 26 (30. 3. 1918).

Preußen und Kant. In: Die Freie Zeitung II, 33 (24. 4. 1918).

Einleitung zu: Almanach der Freien Zeitung 1917-1918, herausgegeben und eingeleitet von Hugo Ball, Bern: Der Freie Verlag 1918, p. VII-XIV.

Jaurès über die französische Armee. In: Zeit im Bild XII, 46 (12. 11. 1914), p. 1960-1961.

Die Russen in der Mandschurei und – in Polen. (Weressájew, meine Erlebnisse im Russisch-Japanischen Krieg). In: Zeit im Bild XIII, 1 (3. 1. 1915), p. 15-16.

Die deutsche »Demokratie« und Rußland. In: Die Freie Zeitung I, 54 (17. 10. 1917).

Walter Rathenau. In: Die Freie Zeitung II, 4 (12. 1. 1918).

Der ausgenagelte Hindenburg. In: Die Freie Zeitung II, 36 (4. 5. 1918).

Eine Kaiser-Rede. In: Die Freie Zeitung II, 42 (25. 5. 1918).

Majestät im Hauptquartier. In: Die Freie Zeitung II, 51 (26. 6. 1918).

Propaganda hier und dort. In: Die Freie Zeitung II, 70 (31. 8. 1918).

Die Umgehung der Instanzen. In: Die Freie Zeitung II, 92 (16. 11. 1918).

An die in Berlin. In: Die Freie Zeitung II, 96 (30. 11. 1918).

Die Fingerfertigen. Ohne Autorennennung in: Die Freie Zeitung II, 96 (30. 11. 1918). – Von Hugo Ball lt. Werkverzeichnis in H.B.: Briefe, a.a.O., p. 304.

Die Nationalversammlung. In: Die Freie Zeitung II, 98 (7. 12. 1918).

Die neue Zeit. In: Die Freie Zeitung III, 1 (Neujahr 1919).

Die moralische und die Wirtschaftsrebellion. In: Die Freie Zeitung III, 5 (15. 1. 1919).

An unsere Freunde und Kameraden. In: Die Freie Zeitung III, 18 (1. 3. 1919).

Die Revolution und der Friede. In: Die Freie Zeitung III, 43 (31. 5. 1919).

Der Bürgerkrieg des Herrn Lüttwitz. In: Die Freie Zeitung III, 56 (19. 7. 1919).

Ein Wendepunkt deutscher Geschichte. In: Die Freie Zeitung IV, 12 (11. 2. 1920).

Das wahre Gesicht. (Zur Berliner Gegenrevolution). In: Die Freie Zeitung IV, 22 (17. 3. 1920). – Titel unterzeichnet »Von Hugo Ball, z. Zt. Berlin«.

Abbruch und Wiederaufbau. Typoskript im Nachlaß. Transskription: Annemarie Schütt-Hennings. Erstdruck in: Hugo Ball Almanach 1980,

p. 1-45. – Vortrag, gehalten am 1. 7. 1920 im Hamburger Gewerbehaus vor der Ortsgruppe Hamburg der Deutschen Friedensgesellschaft.

Notizen zum Versuch eines Vorwortes für das »Byzantinische Christentum«. Original im Nachlaß. Transskription von Annemarie Schütt-Hennings. – Fragmentarische Notizen für ein nicht erschienenes Vorwort zu: Hugo Ball: Byzantinisches Christentum. 3 Heiligenleben, München und Leipzig: Dunker und Humblot 1923. – Der Erscheinungstermin seines Buches »Zur Kritik der deutschen Intelligenz«, auf den sich Ball eingangs bezieht, ist der 17. 1. 1919 (lt. H.B.: Briefe, a.a.O., P. 121).

Carl Schmitts Politische Theologie. In: Hochland XXI, Bd. 2, Heft 9 (Juni 1924), p. 263-286.

Die religiöse Konversion. In: Hochland XII, Bd. 2, Heft 9 (Juni 1925), p. 315-330; Heft 10 (Juli 1925), p. 463-476.

Tenderenda der Phantast. Roman. Erstausgabe in limitierter Auflage: H.B.: Tenderenda der Phantast. Roman, Zürich: Verlag der Arche 1967.

Chronik zu Leben und Werk

1886   22. 2., geboren in Pirmasens (Rheinpfalz) als fünftes von sechs
        Kindern des Handlungsreisenden Carl Ball (1849-1929) und seiner
        Frau Josephine, geb. Arnold (1855-1923). Die Mutter sorgt für eine
        streng katholische Erziehung. Volksschule und sechsklassige Latein-
        schule (Progymnasium) in Pirmasens. – Erste lyrische und musika-
        lisch-kompositorische Versuche.

1902-1904   Nach elterlichem Willen Lehrling in der Lederhandlung Ferdi-
        nand School in Pirmasens. Gedichte und erste dramatische Arbeiten
        (*Antonius und Cleopatra*, später auch *Nero*).

1904   Gesundheitlicher Zusammenbruch. Aufgabe der Lehre. Privatunter-
        richt zur Vorbereitung auf die letzte Gymnasialklasse.

1905   Zwischen April und November erscheinen erste Gedichte in der
        Zeitschrift ›Der Pfälzerwald‹.
        September: Prima des humanistischen Gymnasiums in Zweibrük-
        ken, bis Juli 1906.

1906-1907   Studium der Germanistik, Geschichte und Philosophie in der
        Universität München.

1907   Zum Wintersemester Wechsel an die Universität Heidelberg, wo
        Ball u. a. Lehrveranstaltungen über Wagner, Schopenhauer und
        Nietzsche belegt.

1908   Die Tragikomödie *Die Nase des Michelangelo* entsteht. Kurzer
        Aufenthalt in Basel. Seit dem Wintersemester erneut an der Münche-
        ner Universität immatrikuliert.

1909/10   Im Dorf Schnaitsee bei Wasserburg am Inn arbeitet Ball an seiner
        Dissertation über *Nietzsche in Basel* (Seite 61-101).

1910   Abbruch des Studiums. Seitdem offener Konflikt mit der Familie.
        September: Regieschüler von Paul Legband an der Schauspielschu-
        le des Deutschen Theaters in Berlin (Direktion Max Reinhardt), bis
        2. 5. 1911.

1911   5. 5., Ball schickt ein nach Änderungsvorschlägen überarbeitetes
        Manuskript der Tragikomödie *Die Nase des Michelangelo* an den
        Ernst Rowohlt Verlag, wo im Herbst eine Buchausgabe erscheint.
        September: Beginn als Dramaturg mit Spielverpflichtung beim
        Stadttheater Plauen (Vogtland) für die Spielzeit 1911/12. Einrichtung
        einer Reihe von Sonntagsmatineen und eigene Vorträge. Plan für ein
        neues Theaterstück, aus dem später die 1914 abgeschlossene Komö-
        die *Der Henker von Brescia* entsteht; literarische Vorlage ist die 1911
        erschienene Erzählung »Das Frauenhaus von Brescia« von Karl
        Hanns Strobl.

1912   *Juli:* Wechsel an das ›Münchener Lustspielhaus‹, das sich unter
        Eugen Robert in der Spielzeit 1911/12 zu einem Forum der
        modernen Dramatik und zur künstlerisch bedeutendsten Bühne
        Münchens entwickelt hat und wegen ständiger Kämpfe mit Zensur
        und Geldgebern im Sommer 1912 in eine erste Krise gerät. In dieser
        Situation engagiert Eugen Robert zum 1. Oktober Hugo Ball als
        ersten und alleinigen Dramaturgen des Hauses.
        Herbst: Beginn der Freundschaft mit Hans Leybold (1892-1914),
        wahrscheinlich auch erste Bekanntschaft mit Emmy Hennings
        (1885-1948), die im Kabarett ›Simplizissimus‹ auftritt.
        11. 10., Spielzeiteröffnung unter dem von Ball gefundenen neuen
        Namen »Münchener Kammerspiele«. Deutsche Erstaufführung von
        Leonid Andrejews »Das Leben des Menschen« unter Balls drama-
        turgischer Betreuung – ein Stationendrama mit frühexpressionisti-
        schen Zügen.
        24. 11., als Sonntagsmatinee der Münchener ›Freien Studenten-
        schaft‹ findet eine von Ball organisierte Feier zum 50. Geburtstag
        Gerhart Hauptmanns statt, an der auch Hans Leybold mitwirkt.
        Dabei wird das »Helios«-Fragment Hauptmanns uraufgeführt.
        30. 11., Uraufführung von Wedekinds »Franziska«. Bei den Pro-
        ben erlebt Ball Frank und Tilly Wedekind zum ersten Mal bei der
        praktischen Theaterarbeit – ein Ereignis, das sich 1914 in dem
        Aufsatz *Wedekind als Schauspieler* (S. 15-18) niederschlägt.

1912/13 *Winter:* Aufnahme der Arbeit an der Komödie *Der Henker von
        Brescia.*

1913   *Ende März:* Als erste Prosa-Veröffentlichung erscheinen *Aphoris-
        men* in der Zeitschrift ›Jugend‹.
        18. 4., eine neue Krise der Kammerspiele endet mit der Entlassung
        des Direktors Eugen Robert. Unter dem forciert persönlichen
        Regiment des Nachfolgers Erich Ziegel hat Ball nur noch wenig
        Einfluß auf die Spielplangestaltung. Die neue Direktion erlaubt ihm,
        sich »geschäftlich und artistisch« mit dem Verlag Heinrich F.S.
        Bachmair zu verbinden. Ab Juli erscheint dort die Zeitschrift ›Die
        Neue Kunst‹, ab Oktober die Zeitschrift ›Revolution‹ – kurzlebige
        Publikationsorgane der literarischen Avantgarde.
        Juli/August: ›Die Aktion‹ druckt erste expressionistische Gedichte
        von Ball.
        3. 9., in der Berliner Illustrierten ›Zeit im Bild‹ erscheinen neue
        Aphorismen.
        Oktober: Arbeit an einer programmatischen Schrift über neues
        Theater, bis Februar 1914.
        Seit Oktober: Nebenberufliche Arbeit für Theaterverlage als Mün-
        chener Vertreter der Wiener Comoedia und literarischer Lektor des

Münchener Phoenix-Vertriebes; zwischen November 1913 und Februar 1914 versucht Ball, für Bachmair einen Bühnenvertrieb aufzubauen, was an der finanziellen Basis des Verlages scheitert.

15. 10., In der Eröffnungsnummer der Zeitschrift ›Revolution‹ erscheint Balls Gedicht *Der Henker,* was zur Konfiskation des Heftes wegen des Vorwurfs der Obszönität führt. Der anschließende Prozeß geht über das Landgericht München bis zum Reichsgericht, wo am 6. 4. 1914 entschieden wird. Durch den Prozeß (nicht durch den Text) erregt der Name des Autors erstmals ein gewisses Aufsehen. In der zweiten Nummer der Zweiwochenschrift betont Ball den »Realismus des Ungehemmten« bei *Klabund.* Ball, Johannes R. Becher, Klabund und Leybold, die zu den ständigen Mitarbeitern der Zeitschrift gehören, bilden eine Gruppe innerhalb der Schwabinger Boheme.

Herbst: Ball bereitet eine Veranstaltungsreihe der Zeitschrift ›Die neue Kunst‹ in den Kammerspielen vor. Balls Pläne werden vom neuen Direktorium Erich Ziegel / Benno Bing zunächst toleriert, obwohl absehbar ist, daß sie Ziegels Orientierung am Unterhaltungstheater zuwiderlaufen. Begünstigt wird das Projekt durch einen Streit der Kammerspiele mit der Münchener Theatervereinigung ›Neuer Verein‹, dem auf diese Weise eine Konkurrenz entstehen könnte.

2. Hälfte Oktober: Die neuen Pläne sind Anlaß für Reisen Balls nach Dresden und Berlin. In Dresden hat Ball bei einer Futuristen-Ausstellung im Kunstsalon Eugen Richter seine erste prägende Begegnung mit der Malerei der radikalen Avantgarde. Im Hellerauer Theater sieht er die deutsche Erstinszenierung von Paul Claudels »Verkündigung«, die am 5. 10. unter der Regie des Autors und in der Ausstattung Alexander von Salzmanns Premiere hatte. Bei dieser Gelegenheit lernt Ball den Claudel-Übersetzer und Verleger Jakob Hegner kennen. Der Text *Die Reise nach Dresden* (S. 11-14), der am 15. 11. in der ›Revolution‹ erscheint, stellt die beiden Kunstereignisse in einen Simultanzusammenhang mit der Hundertjahrfeier der Völkerschlacht bei Leipzig, mit der sich damals ein Fürstentreffen in der sächsischen Residenz verbindet.

9.-11. 11., In Berlin erwirbt Ball von Franz Blei die Uraufführungsrechte des Stückes »Die Welle«. Mit Else Lasker-Schüler, Gottfried Benn und Kurt Hiller verhandelt er wegen Matineen in den Kammerspielen, mit dem Regisseur František Zavřel wegen einer Inszenierung des eigenen Stückes *Der Henker von Brescia.*

Dezember: In ›Die neue Kunst‹ erscheint eine Folge von expressionistischen Gedichten Balls.

10. 12., Nach Zensurschwierigkeiten findet die Uraufführung von

Franz Bleis Stück »Die Welle« unter Balls Regie und Bleis darstellerischer Mitwirkung als geschlossene Veranstaltung der Zeitschrift ›Die neue Kunst‹ statt. Durch Aufführungen von Claudel und Reinhard Sorges expressionistischem Erstling »Der Bettler« sollte die Reihe fortgesetzt werden; es bleibt jedoch bei diesem Auftakt.

1914   *Januar-August:* ›Die Aktion‹ veröffentlicht häufiger Gedichte von Hugo Ball und Gedichte, die er gemeinsam mit Hans Leybold unter dem Pseudonym Ha Hu Baley schreibt. Wegen des im März erschienen Gedichtes *Ein und kein Frühlingsgedicht* von Ha Hu Baley wird der Herausgeber Franz Pfemfert in einem Prozeß verurteilt.

Januar: Erfolglose Bewerbung um die Direktion des Albert-Theaters in Dresden. Nachdem auch der Bachmeier Bühnenvertrieb scheitert und Ball nicht mehr mit einem dauerhaften Rückhalt bei den Kammerspielen rechnen kann, entwickelt er neue Pläne außerhalb des konventionellen Theaterbetriebs. Entscheidend dafür wird die Bekanntschaft mit Kandinsky und dessen Idee der Bühnenkomposition, des theatralischen Gesamtkunstwerks.

Februar-Juli: Gemeinsam mit Kandinsky und anderen engagiert sich Ball für eine Erneuerung des von dem Bühnenreformer Georg Fuchs geleiteten ›Münchener Künstlertheaters‹ am Ausstellungspark. Die neue Stilbühnen-Konzeption, die bei der Gründung des Theaters 1908 Pate gestanden hatte und inzwischen in der Routine eines Gastspiel-Betriebs untergegangen war, soll dabei ein Anknüpfungspunkt sein, aber nicht auf die bildnerische Dekoration beschränkt bleiben: »Es handelte sich nicht mehr um eine Reform der Dekoration und des Bühnenraumes, sondern um Neuschöpfung. Es handelte sich überhaupt nicht mehr um ›Dekoration‹ und ›Bühnenbild‹. Sondern um eine Neue Form des ganzen dramatisch-szenischen, des theatralischen Ausdrucks. Es handelte sich darum, ein Repertoir aufzustellen, das zugleich in die Zukunft und in die Vergangenheit wies, Stücke zu finden, die nicht nur ›Dramen‹ wären, sondern den *Geburtsgrund* alles dramatischen Lebens darstellten und sich so aus der Wurzel heraus zugleich in Tanz, Farbe, Mimus, Musik und Wort entlüden. Den Schwerpunkt legte man dabei auf ›Entladung‹, womit sich die Herkunft der Ideen aus Kreisen des Expressionismus signiert«, heißt es in dem Artikel *Das Münchener Künstlertheater*, mit dem Ball im Mai in der Zeitschrift ›Phöbus‹ die Idee und die organisatorische Vorbereitung des Projekts resümiert. Wie alle anderen Versuche im Vorkriegsdeutschland, dem Expressionismus einen Weg ins Theater zu bahnen, scheitert auch der Plan von Ball – damals der radikalste Vorstoß in dieser Richtung. Für Balls ›Theater der Neuen Kunst‹ war u. a. eine Beteiligung von Kandinsky, Franz Marc, Paul Klee und Arnold Schönberg vorgesehen. Außerdem hat Ball mit Studien zum ostasiatischen Theater und zu den neuen Bühnenexperimenten in Rußland begonnen.

Im Juni entwickelt sich aus dem gescheiterten Projekt in Verhandlungen mit dem Piper Verlag der Plan für einen Almanach *Das Neue Theater*, der zu der Sammlung »Der Blaue Reiter« eine Entsprechung bilden und bis zum 1. 10. erscheinen soll. Kandinsky, Marc, Klee, Kokoschka, Kubin, Erich Mendelsohn, der Theaterreformer Jewreinow, der Choreograph Fokin und der Komponist Thomas von Hartmann sind für Beiträge vorgesehen. Erst durch den Kriegsausbruch und Kandinskys Abreise aus München brechen die Vorbereitungen Anfang August ab. Mit dem Erscheinen des Almanachs sollte eine ›Internationale Gesellschaft für neue Kunst‹ gegründet werden, ein Forum für avantgardistische Tendenzen – auch über das Theater hinaus.

Februar: In der ›Aktion‹ verteidigt Ball Tilla Durieux gegen den »Geschlechtshaß« ihres Kritikers Kurt Tucholsky: *Jenner Tucholsky im Geschlechtskampf.*

März: ›Die neue Kunst‹ veröffentlicht den ersten Akt des Dramas *Der Henker von Brescia.* Der Druck für die Einzelausgabe ist im Mai abgeschlossen, kommt aber wegen des Verkaufs der Bachmair-Verlage nicht zum Erscheinen. Anschließende Verhandlungen mit dem ›Neuen Verein‹ über die Uraufführung und mit Verlagen bleiben ohne positives Ergebnis.

24. 3., In ›Zeit im Bild‹ erscheint der Artikel *Theatertrust* – ein Plädoyer für zentrale Disposition und Gastspielaustausch aller deutschen Kammerspielhäuser, die das darstellerische Niveau für moderne Dramatik allein aus ihrem stehenden Ensemble nicht garantieren können.

Mai-Juni: Gemeinsam mit Klabund bereitet Ball als Dokumentation der »unterdrückten kämpferischen Aktivität heutiger Literatur« für den Georg Müller Verlag eine Anthologie *Die Konfiszierten* vor. – Mit dem Piper Verlag verhandelt Ball im Juni über eine Anthologie expressionistischer Lyrik, die er gemeinsam mit Hans Leybold herausgeben will.

Wegen seines Engagements für das ›Münchener Künstlertheater‹ gerät Ball in eine Auseinandersetzung mit dem Kammerspiel-Direktorium. Um ihn auf die Probe zu stellen, läßt Erich Ziegel ihn das Unterhaltungsstück »Die rote Nelke« von Emmerich Földes inszenieren, das am 12. 6. unter Balls Regie erfolgreich Premiere hat.

Juni: In der Theaterzeitschrift ›Phöbus‹ erscheinen – rechtzeitig vor Wedekinds 50. Geburtstag, den die Kammerspiele mit einem eigenen Aufführungszyklus feiern – *Wedekind als Schauspieler* (S. 15-18) und ein Abgesang auf *Das Psychologietheater* (S. 19-20): »Mit dem Durchschauen der Psychologie (mit dem Zeitalter der Psychoanalyse) schwindet auch das Interesse am Theater.... Wir glauben, daß die gesamte Epoche heutiger Aufklärung als Reaktion gegen den Moraldruck selber noch eine Moralidiosynkrasie sei (Wedekind). Wir stellen als Gegenideal, zwecks Überwindung, den Expressionismus auf, der gar kein Objekt mehr kennen will; der mit wahnsinniger Wollust die eigene Persönlichkeit wiederfindet«.

Ende Juni-Anfang Juli: Im Auftrag der Kammerspiele reist Ball in Theaterangelegenheiten nach Dresden und Berlin. Dabei geht es auch um Veranstaltungen des – inzwischen ausgesöhnten – ›Neuen Vereins‹: eine Inszenierung von Claudels »Tausch« und eine Reihe von Matineen. Mit Herwarth Walden vereinbart er eine ständige Ausstellung von Kubisten, Futuristen und Expressionisten der ›Sturm-Galerie‹ im Foyer der Kammerspiele.

Juli: Neuer Dramaturgen-Vertrag mit den Kammerspielen. – Eintritt in den künstlerischen Beirat des ›Neuen Vereins‹, für den Ball sechs Matineen leiten soll, die seinen programmatischen Interessen entsprechen: japanisches Theater, Kandinsky (mit einer Teilaufführung von dessen neuem Stück »Der violette Vorhang«), Claudel, Kokoschka, Lautensack, ›Die Aktion‹. »Unser Theater wird 1914/15 vielleicht das interessanteste Deutschlands sein«, heißt es am 29. 7. in einem Brief an Maria Hildebrand-Ball.

August: Die in die Nähe der Realisierung gerückten avantgardistischen Pläne werden durch den Kriegsausbruch zunichte gemacht. Am 6. 8. stellt sich Ball in München als Kriegsfreiwilliger, wird aber aus gesundheitlichen Gründen abgewiesen. Der neue Dramaturgenkontrakt allein hält ihn nicht am Theater. »Kunst? Das ist nun alles aus und lächerlich geworden. In alle Winde zersprengt. Das hat alles keinen Sinn mehr ... Mir graust vor der Zukunft. Der Krieg ist noch das Einzige, was mich noch reizt. Schade, auch das wird nur eine halbe Sache sein.« (Am 7. 8. an Maria Hildebrand-Ball.) Ball verläßt München, hält sich bei der Familie in Pirmasens auf und besucht von dort aus verschiedene Orte an der lothringischen Reichsgrenze, sieht erste Soldatengräber.

9. 9., Hans Leybold, der engste Freund der Münchener Zeit, stirbt als Kriegsverletzter im Garnisonslazarett Itzehoe. Ball beginnt seine Schriften zu sammeln.

Oktober-Mitte Mai 1915 Ball übersiedelt nach Berlin und verkehrt dort im Kreis der expressionistischen Avantgarde. Dabei gerät er zunehmend in Distanz zu Franz Pfemfert und der ›Aktion‹, nähert sich dem Aktivismus und der Zeitschrift ›Die Weißen Blätter‹, die inzwischen von René Schickele herausgegeben wird. Eine engere Freundschaft entwickelt sich mit Richard Huelsenbeck, mit dem Ball 1915 drei Soireen veranstaltet.

Im Herbst beginnt die Arbeit an dem Roman *Die Phantasten*, der 1920 unter dem Titel *Tenderenda der Phantast* (S. 377-417) abgeschlossen wird.

Seinen Broterwerb bestreitet Ball als ständiger Mitarbeiter der illustrierten Wochenzeitung ›Zeit im Bild‹, bei der er im April 1915 als Redakteur angestellt wird. Die publizistische Brotarbeit dieser Monate – auf ein breiteres Publikum abgestellt und durch die Bedingungen der Kriegszensur eingeschränkt – bringt Balls neue Interessen allenfalls indirekt und durch die Themenwahl zum Ausdruck, die freilich selbst unter der Prämisse journalistischer Tagesaufgaben steht. Vom 12. 11. 1914 bis zum 9. 5. 1915 ist Ball in ›Zeit im Bild‹ kontinuierlich mit Artikeln über Theaterereignisse und politisch-historische Themen vertreten (S. 21-24, 153-169 und 193-202). Seine theaterkritischen Glossen stehen unter dem – in Berlin generell dominierenden – Einfluß der Kritikerautorität Alfred Kerr. Balls expressionistische Sympathie für die Exzentriker auf dem Theater kommt in Kritiken über Strindberg, vor allem aber in seinen Artikeln über Raimunds »Rappelkopf« (S. 21-22) und *Zur Grabbeaufführung im »Kleinen Theater«* (S. 23-24) deutlich zum Vorschein. Neu ist Balls Wendung auf historische Themen, die bis an die Schwelle der Gegenwart reichen.

Seit November 1914 Intensive Beschäftigung mit Revolutionsbewegungen und Anarchismus. Lektüre von Kropotkin und Bakunin. Am 14. 12. Begegnung mit Gustav Landauer. »Hier geht ein neues Leben los: anarcho-revolutionär«, heißt es am 18. 12. in einem Brief an August Hofmann. »Ich lebe ganz und ausschließlich in sozialistischer Natur. Ich denke Dinge, die an Radikalität vieles übertreffen, was man bis jetzt vorgebracht hat. Meine lange Zurückhaltung, mein langes Außerhalbstehen hat mir einige Vorteile gegeben. Insbesondere interessiert mich alles, was Rußland angeht. Von dort erhoffe und erträume ich mir eine Befreiung und einen Umsturz, wie er sich nur mit der französischen Befreiung 1789 vergleichen läßt ... Diese ungeheure Brutalität, mit der alle Humanität, alle Menschlichkeit, alle Bildung und Kultur heute wider besseres Wissen unterdrückt werden, wird sich rächen. Es ist ein Grund absoluter Verzweiflung an allem, was uns Jungen heute Fortschritt, Kultur, Menschentum heißt, wenn sie sich nicht rächt.« (Am 13. 3. 1915 an Maria Hildebrand-Ball.)

12. 11., *Jaurès über die französische Armee* (S. 193-197) erscheint in ›Zeit im Bild‹, eine Besprechung des 1913 erschienenen Buches

des französischen Sozialistenführers Jean Jaurès über »Die neue Armee«: »eine Vorahnung der Dinge, die da kommen sollten«.

1915 3. 1., Als Rezension von Weressájews »Meine Erlebnisse im Russisch-Japanischen Krieg« erscheint *Die Russen in der Mandschurei und – in Polen* (S. 198-202): »Die russische Armee, die heute im Felde steht, trägt die Möglichkeit in sich, mit einem Schlag sich aus einer Armee von Soldaten in eine Armee von Terroristen zu verwandeln. ... Der Sturz des Zarismus, seit hundert Jahren vorbereitet, kann über Nacht zu einem Ideal werden, das alle unterdrückten Elemente zusammenrafft in einer neuen Religion.«

31. 1., Mit der Neubewertung Thomas Münzers gegen Martin Luther nimmt Ball in dem Aufsatz *Der große Bauernkrieg 1525* (S. 161-169) ein Thema auf, das ihn zeitlebens beschäftigt. In einem Brief vom 9. 4. lädt er Käthe Brodnitz zur gemeinsamen Arbeit an einer Biographie Thomas Münzers ein: »Man spielt damit eine hochprinzipielle Sache aus und holt zugleich eine literarische Pflicht nach, die seit Jahrhunderten versäumt ist.«

Februar-März: Ball und Richard Huelsenbeck engagieren sich gegen die Entpolitisierung der ›Freien Volksbühne‹, die mit der Übernahme der Direktion durch Max Reinhardt ins Haus steht. Beide schreiben einen Aufruf, dem sich u. a. Franz Blei, Alfred Kerr und Maximilian Harden anschließen, scheitern aber bei dem Versuch, ihn in der Presse unterzubringen. In ›Zeit im Bild‹ erscheint am 21. 2. *Das neue Volkstheater am Bülowplatz* und am 14. 3. eine kurze Notiz zu Reinhardts Übernahme und zum Scheitern der Gegeninitiative: *Das Theater am Bülowplatz.*

12. 2., Ball eröffnet im Berliner Architektenhaus eine Gedächtnisfeier für die gefallenen Dichter Walter Heymann, Hans Leybold, Ernst Wilhelm Lotz, Charles Péguy und Ernst Stadler. Dabei hält er seine *Totenrede* auf Hans Leybold, die im April in redigierter Form von den ›Weißen Blättern‹ veröffentlicht wird (S. 25-28).

7. 3., Emmy Hennings, inzwischen mit Ball befreundet, übersiedelt nach Berlin. – Am gleichen Tag erscheint in ›Zeit im Bild‹ *Berthold Schwarz, der Erfinder des Schießpulvers* (S. 153-160).

Seit März: Emigrationspläne, die als erste Station die Schweiz, dann Rußland und Frankreich vorsehen.

Ende März: Zweite Abendveranstaltung mit Richard Huelsenbeck, der über Spanien spricht. Ball hält einen Vortrag über *Rußlands revolutionäre Idee.*

April: Erster Plan für einen Auszug aus dem Lebenswerk Bakunins, den Ball bis 1919 verfolgt und woraus *Michael Bakunin. Ein Brevier* entsteht.

Mai: Gemeinsam mit Richard Huelsenbeck veranstaltet Ball im

Berliner Harmoniumsaal einen ›Expressionistenabend‹, der unter anderem im Zeichen von Marinetti steht und bei dem auch Emmy Hennings mitwirkt.

9. 5., Als letzter Beitrag für ›Zeit im Bild‹ erscheint *Zur Grabbeaufführung im »Kleinen Theater«* (S. 23-24): »Es ist (heute) nicht wichtig, ›Kunstkritik‹ zu schreiben, kerriologisch, sondern Leute zu suchen. Mit der Laterne . . . Lasset uns einen (neuen) Journalismus gründen. Der Tag hat das Recht.«

Ende Mai: emigriert Hugo Ball gemeinsam mit Emmy Hennings nach Zürich. Hoffnungen auf eine Beteiligung an der dort erscheinenden internationalen Zeitschrift ›Mistral‹, die Ball nach Berlin eine Einladung zur Mitarbeit geschickt hatte, zerschlagen sich. Mit Walter Serner, dem neuen Herausgeber, bespricht Ball ergebnislos Möglichkeiten einer Fortführung der Zeitschrift. – Nähere Bekanntschaft mit Ludwig Rubiner.

Juni-Juli: Ball nimmt den schon 1914 mit dem Piper Verlag erörterten Plan einer lyrischen Anthologie wieder auf, die nun auf internationaler Ebene »einen ganz starken Verband der expressionistischen und futuristischen Tendenzen darstellen« soll (am 11. 6. in einer brieflichen Offerte an Kurt Wolff). Beim Angebot an den Verlag liegen Ball Zusagen von Rubiner, Kandinsky, Marinetti und Apollinaire vor. Am 9. 7. treffen – von Marinetti geschickt – »parole in libertà« von den italienischen Futuristen ein: »Es sind die reinen Buchstabenplakate; man kann so ein Gedicht aufrollen wie eine Landkarte. Die Syntax ist aus den Fugen gegangen.« (In *Die Flucht aus der Zeit.*) – Die für die Anthologie gesammelten Texte sind eine Grundlage für die ein Jahr später erschienene Sammlung *Cabaret Voltaire.*

Seit Juni: Kontakte zur syndikalistischen Arbeiterbewegung in Zürich und deren Theoretiker Fritz Brupbacher. »Ich trete nächstens hier in Versammlungen auf.« (Am 11. 6. an August Hofmann.) Auf eine dieser Versammlungen bezieht sich Ball in seinem atmophärischen Bericht *Zürich* (S. 29-31), der im Juli in den ›Weißen Blättern‹ erscheint. Zeitweilig arbeitet er in der Redaktion der von Brupbacher mitgegründeten sozialistischen Zeitung ›Der Revoluzzer‹ mit, in der auch Beiträge erscheinen.

28. 7., Zwei neue Kapitel von *Tenderenda der Phantast* abgeschlossen, darunter *Das Karusselpferd Johann* (S. 382-385). Wiederaufnahme im Herbst.

August: Ball, der in Zürich wegen der Militärüberwachung unter falschem Namen gemeldet ist und zwei Pässe benutzt, entzieht sich einer Polizeikontrolle durch die Flucht nach Genf. Bei der Rückkehr wird er für vierzehn Tage im Züricher Gefängnis arretiert.

14. 8., ›Der Revoluzzer‹ veröffentlicht Balls Aufsatz *Die junge Literatur in Deutschland* (S. 32-35). Noch gegen Jahresende plant er eine breitere Ausführung des Themas in mehreren Aufsätzen, die dann in einem Band gesammelt werden sollen.

Oktober-Dezember: Gemeinsam mit Emmy Hennings ist Ball im Varieté-Ensemble ›Maxim‹ engagiert, für das er auch Szenarien schreibt. Er ist der Pianist der Gruppe, die in Zürich auftritt und im November in Basel gastiert. Den Direktor Ernst Michel (genannt Flamingo) und seine Truppe hat Ball 1916 in seinem Roman *Flametti oder Vom Dandysmus der Armen* portraitiert. »Sozialismus, Leben mit und in dem Volk – Ich trete jetzt mit Emmy Hennings auf in einem ganz kleinen (Vorstadt-)Varieté. Wir haben Schlangenmenschen, Feuerfresser, Drahtseilkünstler, alles was man sich wünschen kann. Man sieht tief ins Leben hinein. Man ist arm, aber sehr bereichert. Ich denke oft, wie unsere Freunde in Berlin dies Leben ertrügen.« (Aus Basel am 16. 11. an Käthe Brodnitz).

16. 10., ›Der Revoluzzer‹, druckt das Gedicht *Einer Verdammten.*
20. 10., Vernichtung der Kriegsbeorderung.

Ende Dezember: Kontakte mit René Schickele und Leonhard Frank in Zürich, die Balls Plan eines eigenen literarischen Kabaretts unterstützen.

1916 *Januar* Mit einem eigenen (kurzlebigen) Varieté-Ensemble ›Arabella‹, das zum Teil aus Mitgliedern des ›Maxim‹-Ensembles entstanden ist, ist Ball auf Tournee am Bodensee. – Im ›Revoluzzer‹ erscheint das pazifistische Gedicht *Totentanz 1916,* das auch separat gedruckt wird und während des Krieges zu den meistzitierten Ball-Texten gehört. Seit Ende 1917 wird der Text als Kriegsflugblatt verbreitet.

Februar-Anfang Juli: In der ›Holländischen Meierei‹, einem Lokal in der Zürcher Spiegelgasse 1, verwirklicht Ball seinen Plan eines eigenen literarischen Kabaretts: eine »Künstlerkneipe: im Simplizissimus-Stil, aber künstlerischer und mit mehr Absicht« (am 27. 1. an Käthe Brodnitz). Seiner Prägung durch den intellektuellen Aktivismus entsprechend, nennt Ball seine Unternehmung ›Cabaret Voltaire‹. Mit Hilfe befreundeter Künstler wird das Lokal als moderne Galerie ausgestaltet. Hans Arp und Max Oppenheimer versprechen ihre Mitarbeit. Der expressionistische Maler Marcel Slodki entwirft ein Plakat. Am 2. 2. ergeht in einer Pressenotiz Balls »an die junge Künstlerschaft Zürichs die Einladung, sich ohne Rücksicht auf eine besondere Richtung mit Vorschlägen und Beiträgen einzufinden.« Ball arbeitet ohne festes Ensemble mit als Gästen verkehrenden Künstlern und allabendlich wechselndem Programm. Von Anfang an findet das ›Cabaret Voltaire‹ ein internationales Publikum mit einem auffallenden Anteil russischer Emigranten (Lenin wohnt in der Nachbarschaft). Literarische Rezitationen, Musik aus dem klassischen und modernen Repertoire, Brettlkunst und folkloristische Beiträge des internationalen Publikums bilden zunächst die Konstante des Programms, das schließlich von der avantgardistischen Kerngruppe um Hugo Ball und Emmy Hennins dominiert wird: Hans Arp, Richard Huelsenbeck, Marcel Janco und Tristan Tzara. Damit formiert sich der Dadaismus.

Als eigene Beiträge Balls zum Programm der Abende sind belegt: am 6. 2. der *Totentanz 1916* »unter Assistenz des Revoluzzerchors«, am 7. 2. *Der Aufstieg des Sehers* (S. 379-382), am 26. 3. *Der Untergang des Machetanz* (S. 385-387) und am 23. 6. *Verse ohne Worte*, Lautgedichte, mit denen Ball eine »neue Gattung von Versen« schafft. Außerdem komponiert Ball für einige Soireen Musik für Maskentänze, »Negermusik« und ein bruitistisches Konzert.

5. 2.,   Eröffnung des ›Cabaret Voltaire‹ mit Arp, Ball, Hennings, Janco und Tzara.

26. 2.,   Nach Balls drängenden Einladungen trifft Richard Huelsenbeck aus Berlin ein.

4. 3.,   Russische Soiree – ohne avantgardistische Beiträge.

14. 3.,   Französische Soiree – Tzara und Arp rezitierten französische Avantgardeautoren; Arthur Rubinstein am Klavier.

30. 3.,   Huelsenbeck, Tzara und Janco treten mit einem ›Poème simultan‹ auf: »ein kontrapunktisches Rezitativ, in dem drei oder mehrere Stimmen gleichzeitig sprechen, singen, pfeifen oder dergleichen«. Anschließend ›Chant nègre‹ I und II mit Balls Musik.

April: Auf Tzaras Drängen wird über die Gründung einer ›Gesellschaft Voltaire‹ und eine Anthologie der Künstlergruppe debattiert. Ball und Huelsenbeck bleiben skeptisch gegenüber einer Propagierung ihrer Aktivitäten als einer neuen Kunstbewegung. Das Wort ›Dada‹ taucht in diesem Zusammenhang erstmals am 18. 4. in Balls Tagebüchern auf: »Tzara quält wegen der Zeitschrift. Mein Vorschlag, sie Dada zu nennen, wird angenommen ... Dada heißt im Rumänischen Ja, Ja, im Französischen Hotto- und Steckenpferd. Für Deutsche ist es ein Signum alberner Naivität und zeugungsfroher Verbundenheit mit dem Kinderwagen.« (In *Die Flucht aus der Zeit.*)

15. 5.,   Ball gibt mit dem Vorwort zu der von ihm herausgegebenen Sammlung ›Cabaret Voltaire‹ eine kurze Darstellung der Ereignisse und macht darin den Namen Dada publik: *Als ich das Cabaret Voltaire gründete* ... (S. 36-38). Das Heft enthält neben Beiträgen der Gruppenmitglieder Texte und Bilder von Apollinaire, Cendrars,

van Hoddis, Kandinsky, Modigliani, Max Oppenheimer, Picasso, O. van Rees, Marcel Slodki und ›parole in liberà‹ von Canguillo und Marinetti. Von Ball erscheint dort der Text *Das Karusselpferd Johann* (S. 382-385). »Um einer nationalen Interpretation dieser Sammlung vorzubeugen, erklärt der Herausgeber ausdrücklich, daß er sich dagegen verwahrt, zur ›deutschen Mentalität‹ gerechnet zu werden«, heißt es in einer redaktionellen Notiz.

Mai: Im ›Revoluzzer‹ erscheint zum letzten Mal ein Gedicht von Ball: *Die Ersten.* Klabund kommt nach Zürich.

3. 6., Soiree mit Tänzen in Jancos Dada-Masken und einem von Ball komponierten ›Concert bruitiste‹ zum Evangelientext eines Krippenspiels.

23. 6., Erster Auftritt Balls im kubistischen Kostüm mit seinen neuen Lautgedichten: »Meine Beine standen in einem Säulenrund aus blauglänzendem Karton, der mir schlank bis zur Hüfte reichte, so daß ich bis dahin wie ein Obelisk aussah. Darüber trug ich einen riesigen, aus Pappe geschnittenen Mantelkragen, der innen mit Scharlach und außen mit Gold beklebt, am Halse derart zusammengehalten war, daß ich ihn durch ein Heben und Senken der Ellbogen flügelartig bewegen konnte. Dazu einen zylinderartigen, hohen, weiß und blau gestreiften Schamanenhut. . . . Ich merkte sehr bald, daß meine Ausdrucksmittel, wenn ich ernst bleiben wollte (und das wollte ich um jeden Preis) dem Pomp meiner Inszenierung nicht würden gewachsen sein. . . . Da bemerkte ich, daß meine Stimme, der kein anderer Weg mehr blieb, die uralte Kadenz der priesterlichen Lamentation annahm, jenen Stil des Meßgesangs, wie er durch die katholischen Kirchen des Morgen- und Abendlandes wehklagt. . . . und ich wurde vom Podium herab schweißbedeckt als ein magischer Bischof in die Versenkung getragen.« (In *Die Flucht aus der Zeit.* – Vgl. oben S. 408 und 413.)

Ende Juni/Anfang Juli: Schließung des ›Cabaret Voltaire‹. Während Ball die organisatorischen Dinge abwickelt, bereist Emmy Hennings Hotels am Vierwaldstätter See auf der Suche nach Möglichkeiten für gemeinsame kabarettistische Auftritte, die im Juli stattfinden: ›Moderne Literarische Cabaret-Abende‹, in denen beide auf Bewährtes zurückgreifen, aber auch auf das Repertoire des ›Cabaret Voltaire‹ und die eigenen Dada-Beiträge. Dabei wiederholt Ball seine Lautgedicht-Vorträge »in kubistischem Kostüm«.

14. 7., Erste Dada-Soiree im Zürcher Zunfthaus Zur Waag. Tzara trägt sein »Manifeste de M. Antipyrine« vor, Huelsebeck ein eigenes Manifest. *Das erste dadaistische Manifest* von Ball (S. 39-40) leitet von ironischen Glossierungen des Wortes Dada über in eine (unironische) Poetik des Lautgedichts. Über die Ironien des Mani-

fests heißt es später in *Die Flucht aus der Zeit*: Das Manifest »war eine kaum verhüllte Absage an die Freunde. Sie haben's auch so empfunden. Hat man je erlebt, daß das erste Manifest einer neu gegründeten Sache die Sache selbst vor ihren Anhängern widerrief? Und doch war es so. Wenn die Dinge erschöpft sind, kann ich nicht länger dabei verweilen.« (Eintrag unter dem 6. 8. 1916.) Ball blieb tatsächlich ein Gegner von Tzaras Absicht, mit Dada einen neuen Kunst-Ismus zu organisieren.

Ende Juli-Oktober: Ball zieht sich zum erstenmal ins Tessin zurück, zunächst nach Vira-Magadino, Ende August nach Ascona. Nach Ascona übersiedelt auch Emmy Hennings mit ihrer Tochter Annemarie.

Für die seit Juli erscheinende Buchreihe ›Collection Dada‹ plant Ball zunächst eine Sammlung seiner eigenen Dada-Beiträge: »Das kleine Buch sollte zeichnerisch, musikalisch, poetisch und plastisch zugleich meine Idee vom Dadaismus umschreiben, die Idee der absoluten Negerei, angemessen den primitiven Abenteuern unserer Zeit« (am 7. 10. an August Hofmann). Der Plan scheitert aus Kostengründen, aber auch an Balls Distanzierung von seinen Züricher Unternehmungen: »Ich erkläre hiermit, daß aller Expressionismus, Dadaismus und andere Mismen schlimmste Bourgeoisie sind. ... Möglich: Reaktionen. Aber: mir macht es ein bisher unbekanntes Vergnügen, zu ›arbeiten‹. Zu beschreiben. Ich möchte schreiben: Einen Ameisenroman. Präzis und phantastisch. 5000 Individualitäten auf einem halben Quadratmeter Raum. Und dergleichen.« (Am 15. 9. an Tristan Tzara.) »Kurzum, ich mache keinen Dadaismus und keine Phantastik mehr, sondern versuche mit deskriptiven Methoden mich zu kurieren.« (Am 6. 10. an Käthe Brodnitz.) Den zentralen Stoff dieser deskriptiven Selbstheilungsversuche fand Ball in der Varieté-Zeit des Jahres 1915. Das Baseler Gastspiel bildet den Hintergrund für den Einakter *Die Nacht*, dessen Manuskript er Käthe Brodnitz übereignet. Als Schlüsselroman über die Zeit im ›Maxim‹-Ensemble entsteht – zunächst unter dem Titel *Die Indianer* – der Roman *Flametti oder Vom Dandysmus der Armen*, der am 13. 10. abgeschlossen wird. Das Manuskript gelangt in den folgenden Monaten über Leonhard Frank und René Schickele an Annette Kolb, die es mit Erfolg dem Erich Reiß Verlag empfiehlt.

Oktober-Frühjahr 1917: Auf die literarischen Neuansätze folgt eine neue Wendung zur kritisch-publizistischen Arbeit. »Ich möchte nach dem Roman jetzt ein kritisches Buch schreiben, das ich schon lange ausgedacht habe« (am 6. 10. an Käthe Brodnitz). Eine neue Arbeitsbasis bietet René Schickele mit den ›Weißen Blättern‹, die seit

April in der Schweiz erscheinen. In der Zeitschrift erscheinen mehrere Übersetzungen Balls von Aufsätzen und Pressestimmen, zuletzt die deutsche Erstübersetzung von Auszügen aus dem Antikriegsroman »Das Feuer« von Henri Barbusse. – Ein im Oktober geplanter Aufsatz für die ›Weißen Blätter‹ über Bakunins Stellung zu Bismarck kommt nicht zustande, dafür nimmt Ball seit Ende Dezember im Auftrag Schickeles seinen älteren Plan für *Michael Bakunin. Ein Brevier* auf.

Ende Oktober-November 1916: Ball verläßt das Tessin und reist mit Leonhard Frank, mit dem eine intensivere Freundschaft entstanden ist, von Zürich aus nach Ermatingen, wo er mehrere Wochen im täglichen Austausch mit Frank und Schickele verbringt.

Ende November: Rückkehr nach Zürich, wohin auch Emmy und Annemarie Hennings übersiedeln. In Winterthur letzter Varietéauftritt mit Emmy Hennings.

1917   *Anfang Januar:* Erneute Beschäftigung mit dem Roman *Tenderenda der Phantast* (S. 377-417).

Seit 15. 1., Bei seinen Vorarbeiten für *Michael Bakunin. Ein Brevier* nimmt Ball wieder Kontakt zu Fritz Brupbacher auf, dessen Schrift über »Marx und Bakunin« für Balls Bild von Marx bestimmend bleibt.

1. Hälfte 1917: Innerhalb der Emigrantenszene entwickelt sich ein offener Gegensatz zwischen den »Moralikern« (Rubiner, Schickele, Frank, Ehrenstein etc.) und den dadaistischen »Ästhetikern«, bei dem Ball, der sich vorübergehend wieder mit den Dadaisten verbindet, zwischen die Fronten gerät. In der dadaistischen Gruppe, die inzwischen durch Hans Richter erweitert ist, ist Ball nach der Abreise von Huelsenbeck im Januar ohne persönlichen Freunde, findet aber in Friedrich Glauser einen jungen Anhänger.

Nach einer erfolgreichen ›Ersten Dada-Ausstellung‹ seit Anfang des Jahres in der Zürcher Bahnhofstraße 19 (Galerie Coray) übernimmt Ball deren Räume und gründet in gemeinsamer Direktion mit Tristan Tzara im März die ›Galerie Dada‹. Die Verlegung des dadaistischen Zentrums aus dem Vergnügungsviertel Niederdorf in die eleganteste Geschäftsstraße Zürichs, die den Dadaisten ein neues Publikum zuführt, ist später – nicht zuletzt von Ball selbst – als Symptom eines Wandels gewertet worden. Neben der Eigenproduktion des Züricher Kreises ist die Zusammenarbeit mit der Berliner ›Sturm Galerie‹ Herwarth Waldens Basis des Ausstellungsprogramms. Die bildende Kunst tritt in den Vordergrund. Literarische, musikalische und tänzerische Ereignisse konzentrieren sich auf Soireen und können – ohne Zwang zur kabarettistischen Unterhaltung – eine avantgardistische Eigendynamik entwickeln. In

Kontakt und Zusammenarbeit mit Rudolf von Laban, Mary Wigman, Sophie Täuber und ihren Schülern, die sich damals in Zürich und Ascona aufhalten, verbinden sich die dadaistischen Masken-Experimente mit dem ›neuen Ausdruckstanz‹. In einem Artikel *Über Okkultismus, Hieratik und andere seltsam schöne Dinge* (S. 54-57) resümiert Ball im Herbst Erfahrungen mit dem ›neuen Ausdruckstanz‹ in Ascona und Zürich.

17. 3., Ball eröffnet die ›Galerie Dada‹.

29. 3., Feier zur Eröffnung der Galerie. Das Programm beginnt mit »abstrakten Tänzen« von Sophie Täuber in Masken von Hans Arp und nach dem *Gesang der Flugfische und Seepferdchen* von Hugo Ball. Es »genügte eine poetische Lautfolge, um jeder der einzelnen Wortpartikel zum sonderbarsten, sichtbaren Leben am hundertfach gegliederten Körper der Tänzerin zu verhelfen.« (In *Die Flucht aus der Zeit.*)

7. 4., Nach früheren Vorträgen von Tzara (»L'Expressionisme et l'art abstrait«) und Waldemar Jollos (über Paul Klee) hält Ball – vor Eröffnung einer Ausstellung mit Werken Kandinskys, Klees und anderer – seinen programmatischen Vortrag *Kandinsky* (S. 41-53).

14. 4., II. (›Sturm‹-)Soiree, für die Ball mit Tänzerinnen aus dem Ensemble Rudolf von Labans in Masken von Janco seine *Musique et Danse Nègre* einstudiert hat. Ball selbst tritt in Jancos Inszenierung von Kokoschkas dramatischer Groteske »Sphinx und Strohmann« auf.

28. 4., III. Soiree, bei der Ball in phantastischem Kostüm seinen Prosatext *Grand Hotel Metaphysik* (S. 393-397) vorträgt.

12. und 19. 5., IV. Geschlossene Soirée: ›Alte und Neue Kunst‹. Innerhalb eines Programms aus apokryphen Werken zwischen Spätmittelalter und Barock liest Emmy Hennings eine Auswahl von Texten mittelalterlicher Mystiker, die auf Balls einschlägige Studien zurückgeht.

27. 5., Balls Erschöpfung durch das Übergewicht der organisatorischen Arbeit, finanzielle Schwierigkeiten und wachsende Spannungen mit Tzara kulminieren im Abbruch der Züricher Unternehmung. Ball reist nach Vira-Magadino. Emmy Hennings löst an seiner Stelle zusammen mit Tristan Tzara die ›Galerie Dada‹ auf.

Juni-August: In Vira-Magadino nimmt Ball die Arbeit an *Michael Bakunin. Ein Brevier* wieder auf, das Schickele bereits angezeigt hat. – Noch in Zürich hatte Ball den Verleger Erich Reiß getroffen, von dem er sich eine dauerhafte Verlagsbasis erhofft. Erich Reiß hatte *Flametti oder Vom Dadysmus der Armen* angenommen und Ball ermuntert, ihm auch Gedichte zu schicken. Unter dem Titel *Plimplamplasko, Der hohle Geist* schickt Ball am 25. 6. erfolglos eine

Sammlung von Versen und Lautgedichten. An Reiß statt an Schickele schickt Ball am 8. 8. auch den fertigen ersten Teil von *Michael Bakunin. Ein Brevier*, der die Jahre 1815-1849 umfaßt: »Es zeigt, wie Bakunin sein Leben breit, europäisch anlegt. Es zeigt – und deshalb brachte ich vorzüglich Belege aus der Zeit von 1848/49 –, daß B. recht eigentlich zur deutschen Literatur gehört und nicht etwa zur russischen und französischen, obgleich seine späteren Hauptwerke in diesen Sprachen geschrieben sind. . . . Seine ganze spätere Aktion (wie ich sie im II. und III. Teil darstellen will) beschäftigt sich kritisch mit deutschem Denken, ist eine Auseinandersetzung mit deutschen Gegnern und Methoden. Er gehört zu unserer Literatur, wie Heine und Nietzsche ihr angehörten, leidend am Deutschen, aber doch tief und unlösbar mit ihm verbunden.« Der zweite Teil ist bis Anfang September abgeschlossen.

Juli: Mit Emmy und Annemarie Hennings sowie Friedrich Glauser verbringt Ball einige Wochen bei Bakunin-Studien auf der Alp Brussada über dem Maggiatal.

August: Gemeinsame Übersiedlung nach Ascona. Dort findet ein internationaler Kongreß des ›Ordo Templi Orientalis‹ statt, bei dem die Züricher Kunstschule Rudolf von Labans mit einer Reihe von tänzerischen Veranstaltungen auftritt, was sich in Balls Artikel *Über Okkultismus, Hieratik und andere seltsam schöne Dinge* niederschlägt (S. 54-57).

Anfang September: übersiedelt Ball allein nach Bern. Wichtig bleibt zunächst der Kontakt zu René Schickele, der inzwischen in Bern die ›Weißen Blätter‹ herausgibt und die Schriftenreihe ›Europäische Bibliothek‹ vorbereitet. Entscheidend werden die Beziehungen zur politischen Emigration, die sich schon in der Zeit der ›Galerie Dada‹ durch Salomon Grumbach in Zürich anbahnten. Emmy Hennings übersiedelt mit ihrer Tochter zunächst nach Zürich.

September 1917-März 1920: schreibt Ball zahlreiche Beiträge für ›Die Freie Zeitung. Unabhängiges Organ für Demokratische Politik‹ (S. 170-183 und 203-272). Im April in Bern von dem demissionierten deutschen Diplomaten Hans Schlieben gegründet, erscheint das Blatt zweimal wöchentlich vom 14. 4. 1917 bis zum 27. 3. 1920 und entwickelt sich zu einem wichtigen politischen Forum emigrierter Kriegsgegner und kämpferischer Republikaner. Im Laufe des Jahres 1918 wird Hugo Ball Mitglied der Redaktion und gilt als ihr intellektuell prägender Kopf. Zum Mitarbeiterkreis gehören neben vielen anderen Ernst Bloch, Kurt Eisner, Hermann Fernau, Siegfried Flesch, Friedrich Wilhelm Foerster, Hellmut von Gerlach, Claire und Ivan Goll, Richard Grelling, Salomon Grumbach, Maximilian

Harden, Annette Kolb, Fritz Küster, Wilhelm Muehlon, Carl v. Ossietzky, Hans Paasche, Franz Pfemfert und Hermann Rösemeier.

10. 9., Die »erste, die demokratische Hälfte« von *Michael Bakunin. Ein Brevier* (1815-1866) liegt als gebundenes Manuskript vor. In den folgenden Monaten arbeitet Ball mit der Aussicht auf eine Publikation im Erich Reiß Verlag weiter, anfangs noch mit Vorrang gegenüber einer Mitarbeit in der ›Freien Zeitung‹.

26. 9., Als erster Beitrag in der ›Freien Zeitung‹ erscheint *Aufgabe für einen deutschen Philologen. (Zur Reformationsfeier)* (S. 170 bis 171). Als Aufgabe für einen »jungen, sozialistisch geschulten Philologen« propagiert Ball seinen Anfang 1915 gefaßten Plan einer Biographie Thomas Münzers, die zugleich ein »Buch gegen Luther« wäre.

Herbst: Beginn der Freundschaft mit Ernst Bloch, der seit Oktober 1917 zu den Mitarbeitern der ›Freien Zeitung‹ gehört und in Thun, später in Interlaken wohnt. Im Mai hatte er das Manuskript seines Buches »Geist der Utopie« abgeschlossen, das Ball im November mit großer Faszination liest. Bloch regt ihn zur Lektüre der Utopisten Morus und Campanella an, Ball seinerseits Bloch zum Studium Thomas Münzers und des 1701 erschienen Werkes »Entdecktes Judentum« von Johann Andreas Eisenmenger.

17. 10., In der ›Freien Zeitung‹ erscheint *Die deutsche »Demokratie« und Rußland*, Balls erster Kommentar zur aktuellen politischen Entwicklung (S. 203-207).

Anfang November: Begegnung mit Franz Werfel und Else Lasker-Schüler in Bern.

9. 11., Schickele schlägt Ball vor, für die von ihm herausgegebene ›Europäische Bibliothek‹ ein Buch über die *Deutschen Intellektuellen* zu schreiben und erwartet ein Exposé.

14. 11., Beim Abschluß des Exposés wird Ball deutlich, daß sein Projekt von Schickeles Auftrag abweicht und einen anderen Publikationsrahmen erfordert: »Es sollte ein Buch werden über die modernen Intellektuellen, etwa über die Autoren der ›Weißen Blätter‹, und es ist ein Aufriß der deutschen Entwicklung und eher ein Entwurf gegen das ›Manifest der 93 Intellektuellen‹ geworden.« (In *Die Flucht aus der Zeit.*)

November 1917-*Dezember* 1918: Aus dem Projekt entsteht das Buch *Zur Kritik der deutschen Intelligenz.*

Artikel, die Ball in diesen Monaten in der »Freien Zeitung« veröffentlicht, gehen teilweise aus der Arbeit an der über 300 Seiten anwachsenden Streitschrift hervor.

15. 11., *Über Okkultismus, Hieratik und andere seltsam schöne Dinge* (S. 54-57) erscheint – als letzte Reminiszenz an die künstlerischen Aktivitäten des Jahres 1917 – im ›Berner Intelligenzblatt‹.

21. 11., Eine historische Kritik des ›apostolischen‹ Auftrags der habsburgischen Monarchie, *Österreichs Kulturmission* (S. 172-176) erscheint in der ›Freien Zeitung‹.

Ende November: Treffen von Ball und Bloch mit Max Scheler, dessen Verbindung von schwärmerischem Katholizismus und politischem Opportunismus in beiden heftigen Abscheu weckt.

Jahreswechsel: Hugo Ball in Zürich. Emmy Hennings übersiedelt anschließend mit ihrer Tochter ins Tessin. Gemeinsamer Plan eines Umzugs nach Ascona im Frühjahr.

1918   12. 1., *Walter Rathenau* (S. 208-212), zunächst als Auftakt einer Reihe von politischen Portraits gedacht, erscheint in der ›Freien Zeitung‹. Rathenaus öffentliches Eintreten für die herrschende Mächte und Ideologien in Deutschland erscheint Ball als Verrat an der jüdischen Emanzipation.

6. 2., In der ›Freien Zeitung‹ erscheint die Glosse *Herr Pfarrer Bolliger,* ein Angriff auf einen Züricher Pfarrer, der einen Konfessionskrieg der protestantischen Kräfte und des Deutschen Reiches gegen Kurie und Entente propagiert.

2. 3., Unter dem Titel *Die Philharmoniker* glossiert Ball in der ›Freien Zeitung‹ reaktionäre Reden auf einer Berliner Tagung des ›Bundes der Landwirte Preußens‹.

März: Der Berliner Erich Reiß Verlag erteilt für *Michael Bakunin. Ein Brevier* eine Absage und nimmt damit eine frühere Zusage zurück. Ball gibt nun den Plan auf, nicht aber die weitere Arbeit am Thema Bakunin.

30. 3., *Vom Universalstaat* (S. 177-179) und

24. 4., *Preußen und Kant* (S. 180-183), später in *Zur Kritik der deutschen Intelligenz* eingegangen, erscheinen in der ›Freien Zeitung‹.

April: Der Roman *Flametti oder Vom Dandysmus der Armen,* seit Anfang des Jahres in Druck, erhält seinen programmatischen Untertitel und seine Zueignung an Emmy Hennings. Noch im Frühjahr erscheint er bei Erich Reiß in Berlin. Nach dem 1911 publizierten Jugenddrama *Die Nase des Michelangelo* ist dies Balls zweite Buchveröffentlichung.

Mai-Juli: In der ›Freien Zeitung‹ erscheinen – vielleicht im Zusammenhang mit Balls Eintritt in die Redaktion – häufiger Artikel und kurze Glossen, darunter am 4. 5. *Der ausgenagelte Hindenburg* (S. 213-215), am 25. 5. *Eine Kaiser-Rede* (S. 216-218), am 26. 6. *Majestät im Hauptquartier* (S. 219-223) und am 3. 7. eine Kritik am pazifistischen Versöhnungsdenken von *Romain Rolland.*

Sommer: Briefliche Auseinandersetzung mit Emmy Hennings über Leonhard Franks pazifistisches Credo »Der Mensch ist gut«

und dessen Konsequenzen angesichts der aktuellen Kriegssituation.

2. Jahreshälfte: Übersiedlung von Emmy Hennings und ihrer Tochter Annemarie nach Bern.

August: ›Der Freie Verlag‹ wird in Bern gegründet und Hugo Ball als dessen literarischer Leiter eingesetzt. Als Geschäftsführer fungiert der Schweizer Hans Huber, der auch verantwortlicher Redakteur der ›Freien Zeitung‹ ist. Der Verlag veröffentlicht vor allem Bücher und Broschüren aus deren Mitarbeiterkreis, die der »Sammlung und Verbreitung demokratischer Ideen« dienen.

31. 8., *Propaganda hier und dort* (S. 224-227) in der ›Freien Zeitung‹.

16. 10., Dort erscheint *Praktisches Christentum*, eine Glosse über die Beanspruchung humanitärer und christlicher Ideen durch den neuen Reichskanzler Max von Baden.

Ende Oktober: Hugo Ball gibt im Freien Verlag den *Almanach der Freien Zeitung 1917-1918* heraus, der zahlreiche Artikel aus der Zeitung enthält und mit Bakunins Aufsatz über »Die Reaktion in Deutschland« (1842) schließt. Von Ball enthält der Band außer seiner *Einleitung* (S. 184-190) die Artikel *Vom Universalstaat* und *Österreichs Kulturmission.* –

Hans Schlieben und seine Mitarbeiter ergreifen die Initiative zur Gründung eines ›Deutschen republikanischen Komitees‹.

6. 11., Nach Einführung des »Volkskaisertums« durch die Parlamentarisierung der deutschen Reichsverfassung und während des Zusammenbruchs der habsburgischen Monarchie setzt Ball Hoffnungen auf eine großdeutsch-republikanische Gegenbewegung, die von Österreich ausgehen könnte (*Volkskaisertum und Republik* in der ›Freien Zeitung‹).

16. 11., Nach Waffenstillstand und Sturz der Monarchie gibt Ball dort unter dem Titel *Die Umgehung der Instanzen* (S. 231-233) seinen ersten Kommentar zu den Revolutionsereignissen. Er geht von der Vermutung aus, daß sozialpolitische Minderheiten und jüdische Repräsentanten von der Schwerindustrie vorgeschickt und toleriert werden, um im Ausland einen wirtschaftlich günstigeren Friedensschluß zu erwirken. Hier wie auch in den folgenden Artikeln betont Ball, daß eine Revolution ohne Wiederherstellung der politischen Moral mißlingen werde.

21. 11., Die Redaktion der ›Freien Zeitung‹ beschließt, ihre Arbeit weiterhin in Bern fortzusetzen. Über Vertriebsmöglichkeiten der ›Freien Zeitung‹ und des ›Freien Verlages‹ in Deutschland wird unter anderem mit Franz Pfemfert, dem Herausgeber der ›Aktion‹ verhandelt.

Initiative der Redaktion beim Volksbeauftragten des Auswärtigen

Hugo Haase zur Ablösung der kaiserlichen Gesandtschaft in Bern, von der zahlreiche Vorstöße gegen die Arbeit der ›Freien Zeitung‹ ausgegangen waren.

Der emigrierte Münchener Pädagoge Friedrich Wilhelm Foerster, Mitarbeiter der »Freien Zeitung«, wird von Kurt Eisner als Gesandter des Freistaates Bayern berufen. Auch über Edgar Jaffé, den Bayerischen Finanzminister, bestehen Kontakte zur Münchener Revolutionsregierung. Durch Hans Schlieben bestanden seit langem Verbindungen zum ›Bund neues Vaterland‹ und zum Kreis um Richard Witting in Berlin, der die demokratische Opposition und die Unabhängigen Sozialdemokraten unterstützte.

30. 11., In der ›Freien Zeitung‹ richtet sich Ball *An die in Berlin* (S. 234-236). Dem Artikel ging am 25. 11. eine Reichskonferenz der Ministerpräsidenten der deutschen Staaten in Berlin voraus, auf der es unter anderem zum Konflikt zwischen Friedrich Ebert und Kurt Eisner kam, der die Friedensverhandlungen einem provisorischen Präsidium aus Vertretern der Einzelstaaten übertragen wollte. Eisner ging – wie die ›Freie Zeitung‹ – von der Verschuldung des Krieges durch das Deutsche Reich aus. – In derselben Ausgabe der Zeitung erscheint die nicht namentlich von Ball gezeichnete Glosse *Die Fingerfertigen* (S. 237-240), die den neuen Opportunismus alter Unterzeichner des »Manifests der Dreiundneunzig« (Oktober 1914) bloßstellt.

7. 12., Nach der Festlegung des Wahltermins für die verfassunggebende Nationalversammlung durch den Rat der Volksbeauftragten erscheint Balls Artikel *Die Nationalversammlung* (S. 241-244) in der ›Freien Zeitung‹.

24. 12., Ball schreibt das Vorwort zu der inzwischen abgeschlossenen Schrift *Zur Kritik der deutschen Intelligenz.*

1919 *Neujahr: Die neue Zeit*, eine Besprechung der Sammlung von November-Reden Kurt Eisners in der ›Freien Zeitung‹ (S. 245-249).

15. 1., Dort erscheint *Die moralische und die Wirtschaftsrebellion* (S. 250-253) – eine Kritik am Marxismus als einer Parteidoktrin, die die moralische Seite der Revolution nicht zu sichern vermag und nur eine kollektive »Verantwortung der Partei und der Begriffe« kennt.

17. 1., *Zur Kritik der deutschen Intelligenz* erscheint im Freien Verlag, Bern.

Anfang 1919: entwickelt sich ein reger nachbarschaftlicher Kontakt mit Walter Benjamin, der damals in Bern promoviert und in einem Nachbarhaus wohnt. Benjamin gehört zu den ersten Lesern der *Kritik der deutschen Intelligenz* und gibt das Buch an Gershom Scholem weiter, der ebenfalls in Bern studiert. Durch Hugo Ball lernt Benjamin im Frühjahr Ernst Bloch kennen und wird von beiden zu publizistisch-politischen Aktivitäten aufgefordert, was er jedoch ablehnt. Benjamin – nach dem Zeugnis von Gershom Scholem damals Anhänger eines »theokratischen Anarchismus« – schreibt nach der Lektüre von Blochs »Geist der Utopie« sein »Theologisch-politisches Fragment«, das indirekte Beziehungen auch zu Balls Kritik der Theokratie enthält. Benjamin setzt sich für Gemälde der jungen Annemarie Hennings ein.

Ende Januar-Februar: erscheinen in der ›Freien Zeitung‹ am 22. 1. *Der edle Atem des Herrn Brockdorff-Rantzau,* eine Glosse über den Delegationsleiter bei der Pariser Friedenskonferenz, am 1. 2. *Zur Sozialistenkonferenz* und am 15. 2. *Oh, diese Sozialdemokraten,* Glossen zur Internationalen Sozialistenkonferenz in Bern.

1. 3., Nach dem Mord an Kurt Eisner vom 21. 2. 1919 zieht Ball eine Bilanz der Revolution mit seinem Artikel *An unsere Freunde und Kameraden* (S. 254-257).

Wilhelm Muehlon wird die Nachfolge Eisners als bayerischer Ministerpräsident angetragen. Nach einigen Vorverhandlungen lehnt er jedoch ab, unter anderem wegen der Räte-Frage und der ungeklärten Stellung zur Entente.

Anfang März: erhält Ball einen Paß durch den bayerischen Gesandten Foerster, der auch politische Kontakte für Balls folgende Reisen vermittelt.

Anfang März-Anfang April: Erster Nachkriegsbesuch in Deutschland. In München besucht Ball neben anderen den Minister Frauendorfer, dem er ein Exemplar seines Buches überreicht. In Frankfurt hört er einen Vortrag des Hauptmanns von Beerfelde, der die in der Kriegsschuldfrage belastende Lichnowsky-Denkschrift (»Meine Londoner Mission«) verbreitet hatte. In Mannheim hält Ball einen Vortrag über die vom Freien Verlag veröffentlichten und heftig umstrittenen Dokumente, in denen es um die Unterstützung der russischen Bolschewisten durch das kaiserliche Deutschland geht. Im Anschluß daran veröffentlicht Ball als Beitrag für die in Mannheim erscheinende Zeitschrift ›Der Revolutionär‹ *Siebzig Dokumente.*

26. 4., In seinem Artikel *Die Schuld am Diktatfrieden* weist Ball in der ›Freien Zeitung‹ noch einmal auf jene Kräfte hin, die auf der Bedeutung der Schuldfrage bestehen. Dabei hebt er die Unabhängige Sozialdemokratie und Gustav Landauer hervor, der »ein an Geist und Reife gleich bewundernswertes soziales und föderatives System vertritt«.

Ende April-Ende Mai: Zweite Deutschland-Reise. In Berlin trifft Ball u. a. mit Richard Huelsenbeck und den Politikern Hellmut von Gerlach, Heinrich Ströbel und Richard Witting zusammen. Am

30. 4. besucht er eine Soirée der Berliner Dadaisten: »Als Publikum. Und hatte meine helle Freude dran. Und wenn mir auch heute noch die Ohren davon sausen, so muß ich doch sagen, daß der kleine Saal des Graphischen Kabinetts in der Sezession überfüllt war und alle Neger-Instinkte Groß-Berlins sich schamhaft erkannt und ans Licht gebracht sahen.« (Am 2. 5. an Emmy Hennings.) – In München besucht Ball am 17. 5. die Sitzung des nach der Niederschlagung der Räterepublik wieder zusammentretenden Bayerischen Landtags. – Mit dem Ausgang der Reise wachsen die Zweifel am Sinn der politischen Aktion in der Schweiz.

Ende Mai: Wiederaufnahme der Arbeit an dem Roman *Tenderenda der Phantast.* Als neuer Abschnitt entsteht *Der Verwesungsdirigent* (S. 404-407).

31. 5., 25. 6., In den Artikeln *Die Revolution und der Friede* (S. 258-261) und *Die Unterzeichnung* kommentiert Ball die deutschen Debatten um den Versailler Friedensvertrag, der am 28. 6. unterzeichnet wird. Schon im ersten Artikel wird deutlich, daß er keinen Grund mehr für Hoffnungen auf eine baldige politische Erneuerung in Deutschland sieht.

Juni: Beginn der Studien zu einem neuen Buch über eine *Philosophie des produktiven Lebens,* in der auf die *Kritik der deutschen Intelligenz* ein »positives System« folgen soll: »Ich möchte in diesem System etwas weitergehen, als man bisher in den Beziehungen der Individuen untereinander gekommen ist. Der Achtung und Anerkennung des Nächsten, der Liebe zum Nächsten, kann eine Ordnung der Dinge folgen, in der die gewaltige Pflege der Produktivität die Grundlage der Moral abgibt.« (Nach der Rückkehr aus Deutschland an Adolf Saager als Antwort auf dessen Besprechung der *Kritik der deutschen Intelligenz,* die am 1. 5. in der ›Nationalzeitung‹ erschienen war.)

19. 7., Als Antwort auf den gegenrevolutionären Terror in Deutschland und das von der Abteilung Lüttwitz der Reichswehr herausgegebene »Lehrbuch des deutschen Bürgerkrieges« erscheint in der ›Freien Zeitung‹ *Der Bürgerkrieg des Herrn Lüttwitz* (S. 262 bis 265).

Juli-Anfang August: Aufenthalt in Melide am Luganer See.
Nach der Rückkehr wird Ball in Bern mit einem Ausweisungsbegehren der Züricher Stadtpolizei konfrontiert, dessen Anlaß seine Publikation *Siebzig Dokumente* in der Mannheimer Zeitschrift ›Der Revolutionär‹ war.

August: Plan einer Broschüre *Michael Bakunin über Deutschland und Karl Marx* im Freien Verlag.

Ab 17. 9., erscheint die ›Freie Zeitung‹ im von Ball geleiteten Freien Verlag.

Es entwickelt sich ein Kontakt mit Rudolf Grossmann (Pseudonym: Pierre Ramus), den Gründer des Wiener ›Bundes herrschaftsloser Sozialisten‹ und Herausgeber der Zeitschrift ›Erkenntnis und Befreiung‹.

1. 11., *Clemenceaus Rede vor dem Senat* (gehalten am 11. Oktober) ist Gegenstand eines Artikels in der ›Freien Zeitung‹, in dem Ball die historische Perspektive entwirft, die für ihn mit der Erfüllung des Versailler Vertrages verknüpft ist: »die endgültige Säkularisierung des heiligen römischen Reichs durch den universalen demokratischen Völkerbund, den die englische Reformation begonnen, die französische Revolution ausgestaltet und der Versailler Friede besiegelt hat.«

3. 12., Eine positive französische Reaktion auf die anarchistische Marx-Kritik von Rudolf Grossmann ist Anlaß des Artikels *Die marxistische Intrige* in der ›Freien Zeitung‹. Dabei ist noch einmal von dem im Sommer gefaßten Plan einer Broschüre *Bakunin gegen Marx* die Rede. Der Plan wird jedoch nicht ausgeführt. Die wirtschaftlichen Schwierigkeiten des Freien Verlages scheinen dabei eine ausschlaggebende Rolle gespielt zu haben.

Weihnachtszeit: Hugo Ball ist in Angelegenheiten des Freien Verlages in Berlin und spricht mit dem dortigen Vertreter.

Die kritische Situation des Verlages verschärft sich. Später schreibt Ball über die großen »Verluste seit November 18 infolge systematischen Boykotts« (am 2. 7. 1920 an Rudolf Grossmann).

1920 *Februar:* Die Einstellung der ›Freien Zeitung‹ zum 1. April wird beschlossen. Pläne für eine Fortführung als Zeitschrift mit Verlegung der Redaktion nach Deutschland zerschlagen sich später. Auch der Freie Verlag wird im Sommer aufgelöst.

11. 2., *Ein Wendepunkt deutscher Geschichte* (S. 266-269) erscheint in der ›Freien Zeitung‹ angesichts der heftigen deutschen Proteste gegen die im Versailler Vertrag vereinbarte Auslieferung der deutschen Heerführer.

21. 2., Heirat mit Emmy Hennings in Bern.

März-Juli: Mit der Familie in Deutschland. Ein gemeinsamer Vortragsabend mit Emmy Ball-Hennings am 14. 3. in Pirmasens wird durch die Reaktion nationalistischer Kreise zum örtlichen Skandal.

17. 3., als letzter politischer Artikel von Ball erscheint sein Kommentar zum Kapp-Putsch *Das wahre Gesicht* (S. 270-272) in der ›Freien Zeitung‹, die am 27. 3. ihr Erscheinen einstellt.

Mai: Einzug im Elternhaus von Emmy Ball-Hennings in Flensburg. Durchsicht älterer Manuskripte.

1. 7., Vortrag im Hamburger Gewerbehaus vor der Ortsgruppe

der Deutschen Friedensgesellschaft: *Abbruch und Wiederaufbau* (S. 273-296).

15. 7., Abschluß und Titelgebung des phantastischen Romans *Tenderenda der Phantast* (S. 377-417).

Sommer: Rückwendung zum Katholizismus.

August: Rückkehr in die Schweiz und Ansiedlung im Dorf Agnuzzo am Luganer See.

Herbst: Beginn hagiographischer Quellenstudien.

4. 12., erste Bekanntschaft mit Hermann Hesse, aus der sich die tragende Freundschaft der letzten Jahre entwickelt.

Ab Dezember: Byzantinisches Christentum. Drei Heiligenleben entsteht bis zum Frühjahr 1922.

1921 *Oktober:* Übersiedlung nach München.

1921/22 *Winter:* Studien in der Staatsbibliothek und Umarbeitung von *Byzantinisches Christentum.*

Erster Verlagskontakt wegen des Buches mit Kurt Wolff durch Hesses Vermittlung.

1922 Generalbeichte in München.

Februar: Längeres Gespräch mit Johannes R. Becher.

März: Besuch von Hans Arp und Sophie Täuber. Besuch bei Gabriele Münter in Murnau.

Juli: Mit dem Verlag Dunker & Humblot kommt es zu einem Vertrag über das unterdessen abgeschlossene *Byzantinische Christentum* und eine bearbeitete Neuausgabe von *Zur Kritik der deutschen Intelligenz.*

Der *Versuch eines Vorwortes für das »Byzantinische Christentum«*, der beide Werke in einen Zusammenhang stellt, bleibt bei Notizen (S. 299-302).

August: Rückreise ins Tessin als gemeinsame Lesetournee durch badische und schweizerische Sanatorien. Der durch die Inflationsnöte geförderte Plan einer Übersiedlung nach Italien wird aufgegeben.

September: bei Hermann Hesse in Montagnola.

Oktober: Wiedereinzug in Agnuzzo.

Durchsicht alter Tagebücher.

1923 1. Hälfte: *Byzantinisches Christentum. Drei Heiligenleben* erscheint bei Dunker & Humblot, München und Leipzig.

Sommer: letzter Besuch in Pirmasens am Krankenbett der Mutter, die im August stirbt. – Studium der Schriften von Carl Schmitt.

Ab Oktober: Emmy Ball-Hennings in Italien. Ball arbeitet in Agnuzzo an dem Aufsatz *Carl Schmitts Politische Theologie*, der als Auftrag der katholischen Zeitschrift ›Hochland‹ entsteht.

Dezember: Eine nach Aufforderung durch die Redaktion erweiterte Fassung des Aufsatzes wird abgeschlossen. Neue Durchsicht der Tagebücher. Reflexionen zur modernen Lyrik und eigene Gedichte (»Mit den Gedichten untersuche ich mich.« Am 26.12.).

1924 *Anfang: Die Folgen der Reformation* entsteht als gekürzte Bearbeitung des Buches *Zur Kritik der deutschen Intelligenz.*

Vorfrühling: Rückkehr von Emmy Ball-Hennings aus Italien.

Juni: Carl Schmitts Politische Theologie (S. 303-334) erscheint in ›Hochland‹. Es ist die erste Gesamtinterpretation von Schmitts Frühschriften.

Sommer: Besuch von Carl Schmitt, der mit Ball ein neues Vorwort für sein Buch »Politische Romantik« bespricht. Schmitt, der Balls *Zur Kritik der deutschen Intelligenz* ablehnt, bietet ihm an, die Neubearbeitung zu unterdrücken und für die entstandenen Verbindlichkeiten aufzukommen. Ball weist dieses Ansinnen zurück.

Juli: zur Erholung in Rigi-Klösterli, wo er Ruth Schaumann und den ›Hochland‹-Redakteur Friedrich Fuchs trifft. Anschließend zu Bibliotheksstudien in Einsiedeln. Plan eines Aufsatzes über Mazzini für das ›Hochland‹, den er im Oktober absagt.

Herbst.: Die Folgen der Reformation erscheint bei Dunker & Humblot.

Oktober: Übersiedlung nach Rom.

Beginn einer großangelegten Arbeit über frühchristliche Therapieformen, Exorzismus und Psychoanalyse.

1924/25 *Winter:* Studium der Psychoanalyse im Laboratorium von Prof. De Sanctis (Regia Università).

1925 *Januar:* Treffen mit dem ›Hochland‹-Herausgeber Carl Muth. Plan für einen neuen Aufsatz.

Januar bis März: Erste Fassung des Aufsatzes *Die religiöse Konversion.*

Seit Januar treffen aus Deutschland die (auch von katholischer Seite) meist heftig ablehnenden Besprechungen von *Die Folgen der Reformation* ein. In einigen Fällen, die an Rufmord grenzen, antwortet Ball im Sommer mit offenen Briefen.

Februar: Abbruch des Kontaktes mit Carl Schmitt nach dem Erscheinen einer Rezension von dessen Schüler Waldemar Gurian, »die nicht nur für mein Buch, sondern für mich selbst vernichtend ist« (Ball in einem nicht abgeschickten Kontroversbrief vom 11.2.).

März: Umzug nach Vietri Marina bei Salerno.

Mai: Bezug eines Hauses in Albori bei Salerno.

Juni: Besuch von Carl Muth.

Juni/Juli: Nach redaktionellen Einwänden und Korrekturen erscheint *Die religiöse Konversion* (S. 336-376) in ›Hochland‹.

Juli: Beginn des Studiums von Schriften C. G. Jungs. Intensivierung der Arbeit am geplanten Buch über Psychoanalyse und Exorzismus.

Ende Oktober: stellt Ball bei einem Rom-Aufenthalt sein Projekt Carl Muth und einem Vertreter des Kösel-Verlages vor und trifft auf erhebliche Reserviertheit. Da ihm eine Publikationsmöglichkeit dort und auch bei Dunker & Humblot verschlossen scheint, stellt er den Plan zurück. Angesichts dieser Situation und der Kontroversen um *Die Folgen der Reformation* beginnt er mit der Bearbeitung der alten Tagebücher: »Diese Aufzeichnungen, die den Hintergrund meiner Bücher bilden, könnten klärend und versöhnend wirken« (am 10. 11. an Carl Muth).

Dezember: Umzug nach Vietri sul Mare nach Aufgabe des Plans für einen Winter in Rom.

1926 *Bis Juli*: Umarbeitung der Tagebücher 1913-1921 zu dem autobiographischen Werk *Die Flucht aus der Zeit*.

14. 3., Offerte des Werkes an den Verlag Dunker & Humblot und Rückzug der Offerte an Carl Muth.

Mai: Umzug nach Lugano-Sorengo.

Die Sammelrezension *Drei Geschichtswerke* erscheint in ›Hochland‹.

Juli bis Anfang August: Besuch in München zur Klärung von Verlagsangelegenheiten und zur Sondierung der Möglichkeit, mit der Familie nach München zu ziehen. Letzte Manuskriptkorrektur von *Die Flucht aus der Zeit*. Das Werk wird vom Lektor Ludwig Feuchtwanger eigenverantwortlich ins Programm des Dunker & Humblot Verlages aufgenommen. Wachsende Spannungen mit Carl Muth, dessen Gast in Solln Ball zeitweise ist.

Mitte August: Rückkehr nach Lugano-Sorengo.

Beginn der Arbeit an dem Aufsatz *Der Künstler und die Zeitkrankheit* (S. 102-149), der im November und Dezember in ›Hochland‹ erscheint.

Oktober: Im Auftrag des Verlages S. Fischer entsteht die Monographie *Hermann Hesse. Sein Leben und sein Werk*, bis März 1927.

1927 *Frühjahr*: *Die Flucht aus der Zeit* erscheint bei Dunker & Humblot.

Jakob Hegner zeigt Interesse an Balls Projekt über Exorzismus und Psychoanalyse.

27. 3., Das fertige Manuskript der Hesse-Monographie geht an den S. Fischer Verlag.

April: Umzug nach Agnuzzo.

Mai: Erste Krankheitssymptome werden spürbar (Magenkrebs).

Juni: *Hermann Hesse. Sein Leben und sein Werk* erscheint gleichzeitig mit dessen Roman ›Der Steppenwolf‹ bei S. Fischer in Berlin.

2. 7., Fünfzigster Geburtstag Hermann Hesses. Am gleichen Tag wird Hugo Ball im Hospital ›Rotes Kreuz‹ in Zürich wegen Magenkrebs operiert.

26. 7., Ball wird nach der erfolglosen Operation nach Agnuzzo zurückgebracht, wo ihn Hesse jeden zweiten Tag besucht.

14. 9., Tod in Sant'Abbondio bei Gentilino.

1930 Emmy Ball-Hennings veröffentlicht *Hugo Ball. Sein Leben in Briefen und Gedichten* mit einem Vorwort von Hermann Hesse im S. Fischer Verlag, Berlin.

1931 Im Verlag Kösel und Pustet in München erscheinen als Neuausgaben *Byzantinisches Christentum* mit einem Vorwort von Waldemar Gurian, und *Die Flucht aus der Zeit* mit einem Vorwort von Hermann Hesse.

1933 *Hermann Hesse. Sein Leben und sein Werk,* fortgeführt bis auf die Gegenwart von Anni Carlsson-Rebenwurzel, erscheint bei S. Fischer in Berlin.

1946 Die dritte Ausgabe von *Die Flucht aus der Zeit* erscheint mit einem Vorwort von Emmy Ball-Hennings im Verlag Josef Stocker, Luzern.

1947 *Hermann Hesse. Sein Leben und sein Werk* erscheint in zwei ergänzten Neuausgaben bei Fretz und Wasmuth in Zürich und bei S. Fischer in Berlin.

1956 *Hermann Hesse. Sein Leben und sein Werk* erscheint ohne fremde Weiterführung als Band 34 der Bibliothek Suhrkamp, der zahlreiche Neuauflagen erfährt.

1957 *Briefe 1911-1927* werden von Annemarie Schütt-Hennings im Benziger Verlag herausgegeben.

1958 Dort erscheint ebenfalls *Byzantinisches Christentum.*

1963 *Gesammelte Gedichte* werden von Annemarie Schütt-Hennings im Verlag der Arche, Zürich, aus dem Nachlaß herausgegeben.

1967 *Tenderenda der Phantast, Roman,* 1914 bis 1920 entstanden, erscheint im Verlag der Arche in Zürich aus dem Nachlaß in einer limitierten Auflage.

1970 *Zur Kritik der deutschen Intelligenz* wird in einer ersten Neuausgabe mit dem Untertitel ›Ein Pamphlet‹ von Gerd-Klaus Kaltenbrunner herausgegeben und eingeleitet (Rogner und Bernhard, München).

1971 erscheint eine spanische Ausgabe des Bandes im Verlag Edhasa in Barcelona.

Als ergänzte Lizenzausgabe des bis 1917 reichenden ersten Teils von *Die Flucht aus der Zeit* veröffentlicht der Benziger Verlag *Die Kulisse. Das Wort und das Bild.*

1973 Ein Nachdruck von *Flametti oder Vom Dandysmus der Armen* erscheint bei Kraus Reprint in Nendeln.

1974   Als amerikanische Ausgabe gibt John Elderfield *Flight Out of Time:*
       A Dada Diary gemeinsam mit Balls Dada-Manifest und Kandinsky-
       Vortrag bei der Viking Press in New York heraus.
1975   Eine japanische Auswahl aus dem Werk erscheint in Tokyo bei
       Misuzu Shobō.
       Der Roman *Flametti oder Vom Dandysmus der Armen* erscheint als
       Band 442 der Bibliothek Suhrkamp.
1977   Seit diesem Jahr veröffentlicht die Stadt Pirmasens einen jährlichen
       ›Hugo Ball Almanach‹, der von Ernst Teubner herausgegeben wird
       und zahlreiche Erstpublikationen enthält.
       Hermann Hesse. Sein Leben und sein Werk als suhrkamp taschen-
       buch 385 mit späteren Neuauflagen.
1978   *Damals in Zürich. Briefe aus den Jahren 1915-1917* von Hugo Ball
       und Emmy Hennings erscheinen im Verlag der Arche, Zürich.
1979   *Byzantinisches Christentum. Drei Heiligenleben* im Insel Verlag.
1980   *Zur Kritik der deutschen Intelligenz* als Band 690 der Bibliothek
       Suhrkamp.

Eine umfassende Bibliographie der Quellen, Sekundärzeugnisse und Dar-
stellungen bietet: Ernst Teubner: Hugo Ball. Katalog der Stadtbücherei
Pirmasens, Pirmasens 1976; dazu Nachträge 1976/77 in: Hugo Ball
Almanach 1977, Nachträge 1977-79 in: Hugo Ball Almanach 1979,
Nachträge 1979-81 in: Hugo Ball Almanach 1981, Nachträge 1981-83 in:
Hugo Ball Almanach 1983.

Nachwort

Hugo Ball hat in Deutschland mit keinem seiner Bücher eine kontinuierliche Wirkung gehabt. Wie bei kaum einem anderen Autor der expressionistischen Generation war ihre Aufnahme von den Einschnitten und lastenden Kontinuitäten der deutschen Zeitgeschichte behindert und von kulturellen Tabus betroffen. Dies gilt nicht erst für Balls postume Wirkung über das Jahr 1933 hinaus, sondern bereits für die unmittelbaren Zeitgenossen. So bedurfte es der nationalsozialistischen Bücherverbrennungen nicht mehr, um den Großteil seiner publizistischen Arbeit vergessen zu machen. Wenn seine Schriften ein Refugium für manche Hitler-Gegner wurden, so blieben dies Einzelfälle.[1] Nicht sein kritisches Werk, sondern sein praktischer Anteil an den künstlerischen Avantgardebewegungen war es, der die internationale Neuentdeckung Balls nach 1945 begründete.

1927 war Hugo Ball im Alter von einundvierzig Jahren gestorben. Die kurze Geschichte seines Lebens – in mancherlei Variationen überliefert – wurde zu einer Legende, die mehr Interpretationen hervorgerufen hat als der Wortlaut seiner Schriften. Das Bild des Autors verschwindet hinter seinen Rollen und Masken, seinen Berufen und vielfältigen Initiativen. Auf der Suche nach dem authentischen Hugo Ball wurde dieses Versteckspiel zum Hauptanreiz der Ball-Interpreten. Die Schriften wurden zu biographischen Indizien.

Wenige Monate vor seinem Tode war ›Die Flucht aus der Zeit‹ erschienen, eine autobiographische Rechenschaft anhand von Tagebüchern der bewegten Jahre zwischen 1913 und 1921. Daß sie im Todesjahr erschien, hat manche Fehldeutung ermöglicht. Soweit die weiteren Schriften greifbar blieben, konnten sie als historisierbare Dokumente eines Lebensweges gelesen werden, dessen Essenz mit diesem Werk ein für allemal überliefert schien. Die Rollen, die Ball als Dramaturg, Redakteur, Kabarettist, Galerist, Choreograph und Onomatopoetiker gespielt hatte, blieben der europäischen Avantgardeszene zumindest gerüchtweise geläufig. Der breiteren Öffentlichkeit wurden sie erst durch ›Die Flucht aus der Zeit‹ bekannt. Die Abweisung Balls durch die zeitgenössische deutsche Öffentlichkeit hat mit der Zurücksetzung des Artisten, der Ball – im buchstäblichen wie im übertragenen Sinne – auch war, zunächst wenig zu tun. Sie hat näherliegende Gründe, die mit der Wirkungsgeschichte seiner kritischen Schriften zusammenhängen.

Balls Kritik der deutschen Mentalität rührte zu tief an die Ideologien und politischen Übereinkünfte der nachwilhelminischen Gesellschaft, um einen Platz im öffentlichen Bewußtsein der Weimarer Republik zu finden. Was Hugo Ball 1919 in seiner ›Kritik der deutschen Intelligenz‹ vorbrachte, war durch kein politisches Lager gestützt. Was er von dieser Kritik fünf Jahre danach unter dem Titel ›Die Folgen der Reformation‹ aufrechterhielt, brachte nicht nur die patriotisch und preußisch orientierten Kreise gegen ihn auf, sondern nicht minder den politischen Katholizismus. Von der aufgeklärten Intelligenz der zwanziger Jahre isolierten Ball nicht nur die Tatsache seiner Konversion, vielmehr auch seine Verweigerung jenes intellektuellen Repräsentantentums, das zu den Voraussetzungen der Weimarer Kultur gehörte. – Es war eine Kritik aus dem Abseits, leicht identifizierbar als die Stimme eines nie heimgekehrten und reintegrierten Emigranten, den es nach dem ersten Kriegswinter aus dem kaiserlichen Deutschland vertrieben hatte; eine Kritik, die von ihrer Bedeutung für die Republik überzeugt war und dennoch – Utopie gegen die Topie der neuen Verhältnisse setzend – keine fremde Sache zu der ihren machte.

Keineswegs einem Realitätsverlust war es zuzuschreiben, wenn Ball bei seinen deutschen Aufenthalten nach 1918 sein Geburtsland zunehmend als Fremde erfuhr. Die politischen Blindheiten seiner Generation hat er früh durchbrochen und die expressionistische Ausflucht aus Angstvisionen in ein moralisch nicht konkretisierbares Menschheitspathos als illusionär durchschaut. Die politische Physiognomie des Umbruchs nach 1914 ist in seinen Schriften mit seltener Schärfe festgehalten, freilich einer moralischen und also karikierenden Schärfe. Was ihr an Einfühlung ins Bestehende und diplomatischer Rücksicht mangelt, besitzt sie an Integrität. Die Kommentare, mit denen Ball seit 1917 von der neutralen Schweiz aus in der Berner ›Freien Zeitung‹ die politische Entwicklung begleitet hat, mögen bisweilen an der Ferne zu den Ereignissen kranken. Dafür entstanden sie unter unabhängigeren Bedingungen als die Presse der kriegführenden Länder.[2] Was Ball dort schreiben konnte, war für jene nationale Selbstgerechtigkeit, die sich durch den Hinweis auf die Feindestaten im Gleichgewicht zu halten pflegt, eine vehemente Herausforderung. Seine politischen Schriften, von nationalistischen Kreisen einmal in den Verdacht der offenen ›Feindpropaganda‹ gebracht, wurden seitdem in ihrem Wortlaut nicht mehr zur Kenntnis genommen. Was blieb, war die Fama vom Propagandisten landfremder Interessen. Das wirkliche Skandalon lag in der Hartnäckigkeit, mit der Ball die – unabweisbare – Frage nach der deutschen Kriegsschuld erörterte. Eine deutsche Republik, die kein umfassendes Schuldbekenntnis zur Voraussetzung habe, schien ihm nur auf eine Restauration des Alten hinauszulaufen. Auch angesichts der schwebenden Friedensverhandlungen von Versailles übte er keine Rücksicht auf ein vermeintliches nationales Interesse. Nur wenige kannten tatsächlich seine Artikel in der ›Freien Zeitung‹. Der Ruf des publizistischen Landesverrats, in den sie ihn brachten, wurde nicht nur durch eine nationalistisch voreingenommene Publizistik verbreitet, er präjudizierte auch das Urteil universitärer Historiker.[3]

Anders die Reaktion der republikanischen Linken. »Seine Kritik des deutschen Geistes«, hieß es nach seinem Tod in der ›Weltbühne‹, »zuerst als Verrat und Blasphemie verlästert, wird wirken und lebendig sein, wenn kein Buchstabe mehr an die wilhelminische und republikanische Hofhistoriographie verschwendet werden wird.«[4] Im Jahre 1928 war dies bereits eine Betonung der *kritischen* Schriften, die Seltenheitswert besaß. Sie hatten in den Jahren nach der Novemberrevulution bei Teilen der sozialistischen Intelligenz eine wache Aufnahme gefunden. Ernst Bloch und andere wiesen in emphatischen Besprechungen auf die große Streitschrift ›Zur Kritik der deutschen Intelligenz‹ hin. Carl Sternheim rechnete sie 1921 zu den »zwölf wertvollsten Büchern« der Gegenwart.[5] Daß diese Resonanz selten ohne Vorbehalte blieb, hängt freilich nicht nur mit dem polemischen Charakter des Buches zusammen. Aktuell wurde Balls Frage nach einem Republikanismus, der sich als Konsequenz der am preußischen Staat gescheiterten deutschen Aufklärung begreifen konnte und eine Lösung von deutsch-protestantischen Machtstaatstraditionen versprach. Zur Hürde wurde Balls Kritik an der Verwurzelung des deutschen Marxismus und der Sozialdemokratie in ebendiesen Traditionen. Vollends problematisch erschienen die erratischen und also unvertrauten Bezüge, die Ball diesen Traditionen entgegenstellte. Ernst Bloch war einer der wenigen, für die hier Vertrautes zur Sprache kam. Durch Ball war 1917 sein Interesse für Thomas Münzer geweckt worden. 1918 war die Erstfassung von ›Geist der Utopie‹ erschienen, die Ball noch vor der Veröffentlichung bei Beginn seiner Arbeit an der ›Kritik der deutschen Intelligenz‹ gelesen hatte.[6] Im folgenden Jahr hieß es in Blochs Besprechung über das Buch von Hugo Ball: »Es trennt durchaus auf. Es zerschlägt, was Vielen allzu gewohnt war. Ball steht selbst dieser Zeit des Zusammenbruchs und der identischen Ahnung weit voran. Er hat, wie niemals ein Deutscher bisher, die geheimen Causalitäten des blasphemischen Staates an sich begriffen. ... Die deutsche Schuld wird auf Jahrhunderte zurückverfolgt und derart über alle ephemeren Tagesbegriffe hinaus auf ihre Quellen und Ursprünge gebracht. Man sieht mit Balls Augen die Ludendorffs und erkennt an ihnen Bismarck und Metternich mitspielend und diesen Beiden nicht immer so weit entfernt, wie man denken möchte, Karl Marx zur Seite und dahinter Hegel und schließlich Luther, das sanft lebende Fleisch von Wittenberg, eine urpreußisch gewordene Instanz des Gewissensverrats, der Absetzung des Geistes zugunsten der Fürstenmacht, der Verdrängung des Funkens in die Sphäre einsamer, unpolitischer Innerlichkeit und Abstraktion. Aber zuletzt taucht der mittelalterliche Gottesstaat selber empor, als Original all solcher Verjüngungen und als grundlegende Methode, sich um Jesus, um die christliche Demokratie, um Freiheit und Heiligung auch des Geringsten betrügen zu lassen. Ball gibt hierin eine Querschau von eindringlichster Sicherheit des Blicks. ... erfaßt man grade auch am Einzelnen das System all dieser Schlagschatten und Lichtmagneten: so melden sich nicht nur Tatsachen, niemals derart im Zusammenhang der Vision begriffen, sondern vor allem auch tritt eine fast vollkommen vergessene unterirdische Verabredung der edelsten deutschen Menschen an die Öffentlichkeit dieser Zeit. Münzer statt

Luther, Baader statt Hegel, Weitling statt Marx stehen auf und bringen Deutschland der Welt zu . . . Der Leser erfahre, wie kräftig diese Publikation zu reinigen und zu festigen berufen ist, aber auch, welch ein unvertrautes, allernächst vertrautes Deutschland dem wahlverwandten Blick noch zum Vorschein kommen konnte. ›Moral ist Libertinage, gefesselt durch Armut und Mitleid‹ – als bestätigter, wirksam gelöster Mensch wird man ein Buch weitergeben, in dem solch befreite Fanatismen erscheinen und ein großes Stück weiter daran die einzig mögliche menschliche Zukunft besitzen.«[7]

Den »wahlverwandten Blick«, von dem Bloch sprach, besaßen nur wenige, und den meisten – auch in der republikanischen Linken – entging, was Ball hier gegen jahrhundertelange Ausgrenzungen durch reformatorischen Staatsglauben und instrumentalistische Aufklärung zum Vorschein brachte. Wilhelm Weitling, Franz von Baader und Thomas Münzer verkörperten für Ball eine gegenläufige Bewegung, die in der mystischen Spekulation mittelalterlicher Häretiker ihren Ausgang nahm und in ihr einen gemeinsamen Ursprung mit dem europäischen Anarchismus besaß. Ähnlich wie bei Gustav Landauer war hier Mystik als Frage nach dem unverkürzten Leben verstanden, als Quelle einer nicht-instrumentellen Vernunft, die den emphatischen Inhalt der Revolutionstugenden Freiheit, Gleichheit und Brüderlichkeit zur Geltung bringt. Nicht weltfremd-quietistische Schwarmgeisterei also war damit ins Auge gefaßt oder die Flucht vor dem neudeutschen Machtstaat in eine neudeutsche Innerlichkeit. Die Grenzen der Innerlichkeits-Kultur wurden bei Ball scharf umrissen; der in ihnen geformte Typus des deutschen Intellektuellen war ein Hauptgegenstand seiner Kritik.

Walter Benjamin und Gershom Scholem gehörten zu den ersten Lesern des Buches, das ihnen teilweise – nach der Erinnerung Scholems – »ebensosehr durch die Scharfsicht des Hasses darin imponierte, wie es uns in anderen Teilen, wie etwa den maßlosen Ausfällen gegen Kant, nur ein Kopfschütteln übrig ließ.«[8] Die klassische deutsche Philosophie, heute üblicherweise im Widerstreit zu den zeitgenössischen Verhältnissen gesehen und jedes Schuldzusammenhangs enthoben, war durch Ball selbst in die Kontinuität deutscher Verhängnisse gerückt worden. Der polemischen Anlage des Buches nach konnten der deutsche Idealismus wie der parteioffizielle Marxismus nur ihren affirmativen Seiten nach zur Sprache kommen – im Brennpunkt ihrer aktuellen Überlieferung durch wilhelminische Professoren und durch die Ideologen jener Partei, die mit ihrer Zustimmung zu den Kriegskrediten den wilhelminischen Burgfrieden erst ermöglicht hatte. Ohne Eifer und ohne Zorn war das nicht geschrieben. Die Freunde – wie Ernst Bloch in seiner Rezension – haben zuerst bemerkt, daß dabei gewisse ›kenntnislose Animositäten‹ im Spiele waren.

Balls Buch, den »Führern der moralischen Revolution« gewidmet, erschien keine zweieinhalb Monate nach den ersten Revolutionsereignissen. Die alten und neuen Kräfte der Opposition waren zu den Hauptakteuren der deutschen Tagesereignisse geworden. Wie sich bereits an vielen Fronten ihres Kampfes zeigte, war das reaktionäre Gegenpotential mit dem Sturz der alten Gewalten keineswegs geringer geworden. Auf dieses Potential, auf seine intellektuellen Legitimationen und traditionellen Herleitungen zielte Balls Kritik. Moralische, nicht pragmatische Orientierungen leiteten sich aus ihr ab. Von einem Alpdruck deutscher Traditionen war die Rede, den die Revolution zu lösen versprach. In jener Gründungsphase der Republik, in der der politische Horizont noch offen war, mochten diese Orientierungen keineswegs ungreifbar erscheinen und in dem weitgespannten Spektrum zwischen pazifistischen Anarchisten, Sozialisten und Demokraten ihre Entsprechungen finden. Inwieweit das im Berner Emigrantenverlag erschienene Buch in den *deutschen* Buchhandel gelangte, bleibt – trotz zahlreicher Rezensionen – fraglich.[8] Bis zur ersten Neuausgabe vergingen volle 50 Jahre. Im renommierten Münchner Verlag Dunker & Humblot erschien 1924 Balls geraffte Bearbeitung der antiprotestantischen und antipreußischen Teile unter dem Titel »Die Folgen der Reformation« – eine Streitschrift, deren polemischer Gegenstand auch den inzwischen etablierten Kräften der deutschen Öffentlichkeit manche Peinlichkeit bereiten mußte. In ihrer entschiedenen Einseitigkeit machte sie es freilich den Kritikern leicht. Carl Schmitt, der falsche Freund jener Zeit[9], der Balls »Kritik der deutschen Intelligenz« ablehnte, machte ihm während des

Drucks der Neubearbeitung das Angebot, die Auslieferung des Buches zu verhindern und für die entstandenen Verbindlichkeiten aufzukommen. Nach Balls Ablehnung förderte er eine vernichtende Besprechung durch seinen Schüler Waldemar Gurian.[10] Die schwere Krise, in die Ball durch diese und andere Besprechungen zwei Jahre vor seinem Tode geriet, zeigt ein weiteres Mal seine kompromißlose Haltung in den Fragen deutscher Selbstkritik.

Ergebnis und Abschluß dieser Krise ist die autobiographische Rechenschaft. Als Bearbeitung früherer Tagebücher entsteht seit Ende 1925 ›Die Flucht aus der Zeit‹: der Versuch eines Vierzigjährigen, die Spuren früherer Aktivitäten zu einem keineswegs einsinnigen, vielmehr ›polyphonen‹ Buch zu verdichten, von dem er sich eine klärende Wirkung erhofft.

Mit einer bewußten »Selbstausschließung« aus der in Deutschland herrschenden »Kultur«[11] endete 1925 ein Prozeß der Desillusionierung, der 1919 nach Balls ersten politischen Missionen dort begann: »Resultat: daß die politische Aktion in der Schweiz keinen Sinn mehr hat, und daß es kindisch ist, diesem Treiben gegenüber auf Moral zu bestehen. Ich bin gründlich geheilt, von der Politik nun auch, nachdem ich den Ästhetizismus bereits früher abgelegt hatte. Es ist notwendig, noch enger und ausschließlicher auf die individuelle Basis zu rekurrieren; nur der eigenen Integrität zu leben, auf jedes korporative Wirken zu verzichten.«[12] Tagebuch-Sätze nach der Niederschlagung der Münchner Räterepublik, nach einem Besuch im rekonstituierten Bayerischen Landtag und überleitend zu einer Notiz über die Ermordung Gustav Landauers. *Persönlichen* Defaitismus wird man den Artikeln, die Ball in den folgenden Monaten für die »Freie Zeitung« schrieb, kaum ablesen können, wohl aber seine Bitterkeit über den Ausgang der Revolution, der er im Februar 1920 unter dem Titel »Ein Wendepunkt deutscher Geschichte« einen Nachruf geschrieben hat. Im März 1920 kehrt er nach Deutschland zurück und wird Zeuge des Kapp-Putsches. Sein Kommentar, am Tag vor dem Generalstreik erschienen, bleibt sein letztes Wort zur aktuellen Politik. Sein Hamburger Vortrag vor der Deutschen Friedensgesellschaft im Juli ist das letzte Zeugnis eines öffentlichen Auftretens. Ein halbes Jahrhundert verging, bis der Wortlaut seiner politisch-kritischen Schriften wieder auf öffentliches Interesse stieß. »Das Zeitalter der Katakomben scheint wieder anzubrechen«, heißt es in einem Brief im Monat vor diesem Auftritt.[13] Diese Wochen sind es, in denen Ball wieder den Katholizismus zu praktizieren beginnt, in dem er aufgewachsen war.

Was Ball später seine »republikanische Aktion« nannte, war für ihn schließlich zum Lehrstück über die moralische Ohnmacht der Kritik geworden. Statt sich – was manche von ihm forderten – zynisch den neuen Verhältnissen zu überlassen, suchte Ball eine Möglichkeit, die utopischen Gehalte dieser Kritik aufrecht zu erhalten. Ihre utopischen Impulse spiegeln sich hinfort in entlegenen Bereichen der Geschichte, in erratischen Formen der Erfahrung. »Die Menschen sind krank von der paradiesischen Klarheit, die in ihnen verschüttet und pervertiert worden ist«, heißt es im Juni 1921 in einem Brief an den neuen Freund Hermann Hesse. Nach dreijähriger Publikationspause erschien 1923 ›Byzantinisches Christentum‹. Für die Veröffentlichung entwarf Ball ein Vorwort, dessen erhaltenes Fragment hier zum erstenmal mitgeteilt wird. Das neue Buch wird ausdrücklich der »jungen deutschen Republik« als »Ergänzung« zur ›Kritik der deutschen Intelligenz‹ vorgestellt. Die großkirchliche Tradition erscheint als Arsenal von Gegenkräften zum furor teutonicus. Der Stoff des Buches entstammt religiösen Synkretismen der frühbyzantinischen Zeit, nicht dem westlichen Katholizismus. Trotz dieser Zeitenferne heißt es: »Das Thema, der deutsche Geist, die deutsche Moral, ist dasselbe geblieben. Aber die Geste des Rebellen ist verschwunden.«
Während sich Ball früher um den Gegensatz von Orthodoxie und Heterodoxien politischer oder religiöser Art nicht bekümmerte, stellt er nun die Frage nach der *kirchlichen* Rechtgläubigkeit. Seine kirchentreue Entscheidung dieser Frage hat ihm nach 1923 ein neues Publikum erschlossen und eine Verbindung zur katholischen Publizistik geschaffen, deren intellektuelle Relevanz damals angesichts der neuen Laienbewegungen nicht zu unterschätzen war. Eine erste Kontinuität der Ball-Rezeption bahnte sich an. Die katholische Kulturzeitschrift »Hochland« bleibt während der letzten vier Lebensjahre das einzige Publikationsorgan für Balls Aufsätze. Daß es dies nicht geblieben

wäre, darf man nach seinen späten Briefen vermuten. Niemand, der mit Balls Lebenszeugnissen vertraut ist, wird hinter seinem Wunsch nach Integration durch die großkirchliche Gemeinschaft opportunistische Motive entdecken. Die Sehnsucht nach Integration durch gesellschaftliche oder weltanschauliche Großgruppen hat im übrigen viele Intellektuelle der zwanziger Jahre bestimmt – und dies in einem Maße, das nach 1945 kaum noch vorstellbar ist. Die Idealisierung der Großgruppen war für viele Schriftsteller auch von dem Wunsch geprägt, sich das eigene Publikum zu erschließen oder es sich – im gedanklichen Vorgriff – förmlich zu entwerfen. Dieser Vorgang wäre undenkbar ohne die Isolierung des Schriftstellers in der modernen Gesellschaft, deren Symptomen Ball in seinem Aufsatz »Der Künstler und die Zeitkrankheit« eine ganze Studie gewidmet hat. Nicht zufällig sind es die Wüstenmönche und Einsiedlernaturen, die er als Vertreter des »Byzantinischen Christentums« beschreibt und als Gegenbilder zur zynischen Lager-Politik der neuen deutschen Republik herausstellt, nicht etwa die Realpolitiker der Großkirche.

Balls Annäherung an die Kirche war von mancherlei Illusionen begleitet, denen bald die Ernüchterung über die »offiziellen Katholiken« folgte.[14] Freilich verzichtete er in seinen letzten Lebensjahren darauf, das Christentum, das er als die »soziale Religion par excellence« restituiert sehen wollte[15], in seinen zeitgenössischen Vertretern zu kritisieren. Nur einmal hat Ball sich öffentlich mit einem Thema des modernen deutschen Katholizismus auseinandergesetzt – gerade dies aber wurde der Auftakt für eine Kette von Desillusionierungen.

1924 erschien als Balls erster Beitrag in der Zeitschrift ›Hochland‹ der Essay ›Carl Schmitts Politische Theologie‹. Von Schmitts späterer Kollaboration mit den von Ball bekämpften politischen Kräften, am Ende mit dem Nationalsozialismus, ließen die Schriften des 36jährigen Bonner Juraprofessors kaum etwas ahnen. Ball näherte sich diesen Schriften im Sinne der politisch-theologischen Interessen, die er in Bern mit Ernst Bloch und Walter Benjamin geteilt hatte. Es wäre ein Mißverständnis, wollte man Balls Apologie von Schmitts politischer Theologie nur aus dem Enthusiasmus des Konvertiten erklären. Auch Walter Benjamin hat damals wahlverwandte Beziehungen zu ihr gesucht und ist mit Schmitt in brieflichen Kontakt getreten. Benjamins Barockbuch bezieht sich auf Schmitts Lehre vom Souverän. Balls Essay gab die erste zusammenhängende Darstellung von Schmitts Frühschriften, die bis dahin kaum eine außerakademische Öffentlichkeit erreicht hatten; und Ball tat dies in einer Weise, die seinen Aufsatz auch heute in der Diskussion hält.[16] An die persönliche Begegnung mit Schmitt knüpfte Ball anfangs hohe Erwartungen. Ihre Bekanntschaft endete schon nach wenigen Monaten mit der Erfahrung, daß Schmitt zwar an einer Apologie seiner Schriften gelegen war, nicht aber an einer Kritik jener deutschen Traditionen, denen Ball die ›Politische Theologie‹ entgegenstellen wollte. Um die öffentliche Wirkung von Balls Buch über ›Die Folgen der Reformation‹ zu verhindern, schien Schmitt – wie bereits beschrieben – jedes Mittel recht. Schmitts schillerndem Zynismus konnte Ball in der Tat nicht gewachsen sein.

»Gott kann weder inkarniert noch dargestellt werden«, heißt es in der ›Kritik der deutschen Intelligenz‹, »Gott und die Freiheit sind eins. Reich Gottes auf Erden ist Sakrileg. Sichtbare Kirche ein Sakrileg. Unfehlbarer Stellvertreter Gottes ein Sakrileg. Theokratie, von Gott eingesetzte Gewalt, das Sakrileg aller Sakrilegien. Gott ist die Freiheit des Geringsten in der geistigen Kommunion aller.«[17] Ketzerische Sätze des Laientheologen Ball aus dem Jahre 1919. Man wird sie keineswegs vergessen müssen, wenn man die Spätschriften liest. Im gleichen Jahr heißt es in einem Brief an den Schweizer Anarchosyndikalisten Fritz Brupbacher: »Franz Blei schrieb mir neulich: ›Es lebe der Kommunismus und die katholische Kirche!‹ Das beschäftigt mich sehr./Deutschland braucht ein moralisches Gehör, eh man dort wissen wird, warum überhaupt rebelliert werden soll. Mehr und mehr aber leitet mich die Überzeugung: Wo kein Sakrament existiert, ist keine Empörung möglich. Das ist die Frucht zweier Reisen durch das ›sich umwälzende‹ Deutschland.«[18]

Ball hat es seinen frommen Exegeten nicht leicht gemacht. An manch überzeugtem Tribut, den der Konvertit der offiziellen Dogmatik zollte, wird man die zeitgebundene Situation der Laientheologie angesichts der traditionellen Lehrautorität der Kirche ablesen können. Niemand hat dies genauer registriert als die Vertreter der Lehrautorität selbst. In einem Aufsatz des Jesuiten Erich Przywara heißt es 1927 über Balls Forderung eines ›integralen Katholizismus‹, der sich von demjenigen der Vorkriegs- und Kriegsjahre unterscheiden soll, daß sein Programm »in fast allen seinen Teilen mit jenem Hauptteil der sog. ›katholischen Bewegung‹ einig geht, den man den objektivistischen nennen kann, objektivistisch in seinem Betonen der reinen Werte, der reinen Ordnung, der reinen Liturgie. So wird hier sehr deutlich, ... daß ... die objektivistische ›katholische Bewegung‹ die Bewegung der Heimkehrenden sei, also nicht eigentlich Bewegung im Katholizismus, sondern Bewegung zum Katholizismus, und darum mit der Geste des Radikalen, die noch nicht in die katholische Einfalt überwunden ist.«[19] Die literarische Strategie der Spätschriften zielt in der Tat auf etwas anderes als auf die Einfalt des Bekenntnisses. Bekenntnishaftes bleibt der privaten Korrespondenz und der autobiographischen Rechenschaft anvertraut. Missionarischer Eifer und neureligiöse Vereinnahmungsstrategien, die sich nicht an der Sache selbst messen, liegen den veröffentlichten Schriften ebenso fern wie orthodoxe Einsinnigkeit.

Nicht auf die rationale Hochreligion und ihre aktuelle Dogmatik hat Ball es abgesehen, wenn er mit Nachdruck von der Bedeutung der Großkirche spricht. Ihr Inhalt ist alles, was sie in ihrer langen Tradition zu integrieren vermochte – und es sind gerade die entlegensten und vergessenen Bereiche, denen Balls Interesse gilt. Ihre Integrationsfähigkeit hat sie zur ältesten europäischen Institution gemacht – Integration macht für Ball ihre Form und ihr Zukunftspotential aus. Die Hoffnungen der Romantik auf eine neue, nicht in Privatreligionen zerfallene Mythologie kommen hier noch einmal zum Tragen – in scharfer Absetzung freilich gegen den »Naturheroismus« teutonischer Ideologien, denen die romantische Bewegung selbst verfallen war und der unter Balls Zeitgenossen in allerlei völkischen Bewegungen seine brutale Auferstehung feierte. Ball erhoffte sich eine Überwindung der neomythischen Verblendungen durch den Supranaturalismus der Kirche. Den kritizistischen Mitteln der Ideologiezertrümmerung sollte eine »symbolische Weltbetrachtung«, eine sur-realistische Durchleuchtung der Phänomene zur Seite treten. Balls späte Schriften lassen sich lesen als ein Versuch, gerade in den dunklen Regionen der christlichen Kultur sehen zu lernen. Sie greifen Themen auf, die selbst dem offiziellen Katholizismus peinlich waren und der europäischen Aufklärung schlechthin obskur. Die Askesetechniken der Wüstenheiligen und den Exorzismus etwa entdeckt Ball als Formen altchristlicher Psychotherapie. Es ist kein Zufall, daß er sich nach seiner Kritik an der ideologischen Verstrickung deutscher Philosophen einer Zeit zuwendet, »in der man die Mönche noch Therapeuten nannte, und wo es außer der Askese keine Philosophie gab«.[20] Nicht eine rationale Dogmatik hat bei seinen Spätschriften Pate gestanden, sondern die Einsichten der Psychoanalyse und Religionswissenschaft, deren Verbindung mit der neuen Ethnologie er als einer der ersten gefordert hat. Während Ball sich in seinen frühen historischen Aufsätzen noch als Schüler der herkömmlichen Kulturgeschichtsschreibung zeigt, werden ihm deren Anschauungsformen bei seinem Vordringen zur Psychoanalyse und Ethnologie verdächtig. Seine Abkehr von der traditionellen Geschichtsschreibung richtet sich nicht nur gegen ihre Einbindung in den politischen Nationalismus, sie wird sich der kulturabhängigen Verengung des Blickwinkels bewußt und richtet sich gegen den Glauben an die Überlegenheit des modernen Europa über alle früheren Kulturstufen. Insoweit wird man von einer Wandlung seines Kulturbegriffs zum Ethnographischen und Mythographischen sprechen können, nicht aber von dessen Verwissenschaftlichung. Was Ball im Vorwort zum »Byzantinischen Christentum« die »Entfesselung einer übernatürlichen, einer jenseitigen, einer symbolischen Weltbetrachtung« nennt, will seine Nähe zu poetischen Vorgängen nicht verleugnen. Aber individuelles Poetisieren über die Grenzen von Dichtung und Wahrheit hinweg ist damit nicht gemeint, eher das Formprinzip einer neuen Essayistik. Der folgende Satz darf dabei nicht übersehen werden: Auch die symbolische Weltbetrachtung »fand ich in der Kirche in größtem Stile ausgeprägt und vorhanden«. Die Kirche gewinnt ihre neue Bedeutung für Ball durch die Überlieferung jener europäisch-mediterranen Symbole, die die Naturverfallenheit der alten (und der neuen) Mythen durchbrechen.[21] Auf die Frage, ob es eine »christliche Dichtung« gäbe, antwortet Ball

1926: »Gewiß, es gibt eine solche Dichtung. Lesen unsere Priester nicht täglich das Brevier? Lesen wir selber nicht die heiligen Schriften, das Meßbuch, die Heiligenlegende? Sind diese Bücher nicht allesamt christliche Dichtung; Wahrheit und Dichtung zugleich? Eine andere Frage ist, ob wir an dieser Dichtung noch produktiven Anteil nehmen: indem wir, wenn der Ausdruck erlaubt ist, die christlichen Urbilder weiterdichten . . .? Ich weiß nicht, ob es in Deutschland in diesem Sinne christliche Dichter gibt. . . . Der christliche Dichter, wenn er aufträte, würde, bei unveränderter nationaler Basis, entweder ein Winkelereignis bleiben und unter Torturen verkümmern, oder aber zum schönen Schein, zur Romantik, zum Ornamente genötigt werden.«[22]

Den produktiven Austausch der Jahre zwischen 1920 und 1927 hat Ball nicht mit einem Katholiken gefunden, sondern bei Hermann Hesse. Zwischen dem Erscheinen des ›Demian‹ und dem des ›Steppenwolf‹ hat er dessen Werk begleitet. Die erste Begegnung im Herbst 1920 war der Beginn für die tragende Freundschaft der letzten Jahre. Als letzte Publikation zu Lebzeiten erschien 1927 ›Hermann Hesse. Sein Leben und sein Werk‹ – das einzige Buch von Ball, das eine stetige Folge von Neuauflagen erlebt hat, die nur in den Jahren des Nationalsozialismus unterbrochen war.

Das Buch erschien gleichzeitig mit Hesses Roman ›Der Steppenwolf‹ und verstand sich wie dieser als der (freilich nicht fiktionale) »Versuch, die große Zeitkrankheit nicht durch Umgehen und Beschönigen zu überwinden, sondern durch den Versuch, die Krankheit selber zum Gegenstand der Darstellung zu machen.«[23] Als Hesse diese Sätze im Vorwort des (fiktiven) Herausgebers von ›Harry Hallers Aufzeichnungen‹ schrieb, war eben Balls Aufsatz ›Der Künstler und die Zeitkrankheit‹ erschienen, in dem die theoretischen Grundmotive seiner Monographie über Hermann Hesse vorgezeichnet sind.

Die Suche nach einer Verbindung von Kunst, psychoanalytisch geprägter Therapeutik und integralen Lebenskünsten prägt die Schriften des letzten Lebensjahres von Ball. 1926 hat er ›Die Flucht aus der Zeit‹ abgeschlossen, seine ›polyphone‹ Autobiographie, die für ihn auch eine Rechenschaft über seine künstlerischen Anfänge war. In einer Reflexion zu den letzten Unternehmungen der ›Galerie Dada‹ heißt es dort: »Die Psychoanalyse legt eine wichtige Frage nahe: sind Vater und Mutter die Urbilder –, und nicht die Symmetrien? Die abstrakte Kunst –: wird sie mehr bringen als eine Wiederbelebung des Ornamentalen und einen neuen Zugang dazu? Kandinskys dekorative Kurven –: sind sie vielleicht nur gemalte Teppiche (auf denen man sitzen sollte, und wir hängen sie an die Wand)? / Wir neigen dazu, das Gewissen nur noch für die Leistung, für das Werk zu haben, das Leben aber und die Person als inkurabel auf sich beruhen zu lassen. Das aber hieße den Künstler selbst zur Dekoration, zum Ornament erniedrigen. Die Menschen dürfen nicht weniger wert sein als ihre Werke. Man muß die Künstler beim Wort, das heißt bei ihren veräußerten Symmetrien nehmen. / Es geht vielleicht gar nicht um die Kunst, sondern um das inkorrupte Bild.«[24] Stellen wie diese pflegen von den meisten Ball-Interpreten nur als Zeichen für Balls defaitistische Einschätzung des Dadaismus als Kunstbewegung gelesen zu werden oder – mehr noch – als Beweis dafür, daß Ball »eigentlich« kein Dadaist gewesen sei.

Noch in der kontemplativen Form des Tagebuches hält Ball einen Hauptimpuls der (alles andere als kontemplativ ausgerichteten) Dada-Aktivitäten fest: den eines permanenten Tests der Kunst auf ihre Authentizität. Wie die Ironien seines ›ersten dadaistischen Manifests‹ zeigen, hat er damit auch vor der sich formierenden Dada-Bewegung selbst nicht halt gemacht. Die Poetik der von ihm kreierten Lautgedichte, die er dort erläutert, zielt auf eine Lösung des Wortes aus der korrumpierten Sprache, auf seine Authentizität. – Dieses Beharren auf dem Authentischen prägt sich bei Ball nicht erst im Kreis der Züricher Dadaisten aus, es kommt schon in seinen frühen Theaterschriften zum Vorschein, dort noch deutlich geprägt vom generationstypischen Vitalismus. Er spricht von der »subalternen Kunst des Theaters«[25] und erklärt in seinem Aufsatz gegen ›Das Psychologietheater‹ die »psychologisch-schauspielerische Epoche ... als lebendig gewordene Versalität ganzer Generationen von Unterdrückten, die mit allen Mitteln der Verzweiflung und Verschlagenheit in andere Gestalt hinüber und durch sie aus ihrer eigenen herauswollten ... Wir stellen als Gegenideal zwecks Überwindung den Expressionismus auf, der gar kein Objekt mehr kennen will; der mit wahnsinniger Wollust die eigene Persönlichkeit wiederfindet«. Und vorher heißt es: »Mit dem Durchschauen der Psychologie (mit dem Zeitalter der Psychoanalyse) schwindet auch das Interesse am Theater.«

Mit den Avantgardebewegungen des Expressionismus und Futurismus kündigt sich für den jungen Hugo Ball eine Überwindung des »psychologischen« Zeitalters an, das in einer Selbstüberschätzung der darstellenden Künste gipfelte und es nicht zuletzt in den Verstellungskünsten des Alltags zu seltener Perfektion brachte.[26] Darauf mit moralischen Idiosynkrasien zu reagieren, erscheint Ball ebenso hoffnungslos, wie umgekehrt Wedekinds Idiosynkrasie gegen Moral schlechthin keine Aussicht mehr bietet. Die neuen Avantgardebewegungen werden für Ball zur kulturkritischen Aktion. Sein Protest gilt der »proteischen« Gesamtlage der Kultur, nicht nur den offensichtlichen Verlogenheiten der Epoche. Wenigstens in der Person des Künstlers soll etwas Neues zum Vorschein kommen, das den Prozeß der endlosen Verwandlungen und Variationen des Immergleichen durchbricht. In diesem Sinne erklärt er seine Idee des Dadaismus brieflich einmal als »die Idee der absoluten Negerei, angemessen den primitiven Abenteuern unserer Zeit« (am 7. 10. 1916 gegenüber August Hofmann).

Die Atmosphäre einer aggressiven Feindseligkeit, der das bedrohte Bewußtsein nur in wilden Sprüngen des Denkens und bildlichen Assoziierens entgehen kann, kennzeichnet die zwischen 1914 und 1920 entstandenen Texte »Tenderenda der Phantast«. In ihnen ist auch Balls dadaistisches Vortragsrepertoire enthalten, mit dem er in den Jahren 1916 und 1917 teils in phantastischer Vermummung vor sein Publikum trat. Erst ein halbes Jahrhundert danach sind sie gesammelt im Druck erschienen. Stärker als die zu Lebzeiten veröffentlichten poetischen und dramatischen Texte zeigt »Tenderenda der Phantast« Balls innere literarische Disposition. In der phantastischen Innenwelt eines kritischen Bewußtseins sind hier poetische Entdeckungen der Surrealisten vorweggenommen.

Als konventioneller Dramatiker beginnend und zunächst nicht ohne Aussicht auf eine herkömmliche Dramaturgenlaufbahn, beginnt Ball die professionelle Selbstisolation der Kultursparten zu durchkreuzen, die Exzentriker aufzusuchen, nicht die handwerklichen Fach-Adepten. Er löst sich aus intellektuellen Abhängigkeiten und institutionellen Bindungen, geht unter die Boheme. Er wechselt die Schreibweisen, bricht mit seinen avantgardistischen Initiativen, kaum daß sie sich zu etablieren beginnen, demonstriert die Kritik in Aktion. Nietzsches dionysischer Mythos, der Sozialismus und Bakunins Freiheitsbegriff, die Psychoanalyse und die wiederentdeckten Erfahrungsweisen der alteuropäischen Mystiker werden nach- und nebeneinander zu Bezugspunkten für eine den herrschenden Tendenzen zuwiderlaufende Konzeption der europäischen Intelligenz. Sie ist kein blasses Produkt rein theoretischer Synkretismen; vielmehr verbindet sie den historischen Entwurf mit gelebter Kritik. Auch darin beruht Balls Aktualität heute.

1 Hinweise auf diesen Zusammenhang, der vor allem bei katholischen Gegnern der Nationalsozialisten bestanden hat, danke ich Herrn Rupprecht Gier, Bonn.

2 Eine quellenkritische Darstellung aus nationalistischer Sicht, in der Ball freilich eine gewisse Ausnahmestellung eingeräumt wird, gibt: Hans Thimme: Weltkrieg ohne Waffen. Die Propaganda der Westmächte gegen Deutschland, ihre Wirkung und ihre Abwehr, Stuttgart und Berlin 1932.

3 Mit besonderer Vehemenz bei Gerhard Ritter, der Balls Schrift ›Die Folgen der Reformation‹ im Hauptorgan der deutschen Historiker rezensierte: Historische Zeitschrift 131, Heft 2 (1925), p. 296-297.

4 Redaktionelle Vorbemerkung zu: Friedrich Sternthal: Hugo Ball, Deutschland und der Osten. In: Die Weltbühne 24, Nr. 15 (10. 4. 1928), p. 560-564.

5 Carl Sternheim: Die zwölf wertvollsten Bücher. In: C. St.: Gesamtwerk, Bd. 6, Neuwied am Rhein/Berlin 1966, p. 175-176.

6 Ernst Bloch: Geist der Utopie, München und Leipzig 1918. Faksimile: E.B.: Gesamtausgabe, Bd. 16, Frankfurt am Main 1971. Für einen Vergleich mit Balls kritischen Schriften besonders aufschlußreich sind die Seiten 235 ff.; am 9. 11. 1917 schreibt Ball über den Beginn der Lektüre und hebt das (davorliegende) Musik-Kapitel hervor:
Hugo Ball: Briefe 1911-1927, Einsiedeln u. a. 1957, p. 94-95.

7 Ernst Bloch: Zur Kritik der deutschen Intelligenz. In: Die Weltbühne 15, Nr. 29 (10. 7. 1919), p. 53-55.

8 Gershom Scholem: Walter Benjamin – die Geschichte einer Freund-schaft, Frankfurt am Main 1975 (BS 467), p. 101.

9 In einem Brief vom 2. 7. 1920 schreibt Ball von den Verlusten des Freien Verlages »seit November 18 infolge systematischen Boykotts«. In: Hugo Ball: Briefe und Karten an Fritz Brupbacher und Rudolf Großmann. In: Hugo Ball Almanach 1981, p. 117-150, hier p. 148. – Vgl. Hugo Ball: Briefe 1911-1927, a.a.O., p. 124.

10 Die Schmitt-Literatur spricht von der 1924/25 bestehenden Beziehung zu Ball ohne Hinweis auf den Grund für ihr abruptes Ende. Vgl. Hugo Ball, Briefe 1911-1927, a.a.O., p. 202-203.

11 Hugo Ball: Briefe 1911-1927, a.a.O., p. 201 und 204.

12 Hugo Ball: Die Flucht aus der Zeit, Luzern 1946, p. 230-231.

13 Am 1. 6. 1920 an Rudolf Großmann. In: Hugo Ball: Briefe und Karten an Fritz Brupbacher und Rudolf Großmann, a.a.O., p. 144.

14 Vgl. Hugo Ball: Briefe 1911-1927, a.a.O., p. 198-199, 201, 202-203, 205, 206, 210, 211-13, 215, 227, 229, 266-267, 273, 295.

15 Hugo Ball: Zur Sozialistenkonferenz. In: Die Freie Zeitung III, 10 (1. 2. 1919).

16 Zuletzt in: Religionstheorie und Politische Theologie, ed. Jacob Taubes, Bd. 1: Der Fürst dieser Welt. Carl Schmitt und die Folgen, München u. a. 1983. – Der lohnende Band enthält Beiträge der Arbeitsgruppe ›Religionstheorie und Politische Theologie‹, die auf eine Tagung zurück-gehen, bei deren Diskussionen Balls Aufsatz, der auch abgedruckt ist, eine Rolle spielte.

17 Hugo Ball: Zur Kritik der deutschen Intelligenz, Frankfurt am Main 1980 (BS 690), p. 240-241.

18 Am 23. 8. 1919 an Fritz Brupbacher. In: Hugo Ball: Briefe und Karten an Fritz Brupbacher und Rudolf Großmann, a.a.O., p. 133.

19 Erich Przywara, S.J.: Integraler Katholizismus? In: Stimmen der Zeit 57, Heft 8, 113. Band der Gesamtfolge (Mai 1927), p. 115-121, hier p. 115.

20 Hugo Ball: Briefe 1911-1927, a.a.O., p 134.

21 Eine produktive Anregung für die Interpretation von Balls Spätschriften finde ich bei: Hermann Timm: Remythologisierung? Der akkumulative Symbolismus im Christentum. In: Mythos und Moderne. Begriff und Bild einer Rekonstruktion, ed. Karl Heinz Bohrer, Frankfurt am Main 1983 (es 1144), p. 432-456.

22 Hugo Ball: Dichtung und Christentum. (Antwort auf eine Umfrage.) In: Ostwart Jahrbuch 1926, p. 142-143.

23 Hermann Hesse: Der Steppenwolf. Erzählung, Frankfurt am Main 1974 (st 175), p. 27.

24 Hugo Ball: Die Flucht aus der Zeit, a.a.O., p. 161.

25 Hugo Ball: Jenner Tucholsky im Geschlechtskampf. In: Die Aktion 4, Nr. 9 (Febr. 1914), Sp. 185.

26 Den Theaterjahren widmet sich das einzige Buch über Balls Biographie, das dem erreichbaren Quellenstand entspricht: Hans Joachim Bähr: Die Funktion des Theaters im Leben Hugo Balls. Materialien zur Bestimmung der Jahre 1910-1914, Frankfurt am Main – Bern 1982. (Europäische Hochschulschriften. Reihe 1, Bd. 491.)

Ernst Bloch
im Suhrkamp Verlag

Gesamtausgabe in 16 Bänden. Leinen
Band 1: Spuren
Band 2: Thomas Münzer als Theologe der Revolution
Band 3: Geist der Utopie. Bearbeitete Neuauflage der zweiten
        Fassung von 1923
Band 4: Erbschaft dieser Zeit. Erweiterte Ausgabe
Band 5: Das Prinzip Hoffnung. In fünf Teilen. Zwei Bände
Band 6: Naturrecht und menschliche Würde
Band 7: Das Materialismusproblem, seine Geschichte und Sub-
        stanz
Band 8: Subjekt – Objekt. Erläuterungen zu Hegel
Band 9: Literarische Aufsätze
Band 10: Philosophische Aufsätze zur objektiven Phantasie
Band 11: Politische Messungen, Pestzeit, Vormärz
Band 12: Zwischenwelten in der Philosophiegeschichte. Aus Leip-
        ziger Vorlesungen
Band 13: Tübinger Einleitung in die Philosophie
Band 14: Atheismus im Christentum. Zur Religion des Exodus
        und des Reichs
Band 15: Experimentum Mundi. Frage, Kategorien des Heraus-
        bringens, Praxis
Band 16: Geist der Utopie. Erste Fassung (1918). Faksimileaus-
        gabe
Ergänzungsband zur Gesamtausgabe: Tendenz – Latenz – Utopie
Werkausgabe in 16 Bänden und Ergänzungsband. Text- und seiten-
identisch mit der Gesamtausgabe. stw 550–566
(alle Bände auch einzeln lieferbar)

Einzelausgaben:
– Abschied von der Utopie? Vorträge. es 1046
– Ästhetik des Vorscheins I. Herausgegeben von Gert Ueding. es 726
– Ästhetik des Vorscheins II. Herausgegeben von Gert Ueding. es 732
– Briefe 1903-1975. Herausgegeben und kommentiert von Karola
  Bloch, Jan Robert Bloch, Anne Frommann, Hanna Gekle, Inge Jens,
  Martin Korol, Inka Mülder, Arno Münster, Uwe Opolka und
  Burkhart Schmidt. Leinen
– Christian Thomasius, ein deutscher Gelehrter ohne Misere. es 193
– Durch die Wüste. Kritische Essays. es 74
– Erbschaft dieser Zeit. BS 388
– Freiheit und Ordnung. Abriß der Sozialutopien. st 1264
– Geist der Utopie. stw 35

Ernst Bloch
im Suhrkamp Verlag

- Die Kunst, Schiller zu sprechen. Und andere literarische Aufsätze. BS 234
- Die Lehren von der Materie. es 969
- Leipziger Vorlesungen zur Geschichte der Philosophie. Herausgegeben von Ruth Römer und Burghart Schmidt. Bearbeitet von Eberhard Braun, Beat Dietschy, Hanna Gekle und Uwe Opolka. Vier Bände
  Band 1: Antike Philosophie. stw 567
  Band 2: Philosophie des Mittelalters und Philosophie der Renaissance. stw 568
  Band 3: Neuzeitliche Philosophie I. Von Descartes bis Rousseau. stw 569
  Band 4: Neuzeitliche Philosophie II. Deutscher Idealismus und 19. Jahrhundert. stw 570
- Thomas Münzer als Theologe der Revolution. BS 77
- Über Karl Marx. es 291
- Vom Hasard zur Katastrophe. Politische Aufsätze aus den Jahren 1934–1939. es 534
- Vorlesungen zur Philosophie der Renaissance. stw 252
- Widerstand und Friede. Aufsätze zur Politik. es 257

Materialien:
- Gespräche mit Ernst Bloch. Zusammengestellt und herausgegeben von Rainer Traub und Harald Wieser. es 798
- Materialien zu Ernst Blochs »Prinzip Hoffnung«. Herausgegeben von Burghart Schmidt. stw 111
- Seminar: Zur Philosophie Ernst Blochs. Herausgegeben von Burghart Schmidt. stw 268
- Tagträume vom aufrechten Gang. Sechs Interviews mit Ernst Bloch. Herausgegeben von Arno Münster. es 920

17/2/8.86

suhrkamp taschenbücher
Eine Auswahl

Abish: Wie deutsch ist es 1135

Achternbusch: Alexanderschlacht 1232

– Die Atlantikschwimmer 1233

– Die Olympiasiegerin 1031

– 1969 1231

Adorno: Erziehung zur Mündigkeit 11

– Studien zum autoritären Charakter 107

Aitmatow: Der weiße Dampfer 51

Alain: Die Pflicht, glücklich zu sein 859

Alberti: Der verlorene Hain 1171

Alegría: Die hungrigen Hunde 447

Anders: Erzählungen. Fröhliche Philosophie 432

Ansprüche. Verständigungstexte von Frauen 887

Ansprüche. Verständigungstexte von Männern 1173

Antonioni: Zabriskie Point 1212

Arendt: Die verborgene Tradition 303

Armstrong: Kiss Daddy Goodnight 995

Artmann: The Best of H. C. Artmann 275

– Gedichte über die Liebe 1033

Augustin: Eastend 1176

Ba Jin: Die Familie 1147

Bachmann: Malina 641

Ball: Hermann Hesse 385

Ballard: Billenium 896

– Die Dürre 975

– Hallo Amerika! 895

– Das Katastrophengebiet 924

– Mythen der nahen Zukunft 1167

– Der tote Astronaut 940

Barnet: Das Lied der Rachel 966

Baur: Überleben 1098

Beach: Shakespeare and Company 823

Beck: Krankheit als Selbstheilung 1126

Becker, Jürgen: Die Abwesenden 882

Becker, Jurek: Aller Welt Freund 1151

– Irreführung der Behörden 271

– Jakob der Lügner 774

Beckett: Der Ausgestoßene 1006

– Endspiel 171

– Glückliche Tage 248

– Malone stirbt 407

– Der Namenlose 546

– Warten auf Godot 1

– Wie es ist 1262

Behrens: Die weiße Frau 655

Beig: Hochzeitslose 1163

– Rabenkrächzen 911

Bender: Der Hund von Torcello 1075

Benjamin: Deutsche Menschen 970

– Illuminationen 345

Benjamin/Scholem: Briefwechsel 1211

Berkéwicz: Josef stirbt 1125

Bernhard: Frost 47

– Gehen 5

– Der Kulterer 306

Bertaux: Hölderlin 686

Beti: Perpétue und die Gewöhnung ans Unglück 677

Bierce: Das Spukhaus 365

Bioy Casares: Die fremde Dienerin 962

– Morels Erfindung 939

– Der Traum des Helden 1185
Blatter: Kein schöner Land 1250
– Love me tender 883
Bloch: Freiheit und Ordnung 1264
Böni: Die Fronfastenkinder 1219
Bohrer: Ein bißchen Lust am Untergang 745
Brandão: Null 777
Brasch: Kargo 541
– Der schöne 27. September 903
Braun, J. u. G.: Conviva Ludibundus 748
– Der Fehlfaktor 687
– Die unhörbaren Töne 983
Braun, Volker: Gedichte 499
– Das ungezwungene Leben Kasts 546
Brecht: Gedichte für Städtebewohner 640
– Gedichte über die Liebe 1001
– Geschichten vom Herrn Keuner 16
Brecht-Liederbuch 1216
Bertolt Brechts Dreigroschenbuch 87
Brentano: Theodor Chindler 892
Broch, Hermann: Gedichte 572
– Massenwahntheorie 502
– Schlafwandler 472
– Die Schuldlosen 209
– Der Tod des Vergil 296
– Die Verzauberung 350
Brod: Der Prager Kreis 547
Buch: Die Hochzeit von Port-au-Prince 1260
– Karibische Kaltluft 1140
Cain: Serenade in Mexiko 1164
Campbell: Der Heros in tausend Gestalten 424
Carossa: Der Arzt Gion 821
Carpentier: Explosion in der Kathedrale 370
– Krieg der Zeit 552

Celan: Atemwende 850
Christo: Der Reichstag 960
Cioran: Vom Nachteil geboren zu sein 549
– Syllogismen der Bitterkeit 607
Cortázar: Album für Manuel 936
– Das Feuer aller Feuer 298
Dahrendorf: Die neue Freiheit 623
Dorst: Merlin oder das wüste Land 1076
Dorst/Fallada: Kleiner Mann – was nun? 127
Duras: Ganze Tage in den Bäumen 1157
– Moderato cantabile 1178
– Die Verzückung der Lol V. Stein 1079
– Der Vize-Konsul 1017
Eich: Fünfzehn Hörspiele 120
Eliade: Kosmos und Geschichte 1273
– Yoga 1127
Eliot: Die Dramen 191
Enzensberger: Der kurze Sommer der Anarchie 395
– Politische Brosamen 1132
– Der Untergang der Titanic 681
Erikson: Lebensgeschichte und historischer Augenblick 824
Eschenburg: Über Autorität 178
Fanon: Die Verdammten dieser Erde 668
Federspiel: Die Märchentante 1234
– Der Mann, der Glück brachte 891
– Massaker im Mond 1286
Feldenkrais: Bewußtheit durch Bewegung 429
Fleißer: Abenteuer aus dem Englischen Garten 925
– Ein Pfund Orangen 991
– Eine Zierde für den Verein 294

Franke: Der Atem der Sonne 1265
– Die Kälte des Weltraums 990
– Keine Spur von Leben 741
– Schule für Übermenschen 730
– Tod eines Unsterblichen 772
– Zone Null 585
Freund: Drei Tage mit J. Joyce
929
Fries: Das nackte Mädchen auf
der Straße 577
Frisch: Andorra 277
– Dienstbüchlein 205
– Gesammelte Werke Bd. 1-7
1401-1407
– Homo faber 354
– Mein Name sei Gantenbein 286
– Der Mensch erscheint im Ho-
lozän 734
– Montauk 700
– Stiller 105
– Tagebuch 1946–1949 1148
– Tagebuch 1966–1971 256
– Wilhelm Tell für die Schule 2
Fromm/Suzuki/de Martino:
Zen-Buddhismus und Psycho-
analyse 37
Fuentes: Nichts als das Leben 343
Fühmann: 22 Tage oder die Hälf-
te des Lebens 463
Gabeira: Die Guerilleros sind
müde 737
Gandhi: Mein Leben 953
García Lorca: Dichtung vom
Cante Jondo 1007
– Das Publikum 1207
Ginzburg: Caro Michele 863
– Mein Familienlexikon 912
Goetz: Irre 1224
Goytisolo: Identitätszeichen 1133
– Rückforderung des Conde don
Julián 1278
– Spanien und die Spanier 861
Griaule: Schwarze Genesis 624
Gründgens' Faust 838

Gulyga: Immanuel Kant 1093
Handke: Als das Wünschen noch
geholfen hat 208
– Die Angst des Tormanns beim
Elfmeter 27
– Ich bin ein Bewohner des El-
fenbeinturms 56
– Kindergeschichte 1071
– Der kurze Brief 172
– Langsame Heimkehr 1069
– Die Lehre der Sainte-Victoire
1070
– Die linkshändige Frau 560
– Die Stunde der wahren Emp-
findung 452
– Über die Dörfer 1072
– Wunschloses Unglück 146
Hesse: Aus Indien 562
– Berthold 1198
– Casanovas Bekehrung 1196
– Demian 206
– Emil Kolb 1202
– Gertrud 890
– Das Glasperlenspiel 79
– Die Heimkehr 1201
– Heumond 1194
– Karl Eugen Eiselein 1192
– Kinderseele 1203
– Klein und Wagner 116
– Klingsors letzter Sommer 1195
– Die Kunst des Müßiggangs 100
– Kurgast 383
– Ladidel 1200
– Der Lateinschüler 1193
– Lektüre für Minuten 7
– Die Morgenlandfahrt 750
– Narziß und Goldmund 274
– Die Nürnberger Reise 227
– Peter Camenzind 161
– Roßhalde 312
– Siddhartha 182
– Der Steppenwolf 175
– Unterm Rad 52
– Walter Kömpf 1199

– Der Weltverbesserer 1197
Hildesheimer: Marbot 1009
– Mitteilungen an Max 1276
– Mozart 598
Höllerer: Die Elephantenuhr 266
Hohl: Die Notizen 1000
Horváth: Ein Kind unserer Zeit 1064
– Geschichten aus dem Wiener Wald 1054
– Italienische Nacht 1053
– Jugend ohne Gott 1063
Hrabal: Erzählungen 805
Huchel: Gezählte Tage 1097
Hürlimann: Die Tessinerin 985
Hughes: Ein Sturmwind auf Jamaica 980
Im Jahrhundert der Frau 1011
Innerhofer: Die großen Wörter 563
– Schöne Tage 349
Inoue: Die Eiswand 551
– Der Stierkampf 944
Janker: Zwischen zwei Feuern 1251
Jens: Republikanische Reden 512
Johnen/Zech: Allgemeine Musiklehre 1218
Johnson: Das dritte Buch über Achim 169
– Mutmassungen über Jakob 147
Jonas: Das Prinzip Verantwortung 1085
Joyce, James: Anna Livia Plurabelle 751
– Giacomo Joyce 1003
Joyce, Stanislaus: Das Dubliner Tagebuch 1046
Kästner: Der Hund in der Sonne 270
Kaminski: Die Gärten des Mullay Abdallah 930
– Herzflattern 1080
Kasack: Fälschungen 264

Kaschnitz: Der alte Garten 387
– Jennifers Träume 1022
– Tage, Tage, Jahre 1141
Kawerin: Das Ende einer Bande 992
Kenkô: Betrachtungen aus der Stille 1227
Kirchhoff: Einsamkeit der Haut 919
Koch, Werner: Jenseits des Sees 718
– See-Leben I 132
– Wechseljahre oder See-Leben II 412
Koeppen: Amerikafahrt 802
– Die Mauer schwankt 1249
– Romanisches Café 71
– Tauben im Gras 601
– Der Tod in Rom 241
– Das Treibhaus 78
Koestler: Der Yogi und der Kommissar 158
Kohl: Entzauberter Blick 1272
Komm: Der Idiot des Hauses 728
Konrád: Der Besucher 492
– Der Komplize 1220
Kracauer: Das Ornament der Masse 371
Kraus: Aphorismen 1318
– Die letzten Tage der Menschheit 1320
Kreuder: Die Gesellschaft vom Dachboden 1280
Kroetz: Der Mondscheinknecht 1039
– Der Mondscheinknecht. Fortsetzung 1241
Krolow: Das andere Leben 874
– Ein Gedicht entsteht 95
Kühn: Der Himalaya im Wintergarten 1026
– Josephine 587
– Die Präsidentin 858
– Stanislaw der Schweiger 496

Kundera: Abschiedswalzer 591
– Das Buch vom Lachen und
  Vergessen 868
– Das Leben ist anderswo 377
Laederach: Sigmund 1235
Lao She: Die Stadt der Katzen
  1154
le Fort: Die Tochter Jephthas und
  andere Erzählungen 351
Lem: Also sprach GOLEM 1266
– Altruizin 1215
– Der futurologische Kongreß
  534
– Imaginäre Größe 658
– Mondnacht 729
– Nacht und Schimmel 356
– Robotermärchen 856
– Die Stimme des Herrn 907
– Terminus 740
– Wie die Welt noch einmal da-
  vonkam 1181
Lenz, Hermann: Andere Tage
  461
– Die Augen eines Dieners 348
– Die Begegnung 828
– Tagebuch vom Überleben 659
Leutenegger: Ninive 685
– Vorabend 642
Lezama Lima: Paradiso 1005
Link: Tage des schönen Schrek-
  kens 763
Lipuš: Der Zögling Tjaž 993
Loerke: Die Gedichte 1049
– Tagebücher 1903-1939 1242
Lovecraft: Berge des Wahnsinns
  220
– Cthulhu 29
– Das Ding an der Schwelle 357
Majakowski: Her mit dem schö-
  nen Leben 766
Malson: Die wilden Kinder 55
Mao Dun: Shanghai im Zwielicht
  920
Maupassant: Die Totenhand 1040

Mayer: Außenseiter 736
Mayröcker. Ein Lesebuch 548
Meier: Der schnurgerade Kanal
  760
Meyer: Eine entfernte Ähnlich-
  keit 242
– Ein Reisender in Sachen Um-
  sturz 927
Miller: Am Anfang war Erzie-
  hung 951
– Das Drama des begabten Kin-
  des 950
– Du sollst nicht merken 952
Miłosz: Verführtes Denken 278
Mitscherlich: Ein Leben für die
  Psychoanalyse 1010
– Massenpsychologie ohne Res-
  sentiment 76
Molière: Drei Stücke 486
Mommsen: Hofmannsthal und
  Fontane 1228
Morante: Lüge und Zauberei
  701
Moser: Familienkrieg 1169
– Grammatik der Gefühle 897
– Lehrjahre auf der Couch 352
Muschg: Fremdkörper 964
– Gegenzauber 665
– Liebesgeschichten 164
– Mitgespielt 1083
Museum der modernen Poesie
  476
Neruda: Liebesbriefe an Albertina
  Rosa 829
Nizon: Canto 319
Nossack: Das kennt man 336
– Der jüngere Bruder 133
– Um es kurz zu machen 255
O'Brien: Irischer Lebenslauf 986
Offenbach: Sonja 688
Onetti: Das kurze Leben 661
Oz, Im Lande Israel 1066
Paz: Essay I/II 1036
Pedretti: Heiliger Sebastian 769

– Die Zertrümmerung von dem Karl 1156

Penzoldts schönste Erzählungen 216

Phantastische Aussichten 1188

Phantastische Träume 954

Phantastische Welten 1068

Plenzdorf: Die Legende vom Glück ohne Ende 722

– Die neuen Leiden des jungen W. 300

– Gutenachtgeschichte 958

Plessner: Die Frage nach der Conditio humana 361

Poe: Der Fall des Hauses Ascher 517

Portmann: Biologie und Geist 124

Proust: Die Entflohene 918

– Die Gefangene 886

– Im Schatten junger Mädchenblüte. 2 Bde. 702

– In Swanns Welt 644

– Sodom und Gomorra. 2 Bde. 822

Puig: Die Engel von Hollywood 1165

– Der Kuß der Spinnenfrau 869

Ramos: Karges Leben 667

Regler: Das große Beispiel 439

Reinshagen: Das Frühlingsfest 637

Ribeiro: Maíra 809

Rochefort: Frühling für Anfänger 532

– Die Welt ist wie zwei Pferde 1244

– Zum Glück gehts dem Sommer entgegen 523

Rodoreda: Auf der Plaça del Diamant 977

Roumain: Herr über den Tau 675

Russell: Eroberung des Glücks 389

Sanzara: Die glückliche Hand 1184

Schertenleib: Die Ferienlandschaft 1277

Schimmang: Das Ende der Berührbarkeit 739

Schivelbusch: Intellektuellendämmerung 1121

Schleef: Gertrud 942

Schneider: Der Balkon 455

– Der Friede der Welt 1048

– Die Hohenzollern 590

Schröder: Fülle des Daseins 1029

Scorza: Trommelwirbel für Rancas 584

Semprun: Die große Reise 744

– Yves Montand: Das Leben geht weiter 1279

Sender: Der Verschollene 1037

Shaw: Der Aufstand gegen die Ehe 328

– Mensch und Übermensch 987

– Der Sozialismus und die Natur des Menschen 121

– Unreif 1226

Soriano: Das Autogramm 1252

– Traurig, Einsam und Endgültig 928

Spectaculum 1–15 900

Spectaculum 16–25 1050

Sperr: Bayrische Trilogie 28

Steiner: Ein Messer für den ehrlichen Finder 583

– Schnee bis in die Niederungen 935

Sternberger: Drei Wurzeln der Politik 1032

– Die Politik und der Friede 1237

– Die Stadt als Urbild 1166

Stierlin: Delegation und Familie 831

Stolze: Innenansicht 721

– Nachkriegsjahre 1094

Strätz: Frosch im Hals 938
Strindberg: Ein Lesebuch für die niederen Stände 402
Struck: Die Mutter 489
Strugatzki, A. u. B.: Der ferne Regenbogen 956
– Fluchtversuch 872
– Die gierigen Dinge des Jahrhunderts 827
Das Suhrkamp Taschenbuch 1100
Tango 1087
Tendrjakow: Die Abrechnung 965
Terlecki: Ruh aus nach dem Lauf 1030
Timmermans: Der Heilige der kleinen Dinge 611
Unseld: Der Autor und sein Verleger 1204
– Begegnungen mit Hermann Hesse 218
– Hermann Hesse. Werk- und Wirkungsgeschichte 1257
– Peter Suhrkamp 260
Vargas Llosa: Gespräch in der Kathedrale 1015
– Der Hauptmann und sein Frauenbataillon 959
Vogt: Schnee fällt auf Thorn 755
Waggerl: Brot 299
– Das Jahr des Herrn 836
Walser, Martin: Die Anselm Kristlein Trilogie. 3 Bde. 684
– Ehen in Philippsburg 1209
– Ein fliehendes Pferd 600

– Jenseits der Liebe 525
– Liebeserklärungen 1259
– Das Schwanenhaus 800
– Seelenarbeit 901
Walser, Robert: Bedenkliche Geschichten 1115
– Der Gehülfe 1110
– Geschwister Tanner 1109
– Jakob von Gunten 1111
– Poetenleben 1106
– Der Räuber 1112
– Wenn Schwache sich für stark halten 1117
– Zarte Zeilen 1118
Watts: Der Lauf des Wassers 878
– Vom Geist des Zen 1288
Weber-Kellermann: Die deutsche Familie 185
Weiß, Ernst: Der Aristokrat 792
– Der arme Verschwender 795
– Der Augenzeuge 797
– Die Feuerprobe 789
– Die Galeere 784
– Der Gefängnisarzt 794
– Georg Letham 793
– Mensch gegen Mensch 786
Weiss, Peter: Das Duell 41
Wilhelm: Die Wandlung 1146
Winkler: Das wilde Kärnten. 3 Bde. 1042–1044
Zeemann: Einübung in Katastrophen 565
– Das heimliche Fest 1285
Zweig: Brasilien 984
2/7/8.86